道路桥梁维修技术手册

（第二版）

李世华　主编

中国建筑工业出版社

图书在版编目（CIP）数据

道路桥梁维修技术手册/李世华主编. —2 版. —北京：中
国建筑工业出版社，2015.7
ISBN 978-7-112-18055-4

Ⅰ.①道… Ⅱ.①李… Ⅲ.①道路-维修-技术手册②桥-维
修-技术手册 Ⅳ.①U418-62②U445.7-62

中国版本图书馆 CIP 数据核字(2015)第 082496 号

本书包括的主要内容有：道路桥梁的检测技术（道路的检测技术、桥梁的检测技术、隧道的检测技术）；道路的维修技术（道路维修的机械设备、道路路基的维修技术、路面不平整的原因及处理技术、水泥混凝土路面的维修技术、沥青混凝土路面的维修技术）；桥梁维修技术（桥梁维修概论、桥梁结构表层的维修技术、桥梁结构裂缝的修补技术、梁式桥上部结构的维修加固技术、桥梁下部结构的维修与加固技术、拱桥的维修与加固技术、桥梁附属构筑物的维修技术）等。

本书可供从事道路桥梁维修人员使用，也可供相关专业人员参考。

责任编辑：胡明安　姚荣华
责任设计：李志立
责任校对：陈晶晶　刘　钰

道路桥梁维修技术手册

（第二版）

李世华　主编

＊

中国建筑工业出版社出版、发行(北京西郊百万庄)
各地新华书店、建筑书店经销
北京红光制版公司制版
北京市书林印刷有限公司印刷

＊

开本：787×1092 毫米　1/16　印张：38¾　字数：960 千字
2015 年 8 月第二版　　2015 年 8 月第三次印刷
定价：**98.00** 元
ISBN 978-7-112-18055-4
(27264)

本书编审委员会

主　任　李智华

副主任
彭文杰	张　炯	石小东	王志兴	袁荣忠	刘　杨	王楚明
李荣生	彭丽仙	彭健元	聂芷秀	彭　辉	李姿英	丁国恒
肖智勇	肖芝才	彭泳娥	李阳初	李锡香	李亦聪	秦友章

委　员
罗桂莲	吴红汝	李国柱	李春华	曾义芳	李柳华	李秀华
周晓文	李仁山	李国成	杨正武	徐定秀	胡晓岚	朱湘柱
李乐生	王长贵	彭兰华	张锡钦	胡际和	刘雪英	彭志泽
杨志荣	赵莲英	吴小丽	李国华	李　英	李保钦	凌翠兰
黄德运	黄郁青	寿　鹏	陈湘平	聂伯青	罗子兰	聂　姹
彭　艳	彭南光	王菊香	贺友良	彭娟来	彭　琼	贺哲艳
李国荣	李再阳	李　璞	李洁玲	李英姿	朱素莲	李松怀
聂辉娥	聂建军	卜银波	李小山	李银娥	彭银坡	李辉娥
彭石红	陶　青	彭世坚	周宇花	彭铁志	彭立志	彭民庚
张蒼庚	张民庚	张　戈	郑正龙	郑银龙	郑南方	徐文胜
罗燕春	罗晓峰	戴子平	陈玉钧	戴华辉	张文学	张皓翔
戴如婕	戴琛辉	刘梦雨	刘芮彤	罗成梅	罗义梅	罗建国
张芝丽	刘绍球	刘　顿	张青丽	杜龙云	杜冰凌	聂智泉
王芙蓉	聂祯妍	何春凤	柳　霞	朱丽熔	胡　燕	匡　琪
周小单	周　丽	周　珊	赵　芳	陈月香	柳忆思	吴晓兰
彭景容	罗国莉	罗　娟	李利华	王春娥	秦　虹	秦　辉
向喜秋	曾　彤	徐　丽	李江燕	唐小英	李新娥	杨　萍
成　婷	吕建姣	宋再青	肖可田	肖勇华	王金莲	罗芝兰
陈满香	彭远英	王　莉	蔡洪涛	王　静	王　巍	谢小平
王春成	周　舒	王光辉	苟莉芳	王红亮	李海燕	李长春
李紫林	聂英才	张学文	梁双峰	李阳春	赵精益	李云青
谭　明	李志军	邹爱华	陈孔坤	吴剑锋	钟惠华	钟炻培
潘瑞云	黄健平	刘秀琼	李　茵	陈楚堆	黄伟强	刘作善
周志东	黄诺恩	周嘉怡	杨善如	李鸿斌	曹富珊	谢彩琼
钟剑辉	古志勇	周浩通	汤监天	郭监秋	杨键鸿	谭永韶

前 言

道路桥梁是我国现代化建设的重要基础设施，也是我国经济发展速度的物质基础。汽车运输是国民经济赖以发展的重要支柱产业之一，它是一种线形工程结构物。由于反复承受着车轮的磨损、冲击，遭受暴雨、洪水、风沙、冰雪、日晒、冻融等自然因素的侵蚀破坏，特别是我国交通量和重型汽车的不断增加，有些建筑材料的性质衰变，以及由于设计和施工留下的一些缺陷，必然造成道路桥梁使用功能和行车服务质量的日趋退化、不适应，甚至出现中断交通现象。

为了延长道路桥梁的使用年限，保障其畅通，尽量减少和避免上述原因给道路桥梁使用者带来损失，必须本着"预防为主、防治结合"的原则，采取有效的、适当的养护维修技术措施，坚持日常检查保养，及时修复已被损坏的部分，经常保持道路与桥梁的完好、畅通、整洁、美观，周期性地对道路桥梁进行预防性的大修、中修，逐步改善道路桥梁的技术状况，努力提高其使用质量和抵抗各种灾害侵蚀的能力。因此，搞好道路桥梁的养护维修，是保证汽车高速、安全、舒适行车不可缺少的经常性工作，加强对道路桥梁的养护维修和改进管理方法，将具有十分重要的意义。

道路桥梁维修保养是指为保持所有等级的道路（1~4级公路、城市道路、高速公路）及其附属设施的正常使用功能，而进行经常性、周期性、预防性养护和维修工作，使其道路及其附属设施保持完好状态，确保原有道路状况和使用品质不下降。

《道路桥梁维修技术手册》（第二版）一书，是奉献给广大道路桥梁养护维修工作者、建设道路桥梁现场施工技术人员的一本实用性强、图文并茂、通俗易懂、极具有参考价值的书籍。本书较严格地执行我国道路桥梁工程养护维修的技术标准、施工规范、质量检验评定技术标准等要求。由一批具有现场施工经验的资深工程技术人员编写而成。

本手册主要介绍道路桥梁的检测技术（道路的检测技术、桥梁的检测技术、隧道的检测技术）；道路的维修技术（道路维修的机械设备、道路路基的维修技术、路面不平整的原因及处理技术、水泥混凝土路面的维修技术、沥青混凝土路面的维修技术）；桥梁维修技术（桥梁维修概论、桥梁结构表层的维修技术、桥梁结构裂缝的修补技术、梁式桥上部结构的维修加固技术、桥梁下部结构的维修与加固技术、拱桥的维修与加固技术、桥梁附属构筑物的维修技术）等。

本手册由广州大学市政技术学院李世华主编；王平、李爱华、刘新超、张丽珏、曹旋、谭帅、陈琦、张功、祁淑强任副主编。

在编写的过程中，得到了广州大学土木学院、广州大学市政技术学院、广东工业大学、广州市政集团有限公司、广州市政园林管理局、广州华南路桥实业有限公司等单位的禹奇才、陈思平、刘新民、周美新、伍署光、耿良民、李穗芳、张淑芬、余诺丹、杨玉衡、吴智勇、高岩、刘兴荣、谭志雄、谭志刚等许多领导的热情关怀与大力支持，为本手册提供了大量有关道路桥梁养护维修方面的资料；而且参考了许多素不相识同行们的著作、成果、资料及其说明书。在此一并致以衷心的感谢。同时，也由于时间仓促，人力有限，故引用的一些资料来不及、或无法与原作者联系，特此表示歉意。

由于我们的水平有限，书中不足之处，诚恳地敬请广大读者批评指正。

编　者

目　　录

3　桥梁维修技术

0 绪 论

0.1 引　言

1. 道路运输的特点

（1）交通运输是国民经济的大动脉，是国民经济发展速度的物质基础。一个完整的交通运输体系由铁路、道路、航空、水路等运输方式构成。它们各具特点，承担各自的运输任务，又互相联系和互相补充，形成综合的运输能力（表 0-1-1）。

1）铁路运输投资大、建设周期长，但是运输能力大，速度较快，运输成本和能耗都较低，通用性能好，受自然条件的影响也比较小，宜于承担中长距离客货运和大宗物资的运输；

2）航空运输在快速运送旅客、运载紧急物资方面显示优越性，宜于承担大中城市间长距离客运以及边远地区高档和急需物资的运输，但运输成本高，能耗大。

3）管道运输用于原油、成品油、煤炭、天然气（加水或添加剂）的运输。

4）水路则以其低廉的运价显示其明显的经济效益。

5）道路运输可承担其他运输方式和客货集散与联系，承担铁路、水运、空运固定路线之外的延伸运输任务；可以深入到城镇、乡村、山区、港口、机场等的各个角落，能独立实现"门到门"的直达运输。例如，为了减少装卸次数，缩短运输总时间，如运输鲜、活、易腐物品时，可以避免多种交通环节的转运而用道路直达运输。

各种运输方式特性比较表　　　　　　　　　　　　表 0-1-1

名称	可达性、方便性	安全性	舒适性	运输能力	运输速度（km/h）	能源消耗	服务对象	经济距离（km）
铁路	受地形限制	好	好、可设餐厅	货运能力较大 1600/列车	160～300	低	集装箱、散装货物	<500～800
道路	门对门直达运输方便	略差	差	货运能力大 60 人/车	≤120	中	集装箱、散装货物	<200 或不限
水路	受可通航道和港口限制	好	好，可设餐厅、游艺室	大	16～30	低	集装箱、散装货物	—
航空	受机场限制直接性好	尚可	中等	货运能力较小 250 人/架	250～1000	高	贵重货物	<500～1000
管道	普及面差	好	—	较大	5～50	低	油、天然气	—

（2）道路运输具上述的特点外，还有如下优点。

1）机动灵活性大。客运机动性强，可及时调整运营；货物装卸可实现直达运输，在小于 100～200km 短途运输中，可以做到经济可靠、迅速及时。

2）普及面广、适应性强。能满足政治、经济、国防各方面的需要，战时输送部队与军事装备，出现灾情时也能疏散居民及运送救援物资，平时则促进经济繁荣。

3）速度快、造价低。现代汽车的时速仅次于飞机，高速公路比铁路和水运更快。每公里造价比铁路低，道路运输投资少、周转快、收益大。建设新厂矿和修筑新铁路前必须先修道路，我国新疆、青海、西藏等地广人少或铁路较少地区，主要靠公路运输。

4）运量大。虽然单车载客载货量较小，但车辆数量多，道路运输客货总运量和总周转量所占的比重日益增大，美国的客运周转量占各种运输方式总运量80%左右，德国和日本的客运周转量约占各种运输方式总运量70%左右。

我国公路运输的客运与货运周转量在各种运输方式中所占的比例还比较大，例如货运周转量65%左右，客运周转量较高约75%。

2. 道路的主要功能

（1）道路具有交通、形成国土结构、公共空间、防灾和繁荣经济等方面功能。

1）交通功能：为人们的工作、学习、生活、娱乐、旅游出行及货物运输等提供方便。

2）形成国土结构功能：用地结构的骨架、组成街坊弄里。

3）公共空间功能：保证日照、通风；提供综合交通体系的空间（高架路、地面轨道、地下铁道）；提供公用设施管线走廊（电力、电话、燃气、给水、雨污水管）。

4）防灾功能：保证消防活动、救援活动，紧急疏散、避难道路，防火带。

5）繁荣经济功能：开发国土，活跃市场。

（2）道路是交通的基础，是社会、经济活动所产生的人流、物流的运输载体，担负着城市内部和城际之间交通中转、集散的功能，在全社会交通网络中起着"结点"的作用。在深化改革开放、改善投资环境的形势下，要求有一个安全、通畅、方便和舒适的道路交通运输体系，在某些地方发生火灾、水灾、地震和空袭等自然灾害或紧急情况时，能及时提供疏散和避险的通道与空间。

（3）道路是国土结构的骨架，城市道路则是城市建设的基础，城市各类建筑依据道路的走向布置而反映城市的风貌，所以城市道路是划分街坊、形成城市结构的骨架。

（4）道路作为公共空间不仅提供交通体系的空间，且保证日照、通风、提供绿化、管线布置的场地，为地面排水提供条件。各种构筑物的使用效益，有赖于道路先行来实现。

（5）在道路建设过程中，各项基础设施得以同步进行，随着道路的建成可使土地使用与开发得以迅速发展，经济市场得以繁荣，所以健全的道路系统促进经济发展，方便生活。

（6）道路是经济建设的先行设施，正如民间谚语："要致富，先修路，小路小富，大路大富，快路快富"。它对商品流通、发展经济、巩固国防、建设边疆、开发山区和旅游事业的发展等方面都有巨大的作用。

0.2 我国城市道路现状和发展目标

1. 我国公路建设发展概况

（1）我国第一条公路（长沙至湘潭）建于 1913 年，是 50km 长的低级路，新中国成立时，全国通车的公路只有 8.07 万 km，而且质量差、标准低，大多分布在沿海及中部地区，而广大山区、农村和边疆交通闭塞，行路艰难。

（2）举世闻名的川藏、青藏公路建于 1954 年，近 30 年来，公路建设发展迅速，公路交通面貌发生了翻天覆地的变化，已形成了一个以北京为中心沟通全国各地的国道网，及以各城市为中心的省、县级公路交通网。1994 年以来，全国高速公路、一级汽车专用公路、二级汽车专用公路、二级公路、三级公路、四级公路、等外公路每年修建道路的里程超过 10000km。其中，全国建成高速公路通车里程已达 96000km（2012 年底止），成为全世界高速公路的大户。到 2012 年年底我国公路总里程达 424 万 km。

（3）我国公路交通事业及其科学技术虽有很大发展，但距离国民经济发展的需要甚远，尤其在当前商品经济发展的形势下，更显得不适应。我国现有公路的总里程以及公路密度均比较小，大部分道路等级低，等外路约占 1/3，汽车运输调度管理上还有小部分靠手工操作，站场、服务、通信等设施均需大力加强。

（4）由于商品构成的变化，对道路交通需求日增，要求汽车运输承担鲜活易腐、高档商品以及不能通达铁路和水运边远地区的，其运输距离在 1000km 以上的。

2. 我国城市道路现状和发展目标

（1）随着国民经济的发展与国家推行城镇化建设，城市的道路随着城市的发展、经济的繁荣而迅速发展。

（2）随着城市人口与经济的发展，"城市化"水平的迅速提高，使大量增加的城市交通需要与有限的道路容量产生的供求矛盾日趋尖锐。我国大城市的机动车数量正以每年 15％的速度递增，全国机动车增加约 200 倍，公交客运量增加 100 多倍；但城市的道路只增加 10 倍，公交车万人拥有约 10 辆，比发达国家低。

（3）城市道发展目标应与城市经济发展相适应，与人口增长和车辆增长相适应，建成布局得当、结构合理、设施完备的城市道路系统。

1）道路规划：从提高功能，改善运行条件出发，完善路网规划，城市应按交通需要，进行快速路系统规划，完善路口渠化，大中城市应进行非机动车交通规划。

2）道路建设：加快主次干道和快速路建设，在交通特别繁忙地段安排立交桥、人行过街设施、停车场和自行车道建设，各城市应有重点地打通堵头和履行路线瓶颈地段。

3）养护维修：以解决道路病害为重点，提高养护质量，保证道路完好，提高铺装率和道路工程建设质量。

4）技术革新：在规划设计和管理工作中积极推广计算机应用技术，逐步实现利用电子技术解决信息处理，注意高等级道路和桥梁结构的技术发展，开展工业废料和再生沥青混凝土的利用，引进机械化筑路、养护机械的先进技术，开发研制新型机械设备。

（4）当前我国城市道路的发展应遵循下列四原则：

1）城市道路规划应以国民经济建设发展计划为依据，按城市总体布局，合理安排建设计划和投资比例，与城市经济和其他设施协调发展。

2）贯彻近远期相结合的原则。城市道路建设的五年计划和年度计划应与远期规划相结合，从路网体系、道路密度、道路结构等方面为城市道路的远景发展创造条件。

3）贯彻配套建设的原则，在城市建设和新城区建设及旧城改造中，在有计划商品经济指导下，对城市道路建设实行综合开发、配套建设、以道路带动城市基础设施建设和城市发展。

4）发挥整体功能的原则，从建设、养护维修、路政管理三个环节上加强管理、制止乱占乱挖，改善道路环境，保证城市道路各种功能的充分发挥。

0.3 我国道路的等级分类

1. 道路的分类

道路是供各种车辆和行人等通行的工程设施，道路工程是以道路为对象而进行的规划、勘测、设计、施工等技术活动的全过程及其所从事的工程实体。道路具有如下分类方法：

（1）公路：指连接城市、乡村，主要供汽车行驶的具备一定技术条件和设施的道路。

（2）城市道路：在城市范围内，供车辆及行人通行的具备一定技术条件和设施的道路。城市指直辖市、市、镇以及未设镇的县城。

（3）厂矿道路：主要供工厂、矿山运输车辆通行的道路。

（4）林区道路：建在林区，主要供各种林业运输工具通行的道路。

（5）乡村道路：建在乡村、农场，主要供行人及各种农业运输工具通行的道路。

2. 公路的分类与分级

（1）公路的分类：在公路网中起骨架作用的公路称为干线公路，干线公路分为：

1）国家干线公路——在国家公路网中，具有全国性的政治、经济、国防意义，经确定的国家干线的公路简称国道。

2）省干线公路——在省公路网中，具有全省性的政治、经济、国防意义，并经确定为省级干线的公路简称省道。

3）县公路——具有全县性的政治、经济意义，并经确定为县级的公路。

4）乡公路——主要为乡村生产、生活服务并经确定为乡级的公路。

5）支线公路指在公路网中起连接作用的公路。

（2）公路的分级：公路按行驶车辆分为汽车专用公路和一般公路。根据交通量及其使用任务、性质划分为五个等级：

1）高速公路：一般能适应各种汽车折合成小客车的年平均昼夜交通量为 25000 辆以上，为具有特别重要的政治、经济意义，专供汽车分道高速行驶并全部控制出入的公路，高速公路的使用寿命为 20 年。我国高速公路事业的发展已经步入快车道，路网效应的逐步显现也使高速公路在客运和货运中的优势地位日渐明朗。中国国家高速公路网采用放射线与纵横网格相结合布局方案，由 7 条首都放射线、11 条南北纵线和 18 条东西横线组成，简称为"71118"网，总规模约 11.8 万 km。

2）一级公路：能够适应各种汽车折合成小客车的年平均昼夜交通量为 10000～25000 辆，为连接重要的政治、经济中心，通往重点工矿区、港口、机场，专供汽车分道行驶并部分控制出入的公路。一级公路的使用寿命确定为 20 年。

3）二级公路：一般能够适应各种汽车（包括摩托车）折合成普通汽车的年平均昼夜

交通量为 4500～7000 辆，为连接政治、经济中心或大工矿区、港口、机场等地的专供汽车行驶的公路，二级公路的使用寿命为 15 年。

4）三级公路：一般能适应按各种车辆折合成普通汽车（中型载重汽车）的年平均昼夜交通量为 2000 辆以下，为沟通县以上城市的公路。三级公路的使用寿命也为 15 年。

5）四级公路：一般能适应按各种车辆全成普通汽车的年平均昼夜交通量为 200 辆以下，为沟通县、乡（镇）、村等的公路。四级公路的使用寿命为 8～10 年。

3. 城市道路的分类与分级

（1）快速路：城市道路中设有中央分隔带，具有四条以上的车道，全部或部分采用立体交叉与控制出入，供车辆以较高的速度行驶的道路。快速路完全为交通功能服务，是解决城市长距离快速交通运输的动脉。在快速路两侧不宜设置吸引大量人流的公共建筑物的进出口，两侧一般建筑物的进出口应加以控制。如北京的二环路、上海内环线高架道路、天津中环路和广州的华南快速干线。

（2）主干路：在城市道路网中起骨架作用的道路。以交通功能为主（小城市的主干路可兼有沿线服务功能）。自行车交通量大时，适宜采用机动车与非机动车分隔的形式。主干路上平面交叉口间距以 800～120m 为宜，以减少交叉口交通对主干路交通的干扰。交通性的主干路解决大城市各区之间的交通联系，以及与城市对外交通枢纽之间的联系。例如北京的东西长安街是全市性东西向主干路，全线展宽到 50～80m，市中心路段为双向 10 条车道，设置隔离墩，实行快慢车分流。如上海中山东一路是一条宽为 10 车道的客货运主干路。

（3）次干路：是联系主干路之间辅助性干道，与主干路连接组成道路网，起到广泛连接城市各部分和集散交通的作用。次干路沿街多数为公共建筑和住宅建筑，兼有服务功能。

（4）支路：是次干路与街坊路的连接线，解决地区交通，以服务功能为主。沿街以居住建筑为主。

城市道路除快速路外，每类道路按照城市规模，设计交通量、地形分为 Ⅰ、Ⅱ、Ⅲ级。根据我国国务院城市管理条例规定，城市按照其市区和郊区的非农业人口总数划分为三级，即：

1）大城市：人口在 50 万以上的城市，采用各类道路中的 Ⅰ 级标准。

2）中城市：人口在 20 万～50 万的城市，采用各类道路中的 Ⅱ 级标准。

3）小城市：人口不足 20 万的城市，采用各类道路中的 Ⅲ 级标准。

0.4 我国道路的维修保养

我国道路维修保养是指为保持全国所有上等级的道路（1～4级公路、城市道路、高速公路）及其附属设施的正常使用功能，而进行经常性、周期性、预防性养护和维修工作，使其道路及其附属设施保持完好状态，确保原有道路状况和使用品质不下降。下面简单介绍高速公路维修保养的分类、工作流程、责权划分及巡查内容。

1. 道路维护保养分类

按照工作内容分为巡查、日常保养、小型维修、大型维修等。

（1）巡查主要指日常巡查、定期巡查、特殊巡查、专项巡查等。

（2）日常保养主要指道路的路面保养、路基保养、桥梁与涵洞保养、交通安全设施保养、绿化保养等。

（3）小型维修主要指对路基的小修、路面的小修、桥的小修、涵洞的小修、隧道的小修、沿线设施的小修、绿化补植等。

（4）大型维修主要指对路基的大修、路面的大修、桥的大修、涵洞的大修、隧道的大修、沿线设施的大修、绿化大面积的更换与补植等。

2. 道路维修保养流程及分工（见表 0-4-1）

道路维修保养流程及分工 表 0-4-1

道路名称	位　置	业　主	监　理	承 包 人
巡　查	——————→	养护巡查实行三方共同巡查		
通知单下发	——————→	主　体	协助、配合	落实、执行
实　施	——————→	监　督	过程监督	主体、实施
过程检查	——————→	检查、抽查	主体、抽检	主体、自检
验　收	——————→	主体、监督	组　织	协助、配合

3. 道路维修保养责权划分

（1）公司养护总负责人为公司总经理。

（2）公司养护具体负责人为公司主管副总经理。

（3）公司养护科总负责人为：养护科科长对路段养护工作组织和开展以及养护科管理

总负责，对公司主管副总经理负责；按照所分配路段的不同，主要负责所在路段的日常养护巡视和日常养护管理工作。对所辖路段养护工作负责，对路段总负责人负责，并对监理和承包人不定期地进行检查和抽查。

4. 道路维修保养巡查与通知单

巡查是通过乘车或步行的方式，了解设施状况完好程度，目的是尽早发现病害或损坏，及时进行保养或维修。巡查是维修保养工作的基础，是编制月度、季度、年度养护计划的依据。

（1）日常巡查

1）责任主体及频率：路况的日巡查由施工单位、监理单位、管理公司三方共同实施，特别是高速公路每天至少进行一次日常巡查。

2）巡查的要求：主要巡查路容路貌整洁、美观；路基边坡稳定，排水设施完善、畅通；路面平整无明显跳车，病害处治及时、有效；桥梁、隧道、涵洞及通道等构造物保持完好状态；沿线设施规范、齐全，恢复及时；绿植长势良好，无虫害、无死苗木；防汛抢险、除雪防滑预案完善，措施到位，效果明显；天气、路况、工程维修等交通信息及时发布；养护作业规范，安全措施齐全，现场管理有序等。

3）巡查的内容

① 路容路貌：路面较大散落物、路面（翻浆）唧浆和坑槽、护栏板（活动护栏）、标志牌、标线、防眩板（网）、防抛网、隔离栅及刺丝缺失、倒伏、中分带绿化苗木枯死、路基边坡、边沟的水毁；

② 现场施工：临时标志标牌的摆放、施工现场设备摆放、监理及施工人员着装、现场保洁工作、保通人员情况、对施工作业时间和作业区段有明确要求时，承包人的落实情况；

③ 当天养护施工：承包人是否按照《任务单》和当天的计划在规定的地点进行施工；

④ 保洁员的工作情况：保洁员到岗情况、执行特殊任务时，如迎宾、大件运输等情况时施工作业点的撤离情况；

4）巡查记录：每日巡查结束后，监理填写"日常养护巡查记录表"，养护科根据日常巡查发现的问题及时向养护施工单位下发维修保养《任务单》，三方确认无误后签字。

（2）定期巡查

1）责任主体：业主主持第一季度的定期巡查，监理工程师主持每月一次的桥梁、涵洞、隧道以及第二、三、四季度的定期巡查。

2）巡查要求：定期巡查是对路基、路面、桥梁涵洞和沿线设施进行更为细致的检查，主要是对日常巡查中不易观察到的部位或不易确认的病害的补充巡查。业主负责，监理工程师、承包人协助实施，以徒步调查方式。

3）巡查频率：对路面、路基、沿线设施按季度每年 4 次。桥涵隧道一个月一次。

4）巡查内容：

① 路面：裂缝、唧浆、坑槽、网裂、泛油、波浪、油污、壅包、翻浆、龟裂等；

② 路基：边坡、护坡道有无杂草、垃圾、水毁，边沟、边沟有无淤积、水毁，泄水槽、护肩板有脱落、脱空，路缘石是否顺直、有无损坏、与路面间有无缝隙等；

③ 安全设施：护栏板是否顺直、有无附件缺失、锈蚀，标志标牌、隔音墙、有无附

件缺失或损坏、锈蚀，中央分隔带防眩板（网）有无附件缺失或损坏、锈蚀，标线、轮廓标、凸起路标有无缺损，隔离栅是否完整等；

④ 绿化：中央分隔带、互通区、路基边坡苗木、地被有无枯死、缺失，修剪是否整齐等；

⑤ 桥梁、涵洞：涵洞通道有无积水、淤积，墙身、八字墙有无裂缝，盖板企口缝有无脱落、漏水；跨线桥、匝道桥、天桥、墙式护栏等表面涂装有无污染、缺损，桥梁伸缩缝是否损坏、清理是否干净，桥梁锥坡、踏步是否损坏，桥梁支座是否变形、脱空，桥梁铺装层有无损坏，空心板企口缝有无脱落和单板受力，桥梁、隧道结构有无裂缝；

⑥隧道的检查：采用目测方法，或配以简单工具进行测量。主要对洞身（顶板和内装）、洞口、路面和两端路堑、防护设施、排水系统进行检查等。

（3）特殊巡查

1）巡查主体：业主为主，监理为辅的特殊巡查。

2）巡查要求：在暴雨、大风、大雾、降雪及其他可能危及道路正常通行的灾害性气候时进行的步行或乘车巡查。

3）巡查频率：根据天气情况或按照指令，业主值班人员或监理提出建议，指令由业主负责人下达。降雨之后进行 1 次；当连续降雨超过 4 小时，应在降雨中进行 1 次；大风之后进行 1 次；大雾后对解除封闭的路段进行 1 次；降雪开始时进行不间断巡查。

4）巡查内容：

① 降雨时：路基边坡、边沟水毁情况，桥梁、涵洞排水情况，涵洞有无堵塞，路面有无坑槽、唧浆、沉陷；

② 大风时：路面、中间分离带有无散落物，标志牌、防眩板等交通安全设施有无变形、倒伏；

③ 大雾后：车辆事故、阻塞造成的路面、中间分离带有无散落物，护栏板有无变形损坏等；

④ 降雪时：巡查路面、桥面有无积雪、结冰滑溜等；

⑤ 巡查记录：巡查结束后，填写"维修保养（特殊情况）巡查记录表"，并视巡查情况下发《养护工程任务单》；

（4）养护工程任务单：指由业主直接下发的维修保养通知单。由业主通过"桥梁、路面管理系统"下发，监理工程师监督承包人在要求的时间内（参见时限要求）完成。

1）流程（如图 0-4-1 所示）。

2）主体：由养护科下发"养护工程任务单"，特殊情况下，经养护部门负责人同意，可由监理工程师下发通知单。路政巡查发现及事故损坏，由路政大队对施工单位下发《XX省交通厅高速公路路政管理总队道路设施损坏维修通知书》。

3）传递形式：养护巡查结束后，根据巡查结果下发养护任务单，三方确认无误后签认。路政大队发现道路设施损坏后直接给施工单位下发维修通知书。

4）下发对象：承包人、监理工程师。

5）下发时间：

① 每天巡查后，在当日 16 时前下发"养护工程任务单"。对于巡查发现的影响行车安全的设施损坏，如护栏板、路面坑槽、路面散落障碍物、边坡水毁等，可即时下发"养

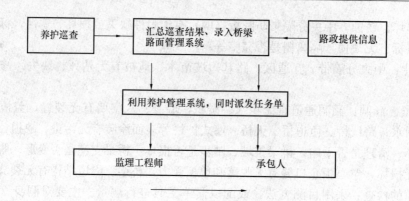

图 0-4-1 过程监督、管理示意图

护工程任务单";

② 紧急情况下，可电话通知承包人和监理工程师，"养护工程任务单"随后补发；

6）其他：

① 对于通知单中要求的时效，承包人必须严格执行；

② 承包人实施前应通知监理工程师拟实施的时间和地点，具体要求见"养护施工日报制度"；

③ 承包人如需实施"养护工程任务单"以外的维修作业（保洁、绿化的浇水、修剪、施肥和除虫除外）时，应事先报告业主，并征得同意；

1 道路桥梁的检测技术

1.1　道路的检测技术

1.1.1　机　械　检　测　技　术

1.1.1.1　机械检测技术的特点、原理与类型

1. 机械检测技术的主要特点

路基路面机械类检测技术是通过机械或人工动作而获得路基路面质量或信息的一种技术手段。它的主要特点有：

（1）结构简单、制造容易、便于操作。

（2）使用寿命长、故障率低以及价格便宜。

（3）在某些特定的场合，如短途竣工验收、桥面平整性能的测量。

（4）测量的精度低，测量时劳动强度大，效率低，特别是难以完成需要画出某个路基路面的几何图形。

2. 机械检测技术的基本原理

路基路面机械类检测技术的基本原理是：将路基路面的几何量（或物理量），通过机械类杠杆或杆系的传动，使与它连接的机械类计数器或者在绘图笔（也称画线器）发生动作，从而在计数器里得到数据，或者在绘图纸上得到图形。

一般来说，机械类计数器不需要制作，可以从市场上购买；绘图笔可以是钢笔、铅笔或者其他类笔。

3. 机械检测技术的类型

按机械检测技术的用途，可分为如下几种：

（1）记数式路面颠簸累积仪。

（2）绘图型路面平整度测定仪。

（3）画线式路面车辙测定仪。

（4）画图式 3m 直尺。

以下主要介绍四种机械式检测仪器的结构、功能、工作原理和使用要点。

1.1.1.2　记数式路面颠簸累积仪

1. 颠簸累积仪的功能与结构

记数式路面颠簸累积仪是测量沥青路面平整度的一种计量设备。这种颠簸累积仪的主要结构如图 1-1-1 所示。这种结构的安装位置是：传力杆 5 的 C 端顶在汽车的后轴牙包上，另一端 B 穿过汽车车厢地板的小孔，到达计数器调节垫块的 A 端处，并不接触，尚与 8 的端点 A 保持一定距离，使 AB 等于 h。h 的间隙可以调整，调整的原则是：应使 B 点与 A 点吻合时，正好能驱动数码键，这样，实际能使数码键发出动作且行进了的间距，

按要求等于 1cm。另外，计数器的外壳应固定在汽车车厢的地板上。

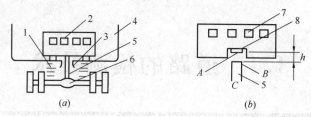

图 1-1-1　记数式颠簸累积仪结构图

1—弹簧；2—计数器；3—小孔；4—车轮板；5—传力杆；6—后轮包；
7—显示屏；8—垫块；A—上端；B—下端；h—间距；C—杆端

2. 颠簸累积仪的工作原理

当汽车按规定的速度 v 匀速前进时，由于沥青混合料路面上的凹凸不平状况，引起汽车的激振，这种由路面几何量引起的跳动位移量，并非全部由传力杆 5 传给计数器，但是有一部分动能则被汽车后轴上的悬挂弹簧所吸收，因此，实际能触发计数键驱动的动能是被吸收后的剩余能量，是汽车后牙包与车厢地板间的相对变形 L，当这一相对变形值 L 大于或者等于 h 时（一般为 10mm），调节垫块 8 上的计数器驱动键工作，使数码器进 1，如果传力杆跳动 20mm，则数码进 2，以此类推，这就完成了由路面上的几何量通过机械传动与计数器计数取得路面信息的全过程。如果沥青路面上出现连续的凹凸，则可连续计数，其记录的精度为 10mm。

3. 颠簸累积仪的使用要点

(1) 颠簸累积指标的机理。是指该类指标的数字物理概念。颠簸累积指标的基准建立在沥青路面绝对地平整、其数值为零的基础上，所以，当颠簸累积指标 VRI 等于零时，说明沥青路面平整如镜，乘客处于汽车行驶最舒适的状态。任何 VBI 大于零的情况都表示路面不平整或有凹凸状态出现。指标 VBI 越大，说明这段路面离绝对平整越远，路面平整性越差，人体乘坐汽车时越不舒适。路面颠簸累积指标 VBI 为零的情况是一种理想状态，一般情况下，由于沥青路面总有凹凸，甚至是微小的凹凸，因此，VBI 不可能为零。该项指标的标准测定路段一般为 1km，颠簸累积值 VRI 的单位为 cm/km。

(2) 测试速度。颠簸累积指标测定的速度应有严格要求，《公路路基路面现场测试规程》JTGE60—2008（以下简称《规程》）中规定为 30～50km/h，一般为 45km/h。在测定前，需要预留加速度段 300～500m，以便让测定车由零点加速至工作车速。从这里可以看出，车速对测定精度产生影响，而且较大。正常情况，车速越慢，VBI 值越小；车速越快，VBI 值越大。因此，在检测时严格控制车速就成为这一检测体系中的关键因素。颠簸累积仪一般在沥青路面养护应用较为适宜。

(3) 颠簸累积值 VBI 值与均方差以及国际指标 IRI 的关系：

1) 按《规程》规定：颠簸累积仪指标 VBI 与连续式路面平整度仪所测指标 σ（也称均方差）的关系可用下式表示：

$$\sigma = a + b \cdot VBI_v$$

式中　σ——用连续式路面平整度测定仪时的均方差指标（mm/km）；

VBI_v——在测试速度为 v 下的颠簸累积指标值（mm/km）；

a，b——系数，可根据两仪器的对比测试资料，反算求出，要求相关系数 $r \geqslant 0.90$。

2）按《规程》规定：颠簸累积指标 VBI 与国际指数 IRI 的相关关系可用下式表示：

$$IRI = a + b \cdot VBI_{\text{V}}$$

式中　　IRI——国际平整度指数，用精密水准仪按 1km 标段求出（m/km）；

　　VBI_{V}——同上式；

　　a，b——在 IRI 指数下的系数，与上述 a，b 不能通用，由试验确定，相关系数 r $\geqslant 0.90$。

（4）颠簸累积仪的安装技术

1）注意 AB 的间隙，即传力杆 5 的顶端 B 与调节垫块 8 端点 A 的距离。该距离由调节垫块 8 来调节，其关键的技术是当传力杆向上跳 10mm 时，计数器正好进 1。如进 10mm 时计数器不进 1，则说明计数键没有接触到，则将垫块螺丝往下调一点，直到符合要求为止。如若传力杆未进到 10mm 时，计数器就已进 1，则说明间距太小，这必然使 VBI 值增加，误差就增大。因此，需要将垫块螺丝往上调，直到合适为止。

2）测定的车太旧会使测定结果的准确度降低，因此，最好是新车，或使用总行程 10000km 以内的测定车。由于颠簸累积与汽车悬挂系统很有关系，因此，在选择车型上最好与《规程》中一致，国产小面包或中面包均可。当用其他车型测定时，需要做标定换算后才可以使用。

3）计数器的选择。计数器是记录路面不平整度值的关键部件，因此，对它的质量必须进行标定。

1.1.1.3　绘图型路面平整度测定仪

1. 路面平整度测定仪的功能与结构

绘图型路面平整度测定仪是一种能够画出路基路面不平度几何量的计量仪器。其整体结构主要由前行走轮 1、行走架 2、绘图仪 3、卷纸滚筒 4、拉把 5、后行走轮 6、右侧轮 7、测轮与传力杆 8、左侧轮 9 等组成，如图 1-1-2 所示。它的前后行走两轮轮心间距为 300mm，轮直径一般为 200～250mm；左右侧轮起支撑作用，轮直径与前后轮相同，两轴心间距为 1000～1500mm，与主架刚性地连接；绘图仪 3 为圆筒式，直径为 80～120mm；卷纸滚筒 4 的旋转速度一般为主机行走速度的 1/5，如速度太快，纸不够用，若速度太慢，图形展不开，影响测试精度。绘图形路面平整度测定仪一般由人工施行，测试的速度一般为 1～2km/h，适宜于路基路面的竣工验收。它的主要结构扩展如下：

（1）画笔、纸筒、测轮的总体结构

1）画笔、纸筒、测轮三者之间的总体结构布局如图 1-1-3 所示。

2）在总体结构中纸筒安装在机架的上方，用一个外壳与机架固定在一起，纸筒工作时，绕轴 f 作逆时针方向旋转（由发条驱动），这样，画笔工作较顺畅。

3）传力杆 c 与画针 d 锁接，并一起组装在滚筒外壳里。

4）测轮斜杆 a 绕 o 点可以上下自由运动，它的端部 b 与传力杆 c 接触，传力杆 c 端可以在 b 端上自由运动。

（2）测轮与机架的总体结构

1）测轮与机架总体结构如图 1-1-4 所示。在这一结构中，测轮通过斜杆 a 与机架耳朵 e 铰接，由于测轮的运动是传输几何量的关键，因此，宜用滚轴连接，磨损后可替换。

2）测轮斜杆 a 的端部 b 是个圆形的水平台，设计时适当大一点，以保证传力杆 c 的端部在 b 上移动时不至于移出台外。该平台易磨损，因此应设计成更换式。

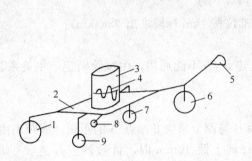

图 1-1-2　绘图型平整度测定仪图

1—前行走轮；2—行走架；3—绘图仪；

4—卷纸滚筒；5—拉手；6—后行走轮；

7—右侧轮；8—侧轮与传力杆；9—左侧轮

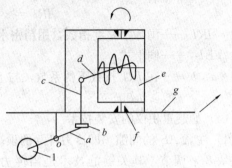

图 1-1-3　画笔、纸筒与测轮的总体结构图

1—前行走轮；a—测轮斜杆；b—斜杆端部；

c—传力杆；d—画针；e—纸筒；

f—筒轴；g—行走架

3）测轮的直径一般以 $140\sim160\text{mm}$ 为宜，太大了没有必要，但是太小时会影响测量精确度。

（3）画针与传力杆的总体结构：

1）画针 d 与传力杆 c 的总体结构如图 1-1-5 所示，在这一结构中，最主要部分是锁接部分。

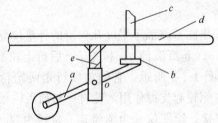

图 1-1-4　测轮与机架总体结构图

a—测轮斜杆；b—斜杆端部平台；

c—传力杆；d—行走架；e—机架耳朵

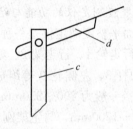

图 1-1-5　画针与传力杆总体结构图

c—传力杆；d—画针

2）锁接部分不能自由活动，需要卡紧，以确保它的画图功能；该部分最好设计成装卸式，以便在针头磨损后便于更换。

3）该结构中的画针 d，一般能在市场买到，可根据需要选择合适的针笔类型。

2. 路面平整度测定仪的工作原理

测轮在路面或路基上随机架前进而随之行走，当遇到凹凸不平时，测轮便上下摆动，通过斜杆 a 使 b 端水平台也随之上下摆动，使传力杆 c 做上下滑移，因为画针与传力杆相互锁紧，画针便跟随传力杆一起做上下运动，由于针端紧贴滚筒画纸，使针尖划出竖线，又由于纸筒慢速转动，这样，在两个自由度动作下，便使原来的竖线展开成图形。将纸带取出，量取某段里程内的最大波谷与波峰间的距离，即为判别平整度质量的优劣状况，而且还能在纸上量出实际桩号，便于实地补救，以确保平整度施工质量。仪器读数精度为 0.2mm 以下。

3. 路面平整度测定仪的使用要点

(1) 仪器测量精度的分析与校正：绘图型平整度测定仪的测量过程中是有一定误差的，现用图 1-1-6 所示分析如下：

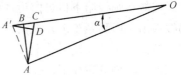

图 1-1-6 测量精度分析图

测轮 A 点遇到路基路面的凹凸向上抬起，由于测轮斜杆绕 O 点旋转，因此，A 点不会跑到垂直位置 C 点，而是跑到 A' 点，臂长 $OA=OA'$，绕角为 α。若由 A 点向 OA' 作垂直线，交于 B 点，交于 B 点，又由 A' 向 AC 作垂线交于 D 点，不难证明：

$$\triangle ABO \backsim \triangle A'DO$$

则： $$\frac{CD}{AB} = \frac{A'C}{OA} \quad CD = \frac{A'C}{OA} \cdot AB$$

又因为 $$AB = \sin\alpha \cdot OA$$

如若 $$\angle A'AB = 0°$$

就可以 $$\frac{BC}{AB} = tg\alpha, BC = AB \cdot tg\alpha$$

则 $$A'C = O + BC \approx AB \cdot tg\alpha$$

所以， $$CD = \frac{AB \cdot tg\alpha}{OA} \cdot \sin\alpha \cdot OA$$

$$= OA \sin^2\alpha \cdot tg\alpha$$

近似地， $$AC \approx A\dot{A}$$

$$\approx OA \cdot tg\alpha$$

因而，仪器的实际测量精度可用下式表示：

$$U = \frac{AC - CD}{AC} = \frac{OA \cdot tg\alpha - OA \cdot \sin^2\alpha \cdot tg\alpha}{OA \cdot tg\alpha} = 1 - \sin^2\alpha$$

由上式不难看出，当凹凸增加时，转角 α 也加大，则精度随之下降，反之，精度随之增加。由分析计算表明，当 α 变化在 $0\sim10°$ 之间时，输出量的精度达到 85%，平均精度值为 92%。因此，在路基竣工验收时，在图形中量得的最大值应乘上 8% 的误差率；在路面竣工验收时，由于沥青路面比较平整，因此，转角 α 一般较小，可以不予以校正。

(2) 图形的放大：按图 1-1-4，图形中凹凸的高低代表了测量值的大小，而与实际凹凸的大小并非相同。一般来说，这主要决定于测轮斜杆上 o 点的位置。若需要 1:1 的图形，则 o 点置于斜杆的中心处；若 o 点置于离测轮 2/3 处，则说明将实际凹凸缩小了 2/3 倍；若 o 点置于离测轮 1/3 处，说明将实际凹凸放大了 2/3 倍。由于太大、太小都不理想，因此，在结构上宜将 o 点置于离测轮 2/3 处。

1.1.1.4 画线式路面车辙测定仪

1. 路面车辙测定仪的功能与结构

画线式路面车辙测定仪是一种计量由于渠化交通所引起的凹陷的设备。它的主要特点是结构简单，制作容易，使用它测量可避免人工检测的危险性。该测定仪主要由行走系统、滑移系统、传动系统、画线系统、测量系统及辅助部分组成，其总体结构如图 1-1-7

所示。

在结构的安装方面，行走系统与机架铰接，以便在推动行走时可以转向。测轮的传力杆做成能在画线箱下口自由运动的部件。传力杆的上端接画线针，画线针紧贴于滚纸上。画线箱吊于滑移系统上，在滑移系统滑动时，画线箱与其同步行动。定滑轮固定在机架端部，拉绳一头系在动滑轮上，另一头系在手把上。整个机架的高度为70cm左右。现将主要部件的结构分述如下：

（1）滑行机构

1）图1-1-8所示为路面车辙测定仪的滑行机构，它由4个滑轮组成：即上滑轮a、下滑轮d、左滑轮b与右滑轮c，并用机架把4个滑轮连接在一起，组成一副滑轮架。

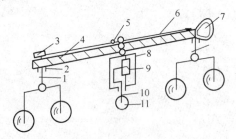
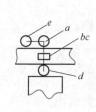

图 1-1-7　画线式路面车辙测定仪示意图

1—行走系统；2—固紧螺丝；3—定滑轮；
4—机架；5—滑移系统；6—拉绳；
7—手柄；8—传动系统；9—画线系统；
10—测轮传力杆，11—测量系统

图 1-1-8　滑行机构图

a—上滑轮；b—左滑轮；c—右滑轮
d—下滑轮；e—支撑轮；j—外壳

2）在安装滑轮组时，4个滑轮需保证与方钢管贴紧，不准有松动，但也不能太紧，否则由于摩擦阻力太大而不能行走；

3）为减轻质量，一般方钢管选用空心方钢管，长边为30～40mm，短边为20～25mm，壁厚一般为2mm。当没有长方形方钢管时，也可采用直径为40mm的圆形薄壁钢管代替。在图的右侧部分中e轮是行走中的支撑轮。

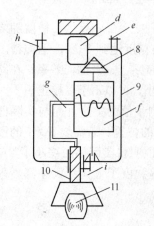

图 1-1-9　画线器结构圈

8—换向轮；9—外壳；10—传力杆；
e、h、i—螺丝；f—滚筒；g—画笔；
d——滑移轮；11—行走小轮

（2）画线器的结构

1）图1-1-9所示为画线器的结构图，由图中可以看出，画线器结构是由换向轮8、滚筒f、画笔g、传力杆10、行走小轮11及外壳9组成。

2）画线器结构中，最关键的部分是换向轮8与滑移轮d的关系，为了依靠滑移轮d的滑移动能带动纸滚筒转动，必须要设置有换向轮。由于滑移轮d的方向是南北向旋转，而需要纸筒的东西向旋转，因此，需设置45°角的三角形轮子，才能达到换向的目的。

3）在这一结构中，为使滑轮d的滑移速度v与纸筒转动速度v'不同，需要改变换向轮8的接触直径。若设滑移轮直

径为 D，换向轮 8 的直径为 D'，则它们的转速关系：$v'/v = D/D'$。由此可知，要使纸筒 f 转动的速度 v' 为滑移轮速度 v 的 $1/2$，则两者的直径比应为：$D/D' = 1/2$，$D' = 2D$。

4）一般来说，滑移轮滑移距离 4m，则纸筒中的纸长应为 2m，如要纸长为 1m，则换向轮直径应为滑移轮直径的 4 倍。

（3）拼装式机架结构

1）机架长度一般为 4000mm，相当于高等级道路与一级道路一个行车道的宽度（一个行车道的宽度为 3750mm，显然携带十分不便，因此需组成拼装式结构，如图 1-1-10 所示。

2）图 1-1-10（a）所示为拼接图，一般一面两个埋头螺丝已足够。拼接时用的垫板亦做成长方形钢管，外径做成正好能插进钢管内为基准，壁稍厚一点，便于安装埋头螺丝，其长度为 200~300mm。

3）图 1-1-10（b）所示为拼接后的校平示意图，一般拼接后上弦的平整度稍差，因此，校平也是很关键的问题，一定要认真按要求校平；

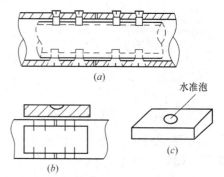

图 1-1-10　机架拼装式结构示意图
（a）拼接；（b）拼接后校平；（c）校平器

4）图 1-1-10（c）为校平器示意图，它实际上是一把尺子，可用硬木做成，由于其厚度为 1500~2000mm，宽度与机架方形管一样，长度为 200~300mm。拼装时，一边使上弦贴紧，一边在两侧上螺丝，并在最后固定。

5）上弦与校平器之间有光亮时，说明有缝隙，需要靠埋头螺丝来调整，直至无光为止。整个校平与调试工作可在路肩进行。

2. 路面车辙测定仪的工作原理

当车辙检测仪调平后，用手提起把手，将仪器的一端推过一个车行道停下，此时仪器置于测试位置；将传力杆上的锁紧螺丝 i 松开，测轮自由落下，并将画线笔尖紧贴滚筒纸，仪器处于待测状态；拉绳保持恒速后退，测轮即由身边逐渐滚行，此时，滚筒也在转动，画针依靠传力杆的自由伸缩将路面上的不平画到了纸上，直到测轮滚过行车道时停止画线；此时按住手把，使定滑轮端抬起，转上路肩，锁紧测轮，即行第二轮测定，如此循环。

记录纸上的数据信息可以现场采集，也可先在图形纸上写上编号，作业时再取出记数。

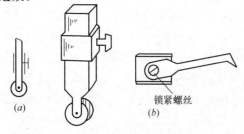

图 1-1-11　画线针紧贴滚筒纸面图
（a）方形传力杆；（b）画线针的尾部锁紧

如要计算标准差，则根据测量误差的最低统计点原则，1km 需测 30 次以上。该记录纸上读数精度一般为 0.5mm 以下。

3. 路面车辙测定仪的使用要点

（1）画针紧贴：画针在工作时始终紧贴纸筒是该仪器的技术关键。如画针工作时脱空纸面，则将使测量归于失败。为了保证针头始终紧贴纸面，可采取两项措施，如图 1-1-11 所示。其主要操作注意事项如下：

1）将传力杆 10 置于方形钢管中移动，以保证传力杆在工作时绝对的定向性。为了减轻传力杆的质量也可设计成方形薄壁管。

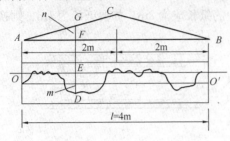

图 1-1-12　挠度误差的校正

2）将画针的尾部用锁紧螺丝 e 锁紧，画针绕 e 转动，就能保证使针头紧贴纸面，当紧贴后，再按 e 锁紧。

（2）测量误差的校正：测量误差主要来自于机架滑杆的挠度。其校正的方法是：

1）首先确定 4000mm 长的滑杆的最大挠度，由于滑杆的质量是一定的，因此，最大挠度也是一定的，如图 1-1-12 所示。

2）在图 1-1-12 所示中，挠度所引起的误差呈三角形直线变化，两端点 A 与 B 挠度为零，中间 C 点挠度最大。

3）将一条测画好的纸带撕下来后，在纸带的宽度区间里画出挠度三角形。

4）当在纸带上所画的图形最凹处为 DE，则延展线上的 FG 即为挠度校正值。因此，车辙的最大值为 $DE+FG$。若 $DE=m$，$FG=n$，则沥青混合料路面上车辙的实际深度为：

$$h=m+n$$

式中　　h——车辙实际深度（mm）；

　　　　m——滚纸上量得的最大凹陷深度。该设计的比例为 1：1，即路面的凹陷深度与纸上量得相等（mm）；

　　　　n——机架滑杆挠度修正值（mm）。

（3）滚筒旋转速度：滚筒旋转动速度依赖于两个条件：一个是机架上滑轮滑移速度，一个是换向轮接触直径与滑移轮直径的比值。在前面已叙述到换向轮的接触直径为滑移轮的 2 倍，也就是说滚筒旋转速度应为滑移轮滑移速度的 1/2，另外视具体需要还可以做适当调整。因此，当滑移轮速度一定时，滚筒的旋转速度也就决定了。一般情况下，滑移轮的滑移速度选为 100mm/s，则滚纸旋转速度为 500mm/s。

1.1.1.5　画图式 3m 直尺

1. 画图式 3m 直尺的功能与结构

画图式 3m 直尺是用画图的方式计量新建或改建路基路面不平整度的一种仪器，它是由普通 3m 直尺与画图装置组合而成。它的特点是纸带记录精度高，在没有连续式路面平整度测定仪的情况下，也可用它对高等级道路的路面平整度进行检测，精确度可达到 0.2mm。另外，还能在纸带上任意量取测点数，便于在全段进行路面平整度标准差计算，在与连续式路面平整度测定仪均方差值取得对比资料的基础上，可直接用 3m 直尺对高等级路面平整性能做出均方差评价。该仪器整体结构如图 1-1-13 所示。

画图式 3m 直尺的主要结构是画图部分，该结构是安置于 3m 直尺上弦上一种滑行式小车。

（1）画图结构：这是画图式 3m 直尺的关键部分。画针的画图方式与前面叙述基本相似，这里仅介绍驱动部分，图 1-1-14 所示为画图器的结构图，主要由测轮 1、传力杆 2、锁紧螺丝 3、测针 4、纸带 5、滚筒轮 6、输力轮 7 等组成。

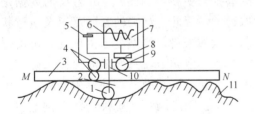

图 1-1-13　画图式 3m 直尺示意图

1—测轮；2—传力杆；3—3m 直尺；4—滑轮；

5—锁紧螺丝；6—测针；7—纸带；8—滚筒轮

9—输力轮；10—固杆螺丝；11—路面

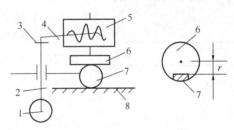

图 1-1-14　画图器结构图

1—测轮；2—传力杆；3—锁紧螺丝；4—测针；

5—纸带；6—滚筒轮；7—输力轮；8—地面

滚纸筒或纸筒之所以能由西向东旋转，主要依赖于输力轮的驱动，而输力轮的旋转力来自于它在 3m 直尺上弦的滚动。由于输力轮与滚筒轮紧密接触，且安置在滚筒轮的下弦，如图 1-1-14 中右侧部分所示。当输力轮由西向东旋转时，由于摩擦力原因，使滚筒轮做逆时针方向转动，带动滚纸轮也由西向东转动。

（2）滚纸筒的转动速度：滚筒轮的速度 v 要比主动滚轮的速度 v 小，如速度设计成 1∶1 时，则滚纸筒的长度要为 3m，这就太长，一般设计成 0.5m 左右为宜。要使滚纸筒的速度减小，则要使输力轮与滚纸筒的直径有一定比例。如果将滚纸筒轮的有效直径扩大为输力轮的 4 倍，则速度缩小 4 倍，相应的滚纸筒长度应为 3/4＝0.75m。

2. 画图式 3m 直尺的工作原理

如图 1-1-13 所示，将 3m 直尺轻放于已建的路基路面上，先使画图仪移到 M 端。未测时，测轮与尺底相平，且测针置于滚纸上弦 1/3 处，然后，将固紧螺丝松开，测轮落到地上，再用锁紧螺丝来调节画针与滚纸筒的紧密度。上述准备工作完成后，画图仪即进入测试状态。测试时，用手将画图仪从 m 端慢慢地滑向 n 端。这时，滚筒的纸面上已画上了路基路面上的几何量，从而完成了一个测量周期。由于纸面是以 1mm 的间隔特别印制的，如图 1-1-15 所示，且几何量与纸面图形比例为

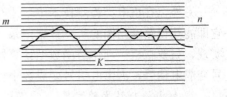

图 1-1-15　毫米级平整度测定纸

1∶1（即传力杆无支点），mn 为事先用红线刻印，K 是图中的最大凹点，因此，数格即能知道平整度数值，如图 1-1-15 中 K 的最大凹陷量为 7.4 格，即平整度数值为 7.4mm。如要计算标准差，则需 100m 内首尾相接连续测定。一般读数精度在 0.2mm 以下。

3. 画图式 3m 直尺的使用要点

（1）安装紧密度：在安装画图式 3m 直尺时，必须保证各部分的紧密度，这是确保测试精度的基本条件之一。所谓安装紧密度，就是说各部主要结构的安装间隙不能太大，应严格限制在 0.5mm 的范围内。这里所说的主要部件是指传力杆的设计与安装间隙量，如

果传力杆在上下移动中左右摇摆，且当摆幅过大时，会引起画针尾端摆动过大，最终导致针头摆幅过大，而产生误差。

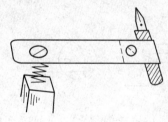

图 1-1-16 钢笔画针图

（2）针尖的磨损与更换：画图式 3m 直尺的数据是依靠纸上的图形取得的，因此，针尖的紧贴度以及质量状况就成为取得画图质量的关键。紧贴度已由前述，可由螺丝来调节，针尖的质量不能调节，只能依靠测试来确定。针尖在滑移过程中，不断地与纸面摩擦使针尖变粗，产生读数误差，因此，如作长距离测量，应挑选铱金钢笔尖，若没有合适的笔杆，则可选用钢笔杆代用，具体如图 1-1-16 所示。

1.1.2 机 电 检 测 技 术

1.1.2.1 机电检测技术的特点、原理与发展

1. 主要特点

路基路面机电检测技术是一种应用最为广泛的测量技术，它的主要特点如下：

（1）仪器的结构简便、稳定牢靠，使用的寿命长，价格较合理，使用方便，在土木工程中应用最广。机电检测仪器是先由机械发生动作，然后触发机上电器工作的一种装置。

（2）仪器在测量时没有数字显示，大部分是靠指针读数，因而缺乏先进性，精度不高。

2. 基本原理

路基路面机电检测技术的基本原理是，将路基路面中的物理量或几何量，通过与接触的机械杆件的动作，传递给磁电计数器或磁电绘图仪，最后由这些计数器或绘图仪给出数据或者图形，并通过这些数据或图形得知路基路面的实际质量情况。

另外，在机电类检测技术中，还有一类是将机械动作直接传递给函数型计算器，通过它即能获得路基路面的实际数据记录。这种函数型计算器可以借助它内部的运算功能得到实现，只要在机械动作与函数型计算器的按钮接线间插入一个中间转换器，即能将机械信号变成电信号，再由电信号变成数字信号。

3. 机电检测技术的发展

我国函数型计算器在道路路基路面质量检测中的开发应用最早于 20 世纪 80 年代初期。当时，西安公路研究所将函数型计算器应用于路面平整度检测，并在此基础上扩展了方程运算等多项复杂功能。后来由于函数型计算器价格便宜，产品成熟，逐渐在机电类的检测仪器中得到了广泛的应用。

在路基路面物理力学指标的测量中，国际上惯用的检测仪器有路面横向摩擦系数测定仪、滑槽式函数型沥青路面车辙测定仪、机电式路面几何指标综合测试仪、滚动式路面平整度测定仪以及路面自动弯沉测试仪等。我国开发研制并且用得最多的包括：函数型路面平整度测定仪和简易型单边、双边路面自动弯沉测定仪等。下面将介绍经改进的常用检测仪器以及有可能纳入我国路基路面物理力学指标检测系列的先进的机电型测试设备。

1.1.2.2 普通型路面自动弯沉测定仪

1. 功能与结构

普通型路面自动弯沉测定仪是一种通过机械发生动作，然后触发机上电器工作的设备。该仪器主要由链条 1、滑梁 2、销钉 3、滑块 4、变速装置 5、测梁系统 6、后轮 7 等组成，其结构如图 1-1-17 所示。

（1）滑梁中间开槽，它的功能是保证滑块 4 在槽中能稳定与自由地滑动。滑块 4 上装有一只机械手，它能按照设计程序将测梁 6 嵌紧与松开，并具有自动松紧作用，它能在滑槽中自由地滑动。

（2）销钉 3 具有定时插入测梁与脱开作用，在测梁就位待测时脱开，测完后插紧。

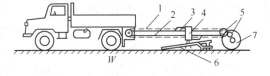

（3）变速装置 5 的主要功能是保证滑块 4 以 2 倍的测定车行驶速度前进，使测梁始终处于超速运转的状态。

（4）链条 1 的功能能是驱使滑块前后运行。

图 1-1-17　普通型路面自动弯沉仪的结构图
1—链条；2—滑梁；3—销钉；4—滑块；
5—变速装置；6—测梁系统；7—后轮

（5）测梁 6 即是现行的贝克尔曼弯沉梁，它在工作时由机械手夹住，并由后轮 7 运行到汽车后轮中间空隙下测定路面弯沉值，在测梁后端安置有位移传感器，便于计数。

2. 工作原理

为了使测梁在送到后轮间隙中时能缓冲，在发动机上安装有一个副变速箱。图 1-1-18 所示为普通型路面自动弯沉仪测量工作原理图。

（1）由图 1-1-18 可知，当测定车拖动滑梁向前运行时，整个测试系统随之前进。

（2）由于路面摩擦力作用，其后轮 Q 被带动，在后轮 Q 的驱动下，经过变速装置下带动链条 G 转动。

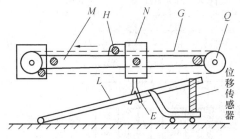

图 1-1-18　自动弯沉仪测量工作原理图

（3）此时，链条 G 上的销钉 H 带动滑块 N 通过夹头 E 夹着测梁 L 沿滑梁 M 向前运动，把测梁 L 送到汽车两后轮的轮隙之间，机械自动结构（即机械手）夹持的测梁 L 自动松开并将测梁 L 放于路面 W 处（见图 1-1-18）。

（4）此时滑块 M 相对路面近似静止，汽车拖动滑梁继续前进，经过一段很短时间后，W 处路面逐渐恢复其弹性变形△，此时，滑块 N 相对滑梁向后运动，当滑块 N 移动到滑梁 M 的最后端部时，滑块 N 上的机械手 E 又夹持测梁 L 进行下一次循环。整个测定是在汽车连续行驶的情况下连续进行的。

（5）在自动弯沉测量过程中，无论对于一般沥青路面，还是具有半刚性结构的沥青路面，只要对它施加一定压力后（标准解放车型压力为 0.5MPa，标准黄河车型压力为 0.7MPa），它都会发生局部范围内的弹性变形，当压力取消后，可逐渐恢复其变形，这个回弹变量即是回弹弯沉值△。

（6）对于半刚性结构沥青路面回弹弯沉值△很小（有时相应于百分表的 1~3 格），回弹时间很短，但弯沉盆较大，弯沉盆的影响半径有时在 5m 以上，一般为 3～4m 之间。对于一般沥青路面回弹弯沉值△较大，回弹时间较长，弯沉盆较小，一般为 1.5～3m 之间。考虑到一般沥青路面与半刚性沥青路面对于路面在卸载时回弹时间的需要，将仪器设计为 30s 为基准。

3. 弯沉测定仪的电路硬件

（1）图 1-1-19 所示为路面自动弯沉测定仪的电路硬件构成图。整个电路硬件是为完全配合机械动作而设置的。

（2）为了实现整个测量过程中弯沉数据的自动采集，在滑梁 M 的前端和后端分别设置了置数传感器 A 和采集结束传感器 C，在滑块 N 上装上其相应的作用磁钢 G_1。

（3）当克服了机械部分链条 G 交接距离的影响后，把采样开启传感器 B 装于滑梁 M 前端安装板的侧面，且在链条 G 的销钉 H 上安装了其相应的作用磁钢 G_2。

（4）这样就使得在一个测量周期内，产生三个不同的位置信号，分别作为置数、采样开启与采样结束信号。

（5）系统主机芯片采用 8031，通过它的扩展系统来完成各种功能，包括键盘输入、显示、打印数据、长期存储及一次仪表的控制。从图 1-1-19 所示可知，三个传感器 A、B、C，分别经过光电耦合器接入 CPU 芯片的三个输入端 $P_{1.0}$、$P_{1.1}$ 与 $P_{1.2}$，其中 $P_{1.1}$、$P_{1.2}$ 再经非门电路及与门电路接入 CPU 的中断输入端 INT_0。CPU 的 $P_{1.3}$ 端经过门驱动电路及三极管放大电路推动继电器去控制一次仪表的置数电路，定时电路接入 CPU 的下端。

（6）当 a 或 a' 任何一个为逻辑 0 时，d 就为逻辑 0。回弹弯沉信号△即当传感器 B 或传感器 C 其中任何一个有磁钢作用时，就会在 CPU 片的 INT_0 端产生中断请求信号，△记录便会马上中止。

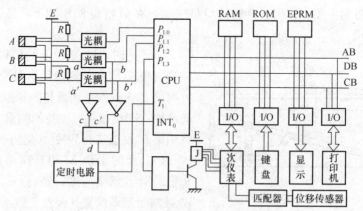

图 1-1-19　自动弯沉仪电路硬件构成图

1.1.2.3　普通路面落锤式弯沉仪

1. 落锤式弯沉仪的主要功能

利用贝克曼梁方法测出的回弹弯沉是静态弯沉。自动弯沉仪检测弯沉时，因为汽车行进速度很慢，所测得的弯沉也接近静态弯沉。为了模拟汽车快速行驶的实际情况，不少国家开发了动态弯沉的测试设备。落锤式弯沉仪，简称 FWD 模拟行车作用的冲击荷载下的弯沉量测，计算机自动采集数据，速度快，精度高。十多年来，常用落锤式弯沉仪（FWD）测定路面的动态弯沉，并用来反算路面的回弹模量，已成为世界各国道路界的热门课题。这种设备特别适用于高等级公路路面和机场的弯沉量测和承载能力评定。事实证明，落锤式弯沉仪是目前国际上最先进的路面强度无损检测设备之一。

2. 落锤式弯沉仪的主要结构

落锤式弯沉仪分为拖车式和内置式。拖车式便于维修与存放，而内置式则较小巧、灵便。落锤式弯沉仪的测量系统示意图如图 1-1-20 所示。

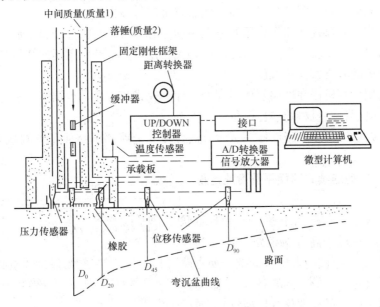

图 1-1-20　落锤式弯沉仪测量系统示意图

（1）荷载发生装置：包括落锤和直径 300mm 的 4 个分式扇形承载板。

（2）弯沉检测装置：由 5～7 个高精度传感器组成。

（3）运算及控制装置。

（4）牵引装置：牵引 FWD 并安装运算及控制装置等的车辆。

3. 落锤式弯沉仪的工作原理

将测定车开到测定地点，通过计算机控制下的液压系统，启动落锤装置，使一定质量的落锤从一定高度自由落下，冲击力作用于承载板上并传递到路面，导致路面产生弯沉，分布于距测点不同距离的传感器检测结构层表面的变形，记录系统将信号输入计算机，得到路面测点弯沉及弯沉盆。

4. 落锤式弯沉仪的使用要点

（1）通过调节锤重和落高可调整冲击荷载大小。例如，我国路面设计标准轴载为 BZZ-100，落锤质量应选为 5t，因为承载板直径为 30cm，对路面的压强恰为 0.7MPa。

（2）检测时，拖车式落锤弯沉仪牵引速度最大可达 80km/h，根据我国的实际情况，牵引速度以 50km/h 左右为宜。内置式落锤弯沉仪最高时速大于 100km/h，每小时可测 65 点。

（3）传感器分布位置为：1 个位于承载板中心，其余布置在传感器支架上。路面结构不同，弯沉影响半径亦不同。路基或柔性基层沥青路面传感器分布在距荷载中心 2.5m 范围内即可。目前，我国高等级道路大多采用半刚性基层沥青路面结构，弯沉影响半径已达 3~5m，传感器分布范围应布置在距荷载中心 3~4m 范围内，以量测路面弯沉盆形状。

（4）每一测点重复测定不少于 3 次，舍去第一个测定值，取以后几次测定值的平均值作为计算依据，因为第一次测定的结果往往不稳定。

（5）弯沉检测装置操作方式为计算机控制下的自动量测，所有测试数据均可显示在屏幕上或打印出来或存储在软盘上；可输出作用荷载、弯沉（盆）、路表温度及测点间距等；可打印弯沉平均值、标准差、变异系数及代表弯沉值等数据。

（6）应当注意，落锤式弯沉仪所测弯沉为动态总弯沉，与贝克曼梁所测的静态回弹弯沉不同。可通过对比试验，得到两者之间的相关关系，并据此将落锤式弯沉仪所测弯沉值换算为贝克曼梁的静态回弹弯沉值。

（7）可利用计算机按弹性层状体系理论的计算模式和程序，根据落锤式弯沉仪所测弯沉盆数据反算路面各层材料的弹性模量。

关于落锤式弯沉仪测定路面弯沉试验方法详见《公路路基路面现场测试规程》（JTG E60—2008）。

1.1.2.4 轻型连续式路面平整度测定仪

1. 概述

路面平整度是衡量路面平整、舒适质量状况的重要依据，它对于高等级道路来说尤为重要，因而，于 1996 年被纳入国家标准《沥青路面施工及验收规范》。该仪器在 1995 年研制开发的轻型连续式路面平整度仪（E 型仪），质量在原基础上减轻了 1/4，两人很容易搬至汽车车厢，给搬运带来了方便。

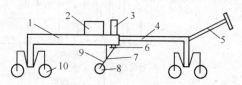

图 1-1-21 轻型连续式路面平整度仪结构框图
1—车架；2—仪箱；3—位移传感器；4—伸缩梁；
5—拉杆（手把）；6—测杆；7—支点；8—测轮；
9—动臂；10—行走轮

路面平整度测定仪的电子测量系统已改为模块式，外形上与 E 型仪稍有区别。E 型的车架为框架式，而 F 型的车架为半框架式，因此，读数稳定，外形轻巧。E 型仪主要由车架（包括行走轮 8 个）、伸缩梁与拉杆等组成，其结构见图 1-1-21 所示。

2. 路面平整度测定的工作原理

（1）仪器测量工作原理：由图 1-1-21 所示，车架的功能主要是行走与安装测量仪器，行走轮 M 形框体结构主要是在快速行走时，保持车体平稳。测轮系是由小轮（直径 16cm）、连杆、中间通过伸杆与车架连接组成，支点分连杆为 1:1，连杆一端上安装小圆板，直径约为 2.5~3cm，小圆板正中心有位移传感器的测杆接触，可以在该板上自由地滑动，而不会滑出板外。位移传感器安装在车架上，必须固定不能有丝毫松动，路面平整度信息全由该仪器提供。仪器箱锁在车架上，里面有函数型计算装置。轻型仪车架设有加重块。仪器测量工作原理如图 1-1-22 所示。

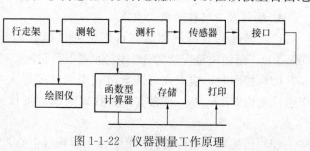

图 1-1-22 仪器测量工作原理

（2）位移传感器工作原理：从图 1-1-21 所示中看出，行走车架由人拉或车拖其前进时，中间小测轮也同步前进，由于路面不平，路上的凹凸会引起小轮上下摆动，小轮的一端也随之摆动，小圆板上下起落，引起位移传感器的测杆在传感器的小孔槽里也上下滑动，如开始时调测杆的中心位于线圈中心轴头处，则该点电位为零，如图 1-1-23 所示。

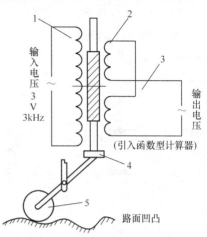

1）若传感器铁心向上移动，则说明小轮遇到了凹陷，此时，线圈中产生了感生正电位（假定向上为正，向下为负）输出；若传感器铁心向下移动，说明小轮碰到了凸起，线圈中产生了感生负电位输出。在这里，正电位与负电位之间的幅度正好说明小轮遇到凹凸的高差。如果事先由室内试验得到"凹凸感生电压"的标定线，则知道了感生电压的多少，就能在标定线上查得路面平整度凹凸的大小。由实验可知，位移传感器的输出电压较大时，标定线不为线性，如对于 LVOT 型的位移传感器最大输出电压 1.2V 时为线性区，相对应的凹凸变化量为 3mm，超过此值后输出电压值就落入非线性范围，必须要做出"非线性标定线"才能根据非线性电压值查出凹凸值。对于非线性区，每一种型号的位移传感器都有不同，有的线性输出电压大，

图 1-1-23 位移传感器工作原理图
1—输入线圈；2—输出线圈；3—中心抽头（零电位）；4—小圆板；5—测量小轮

有的线性输出电压小，必须根据路面实际情况选择位移传感器型号。

2）根据该仪器需要，由小轮的起伏所引起位移传感器的电位变化值，不需要引出，而通过接口电路直接输入函数型计算器运算。该计算器在开发连续式路面平整度仪之初期，直接用的是市场购置的函数型 4 位器，后来发展到 8 位、16 位、24 位，一直到 32 位器，其精度越来越高，而目前的精度已完全足够。在函数型计算器里将十分简便地得到统计型指标均方差的运算并输出数据。

3）关于路面平整度均方差 σ 指标的几何物理概念作如下叙述：汽车行驶在道路路面上是一种随机过程。对于我国规定的三级沥青路面来说，汽车在路面上行驶，没有标线规定车道，它可以满路幅行驶。因此，它所碰到路面上的凹凸是随机的，也就是说，汽车并不知道在哪里会碰到凹凸。对于二级沥青路面上的汽车，情况与三级沥青路面一样，也是随机的行驶过程。对于高等级道路的汽车来说，虽然路面上有白线，限制汽车的行驶范围，但在超车时又打破了规定的行驶界限，汽车事先不知道在哪里会与别的汽车发生超车，也不知道在哪里会遇到路面上凹凸不平的状况，因而，高等级道路上汽车行驶过程也是一种随机过程。既然是一种随机过程，那么应该用随机函数指标来表征路面平整特性才最为确切，这样，路面凹凸不平与随机函数发生了密切关系。

1.1.2.5 路面摩擦系数（纵向、横向）测定仪

1. 概述

路面摩擦系数是评价路面抗滑性能的一项重要指标。摩擦系数大，说明路面抗滑性能好，汽车在路面上行驶安全性大，反之，摩擦系数小，路面抗滑性能差，汽车行驶的安全性得不到保证。不论是水泥混凝土路面，还是沥青路面，在刚竣工时，抗滑性能一般都能

确保,但随着路面使用年限增加,摩擦系数会降低,致使抗滑性能下降。为了测出路面实际摩擦系数,国内外研制开发了多种摩擦系数测定仪。现将瑞典研制的一种快速路面摩擦系数测定仪作简要的介绍。

2. 路面纵向摩擦系数测定仪

(1) 快速摩擦系数测定仪是在牵引车不停且快速行驶下进行测定的,因而具有先进性。它的结构与功能如图 1-1-24 所示,主要由操纵盘 1、车底 2、测轮 3、汽车后轮 4、汽车后轴 5、变速轮 6、液压操纵 7、测轮齿轮 8、压重 9、传力管 10、换速拉杆 11 和齿轮 12 等组成。

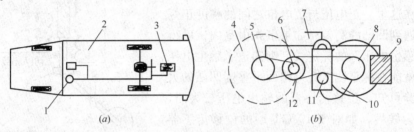

图 1-1-24 快速摩擦系数测定仪结构
(a) 测轮位置;(b) 结构示意图
1—操纵盘;2—车底;3—测轮;4—汽车后轮;5—汽车后轴;6—变速轮;
7—液压操纵器;8—测轮齿轮;9—压重;10—传力管;11—换速拉杆;12—齿轮

(2) 测轮为摩擦系数测定小轮,胶轮内径约 20cm,外径约 40cm;操作盘安置在驾驶室内,测轮变速、起落全由该盘操作;汽车底盘示意测轮的安装位置;测轮压重约为 80kg,齿链传动有高、中、低各档测速,测速换档杆用进或出来进行换档;液压控制杆控制测轮滚滑状态,测轮齿轮由油路控制测轮,变速轮将汽车后轮的速度传给测轮,并组成一定的传动比,便于换速。全套测定装置与汽车后轴滑动连接。摩擦系数测定原理如图 1-1-25 所示。

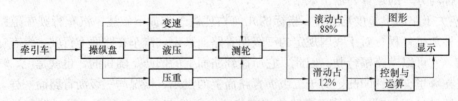

图 1-1-25 摩擦系数测定原理图

(3) 由图 1-1-25 可知,测定车以 165km/h、90km/h 或 60km/h 牵引速度带着测定小轮(悬起)前进。当需要测定时,通过驾驶室中的操作盘将测量小轮降至地面,同时将压重(800N)同步下降到测轮轴上,使测轮触地面积达 11.43cm²,单位压力达到 0.7MPa。在测轮刚下至路面的一刹那起,测轮被液压力间歇锁紧,此时,测轮在路面上滑动与滚动间歇进行。其中滑动占轮周的 12%,滚动占轮周的 88%,60km 时速转一周为 0.075s。这一过程全由程序控制自动完成,且滑滚连续地进行,直到停测小轮悬起为止。

(4) 根据物体摩擦的物理概念,在测轮降至路面的一刹那,路面摩擦力就对测轮产生了物理作用。此时,与测轮连接的传感器对测轮的滑滚记力,那么,此时的滑滚平均摩擦系数，即为在该测速与温度下的摩擦系数值。路面摩擦力越大，则相应摩擦系数越大，反之，摩擦系数越小。路面纵向摩擦系数用下式表示：

$$f_{vm} = \frac{F_m}{p}$$

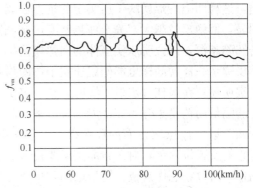

图 1-1-26　路面摩擦系数锯齿线圈

式中　f_{vm}——路面纵向摩擦系数，以小数计。因为测速可以控制，因此，在公式中未介入速度因子；

　　　F_m——在一定测速与温度下传感器对测轮的纵向拉力，即单位摩擦力（kN 或 MPa）；

　　　p——测轮对路面的单位压力（kN 或 MPa）。

快速摩擦系数测定仪所测的路面摩擦系数锯齿线如图 1-1-26 所示。

1.1.3　振动检测技术

1.1.3.1　振动检测技术概述

1. 振动检测技术的功能及应用

路基路面振动类检测技术是用向（地面）瞬态锤击来测定它的强度与压实度的一种方法。路基路面在受到锤击后即凹陷变形，或者产生一种传递振动波。这种凹陷或传递振动波即为检测所需要的主要参数，由于这种参数是依靠锤击后路基路面产生振动获得的，因而称为振动检测技术。

在国内外利用锤击的方法来得到路基路面检测数据，主要集中在路基路面的强度与压实度方面。从理论上讲，无论是路基路面均可用锤击的方法测定它们的强度和压实度，但实际上，目前国内外只限于测定它们的强度。为此，本章将扩展到路基路面的压实度。如何测量路基路面的压实度，其难度比测量路基路面的强度要大，还需要辅助于机械或电子仪器的配合，才能达到测定数据的精度要求。

2. 振动检测技术的基本原理

（1）锤击式路基路面强度检测原理

如果用一定质量与形状的钢锤，由一定高度自由落下，就可以在路基路面上产生一种冲击波。由于冲击时间短，因此，这种波一般是脉冲波或尖峰波，这种冲击波随即被精密位移传感器或千分表所接受，就产生了脉冲反弹位移量。从理论上讲，路基或路面压实得越密实，则路基强度越高，反之，强度越低。若路基路面强度高，吸振作用弱，反弹作用强，则脉冲反弹位移量就大；若强度低，说明路基路面软弱，如若吸振作用或吸能作用一定强，则脉冲反弹位移量就小。可以推理，若路基路面越软弱，则吸能作用就越强，脉冲反弹位移量就越小。如事先已做好"路面弹性模量与脉冲反弹位移量标定线"，则就可很快地反求出路面的实际强度或弹性模量。

另外，还有一种用锤击方法测出压实层反弹位移量，就是锤击法测出路基的锤击凹陷，这种凹陷变形反映了压实土的抗力性能，而这种抗力又与压实土的回弹模量有关，很明显，回弹模量越大，或土体越坚实，则凹陷应越浅，反之，越深。反过来论证也同样，若凹陷越深，则说明压实土体的回弹模量越小，反之，越大。显然，用这种方法与测定土体反弹量一样，同样也能确定压实土体的强度。由于该法要量出凹陷深浅，这对于压实土体很明显，在最佳含水量压实时，其一定重锤（2kg 左右）的凹陷量约有 1～5mm，这样的凹陷量用精密千分表完全能测量出来，而对路面来说，特别对路面面层来说，其压实层的凹陷量只有 1mm 左右的数量级，一般不易量出。因而，对于路面面层适宜的方法是测量它的反弹位移量，对于路面基层要视情况来定，有的基层可以，有的也难以直接量出凹陷量。所以，总体来说，用量取凹陷量的方法确定压实体的强度，以路基为宜。

（2）锤击式路面压实度的检测原理

第一种是指路面面层，由于路面面层的压实度与路基有所区别，它是用现场密实度与室内试验最大密度之比来表示，最大密实度并非最佳含水量下的数值，应该是最佳级配、用油合理、材料理想等因素综合下的数值。因此，现场测定时，只要测出路面面层的密实度就可以知道它的压实度了，它没有"干与湿"之分。

用锤击法测定压实度（或密实度）时，同样会使路面面层产生一个脉冲反弹位移值，它由精密位移计或精密千分表所接受，从理论上讲，若路面面层压实越密实，则反弹位移量越大，反之，应该越小。这样，在事先由室内进行标定的"反弹位移量—密实度"线上很快地反求出路面面层的密实度，再除以室内试验得到的最大密实度，即得到路面面层的压实度数值。这种方法适宜于沥青路面面层的密实度测定。

第二种是指路面基层。对于路面基层的密实度测定与面层有所区别，有些基层与含水量有关，它们是在最佳含水量下才达到最大密实度的。例如：石灰土结构，石灰、粉煤灰与砾石结构等，都要受到水分影响。可以说，没有水分就不能胶结，因此，这种材料层就有"干与湿"之分。当用同样方法所测得的脉冲反弹位移量或凹陷量，只是反映基层的湿密度，而路面面层材料反映的却是干密度。如果想知道基层材料的脉冲反弹位移量或凹陷量后就能即时得到压实度（因为按规范要求为干密度之比，就是室内最大密度与现场干密实度之比），则需要建立"干密度与脉冲反弹位移量或凹陷量的关系线"，才能得到"干的压实度"值。

（3）锤击式路基压实度检测原理

锤击式路基压实度检测的方式与路面面层和基层相比，主要有以下几点不同：

1）土种的测定影响：土种对锤击式测定方法有一定影响，如前所述，有些土种在压密状态下，其表面层内产生"板结"现象，因此，为了确保测定精度，必须考虑由于"板结"所造成的误差。在这种情况下，不能使用"全国所有土种一根标定线"，而应该按土种建立标定线的模式，一般来说，这种技术路线是准确的。由于道路施工里程一般很长，只要做出一次标定，就可在全线进行压实度的测定工作，这在实践上并不麻烦。

2）土层的影响深度：用锤击法测定路基压实度要考虑锤击的影响深度问题。由于柔性路面理论中，对土基的力学影响深度为土基顶面以下 80cm，如果锤击的影响深度仅在土基的表层，则它的压实度仅包含表面的压实度。因此，如果需要测定 80cm 以内的总体压实度，则在选择落锤质量时，需注意其锤击影响深度要达到 80cm。如果施工时分层检查压实度，那么根据分层碾压虚厚一般为 30～40cm，压实厚度为虚厚的 70%，则压实厚度约为 25cm 左右，在这种情况下，击锤质量可减轻，目前，一般为 1.5～2.5kg。

3）土中水分影响：路基中水分对用锤击法测定压实度具有较大影响。目前，国内用锤击法测定路基压实度在考虑土中水分影响的情况下研究了几种方法，现将其原理叙述如下：

① 测定的基本原理：凹陷量红外法。用锤击法得到的路基表面的变形凹坑，本来即能由"凹陷量与压实度标定线"上反查得到压实度大小，但由于压实度大小除了与凹坑变形有关外，还与土中含水量大小有一定关系，也就是土基压实度是土中含水量与凹坑变形的双元函数。由前述可知，所谓土基压实度是指现场于密实度与室内最大干密度之比，而现场得到的是湿密度，所以需要扣除其中的水分，到底扣除多少水分，自然地需要测知土壤的含水量。

土壤含水量测定方法国内外已有多种，特别是近几年来我国已研制了多种测量方法。如红外线烤干法，虽然这种方法属于破损测定，但十分有效，而且速度很快，一次土壤含水量测定只需 2～3min。红外线烤干法利用一个便携式烤箱，先由百分之一精度的天平称出需要测试的土壤的湿重，然后迅速放到箱里，烤干后再称出土的干重，这样，就得到了 $\Delta = \Delta_{湿} - \Delta_{干}$ 的水分增量。

在目前情况下，压实土体中某层水分含量的取得，用取土钻为好。这主要是因为取土钻头面积较小，钻一个小孔不会引起太大问题。如果只检查每一层土体含水量，则只要钻 10cm 深度即够，分层测定才需要钻深 80cm。由于红外线烤干法在烤干时电能耗费大，因此在野外测定时，电源电压只需要正常的电压 220V 就行了。

② 反弹位移量－电容法测定的基本原理：用锤击测定路基压实度的又一种方法是反弹位移量法。这种方法的原理前面已叙述，这里不再多赘述。用锤击得到路基反弹位移量后，不能即时从"反弹位移量压实度曲线"上查得路基的压实度值，需要测定该路基土的含水量值。这里介绍一种"电容测湿法"，是 20 世纪 90 年代中期研制的一种类似无损测试的装置，它基本上解决了国内外至今还在探索的无损测湿的技术问题，由于不需取土，因此，比"红外测湿法"更为先进、实用。

在进行电容法测定时，只需要在压实好的路基表面下 5～10cm 处切两个对称的长条形小槽，即可取得两极板间的土壤电容量。在制作中，极板的大小与两板的间距可由实验来调节，选择的要点是使每 1% 含水量的电容量与分辨率最大。由此看出，电容法由于开槽很小，对路基影响不大，可视为无损快速测定。

③ 频谱法测定的基本原理：在锤击情况下，用频谱法展现各种频率下的响应值，可以不测土壤含水量，即能取得土壤的压实度，这一成果在目前国际上为最先进的检测方法。现将该法简述如下。用一个不太重的铁锤或钢锤，在一定高度上自由落下，使路基受到一个瞬时脉冲信号，该脉冲信号是一个瞬态冲击尖峰波，它使土壤跟着该脉冲波一起振动，这种振动波通过加速度传感器接收并输入频谱仪展开成"频率与响应值"频谱图，如图 1-1-27 所示。并从图中看出：

a. 脉冲波随频率的增加，响应值由最小Ⅰ区到顶峰Ⅲ区，然后下滑到最小Ⅴ区，宛如一条正态分布曲线。进一步看出，对于任何一个含水量 ω，其变化规律似乎都一样，只是两头Ⅰ与Ⅴ区稍有分开，顶峰值有高有低，但均处于该曲线的最大值位置；

b. $\omega_1 \sim \omega_4$ 的 4 个土壤含水量下的响应值几乎都在Ⅲ区两侧，Ⅱ与Ⅲ靠拢，左侧Ⅱ区几乎靠近成一根线，这一段简称为"s-G 频段"。由图看出，只要在"s-G 频段"测定响应值，与含水量的大小几乎无关，进一步研究证明，这一频段的范围为 5～15Hz。在这一频段内测定的压实度与响应值的关系如图 1-1-28 所示。

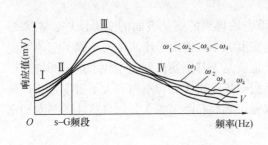 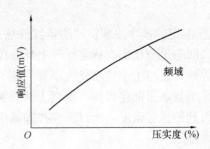

图 1-1-27　不同土壤含水量下的频谱图　　图 1-1-28　在 s-G 频段内响应值与压实度关系图

由图 1-1-28 所示可知，在 s-G 频段内，压实度与响应值的关系曲线略呈缓曲线形状，简称为"似直线"。显然，只要有了"似直线"，知道了路基在锤击下的脉冲波响应值，不测土体含水量，即能查曲线得到该路基的压实度值。根据实测对比结果，其精度达到 99％左右。

3. 振动检测仪器的类型

按其主要用途分类，振动检测仪器有以下几种：

(1) 便携落锤式路面弯沉快速测定仪。

(2) 车载落锤式路面弯沉快速测定仪。

(3) 落锤式路面密实度快速测定仪。

(4) 落锤-频率式路基压实度快速测定仪。

(5) 落锤-电容式路基压实度快速测定仪。

(6) 锤击式地震波弹性模量测定仪。

1.1.3.2　便携落锤式路面弯沉快速测定仪

1. 弯沉快速测定仪的功能与结构

(1) 便携式机械测振功能与结构：便携式机械测振结构制作方便、价格便宜、操作容易，是我国道路路面定点弯沉强度检查的一种适宜的现场测试仪器之一。图 1-1-29 所示

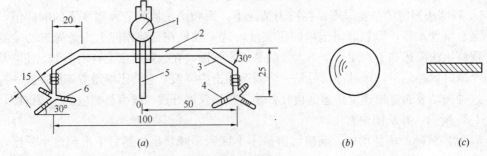

图 1-1-29　BL-Ⅰ型便携式落锤弯沉仪（尺寸单位：cm）

(a) 机械式测振架；(b) 圆钢球；(c) 塑料垫板

1—千分表；2—小梁；3—小梁弯角；4—底撑架；5—测杆；6—吸振弹簧

是 BL-I 型便携式落锤弯沉仪的结构图。

由图 1-1-29 可知，便携式落锤弯沉仪是由机械式测振架、圆钢球与落锤撞击垫板等三部分组成。测振架长可为 100cm，底撑长为 15cm，三支与地面成 30°；弹簧吸振能力大于 90%；钢球直径为 5～8cm；锤质量可为 2～3kg；塑料垫板既薄且硬，耐击力强，安置塑料垫板的目的是为保护路面不受直接冲击，尺寸可为 10cm×10cm×0.3cm。计数器为特制的千分表，即当千分表记数后，表针不会回零。

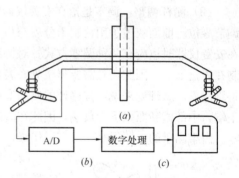

图 1-1-30　BL-II 型便携式落锤弯沉仪
(a) 位移计式测振架；(b) A/D 转换器
(c) 液晶计算器

(2) 便携式电子测振功能与结构：该测振结构与机械测振结构基本相同，区别在于机械式测振结构用的是特制千分表，而电子测振结构用的是位移传感器。由于电磁灵敏度高，因此，位移计式测振结构的测量精度高，很适宜水泥混凝土结构路基路面强度的测定。图 1-1-30 所示为便携式落锤弯沉仪的结构图。从图中可以看出，其结构与机械式测振所不同的只是换上了位移传感器，这种位移传感器可选择量程 10～20mm 即可。

2. 弯沉快速测定仪的工作原理

将一个重 2kg 左右的钢球，在 1m 高的高度处自由落下，球体落在离测力杆的尾端 0 位置的 5～7cm 处，对地面的冲击波使路面产生脉冲反弹，驱使测杆向上移动，即在特制千分表或位移计算器里记入了反弹位移量，这种反弹位移量即表示了路面的弯沉强度。如果事先知道了"反弹位移量与弯沉值"的关系曲线，即能通过反弹位移量反求得到路面弯沉值。

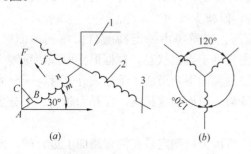

图 1-1-31　减振弹簧结构图
(a) 减振弹簧；(b) 弹簧平面布置
1—小梁；2—吸振弹簧；3—支撑架

3. 弯沉快速测定仪的使用要点

(1) 仪器的测量精度：影响测量精度主要是由于路面的振动而使测架随之振动，影响了表针的记录。为了解决这个问题，支撑架的上方安置了吸振弹簧，并把支撑做成与地面成 30° 的三支斜撑，如图 1-1-31 所示。从图中可知，当底撑受到路面反弹力作用下，撑头 A 处必然有一个垂直向上的反弹力 F。作直角三角形 ABC，CB 垂直于弹簧，AC 为斜边，则每根弹簧受到的垂直力 f 为：

$$f = AC \cdot \cos\angle ACB = \frac{1}{3}F\cos30° = \frac{1}{3}F×0.87 = 0.29F$$

由此可见，作用在弹簧上的力已较小，该力使弹簧的外侧区域 n 侧压缩，并使弹簧有一定缩短，而内侧区域 m 弹簧受到拉伸，并使弹簧也有一定伸长，如果弹簧与路面间的夹角调得适宜，则在弹簧中性轴断面处既不存在压缩，又不存在拉伸，变形应等于零，这就实现了弹簧减振的目的。但在实际上，中性轴可能发生偏离，因此，在中性轴处变形就不完全等于零，一般弹簧的减振效果为 90%～98%。

（2）测杆调整：调零是指在安置仪器时表针回落到零整位置。一般情况下，表针均需要调节零位。前面叙述了用特制千分表与位移计等两种方式来记录其冲击能的反弹量，因此，在安置仪器时也应有两种调零方式。对特制的千分表调零比较容易，由于千分表的刻度是印制在表盘上的，因此，只需要将千分表表盘转动，即能达到目的。对于位移计在调零时需要特别注意，从理论来说，位移计的差动变压器线圈具有方向性，在线圈中部横断面以上应为正端，中部横断面以下为负端，因此在调零时，最好调到中部横断面上，其输出位移量应为零。由于测量的电压很小，只有微伏级，为了确保测量精度，记录电压的仪器需要特制。

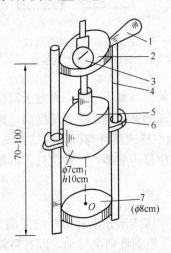

图 1-1-32　着地点反弹力
测定装置圈
1—手把；2—上固定圆环；3—千分
表；4—滑杆；5—重锤；6—锤耳朵；
7—下固定圆环

（3）着地中心点反弹力测定装置：所谓着地点反弹力的测定是指落锤着地点处的反弹量记录。前面两种方法测定时均偏离着地点 5～7cm 位置，自然记录反弹力不能代表着地点的反弹量，而且反弹力均较中心处为小，偏离测定容易做到，但测定着地中心点的反弹力较难。由于记录量真实，且数量大，错误小，因而测定着地中心点反弹力仍具有意义。这里介绍一种用特制千分表制作的中心点测定装置，如图 1-1-32 所示。

（4）着地点反弹力测定装置是由滑杆、重锤、特制千分表等组成。滑架由滑杆、上下固定圆环与手把组成；重锤成圆柱形，质量与前相同，由锤体、锤耳朵与测管组成。测量时，特制千分表的测杆插入测管中，并用固定螺丝将千分表测杆外套管夹住，此时的千分表与重锤组成整体。为了使地面反弹力较柔和地推动千分表的测杆，可以考虑在测杆端部粘贴一块硬塑料块。同样，在滑杆的触地端，也应粘贴硬塑料，以减少反冲力。

（5）测定原理：当重锤由一定高度自由落到地面时，由于地面反弹力迫使重锤上跳，此时因千分表测杆处于自由状态，根据惯性原理，重锤带着千分表外套管反弹向上，而千分表测杆却还在继续向下，形成了千分表外套管与千分表测杆之间的相对滑移，因而在千分表上出现了读数。路面强度越高，反弹力越大，千分表读数越大；反之，千分表记录数值越小。

（6）测定温度与补偿：对于沥青路面来说，弯沉强度测定是在沥青路面上进行的，而表层区域受天气影响变化较大，夏季沥青路面变软，冬季又变硬变脆。因此，如在夏季测定时，由于沥青层回弹模量降低，而使反弹位移量增大，产生失真；冬季，由于过硬，也会产生失真现象。所以一般测定温度控制在 15～20℃ 为宜，相当于春天与秋天的气温。如果一定要在非测温区进行，那么事先要得到"温度补偿曲线"或"温度补偿值"，采取温度补偿办法来解决产生应用问题。

1.1.3.3　车载落锤式路面弯沉快速测定仪

1. 弯沉快速测定仪的功能与结构

车载落锤式路面弯沉快速测定仪是目前国际上较先进的一种路面弯沉强度无损检测设备之一。它可分为拖挂落锤式与内载落锤式两种。拖挂式牵引车与拖车可以分离，即工作时挂上，完工时可以脱开，便于维修与存放。外载结构形式中，拖挂体为检测装置部分，检测打印或显示系统一般安装在牵引车内。内载落锤式则工作部分与牵引部分置于一个车内，体积较小，便于运输。一般情况下，外载拖挂式为常用，故以该种仪器为例来叙述其结构特点和功能。图 1-1-33 所示为拖挂式落锤弯沉快速测定仪的结构方框图。从图中可以看出，该测定仪主要由四大部分组成：

（1）操纵部分：如图 1-1-33（a）所示，由一批按钮组成。操作液压缸，使测架升降，同时操纵落锤下落与提升，另外还控制打印输出等。

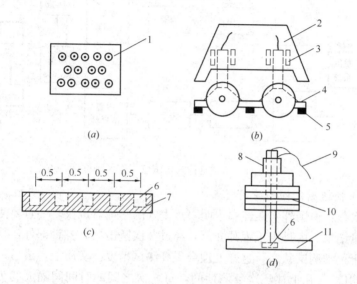

图 1-1-33 拖挂式落锤弯沉仪结构图（单位尺寸：m）
(a) 操纵盘；(b) 液压升降架；(c) 弯沉盆测梁与传感器；(d) 落锤与击板
1—操纵盘；2—拖车；3—液压筒；4—升降架；5—电磁铁；6—传感器；
7—测梁；8—电磁铁；9—电线；10—落锤；11—击板

（2）液压升降架部分：如图 1-1-33（b）所示，它是由液压筒 3、升降架 4、电磁铁 5 等组成，整套架子固定在拖车上，升降受液压筒控制等。

（3）弯沉盆测梁和传感器部分。如图 1-1-33（c）所示。在仪器中，测量长 25m，传感部分用速度型传感器，整个梁共布置了 5 个，间隙为 0.5m，包括击板底部 1 个，共 6 个速度型传感器，1 次能够测出 6 个弯沉数据。

（4）落锤和击板部分。如图 1-1-33（d）所示。其中落锤锤重 5～25t，击板直径为 300mm，电磁铁由液压控制升降，击板底部安置一个速度传感器，它能测到荷载中心点的弯沉值，电线是用来控制磁铁与液压筒升降的。落锤液压系统也与拖车固定。

除此以外，该弯沉快速测定仪还有一套完整的软件系统，主要是处理数据、存储与显示、打印等。

2. 弯沉快速测定仪的工作原理

（1）落锤式路面弯沉测定仪的工作原理如图 1-1-34 所示。将测定车开到测定地点，将一切准备工作做好后，工作人员在驾驶室操作测定按钮，将液压升降架放下，测架随之落到路面，操纵按钮，使液压升降架上的电磁铁去磁，与测架脱钩，升起液压架，此时测架 5 个速度传感器至待测状态。

（2）与前述同时，操纵落锤系统液压部分，使击板下垂到路面，同样也处于待测状态。此时，按下按钮，电磁铁去磁，落锤与吸铁脱钩，自由下落，击至铁板，如锤头质量为 5000kg，铁板触地面积为 700cm²，则锤击一下的压强为 0.7MPa，这相当于我国《公路柔性路面设计规范》选定的标准黄河汽车对路面产生的单位压力。

（3）此时，6 个速度传感器同时记录到下沉时的速度，送入数据处理装置，并对速度进行积分，得到中心弯沉值与弯沉盆，然后存储、打印与数字显示。

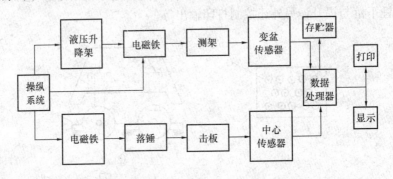

图 1-1-34　车载落锤式弯沉仪工作原理框图

3. 路面弯沉快速测定仪的使用要点

（1）测量次数：由国外实践经验表明，丹麦式的落锤弯沉仪，一点要测 3 次，取用最后一次作为测量结果。由丹麦工程师介绍，经过 2 次锤击后，各种部件，特别是弯沉盆测梁与击板均处于正常测试状态，这样处理会提高测试精度。实质上，最后一次可视为无形中的"三次平均值"。在上述三次复测期间，每一次之间的时间间隔大约为 1～2min。如果复测时间间隔过短，即路面正在回弹恢复阶段，随即锤击第 2 次，会产生检测失真，当然，时间间隔也不能过长，过长会影响检测效率。

（2）测梁与路面接触：在高等级道路上测量，梁体底部一般总能与路面保持接触，即使有一点脱空，也可依赖速度传感器的测头端部在上部弹簧推力下与路面贴紧。但在一般公路上测定时，遇到的情况就比较复杂，路面凹凸不平严重时，测头再顶也不能贴到路面，这种情况下会产生测不到弯沉值的现象。作为弯沉盆，有 6 个弯沉值就能测出，在盆中如有个别点没有测到，问题还不大，但超过半数点没有弯沉值，弯沉盆将不能画出，因此，在设计速度传感器时，必须考虑我国的路面实际平整情况。

1.1.3.4　落锤式路面密实度快速测定仪

1. 密实度快速测定仪的功能与结构

（1）落锤式路面密实度快速测定仪是采用凹陷变形法原理来设计制作，其结构非常简易，操作方便，造价低廉。其分项结构如图 1-1-35 所示。

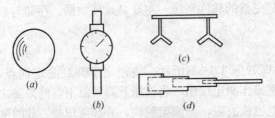

图 1-1-35　落锤式路面密实度快速测定仪结构与部件图

（a）钢球；（b）千分表；（c）表针固定架；（d）小杆

（2）图中（a）是质量为 1.5kg 的钢球，为该仪器的主要部件；图中（b）为特制的千分表，凹陷量由表针量取；图中（c）为表针固定架，由涂镍钢板（厚度为 3mm，宽度为 50mm，长度为 100～150mm）与两边支撑组成。

（3）钢板中心有小孔，孔径与千分表下把吻合，该架的结构主要是应当保持表头的稳定；图中（d）为可伸缩的小杆，外表由镍钢板精制而成，其伸长度为1000mm，缩后长度为250mm。它的功能是使小球在定高的情况下而落下。

2. 密实度快速测定仪的工作原理

（1）将小钢球由规定的高度（70～100cm）自由落下，在沥青路面表面上产生一个微凹陷。这种凹陷接近规定密实度时，凹陷量大致为1～2mm，下沉的凹陷肉眼也能看到。

（2）将固定架置于凹陷两侧，并使事先校零的千分表杆自由滑下，相对于固定架读取凹陷量，即为该点的路面密实度参量。由前述可知，路面凹陷量与路面密实度成线性或似线性关系，即凹陷量越大，则路面密实度越低；反之，密实度越高。

（3）这种测量与路面材料中微量含水量无关，因此得到凹陷量后，即能在"凹陷量与密实度关系曲线"上得到该点沥青路面的实际密实度值。如换算为压实度值，则只要将此值除以室内马歇尔仪上得到的沥青混合料最大密实度值，即可获得现场沥青面层的实际压实度。

3. 密实度快速测定仪的使用要点

（1）仪器的使用精度是一切测量仪器的生命线，为保证测量精度，应注意以下事项：

1）选点要相对平整，对于新路一般都能做到（一个点的范围约为100mm×100mm）。由于固定架要放置两次，一次是调零，一次是测量凹陷量，相对平整会使两次放置误差很小，可忽略不计；

2）第一次放置固定架时，应在路面上做好标记（白粉笔也可），仪器固定架在路面上有四个置点，因此必须做好四个记号；

3）调零要准确，置零后随即将固定架上的固定螺丝锁紧，到第二次测凹陷时松开；

4）测量时温度按前述要求进行，凡无法在规定要求时测量，则需对凹陷量进行温度补偿；

5）以两次平行试验的平均值为测定值。

（2）采用色纸测量：采用色纸测量是一种新的测量方法。色纸是由工厂特别加工制成，这种色纸平时为白色（纸上标有周长圈），但遇到强力时，会变成其他颜色，黄色或黑色。测量时，将色纸铺在测点处，当落锤下落时，色纸受到强力撞击并沿凹陷下移，这样，在色纸上得到一个变色圈，这一变色圈与凹陷路表直径相等，如图1-1-36所示。由于色纸上标有色圈，因此，直接在色纸上取出球缺周长 L，根据几何公式算出球心至球缺垂足长 a（简称垂长，即 OO'），进而算出凹陷量△，如下式所示：

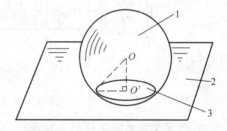

图 1-1-36 色圈垂径计算图
1—球；2—色纸；3—球缺

因为
$$2\pi\gamma = L$$

$$\gamma = \frac{L}{2\pi}$$

$$a = \sqrt{R^2 - \left(\frac{L}{2\pi}\right)}$$

所以 $$\Delta = R - a$$

式中 Δ——路面下陷量（mm）；

$\quad\quad R$——钢球半径（cm）；

$\quad\quad a$——垂足长度（cm）。

（3）结构变动：仪器在采用色纸测量时，需要对上述结构部分作重要的技术改动。改动后的结构与部件为：钢球一个、色纸若干张、限高伸缩杆一根。

1.1.3.5 落锤-频率式路基压实度快速测定仪

1. 压实度快速测定仪的功能与结构

（1）落锤—频率式路基压实度快速测定仪是利用落锤的冲击使土体产生反弹力，并利用低频测出土体响应值的一种不测含水量就能得到路基压实度的测试仪器。这是我国 20 世纪 90 年代中期研制的，由于它在测定路基压实度时，无须测定土体中的含水量，使测定快速、方便，因此，该种仪器深受广大用户的欢迎。

（2）图 1-1-37 所示为落锤—频率式路基压实度快速测定仪的结构框图。仪器中的落锤装置主要由落锤、滑杆、定杆圆环与手把等组成，是压实度信号的激发装置。传感器一般使用加速度传感器为宜。位移传感器记录信号较方便与直观，但由于信号太小，且不稳定，因此，一般不用。前置放大器一般采用电荷放大器，它放大电压信号。

（3）利用低通滤波器的目的主要是得到压实度的低频信号，要求低通稳定，滤波效果好。A/D 转换装置的功能主要将电压信号转变成数字信号。信号处理与运算的目的是将由 A/D 转换到数字电压的信号及其根据信号的组合运算，是由一块单板机来完成。图文功能器主要完成压实度数值的打印、绘图与显示。

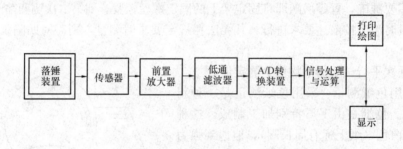

图 1-1-37 落锤—频率式路基压实度快速测定仪结构框图

2. 压实度快速测定仪的工作原理

（1）图 1-1-38 所示为落锤频率式路基压实度快速测定仪工作原理图。现介绍其工作原理。

（2）在已碾压的路基表面上，选择一块比较光滑的地面，将落锤装置摆正竖直，等待检测。松开手使落锤自由落下，接触地面时，土体表面随即产生一种反弹力。从理论上讲，土体越实，吸能作用越弱，则反弹力越强。反弹力随即使加速度传感器工作，记录加速度值。

（3）但由于传感器输出的电荷信号十分微弱，且阻抗很高，经过电荷放大器的前置放大，同时变高阻抗为低阻抗，并以电压信号输出，此时，已由微伏级上升为毫伏级有用电压。

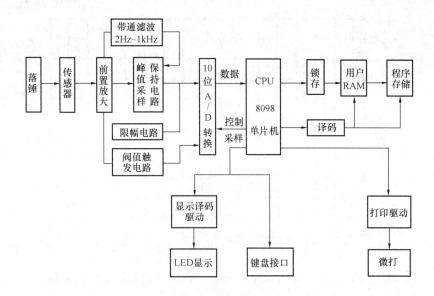

图 1-1-38　落锤-频率式路基压实度快速测定仪工作原理

（4）随即又通过低通滤波器，其主要目的是为了得到低频工作频段，进入峰值采样保持电路。为使仪器元件安全，需设置限伏电路。然后，再由阀值触发电路，进入 10 位数（精度高）A/D 模数转换电路，CPU8098 单片机进行数据处理，最后，由 LED 显示器显示，同时，由打印机输出压实度数值。

3. 压实度快速测定仪的使用要点

压实度曲线的标定

1）压实度曲线标定的条件。路基压实度曲线的标定工作十分重要，应该在仪器的各部分功能正常情况下进行。标定工作实质上就是制作标定线，这项工作一般在室内试验室进行。在该仪器工作原理的特定标定下，要做好标定线，必须认真做好几点：

① 必须在 s-G 低频下进行标定，只有在低频下标定，才能够体现仪器的特点，即不测土体含水量，而直接测出土体的干密实度。若偏离了低频段，将产生较大误差，甚至使标定线报废。因此，在使用仪器之前，必须对仪器的低频可靠性进行检查确定，一般用频率计确定它的 s-G 低频频带宽度；

② 选择好即将使用的土种作为标定土。土种对压实度标定线是有影响的，这与土的颗粒结构、矿物含量、矿物性质以及与水之间的相互关系等有关，这些因素的相互作用都会影响锤击能量的吸收，使反弹力发生变化。因此，工程使用什么土种，标定时定要选择工程所使用的土种，而且，选择的土种要具有工程代表性，这是确保标定精度的必要条件。

2）压实度标定线。压实度标定就是在 s-G 频段内，建立压实度加速度传感器响应值与压实度大小的关系曲线。响应值一般用加速度响应值的自功率谱值。但由于谱值中均方谱值比幅值谱值的分辨率要高约 2.1 倍，因此，一般用均方谱值作为反弹力的响应值。这种响应值的反弹力级差为平方倍，所以，数值较大，而且明显。当在黄土情况下，压实度从 0.85 变化到 0.95 时，均方谱值变化在 $1.30 \sim 180 \mathrm{mV}^2$ 之间。现将利用陕西关中黄土（塑性指数 9%）的一组标定值，绘成 $a\text{-}k$ 线，如图 1-1-39 所示。

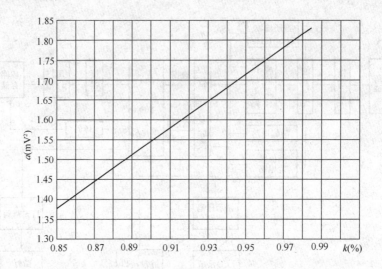

图 1-1-39　在 s-G 频段内的响应值 a 与压实度 k 的关系图（或标定线）

由图 1-1-39 可看出，加速度均方谱响应值 a 与压实度 k 之间为线性关系，可简化为直线方程式：

$$a = 3.260k - 1.380$$

$$\gamma = 0.98$$

或　　　　　　　　　$$k = 0.3067a + 0.4233$$

式中　a——加速度均方谱响应值（mV^2）；

　　　k——压实度值（%）；

　　　γ——相关系数。

4. 落锤对土层的深度影响

（1）落锤对土体深度影响的测定十分重要，它是决定落锤质量与检测精度的主要因素。锤头越重，影响土层的深度越深，反之，越浅。

（2）但对于便携式压实度测定仪来说，锤头重会造成携带不方便，因而，从携带角度来说，锤头应越轻越好，该仪器锤质量为 1.5kg，落高为 70cm。

（3）在这一锤重下，做对土层的影响深度试验：将加速度传感器埋入土层，分别埋入 20cm 与 40cm 两层，然后，用锤头做冲击试验，结果发现加速度响应值相应为 150mV 与 60mV，说明锤击能量 70% 都消耗在 20cm 厚的土层表层内。

（4）由于路基压实时，实际厚度也在 20～30cm 之间，因此，说明了检测是准确的。

5. 阀值电路的设置

（1）锤体在上下滑动过程中，常因受到一些摩擦声与外界干扰等因素的影响，使一些工作过程中的无用干扰信号混入测量信号，给测量结果造成一定的误差。根据测试，干扰信号的幅值一般在 0.20～0.50V 之间。

（2）根据该仪器的实际情况，将阀值电压定为 0.75V，这里留了一定的抗干扰余量。这样，凡是小于 0.75V 的干扰电压不予采样，从而降低了误采率，确保了检测精度。

6. 峰值采样保持电路的设计

（1）在锤击情况下，压实度值只能与冲击波形成的峰值有关，亦即只与反弹力的峰值发生关系，而在实际的采样中，则并不一定与实际的峰值位置一致，如图 1-1-40（a）所示。

（2）由于不一定能够把最大值检测出来，就会产生峰值的检查误差值。因此，根据研究的实际情况，设计了峰值采样保持电路，使冲击波的峰值能保护一定的时间，从而保证了峰值的采样精度，如图 1-1-40（b）所示。

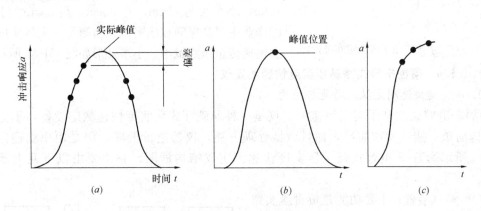

图 1-1-40　峰值采样电路设置前后图
(a) 未加保持电路时采样；(b) 设置保持电路后采样；(c) 削波采样

（3）对于峰值过后的数值不采样，削去了半个波，如图 1-1-40（c）所示。这样比未设峰值保持电路时的采样点只少一半，这对提高处理速度、加快处理时间具有重要意义。

7. 限幅电路与低通滤波器的设置

（1）限幅电路的设置。它主要是保护设计的仪器能安全地使用，当锤头在落至路基表面时，有可能碰到土体中的石块等硬物，会产生瞬态尖峰反弹力脉冲信号，比正常土体可能大 0.5～1 倍，有的甚至大 1 倍以上，从而使峰值保持电路损坏，仪器失去正常使用功能，但当设置了限幅电路后，就保护了峰值电路。当然，在确定限幅量级时，需要做些试验以确定限幅电压值，以避免把有用电压信号限于门外，造成检测失真。

（2）低通滤波器的设置。它的主要功能是确保低频信号通过，其他信号被滤掉，因此，从名称上理解也可为高中频剔波器。设置低通滤波器后就能保证 s-G 频段的实现。另外，在电荷放大器输出的信号上加上了一个 6V 的直流电瓶，因此设置低通滤波器的另一个目的就是消除该部分所带来的直流分量。

8. 测点数与测点布置

（1）路基压实度测定以两次平均值作为最后考核该点或该段路基压实度的质量标准值。

（2）如若两次压实度实测值的相对误差超过 1%，则需要进行第三次实测，利用三次平均值作为压实度的最终结果。

（3）压实度测点位置选定的原则主要是决定落锤的底面直径 d，以及路基土冲击后回弹恢复的时间 t。当在 $t=1\text{min}$ 之内就要作第二次测定，则需要将落锤的位置向旁侧移动 1.50 倍距离；当在 $t=3\text{min}$ 时，再测第二次；则可在同一位置测定即可，这样的安排不

图 1-1-41 手推式压实度测定车外形图

会引起误差。

（4）手推式压实度测定车

手推式压实度测定车是适应工地大面积施工质量检测设计的。它的检测原理与便携式一样，所不同的只是结构安置。将落锤、加速度传感器、前置放大器、低通滤波器、数据处理器、储存器、数字与图形显示系统组装在小车上。小车的总重约为 15kg，小车长为 45cm，宽 30cm，高 35cm。小车的作业主要是尾随在压实机后边测量，把压实度信息迅速传至压路机手。小车外形如图 1-1-41 所示。

1.1.3.6　落锤电容式路基压实度快速测定仪

1. 压实度快速测定仪的功能与结构

落锤-电容式路基压实度快速测定仪是一种非破坏式压实度快速测定设备，不但仪器结构简单、测试操作简易，而且数据处理方便，仪器造价低廉，深受用户欢迎。图 1-1-42 所示为落锤-电容式路基压实度快速测定仪结构框图。它主要由以下几大部分组成：

（1）落锤装置：主要功能是负责压实路基的反弹位移测定，它是由落锤与反弹位移测定器组成。其中，落锤装置与前面所述的图 1-1-32 所示的着地点反弹力测定图相同。反弹位移记录与频率式仪不同，它是一个特制精密位移记录表头，量程为 10mm，满度为 1000 μm。而频率式是加速度计。

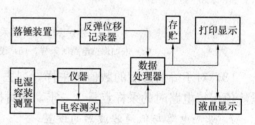

图 1-1-42　落锤-电容式路基压实度
快速测定仪结构框图

（2）电容测试装置：它是由一个仪器与电容测头两部分组成，电容仪可由市售袖珍式电容仪替代。电容测试原理一般为充放电式建制，测量范围可以选择，最小值 1pF，最大值为 1μF。电容测头负责路基土电容的传感，它实质上是由一组平板电容器组成，为防止由于湿导电所引起的漏电流影响，在结构中可采用封闭制形式，两板间距一般为 50～150mm，两板面积为 6000mm^2。

（3）数据处理器：它的功能主要是将由落锤装置传来的反弹位移与电容测试装置传输来的电容进行程序处理，由此可得出压实度数据，一般可由单片机或小型程序计算器替代，如 SHARPEL-5100S 袖珍式函数型计算器等。

（4）数据显示处理器：即对数据处理器传输来的压实度数据进行显示，一般有两种显示方式，一种为打印显示，另一种为液晶显示。数据显示处理器还具有数据存储功能。由于落锤部分不用时可以装卸、折叠，电容测定部分量程较窄，因此，整套仪器体积不大、质量较轻，完全可组成便携式结构。

2. 压实度快速测定仪的工作原理

（1）测定工作原理

1）将被测的路基表面平整干净，在间距为 100～150mm 处各挖开一条小槽，小槽宽 5mm、长 30mm，两边对称。然后将电容测头两板埋入土中 100mm，两极板的引线分别接入电容测量仪插孔，在插入前先调零，插入后即可测量电容量。

2）由前面介绍可知，土体是一种电介质，具有一定的介电常数，当土的矿物成分、颗粒大小、单位体积颗粒含量以及含水量一定的情况下，介电常数应是一定的。但土的情况比较复杂，在土种一定的情况下，介电常数还与单位体积颗粒含量与土的含水量有关，它是变数，而不是定数。实践证明，随着土体含水量增加，介电常数增大，电容量也增大，其变化规律如图 1-1-43 所示。

3）由图 1-1-43 看出，C-ω 变化曲线呈幂函数规律变化（$y = ax^b$），在最佳含水量以下似为直线变化，在最佳含水量以上，介电常数或电容量的增加的速率稍加大，因此，该 C-ω 曲线的拐点可能是土中的最佳含水量区域。

4）在黄土路基的测试中（测头不封闭），干土的电容量约在 $0.3\mu F$ 下，湿土的电容量约在 $1.5\mu F$ 以上，这说明干土与湿土的电容量区间为 $1.2\mu F$ 左右。若干土含水量为 3％、湿土含水量为 25％（一般土种最佳含水量在 25％ 以下），级差为 22％，则每 1％ 含水率的电容量为 $0.05\mu F$。这样的电容量已足能区分 1％ 含水率，因此，该种测定具有较高的电容分辨力。

（2）落锤式装置工作原理

1）在压实路基电容量测完后即可进行路基表面落锤试验。将落锤仪的两根滑杆脚置于两小槽中间，如图 1-1-44 所示。同样将地面清洁平整，然后松开扣紧开关，落锤由规定高度自由落下，路基受振后产生反弹力，即锤头向上反弹，迫使固紧在锤头上侧的特制精密千分表杆受振后作与锤体相对移动，表针随即记数，这一数字即反映了路基的压实程度。

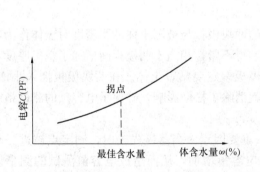

图 1-1-43　土体（黄土）电容量（介电常数）
随含水量变化示意图

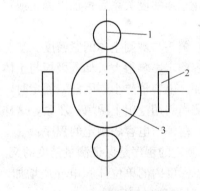

图 1-1-44　落锤测试位置图
1—滑杆脚；2—小槽；3—锤头

2）由试验可知，路基的反弹力与压实度有密切关系，路基越密实，吸振能力越弱，反弹力越大，锤头向上跳得越高，反之，路基越软，吸振能力越强，反弹力越小，锤体跳得越低，千分表记录到的位移量越小。根据这一特点就能按千分表的读数测知路基湿容重或湿密度的大小。

3）由于路基的反弹力是在湿容重下得到，所得到的反弹位移量为湿土或湿容重位移量，而不是所需的干容重反弹量，因而，事先应有在某种含水量下的"反弹量与干密度标定线"，才能得到干密度或路基压实度。

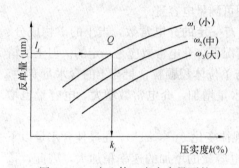

图 1-1-45　在土体一定含水量下的
反射量与压实度关系图

4) 根据实验绘制的湿土反弹量与湿容重相对应的干容重的反弹量曲线如图 1-1-45 所示。

5) 由图 1-1-45 可知，一个含水量就有一组"反弹量与干压实度"关系线，就是说，光有反弹量也不能直接得到压实度，一定要测知与反弹量相应的湿土含水量，才能确定路基在那种含水量下的压实度。该仪器中利用电容法测知路基含水量，就是解决这一难题。在上 1-1-45 中，已知压实路基反弹量为 l_l，相应土体含水量为 ω_1，由 l_l 作横标平行线交 ω_1 于 Q 点，再由 Q 点作横标的垂直线交横标于 P 点，则得到路基压实度 k_l。

3. 路基压实度快速测定仪的使用要点

（1）电容测头埋入路基的深度：电容测头的两块极板埋入路基表层的深度会影响到电容量的测定精度，因此，电容测头埋入深度应考虑以下几点：

1) 电容测头所测得的土体电容量不因为路基表面水分蒸发快，特别是夏天蒸发特快而产生较大误差。电容测头埋入土体的深度应与压实层对应，也即能代表压实层的含水量。在这些指导思想下，电容测头应该埋置在压实层的中位较为合适，若 300mm 的压实层，则埋在 100～150mm 的深度为宜；

2) 由上述可知，利用反弹量方法测定只能得到压实层的平均压实度，并不能得到每 10cm 一层的压实度值（黄土层为 30cm），因此，当要得到上、下层的压实度值时，必须与中层建立压实度关系后再加以修正或每层测一个来取得。上述方法适宜于现场施工质量检验。

（2）测头与被测土体的紧密度。测头的两块极板与被测土体的紧密度对土体作为电介质的电容测定影响很大。如若极板与土体贴得不紧，相当于两极板间增加了空气厚度，绝缘度增加，电容量减小，因此，测定时，极板一定要贴紧土体。在两块极板插入小槽后，背面一侧尚需用挖出土回填、压紧，这样就消除了松动影响，确保了电容量的测试精度。

（3）落锤—电容法测定的程序：

1) 测定的程序是保证测量精度的又一重要因素。当落锤先击时，测定点被进一步压密，该点深度内的单位体积电介质增加，电容量增加，从而造成电容值测试的测量误差（一般情况为 5%～15%）。

2) 为消除电容增量，确保测量精度，测量时，应先测压实路基的电容，然后测定压实路基的反弹位移量。测量路基电容量，要事先开挖两条小槽，这种做法经过实验说明是不会影响落锤的反弹位移量的。

3) 落锤锤击的是该点处整个压实路基的土层，而不是小槽之间薄层的反弹量，如果土质是连续介质，则反弹力反映的是有限测情况下的半无限均质体的反弹力或反弹位移量。当然，由于土体是弹塑性体，这种反弹力主要来自于锤击区域的抗力，为此，小槽对反弹位移量的测定是没有影响的。

（4）单位介质密度影响：

1) 用电容法测量土体含水量时，除了与土体含水量发生关系外，还要受到土体压密

的影响，即在同样含水量下，松土与压密土的电
容具有区别，这是因为在两极板之间的介质发生
量的变化所造成的；

2）当土体松散时，单位体积中的介质数量
较土在压密状态时为小，因而电容量就小，当单
位体积中介质增加时，电容量显然会随之增加，
这种变化称为单位介质密度影响。这种单位介质
密度影响可用图 1-1-46 表示；

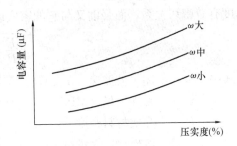

图 1-1-46 单位介质密度对
电容法测湿的影响图

3）由图 1-1-46 看出，单位介质密度对电容
法测湿的影响几乎为缓直线变化；

4）由实验也可测知，在某种含水量下，中密状态与压密状态的电容量误差约为 15％左
右，或者说，压密土为中密土的 1.15～1.20 倍，含水量大小对介质密度的测定影响不明显；

5）一般在施工监测时，土体均在压实状态，即压实度在 0.85～0.98 之间，因此，如
果选择压实状态为基准，则湿土（含水量约 25％左右）的电容量为干土（含水量约为 5％
左右）电容量的 25～30 倍，显然，在这种情况下，单位体积的介质密度影响只是一种小
误差，不会影响整体电容测湿法；

6）为了消除这种由于介质密度变化引起的误差，在实用上采用二档补偿：土体压实
度在 0.85～0.90 为第一档，大于 0.90 为第二档。在路基压实度质量现场监控时，其压实
度一般在 0.90 以上，因此，补偿第二档居多，补偿的量值可根据实验来确定。

1.1.4　超声波检测技术

1.1.4.1　概述
1. 超声波检测技术的应用特点

超声波检测技术在道路路基路面中的应用是在 20 世纪 90 年代初期发展起来的一项无
损检测技术。我国应用超声波检测开始于建筑工程与岩土工程，主要用波速法测量岩石的
抗压强度与判断岩石的性质，以及评价建筑工程中材料特别是水泥混凝土与钢筋水泥混凝
土材料的质量。由于超声波具有激发容易、检测简单、操作方便、价格便宜等优点，因
此，在道路路基路面检测中的应用，特别是高等级道路检测中的应用有着广泛的前景。

超声波是一种频率高于人耳能听到的频率的声波。人耳能听到的声波频率范围为 20
～20000Hz，而超声波的频率是越过了 20000Hz。根据实践证明，频率越高，检测分辨率
越高，则其测量精度越高。因此，在实践中所使用的超声波，而不是一般的声波测量。但
频率高时，波长就减小，当减少到与被测材料中的骨料尺寸处于同一数量级时，散射面积
扩大，声波的散射量增加，随之衰减量增加，而使有用的反射波减小，相应地波的回收能
量也随之减小，使测量误差增加。因此，在实践中利用超声波测量时，其超声波的频率范
围一般上限频率为 100kHz，下限为 20kHz 左右。

2. 超声波检测技术的基本原理

波速法是超声波检测路基路面的最基本的方法。所谓波速法，即是指用波在路基路面
材料中行进的速度来检测其力学性能的一种方法。波的行进速度与该种材料的软硬度即强

度有着密切关系，而强度又与它的密实度、弹性模量以及泊松比有关，如下式所示：

$$v = \sqrt{\frac{E}{P} \cdot \frac{(1-\mu)}{(1+\mu)(1-2\mu)}}$$

式中　v——超声波波速（m/s）；

　　　　E——弹性模量（MPa）；

　　　　P——介质材料密度（g/cm）；

　　　　μ——泊松比，无量纲。

（1）由上式看出，如从材料的力学角度分析，超声波在固体材料中传播，实质上是一种高频机械波在固体材料中的传播。超声波通过固体材料时，使固体材料中的每一个微小区域都产生拉伸、压缩或剪切等应力应变的过程，因此，超声波在这种固体材料中的传播速度，实质上就表示该种固体材料的应力应变状态，亦即直接反映了这种固体材料弹性模量与密度的特性。

（2）正如上述，这两个指标与强度有着直接关系，亦即强度是这两个指标的综合反映。由实践证明，材料的强度越高，穿过它的超声波波速值就愈高，材料的强度越低，则穿过它的超声波波速值就越低，实质上用波速值的太小就表征了材料的强度高低。

（3）当材料松软时，其强度小，即表征材料强度的弹性模量与密度小，它们的综合结果也必然小，穿过它的波速亦将随之减小；当材料坚硬时，其强度大，表征材料强度的弹性模量与密度必然大，同理，它们的综合结果也必然大，穿过它的波速亦将随之增高。

（4）对于有缺陷的材料体，其强度的降低导致超声波在该处所行进波速也必然减小，例如，水泥混凝土材料中的空隙等，这是由于波在该处产生不正常行驶，或发生杂乱的散射或绕射，增加了声速传播的声阻抗，使速度减缓所致。

（5）一般来说，正常的材料模量、密度或强度都是稳定的，而且通过室内试验可取得正常的波速值，也可以通过现场取得（需修正）。但当发现测出的波速有异常变化时，可根据用实验方法得到的该种材料的波速标准诊断模式判断出它的缺陷性质，甚至是缺陷位置，这给现场施工质量监测带来了方便。

（6）上述即是用波速测量材料强度与判断材料缺陷的原理与检测方法。所以，波速在不同材料中具有较大差别，现将常用的几种材料中的波速列于表 1-1-1 与表 1-1-2 中供参考。

几种路用岩体声波波速表

表 1-1-1

序号	岩石种类	纵波波速 CL（m/s）	序号	岩石种类	纵波波速 CL（m/s）
1	辉绿岩	6050	7	大理石	5800
2	玄武岩	5700	8	石英黑云母麻岩	5600
3	安山岩	5200	9	双云母片麻岩	5300
4	石英斑岩	5500	10	奥陶纪石灰岩	5000
5	花岗岩	5000	11	前泥盆纪砂岩	4800
6	花岗斑岩	5100	12	新生代沉积岩	3000

几种路用有关材料的声波波速表　　　　表 1-1-2

序号	材料名称	纵波波速 CL（m/s）	横波波速 Ct（m/s）	材料密度 ρ（m/s）
1	黏土	1128～2500	579	1.40
2	土壤	153～762	91.5～549	1.1～2.0
3	砂	1400	457	1.93
4	水	1462	0	1.0
5	冰	3350	0	0.9
6	空气	341	0	0
7	钢	6100	3050	7.70
8	铁	5790	3200	7.85
9	铝	6560	2980	2.70
10	混凝土	3560	2160	2.7～3.0
11	橡胶	1055	27.4	1.15

1.1.4.2　超声波路面综合测强仪

1. 路面综合测强仪的功能与结构

超声波路面综合测强仪主要包括超声仪与回弹仪两大部分。由于回弹仪测强技术成熟，产品也较多，因此，这里仅介绍超声波测强结构部分。图 1-1-47 所示为超声波测强结构示意图。主要由以下几部分组成：

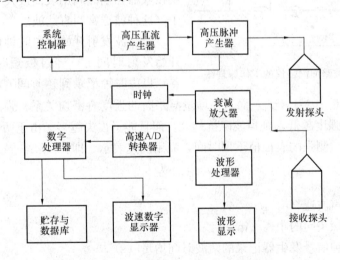

图 1-1-47　超声波测强结构示意图

（1）高压脉冲产生器：它由 NEC555 触发电路和几只三极管组成，它的功能是产生正向脉冲，一路使高速数据采集系统工作，另一路触发发射探头产生超声波。高压直流产生器是由于高压脉冲产生器产生超声波时，必须要供给 1000V 的直流电压而设置。

（2）衰减放大器：它的主要功能是放大来自接收探头的回波能量，电压增益在 80dB 左右，最小接近于零，信号幅度为 0.2～0.4V，衰减调节量 95dB。

（3）高速 A/D 模数转换器：它的主要功能是将接收到的超声波电压数字化，而该种转换的方式是在高速下进行的。

（4）时钟信号发生器：它的主要功能是记录发射脉冲与接收到脉冲的时间。

（5）数字处理器：数字处理器的主要功能是组成十进制数字。

（6）贮存与数据库：它的主要功能是将数字化的数值经贮存功能进入数据库存贮。

（7）数字显示器：数字显示器的主要功能是显示强度读数。

（8）波形处理器：波形处理器的功能是将放大的波形信号处理成显示信号。

（9）波形显示器：波形显示器的主要功能是显示测强波形。

（10）发射探头：发射探头的主要功能是发射超声波，探头频率为 50kHz。

（11）接收探头：接收探头的主要功能是接收来自路面内的强度信号超声回波，探头频率为 50kHz。

（12）系统控制器：系统控制器的主要功能是仪器的各部综合协调与键盘操纵。

2. 路面综合测强仪的工作原理

超声波路面测强仪工作的基本原理如图 1-1-48 所示。

（1）超声波测强的基本原理与前述一样，最成功的是利用了波速在路面中的传播特性，即所谓波速法测强。

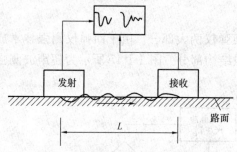

图 1-1-48 声波路面测强仪的工作原理图

（2）由图 1-1-48 可知，由发射探头向路面发出超声波，此时. 不管是发射的什么波形（纵波、横渡或表面波），根据著名的惠更斯波的球形传播理论，总有一部分波沿着表面传输到接收器，当然利用表面波发送的能量更为集中（这种波通常叫直达波）。

（3）波发射开始时由时钟信号发生器记录开始发射时间 t_0，经过极短时间后到达接收器，也由时钟记录到达时间 t_1，这样，得到了波行程的时间增量 $\Delta t = t_1 - t_0$，而这一增量与路面的强度有密切关系，强度越高，波行驶的声阻抗越小，强度越低，则声波阻抗越大，而且能量损失越多。由于两个探头的距离为 L（可知），因此，测强的表征值不用时间，而用波速表示。即：

$$v = \frac{L}{\Delta t}$$

式中　　v——超声波速（m/s）；

L——两探头间的距离（m）；

Δt——时钟信号发生器记录的两波时间增量（s）。

（4）根据上式，再结合室内的标定线，就能算出路面强度值。目前，这种方法仅在水泥混凝土路面中使用，还未开发到沥青路面及半刚性路面测强。

（5）利用上述原理测强时，要受到路面中的水分影响。由于水泥混凝土路面结构粗糙，孔隙较多，因此，路面中存在着一部分结构孔隙水，对超声测强影响较大，主要增加波阻抗，使波速减小，因此，直接测出的波速不能完全是混凝土强度的表征，需用回弹法加以补充，否则将造成误差或误判。

（6）回弹法也有它的缺点，由于回弹仪对混凝土结构表面的硬度非常敏感，硬度大，回弹值也大，硬度小，回弹值也小。但这一种硬度不是由于混凝土强度引起，而是由于空气中的二氧化碳作用，与混凝土中的钙在混凝土结构表面结成了一层碳化钙硬层，随着时间增长，硬层变硬脆，且层厚增加，因此，回弹仪测出的回弹量不能代表混凝土整体强度，而只能是表面强度。根据实践可知，利用回弹仪测定时，与混凝土内部的水分无关，这样，就可利用这两种方法各自的长处组成综合测强仪。

在超声波法与回弹测强中，路面强度指标的显示全部由机内软件与相应的硬件完成。图 1-1-49、图 1-1-50 所示为我国西安公路研究所研制的超声—回弹综合测强仪的回弹与波速计算程序图。

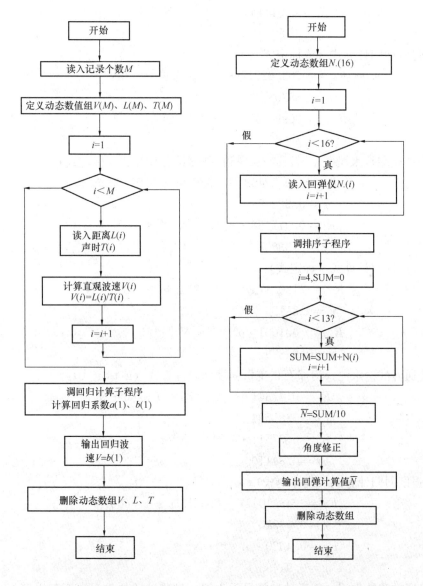

图 1-1-49　超声-回弹综合测强仪
回弹计算程序图

图 1-1-50　超声-回弹综合测强
仪波速计算程序图

3. 路面综合测强仪的使用要点

(1) 仪器标定值回归计算式：标定工作是测强仪使用要点中最重要的一个环节，该仪器的标定是在实验室进行的。标定时分别选择了三种水泥和三种矿料，组成四种水灰比的1200 块试件，用"波速与回弹法"进行标定。现将标定数值的回归计算式列于下面，以供设计与使用参考。

1）普通硅酸盐水泥、石灰岩碎石：抗折强度回归计算式（或标定式）：

$$R_z = -8.64074 + 1.9767\upsilon + 0.12281N$$
$$\gamma = 0.85363$$
$$R_z = 0.0144552 \cdot \upsilon^{1.82862} \cdot N^{0.084225}$$
$$\gamma = 0.84780$$

抗压强度回归计算式（或标定式）：

$$R_\gamma = -103.62217 + 22.25742\upsilon^{2.82915} \cdot N^{1.02444}$$
$$\gamma = 0.85903$$
$$R_\gamma = 0.0099 \cdot \upsilon^{282915} \cdot N^{0.85183N}$$
$$\gamma = 0.86283$$

2）普通硅酸盐水泥、花岗岩碎石；抗折强度回归计算式（标定式）：

$$R_z = -0.22452 + 0.32626\upsilon + 0.078321N$$
$$\gamma = 0.82237$$
$$R_z = 0.017458 \cdot \upsilon^{0.17078} \cdot N^{0.12240}$$
$$\gamma = 0.83038$$

抗压强度回归计算式（标定式）：

$$R_\gamma = -120.47377 + 19.27494\upsilon + 1.84046N$$
$$\gamma = 0.85189$$
$$R_z = 0.001001 \cdot \upsilon^{2.382388} \cdot N^{1.89755}$$
$$\gamma = 0.84879$$

3）普通硅酸盐水泥、河卵石；抗折强度回归计算式（或标定式）：

$$R_z = 0.47341 + 0.27798\upsilon + 0.076646N$$
$$\gamma = 0.85594$$
$$R_z = 0.37511 \cdot \upsilon^{0.42100} \cdot N^{0.51004}$$
$$\gamma = 0.84110$$

抗压强度回归计算式（或标定式）：

$$R_\gamma = -45.10447 + 8.32193\upsilon + 1.06061N$$
$$\gamma = 0.94320$$
$$R_\gamma = 0.4320 \cdot \upsilon^{1.49889} \cdot N^{1.19247}$$
$$\gamma = 0.94453$$

4）普通硅酸盐水泥、普通硅酸盐早强水泥、矿渣硅酸盐水泥、石灰岩碎石：抗折强度回归计算式（或标定式）：

$$R_z = -7.45436 + 1.63428\upsilon + 0.14366N$$

$$\gamma = 0.84456$$

$$R_z = 0.02077 \cdot v^{1.35394} \cdot N^{0.96562}$$

$$\gamma = 0.84194$$

抗压强度回归计算式（或标定式）：

$$R_\gamma = -121.99337 + 24.87292v + 1.00489N$$

$$\gamma = 0.87104$$

$$R_\gamma = 0.00239 \cdot v^{3.54109} \cdot N^{1.11051}$$

$$\gamma = 0.87235$$

5）普通硅酸盐水泥、普通硅酸盐早强水泥、矿渣硅酸盐水泥、花岗岩碎石：抗折强度回归计算式（或标定式）：

$$R_z = -5.01134 + 1.55282v + 9.81686N$$

$$\gamma = 0.82196$$

$$R_z = 0.07467 \cdot v^{1.30983} \cdot N^{0.64978}$$

$$\gamma = 0.82274$$

抗压强度回归计算式（或标定式）：

$$R_\gamma = -102.54966 + 21.06699v + 1.15178N$$

$$\gamma = 0.84239$$

$$R_\gamma = 0.00579 \cdot v^{2.67857} \cdot N^{1.29218}$$

$$\gamma = 0.84384$$

6）普通硅酸盐水泥、普通硅酸盐早强水泥、矿渣硅酸盐水泥、河卵石：抗折强度回归计算式（或标定式）：

$$R_z = -2.07656 + 0.65326v + 0.11157N$$

$$\gamma = 0.82315$$

$$R_z = 0.013007 \cdot v^{0.61901} \cdot N^{0.74950}$$

$$\gamma = 0.82106$$

抗压强度回归计算式（或标定式）：

$$R_\gamma = -50.76308 + 11.26968v + 0.73982N$$

$$\gamma = 0.86256$$

式中　R_z——水泥混凝土抗折强度（MPa）；

　　　R_γ——水泥混凝土抗压强度（MPa）；

　　v——超声波检测声速（km/s）；

　　N——回弹检测计算值；

　　γ——相关系数。

　　由上述 6 组不同材料所组成的水泥混凝土抗折与抗压强度标定式看出：抗折强度均为线性回归计算式，抗压强度均为幂函数计算式。它们的相关系数均在 0.89 以上，相对标准误差均小于 11%，说明用超声波速－回弹综合法测强有着较高的测量精度，可以在生产中应用。

　　(2) 仪器声时值：仪器声时值是指超声波从甲地到乙地的行进时间，它是仪器测强的关键数据。声时值测定的准确与否表征了整体仪器的测量精度，现将超声仪测量的声时值叙述如下，以便设计与实际使用时参考。

　　1) 标准圆柱铝棒声时值（铝棒直径 100mm，高度 150mm）：

　　① 声时值测量平均值：$t = 31.84\mu s$

　　② 重复测量次数：$n = 20$

　　③ 声时值最大偏差：$\Delta t = \pm 0.24\mu s$

　　④ 声时标准偏差：$S_t = 0139\mu s$

　　⑤ 变异系数：$C_t = 0.4366\%$

　　2) 空气中不同距离测量时的声时值列于表 1-1-3 中。

空气中不同距离测量时的声时值表　　　　　　　　　　　　表 1-1-3

序号	距离（cm）	声时值（μs）	序号	距离（cm）	声时值（μs）
1	10	298	5	30	887
2	15	440	6	35	1034
3	20	592	7	40	1184
4	25	740	—	—	—

　　注：零位声时值采用四舍五入，测时温度 14℃。

　　回归计算式为：
$$L = -0.10412578 + 0.033912708t$$
$$r = 0.999994462$$

式中　L——测量距离（即两探头间距）（cm）；

　　　t——声时值（μs）；

　　　r——相关系数。

　　3) 抗压与抗折试件声时值（普通硅酸盐水泥、石灰岩碎石），见表 1-1-4 所列。

普通硅酸盐水泥、石灰岩碎石的抗压与抗折试件声时值　　表 1-1-4

基本项目值 试件类别	声时测量 平均值 t	重复测量 次数 n	声时最大 偏差（Δt）	声时标准 偏差（S_t）	变异系数 c_t
抗压试件	37.89	20	± 0.51	0.220	0.5806
抗折试件	115.16	20	± 0.44	0.315	0.2735

　　(3) 试仪仪器现场实测抗折与抗压强度值：某道路检测公司采用自制的超声仪与标准

回弹仪对国家一级道路（西安-铜川）的"80km＋380m～100km＋60m"的两段水泥混凝土路面（总长13km）进行了实测（平测法），其结果列于1-1-5及表1-1-6中，以供设计与使用参考。

抗压强度实测表　　　　　　　　　　　　　表 1-1-5

序　号	波速 ν（km/s）	回弹值	破坏强度（MPa）	计算强度（MPa）	误　差
1	5.036	41.4	43.5	43.88	−0.009
2	4.855	37.2	36.8	35.46	0.038
3	4.728	39.1	35.8	34.61	0.034
4	4.853	37.2	29.4	35.42	−0.170
5	4.811	40.7	46.2	38.57	0.198
6	5.133	42.2	46.6	47.25	−0.016
7	4.987	44.4	42.2	45.89	0.080

注：用反算得出的15cm对穿波速。

抗折强度实测数　　　　　　　　　　　　　表 1-1-6

序　号	回归波速（km/s）	回弹值	破坏强度（MPa）	计算强度（MPa）	误　差
1	4.738	41.4	5.85	5.81	0.006
2	4.568	37.2	5.18	4.96	0.044
3	4.448	39.1	5.08	4.95	0.026
4	4.566	27.2	4.44	4.95	−0.103
5	4.555	40.7	6.12	5.36	0.142
6	4.830	42.2	6.15	6.09	0.010
7	4.693	44.4	5.72	6.09	−0.061

1.1.4.3　超声波路面探伤仪

1. 超声波路面探伤仪的概述

我国高等级道路兴建以来，对路面的质量要求十分严格，不允许在路面结构中出现空洞、松软等质量现象，因此，超声波路探伤就成为现场判断路面施工质量的必要技术。

超声波路面探伤与其他移动构件探伤在测量方法上有着较大不同。在可移构件探伤中，构件的厚度是一定的、已知的，而且利用的是穿透法测量，波能发射集中，接收也集中，判断的准确性要高得多。而在路面测量中，一般采用以下两种方法：

（1）波的反射法：由于路面不是一个定值，而是一个变数，因而，造成反射时间上的差异，可能导致误断。

（2）表面波法：也叫直达渡法，它对路面区域产生效用，而对于较深探伤将有困难。因此，超声波路面探伤，特别是对于沥青路面与半刚性结构的探伤，尚在探索和发展之中。超声波路面探伤仪的结构与前述的路面综合测仪基本相同，而且在国内早在20世纪90年代初就有成熟的产品，这里就不再重述。

2. 超声波路面探伤仪的工作原理

(1) 超声波反射法测量原理：超声波反射法测量原理用图 1-1-51 表示。

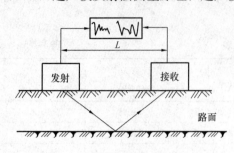

图 1-1-51 超声波反射法测量原理图

1) 在图 1-1-51 所示中，发射探头用 α 角向路面中发射超声波，该波穿透路面结构材料到达路面底部。如波从发射到接收所经过的路程为 S，时间为 t_i 则渡的平均波速为：

$$v = \frac{S}{t_i} = \frac{L/\cos\alpha}{t_i}$$

$$= \frac{\sqrt{2}L}{t_i}$$

2) 若超声波在路面中行进的正常波速为 v_0，由于路面结构中存在缺损时，例如结构软弱层或空洞等，声波产生小反射和绕射，使时间减缓拉长，由于两探头距离 L 一定，因此，波速随即变小。若用实验得到软弱时波速为 v_1，空洞时的波速为 v_2 等一组标准结构缺陷波速值，即可得到缺陷波速与标准波速的比值，如下式所示：

$$v_{缺i} \leqslant v_{标}$$

$$\frac{v_{缺i}}{v_{标}} \leqslant a_1 \leqslant 1$$

式中　$v_{缺i}$——某一种缺陷波速（m/s）；

　　　　$v_{标}$——结构标准波速（m/s）。

3) 这样，检测人员就可以根据 a_i 的大小，初步判断出缺陷的性质。根据实践，水泥混凝土结构的空洞直径由下式求出：

$$R = \frac{S}{2}\sqrt{\frac{t_d}{t_c} - 1}$$

式中　R——空洞的直径（cm）；

　　　　S——声波经过的长度（m）；

　　　　t_d——有空洞处超声波传播的时间（s）；

　　　　t_c——无空洞处超声波传播的时间（s）。

4) 超声波经过水泥混凝土结构中不密实部分的深度，由下式求算：

$$a = \frac{v_d(t \cdot v_c - b)}{v_c - v_d}$$

式中　a——结构中缺陷的深度（m）；

　　　　v_c——密实结构的声速（m/s）；

　　　　v_d——有离析或蜂窝处的声速（m/s）；

　　　　b——声路长度（m）；

　　　　t——通过不密实层的声波传播时间（s）。

(2) 超声波表面法测量原理：超声波表面法测量原理用图 1-1-52 表示。

1) 根据上述的表面波的传输原理，如发射角尽量小时，即可得到表面波。这种波只沿路面的表面传播，在路面深度方向波能将急速衰减，但在路表面处虽在空气中传播时损失了一部分能量，但还有一部分经路面结构传至接收器的能量，经仪器放大后，仍能很好地表征路面中的传输特性。

2）在图 1-1-52 中，同样可以得到结构标准波速 $v_{标}$ 与结构缺陷波速 $v_{缺}$ 也就是说，同样可以得到实验数据值 a_1、a_2 等几种主要的结构缺陷判断值，据以指导实际路面的施工质量检验的优劣状况。

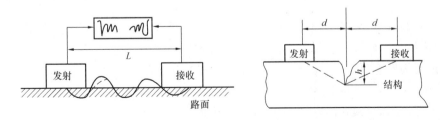

图 1-1-52 超声波表面法测量原理   图 1-1-53 表面裂纹与路面正交图

3）图 1-2-53 所示为表面裂缝与路面正交时的缝深求算，可得出该路面裂缝深度计算式：

$$h = d\sqrt{\frac{t_1^2}{t_0^2} - 1}$$

式中 h ——路面裂缝深度（cm）；

d ——探头对称距离（cm）；

t_0 ——路面无裂缝时声波经过 2d 的时间（s）；

t_1 ——路面有裂缝时声波经过 2d 的时间（s）。

4）在利用上式求算路面裂缝深度时，必须是裂缝与表面正交的情况，而且，选择的标准表面应与该结构的基本质量状况一致，才能确保测量精度，否则，将会引起误差。

1.1.5 雷 达 检 测 技 术

1.1.5.1 雷达检测技术概述

1. 雷达无损检测技术的应用特点

（1）雷达无损检测技术应用于路基路面，我国于 20 世纪 90 年代开始应用。通过 20 多年的应用，由于雷达检测技术具有快速、简易、精度高、无损等优点，因此，作为道路工程施工质量监控，特别是高等级道路施工的质量监控、维修与养护等具有广泛的应用前景。

（2）雷达检测技术实质上是一种高频电磁波发射与接收技术。它与地震波不同，地震波是在锤击或小量炸药引爆情况下所产生的一种振动辐射波，一般具有低频性质，而雷达波由自身激振产生，直接向路基路面中发射射频电磁波，通过波的反射与接收获得路基路面的采样信号，再经过硬件与软件及图文显示系统，得到检测结果。

（3）雷达所用的采样频率一般为数兆赫（MHz）左右，而发射与接收的射频频率有的要达到吉赫（GHz）以上。射频电磁波的产生是依靠一种特制的固体共振腔获得，正好像微波的获得依赖于晶体同轴共振腔一样。

（4）雷达波虽然频率很高，波长很短，但毕竟也是一种波，因此，该种电磁波也遵守波的传播规律，即也有入射、反射、折射与衰变等传播特点，人们正是利用这些特点，为工程质量监控服务，达到无损、快速、高精度的检测要求。

（5）雷达检测技术应用于道路工程的质量监控、维修，最早应用于高等级道路路面的厚度、路基的空洞、缺损与路面含水量等方面的监测。现在所有等级公路都采用这一技术。

（6）根据我国《公路工程质量检验评定标准》（JTJF 80—2004）规定，高等级道路路面面层厚度被列于质量监控重要项目之一，主要有如下要求：

1）沥青面层总厚度检测绝对偏差小于－8mm，极值小于－15mm；上面层小于 4mm，极值为 8mm；

2）水泥道路的路面层为不大于－5mm，极值为 10mm。

（7）像以上这样高的精度要求，目前，除了钻芯取样检查能达到以外，还没有其他无损检测仪器能以满足。所以，雷达检测技术在我国道路路面测试技术，特别是高等级道路的无损测技术的应用前景十分广阔。

2. 雷达检测技术的基本原理

雷达是一种宽带、高频电磁波，一般频幅为 100～1000MHz，频率自激产生，穿透能力很强。其基本原理如下：

（1）当由振源产生脉冲电磁波，并由天线定向成一定角度向路基路面发射时，波的一部分在第 界面（路面与空气界面）反射，另一部分向下穿透。

（2）由于空气的介电常数为 1，而路基路面的材料介质介电常数均大于 1，因而，穿透波的大部分能量被该种材料吸收，同时，波在其中产生折射，折射角小于波的入射角。

（3）当折射波碰到第二界面（面层与基层界层）时，波的一部分在界面反射，穿过面层到空气，成为波的一次小循环。

（4）另一部分继续向下，穿透界面到基层，一部分能量损耗于该层，同时，产生折射，折射角大小与否，主要决定基层的介电常数，当基层的介电常数大于面层的介电常数时，折射角小于面层至基层的入射角，但当介电常数小于面层的介电常数时，则折射角大于面层的入射角。电磁波折射后，又碰到第三界面（基层与路基界面），同样，波一部分向上反射，并穿透面层到空气，成为波的一次中循环。

（5）同理，波的另一部分继续向下，穿透界面到达基层，折射角的大小，理论上与上述相同。当路基均质无限，无异常物时，从理论上说，穿透折射渡的剩余能量完全损耗于无限体内，没有向上反射。

（6）但情况并非如此，路基中由于种种原因，包括分层压实形成的人为界面、路基中的软层甚至异常体等，形成的异常界面，使这些区域的介电常数发生变异。因此，入射的电磁波就在这些区域的界面处向上反射，穿透路面面层到达空气，形成入射波的第一次大循环。

（7）由上面的分析可以知道，雷达波与其他波一样，具有相同的传播特点与规律。其中一个最突出的特点，就是雷达波碰到界面就要反射，上面所叙述的波的一次循环，大、中、小三种循环状态，就体现了波的这种性质。也正是由于波的这三种状态的循环，给路基路面的物理力学指标的检测提供了条件，雷达检测技术正是利用了电磁波在传播中的这一特性。

（8）雷达波（脉冲电磁波）从入射到第一次小循环的旅行时间 t_1 完全由仪器的时窗信号记录到，第一次中循环的旅行时间 t_2，大循环的旅行时间 t_3 也可同样得到。对于波所行走的距离完全与波的旅行时间对应，可以根据射入与射出的间距 S_1、S_2、S_3 与折射角 β、γ、θ 以及材料的介电常数 ε 等重要特征参数确定。时间与距离确定后，电磁波所行进的速度也随之可以得出。

（9）如当仪器天线探测器进行扫描时，还可得到第二、第三次等多次循环记录。由于路基路面的物理力学指标以及它们的几何尺寸都与电磁波旅行时间、行程以及行速有密切关系，因而，测知了电磁波的旅行时间、行程与行速后就能很快地算得路基路面各项指标的具体参数，以及各种异常体的位置，例如，材料的厚度、弹性模量、含水量以及密实松软状况和异常物（土洞等）实际位置等。

1.1.5.2 雷达检测主要仪器

用雷达进行道路路基面的检测包括多个技术领域，例如雷达的测厚、测湿、测异常物、测密实度与弹性模量等。由于这些物理量与几何量的测量都依赖于同一雷达检测仪。所以，雷达检测仪是一种一机多能的现代化检测技术。

1. 雷达检测仪的功能与结构

雷达检测仪的路面测厚技术结构框图如图 1-1-54 所示。

（1）固体腔。固体腔是雷达检测仪的核心，脉冲高频电磁波就由此产生，它是一种特制的固体共振腔，产生的频率可达到 2GHz 以上。共振腔要求振源稳定，选频准确。

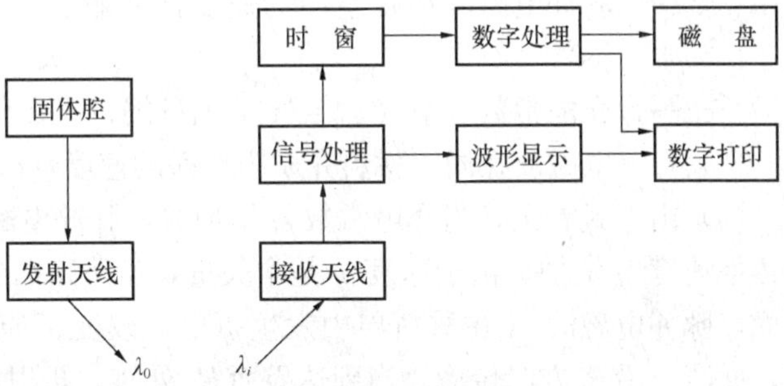

（2）天线。天线是由发射天线与接收天线两部分组成，其主要功能如下：

图 1-1-54 雷达路面测厚技术结构框图

1）发射天线是将波源的尖频电磁波定向向路基路面发送的主要器件，要求定向性好，发射稳定，功率损失小，这是一般材料天线所达不到的。

2）为了使天线不贴地发射，以便车载悬空快速扫描测定，天线特制成空气耦合聚焦型，并做成横向电磁波喇叭形。

3）天线发射器脉冲宽度为 1ns（纳秒），具有很高的测量分辨率，天线最高输出电压为 5V。

4）根据检测用途，天线分成 50MHz、100MHz、300MHz、500MHz、1GHz 等多种，对于接收的天线，可组成发、收两用型。

5）天线接收器触发脉冲宽度为 10ns，扫描频率 50Hz，输出带宽 3kHz 左右，输出电压 3V，一般无线接收器的非线性最大不超过 6%。

（3）时窗记录器。它是发射计时脉冲的主要器件，由于是时间的集中器，故称时间窗。采样收发时间为雷达检测时的主要工作，因此，时间窗对雷达检测来说非常重要。一般时间窗为 10～300ns。

（4）波形显示器。波形显示器能真实、直观地将测量体显示在波形图上。

（5）打印机。打印机主要是将被测波形体与时间记录打印在纸上，以便使用。

除此以外，便携式电源为 12V、36W（市电为 220V、500W），仪器的质量 6kg 左右，车载式检测速度可达 80km/h。雷达测量时的覆盖面积为 300mm×400mm。

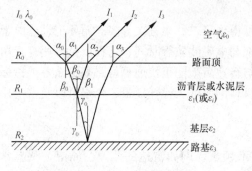

图 1-1-55 雷达测厚原理图

2. 雷达检测仪的工作原理

（1）雷达测厚技术的发射波是由雷达晶体共振腔产生的，它通过一种特制的非接触天线（发射天线）向路基路面发射尖峰脉冲电磁波（如图 1-1-55 所示）。

（2）该脉冲电磁波 λ_0 到达路面以后，由于 $\varepsilon_1 < \varepsilon_2$，首先，一部分能量发生界面 R_0 反射，α_0 应等于 α_1 反射量为 I_1。同时，另一部分能量继续往路面以下各层传播。由于各结构层的材料在电性能方面主要是介电常数 ε_i 等具有明显不同，脉冲电磁波 λ_0 在其中行进的速度也随之不同，如下式所示：

$$\upsilon_i = c / \sqrt{\varepsilon_i}$$

式中　c——脉冲电磁波在真空中的速度，一般等于光速（0.29979m/ns）（m/s 或 m/ns）；

　　　　ε_i——介电常数（空气 $\varepsilon_0 = 1$），无量纲；

　　　　υ_i——电磁波在同一材料介质中传播的速度（m/s 或 m/ns）。

（3）由上式看出，当介电常数 ε_i 增加时，脉冲电磁波 λ_0 传播速度减小。ε_i 减小时，λ_0 的传播速度 υ_i 增加。由于速度 υ_i 是个矢量，道路路面各种材料层的介电常数均比空气大，因而，脉冲电磁波 λ_0 在材料层中发生折射，改变了原来入射方向，偏向 R_0 第一界面法线，此时，沿 β_0 方向传播。当到达界面 R_1 处时，折射波的一部分能量通过 R_1 界面法线反射，β_0 应与 β_1 相等，同时，又向 R_0 界面穿透反射，与 R_0 界面第二法线成的反射角 α_2 应等于 α_0，反射量为 I_2。同理，得反射量 I_3，甚至是 I_4 与 I_5 等。

（4）脉冲电磁波 λ_0 从 R_0 界面射入，并到 R_1 界面反射，在空气中，得到反射能 I_1，该反射波由特别的雷达接收天线接收，所历经的时间 t_i 可通过时间脉冲记录器测知，λ_0 在 ε_2 介质中所经过的距离则为：

$$S_i = 2\left(\frac{h_i}{\cos\beta_0}\right) = \frac{2h_i}{\cos\beta_0}$$

式中　S_i——折射波在 ε_2 介质中所行经的距离（m）；

　　　　h_i——R_0 与 R_1 两界面之间的垂直距离（m）；

　　　　β_0——脉冲电磁波 λ_0 在介质 ε_2 中与主法线的折射角，当雷达发射频率一定，材料介质一定时，则折射角 β_0 也一定。

3. 雷达检测的使用要点

（1）天线工作频率的选择：天线工作频率是指天线的发射频率。一般天线发射频率有 50MHz～2.5GHz 多种。究竟如何选择使用频率，主要是根据用途来确定。对于路基路面来说，要检测 1m 以内的路面厚度、密实度等指标应选用高档频段，以 1GHz 左右为宜。

目前，已开发出 2.5GHz 频率，具有 0.5ns 的分辨率，作者认为已能满足要求。

（2）对于检测 5m 以内的路基物理力学状态，选用 500MHz 频率。对于检测 10m 以内（例如桥头高路堤等路段），则可选用 100MHz 频率，这种频段对于软弱路堤的判断、异常物位置的确定已够用。一般来说，选用的频率越高，其测量分辨率越高，频率越低，则其测量分辨率越低，如 1GHz 时，分辨率为 1ms，而 2.5GHz 时，则其分辨率达到了 0.5ns。

根据上述选择原则，在路面测厚中，应选择 1GHz 左右频率。

（3）选用雷达工作记录时间：雷达工作记录时间与测深有关，一般根据所测深度来确定。雷达探测越深，其选用的时窗记录时间应越长；探测越浅，则选择的时窗记录时间越短。

现以我们以实例来确定选用时窗记录时间。已知测量路面厚度 $z=15$cm，介电常数 $\varepsilon=15$，$c=0.29979$m/ns，代入公式 $t=2z\cdot\sqrt{\varepsilon}/c$，求得 $t=4$ns，因此选择 10ns 档次时窗已够用。

（4）路面厚度测量精度评估：用地质雷达测量路面厚度（主要是沥青混凝土与水泥混凝土），在我国应用较多。就应用的情况来看，效果比较理想。

（5）用道路型 SIR-10 型探地雷达对高等级道路路面面层测试结果为：沥青混凝土层设计厚度 10cm，探测 10.7cm，钻测 10.1cm，绝对误差为 6mm；水泥混凝土设计厚度 23cm，探测 21.8cm，钻测 22.1cm，绝对误差为 3mm。由此测量数据可以看出，利用雷达检测路面厚度是可取的，随着雷达技术发展，检测精度将会提高。在长距、快速路面厚度的测量中，应用雷达将有广阔的应用前景。

1.1.5.3　路面雷达检测系统

1. 概述

（1）路面雷达检测系统，能在高等级道路时速下，实时收集道路的雷达信息，然后将信息输入电脑程序内，在很短的时间里，电脑程序便会自动分析出道路或桥面内各层厚度、湿度、空隙位置、破损位置及其程度。

（2）以前我国道路路面厚度的测试，常采用钻孔测量芯样厚度的方法，这样会给道路的路面造成损坏或留下后患。而路面雷达测试系统是一种非接触、非破损的路面厚度测试技术，检测速度高，精度也较高，检测费用低廉。

（3）因此，路面雷达测试系统，它不仅适用于沥青路面或水泥混凝土路面各层厚度及总厚度测试；道路路面下空洞的探测；道路路面下相对高湿度区域检测；路面下的破损状况检测。还可以用于检测桥面混凝土剥落状况；检测桥内混凝土与钢筋脱离状况；测试桥面沥青覆盖层的厚度等。

2. 路面雷达检测系统的主要设备

（1）路面探测雷达：包括 1~4 套雷达；

（2）路面数据的采集与处理系统：主要包括计算机、显示器、打印机、数据采集系统和距离量测仪。

（3）电脑操作软件：具有数据的采集、处理、回放及备份等功能。

（4）交流电源转换器。

（5）雷达检测车。

3. 路面雷达检测系统的工作原理

雷达检测车以一定速度在道路的路面上进行行驶，路面探测雷达发射电磁脉冲，并在

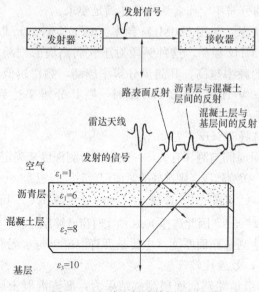

图 1-1-56 路面雷达检测原理图

短时间内穿过路面，脉冲反射波被无线接收机接收，数据采集系统记录返回时间和路面结构中的不连续电介质常数的突变情况。路面各结构层材料的电介质常数明显不同，因此，电介质常数突变处，也就是两结构层的界面。根据测知的各种路面材料的电介质常数及波速，则可计算路面各结构层的厚度或给出含水量、损坏位置等资料。路面雷达检测原理见图 1-1-56 所示。

4.路面雷达检测系统的使用要点

（1）检测速度可达 80km/h 以上。

（2）检测距离：以 80km/h 的速度对路面及桥面进行连续检测不少于 4h（320km）。

（3）检测最大探测深度大于 60cm。

（4）检测厚度数据精度一般为深度的 2%～5%。

（5）检测在计算机控制下进行，可实时地同时进行数据采集、存储及雷达波形显示。

（6）检测的数据经处理后，可显示道路路面彩色剖面图、三维路面厚度剖面图、雷达波形图、原始雷达波形瀑布图、桥面剥落或桥梁面破损状况图，打印路面各层厚度表等。三维道路路面剖面如图 1-1-57 所示。

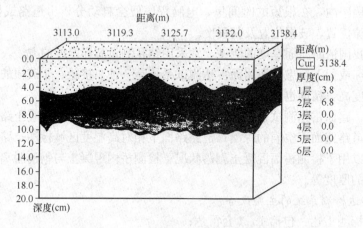

图 1-1-57 三维道路路面剖面示意图

1.1.6 激光检测技术

1.1.6.1 激光检测技术概述

1.激光检测技术的应用特点

激光检测技术广泛地应用在道路路基路面质量的检测，其主要特点如下：

（1）激光具有特别高的亮度。激光的亮度是其他光线的亮度所无法比拟的，如果在激光发射口按需要做成一个方形或矩形小口，则激光在另一端的板或地面上有一个形状相应的图像。这一现象，给野外或现场道路施工、检测提供了实现的条件，例如激光推土机、激光铲运机就这样产生了。

（2）激光具有极高的方向性或极小的光点。激光器发出的激光束是几乎只向一个方向射出的一束平行光。光束十分集中或狭窄，这是别的光无法实现的。根据科学家的测量，激光的发射角可以小到 0.5 毫弧度左右，如把它发射到 1000m 外，则在该处只产生一个直径为 500mm 的光点，如在 100m 外，则产的光点只有 50mm 大小；若路基路面常用测量距离以 10m 为基准，则在该处产生一个红色或紫红色的小光点只有 5mm，若加上光学聚焦系统，则其光点的大小已处于毫米数量级以下。这种大小的光点对路基路面的物理力学指标检测技术来说十分有用。

（3）激光具有很高的光强。所谓光强是指单位面积中光能的集中程度，这一特点对在路基路面检测中，利用激光和硅光电池检测路基路面强度等方面，有着重要的现实意义。

（4）激光具有很高的时间分辨率。激光的时间分辨率要比声波高 3000 倍。激光每秒行距 30 万 km，若激光通过 10mm 长度，只需要 $0.33 \times 10^{-7} \mu s$，而通过 1mm 长度，则需要 $0.33 \times 10^{-8} \mu s$，亦就是说，只需要 10mm 的 1/10 时间差，这样的级差为用时间因子表示微距离时提供了条件。

（5）激光具有全息反映能力。全息反映能力是用激光全息照相达到的，所谓全息照相就是除了在底片上记录物体反射光线的强弱信息外，同时，还要物光的相位也记录下来，也就是把物光的所有信息都记录下来，并通过一定手续"再现"出物体的立体图像，故而称为全息照相。物体的全息摄影对路面的力学性能研究十分有用。一般可利用路面受力状态下的全息照相，研究路面在不同受力状态下的力学变化与物理状态变化，对防止路面破坏与延长路面使用寿命具有重要价值。

2. 激光检测技术的基本原理

用激光检测路基路面的质量，目前只限于激光纹理测定、弯沉测定与平整度测定等，现根据其基本原理分述如下：

（1）激光衍射原理。这类技术是利用了激光遇狭缝发生衍射的原理，激光在衍射时，屏幕上出现亮暗相间的条纹，而亮暗相间条纹又与狭缝宽窄有关，当狭缝变宽时，亮条或暗条增加，狭缝变窄时，亮条或暗条相应减少。这样，可根据亮条或暗条的数目来确定缝的宽狭，即可得到实际的弯沉位移变形大小。

（2）光电转化原理。激光的光强越强，则光能越大，而光能越大，则说明光电流愈强。如果用一个光电转化器，将光能转换成电能（例如硅光电池），则当激光光强发生变化时，光电流也随之发生变化。当事先做好光电流一位移变形标定线后，即可根据光电流的变化反算弯沉位移的变化量多少。

（3）光时差原理。激光能用反射时间差来记录所测量的极短长度。由于激光能反映极短的时间差，例如 1mm 与 1cm 的时间差为 1/10，如以毫米为基准，则时间差为 10 时，即长度读数为 10mm 或 1cm，同样，时间为 5 时，所反映的长度读数即为 5mm，依次类推。因此，可利用激光所走路程的时间差来反求实际长度，这个办法对测量路面结构纹理的短小深度以及平整性能比较有效。由于激光光束集中，光强高，发射时散射量特别小，光时稳定，因此，用这种办法无接触式地测量极短长度或不平整度具有很好的相关效果。

1.1.6.2　激光弯沉测定仪

1. 激光弯沉测定仪的功能与结构

图 1-1-58 所示为激光弯沉测定仪的结构框图。激光弯沉仪操作简易、精度高、读数稳定、体积小、质量轻、造价低，而且容易开发研制，特别是这种仪器是依靠光线作为臂长，可以射得很远，由于激光发射角窄，光点小而红亮，10m 之远仍能清晰可见，这给重刚度路面的弯沉测量带来了技术之光。

图 1-1-58　激光弯沉测定仪结构框图

对在野外作业激光发生器应选择半导体激光器为宜。光电转化测头是将激光能量转化为电能的一种转化装置，也是激光弯沉测定仪的一个核心部件。目前，国内的转化元件一般选择硅光电池。硅光电池具有较多转化特点：

（1）光生伏特效应显著，转化率较高，一般达到 60% 左右，即光能的绝大部分转化为电能。

（2）产品成熟，性能稳定，工作可靠性高。

（3）产品寿命长，分辨率高，使用方便，价格便宜。

因此，该种转化元件得到了广泛应用，放大器是专供放大光电流之用，如光电流很大时，就不必使用放大倍数，将放大倍数调至零档即可。电桥是作为补偿调零之用，即开始检测前，硅光电池由于存在阳光余晖作用产生少量光电流，影响测量精度，因此，利用电桥的补偿消除余晖电能，且置零。显示表头与电桥调零表头共用，表征弯沉测定值的光电流即是从该电流表读出，由于一般光电流为微安级，因此，为确保测读精度，采用微安表为宜。

2. 激光弯沉测定仪的工作原理

图 1-1-59 所示为激光-硅光电池路基路面弯沉测定仪的工作原理图。首先，必须做好如下的准备工作：

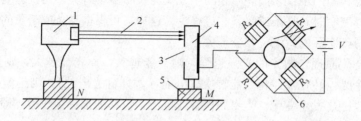

图 1-1-59　激光弯沉测定仪工作原理图
1—激光器；2—激光束；3—进光小孔；4—硅光电池；5—测头稳块；6—电桥

（1）激光器 1 需要稳定，如安置在路面的汽车荷载作用下不下沉的 N 点处，发出平行激光束 2 后，射到硅光电池测头的进光小孔 3 的下部。

（2）测头安置在汽车后轮隙中间，与弯沉仪测端一样，且有重块 5 稳定在轮隙下面的路面（或路基）M 处。

（3）在测量之前需将激光束 2 调节在小孔 3 的上部，但须有微量的光束穿过小孔射到硅光电池 4（传感器），这样调法为的是知道激光束 2 处于在待测的位置，并把此时的位置作为零值点。

（4）由于有微量的光束射到硅光电池 4 上，因此，4 上即会产生电流，这时，使硅光可靠电桥 6 来补偿调节置零，只要调节可变电位器 R_1，即能使电池上出现的光电流置零。

在上述准备工作做完后，让被测汽车驶离，M 点路面就徐徐地回弹，硅光电池测头（传感器）也随之向上，激光束落入小孔且射到硅光电池上，即刻产生光电流。当落入的激光能越多，光生伏特效应越厉害，产生的光电流也越多；当激光落入少时，则光电流也随之减小。由图 1-1-59 所示可以看出，光电流的增加或减少完全与硅光电池测头的变动距离有密切的关系，光电流少时，落入小孔的激光量也少，此时，路面回弹变形也小，而当电流大时，落入小孔且射到硅光电池上的激光量增加，则意味着路面（或路基）回弹变形增大。因此，通过光电流的大小，完全可以测出路面实际回弹变形（回弹弯沉）的数值，这就是利用激光-硅光电池原理测定路基路面回弹弯沉值的基本工作原理。

3. 激光弯沉测定仪的使用要点

（1）激光弯沉测定仪的标定：激光弯沉测定仪与其他路基路面力学测量仪器一样，也需要标定，以得到实用的"标定线"。仪器标定工作一般在室内进行，根据我国目前的路面刚度情况，可以将激光的射程光束定为 5m。标定工作需千分表头、表架各一个，变形架一个，激光器弯沉测定仪一套，标定装置结构如图 1-1-60 所示。

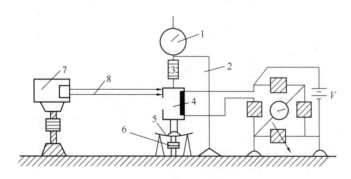

图 1-1-60　激光弯沉仪标定装置图

1—千分表；2—表头支架；3—调节螺丝；4—硅光电池测头；
5—变形架；6—变形升降杆；7—激光器；8—激光束

由激光弯沉仪标定装置图可知，标定的程序为：

1）先对光，然后调零，调零可以采用 6、3 螺丝进行，准备工作做好后，即可进行标定。

2）调节 6，以 $10\mu m$ 速率变形上升，然后将光电流记录下来，就得到了"变形量光-电流"一一对应变化关系。实践证明，变形量与光电流在低值时为线性对应关系，如下式所示。

$$l = a + kA$$

式中　l——变形量（μm 或 mm）；

A ——光电流（μA）；

a ——常数，对于一定激光器，一定光距时，a 值一定（μm 或 mm）；

k ——系数，由光强与硅光电池特性所决定（μm/μA）。

（2）硅光电池的选择：硅光电池是激光弯沉测定仪的核心部件，在设计时可根据变形量的需要精心的选择。一般激光器的发射功率以及入射光强出厂时均有规定，这样，便可根据入射光强以及变形量变化大小综合挑选。现将硅光电池的规格列于表 1-1-7 中，以便选择。

硅光电池技术特性表

表 1-1-7

项目及条件 型号	开路电压（MV）	短路电流（Ma）	面积或直径（mm×mm）
	30℃	入射光强 100MV/m²	
ZCR11	500～600	2～4	2.5×5
ZCR21	500～600	4～8	5×5
ZCR31	450～500	9～15	5×10
ZCR32	500～550	9～15	5×10
ZCR33	550～580	9～15	5×10
ZCR41	450～500	18～30	10×10
ZCR51	450～500	36～60	10×20
ZCR52	500～550	36～60	10×20
ZCR61	450～500	40～65	ϕ17
ZCR62	500～600	40～65	ϕ17
ZCR63	550～580	40～65	ϕ17
ZCR64	580～620	40～65	ϕ17
ZCR81	450～500	88～140	ϕ25
ZCR82	500～550	88～140	ϕ25
ZCR83	550～580	88～140	ϕ25
ZCR84	580～600	88～140	ϕ25
ZCR91	450～600	18～30	5×20

（3）光电流温度的修正：一般情况下，硅光电池的工作温度为 30℃ 左右，如若超过 30℃ 时，光电流产生将要受到影响，而野外进行弯沉测定有时路面温度超过 30℃，为此，必须对光电流进行温度影响修正。温度影响修正的速度以 5℃ 间隔上升为宜，并在 20～60℃ 范围内变化，且量取它们的变化值后，便可得到光电流温度影响修正值曲线。

1.1.6.3 激光路面纹理测定仪

纹理的物理概念是指路面面层由于利用粗骨料引起的结构孔隙深度。这种结构孔隙深度浮在路面表面，且在路面碾压成型时已产生。当结构孔隙越深，路面面层的摩阻力越大，路面抗滑性能越强，反之，越弱。根据我国现行《公路柔性路面设计规范》规定，对于高等级道路需要用这一指标来设计与评价路面的抗滑性能。

1. 路面纹理测定仪的功能与结构

图 1-1-61 所示为激光路面纹理测定仪的主要功能与基本结构图。激光器为半导体型

激光器。该测定仪主要由激光器、调制器、整光器、发射光、物镜、反射光、接收器、光电转换器、数据处理器及显示器等组成。其各主要部件的功能如下：

（1）调制器：调制器的功能是防止激光的杂光来干扰进行调制，它是利用激光电源内部进行电流调制而实现其功能的。

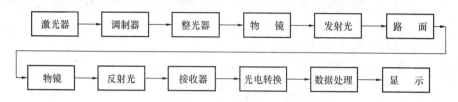

图 1-1-61　激光纹理测定仪结构框图

（2）整光器：整光器的功能主要是将调制好的激光束变成平行光束，并按与路面成45°投射到路面。

（3）物镜：物镜的功能是将平行激光束放大，其中入射光与反射光都用物镜，它们组成物镜组，以使放大功能更好。

（4）接收器：接收器的主要功能是通过物镜接收来自路基路面裂纹反射的激光束。

（5）光电转换器：光电转换器的主要功能是将接收的激光转化成光电流。

（6）数字处理器：数字处理器的主要功能是将光电流数字化（一般为 A/D 转化），并实现数字积分与均方根计算。

（7）显示器：显示器的主要功能是显示路面的纹理或路基路面构造深度。

2. 路面纹理测定仪的工作原理

图 1-1-62 所示为激光路面纹理测定仪的工作原理图。

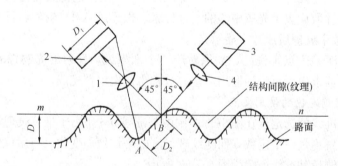

图 1-1-62　激光路面纹理测定原理图

1—物镜；2—接收器；3—半导体激光；4—物镜；

D—纹理深度；D_1—放大后物光长；D_2—纹理斜面光线长

由图 1-1-62 所示可以看出，当调制好且放大的平行光线以 45°射入路面结构孔隙斜面，与基准线 mn 交于 B 点，端部深入槽底 A 点，$AB = D_2$，反射光经物镜 1 放大后，成为物像或物光，被接收器接收。其放大倍数由下式求出：

因为

$$v_{物} = \frac{D_1}{D_2}$$

$$D_2 = \frac{D}{\sin45°}$$

所以
$$v_物 = \frac{D_1}{D_2} = \frac{D_1}{\dfrac{D}{\sin 45°}} = \frac{D_1}{\sqrt{2}D}$$

式中　$v_物$——物光放大倍数，仪器研制时已确定；

　　　D_1——放大的物光长，通过接收器读出（mm）；

　　　D_2——构造斜面物光长（mm）；

　　　D——纹理深度（mm）。

如将上式改变成求纹理深度，则会变成下式：

$$D = \frac{\sqrt{2}D}{2v_物}$$

式中符号同上。

这样，纹理深度完全可以根据上式求出。但如果这样求算，会给测定带来一定的麻烦，因此在实际检测中，是利用软件与硬件组合，通过光电转化与数字处理后读出，这样处理大大增强了仪器的实用性。

物像的数字化是这样形成的：

（1）在接收器布有光二极管（CCD管）列阵，该列阵是由 256 个光二极管组成，以每两个间隔为 $25\mu m$ 线性排列。

（2）反射后的物像光即被分布在该列阵上，由于路面本身的纹理凹凸不平，使形成的物像光分布在列阵的不同位置。

（3）为了测出光二极管 CCD 上的不同光斑点的位置，由仪器中的触发脉冲振荡器振荡，发出同步信号，对各 CCD 进行同步扫描，频率为 5000Hz。

（4）此时，受光元件的饱和电压处于低压为 5V 与储存电荷成正比的电压以视频脉冲输出，计数器的计数代表了光斑中心的元件位置，再经过 A/D 转换就可以求得信号电压，经 A/D 转换与数字处理后成数字显示。

（5）这是对于一个点来说的，如果对于一个面来说，反射的光物像就有无数个，因此，这要用积分器求出后再平均输出，这一过程也是由仪器完成。

3. 路面纹理测定仪的使用要点

（1）测量基准线的选定：在图 1-1-62 中的基准线 mn 是由于推算纹理深度的需要而假设的，该线的位置不是一个定数，而随纹理深度的平均值而变化。当用仪器中积分处理器求解选定时，其测量基准线假定为图 1-1-63 所示。

为了求解轮廓基准线，需提出几个基本概念：

1）轮廓偏距：它是在测量方向上轮廓线上的点到基准线的距离，如图 1-1-63 中的 γ_i。

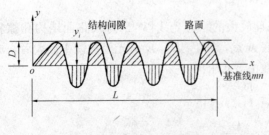

图 1-1-63　轮廓下的基准线图

2）轮廓的最小二乘中线：它具有几何轮廓形状，并具有在测量长度 L 内使轮廓上各点的轮廓偏距（如 γ_1、γ_2、γ_3……γ_n）的平方和为最小，即 $\sum\limits_{i=1}^{n}\gamma_i^2 =$ 最小值。对于一个几何轮廓来讲，只有一条最小二乘中线，它即为测量的基准线

mm。该基准线不需人工求出，是通过仪器中的积分与均方计算程序自动求出。

3）轮廓算术平均偏差：它的数值表示为下列积分式：

$$D_b = \frac{1}{L}\int_0^L [\gamma_i(x_i)]\mathrm{d}x$$

式中　D_b——轮廓与基准线偏差的算术平均值（mm）；

　　　L——轮廓长度（mm）；

　　　x_i——轮廓上某点至 x 轴（本图中即基准线）的投影到原点的坐标长度（mm）。

4）轮廓均方根偏差：在测量路段内轮廓偏距的均方根值可用下式表示：

$$D_q = \sqrt{\frac{1}{L}\int_0^L [\gamma(x_i)]^2\mathrm{d}x}$$

式中　D_q——轮廓均方根偏差值（mm）；

其他符号意义同上。

由上述积分计算可以看出，D_b 与 D_q 都是在测量路段内对所有的轮廓偏距进行平均取得，只是平均的方法不同。

D_b 用的是绝对值平均法或算术平均法，该法实际上与规范中的纹理测定铺砂法的原理相同，具体计算如图 1-1-62 所示。

按图 1-1-64 所示，铺砂法纹理测量原理为：将粒度均匀且比较细的砂（事先量出）堆放在路表面，用砂板在路面上将砂子刮平，至刮不下余砂为止，摊刮时尽可能将砂摊成圆形。那时，可取得尽可能大的圆面积，根据圆的两个垂直方向上测量直径的平均值，然后算出其面积。那么，砂在路面结构孔隙中的平均厚度可用下式表示：

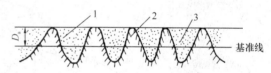

图 1-1-64　铺砂法下的基准线图
1—砂；2—石料；3—结构间隙

$$D_a \approx \frac{4000V}{\pi D^2}$$

式中　D_a——砂的平均厚度，即纹理深度（mm）；

　　　V——砂的标准体积（cm³）；

　　　D——摊平砂的平均直径（mm）。

由上式可知，由于两者的原理相同，因此，$D_b \approx D_a$。在这种情况下，实质上最后的纹理深度 D_b 即为基准线 mm 在路面结构孔隙中的位置。D_q 用的是均方根平均法，它是用激光纹理测定原理完成的，并由机内微处理机的程序完成均方根计算。从统计理论可知，D_q 在随机变量的概率密度分布函数中即为标准方差，因而，在激光纹理测定的情况下，概率密度的标准方差值，即为所要找的激光纹理基准线位置。

通过 D_b（或 D_a）与 D_q 的各自基准线位置的求法分析，由于激光纹理测定采用的基准线是由概率密度均方根法确定的，比铺砂法或算术平均法的基准线要准确，更能反映路面实际的结构纹理状况，因此，激光纹理测定常在一定路面长度内通过概率积分均方根平均法来确定基准线位置，亦即激光纹理深度。

（2）激光纹理深度的修正：激光纹理深度测定所得纹理值已经很准确，但为什么还要进行修正，确实是个值得探讨的问题。其主要原因是由于我国路面纹理测定用的是铺砂法。虽然铺砂法测得的纹理值准确度稍差，但毕竟是我国的标准值，因此，应该用激光法比较其（标准法）的纹理测定结果，然后进行修正。但是修正方法还是比较麻烦，因此，在利用确立了 D_q 与 D_a 两者关系的基础上进行修正更为适宜。经过研究，它们之间的统计关系为：

$$D_q = 0.41D_a + 0.41$$
$$D_a = 2.42D_q - 0.98$$

式中　　D_q——激光纹理测定值（mm）；

　　　　D_a——铺砂法纹理测定值（mm）。

1.1.6.4　激光路面平整度测定仪

1. 激光路面平整度测定仪的功能与结构

激光路面平整度测定仪是一种与路面无接触的测量仪器，测试速度快，测量精度高。这种仪器还可同时进行路面纵断面、横坡、车辙等方面的测量，因此，也被称为激光路面断面测试仪。激光路面平整度仪是一台装备有激光传感器、加速度计和陀螺仪的测试车，它同时备有先进的数据采集和处理系统，如图 1-1-65 所示。

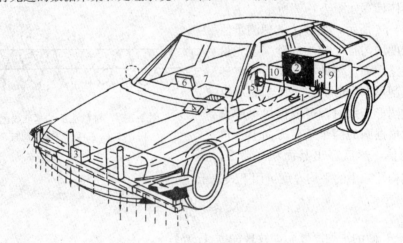

图 1-1-65　激光平整度便示意图

1—激光传感器；2—激光盘；3—陀螺盒；4—测量束控制台；5—距离测量；6—微机屏幕；

7—微机键盘；8—微机；9—计算机存储器；10—电源

2. 激光路面平整仪的工作原理

测试车以一定速度在路面上行驶，固定在汽车底盘上的一排激光传感器通过测试激光束反射回读数器的角度来测试路面，这个距离信号同测试车上装的加速度计信号进行互差，消除测试车自身的颠簸，输出与路面真实断面的信号。信号处理系统将来自激光传感器的模拟信号转换成数值信号并记录下来。随着汽车的行进，每隔一定间距，采集一次数据。通过数据分析系统，可显示打印平整度指数 IRI 等平整度检测结果。

3. 激光路面平整仪的使用要点

（1）该平整仪的数据采集工作完全在计算机的控制下进行，并根据具体的情况输入有关信息和命令。

（2）为了保证测量的精度，应进行系统的检查，例如做静态振动试验、直尺试验、轮胎气压检查、传感器标定检查。

（3）平整仪的测试速度一般在 20～120km/h 范围内。

（4）测试宽度大于 2.5m。如在测试梁上安装两个扩展臂，测试宽度可增加至 3.5m 或更大。

（5）采样间隔一般为 0.1m，最小为 5mm。

（6）可显示测试状态及有关数据，输出分析结果，如国际平整度指数 IRI、车辙、横坡等。

应当注意，不能直视激光孔或观察通过抛光物面或镜面反射回来的激光束，防止损伤眼睛。只能通过一张红外线显示卡或光谱变换眼镜才可以观察光束的存在与否。

1.2 桥梁的检测技术

1.2.1 概　　述

1.2.1.1 桥梁的检查评定的意义

对正常运营的桥梁进行周期性的检查与评定，是根据交通运输部颁布的《公路养护技术规范》JTG H10—2009、《公路桥涵养护规范》JTG H11—2004 强制性规定的，也是桥梁养护管理程序中重要环节，其目的是对在役桥梁"进行体检及诊断"，确定其基本的物理性能和功能状态，在检测数据的基础上进行桥梁技术状态评估分析。根据对桥梁的定期检查、特殊检查和评估的结果，提供桥梁状态和退化评定的连续记录，提出桥梁养护与维修的对策，制订出对桥梁进行对应的养护措施、确定维修和加固计划的优先次序。

1. 桥梁技术现况与养护依据

(1) 对桥梁进行周期性的更新与检查评估数据，是现代桥梁管理信息系统中的重要环节，对所采集到的数据进行具体分析与积累，使得桥梁管理人员能够实时的了解桥梁结构是否损坏或功能等级是否降低。

1) 桥梁由于营运多年，主要部位出现缺陷，如裂缝、错位、沉降等。通过检定确定桥梁各部损耗的程度及实际承载能力。

2) 原来按旧标准规定的荷载等级设计建造的桥梁，现在由于交通量的不断增加，车辆载重量的不断加大，对桥梁通过能力和承载能力的要求也越来越高。通过检定，可确定现有桥梁的荷载等级，从而决定是否需要通过加固来提高其荷载等级。

(2) 通过检查与评估信息的分析与处理，能提高管理部门应对桥梁不良状况的速度与能力，通过及时采取相应的管理及维护措施，消除隐患，提高运营安全度，保障公共运输安全。

(3) 通过对桥梁的检查与评估，可以发现服役多年的桥梁存在的各类缺陷，确定各部位损坏的程度及实际承载能力，为桥梁的养护管理提供必要的依据。

(4) 如果对桥梁用较深程度的检查，可以提供桥梁构件以及材料的退化程度信息，用于分析退化形成的原因与退化对桥梁构件的影响程度，达到跟踪结构与材料的使用性能变化的目的，使桥梁维护计划具有针对性，提高效率，能大大减低桥梁的维修成本。

(5) 通过对桥梁的检查与评估，可以了解车辆和交通量的改变给桥梁运营带来的影响。原来按旧标准规定的荷载等级设计建造的桥梁，需要根据检查评估的结果，确定现有桥梁的承载能力，以采取相应的管理维护措施，如对桥梁进行限载或加固、提级等。

(6) 随着现代化工业建设的发展，特大型工业设备、集装箱运输逐渐频繁，管理超重车辆过桥需要通过检查评估，确定过桥的可行性，并为临时加固提供技术资料。

（7）当桥梁遭受特大灾害时，如因地震、洪水等受到严重损坏或在建和使用过程中发生严重缺陷等（如质量事故、过度的变形和严重裂缝以及意外的撞击受损断裂等），需通过检查评估为桥梁修复加固提供可靠依据。

2. 积累桥梁信息数据，发展桥梁设计、施工与养护管理理论

（1）积累桥梁的现代化信息数据。国内对现有桥梁进行全面技术评定，建立和积累必要的技术档案资料。其主要内容如下：

1）对原有的老桥梁资料不全，或缺乏资料，需通过检定，重新建立和积累技术资料，为加强公路科学管理和提高桥梁技术水平提供必要条件。

2）随着我军现代化建设的发展，部队机动性对道路的要求越来越高，在国防干线上的现有桥梁，通过检定，可更加确切地了解桥梁的实际使用状态及承载能力，建立、健全并积累必要的桥梁档案资料。

3）目前，绝大多数桥梁已经建立和使用的信息管理系统，但是，仅处于数据积累阶段。检查数据是桥梁管理信息系统中数据库的主要动态数据和重要信息来源。

4）检查通过系统的积累桥梁技术资料，为桥梁管理与评定提供第一手资料，并为桥梁构件和同类桥型的退化分析提供客观的数据，从而为桥梁养护管理决策提供必要的技术支持。

（2）发展桥梁设计、施工、养护及管理理论：

1）对于一些重要的大桥或特大桥梁，在建成之后，通过检查验收，可评定其设计与施工质量，确定工程的可靠程度。

2）对采用新型结构的桥梁，通过检定，可验证理论的实践性和可靠性，进一步发现问题，总结经验，以便对结构设计理论及结构形式加以改进，使其桥梁更加完善。

3）能够为桥梁的设计、施工、养护等部门提供很好反馈信息，可以推动养护工作的规范化与科学化，减少桥梁生命周期费用，并检验桥梁结构的质量，推动和发展旧桥评定以及新结构的设计计算理论。

1.2.1.2 桥梁检查的内容、种类和项目

根据交通部 2007 年 6 月颁发的《公路桥梁养护管理工作制度》的规定，对现有桥梁工程检查的内容、种类和项目：

1. 桥梁检查内容

（1）记录桥梁当前的实际运行状况。

（2）了解车辆和交通量的改变给桥梁运营带来的影响。

（3）跟踪结构与材料的使用性能变化。

（4）对桥梁当前的运行状态进行评估，并提供出相关的信息。

（5）建立一套较为完整的桥梁结构方面的性能数据记录。

（6）所有的信息系统都能给养护、设计、施工等部门提供反馈信息。

2. 桥梁检查分类

根据我国《公路桥涵养护规范》JTG H11—2004 的规定，公路桥梁的检查评估根据其检查内容、检查频率、详细程度、检查方法等不同可分为经常性检查、定期检查、特殊检查三大类型，其检查分类、检查内容及检查频率见表 1-2-1 所列。

桥梁检查的分类、内容及频率 表 1-2-1

序号	检查分类	检 查 内 容	检查频率
1	经常性检查	对桥梁的桥面设施、上部结构、下部结构及其附属构造物的技术状况进行一般的检查	每月不少于 1 次，汛期不定期地检查
2	定期检查	对桥梁主体结构及其附属构造物的技术状况进行全面的检查	一般控制在 1～3 年内
3	特殊检查	对桥梁进行全面检查，以便查清桥病原因、破损程度、承载能力、抗灾能力，确定桥梁技术状况	根据桥梁损坏的具体情况不定期检查

（1）经常性检查。主要由路段检查人员或桥梁养护人员定期进行扫视检查员，目的是确保桥梁结构功能正常，使结构能得到及时的养护和紧急处治，对需要检修的一些大问题做出书面报告。该项检查工作主要由当班检查人员能在各种气候条件下对桥梁进行观察。

桥梁经常性检查的项目和桥梁经常检查记录表格见表 1-2-2 和表 1-2-3 所列。

桥梁经常性检查的项目 表 1-2-2

序号	检 查 项 目	序号	检 查 项 目
1	桥面是否平整，有无损坏	5	伸缩缝是否堵塞、破损、失效
2	桥面泄水管是否损坏、堵塞	6	锥坡、翼墙有无裂、坍裂、沉陷
3	桥面是否清洁，有无杂物堆积、杂草生长、蔓延	7	交通信息（桥梁荷载标志）、照明设施是否完好
4	栏杆、引道、护栏是否断裂、撞坏、锈蚀	8	其他显而易见的损坏

桥梁经常性检查记录表 表 1-2-3

单位：

桥梁名称		路线名称		桥位桩号	
项目		检 查 情 况		处 理 意 见	
泄水管					
桥面清洁					
栏杆					
伸缩缝					
锥坡					
交通标志、信号、照明、灯桩					
其他					
检查记录人				检查负责人	

（2）定期检查。这是对桥梁结构的质量状况进行定期跟踪的全面检查，通常是依靠具有丰富经验的专职桥梁工程师检查，以目视观察为主，辅以必要的工具、常规测量仪器、照相机和其他现场用器材等手段，实地判断桥梁缺损原因，做出质量状况评分，并估计需要维修的范围及方法，或提出限制交通的建议。对需要进一步查明原因或继续观察的缺损部件，提出特殊检查或下次检查的时间要求。

桥梁定期检查的项目和记录表格见表 1-2-4、表 1-2-5 所列。

桥梁定期检查的项目   表 1-2-4

检 查 项 目	说 明
（1）桥面铺装。是否有坑槽、开裂、车辙、松散、不平、桥头跳车现象等； （2）人行道、栏杆。人行道有无开裂、断裂、缺损；栏杆是否有松动、撞坏、锈蚀和变形等； （3）伸缩缝。是否破损、结构脱落、淤塞、填料凹凸、跳车、漏水等； （4）排水设施（防水层）。桥面横坡、纵坡是否顺畅，有无积水；泄水管有无损坏、堵塞、泄水能力情况；防水层是否工作正常，有无渗水现象等； （5）梁式桥上部结构。主梁支点、跨中、变截面处有无开裂，最大裂缝值；梁体表面有无空洞、蜂窝、麻面、剥落、露筋；有无局部渗水；横隔板是否开裂、焊缝是否断裂；钢结构锈蚀情况、变形情况等； （6）圬工拱桥上部结构。主拱圈是否开裂、渗水、砂浆松动、脱落变形；拱脚是否开裂；腹拱是否变形、错位；立墙、立柱有无开裂、脱落；侧墙有无鼓肚、外倾等； （7）双曲拱桥上部结构：拱脚有无压裂；拱肋 1/4 处、3/4 处、顶部是否开裂、破损、露筋、锈蚀；拱脚与拱坡结合处是否开裂；拱间砂浆是否脱落、松散；横隔联系是否开裂、破损等； （8）支座：位移是否正常；橡胶支座是否老化、变形，钢板滑动支座是否锈蚀、干涩；各种支座固定端是否松动、剪断、开裂等； （9）桥墩：墩身是否开裂，局部外鼓，表面风化、剥落、空洞、露筋；是否有变形、倾斜、沉降、冲刷、冲撞损坏情况等； （10）桥台：是否开裂、破损，台背填土是否有裂纹、挤压、受冲刷等情况； （11）翼墙：是否开裂，有无前倾、变形等； （12）锥坡：是否破损、沉陷、开裂、冲刷、滑移等； （13）照明：桥上照明情况是否正常等，如若损坏应及时更换； （14）河床及调治构造物：河床是否变迁，有无漂浮物堵塞河道；调治构造物是否发挥正常作用，有无损坏、水毁等	（1）定期检查的时间必须根据桥梁的不同情况规定为： 1）新建桥梁竣工 1 年后； 2）一般桥梁检查周期为 3 年，也可视桥梁具体技术状况每 1～5 年检查一次，非永久性桥梁每年检查一次； 3）根据下级桥梁养护工程师的报告，病害在三类以上的桥梁，应安排定期检查； （2）专职桥梁养护工程师在每次实施定期检查前，要认真查阅所检查桥梁的技术资料，以及上次定期检查的报告，以便有充分的准备和做对比分析

桥梁定期检查记录表   表 1-2-5

单位：

桥名		路线名称		起点桩号		检查时间	
桥长		上部 结构		最大 跨径		气候	
项　　目	病害部位	病害情况（性质、数量、程度）				处理意见	
桥面铺装							
人行道、栏杆							
伸缩缝							
排水设施（防水层）							
上部结构							
支座							
桥墩							
桥台							
翼墙							
锥坡							
桥上照明							
有关构筑物							
河床							
其他							
下次定期检查时间安排							

记录人：　　　　　　　　　　　　　　检查负责人：

（3）特殊检查。是因各种特殊原因由专家的依据一定的物理、化学无破损检测手段对桥梁进行的全面察看、测强和测缺，旨在找出损坏的明确原因、程度和范围，分析损坏所造成的后果以及潜在缺陷可能给结构带来的危险。通常采用如下特殊方法进行检查：

1）有必要使用特殊设备或专门技术对定期检查作补充时。

2）在进行复杂和昂贵的维修之前，需查出定期检查中未能发现的损坏情况时。

3）在发生特别事件之后，如地震、洪水灾害、撞击事故和超重车辆过桥后。

4）需要使用特殊仪器或需作特别详细记录的检查，拟评定结构实际状况时。

特别检查一般由现场检查和实验室测试分析两大部分组成。桥梁特殊检查的主要项目见表 1-2-6 所列。

桥梁特殊检查的项目 表 1-2-6

需特殊检查的情况		检查项目				
		洪 水	滑 坡	地 震	超重车辆行驶	撞 击
（1）在地震、洪水、滑坡、超重车辆行驶、行船或重大漂浮物撞击之后	上部	栏杆损坏，桥体损坏落梁、排水设施失效	因桥台推出而压屈	落梁、支座损坏、错位	梁、拱、桥面板裂缝、支座损坏、承载力测定	被撞构件及联系部位破坏、支座破坏
（2）决定对单一的桥梁进行改造，加固之前	下部	因冲刷而产生的沉陷和倾斜	桥台推出、胸墙破坏	沉陷、倾斜位移、圬工破坏	墩台裂缝、沉陷	墩台位移
（3）桥梁定期检查难以判别损坏原因、程度及整桥的技术状况时（4）桥梁技术状况在四类者		（1）结构验算、水文验算；静载、动载试验（2）用精密仪器对病害进行现场调查和实验分析1）混凝土裂缝外观及显微调查、混凝土碳化鉴定、氯化试验、湿度调查、强度测试、结构分析2）钢筋位置、锈蚀状态调查3）预应力钢筋现状及灌浆管道状况、空隙情况调查4）桥面防水层状况调查，桥面铺装状况调查				

1.2.1.3 桥梁工程质量检验的评定依据和方法

1. 桥梁质量检验的依据

（1）道路工程质量检验和等级评定是依据交通部颁布的《公路工程质量检验评定标准》JTG F801—2004（简称"质量检评标准"）进行的，该标准是道路桥梁工程质量等级评定的标准尺度，是道路质量监督部门进行质量检查鉴定、监理工程师进行质量检查认定与施工单位质量自检、分项工程的交接验收及工程竣工验收质量评定的依据。

（2）对于部分省依据部"质量检评标准"结合自己省实际情况制定的本省"公路工程质量检验评定标准"，质量检验评定时应同时满足省质量检评标准的规定。

（3）按照"质量检评标准"对公路桥梁进行质量检验时，具体试验检测还要以设计文件和《公路桥梁施工技术规范（附局部修订条文）》JTG/T F50—2011 的有关规定为依据。

（4）设计文件中对桥梁各部分结构尺寸、材料强度的要求是试验检测的基本依据，结构施工过程的工艺要求，施工阶段结构材料强度、结构内力和变形控制要以施工技术规范的有关规定为依据。

（5）对于新结构或采用新材料、新工艺的桥梁以及有特殊要求的桥梁，业主和承包商签订的施工合同应注明对该部分的质量要求、质量评定参照的方法（参照国外行业或国内其他行业的标准规范），质量评定应以合同规定的有关条款为依据。

2. 桥梁质量等级评定的方法

（1）桥梁质量等级评定单元的划分

桥梁质量检评标准是按照桥梁工程建设规模大小、结构部位和施工工序将建设项目划分为如下几种：

1）单位工程：建设项目中，根据业主下达任务或签订的合同，具有独立施工条件，可以单独作为成本计算对象的工程，如大、中跨径桥梁、互通式立交桥等可划分为单位工程。

2）分部工程：单位工程中按照结构的部位、路段的长度及施工的特点或施工任务等可划分为若干分部工程。

3）分项工程：在分部工程中按不同的施工方法、所用材料、施工工序及路段长度等划分为若干个分项工程。

在以上评定单元划分中将分部工程和分项工程分为主要工程与一般工程，在质量等级评定加权评分时分别赋予 2 和 1 的权值。表 1-2-7 中给出了"质量检评标准"中关于公路桥梁质量等级评定单元划分的规定，其中小桥和涵洞被划分为路基单位工程的分部工程。

单位、分部及分项工程的划分　　　　　　　　　　　　　表 1-2-7

单位工程	分部工程		分　项　工　程
桥梁工程（大、中桥）	基础及下部构造★	以每墩、台为单元（每座桥汇兑）	明挖基础，桩基★，管柱★，地下连续墙★，承台，沉井★，锚固系统安装，锚碇★，桩的制作★，钢筋加工安装、柱及双壁墩★，墩台身，墩台安装，墩台帽，组合桥台★，锥坡等
	上部构造	预制和安装★	主要构件预制★，其他构件预制，钢筋加工及安装，预应力筋的加工和张拉★，梁板安装，悬臂拼装★，顶推施工梁★，拱圈安装、转体施工★，钢管拱的制作与安装★、劲性骨架拱肋的制作与安装★，吊杆的安装★，悬臂施工斜拉桥的梁★，索鞍安装★，主缆架设与防护★，加劲梁的安装★，钢筋安装及防护★等
		现场浇筑★	钢筋加工及安装，预应力筋的加工和张拉★，主要构件浇筑★，其他构件浇筑，悬臂浇筑★，钢管拱浇筑★，劲性骨架混凝土拱浇筑★，索塔★等
		总体及路面	桥梁总体★，桥面铺装★，钢桥面板上沥青混凝土铺装★伸缩缝安装，大型伸缩缝安装★，栏杆，护栏安装，人行道铺设，灯柱安装等
	防护工程		护坡，护岸★，导流工程★，石笼防护，砌石工程等
	引道工程		路基★，路面★，挡土墙★，小桥★，涵洞★，护栏，标志，标线等
互通立交工程（每座为单元，全路汇兑）	桥梁工程★（每座为单元）		基础及下部构造★，上部构造预制、安装或浇筑★，桥面★，栏杆或护栏，人行道等
	匝道工程（每条为单元）		路基★，路面★，通道★，护坡，挡土墙★，护栏，标志，标线等
路基工程	小桥★（每座为单元）		基础及下部构造★，上部构造预制、安装或浇筑★，桥面★，栏杆，人行道等
	涵洞★（1~3km 路段）		管涵，盖板涵，箱涵★，倒虹吸管，通道，顶入法施工的桥梁★等

注：表内注★号者为主要工程，不带★号的为一般工程。

（2）工程质量评分方法

施工单位在各分项工程完工后，按照"质量检评标准"所列基本要求、实测项目和外观鉴定进行自检，填写"分项工程质量检验评定表"，提交完整、真实的自检资料，由监理工程师确认；质量监督部门根据抽查资料和确认的施工自检资料进行质量等级评定。工程质量评定的分项工程为基本评定单元，采用百分制进行评分；在分项工程评分的基础上，逐级计算各相应分部工程、单位工程的评分值和建设项目中单位工程的优良率。

1）分项工程评分方法

分项工程质量检验内容包括：基本要求、实测项目、外观鉴定和质量保证资料四个部分，只有在其使用的材料、半成品、成品及施工工艺符合基本要求的规定且无严重外观缺陷和质量保证资料基本齐全时，才能对分项工程质量进行检验评定。分项工程的实测项目分值之和为 100 分，外观缺陷或资料不全时，须予扣分。

分项工程评分＝实测项目中各检查项目得分之和-外观缺陷扣分-资料不全扣分

① 基本要求检查：各分项工程所列基本要求包括了有关规范的要点，对施工质量控制具有关键作用的，应按基本要求对工程进行认真检查，经检查不符合基本要求规定时，不得进行工程质量的检验和评定；

② 实测项目检查：对规定检查项目采用现场抽样方法，按照规定频率和下列计分方法对分项工程的施工质量直接进行检测评分。检查项目除按数理统计方法评定的项目以外，均应按单点（组）测定值是否符合标准要求进行评定，并按合格率计分；

$$检查项目合格率 = \frac{检查合格的点（组）数}{该检查项目的全部检查点（组）数} \times 100\%$$

$$检查项目评定分数 = 检查项目规定分数 \times 合格率$$

③ 外观鉴定：对工程外表状况进行检查评定时，如发现外观缺陷，应区分档次进行扣分。对于较严重的外观缺陷，施工单位须采取合适的措施进行整修处理；

④ 资料不全扣分：分项工程的施工资料和图表残缺、缺乏最基本的数据或有伪造涂改资料者，不予检验和评定。资料不全者应予扣分，扣分幅度可视资料不全情况，每款扣 1～3 分。质量保证资料应包括以下 6 项：

a. 所用材料、半成品和成品质量检验结果；

b. 材料配比、拌和加工控制检验和试验数据；

c. 地基处理和隐蔽工程施工记录；

d. 各项质量控制指标的试验记录和质量检验汇总图表；

e. 施工过程中遇到的非正常情况记录及其对工程质量影响分析；

f. 施工中如发生质量事故，经处理补救后，达到设计要求的认可证明文件等。

2）分部工程和单位工程评分方法：分部工程和单位工程评分采用加权平均值计算法确定相应的评分值，即：

$$分部（单位）工程评分 = \frac{\sum[分项（分部）工程评分 \times 相应权值]}{\sum 分项（分部）工程权值}$$

3）建设项目中单位工程的优良率计算方法

$$单位工程优良率 = \frac{被评为优良的单位工程数量}{建设项目中单位工程总数} \times 100\%$$

（3）工程质量等级评定方法

工程质量评定的结果可分为优良、合格和不合格三个等级，应按分项、分部、单位工程和建设项目逐级评定。

1）分项工程质量等级评定：分项工程评分在85分及以上者为优良；70分及以上、85分以下者为合格；70分以下者为不合格。经检查评为不合格的分项工程，允许进行加固、补强、返工或整修，当满足设计要求后，可以重新评定其质量等级，但只可复评为合格。

2）分部工程质量等级评定：所属各项工程全部合格，其加权平均分达85分及以上，且所含主要分项工程全部评为优良时，则该分部工程评为优良；如分项工程全部合格，但加权平均分为85分以下，或加权平均分虽在85分以上，但主要分项工程未全部达到优良标准时，则该分部工程评为合格；如分项工程未全部达到合格标准时，则该分部工程评为不合格。

3）单位工程质量等级评定：所属各分部工程全部合格，其加权平均分达85分及以上，且所含主要分部工程全部评为优良时，则该单位工程评为优良；如分项工程全部合格，但加权平均分为85分以上，或加权平均分虽在85分及以上，但主要分部工程未全部达到优良标准时，则该单位工程评为合格；如分部工程未全部达到合格标准时，则该单位工程为不合格。

4）建设项目质量等级评定：所属单位工程全部合格且优良率在80%及以上时，则该建设项目评为优良；如单位工程全部合格，但优良率在80%以下时，则该建设项目评为合格；如单位工程未全部合格，则该建设项目评为不合格。

1.2.1.4 桥梁技术状况评定标准

（1）《公路养护技术规范》JTG H10—2009规定的标准见表1-2-8所列。

桥梁技术状况评定标准（JTG H10—2009） 表1-2-8

类别 项目	一 类	二 类	三 类	四 类
钢结构	（1）各部构件无损裂、开焊 （2）各节点铆钉螺栓无松动 （3）油漆色泽鲜、完好	（1）杆件容易破损的部分有轻微的变形 （2）个别的节点螺栓松动 （3）油漆变色起泡，剥落面积在10%以内	（1）个别杆件出现扭曲开裂 （2）联结部位螺钉或者螺栓损坏已超过10% （3）全桥的油漆失效在20%以上	（1）主要杆件出现严重的扭曲、开裂现象 （2）联结部位螺钉或者螺栓损坏已超过20% （3）全桥的油漆失效在50%以上
砖石混凝土上部结构	（1）桥梁上部结构完好，无渗水、无污染 （2）裂纹的宽度在容许范围以内	（1）桥梁上部结构基本完好，仅表面有部分缺陷 （2）桥梁的裂纹宽度在《公路养护技术规范》容许范围之内	（1）钢筋混凝土梁、拱有剥落、露筋现象 （2）石砌拱圈局部变形 （3）裂纹宽度超过《公路养护技术规范》的最大限值	（1）钢筋混凝土梁、拱有永久性严重变形，顺主筋方向有纵向裂纹，钢筋已严重锈蚀，桥梁其他部位的裂纹已超过0.4mm （2）石砌拱圈裂纹大于2mm或发生开合现象

项目 \ 类别	一　类	二　类	三　类	四　类
墩台	(1) 墩台各部分完好 (2) 浅基已作防护处理，效果良好	(1) 墩台基本完好，仅表面有局部缺陷 (2) 浅基未作防护处理，但无冲刷现象	(1) 墩台出现缺陷，有失稳现象发生 (2) 桥的基础出现局部冲刷	(1) 墩台不稳定，有滑动、下沉、倾斜、冻害现象，圬工严重松动，裂纹有开合现象，变形大于计算值 (2) 桥基冲刷大于计算值，并被严重冲空
支座	(1) 各部分清洁完好 (2) 活动支座伸缩及转动正常	(1) 支座有尘埃堆积，略有腐蚀 (2) 桥梁的支座滑动面干涩	(1) 桥梁的钢支座螺栓松动 (2) 橡胶支座开始老化	(1) 钢支座上下板开裂，锚栓折断 (2) 橡胶支座出现老化开裂现象 (3) 混凝土支座出现开裂压碎 (4) 活动支座坏死
木桥	(1) 各部构件完好无缺陷 (2) 防腐、防蚁效果良好	(1) 基本完好，有个别小件脱落 (2) 桥梁有部分腐朽现象发生	(1) 构造物的构件发生腐朽脱落，但尚未出现失稳 (2) 墩台开始出现变形	(1) 结构已严重腐朽脱落现象 (2) 桥梁的墩台出现倾斜现象，并且出现下沉冻拔
栏杆、人行道	完好清洁	欠清洁，有个别杆件脱落	栏杆与人行道多处有明显损坏	严重歪斜残缺，危及人身安全
载重能力	符合设计要求	达到设计要求	小于 25% 设计要求	大于 25% 设计要求

（2）桥梁各部位缺损状况的检查参考评定标准见表 1-2-9～表 1-2-20 所列。

桥梁主梁缺损状况的检查参考评定标准　　　　表 1-2-9

等级	状态	主　要　特　征	养护维修措施
1	很好	桥梁的主梁结构无损，钢筋混凝土梁竖向裂缝宽度小于 0.15mm，预应力钢筋混凝土梁无竖向裂纹	日常养护
2	良好	主梁基本完好，混凝土表面出现局部剥落、露筋，但是其面积小于 3%，钢筋混凝土梁竖向裂缝宽度小于 0.2mm，预应力混凝土无竖向裂纹	日常养护 局部修补
3	临界	主梁结构出现剥落、露筋，其总面积小于 10%，钢筋混凝土竖向裂缝宽度大于 0.25mm，预应力混凝土竖向裂纹小于 0.1mm，简支梁跨中恒载挠度小于 $L/300$	局部修复

续表

等 级	状 态	主 要 特 征	养护维修措施
4	差	部分主梁出现大面积剥落、露筋，钢筋混凝土竖向裂缝宽度大于0.25mm，预应力混凝土竖向裂纹大于0.1mm，简支梁跨中恒载挠度大于$L/600$，悬臂梁的恒载挠度大于$L/300$	局部加固或更换部分主梁
5	很差	大部分主梁出现大面积剥落、露筋，钢筋混凝土竖向裂缝宽度大于0.25mm，预应力混凝土竖向裂纹大于0.1mm，简支梁跨中恒载挠度大于$L/600$，悬臂梁的恒载挠度大于$L/300$	整体加固或重建新桥

桥面板缺损状况的检查参考评定标准　　　　　表 1-2-10

等 级	状 态	主 要 特 征	养护维修措施
1	很 好	桥面基本上无任何缺损的现象	日常维护
2	良 好	出现较轻微的剥落、裂缝，但剥落面积在3%以内，裂缝宽度在《公路养护技术规范》的规定限量以内，且数量较少	日常养护局部修补
3	临 界	桥面出现的剥落、露筋、碎裂面积在6%以内，裂缝宽度接近《公路养护技术规范》的限值，且数量较多	局部修复
4	差	桥面出现的剥落、露筋、碎裂面积超过6%，裂缝宽度超过《公路养护技术规范》的限值	局部修复或者补强加固
5	很 差	桥面出现了大面积的剥落、露筋、钢筋锈蚀，并且裂缝宽度超过《公路养护技术规范》的规定限值，并危及行车的安全	补强加固或者重修

桥面铺装缺损状况的检查参考评定标准　　　　　表 1-2-11

等 级	状 态	主 要 特 征	养护维修措施
1	很 好	基本无缺损现象或仅有少量极轻微的细裂缝，对行车无任何影响	日常维护
2	良 好	裂缝强度较轻（裂缝边缘无或仅有轻微剥落），数量较少，坑槽、龟裂（破碎板）面积在5%以内，变形轻微	日常养护局部修补
3	临 界	裂缝强度中等（裂缝边缘有中等剥落），坑槽、龟裂（破碎板）面积在10%以内，变形居中等程度	局部修补或加铺沥青层或水泥混凝土面层
4	差	裂缝严重，数量较多，坑槽、龟裂（破碎板）面积超过10%，变形严重	桥面大修
5	很 差	出现大面积的坑槽、龟裂、破碎（水泥混凝土铺装层），变形相当严重	桥面翻修

栏杆及扶手缺损状况的检查参考评定标准　　　　　表 1-2-12

等 级	状 态	主 要 特 征	养护维修措施
1	很 好	基本无缺损现象	日常维护
2	良 好	结构完整，但表面出现轻微的剥落、裂缝	日常养护、局部修补
3	临 界	结构尚完整，表面出现较为严重的剥落、露筋、裂缝	局部修复
4	差	结构局部不完整、表面出现严重的剥落、露筋、脱裂	重新修复部分栏杆扶手
5	很 差	出现严重的剥落、露筋、脱裂，部分栏杆或扶手残缺不全或严重歪斜，危及人身安全	重新修筑

人行道缺损状况的检查参考评定标准 表 1-2-13

等级	状态	主 要 特 征	养护维修措施
1	很好	基本无缺损现象	日常养护
2	良好	表面出现剥落、开裂、但程度较轻	日常养护、局部修补
3	临界	表面出现中等程度的剥落、开裂或局部出现破碎，但面积较小	局部修复
4	差	表面出现中等程度的剥落、开裂、破碎，与桥面板连接不够牢固	重新修筑部分人行道
5	很差	出现表面大面积的破碎、剥落，与桥面板连接不牢固	重新修筑人行道

主拱圈缺损状况的检查参考评定标准 表 1-2-14

等级	状态	主 要 特 征	养护维修措施
1	很好	结构完好无损，或只有极其轻微的剥落、裂缝	日常维护
2	良好	结构基本完好，混凝土上及圬工砌体出现局部剥落、露筋，但其面积小于3%，裂缝宽度在《公路养护技术规范》的规定限量以内	日常养护局部修补
3	临界	混凝土及圬工砌体出现剥落、露筋，其总面积大于10%，个别裂缝宽度略超过《公路养护技术规范》的限值	局部修复
4	差	混凝土及圬工砌休严重剥落、露筋，其面积超过10%，个别位置的裂缝宽度超过《公路养护技术规范》限值较多，拱圈有局部变形	局部加固
5	很差	混凝土及圬工砌体出现大面积剥落、露筋，主要位置裂缝宽度超过《公路养护技术规范》的限值较多，拱顶下沉，拱圈出现明显永久性变形	整体加固或者重建

支座缺损状况的检查参考评定标准 表 1-2-15

等级	状态	主 要 特 征	养护维修措施
1	很好	各部分清洁完好，活动支座伸缩及转动正常	日常维护
2	良好	支座本身及座板出现轻微损坏，但是活动支座伸缩及转动仍然正常	日常养护局部修补
3	临界	支座及座板本身出现中等程度的损坏	局部修复
4	差	部分支座及座板出现严重损坏	更换部分支座
5	很差	大部分支座及座板出现严重损坏，有些支座失去功能	更换全部支座

墩（台）缺损状况的检查参考评定标准 表 1-2-16

等级	状态	主 要 特 征	养护维修措施
1	很好	墩（台）各部分完好无损	日常维护
2	良好	墩（台）基本完好，表面出现轻微的剥落、裂缝，但剥落面积小于3%，裂缝宽度在《公路养护技术规范》限值内	日常养护局部修补
3	临界	墩（台）表面出现剥落、露筋，其面积大于10%，裂缝宽度略超过《公路养护技术规范》限值	局部修复
4	差	部分墩（台）表面出现剥落、露筋，其总面积大于10%，裂缝宽度超过《公路养护技术规范》值较多，或出现较为严重的倾斜、水平位移和沉降	加固改造部分墩台
5	很差	大墩（台）出现大面积露筋，钢筋锈蚀，裂缝宽度超过《公路养护技术规范》值较多，或出现严重的倾斜、水平位移和沉降	加固或重建

墩（台）基础缺损状况的检查参考评定标准　表 1-2-17

等级	状态	主　要　特　征	养护维修措施
1	很好	基础完好无损，浅基础已作防护处理，效果良好	日常维护
2	良好	基础基本完好，表面有轻微的剥落、松散，但面积小于3%，无冲刷现象	日常养护 局部修补
3	临界	基础表面出现剥落、露筋、松散，其面积小于10%，或基底出现局部冲刷现象，但程度较轻	局部修复
4	差	部分基础表面出现较大面积剥落、露筋、松散或基底出现严重的冲刷现象	加固改造部分基础
5	很差	基础表面出现了大面积剥落、露筋或基底出现严重的冲刷	加固或重建

伸缩缝装置缺损状况的检查参考评定标准　表 1-2-18

等级	状态	主　要　特　征	养护维修措施
1	很好	基本无缺损现象	日常维护
2	良好	接头周围后铺筑料出现剥落、凸凹不平、渗水、硬物卡死等，但程度较轻，或伸缩装置本身出现轻微缺损	日常养护 局部修补
3	临界	接头周围后铺筑料出现较为严重的剥落、凸凹不平、渗水等，或伸缩装置本身出现中等程度的缺损	局部修复
4	差	部分伸缩本身出现严重的缺损现象	更换部分伸缩装置
5	很差	大部分伸缩本身出现严重的缺损现象	全部更换伸缩装置

横向联系缺损状况的检查参考评定标准　表 1-2-19

等级	状态	主　要　特　征	养护维修措施
1	很好	横向联系无破损现象，与主梁（或主拱圈）联结牢固	日常维护
2	良好	横向联系出现轻微剥落，面积在2%以内，裂缝宽度在《公路养护技术规范》限值以内，与主梁联结尚牢固	日常养护 局部修补
3	临界	横向联系出现剥落、露筋，其总面积小于10%，裂缝宽度略超过《公路养护技术规范》限值，与主梁联结欠牢固	局部修复
4	差	部分横向联系出现剥落、露筋，其总面积>10%，裂缝宽超过《公路养护技术规范》限值较多，与主梁联结松动	局部加固
5	很差	大部分横向联系出现大面积的剥落、露筋，钢筋锈蚀，裂缝宽度超过《公路养护技术规范》限值较多，基本上无法以与主梁联结	整体加固或重修

排水系缺损状况的检查参考评定标准　表 1-2-20

等级	状态	主　要　特　征	养护维修措施
1	很好	基本上无缺损现象	日常维护
2	良好	桥梁的排水管道、引水槽出现堵塞，或者管道、引水槽本身出现轻微的破损	日常养护 局部修补
3	临界	桥梁的排水管道、引水槽出现中等程度的破损	局部修复
4	差	桥梁的部分管道、引水槽出现严重的破损	更换部分管道，或者重新修建部分引水槽
5	很差	桥梁的大部分管道、引水槽出现严重破损	更换管道、重修筑引水槽

（3）桥梁技术现状评定表。根据《公路养护技术规范》要求，桥梁技术现状评定见表1-1-21所列。

（4）桥梁基本状况资料卡的形式及内容见表1-2-22、表1-2-23所列。

单位：　　　　　　　　　　　　　　　**桥梁技术现状评定表**　　　　　　　　　　表 1-2-21

桥　名		路线名称		起点桩号		评定时间	
桥　长						最大跨径	
项　目	类		别				
	1		2		3		4
墩　台							
支　座							
砖石混凝土上部结构							
钢结构构件							
木桥各部构件							
栏杆人行道							
载重能力							

专职桥梁养护工程师：

桥梁基本状况卡片（正面）　　　　　　　　表 1-2-22

1. 基本情况　　　　　　　　　　　　　　　　　　　　　　　　字第　　号

路线名称	桩　号	桥名或地名	所在地	管养单位
桥　型	孔数-跨径（孔 m）	桥　长（m）	桥　高（m）	地面标高
桥面净宽	桥面铺装	桥面纵坡	人行道宽（m）	载　重（t）

上部构造	孔别 项目		下部构造	墩台 项目	
	式　样			式　样	
	跨径（m）			材　料	
	材　料			墩台长度、宽度及高度（m）	
	梁断面尺寸或拱高顶厚度（cm）			基础形式	
				基础深度（mm）	
	支座形式			根数（个）	
				桩径（cm）	
	翼墙构造	水流是否正常		所属水系以及河流名称	枯水位
	护坡构造	地质及坡度		通航情况	寻常洪水位
	调治构造	河床冲刷情况		常　水　位	寻常洪水位浸水深度
	破冰体、护墩体	桥位中心垂直与水流间夹角		流冰水位	历史最高洪水位

2. 桥梁草图：（立体图）

桥梁基本状况卡片（反面）

表 1-2-23

3. 修建简史及现状

4. 修建记录

施工日期		工程号	工程说明	总工程量	经费来源	质量鉴定	建设单位	设计单位	施工单位
开 工	竣 工								

5. 损毁及修复情况

单位负责人			卡片编制人			编制日期		年　月　日
损毁日期年月日	损　毁　情　况				修　复　情　况			
	情　况	原　因	经济损失	修复办法	修复用款		修复日期	

1.2.2　桥梁检定的技术准备与试验布置

　　桥梁检定涉及试验目的、加载方法、测试手段、仪器设备、测量技术、实施步骤等方面。工作比较细致复杂。因此，必须认真做好应有的技术准备和试验部署。

　　检定前作好充分准备，是确保有秩序地正常工作并取得可靠检定成果的关键。在此阶段，检定者应着重做好如下几项工作：

1.2.2.1　掌握基本资料，明确现实情况

　　（1）掌握桥梁基本资料，明确现实情况，是进行桥梁检定工作的重要前提。桥梁检查的内容有：技术资料的搜集、桥梁现状检查、材质及地基的检验等。

　　（2）技术资料的搜集包括桥梁概况及历史资料、设计文件、施工质量及竣工文件、建桥前后的水文地质资料等。

　　（3）桥梁现状检查、材质及地基的检验都是极为重要的工作，它对试验结果的分析起着重要的作用。其主要内容有：观测河床纵断面、横断面及桥址地形、桥梁各部尺寸、外

表的损坏程度、裂缝的展开情况、钢材的锈蚀程度、墩台支座的沉降位移等。必要时还应测定材料的力学性质及基底的地质情况。

1.2.2.2 制定试验方案，作好检定准备

（1）制定试验方案。试验方案的内容及详略程度可根据不同的试验目的和要求而定，一般应包括如下几个内容：

1）试验目的，量测的主要内容和要求。

2）试件设计及制作要求。

3）试件的安装与就位。

4）加载方法，包括荷载数量及种类，加载设备及装置，加载图形，加卸载顺序，加卸载时间等。

5）量测方法，包括仪表型号选择，仪表标定方法，仪表布置及编号，仪表安装方法，量测顺序以及补偿仪表的安装等。

6）试验过程的观察，包括仪表观测的顺序，试件各部位观测的要求及记录内容等。

7）安全措施。

8）进度计划。

9）附录（如经费、器材及仪表设备清单等）。

（2）做出试验的具体实施计划方案。当确定试验后，即可制订出具体实施计划，编制出试验程序表。并使所有参加试验的工作人员都知道，以便有秩序地进行工作。

1.2.2.3 根据试验方案，作好具体试验布置

1. 根据试验目的，布置测点

我们在使用现代试验仪器对桥梁结构进行内力和变形的各种参数测量时，其测点的选择与布置可参照下列原则：

（1）测点的位置要具有代表性，以便于分析和计算。桥梁结构的最大挠度和最大应力的数据，通常是试验者最感兴趣的，掌握了这些数值就可以比较清楚地了解结构的工作性能和强度储备。例如梁式桥的跨中部位，其挠度最大，上缘混凝土压应力、下缘主筋拉应力都最大，这种很有代表性的测点必须设法加以量测。

（2）测点的选择一定要有目的性，避免盲目设置测点。在满足试验要求的前提下，测点宜少不宜多，以便使试验工作重点突出，提高效率，保证质量。

（3）测点的布置，要有利于仪表的安装和便于观测读数，即应该是方便的、安全的。为了便于测读，减少观测人员，测点的布置宜适当集中，便于一个人管理多台仪器。控制部位的测点大都处于有危险的部位，一定要妥善考虑安全措施，必要时应该选择特殊的仪器仪表或测定方法来满足量测要求。

（4）为了保证量测数据的可靠性，应布置一定的校核性测点。这是因为在试验过程中，由于偶然因素，会有部分仪器或仪表工作不正常或发生故障，影响量测数据的可靠性。因此，不仅在需要测量的部位布置测点，也要在已知参数的位置上布置少量校核性测点，以利判别量测数据的可靠程度。

（5）在试验中，有时可利用结构对称互等的原理，并通过荷载的变位，来达到既能减少测点数目又能增加试验数据的目的。例如，要量测桥梁横断面在荷载 P 作用下各根梁的挠度曲线，可如表 1-2-24 所示，只要在 1～4 号梁的梁底布置四个测点，即可利用对称

互等原理得出在荷载 P 作用下桥梁的横向的完整挠度曲线（参见表 1-2-24 简图及说明）。同样，顺桥方向也可利用这一方法在跨中 1/2 点处布置测点，对整个桥跨来说，只要在跨中 1/4 点处布置测点，即可得到全桥跨度的试验数据。

利用结构对称互等定理测定桥梁横向挠度曲线的情况　　　　　　表 1-2-24

序号	简　图	说　明
1		在桥对称位置上设置四个测点荷载 P 作用于 E 时，测得 1～4 号梁的挠度，并绘得挠度曲线 AB
2		当荷载置于另一对称位置 F 时，又测得 1～4 号梁的挠度，得挠度曲线 CD
3		利用对称互等定理得出荷载作用于 E 时 1～7 号梁的挠度并绘得横向挠度曲线 AC

（6）因此，几种常用桥梁体系的主要测点布设方法如下：

1）简支梁桥：能测定跨中挠度，支点沉降，跨中截面应变。

2）连续梁桥：能测定跨中挠度，支点沉降，跨中截面和支点截面应变。

3）悬臂梁桥：能测定悬臂端部挠度，支点沉降，支点截面应变。

4）拱桥：跨中，1/4 处挠度，拱顶、拱脚截面应变。

当采用测定混凝土表面应变的方法来确定钢筋混凝土结构中钢筋承受的拉力时，考虑到混凝土表面已经和可能产生的裂缝对观测的影响，因而测点的位置应进行选择。

（7）根据桥梁调查和检算工作的深度，综合考虑结构特点和桥梁现况，其他测点的布设可根据下列情况进行加设：

1）挠度沿桥长或沿控制截面桥宽方向分布。

2）应变沿控制截面桥宽方向分布。

3）应变沿截面高度方向分布。

4）组合构件的结合面上下缘应变。

5）墩台的沉降、水平位移和转角。

6）剪切应变。

7）其他结构薄弱部位的应变。

对于剪切应变测点一般采取设置应变化的方法进行观测。为了方便，对于桥梁的剪应力也可在截面中性轴处主应力方向设置应变测点来进行观测。梁桥的实际最大剪应力截面应设置在支座附近而不是支座上。

2. 根据试验方案，选择测定方法

（1）位移的测量：梁、板、桁架等受弯构件的位移测定，主要是测其挠度及变形曲线，它们表征该类构件总的工作性能。因为在荷载作用下构件的任何部位的异常变化或局部破坏都可在挠度和变形曲线中反映出来。

（2）应变测量：正确的测定应变值，对桥梁结构受力状态的分析是非常重要的。对于受弯构件，应在最大弯矩作用截面内上下边缘布点，或沿侧面高度方向布点，每处一般不少于两个测点。

（3）裂缝的测定：用应变量测仪器测定开裂荷载时，应在结构内力最大的受拉区域沿受力主筋方向连续布置电阻应变片或杠杆式应变仪等。连续布置的长度不小于 2~3 个计算裂缝间距，或不小于 30 倍主筋直径。当裂缝用肉眼可见时，其裂缝宽度可用刻度放大镜测定。每一测区或每一个构件测定裂缝宽度的裂缝数目，一般取 3~5 条。每级荷载下出现的裂缝或原有裂缝的开展均需在试件上标明，即在裂缝尾端标注出荷载级别和吨位。

3. 试验荷载的选择与布置

（1）正确地选用加载方法及加载设备，对整个试验工作的速度和质量具有重大影响。加载方法与加载设备的不完善，将会影响整个试验工作的顺利进行，甚至导致整个试验的失败，或发生安全事故。

（2）桥梁试验的荷载一般采用重力加载或液压加载。重力加载是利用物体的重量作为静荷载加于结构上，液压加载一般多为油压加载。

（3）重力加载一般有可行式车辆和重物直接加载两种形式。利用车辆作为加载设备，其优点是对桥梁加载、卸载方便；可以作静荷载试验，也可以作动荷载试验。试验一结束，即可恢复通车。

（4）试验车辆的前后轴轴载，必须以标准荷载的列车或汽车车队的等级来布置。有时无法找到标准荷载所规定的车辆时，则必须因地制宜地选择试验车，量好车轴之间的距离和有关尺寸，安排好前后轴轴载，以便计算时使用。

（5）试验车在桥上应尽量布置在最不利的位置上。要达到这一目的，一般要事先做好荷载排列的计算和分析工作。

此外，还可利用专门浇铸的标准铸铁块、混凝土块、水箱等重物，或反力架与液压千斤顶组合的加载设备。

1.2.3 桥梁结构的检查

1.2.3.1 桥梁检查的主要部件

桥梁检查的主要部件是指桥面系、上面结构及下部结构等三大部分的缺损状况。

（1）桥面系：对桥面摊铺、桥面板、伸缩缝、排水系统、栏杆及扶手、人行道等的检查。

（2）上部结构：对基本构件（如主梁、主拱圈）、横向联系（如横隔板、横系梁等）的检查。

（3）下部结构：对桥梁的支座、墩台、基础等的检查。

1.2.3.2　桥梁检查的部位及其内容

桥梁检查的部位及其内容见表 1-2-25 所示。

桥梁检查部位及内容　　　　　　　　　　表 1-2-25

序号	检查部位	检查部位	检查内容
1	桥面系	(1) 人行道； (2) 行车道面； (3) 栏杆系； (4) 缘石； (5) 伸缩缝包括桥头和人行道接缝； (6) 桥面排水设施	(1) 桥面铺装平整和磨耗度及抗滑性能； (2) 桥面铺装开裂、剥离，洼地积水、坑穴、波浪和表面污迹； (3) 人行道的功能及缘石的剥落、老化和高度不够； (4) 栏杆系的撞击损坏、松动、开裂、下挠和上拱，以及构件脱裂丢失； (5) 伸缩缝、人行道和桥头接缝的开放程度、阻塞和损坏情况； (6) 桥面排水设施是否合理、破损堵塞或渗漏等
2	桥跨结构	(1) 主梁； (2) 主拱圈； (3) 桁架； (4) 拱桥拱上建筑； (5) 系杆拱之吊杆； (6) 斜拉桥和吊桥之索塔和悬(拉)索等； (7) 主梁、主拱圈、桁架等之间的横向联系	(1) 结构实际尺寸，包括截面尺寸、跨径、填料厚度、拱轴线、钢筋直径和布置等； (2) 混凝土的空洞、蜂窝、剥落、高层、风化隆起、露筋、裂缝和破碎、表面沉积和钢筋锈蚀等； (3) 钢结构的涂层脱落、生锈、扭曲变形、滑动错裂、焊缝开裂和铆钉松动脱落等； (4) 桥跨结构的不正常变形，如开裂、弯曲等，支承处主要承重构件的局部承压力不够等； (5) 拱圈纵横开裂，拱轴变形和侧墙鼓胀； (6) 索塔顶水平位移、扭转变形、锚碇上拔和拉索套管的破裂等； (7) 构件材料力学性能，如圬工砌体、混凝土和钢材的强度，弹性模量等
3	支座	(1) 油毡支座； (2) 摆柱支座； (3) 钢板支座； (4) 橡胶支座； (5) 四氟板支座； (6) 盆式橡胶支座	(1) 支座老化、脏污、破裂、干涩、锈蚀等； (2) 摆柱支座各部件相对位置是否正确，受力是否均匀； (3) 活动支座卡孔或有不正常的位移量； (4) 橡胶支座的变形，支座部件剪断等； (5) 支座的垫石破碎； (6) 支座老化、破裂、脏污等
4	下部结构	(1) 桥台； (2) 基础； (3) 地基； (4) 冲刷与碰撞防护工程	(1) 墩台材料的风化、水蚀、剥落、破损和裂缝等； (2) 冲刷与碰撞防护工程导致损坏，失落和撞击破坏等； (3) 墩台基础冲刷及倾斜、滑动、下沉或冻起水平移位； (4) 地基基础周围挖空或被洪水冲刷等
5	其他	(1) 桥头引道； (2) 锥、溜和护坡； (3) 河道； (4) 调治构造物； (5) 桥上交通照明设施； (6) 标志	(1) 引桥线形、开裂、深陷及路肩、边坡、排水沟状况； (2) 锥、溜和护坡开裂、隆起或坑陷、勾缝砂浆脱落、坡脚损坏、灌木杂草等； (3) 河道的开放程度、冲刷和变迁、冰和砂砾堆的不适当超高、障碍物等； (4) 调治构造物是否正常起作用和及是否坚固耐用等； (5) 桥上的交通照明设备是否损坏、失效等； (6) 标志是否清楚、易读，是否处于恰当的位置上等

1.2.3.3　桥梁结构体系的检测部位与内容

根据交通部《公路养护技术规范》（JTG H10—2009）的要求，桥梁结构体系的检测部位与内容见表 1-2-26 所列。

桥梁结构体系的检测部位与内容　　　　　　　　表 1-2-26

检测内容 桥梁类型	截面应力（应变）	挠　度	转　角	下沉	水平位移
简支梁	跨中、四分点、支点	跨中、四分点	支点	—	—
连续梁	跨中、四分点、支点	跨中、四分点	支点	支座	—
悬臂梁	支点、牛腿	牛腿、跨中	梁端、支点	—	—
拱 桥	跨中、四分点、拱脚	跨中、四分点、八分点	墩 台	墩台	墩台
桁架桥	跨中、节点附近、桩脚	跨中、四分点	节点附近， 桩脚墩台	—	—
吊桥和斜拉桥	塔柱底截面、索	跨中、四分点	刚性梁	塔、墩台	塔索顶部

1.2.3.4　混凝土桥梁结构的重点检查部位图

混凝土桥梁结构的重点检查部位表见表 1-2-27 所列。

混凝土桥梁结构的重点检查部位表　　　　　　　表 1-2-27

结　构　形　式		重点部位的说明	示　意　图
上 部 结 构	简　支　梁	(1) 跨中处； (2) 1/4 跨径处； (3) 支座处	
	连续梁、悬臂梁 （有铰）	(1) 跨中处； (2) 反弯点（约 1/5 跨径处）； (3) 桥墩处梁顶部； (4) 支座处	
	刚　　架	(1) 跨中处； (2) 角隅处； (3) 腿部	
桥 梁 墩 台	单独桥墩	支座底板	
	T 形桥墩	(1) 支座底板； (2) 悬臂根部	
	Ⅱ形桥墩	(1) 支座底部； (2) 悬臂根部	

结　构　形　式		重点部位的说明	示　意　图
桥梁墩台	单悬臂梁式桥墩	(1) 支座底部； (2) 悬臂根部（上悬部，下悬部）； (3) 角隅部	
	Y形桥墩	(1) 支座底板； (2) 混凝土接缝处； (3) Y形接处	
	单悬臂梁式框架桥墩	(1) 支座底板； (2) 悬臂根部； (3) 混凝土接缝处； (4) 角隅部	
桥梁墩台	框架式桥墩	(1) 支座底板； (2) 角隅部	

1.2.4　混凝土的现场检测

混凝土的现场检测技术一般分为无破损检测法、半破损检测法和半破损同无破损的综合检测法三种。其中无破损检测主要有敲击法、钢球撞击法和回弹仪法等，半破损检测主要有铝芯法、拔出法、拔脱法、拔折法和射击法等。

1.2.4.1　无破损检验法检测混凝土强度

无破损检验法是指不必从混凝土结构中挖取试样，而可直接在现场（混凝土外表）获得材料和结构物的各种力学性能指标的一种测定方法。无破损检验可分为机械的、物理的以及机械与物理综合进行的三种方法。机械的检验有敲击法、撞击法、枪击法、回弹仪法等；物理的检验有共振法、超声波探测仪法等。

1. 敲击法

敲击法是最为简单的检测混凝土强度的方法，其缺点是误差较大。敲击法的步骤是：检测时先在被测混凝土表面选择具有代表性的部位，清理和铲出一定大小的平面，将一根钳工凿子的刃部垂直地安置在混凝土的表面上，要注意避开石子，然后用重约 0.3～0.4kg 的小锤，以中等力量敲击凿子顶端。也可以用小锤子直接地敲击混凝土表面。同样的敲击 10 次，取平均数。根据敲击的痕迹，按表 1-2-28 查得混凝土的近似强度。

2. 钢球撞击法

钢球撞击法常适用于测定强度较低的混凝土。该仪器所使用的钢球直径为 50.8mm，撞击时将钢球自混凝土表面 610mm 的高度自由下落；如果需检测被检物体的侧面时，则用带线的球撞击，其具体做法如图 1-2-1 所示。根据所撞击痕迹直径的大小，按图 1-2-2 所示的曲线查得混凝土强度。

敲击法测定的混凝土强度　　　　　　　　　　　　　　　　　　　　表 1-2-28

序号	以中等力量用小锤（重 0.3～0.4kg）敲击的结果		混凝土的强度（MPa）
	小球直接打击混凝土表面现象	凿刃安置在混凝土表面	
1	在混凝土表面上留下不深的痕迹，锤击梁肋时无碎片脱落	表面有不深的痕迹，无混凝土薄片脱落	＞20
2	在混凝土表面上留下明显的痕迹，环绕着痕迹周围可能有些薄片脱落	其表面有较深的锤击痕迹，混凝土表面脱落	20～10
3	混凝土被击碎而散片落地，当锤击梁肋时，混凝土成块脱落	凿子进入混凝土内深约 5mm，混凝土被击碎	10～7
4	在混凝土表面留下较深的痕迹	凿子被打进混凝土内	＜7

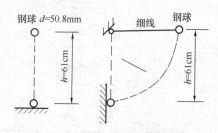

图 1-2-1　钢球撞击测定混凝土强度示意图

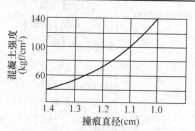

图 1-2-2　钢球撞击法测定混凝土强度曲线

（注：1kgf/cm² ＝10⁵Pa）

3. 回弹仪法

（1）回弹仪是根据在仪器的一定冲击力的作用下，测得的物体回弹值与材料硬度存在着一定的相关关系，而材料的表面硬度又随其强度高低而变化的原理，来制作的一种无破损检验仪器。

（2）回弹仪使用方便，可测不同部位，在正确使用的情况下，误差范围可满足一定要求，特别适用于现场检验混凝土强度。但回弹值影响因素较多，使用不当容易出现较大的误差。

（3）回弹仪按冲击能量的大小，分为轻型、中型、重型三种。轻型一般用于测砖和砂浆强度，中型、重型用于测混凝土的强度。目前国产的 HT-100 和 HT-225 型即为轻型和中型的二种。图 1-2-3 为 HT-225 型回弹仪的构造示意图。

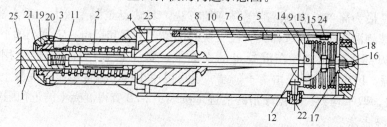

图 1-2-3　HT-225 型回弹仪的构造示意图

1—弹击杆；2—弹击拉簧；3—拉簧座；4—弹击重锤；5—指针块；6—指针片；7—指针轴；8—刻度尺；9—导向法兰；10—中心导杆；11—缓冲压簧；12—挂钩；13—挂钩压簧；14—挂钩销子；15—压簧；16—调零螺丝；17—紧固螺母；18—尾盖；19—盖帽；20—卡环；21—密封毡圈；22—按钮；23—外壳；24—固定片；25—混凝土构件

（4）国产回弹仪的技术性能及应用范围见表 1-2-29 所列。

国产回弹仪的主要技术性能及应用范围　　　　　　　表 1-2-29

技 术 性 能	仪 器 型 号			
	HT28 型	HT100 型	HT225 型	HT300 型
冲击动能（J）	0.28	1.00	2.25	30
弹击拉簧刚度（kg/cm）	0.10	0.34	0.80	1.6
冲击重锤重量（g）	100	140	370	2000
弹击杆前端球径（mm）	球 R_{25}	球 R_{25}	球 R_{25}	球 R_{53}
冲击锤和冲击杆的冲击表面硬度	$HR_c59\sim63$	$HR_c59\sim63$	$HR_c59\sim63$	$HR_c59\sim63$
指针系统最大静摩擦力（g）	60	60	60	$100\sim150$
外形尺寸（mm）	$\phi60\times300$	$\phi60\times270$	$\phi60\times280$	$\phi90\times\phi672$
质量（kg）	0.7	0.7	1	8
应用范围	用于砖砌体砂浆缝测试	用于轻质混凝土和砖的测试	用于混凝土构件的测试	用于大体积混凝土的测试

（5）回弹仪在检测过程，其轴线应始终垂直于混凝土的表面，其具体的操作方法如下：

1）测试表面宜选择混凝土的侧表面。若只能测试底面时，所测回弹值应扣除 5，顶面不宜作测试面。测试表面应保持干燥，否则所测回弹值会出现偏低。

2）测试表面要清洁、平整，如有泥土、石灰、粉刷、油漆或突出木纹等均应除掉，必要时可用金刚石磨平后测试。

3）使用时，操作要平稳，施力要均匀。试件应有足够的刚度，不可太薄。所测构件以大于 10cm 为宜。如构件厚度小于 10cm，可选择有肋的部位进行测试。

4）每一被测面必须进行 15～20 个测点的试验，取其读数的平均值（N），如其中某些测点的回弹值超过下述允许误差范围时，均应取消，按余下测点的回弹值求其平均回弹值。

允许误差：当平均回弹值 $15\leqslant N<25$ 时为 ±2.5、$25\leqslant N<35$ 时为 ±3.0、$35\leqslant N<45$ 时为 ±3.5、$45\leqslant N<55$ 时为 ±4.0。回弹仪应尽量保持在水平方向进行测试，如与水平线交成各种角度时，应按图 1-2-4 所示进行修正。

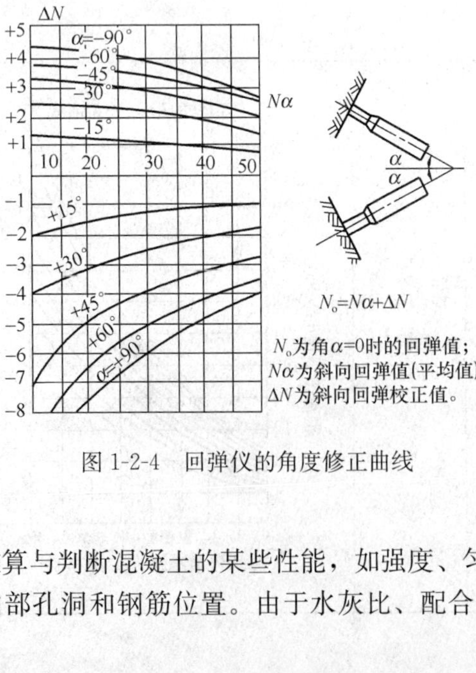

$N_o=N\alpha+\Delta N$

N_o 为角 $\alpha=0$ 时的回弹值；
$N\alpha$ 为斜向回弹值（平均值）；
ΔN 为斜向回弹校正值。

图 1-2-4　回弹仪的角度修正曲线

4. 混凝土超声波检测法

混凝土超声波探测仪的作用是测定超声波纵波在混凝土中的传播速度，从而间接地推算与判断混凝土的某些性能，如强度、匀质性、弹性模量、密实度等，也可探测裂缝、内部孔洞和钢筋位置。由于水灰比、配合比、试件湿度等都会影响其速度，因而所有试验曲线都只能在特定条件下应用。超声波法检测混凝土强度及内部缺陷，见表 1-2-30、表 1-2-31 所列。

超声波法检测结构混凝土强度与内部缺陷种类及计算　　　　　表 1-2-30

序号	种类	图　示	计算公式	说　明
1	检测混凝土中心空洞		$$R = \frac{L}{2}\sqrt{\left(\frac{t_d}{t_0}\right)^2 - 1}$$	R——混凝土空洞半径； L——探头连成方向构件尺寸； t_d——有空洞处超声波传布时间； t_0——无空洞处超声波传布时间
2	检测不密实混凝土不密实层深度		$$a = \frac{V_b(tV_c - c)}{V_c - V_d}$$ 其中： $$t = \frac{L}{V_d} + \frac{L-a}{V_c}$$	a——缺陷深度； V_c——为声波通过密实混凝土的速度； V_d——为声波通过不密实混凝土的速度； L——探头连成方向均件尺寸
3	检测混凝土裂缝深度		$$h = d\sqrt{\left(\frac{t_1}{t_0}\right)^2 - 1}$$	h——裂缝深度； d——探头到裂缝处的距离； t_0——声波通过 $2d$ 完成混凝土传播时间； t_1——声波通过 $2d$ 有裂缝混凝土传播时间
4	检测结构混凝土的强度		$$R_c = a \cdot e^{bV}e$$	R_c——混凝土抗压强度； V_e——实测超声波传布速度； a、b——为常数

混凝土缺陷超声波检测综合判断 表 1-2-31

衰减 ＼ 声时	t 正常（V_c 正常）	t 偏小（V_c 偏小）	t 偏大（V_c 偏小）
A 正常（α 正常）	强度正常	强度较高	强度较低，有局部缺陷
A 偏大（α 偏小）	强度正常或偏高	强度较高，质量较好	强度正常，混凝土浆多砂少
A 偏小（α 偏大）	强度正常，但表层不良或有内部缺陷	强度正常，混凝土石多浆少	强度偏低，质量不好，内部有缺陷

注：A——测点接收到的波幅；V_c——混凝土无缺陷处的声速；

　　α——斜角处两探头连线与片状缺陷平面的夹角；t——声时。

此外，为了提高测试结果的准确度，目前国内外多采用机械的与物理的两种及两种以上方法综合进行，用综合法来测定混凝土的强度。因单独一种方法测定强度各有其局限性，它们对各种影响的敏感程度各不相同，有的甚至相反。因此，采用两种或两种以上方法来综合评定，则可提高测试准确度并使应用范围扩大。综合法有多种，其中以超声波快速法与回弹仪两者的综合法比较容易，应用最广，可使测定的强度误差缩小到 $\pm12\%$以内。

1.2.4.2　挖取试样法检测混凝土强度

（1）若无破损检验结果不能满足要求，在必要时，可考虑采用从结构中挖取试样，在试验机上加载试验，从而测定混凝土的实际强度的方法。

（2）挖取试样的部位既应具有代表性，又应为结构的使用和安全所允许，而且要事先验定主要钢筋的位置，并避开它。为了避免试样在挖取过程中受到振动破坏，最好采用钻机切取，表 1-2-32 所示为取芯法检测混凝土强度。

（3）如若缺乏钻机时，也可以采用人工的方法凿取。当试件从实体上取下来后，须仔细磨平，用高强度砂浆补齐，然后进行检测试验。这种检测方法的优点是既能做强度试验，又能做弹性模量与密度试验，检测的结果也较符合实际情况；缺点是破损了桥梁混凝土的结构，且费工，试验条件的要求比较高，因此常用于检测精度要求较高的、含筋量较少的大体积的桥梁混凝土。

取芯法检测混凝土强度 表 1-2-32

项　目		取芯法检测所用取芯机，钻头技术数据及要求	
混凝土取芯机	型号	CZ-200 型	TXZ-83-1 型
	技术性能	三相电动机，功率为 3kW；钻头转速为 450r/min 和 900r/min 两级变速，可进行水平及垂直角度的 $\phi150$mm 以内芯样的钻取工作	柴油机功率为 5kW，可进行垂直角度的 $\phi150$mm 以内芯样的钻取工作
切割机	型号	DQ-2 型	G-210 型
	技术性能	自动，无级调整速度	半自动
常用钻头	外径（mm）	76；76；82；100；159	
	内径（mm）	70.5；70.5；76；101.0；152.0	
	长度（mm）	200；400；400；550；550	

项　目	取芯法检测所用取芯机，钻头技术数据及要求
钻芯及芯样 加工程序	（1）在选定的取芯点上将钻机就位，使钻机主轴与混凝土表面垂直，并用钻机上的固定装置，把钻机固定接通水、电，若为三相电机，接电时应检查电机旋转方向是否正确； （2）然后即可安装钻头，并用进钻操作手柄来调节钻头位置，逐渐进钻； （3）同时，调整好冷却水量，当钻到预定深度后将钻头提出，用长度约为 300mm，宽度约为 20mm，并与钻头弧度一致的带米扁钢插入钻孔缝隙中，用小锤敲击扁钢，芯样即可在底部剪断，再用夹钳或钢丝活套从钻孔中将芯样取出。芯样取好后即做好标记，记录钻取位置、长度及外观质量，同时对芯样进行加工； （4）根据规范规定，以 $\phi 100mm$ 及 $\phi 150mm$ 芯样作为抗压强度试验的标准芯样试件
抗压强度 计算公式	芯样的抗压强度由下式计算（高径比为1的标准芯样抗压强度，与边长150mm的立方体抗压强度相当）： $$R_{cor} = \frac{4P\alpha}{\pi d^2}$$ 式中　R_{cor}——为芯样在试验龄期时的抗压强度（MPa）； 　　　P——为芯样破坏荷载（N）； 　　　d——为芯样直径，mm，精确至 0.5mm。 　　　α——为高径比修正系数，如下表所列：

芯样强度高径 比修正系数	高径比 L/α	1.0	1.5	2.0
	高径比修正系数 α	1.00	1.10	1.24

1.2.4.3　混凝土强度对桥梁结构的影响

混凝土强度偏低对桥梁结构的影响在于：降低结构（或构件）的强度，从而影响桥梁结构的承载能力；降低构件的抗裂性能，从而加剧裂缝的产生和发展；降低构件的刚度，从而增大桥跨结构的挠度和其他变形。此外，混凝土强度偏低，是混凝土内部组织方面的原因造成的，通常还伴随着桥梁结构的抗裂性、抗渗性、耐磨性、耐久性等性能的降低。

由于结构所处地位与受力情况的不同，强度偏低所产生的具体影响也不一样。构件处于受拉、受压、受弯等情况下所产生的影响是：

（1）构件受拉时。素混凝土受拉构件承载力与混凝土强度几乎成正比，但素混凝土构件受拉，为设计规范所不允许，一般在桥梁结构中极为罕见。钢筋混凝土受拉构件，设计应考虑钢筋承受全部拉力，此时承载力与混凝土强度无关。

（2）构件受压时。受压构件设计一般由混凝土承受全部或大部分压力，它与混凝土强度成正比。

（3）构件受弯时。钢筋混凝土受弯构件的正截面强度与混凝土强度有关，但影响幅度不大，如含筋率正常（0.2％～1.0％）的构件，混凝土强度由 C20 号降低为 C10 号时，正截面强度仅减少 0.3％～3％。斜截面强度受混凝土强度影响较大。

对桥梁结构强度降低的分析研究，是对桥梁进行技术检定，评定桥梁承载能力的第一步。它同时还应与桥跨结构的裂缝、挠度和其他变形等特征一起综合考虑。对结构的实际承载能力及安全储备加以判断，为进一步了解结构承载能力的安全状况，确定维修加固的必要性提供可靠数据。

1.2.5　桥梁墩台沉降及位移观测

1.2.5.1　桥梁墩台沉降及位移观测的目的

（1）任何桥梁的地基，都处于荷载作用之下，因而在一定深度内的各层土体都要产生不同程度的压缩变形，使地基产生沉降。因此，也使得桥梁墩台随之发生微小的垂直位移、水平位移、转角位移。墩台的垂直位移也称为墩台沉降。

（2）墩台的沉降随着地基沉降程度、特征的不同，有的是平常现象，有些则是异常或破坏的表现。不同条件下的桥梁地基，其沉降的数值、速度、发展趋势等特征差异较大。在沉降的数值上，良好的地基最终沉降值仅有数毫米或者更小，而恶劣的地基最终沉降值可达几十厘米甚至 1m 以上。

（3）沉降量的大小与外部荷载成正比例关系，与时间因素成反比关系。亦即单位荷载愈重，沉降量愈大；时间间隔越长，沉降逐渐减少，最后趋于消失。图 1-2-5 为地基。

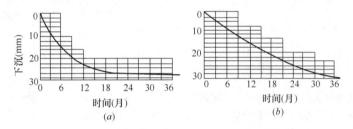

图 1-2-5　墩台下沉和时间关系曲线

（*a*）下沉渐趋稳定；（*b*）下沉在继续

（4）沉降和时间关系曲线图，图 1-2-5 所示沉降的速度开始较大，逐渐减少，最后沉降趋于稳定。

（5）墩台在施工过程中，甚至在桥梁通车以后相当长的一段时间内，都要产生和可能继续产生沉降。如果所产生的总沉降量是在规定的允许范围之内，则对桥梁的安全没有影响，如果超出允许值之外，那就需要及早采取措施，以免影响桥梁的质量和使用。

（6）墩台沉降和变位观测的目的在于：

1）了解墩台及基础在各个阶段内的沉降情况，实测出沉降量，了解沉降的均匀性，判定建筑物是否趋于稳定。

2）便于在施工中及时发现问题，采取措施，保证工程质量。

3）可在科学研究上验证有关理论公式的正确性，检查设计施工的质量好坏。

4）为桥梁技术检定工作提供资料，为桥梁维修加固提供数据。

1.2.5.2　桥梁墩台沉降及位移观测的内容与方法

（1）对桥梁墩台沉降及位移观察的内容主要有：观测墩台沉降、观测墩台水平位移、观测墩台的转动。

（2）桥梁墩台沉降观测的具体工作主要有：根据具体情况确定水准点和观测点的布置、构造并进行测点埋设；定期并及时地进行沉降量的测量；沉降观测成果等。

（3）桥梁墩台沉降、位移、转动三者的观测方法及注意事项见表 1-2-33 所列。

墩台沉降与位移观察方法

表 1-2-33

观测内容	观测方法和注意要点	示意简图
墩台沉降观测	（1）设置观测点：基本观测点对称地设在襟边的四角；墩台身设在两侧与基础观测点相对应的部位，其高度最好能在普通低水位之上。高墩台可每隔相当距离设一组观测点。每组的四点，在平面上互相对应 （2）埋设观测点：观测点须固定可靠，可用铆钉或圆钢筋作成，预埋在基础和墩、台身砌体中 （3）确定水准点：应设在桥位附近且保证不受地基变形影响和施工影响，要求坚固可靠，并严加保护，以备长期使用 （4）观测仪器：用水准仪时观测，并记入已有表格中	 观测点的设置 观测点的埋设
墩台水平位移观测	（1）设置观测点：位置于墩台上下游两侧与桥中线成 90°正交的直线断面上。做法是：先在距桥口 1m 处钉设桥的中心点 O，在 O 点安设经纬仪，后视桥的纵轴线 $O-O$，转 90°角，在桥台两侧各测定出 A、B、C 及 A'、B'、C' 三点。再经纬仪设于 C 点，视线对准 A、B 点后，在台侧找出 D、E 两点，作为观测点位置 （2）埋设观测点：在 D、E 二处各凿出一道水平浅槽，再把长约 20cm 刻度清晰的米尺，用万能胶粘贴于 D、E 两浅槽中 （3）观测仪器：用经纬仪测量 （4）观测方法：观测时，读出 D、E 两尺的读数，取平均值，与前一次所测平均值的差数，即为这一段时间内墩台的水平移值	 设置观测点 受地形限制时观测点的确定 观测点的埋设
墩台转动观测	（1）观测点的设置：设在墩台上下游两端中心线上 （2）观测点的埋设，在 A 点埋设一根螺栓，B 点凿槽埋粘水平刻度尺 （3）观测仪器及方法：在 A 点处悬挂垂球，读出垂线通过 B 尺的读数，当墩台发生转动时，垂线偏离初始读数，即可从刻度尺上读出由于转动引起的水平位移 Δ，其倾斜角 $\varphi = \text{arctg} \dfrac{\Delta}{L}$ 式中：L 为 AB 间的距离（cm） （4）在墩台未砌筑到顶之前，墩台的转动也可由设在墩台四角的沉降观测点的沉降差推求出来，即 $$\varphi = \text{arctg} \frac{S_1 - S_2}{L}$$ 式中 S_1、S_2——设在墩台同一端（上游或下游）观测点测得的沉降量（cm）； L——观测点间的距离（cm）	 设置观测点

1.2.5.3 桥梁墩台沉降及位移观测的时间与记录

（1）桥梁墩台沉降与变位观测应在施工时就开始，在整个施工期间，观测的间隔时间宜短，随着变位速度减缓，观测间隔时间可以适当放宽，工程完工通车后尚需每月测量一次，若在半年内变位不超过 3mm，即可认为趋于稳定，终止观测。

（2）在观测桥梁墩台的沉降与变位时，一般可按下述各阶段进行：基础浇筑完毕后的观测、墩台每砌高 2～3m 后的观测、墩台砌筑到顶之后的观测、墩台帽浇筑完成后的观测、台背回填土前与后的观测、桥梁上部结构安装完毕后的观测、桥梁首次通车前、后的观测、通车后每隔一定时间的观测。

（3）桥梁墩台观测时必须随时做好观测记录，并加以整理存档。有关沉降、水平位移和转动观测的记录参考表格见表 1-2-34～表 1-2-36 所列。

桥梁墩台沉降观测记录表 表 1-2-34

墩台编号_____

观测点编号 \ 观测次数和日期 记录项目	第一次 年 月 日	第二次 年 月 日	第三次 年 月 日	第四次 年 月 日
M-1 标高（mm）				
M-1 本次沉降量（mm）				
M-1 累计沉降量（mm）				
M-1 基底压力（Pa）				
M-2 基底压力（Pa）				
M-3 基底压力（Pa）				
M-4 基底压力（Pa）				
施 工 情 况				

桥梁墩台转动观测记录表 表 1-2-35

墩台编号_____

观测点编号 \ 观测次数和日期 记录项目	第一次 年 月 日	第二次 年 月 日	第三次 年 月 日	第四次 年 月 日
Q-1 A、B 点距离（mm）				
Q-1 B 点原始计数（mm）				
Q-1 本次计数（mm）				
Q-1 本次水平位移（mm）				
Q-1 累计水平位移（mm）				
Q-1 倾角 φ（°）				
Q-1 基底压力（Pa）				
Q-2 基底压力（Pa）				
施 工 情 况				

桥梁墩台水平位移观测记录表 表 1-2-36

墩台编号

观测点编号	观测次数和日期　记录项目	第一次 年　月　日		第二次 年　月　日	
N-1	标高（m）				
	后视角 α（°）				
	原始计数（mm）				
	本次计数（mm）				
	本次水平位移（mm）				
	累计水平位移（mm）				
	同时发生的累计沉降量（mm）				
N-2	同时发生的累计沉降量（mm）				
N-3	同时发生的累计沉降量（mm）				
N-4	同时发生的累计沉降量（mm）				
施　工　情　况					

1.2.6　桥梁钻（挖）孔灌注桩的检测

1.2.6.1　泥浆性能指标的检测

钻孔灌注桩调制的护壁泥浆及经过循环净化的泥浆，应根据钻孔方法和地层情况采用不同性能指标，表 1-2-37 所列为各项技术指标。下面将详细介绍表中各项指标的检测方法。

泥浆性能指标要求 表 1-2-37

钻孔方法	地层情况	泥　浆　性　能　指　标						
		相对密度	黏度（s）	静切力（Pa）	含砂率（%）	胶体率（%）	失水率（mL/30min）	酸碱度（pH）
正循环回转、冲击	黏性土	1.05～1.20	16～22	1.0～2.5	<8～4	>90～95	<25	8～10
	砂土、碎石土、卵石、漂石	1.20～1.45	19～28	3～5	<8～4	>90～95	<15	8～10
推钻、冲抓	黏性土	1.10～1.20	18～24	1～2.5	<4	>95	<30	8～11
	砂土、碎石土	1.20～1.40	22～30	3～5	<4	>95	<20	8～11
反循环回转	黏性土	1.02～1.06	16～20	1～2.5	<4	>95	<20	8～10
	砂　土	1.06～1.10	19～28	1～2.5	<4	>95	<20	8～10
	碎石土	1.10～1.15	20～35	1～2.5	<4	>95	<20	8～10

注：1. 地下水位高或其流速大时，指标取高限，反之取低限；
    2. 地质较好、孔径或孔深较小时，指标取低限；
    3. 孔壁泥皮厚度除正循环旋转冲击的砂类土等应≤2mm 外，其余均应≤3mm；
    4. 用推钻、冲抓、冲击方法钻进时，可用黏土碎块投入孔内，由钻锥自行造浆固壁；
    5. 若当地缺乏优质黏土，不能调出合格泥浆时，可掺用添加剂以改善泥浆性能；
    6. 在不易坍塌的黏性土层中，使用推钻、冲抓、反循环回转方法钻进时，可用清水提高水头（≥2m）维护孔壁；
    7. 对遇水膨胀或易坍塌的地层如泥页岩等，其失水率应小于 3～5mL/30min；
    8. 相对密度是泥浆密度与 4℃纯水密度之比（过去称为比重）。

（1）相对密度 γ_x：可用泥浆相对密度计测定。将要量测的泥浆装满泥浆杯，加盖并洗净从小孔溢出的泥浆，然后置于支架上，移动游码，使杠杆呈水平状态，读出游码左侧所示刻度，即为泥浆的相对密度 γ_x。

（2）黏度 η：用工地标准漏斗黏度计测定，黏度计如图 1-2-6 所示。用两端开口量杯分别量取 200mL 和 500mL 泥浆，通过滤网滤去大砂粒后，将泥浆 700mL 均注入漏斗，然后使泥浆从漏斗流出，流满 500mL 量杯所需时间（s），即为所测泥浆的黏度。

校正方法：漏斗中注入 700mL 清水，流出 500mL，所需时间应是 15s，其偏差如超过 ±1s，测量泥浆黏度时应校正。

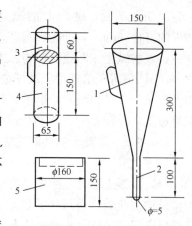

图 1-2-6 黏度计（尺寸单位：mm）
1—漏斗；2—管子；3—量杯 200mL 部分；
4—量杯 500mL 部分；5—筛网及杯

（3）静切力 θ：工地可用浮筒切力计测定（图 1-2-7 所示）。量测时，先将约 500mL 泥浆搅匀后，立即倒入切力计中，将切力筒沿刻度尺垂直向下移至与泥浆接触时，轻轻放下，当它自由下降到静止不动时，即静切力与浮筒重力平衡时，读出浮筒上泥浆面所对的刻度，即为泥浆的初切力。取出切力筒，按净黏着的泥浆，用棒搅动筒内泥浆后，静止 10min，用上述方法量测，所得即为泥浆的终切力。

（4）含砂率：工地可用含砂率计（图 1-2-8 所示）测定。量测时，把调好的泥浆 50mL 倒进含砂率计，然后再倒进清水，将仪器口塞紧摇动 1min，使泥浆与水混合均匀。再将仪器垂直静放 3min，仪器下端沉淀物的体积（由仪器刻度上读出）乘 2 就是含砂率。

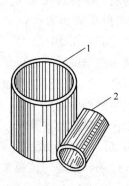

图 1-2-7 浮筒切力计
1—泥浆筒；2—切力浮筒

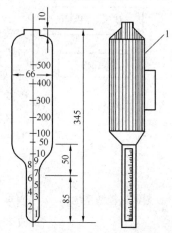

图 1-2-8 含砂率计（尺寸单位：mm）
1—外壳

（5）胶体率（％）：胶体率是泥浆中土粒保持悬浮状态的性能。测定方法可将 100mL 泥浆倒入 100mL 的量杯中，用玻璃片盖上，静置 24h 后，量杯上部泥浆可能澄清为水，测量时其体积如为 5mL，则胶体率为 $100-5=95$，即 95％。

（6）失水率（mL/30min）：用一张 12cm×12cm 的滤纸，置于水平玻璃板上，中央画一直径 3cm 的圆，将 2mL 的泥浆滴入圆圈内，30min 后，测量圆圈的平均直径减去泥浆摊平的直径（mm），即为失水率。在滤纸上量出泥浆皮的厚度（mm）即为泥皮厚度。

（7）酸碱度：即酸和碱的强度简称，也有简称为酸碱值的。pH 值是常用的酸碱标度之一。pH 值等于溶液中氢离子浓度的负对数值，即 $pH=-1g[H^+]=1g1/[H^+]$。pH 值等性，大于 7 时为碱性，小于 7 时为酸性。工地测量 pH 值方法，可取一条 pH 试纸放在泥浆面上，0.5s 后拿出来与标准颜色相比，即可读出 pH 值。

1.2.6.2 混凝土钻孔灌注桩完整性检测

1. 概述

（1）混凝土钻孔灌注桩是桥梁及建筑结构物常用的基桩形式之一，主要是由于桩能将上部结构的荷载传递到深层稳定的土层上去，从而减少基础沉降和建筑物的不均匀沉降，实践也证明它的确是一种极为有效、安全可靠的基础形式。但是，灌注桩的成桩过程是在桩位处的地面下或水下完成，施工工序多，质量控制难度大，稍有不慎极易产生断桩等严重缺陷。据统计国内外钻孔灌注桩的事故率高达 5%～10%。因此，灌注桩的质量检测就显得格外重要。

（2）桩基础施工质量的检验，随着长、大桩径及高承载力桩基础迅速增加，传统的静压桩试验已很难实施，建设部、地矿部于 1995 年 12 月颁布了《基桩低应变动力检测规程》JGJ/T 93—95，2014 年颁布了《基桩高应变动力检测规程》JGJ 106—2014。公路桥梁基桩检普查，因此，基桩低应变检测应用的相当广泛，其检验的方法有以下几种。

2. 反射波

该方法适用于检测桩身混凝土的完整性，推定缺陷类型及其在桩身中的位置，也可以对桩长进行校核，对桩身混凝土强度等级做出估计。

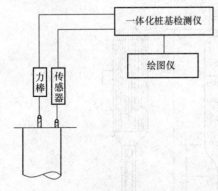

图 1-2-9 反射波法检测系统

（1）反射波法基本工作原理：反射波法源于应力波理论，基本原理是在桩顶进行竖向激振，弹性波沿着桩身向下传播，在桩身存在明显波阻抗界面（例如桩底、断桩或严重离析等部位）或桩身截面积的变化（如缩径或扩径）部位，将产生反射波。经接收、放大滤波和数据的处理，可识别来自桩身不同部位的反射信息。据此计算桩身波速、判断桩身完整性和混凝土强度等级。

（2）反射波法仪器设备及其要求：反射波法检测系统其示意图见图 1-2-9 所示。主要由传感器、放大器、滤波器、记录、处理、监视系统、激振设备和专用附件组成。

1）传感器可选宽频带速度型或加速度型传感器。速度型传感器灵敏度应大于 300MV（cm·s）加速度型传感器灵敏度应大于 100mV/g。

2）放大系统增益应大于 60dB，长期变化量应小于 1%。折合输入端的噪声水平应低于 $3\mu V$。频带宽度应不窄于 10～1000Hz，滤波频率可调整。

3）模/数转换器的位数不应小于 8bit。采样时间宜为 50～1000μs，可分数档调整。每个通道数据采集暂存器的容量不应小于 1kB。

注：bit 为二进制计数数字量的位数。

4）多道采集系统应具有一致性，其振幅偏差应小于 3％，相位偏差应小于 0.1ms。

5）可根据激振条件试验要求及改变激振频谱和能量，选择符合材质和重量要求的激振设备，满足不同的检测目的。

（3）现场检测步骤：

1）对被测桩应凿去其表面上的浮浆，桩头平整。

2）检测前应对反射波法的仪器设备进行检查，性能正常方可使用。

3）对每一个检测的工地均应进行激振方式和接收条件的选择试验，以便确定最佳激振方式和接收条件。

4）激振点宜选择在桩头中心部位，传感器应稳固地安置在桩头上，对于大直径的桩可安置两个或多个传感器。

5）当随机干扰较大时，可采用信号增强方式，进行多次重复激振与接收。

6）为提高检测的分辨率，应使用小能量激振，并选用高截止频率的传感器和放大器。

7）判别桩身浅部缺陷，可同时采用横向激振和水平速度型传感器接收，进行辅助判定。

8）每一根被检测的单桩均应进行二次及以上重复测试。出现异常波形应在现场及时研究，排除影响测试的不良因素后再重复测试。重复测试的波形与原波形具有相似性。

图 1-2-10 所示为几种典型的实测波形记录。

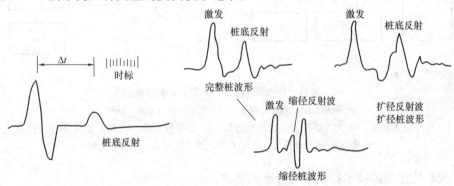

图 1-2-10　反射波法实测记录

3. 机械阻抗法

（1）机械阻抗法概述：机械阻抗法适用的范围较为广泛，可用于各种机械结构和土木结构的动力分析。在基桩检测中，本方法有稳态激振和瞬态激振两种方式，适用于检测桩身混凝土的完整性，推定缺陷类型及其在桩身中的部位，当有可靠同条件动、静载对比试验资料时，该方法可用于推算单桩承载力，而本方法有效测试范围为桩长与桩径之比值小于 30；对摩擦端承桩或端承桩其比值可小于 50。

（2）机械阻抗法的基本原理：机械阻抗的定义是，作用于某结构物上的力 F 与该结构的响应 X 之比，即机械阻抗 $Z = F/X$，而这种响应 X 既可以是位移、速度，又可以是加速度。如果在桩头施加幅值为 $[F]$ 的正弦激振力时，相应于每一激振频率的弹性波在桩身混凝土中传播速度为 v_p，则 F/v_p 就是机械阻抗 Z，其倒数为机械导纳 N，即：

$$N = \frac{1}{Z}$$

$$N_{(j\omega)} = \frac{\nu_{p(j\omega)}}{F_{(j\omega)}}$$

式中 N——机械导纳；

F——对结构施加的作用力；

ν_p——结构的运动速度。

系统在动态力作用下的阻抗（或导纳）是以激振频率 ω 为自变量的复函数 $Z_{(j\omega)}$ 或 $N_{(j\omega)}$。对不同的 ω 值，阻抗（或导纳）的幅值和幅角也就不同，这就提供了用阻抗和导纳随频率变化的图像来研究系统（如桩基础）动态特性的可能性。由于桩的动力特性为桩身完整性和桩-土体系相互作用的特性密切相关，通过对桩的动态特性的分析计算，可估计桩身混凝土的缺陷类型及其在桩身中的部位，亦可估算承载力。

（3）机械阻抗法的仪器设备及其要求：机械阻抗法检测系统基本组成如图 1-2-11 所示。

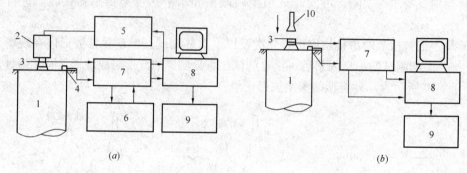

图 1-2-11   机械阻抗法检测系统基本组成图

(*a*) 机械阻抗（稳态）测试；(*b*) 机械阻抗（稳态）测试

1—桩；2—激振器；3—力传感器；4—速度传感器；5—功率放大器；6—跟踪滤波器；7—信号
采信前端；8—微计算机；9—打印机（绘图仪）；10—力棒、力锤

1）接收传感器的技术特性应符合下列要求：

①力传感器 3 的频率响应宜为：5～1500Hz，其幅度畸变应小于 1dB，其灵敏度不应小于 1.0Pc/N；

②量程：当稳态激振时，按激振力的最大值确定；当瞬态冲击时，按冲击力最大值确定。

2）测量响应传感器：

①频率响应：宜为 5～1500Hz；

②灵敏度：对小桩径，速度传感器的灵敏度 S，应大于 300mV/(cm·s)，加速度传感器的灵敏度 S_a 应大于 1000pC/g；当桩径较大时，S_r 应大于 800mV/(cm·s)，S_a 应大于 2000pC/g 横向灵敏度不应大于 5%；

③加速度传感器的量程：当稳态激振时，应小于 5g；当瞬态激振时，不应小于 20g。

3）接收传感器的灵敏度应每年标定一次。力传感器可用振动台进行相对标定，或采用压力试验机用准静态标定。进行准静态标定所采用的电荷放大器，其输入电阻不应小于

$10^{11}\Omega$。测量响应的传感器可采用振动台进行相对标定。

4) 测试设备可以采用专用的机械阻抗测试仪器，也可采用通用测试仪器组成的测试装置。压电传感器的信号放大应采用电荷放大器，磁电式传感器应采用电压放大。频带宽度宜为 $5\sim2000$Hz，增益应大于 80dB，动态范围应在 40dB 以上，折合到输入端的噪声应小于 10μV。在稳态测试中，应采用跟踪滤波器或在放大器内设置性能相似的滤波器。滤波器的阻滞衰减不应小于 40dB。在瞬态测试中分析仪器的选择，应具有频域平均和计算相干函数的功能。当采用数字化仪器进行数据采集分析时，其模/数转换器位数不应小于 12bit。

5) 信号处理分析的记录设备可采用磁记录带、$x-y$ 函数记录器、与计算机配合的笔式绘图仪或打印机。磁带记录器不得少于两个通道，信噪比不得低于 45dB，频率范围不得低于 5kHz。采用的各类记录仪的系统误差应小于 1％。

6) 稳态激振设备及瞬态冲击装置应符合下列要求：

①稳态激振应采用电磁激振器，并宜选择永磁式激振器。激振器的技术要求应符合如下规定：频率范围宜为：$5\sim1500$Hz；最大输出力：当桩径小于 1.5m 时，应大于 200N；当桩长为 $1.5\sim3.0$m 时，应大于 400N；当桩径大于 3.0m 时，应大于 600N；非线性失真应小于 1％；

②悬挂装置可采用柔性悬挂（橡皮绳）或半刚性悬挂。在采用柔性悬挂时应避免高频段出现横向振动，在采用半刚性悬挂时，当激振频率在 $10\sim1500$Hz 的范围内时，激振系统本身特性曲线出现的谐振峰（共振及反共振）不应超过 1 个；

③瞬态激振应通过试验来选择不同材质的锤头进行冲击，使可用于计算的谱宽度大于 1500Hz。在冲击桩头时，冲击锤应保持为自由落体；

④激振装置初次使用或经长距离运输，在正式使用前进行调整，使横向振动系数控制在 10％以下，其谐振时的最大值不应超过 25％。

(4) 机械阻抗法的检测原则与检测步骤：

1) 桩的振动响应测试点应按下列原则布置：在桥梁桩基础测试中，可布置 1 个测点；当只布置 2 个测点时，其测点应位于顺流向的两侧，当布置 4 个测点时，应在顺流向两侧和顺桥纵轴方向两侧各布置 2 个测点。

2) 激振力应位于桩头顶面正中，采用半刚性悬挂时，则黏贴在桩头顶面中心的钢板必须保持水平。

3) 现场测试应按下列步骤进行：

①安装全部测试设备，并应确认各项仪器装置处于正常工作状态；

②在测试前应正确选定仪器系统的各项工作参数，使仪器在设定的状态下进行试验；

③在瞬态激振试验中，重复测试的次数应大于 4 次；

④在测试过程中应观察各设备的工作状态，当全部设备均处于正常状态，则该次测试有效。

(5) 各种激振下桩的典型导纳曲线：机械阻抗法得到的导纳函数或频响函数描述了桩-土系统的动力特性。它与激振和响应量的性质无关，即不论是用简谐稳态激振、瞬态冲击激振或随机激振，得到的导纳函数都是一样的，都能得到相同的导纳曲线，包括幅频曲线、相频曲线、实频曲线、虚频曲线等。差别仅在于激振方法不同、检测仪器不同和分析原理不同带来的精度不同而已。

1）在一般情况下，桩的竖向振动包含了低频的刚体运动和高频的波动。同时由于阻尼的存在，实际从桩顶上检测到的导纳函数的典型曲线应是图 1-2-12 的形式。图中（a）是幅频图，（b）是相频图。

2）在幅频图上，f_{xo} 可理解为桩身作刚体运动的谐振频率，后面的 f_1、f_2、f_3 ······ 是桩身波动的各阶谐振频率。各谐振频率点之间的频率差均相等。

3）桩的刚体运动和波动两种状态之间是一种过渡过程，没有明显的分界频率。一般来说，桩周土质越软，或者说土的支承刚度越小，两者在导纳曲线图上区分越明显，如果桩底支承在岩层上或嵌固在岩

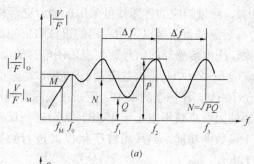

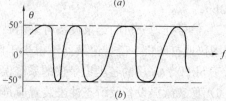

图 1-2-12　典型的速度导纳曲线
（a）幅频图；（b）相频图

层中，则桩身将不会发生刚体运动，只有波动．导纳曲线上亦不存在 f_{mo} 及其相应的导纳峰。

在相频曲线上，各谐振点的相角都应是零度。表 1-2-38、表 1-2-39 是按机械导纳曲线推定桥梁桩身结构完整性的一些结构，供大家参考。

按机械导纳曲线异常程度推定桩身结构完整性　　　　　表 1-2-38

初步判别有异常	可能的异常位置	异常性质的判断	异常程度的判断	
$v_p = 2\Delta f L =$ 正常波速，只有桩底反射效应，桩身无异常		$N_0 \approx N$ 优质桩	波峰间隔均匀，整齐	全桩完整，混凝土质量优而均匀
			波峰间隔均匀但不整齐	全桩基本完整，外表面不规则
		$N_0 \approx N$ $K_d \approx K_d'$ 混凝土质量稍有不均匀	波峰间隔均匀，整齐	本桩完整，混凝土质量基本完好
			波峰间隔不太均匀，欠整齐	全桩基本完整，局部混凝土质量不太均匀
$\Delta f_1 < \Delta f_2$ $v_{p1} = 2\Delta f_1 L =$ 正常波速，有桩底反射效应，同时 $v_{p2} = 2\Delta f_2 L >$ 正常波速，$L' = \dfrac{v_p}{2\Delta f_2} > L$，表明有异常反射效应	$L' = \dfrac{v_p}{2\Delta f_2}$	$N_0 > N$ $K_d < K_d'$	波峰圆滑，N_p 值小	有中度扩径
			波峰圆滑，N_p 值大	有轻度扩径
		$N_0 < N$ $K_d > K_d'$ 缩径或混凝土局部质量不均匀	波峰尖峭，N_p 值大	有中度裂缝或缩径

续表

初步判别有异常	可能的 异常位置	异常性质的判断	异常程度的判断	
$v_p = 2\Delta fL >$ 正常波速， $L_0 = \dfrac{v_p}{2\Delta f} < L$，表明无桩 底反射效应，只有其他部 位的异常反射效应	$L' = \dfrac{v_p}{2\Delta f}$	$N_0 > N$ $K_d < K'_d$ 缩径或断裂	波峰尖峭，N_p 值小	有严重缩径
			波峰间隔均匀，尖峭， N_p 值大	有严重断裂、混凝土 不连续
		$N_0 > N$ $K_d < K'_d$ 扩径	波峰圆滑，N_p 值小	有较严重扩径
			波峰间隔均匀，圆滑， N_p 值小	有严重扩径

注：Δf_1——有缺陷桩导纳曲线上小峰之间的频率差；
　　Δf_2——有缺陷桩导纳曲线上大峰之间的频率差。

按机械导纳曲线推定桩身结构完整性　　　　　　表 1-2-39

机械导纳 曲线形态	实测导纳值 N_0		实测动刚度 K_d	测量桩长 L_0	实测桩身 波速平均值 v_{pm} (m/s)	结　论
与典型导纳 曲线接近	与理论值 N 接近	高于	工地平均刚 度值 K_{dm}	与施工 长度接近	3500~4500	嵌固良好的完整性
		接近				表面规则的完整桩
		低于				桩底可能有软层
呈调制 波妆形	高于	低于			<3500	桩身局部离析，其 位置可按主波的 Δf 判定
	导纳实 测几何平 均值 N_{om}		工地平均动 刚度值 K_{dm}			
	低于	高于			3500~4500	桩身断面局部扩大， 其位置可按主波的 Δf 判定
与典型导纳曲线类 似，但共振峰频率增 量 Δf 偏大	高于理论值 N 很多	远低于	工地平均动 刚度值 K_{dm}	小于施工 长度	—	桩身断裂，有夹层
		远高于			—	桩身有较大鼓肚
	低于工地平均 值 N_{om} 很多	低于工地动刚度平均 值 K_{dm}		无法由计算 确定桩长	—	桩身不规则，有局 部断裂或贫混凝土
不规则	变化或较高					

注：$N_t = \dfrac{1}{v_{pm}A}$。

4. 动力参数法

（1）动力参数法的适应范围：本方法当分为频率初速法和频率法。当有可靠的同条件
动静试验对比资料时，频率初速法可用于推算不同工艺成桩的摩擦桩和端承桩的竖向承载

力。频率法的适用范围限于摩擦桩，并应有准确的地质勘探及土工试验资料作为计算依据，其中包括地质剖面图及各地层的内摩擦角和密度；桩在土中长度不宜大于 40m，也不宜小于 5m。

（2）动力参数法的仪器设备及其要求：

1）宜采用竖、横两向兼用的速度型传感器。传感器的频率应为 10～300Hz 合适；最大可测位移量的峰——峰值不应小于 2mm，速度灵敏度不应低于 200mV/cm/s。传感器的固有频率不得处于 20Hz 附近。

2）检测基桩承载力时，低通滤波器的截止频率宜为 120Hz。

3）放大器增益应大于 40dB（可调），长期绝对变化量应小于 1%，折合到输入端的噪声信号不大于 10μV。频响范围宜为 10～300Hz。

4）接收系统宜采用数字式采集、处理和存储系统，并应具有实时域显示及频谱分析功能。

5）模/数转换器的位数不应小于 8bit，采样时间间隔宜为 50～1000/μs，并分数档可调。每道数据采集暂存器的容量不应小于 1kB。

6）传感器和仪器系统灵敏度系数应在标准振动台上进行标定，每年不得少于一次。标定时取振动速度的峰——峰值。在 10～300Hz 范围内应至少按单位振动速度标定 10 个频率点，并描出灵敏度系数随频率变化的曲线。

7）激振设备宜采用带导杆的穿心锤，穿心锤底面应加工成球面。穿心孔直径比导杆直径大 3mm 左右。穿心锤的质量应在 2.5～100kg 并形成系列，其落距宜在 180～500mm 之间，分为 2～3 档。对不同承载力的基桩，应调节冲击能量，使振波幅度基本一致。

（3）现场检测步骤及其注意事项：

1）检测前的准备工作应符合下列要求：

①彻底清除桥梁桩顶的浮浆及破碎部分；

②桩顶中心部分应凿平，并用粘结剂（如环氧树脂）粘贴一块钢垫板，待其固化后方才能进行施测；

对承载力标准值小于 2000kN 的桩，钢垫板面积宜为 100mm×100mm，厚度宜为 10mm；钢垫板中心应钻一盲孔，孔深宜为 8mm，孔径为 12mm；对承载力大于或等于 2000kN 的桩，钢垫板面积及厚度加大 2%～5%；

③传感器应使用粘结剂（如烧石膏）或采用磁性底座竖向固定在桩顶预先粘于冲击点与桩身钢筋之间的小钢板上；

④传感器、滤波器、放大器与接收系统连线，应采用屏蔽线，确定仪器的参数，并检查仪器、接头及钢板与桩顶粘结情况，在检测瞬间应该暂时中断其附近振源，使测试工作处于较安静的环境下进行，并且测试系统不可多点接地。

2）激振步骤应按下述进行（图 1-2-13）：将导杆插入钢垫板的盲孔中；按选定的穿心锤质量（w_0）及落距（H）提起穿心锤任其自由下落，并在撞击垫板后自由回弹再自由下落，以完成一次测试，加以记录。宜重复测试三次，以资比较。

3）每次激振后，应通过屏幕认真进行观察波形是否正常，并要求出现清晰而完整的第一次及第二次冲击振动波形，并要求第一、二次冲击振动波形的振幅值基本保持一致，当不能满足上述要求时，应改变冲击能量，当确认波形合格后才可进行记录。典型波形如图 1-2-14 所示。

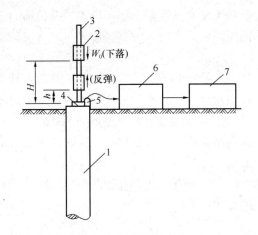

图 1-2-13 动力参数法检测

1—桩；2—穿心锤；3—导杆；4—垫板；5—传感器；
6—滤波及放大器；7—采集、记录及处理器

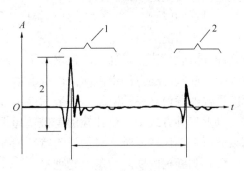

图 1-2-14 波形记录示例

1—第一次冲击的振动波形；2—回弹后第二次冲击
的振动波形

5. 超声波透射法

钻孔灌注桩超声脉冲检测法的基本原理与超声波测缺陷和测强技术基本相同。但由于桩深埋土内，而检测只能在地面进行，因此又有其较大的区别。

（1）超声波透射法的检测方式

1）双孔检测：在桩内预埋两根以上的管道，把发射探头和接收探头分别置于两根管道中（图 1-2-15 所示）。检测时超声脉冲穿过两管道之间的混凝土，实际有效范围即为超声脉冲从发射到接收探头所扫过的面积。为了尽可能扩大在桩横截面上的有效检测控制面积，必须使声测管的布置合理。双孔测量时根据两探头相对高程的变化，又可分为平测、斜测、扇形扫测等方式，在检测时视实际需要灵活运用。

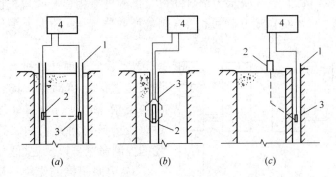

图 1-2-15 钻孔灌注桩超声脉冲检测方式

(a) 双孔检测；(b) 单孔检测；(c) 桩外孔检测

1—声测管；2—发射探头；3—接收探头；4—超声波检测仪

2）单孔检测：在某些特殊情况下，只有一个孔道可供检测使用，例如在钻孔取芯后需进一步了解芯样周围混凝土的质量，以扩大取芯检测后的观察范围，这时可采用单孔测量方式（图 1-2-15b），换能器放置在一个孔中，探头之间的用隔声材料隔离。这时声波从

水中及混凝土中分别绕射到接收换能器，接收信号为从水及混凝土等不同声通路传播而来的信号的叠加，分析这一叠加信号，并测出不同声通路的声时及波高等物理量，即可分析孔道周围混凝土的质量。

3) 桩外孔检测：当桩的上部结构已施工，或桩内未预埋管道时，可在桩外的土基中钻一孔作为检测通道。检测时在桩顶上放置一较强功率的低频平探头，向下沿桩身发射超声脉冲，接收探头从桩外孔中慢慢放下。超声脉冲沿桩身混凝土并穿过桩与测孔之间的土进入接收探头，逐点测出声时波高等参数，作为判断依据（图 1-2-15c）。这种方式的可测深度受仪器发射功率的限制，一般只能测到 10m 左右。

以上三种方式中，双孔检测是桩基超声脉冲检测的基本形式，其他两种方式在检测和结果分析上都比较困难，只能作为特殊情况下的补救措施。

(2) 判断桩内缺陷的基本物理量

1) 声时值：由于钻孔桩的混凝土缺陷主要是由于灌注时混入泥浆或混入自孔壁坍落的泥、砂所造成的。缺陷区的夹杂物声速较低，或声阻抗明显低于混凝土的声阻抗。因此，超声脉冲穿过缺陷或绕过缺陷时，声时值增大。增大的数值与缺陷尺度大小有关，所以声时值是判断缺陷有无和计算缺陷大小的基本物理量。

2) 波幅：当波束穿过缺陷区时，部分声能被缺陷内含物所吸收，部分声能被缺陷的不规则表面反射和散射，到达接收探头的声能明显减少，反映为波幅降低。实践证明，波幅对缺陷的存在非常敏感，是在桩内判断缺陷有无的重要参数。

3) 接收信号的频率变化：当超声脉冲穿过缺陷区时，声脉冲中的高频部分首先被衰减，导致接收信号主频下降，即所谓频漂，其下降百分率与缺陷的严重程度有关。接收频率的变化实质上是缺陷区声能衰减作用的反映，它对缺陷也较敏感，而且测量值比较稳定，因此，也可作为桩内缺陷判断的重要依据。

(3) 钻孔灌注桩超声脉冲检测法的设备

1) 设备的组成：图 1-2-16 所示为全自动智能化测桩专用检测装置框图。它主要由超声发射及接收装置 3、探头自动升降机构 1、测量控制装置 4、数据处理计算机系统 5 等四大部分组成。

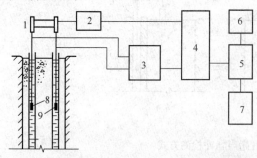

图 1-2-16 全自动智能化测桩专用检测装置框图
1—探头自动升降机构；2—步进电机驱动电源；3—超声发射与接收装置；4—测控接口装置；5—数据处理计算机系统；6—磁带机；7—打印机；8、9—发射、接收探头

2) 数据处理计算机系统的作用；它是测控装置的主控部件。具有人机对话，发布各类指令，进行数据处理等功能。它通过总线接口与测量控制装置连接，发出测量的控制命令，以及进行信息交换。

3) 升降机构的作用：根据指令通过步进电机进行上升、下降及定位等动作，移动探头至各测量点。

4) 超声发射和接收装置的作用：主要是发射并接收超声波，取得测量数据，传送到数据处理计算机，进行数据处理、存储、显示和打印。由于测试系统由计算机

控制，测量过程无须人工干预，因此可自动、迅速地完成全桩测量工作。发射系统应输出

250～1000V 的脉冲电压，其波形可为阶跃脉冲或矩形脉冲。

5）超声脉冲检测系统的作用：在桩基超声脉冲检测系统中，换能器在声测管内用水耦合，因此换能器必须是水密式的径向发射和接收换能器。常用的换能器一般是圆管式或增压式密型换能器，其共振频率宜为 25～50kHz，长度宜为 20cm，换能器宜装有前置放大器，前置放大器的频带宽度宜为 5～50kHz。换能器的水密性应满足在 1MPa 水压下不漏水。

6）超声波检测仪器的主要技术性能应符合如下要求：其接收放大系统的频带宽度宜为 5～50kHz，增益应大于 100dB，并应带有 0～60（或 80）dB 的衰减器，其分辨率应为 ldB，衰减器的误差应小于 1dB，其档间误差应小于 1%。

7）显示系统的作用：显示系统其作用是同时显示接收波形和声波传播时间，其显示时间范围应大于 2000μs，计算精度应大于 1μs。

（4）预埋检测管的现场检测

1）桩径小于 1.0m 时应埋设双管；桩径为 1.0～2.5m 时应埋设三根管；桩径为 2.5m 以上应埋设四根管，如图 1-2-17 所示。

2）声波检测管宜采用钢管、塑料管或钢质波纹管，其内径宜为 50～60mm。钢管宜用螺纹连接，管的下端应封闭，上端应加盖。根据计算和试验，采用钢管时，双孔测量的声能透过率只有 0.5%，塑料管则为 42%，可见采用塑料管时接收信号比采用钢管时强，但由于在地下水泥水化热不

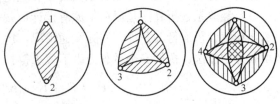

图 1-2-17　声波透射埋管编组
注：图中数字为检测管埋设位置。

易发散，而塑料温度变形系数较大，当混凝土硬化后塑料管因温度下降而产生纵向和径向收缩，致使混凝土与塑料管局部脱开，容易造成误判。

3）试验证明，钢管的界面损失虽然较大，但仍有足够大的接收信号，而且安装方便，可代替部分钢筋截面，还可作为以后桩底压浆的通道，所以采用钢管作测管是合适的。塑料管的声能透过率较高，当能保证它与混凝土良好粘结的前提下，也可使用。

4）检测管可焊接或绑扎在钢筋笼的内侧，检测管之间应相互平行。但在实际施工中，由于钢筋骨架刚度不足，对平行度提出过高的要求是不现实的。在检测内部缺陷时，不平行的影响，可在数据处理中予以鉴别和消除，但必须严格控制。

1.2.7　桥梁承载力的检测

1.2.7.1　概述

（1）影响桥梁承载力的因素是很多的，主要有：桥梁原来的设计荷载等级、施工方法与质量、桥梁结构完好状况与结构材料性能好坏等方面。

（2）桥梁原设计荷载及施工资料，可通过查阅有关技术资料得到（若资料缺乏，则较难办到），而对结构完好程度、材料老化程度和强度降低程度的评价，则是一件较困难的工作。

（3）由于影响桥梁承载力的还有其他许多直接或间接的因素，因此，要进行定量的分析，用精确的方法计算出桥梁的承载力，则更为困难。

（4）目前，对桥梁承载力的判定，国内公路部门尚无统一的方法。国外，即使在一些技术先进的国家也正在进行广泛的研究。

（5）现有桥梁承载力的检定，通常多采用如下三种方法：

1）分析计算法；即由对已掌握的多方面资料进行分析计算的方法。

2）实物调查比较法，即由实际交通测定桥梁动态的方法。

3）荷载试验法，即为桥梁施加试验荷载，测定其主要部位反映的方法。

1.2.7.2 分析计算法

1. 概述

首先对被检定的桥梁结构进行检查，然后将检查所得的有关资料和检验测量结果，运用桥梁结构计算理论及有关的经验系数进行分析计算，从而评定出桥梁的安全承载力。这种从调查入手，利用计算理论及经验系数，分析计算出桥梁承载力的方法称为分析计算法。分析计算法一般又分为经验系数折算和理论计算两种做法。

（1）经验系数折算法是以桥梁原有设计荷载等级为基础，同时考虑桥梁损坏程度、材料老化程度、桥面行驶条件、实际交通情况，桥梁建造使用期限等因素，折算求出桥梁安全承载力的方法。桥梁安全承载力由下式求得：

$$P = P_0 \cdot K_1 \cdot K_2 \cdot K_3 \cdot K_4$$

式中　P——被检定桥梁的安全承载力；

　　P_0——被检定桥梁的基本承载力，即原设计承载力；

　　K_1——残存承载力系数，根据桥梁结构损坏程度、材料老化程度而定的系数；

　　K_2——桥面行驶条件好坏的系数；

　　K_3——反映实际交通情况的系数；

　　K_4——桥梁建造使用年限系数。

（2）理论计算的做法是当原桥荷载等级不清楚，或上述的各种系数较难确定时，应用结构计算理论，估算出桥梁结构可能承受的最大外力（如弯矩），然后，再与实际检定的荷载相比较，从而判定出桥梁安全承载力的方法。

2. 理论计算法的步骤

（1）对被检定的桥梁进行检查，通过检查掌握如下资料：

1）桥梁跨径、净跨径、计算跨径，结构各部截面主要尺寸，桥面净宽，人行道宽度等。

2）桥梁原设计荷载等级，主筋布置、面积、含筋量。

3）结构材料，主要是钢筋及混凝土的力学性能。

4）结构损坏程度。

（2）应用钢筋混凝土结构计算理论，估算出钢筋混凝土主梁单块构件可承受的外力（主要是弯矩）：

1）主梁为矩形截面时对于矩形桥梁（包括整体式肋板桥），由于梁高度较小，一般可偏保守地利用钢筋混凝土结构平衡设计的原理，估算出单块构件的安全承载力。

图 1-2-18 所示为单筋矩形截面梁的应力计算图式。由静力平衡条件及应力图形呈直线比例关系得：

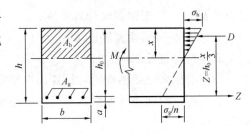

$$\sum H = 0 \qquad \frac{1}{2}bx\sigma_h = A_g\sigma_g$$

$$\sum M_z = 0 \qquad \frac{1}{2}b_x\sigma_h\left(h_0 - \frac{x}{3}\right) = M$$

$$\frac{\sigma_h}{x} = \frac{\sigma_g/n}{h_0 - x}$$

图 1-2-18　单筋矩形截面梁的应力计算图式

当构件的主要材料钢筋及混凝土的应力皆达到容许应力时，则 $\sigma_g = [\sigma_g]$、$\sigma_h = [\sigma_h]$。对上面三式进行交换，并把 $\sigma_g = [\sigma_g]$、$\sigma_h = [\sigma_h]$ 代入整理得：

$$x = \frac{2A_g[\sigma_g]}{b[\sigma_h]}$$

$$[M] = \frac{1}{2}bx[\sigma_h]\left(h_0 - \frac{x}{3}\right)$$

$$x = \frac{[\pi\sigma_h]}{n[\sigma_h] + [\sigma_g]}$$

式中　$[M]$——构件所能承受的最大安全弯矩；

x——计算截面中性轴至混凝土受压边缘的距离；

b——截面宽度；

h_0——截面有效高度，$h_0 = h - a$，h 为截面全高，a 为钢筋中心线到下缘的距离；

$[\sigma_h]$——混凝土的容许应力，用回弹仪或直接切块试验得到混凝土级别后查表求得；

$[\sigma_g]$——钢筋容许应力，同样必须由实际检验测得钢筋级别后查得；

n——钢筋与混凝土弹性模量之比，即 $n = \dfrac{E_g}{Eh}$。

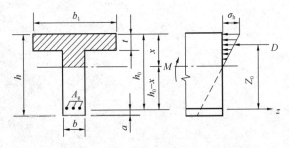

图 1-2-19　单筋 T 形截面计算图式

2) 钢筋混凝土构件为 T 形梁（或空心板梁）时对于 T 形梁桥（包括空心板梁桥），一般采用低筋设计方法，且为偏于安全，控制截面上混凝土受压边缘应力留有部分作为储备，即混凝土受压边缘应力用容许应力的 $0.7 \sim 0.85$。

图 1-2-19 所示为 T 形梁低筋设计的应力图式，经推导可得：

$$x = \frac{0.7n[\sigma_h]}{0.7n[\sigma_h] + [\sigma_g]} \cdot h_0$$

$$[M] = 0.35\left\{b_1 x[\sigma_h]\left(h_0 - \frac{x}{3}\right) - (b_1 - b)\frac{(x-t)^2}{x} \cdot [\sigma_h] \cdot \left(h_0 - \frac{x+2t}{3}\right)\right\}$$

式中 b_1 ——T 形梁翼缘计算宽度；

         t ——T 形梁翼缘厚度；

其他符号意义如前。

（3）应用桥梁结构理论，计算出在检定荷载等级作用下的最大活载弯矩及静载弯矩之和，然后把它与前述计算得到的构件所能承受的最大弯矩［M］进行比较，从而确定出梁的安全承载力。

1.3 隧道的检测技术

1.3.1 概　　述

1.3.1.1 我国公路隧道建设的现状与发展

1. 引言

（1）我国是多山国家，75％左右国土都是山地，且江河纵横，海域宽阔。近10年来，公路隧道平均每年新建350km，28座水下公路隧道已建成通车，它在交通基础设施的建设中，起到越来越重要的作用，同时在城市建设中，以节约土地和保护环境为宗旨，城市道路隧道也方兴未艾。

（2）总体上，公路隧道已由重丘走向深山、由陆域走向水下、由山区走向城市。面对地震、火灾和暴雨等灾害日益频发，面对高地应力、活动断裂、高寒、高海拔和富水等复杂地质条件，面对保护环境和节约能源等日益增强的建设理念，面对我国跨江、跨海、穿高原等重要战略通道建设的实际需要，公路隧道建设尚存在技术瓶颈亟待解决。

（3）改革开放以来，随着国民经济的迅速发展，我国的公路建设也蓬勃发展，特别是高等级公路建设更是日新月异，全国高等级公路路网格局正在形成。

（4）由于高等级公路的线形技术指标较高，当其进入山区或重丘区时，就不可避免地需要采用隧道来穿山越岭。因此，在高等级公路迅速发展的带动下，作为公路重要组成部分的公路隧道也迎来了规模空前的建设高潮。

（5）许多路段由于采用隧道方案，改善了路线技术指标，缩短了路程和行车时间，提高了运营效益。例如，成渝高速公路重庆段总长104km，较原成渝公路重庆段156km缩短程52km，其中尤以中梁山隧道和缙云山隧道缩短路程最为显著，且隧道建成后高速公路线形顺畅，社会效益和经济效益俱佳。

2. 公路隧道建设概况

（1）20世纪末通车的四川川藏公路上二郎山隧道（长4160m）、四川广安地区华蓥山公路隧道（长4706m）、云南楚大高速公路的九顶山隧道（长3204m）开创了我国长大隧道的建设史。广州珠江沙面水下公路隧道建成通车和上海穿越黄浦江江底隧道（长度超3000m），标志着我国水下沉埋隧道修建技术达到了新的水平。重庆铁山坪路隧道双线（全长5424m）、北京至八达岭高速公路的谭峪沟隧道（单向三车道，长3455m）、重庆市川黔公路的真武山隧道（双向6车道）。辽宁沈大高速公路韩家岭隧道（长521m、宽23m，亚洲最宽的四车道公路隧道）等，应当说，在当时我国公路隧道的施工技术水平已接近国际先进水平，部分已达到国际领先水平。

（2）隧道建设规模主要表现为众多超特长隧道和超大跨扁平隧道的建设。据不完全统计，目前国内的特长公路山岭隧道（含在建）已达到 179 座，其中，双洞四车道、全长 18.02 公里的陕西秦岭终南山公路隧道（图 1-3-1），已于 2007 年 10 月建成通车，是当时世界双洞规模世界第一的公路隧道，为超特长公路隧道建设技术的典型代表。对于大跨扁平隧道，双洞六车道隧道国内已建成近百座，其建设技术已基本成熟；双洞八车道公路隧道也相继建成了数座，2004 年建成通车的辽宁韩家岭隧道是我国第一座单洞四车道公路隧道（长 521m、宽 23m），2006 年建成的深圳雅宝隧道最大开挖宽度 21.1m，最大开挖高度 13.7m，是我国第一座投入运营的双洞八车道公路隧道，2008 年 10 月，国内最长双洞八车道隧道——广州龙头山隧道也竣工通车，该隧道左线长 1010m，右线长 1006m，单洞净宽 18m，净高 8.95m，是目前国内最长的双洞 8 车道隧道。

图 1-3-1　秦岭终南山公路隧道

（3）由于地下互通式立交可减少拆迁、保护环境，并可直接实现地下隧道之间或地下隧道与地面道路之间的交通转换，因此该型结构近年来也应运而生。厦门市机场路一期工程的万石山隧道与钟鼓山隧道的完全互通，是我国第一座采用暗挖地下立交结构形式的隧道，并已于 2008 年 9 月建成；该段落既有平面分岔结构，又有上下交叉结构，单洞最大开挖跨度 25.89m，小净距段中夹岩厚度仅 1.42m，连拱段为不对称连拱结构。2009 年 8 月开工的长沙营盘路湘江隧道，还首次把地下立交结构引入水下隧道工程中。

（4）由于相关研究的不断深入与工程实践的迫切需要，使得小净距隧道的中夹岩厚度、连拱隧道的中隔墙厚度的极限值不断被刷新，并伴随着一批新结构形式的开发与实践，丰富了隧道的结构形式，增强了隧道工程的生命力。

3. 我国公路隧道建设发展趋势

（1）随着科学技术的不断发展和运营的需要，公路隧道趋势是越修越长、越修越宽，技术越来越难、越复杂。公路隧道的修建涉及结构、防排水、岩土、地质、地下水、空气动力、光学、消防、交通工程、自动控制、环境保护、工程机构等多种学科，是综合复合技术，需要多学科进行联合研究、进行攻关。

（2）目前，我国公路隧道修筑技术已有长足的发展，对围岩动态量测反馈分析技术，组合式通风技术，运营交通简易监控技术，新型防水、排水、堵水技术，围岩稳定技术，支护及衬砌结构技术等都有许多成功实例，其中大部分成果已处于国内领先水平，还有一些成果已达到国际先进水平。

（3）在大规模的建设过程中，国内隧道建设也暴露出一些不足。首先是规范落后于现实。公路中的许多规范已经陈旧，编写规范的人多属脱离现场较长，深刻了解内在规律的人不多，理论不结合实际的多，因此，不要急于编规范。中国之大，隧道地处情况之复杂，变化很大，用一本规范是概括不了的，所以，要看清目前规范的水平不高，不要急于功利，要在发展中去总结，有量的积累，才能有质的提高，才能有好的规范产生，当前，国家要求各行各业，每5年必须修改规范的原因也在于此。重视隧道动态设计、动态施工。

（4）重视隧道设计前的水文地质调查、勘测的预设计（初步设计）工作，必须进行施工中的地质超前预提及变位量测工作，及时进行信息化反馈施工设计。这种动态设计、动态施工、动态管理是符合地下工程不确定性客观规律的，是克服施工中不确定性因素的重要手段，是确保安全、可靠、适用、优质建成工程的关键。

（5）必须减少公路隧道运营通风、防灾、照明、监控的投入量。首先要客观确定汽车的类型和通过量，根据隧道不同长度确定设备投入规模，本着低投入、高产出、不管理的原则建设。通过调查实践建议：对小于1km长的短隧道不设任何运营设备，照明用反光石代替、运营靠自然通风；对1～3km的中长隧道，只设简单照明加反光石，采用在洞口设2至3组纵向射流式通风机，隧道侧墙每隔200m左右设报警电话或接通维修班的报警按钮；对3～10km的长隧道仍采用多组纵向射流通风。增设一条口径200mm的消防水管和消防栓（每60m）、设手机通讯线及报警电话。照明可适当加强，山区隧道不设监控系统；大于10km的特长隧道可另行研究。总之营运设备的投入要慎重，要因地制宜，可以设计将土木工程一次建成。设备可预留、缓上，必须通过运营现场监测以确定规模和时间。

（6）重视TBM和盾构机的引入和应用。大于6km以上长隧道，今后将日益增多，应把小型TBM＋钻爆施工技术，过江公路隧道盾构施工技术引入公路修建领域，铁路、地下铁道的修建技术应在公路隧道修建中引用，以加速公路网的快速合理修建。2006年崇明越江工程隧道之所以引人注目，是因为它当时的"长、大、深"三大特点。"长"是盾构机一次性掘进长度达到7.5km，是建设当时世界上连续施工距离最长的同类工程；"大"是隧道内径13.7m，外径15m，盾构机内径15.43m，是当时世界上最大的盾构隧道；"深"是最高历史水位下55m，为当时世界隧道最深水位之一。

（7）港珠澳大桥跨越珠江口伶仃洋海域，是连接香港、珠海及澳门的大型跨海通道。它是我国目前里程最长、投资最多、施工难度最大的跨海桥梁。而穿越主航道的海底隧道以及将其与桥梁衔接的人工岛（简称"岛隧工程"），则是整个工程中最复杂的部分。

（8）我国铁路、公路等领域合计约有总长3000km的隧道工程需要修建，隧道长度大于10km的约占10%左右。上述问题如果得以及时解决，我国隧道建设将会有一个更大飞跃的发展。

1.3.1.2 公路隧道主要特点

（1）断面大。一般来说，公路隧道与铁路隧道、水工隧洞、矿山地下巷道相比断面较大，双车道公路隧道的断面积可达 $80m^2$ 左右。因此公路隧道围岩受扰动范围较大，其轮廓对围岩块体的不利切割增多，围岩内的拉伸区与塑性区加大，导致施工难度增大。若公路隧道位于土层或软弱岩体内，施工难度更大，通常需要采用特殊的施工方法来建造。

（2）形状扁平。在满足使用功能和施工安全的前提下，尽可能地降低工程造价是隧道设计的基本要求。由于公路隧道的建筑限界基本上是一个宽度大于高度的截角矩形断面，在设计开挖断面、衬砌结构时，总是在保证施工安全和结构长期稳定条件下，尽量围绕建筑限界设计开挖断面和净断面，因此，公路隧道的断面常为形状扁平的马蹄形或直墙拱顶形。断面扁平容易在拱顶围岩内出现拉伸区，众所周知，岩土之类天然材料，其抗拉强度较低，因此，施工中隧道顶部容易崩落，威胁人身安全。正是因为断面呈扁平状，在断面积相同条件下，公路隧道较之铁路隧道、水工隧洞和矿山巷道施工难度大。

（3）需要运营通风。机动车辆通过隧道时，要不断地向隧道内排放废气。对于短隧道，由于受自然风和交通风影响，一般来说有害气体的浓度不会积聚太高，不会对司乘人员的身体健康和行车安全构成威胁。但是对于较长及特长隧道情况就不同了，自然风和交通风对隧道内空气的置换作用相对较小，如不采取措施，隧道内有害气体的浓度就会逐渐升高。其中汽油车排放的 CO 浓度达到一定量值时会使人感到不适甚至窒息；柴油车排出的烟尘将不断恶化行车环境，使隧道内能见度降低。因此，必须根据较长及特长隧道的具体条件，采用适当的通风方式，将新鲜空气随风流一起送入隧道，稀释淡化有害气体，使其浓度降至安全指标以内。

（4）需要运营照明。高速行驶的车辆在白天接近并穿过隧道时，行车环境要经历一个"亮—暗—亮"变化过程，司机的视觉在此过程中也要发生微妙的变化以适应环境。为了减轻通过隧道时司机的生理和心理压力，消除车辆进洞时的黑框或黑洞效应，消除出洞时的眩光现象，从有利于安全行车角度考虑，高等级公路上的隧道一般都根据具体条件，对隧道进行合理有效的照明。

（5）防水要求高。在高等级公路上，车辆行驶速度较快，如果隧道出现渗漏或路面溢水，则会造成路面湿滑，不利于安全行车。特别是在严寒的地区，冬季隧道内的渗漏水或在隧道上部吊挂冰柱，或在路面形成冰湖，常常会诱发交通事故。此外，长期或大量的渗漏水，还会对隧道内的机电设备、动力设备及通信线路构成威胁。因此，我国《公路隧道设计规范》JTG D70—2004 要求：汽车专用公路隧道应达到拱部、墙部及设备箱洞处均不渗水。

根据公路隧道目前的发展情况来看，对防水工程的要求有越来越高的趋势。

1.3.1.3 公路隧道的常见质量问题

随着公路隧道工程数量的增加和建设速度的加快，加之公路隧道的上述特点，目前，由于设计、施工等方面的原因，国内已建和在建的部分公路隧道都不同程度地出现了质量问题，有些甚至出现了严重的质量问题，其中最常见的有以下几个方面：

（1）隧道渗漏。与其他地下工程一样，公路隧道在施工期间和建成后，一直受着地下水的影响，特别是建成后的隧道，更是处于地下水的包围之中。

1）地下水无孔不入，当水压较大，防水工程质量欠佳时，地下水便会通过一定的通道渗入或流入隧道内部，对行车安全以至衬砌结构的稳定构成威胁。

2）例如，辽宁八盘岭隧道、吉林密江隧道都是在建成后不久，隧道内便出现大量渗漏，春、夏、秋三季隧道变成了"水帘洞"，冬季洞内则变成了"冰湖"。由于反复冻融，造成衬砌结构开裂，为了不使结构遭受进一步破坏，防止隧道的大量渗漏，两隧道均不得不提前大修，在原衬砌内部覆衬一层混凝土。虽然这一措施暂时使问题得以解决，但隧道断面减小，限界受侵，影响行车。

3）据统计，目前国内公路隧道完全无渗漏者寥寥无几，绝大部分隧道都存在着不同程度的渗漏问题，渗漏部位遍及隧道全周。因此，在设计科学的防排水结构和加强防排水施工质量管理方面，我国公路隧道界还有很长的路要走。

（2）衬砌开裂。作用在隧道衬砌结构上的压力，与隧道围岩的性质、地应力的大小以及施工方法等因素有关。

1）由于受技术和资金条件的限制，一些因素在设计前是难以确定的，所以在隧道衬砌结构设计中常带有一定的盲目性，导致结构强度不够或与围岩压力不协调，造成衬砌结构开裂、破坏。然而，工程上出现的衬砌开裂更多的则是由于施工管理不当造成的，或是因为衬砌厚度不足，或是因为混凝土强度不够。

2）例如，宁夏某隧道，由于种种原因，隧道衬砌完后，衬砌混凝土出现了大量的裂缝。在1500m范围内有5段裂缝发育区，其中一条连续纵向裂缝长达33m，裂缝的最大宽度达20mm，最大水平错距达40mm。这些裂缝对结构的稳定及建成后隧道的安全运营构成了潜在的威胁。又如，陕西境内某隧道，由于土压力大，施工中衬砌混凝土存在质量问题，隧道尚未通车，衬砌便先由局部开裂发展为结构失稳，最终导致大范围的塌方。

3）在我国的其他地区也有类似情况发生。由此可见，加强施工管理，提高隧道混凝土衬砌质量已迫在眉睫。

（3）限界受侵。建筑限界是保证车辆安全通过隧道的必要断面。在公路隧道施工过程中，有时会遇到松软地层，当地压较大时，围岩的变形量将很大，如果施工方法不当或支护形式欠妥、支护不及时，则容易导致塌方。为了保证施工安全和避免塌方，容易形成仓促衬砌，忽视断面界限，使建筑限界受侵。另一种施工中的常见现象是衬砌混凝土在浇筑过程中，模板强度、刚度不足，出现走模，也会导致限界受侵。

（4）通风、照明不良。在部分运营隧道中有害气体浓度超限，洞内照明昏暗，影响司乘人员健康，威胁行车安全。造成隧道通风与照明不良的原因有设计欠妥、器材质量存在问题和运营管理不当等三个方面：

1）关于设计方面的问题，应从加强理论与试验研究着手，不断总结经验，提高设计水平来加以解决。

2）对于器材，应在安装前对其性能指标加以检测，不符合要求者不予采用。

3）目前造成隧道通风与照明不良的主要原因是隧道管理部门资金不足，管理不善，风机与灯具开启强度不足。为了不降低隧道的使用标准，确保安全运营，应定期对隧道的有关通风、照明指标进行抽检。

1.3.1.4 公路隧道检测技术的分类

1. 综合分类

公路隧道的建造是百年大计工程，首先就要确保工程质量是业主的基本要求。检测技术作为质量管理的重要手段越来越为人们所重视，公路隧道检测技术涉及面广，分类方法很多。除了运营环境的检测方法对各类隧道都通用外，因施工方法不同，山岭隧道、水下

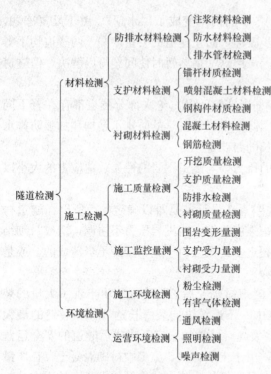

图 1-3-2　公路隧道检测技术的分类

沉埋隧道和软土盾构隧道在检测内容与方法上存在着很大的差别。所以，考虑到我国修建的公路隧道绝大多数为山岭隧道（包括暗挖法施工的黄土隧道），本书着重介绍山岭隧道的检测技术。分类体系如图 1-3-2 所示。

2. 公路隧道所用材料检测

（1）只有用合格的原材料才能修建出合格的公路隧道。在隧道工程的常用原材料中，衬砌材料属土建工程的通用材料，其检测方法可参阅有关文献。

（2）支护材料和防排水材料较具隧道和地下工程特色。支护材料包括锚杆、喷射混凝土和钢构件等。锚杆杆体材质、锚固方式、杆体结构和托板形式等种类繁多，特性各异，分别适用于不同的工程条件。

（3）喷射混凝土有干喷、湿喷之分，为了获取较好的力学特性和工程特性，往往在喷射混凝土混合料之外，还添加各种外加剂。所以锚喷材料的检测内容繁多，限于篇幅，本书只介绍锚喷的施工质量，材料的品质最终由锚喷的强度等指标反映。防排水材料对隧道工程特别重要，有些甚至是隧道与地下工程专用的材料。

（4）隧道防水材料包括：注浆材料、高分子合成卷材、防水涂料、石油沥青油毡、排水管和防水混凝土等。值得指出的是，合成高分子防水卷材在我国发展很快。目前修建的公路隧道、地铁和部分铁路隧道都采用不同性能、不同规格的合成高分子卷材作防水夹层，取得了良好的效果。为了适应这种发展需要，将较详细地介绍其检测试验方法。

3. 公路隧道施工检测

对公路隧道施工检测的内容，可概括为两大方面，即施工质量检测和施工监控量测。

（1）公路隧道施工质量检测

1）公路隧道工程上出现的种种质量问题绝大部分都是在施工过程中埋下了质量隐患，如渗漏水、衬砌开裂和限界受侵等，因此必须对施工过程进行质量检测。其主要内容包括：开挖支护（包括锚喷）、防排水和衬砌混凝土质量检测。

2）爆破成形好坏对后续工序的质量影响极大，目前在检测爆破成形质量技术方面发展很快。发达国家已广泛使用隧道断面仪来及时检测爆破成形质量，我国在一些长大铁路隧道施工中也已开始使用断面仪。该仪器可以迅速测取爆破后隧道断面轮廓，并将其与设计开挖断面比较，从而得知隧道的超欠挖情况。应用隧道断面仪还可监测锚喷隧道围岩的变形情况。

3）支护质量主要指锚杆安装质量、喷射混凝土质量和钢构件质量。对于锚杆，施工质量检测的内容有锚杆的间排距、锚杆的长度、锚杆的方向、注浆式锚杆的注满度、锚杆的抗拔力等对于喷射混凝土，施工中应主要检测其强度、厚度和平整度。对于钢构件，则要检测构件的规格与节间连接、架间距、构件与围岩的接触情况以及与锚杆的连接。

4) 防排水系统的施工方法目前尚在研究与发展之中，对施工质量的检测也处于探索阶段，教材中将对工程上常用的一些检测或检查方法作简单介绍。

5) 衬砌混凝土质量检测包括衬砌的几何尺寸、衬砌混凝土强度、混凝土的完整性、混凝土裂缝等的检测。其中外观尺寸容易用直尺量测，混凝土强度及其完整性则需用无损探测技术完成，混凝土裂缝可用塞尺等简单方法检测。

(2) 公路隧道施工监控量测

1) 施工监控量测是新奥法施工的一项重要内容，它既是施工安全的保障措施，又是优化结构受力、降低材料消耗的重要手段。

2) 量测的基本内容有隧道围岩变形、支护受力和衬砌受力。前面提到的隧道断面仪是目前较先进的隧道围岩变形量测仪器，利用它可迅速测定隧道周边的变形。

3) 围岩内部的位移，目前常用机械式多点位移计量测。锚杆受力可用钢筋计量测，喷射混凝土、钢构件和衬砌受力可用各种压力盒量测。

4) 将量测结果人工或自动输入计算机，计算机便可根据反算力学模型，推求围岩中的应力场和位移场，据此推断围岩的稳定状态，调整支护或衬砌设计参数。如此反复，使支护与衬砌设计参数与围岩条件相协调，使施工方案不断优化。

4. 公路隧道环境的检测

对于公路隧道环境检测可分为施工环境检测和运营环境检测两大类型。

(1) 我国公路隧道施工环境检测的主要任务，是检测在施工过程中隧道内的粉尘和有害气体。这里的有害气体主要指 CH_2，我国西南地区修建隧道时经常遇到。若隧道施工中 CH_4 达到一定程度的浓度，施工中对此的防治措施不当，则可能引发 CH_2 爆炸，造成施工人员的人身伤亡和重大的经济损失。

(2) 公路隧道在运营过程中，对环境检测主要包括通风检测、照明检测和噪声检测等。其中通风检测相对比较复杂，检测内容较多，主要有 CO 浓度、烟尘浓度和风速等，受来往车辆的影响不易获得准确的数据。照明检测技术较为先进，现有专供照明检测的车载照度仪、亮度仪，只要随车从隧道通过一趟，隧道内各区段的照明情况便可一清二楚。噪声的检测也比较简单，用噪声计可直接显示隧道内噪声。

1.3.2 公路隧道防水材料性能检测

1.3.2.1 公路隧道注浆材料性能试验

1. 公路隧道注浆材料分类及技术性能

公路隧道所使用的注浆，是指将注浆材料按一定配合比制成的浆液压人围岩或衬砌与围岩之间的空隙中，经凝结、硬化后起到防水和加固作用的一种施工方法。由于生产的发展和工程的需要，近年来出现了不少比较理想的注浆材料，可供不同地质条件下选用。

(1) 对公路隧道注浆材料的要求

1) 浆液黏度低，渗透力强，流动性好，能进入细小裂隙和粉、细砂层。这样浆液可达到预想范围，确保注浆效果。

2）可调节并准确控制浆液的凝固时间。以避免浆液流失，达到定时注浆的目的。

3）浆液凝固时体积不收缩，能牢固粘结砂石，浆液结石率高，强度大。浆液稳定性好，长期存放不变质，便于保存运输，货源充足，价格低廉。

4）浆液无毒、无臭，不污染环境，对人体无害，非易燃、易爆之物。

5）我国公路隧道常用的浆液材料可划分为两大类，即水泥浆液和化学浆液。按浆液的分散体系又可分为，以颗粒直径为 $0.1\mu m$ 为界，大者为悬浊液，如水泥浆液；小者为溶液，如化学浆液等。

（2）注浆材料的性质

1）黏度。黏度是表示浆液流动时，因分子间相互作用，产生的阻碍运动的内摩擦力。其单位为帕斯卡秒（Pa·s），工程上常用厘泊（CP）来计量，$1CP = 10^{-3} Pa \cdot s$。现场常以简易黏度计测定，以"秒"作单位。一般称之黏度，系指浆液配成时的初始黏度。黏度大小影响浆液扩散半径，影响注浆压力、流量等参数的确定。

浆液在固化过程中，黏度变化有两种类型，如图 1-3-3 所示。

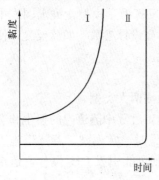

图 1-3-3　浆液黏度变化曲线

①曲线Ⅰ是一般浆液材料，如单液水泥浆、环氧树脂类、铬木素等，黏度逐渐增加，最后固化。随着黏度增长，浆液扩散由易到难；

②曲线Ⅱ表示如丙烯酰胺类浆液，虽凝胶前聚合反应开始，但黏度不变，到凝胶发生，黏度突变，顷刻形成固体，有利于注浆。

2）渗透能力。渗透能力即渗透性，指浆液注入岩层的难易程度。对于悬浊液，渗透能力取决于颗粒大小；对于溶液，则取决于粘度。根据试验，砂性土孔隙直径（D）必须大于浆液颗粒直径（d）的 3 倍以上浆液才能注入，即：

$$K = \frac{D}{d} \geqslant 3$$

式中　　K——注入系数。

因此，国内标准水泥粒径为 $0.085mm$，只能注入 $0.255mm$ 的孔隙或粗砂中。凡水泥不能渗入的中、细、粉砂只好用化学浆液。

3）渗透系数。是指浆液固化后结石体透水性的高低，或表示结石体抗渗性的强弱。

4）抗压强度。注浆材料自身抗压强度的大小决定了材料的使用范围，大者可用以加固，小者则仅能起堵水作用。在松散砂层中，浆液与介质凝结之结石体强度，对于在流砂层中修建隧道或凿井是至关重要的。

5）凝胶时间。凝胶时间是指参加反应的全部成分从混合时起，直到凝胶发生，浆液不再流动为止的一段时间。其测定方法，凝胶时间长的用维卡仪；一般浆液，通常采用手持玻璃棒搅拌浆液，以手感觉不再流动或拉不出丝为止，来测定凝胶时间。

（3）注浆材料的技术性能。表 1-3-1 是公路隧道施工中常用的几种注浆材料性能指标。

公路隧道注浆材料的主要技术性能 表 1-3-1

性能 浆液名称	黏度 (Pa·s)	注入的最小粒径 (mm)	凝胶时间	结石体抗压强度 (MPa)	渗透系数
纯水泥浆	15~140s	1.1	12~24h	5.0~25.0	10^{-1}~10^{-3}
水泥加添加剂	—		6~15h	—	—
水泥—水玻璃	·	—	十几秒~十几分钟	5.0~20.0	10^{-2}~10^{-3}
水玻璃类	$(3~4)×10^3$	0.1	瞬间~几十分钟	<3.0	10^{-2}
铬木素类	$(3~4)×10^3$	0.03	几十秒~几十分钟	0.4~2.0	10^{-3}~10^{-5}
脲醛树脂类	$(3~4)×10^3$	0.06	几十秒~几十分钟	2.0~8.0	10^{-3}
丙烯酰胺类	$1.2×10^3$	0.01	几十秒~几十分钟	0.4~0.6	10^{-5}~10^{-6}
聚氨酯类	几十~几百厘泊	0.03	几十秒~几十分钟	6.0~10.0	10^{-4}~10^{-6}

2. 化学浆液黏度的测定

(1) 本试验方法的工作原理、试样制备、结果表示等部分参照《合成胶乳粘度测定法》SH/T 1152—1992 的规定。

(2) 仪器。选用 NDJ-79 型旋转式黏度计：该仪器的转速为 750r/min，则第二单元 2 号转子（因子为 10）。而恒温水：其温控精度在 25±1℃。

(3) 测定步骤。首先将试样注入测试器，直到它的高度达到锥形面下部边缘，并将转筒浸入液体直到完全浸没为止，然后把测试器放在仪器支柱架上，并将转筒挂于仪器转轴钩上。其具体程序如下：

1) 首先启动电机，转筒从开始晃动直到完全对准中心为止。

2) 然后将测试器在托架上前后左右移动，以加快对准中心。

3) 当指针稳定后就可读数。

3. 水泥细度检验

我国颁布实施的《水泥细度检验方法 筛析法》GB/T 1345—2005 规定了水泥细度的检验方法，简要介绍如下。

(1) 工作原理。采用 80mm 筛对水泥试样进行筛析试验，用筛网上所得的筛余物的质量占试样原始质量的百分数来表示水泥样品的细度。

(2) 检测仪器：

1) 试验筛。试验筛主要由圆形筛框和筛网组成，筛网符合 SSW0.080/0.056 GB 6004，分负压筛和水筛两种。负压筛应附有透明筛盖，筛盖与筛上口应有良好的密封性。筛网应紧绷在筛框上，筛网和筛框接触处，应用防水胶密封，防止水泥嵌入。

2) 负压筛析仪：负压筛析仪由筛座、负压筛、负压源及收尘器组成，其中筛座由转速为 30±2r/min 的喷气嘴、负压表、控制板、微电机及壳体等构成。

负压源和收尘器，由功率 600W 的工业吸尘器和小型旋风收尘筒组成或用其他具有相当功能的设备。筛析仪负压可调范围为 4000~6000Pa。

3) 水筛架和喷头：水筛架和喷头的结构尺寸应符合《水泥物理检验仪器 标准筛》JC/T728—1996 的规定，但其中水筛架上筛座内径为 140mm。

4) 天平：天平的最大称量为 100g，分度值不大于 0.05g。

（3）样品处理：水泥样品应充分拌匀，通过 0.9mm 方孔筛，记录筛余物情况，要防止过筛时混进其他水泥。

（4）操作程序。其操作程序主要是负压筛法和水筛法，其具体操作程序如下：

1）负压筛法的操作程序：

①筛析试验前，应把负压筛放在筛座上，盖上筛盖，接通电源，检查控制系统，调节负压至 4000～6000Pa 范围内；

②首先称取试样 25g，置于洁净的负压筛中，并盖上其筛盖后，将其放在筛座上，开动筛析仪连续筛析 2min。在此期间，如果有试样附着在筛盖上，可轻轻敲击，使试样落下。筛后，及时用天平称量筛余物；

③当工作负压小于 4000Pa 时，应及时清理吸尘器内的水泥，使负压及时恢复到正常。

2）水筛法的操作程序：

①筛析试验前，应检查水中无泥沙，调整好水压及水筛架的位置，使其能正常运转。头底面和筛网之间距离为 35～75mm；

②称取试样 50g，置于洁净的水筛中，立即用淡水冲洗至大部分细粉通过后，放在水筛架上，用水压为 0.05±0.02MPa 的喷头连续冲洗 3min。筛后，用少量水把筛余物冲到蒸发皿中，等水泥颗粒全部沉淀后，小心倒出清水，烘干并用天平称量筛内余物。

（5）试验结果：

水泥试样筛余百分数请按下式计算：

$$F = \frac{R}{W} \times 100\%$$

式中 F——水泥试样的筛余百分数（%）；

      R——水泥筛余物的质量（g）；

      W——水泥试样的质量（g）。

结果计算至 0.1%。

1.3.2.2 氯丁胶乳沥青防水涂料试验

氯丁胶乳沥青为上世纪末出现的防水建筑材料，在隧道工程中，通常涂刷于作为一次支护的喷射混凝土表面，形成防水层，防止隧道渗漏的效果显著，深受广大施工企业欢迎。

1. 材料的技术要求

（1）氯丁胶沥青的外观为棕褐色乳状液。

（2）氯丁胶沥青各项技术指标应符合表 1-3-2 的要求。

氯丁胶沥青的主要技术指标范围   表 1-3-2

指 标 名 称	指标范围	指 标 名 称	指标范围
黏度（Pa·s）	0.1～0.25	粘接强度（MPa）	≥0.2
总固物（%）	>43	低温柔性（−10℃，2h），中 10 圆棒绕	无断裂
离心稳定度（%）	≤25	不透水性（动水压 0.1MPa，min）	≥30
涂膜干燥性，表干（h）	≤4	抗裂性，基裂缝（mm）	≥0.2
耐热干燥性，实干（h）	≤24	耐碱性，氢氧化钙饱和液浸泡（d）	≥15
耐热度（80℃，5h）	无变化	注：由检验部门抽检，每 1～5 批中随机抽检一组	

2. 材料的检测方法

（1）材料黏度的测定。对材料黏度的测定方法同 1.3.2.1 公路隧道注浆材料性能试验化学浆液黏度测定。

（2）总固物含量的测定。按国家标准《合成橡胶胶乳总固物含量的测定》SH/T 1154—1999 规定的方法进行测定。

（3）离心稳定度的测定

1）概述：首先将试样装入试管，然后经离心 15min 所析出的水相体积与总体积之比，即为离心稳定度。

2）仪器：由离心沉淀器（转速为 3500r/min）、试管（10mL 带刻度）等组成，测定的步骤是在刻度试管里注入 10mL 试样，插入离心机转动 15min，取出试管，读取析出水相的刻度数。离心稳定度（x_1）按下式计算：

$$x_1 = \frac{V_1}{V_2} \times 100\%$$

式中　　V_1——析出水相的体积（mL）；

V_2——试样的体积（mL）。

两次平均测定结果误差不大于 5%。

（4）涂膜干燥性的测定

1）概述：首先在砂浆板上涂刷一道试样，然后放置在一定的环境中，最后测定其涂膜的表干和实干时间。

2）试件制备：砂浆板制备，配方主要为砂：水泥（425 号）：水＝1：1：0.4，设备尺寸：50mm×100mm×10mm，砂浆板在室温下至少保养 7d。试件制备：在砂浆板上涂刷一道试样（涂刷量为 0.5±0.1g）。

3）测定步骤：将制好的试件放在温度为 24±2℃、相对湿度为 62% 的条件下进行干燥，测量涂膜表面干燥和实际干燥的时间。其操作步骤是：

①表干：采用吹棉球法测定。即在涂膜表面上轻轻放上一个脱脂棉球，在距棉球 10~15cm 处，沿着涂膜水平方向轻吹棉球，如能吹走，且涂膜表面未留下棉丝，即认为达到表面干燥；

②实干：采用滤纸法测定。即在涂膜上放一块定性滤纸（滤纸光滑面向涂膜），于滤纸上轻轻放上质量为 200g、接触面积为 1cm² 的砝码，经 30s 后，就可卸除荷重，将涂膜试件翻转，滤纸能自由落下，或在背面用食指轻敲后，滤纸能自由落下，而滤纸纤维不被粘在涂膜上，即可认为涂膜已实际干燥；

③对稍有黏性的涂膜：当试件翻转经食指轻敲后，滤纸仍不能自由落下时，则将试件平放在玻璃板上，用镊子夹住滤纸一角，沿水平方向轻拉滤纸，若试件未动，滤纸已被拉下，即使涂膜上轻微地粘有滤纸纤维时，亦可认为涂膜已实际干燥，但应记录涂膜稍有黏性。

（5）耐热性能的测定：

1）概述：将涂有试样的试件放入 80±2℃ 的烘箱中，观察试件涂层的变化。

2）仪器：一般由电热鼓风干燥箱和试样架等组成，试样架如图 1-3-4 所示。

3）试件制备：在砂浆板上涂刷五道试样，涂刷时应注意，一次涂刷表干后再涂第二次。可用红外线灯等加热器加速表干，但是，应注意表面温度须低于 50℃，以免涂膜起泡。

4）测定步骤：首先将三片试件放在试样架上，把试件连同试样架放入 30℃±1℃ 的烘箱内烘 5h，再将试件取出后，观察涂层有无皱皮、发黏、起层等现象，若三片均无发现上述现象时，就认为其合格。

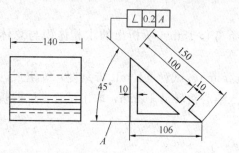

图 1-3-4 试样架（单位：mm）

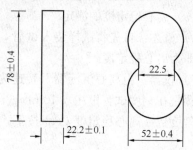

图 1-3-5 ∞字模砂浆试块（单位：mm）

（6）粘接性的测定

1）概述：在 ∞字模砂浆块中间用氯丁胶乳沥青粘接后置于压力机上，将砂浆块互相拉开，测定其粘接力。

2）仪器：数显抗折试验机 13K2-500 型。

3）试件制备：

①∞字模砂浆块：砂浆块形状见图 1-3-5 所示。在 ∞字模中间插入一块厚度为 0.5mm 的小铁片，成型后制得两个半 ∞字形砂浆试块；

②试件制备：一个粘接面上涂刷试样五道（总涂刷量为 1±0.2g），待最后一次涂层表干后，将两个半 ∞字模对接，尽力挤掉余胶。固定相对位置，直立放置了 7d 后再进行测试。

4）测定步骤：试件共 6 件，分别置于 D-500 型试验机上，并用特殊夹头将砂浆块互相拉开，测得其粘接力；试样的粘接力值以各件试验结果的平均值表示。

（7）低温柔性的测定：

1）概述：把涂有氯丁胶乳沥青涂层的铁片放在一个 -10±1℃ 的保温瓶或冰箱中冻 2h 后弯曲，并观察涂层有无断裂现象。

2）仪器：主要由电冰箱或保温瓶、放大镜（一般放大 4 倍）、圆棒（ϕ10mm）等组成。

3）试片制备：必须在规格为 25mm×120mm×(0.2～0.3)mm 的铁片上，涂刷五道试样，其涂刷量为 1.8±0.3g。

4）操作步骤：待所有的试片保养一周后，放三片试片于一个盛有 -10±1℃ 盐水的保温瓶中（或放入 -10±1℃ 的冰箱中）2h 后取出，并在 1～3s 内绕于直径为 10mm 的铁棒上，然后用 4 倍放大镜观察，三片试片均不发生涂膜断裂即为合格。

（8）不透水性的测定：

1）概述：首先将该片置于透水盘上，然后施加重力水压 0.1MPa，并保持 30min 后，最后观察试件表面有无渗水现象；采用玻璃片（200mm×500mm）与造水器（专用设备）

作设备；

2）试片制备：其操作程序是：对玻璃片测量厚度后，涂上一层薄薄的固体石蜡。首先涂一层石蜡后用棉纱揩抹，再用毛刷把试样均匀涂刷在玻璃片上，涂刷次数不得少于 20 次，直到涂膜厚度为 2mm±0.3mm。然后将玻璃片连同涂膜放进室温下（25℃左右）保养一周以上，最后将涂膜从玻璃片上剥下，准确测定涂膜厚度，并把涂膜剪成直径为 100mm 的试片待用。

3）操作手续及结果判断：先后将三块试片置于透水器的透水盘上夹紧，启动进水阀，施加重力水压 0.1MPa，保持 30min，观察试件是否透水，三片均不透水为合格。

（9）抗裂性的测定

1）概述：使试件基层产生裂缝，观察涂膜是否产生裂纹。

2）仪器与设备：主要指千斤顶和砂浆板（其尺寸为 90mm×300mm×25mm）。

3）试件制备：在砂浆板上涂刷五遍试样（涂刷量为 14±2g），涂膜在室温下保养一周待用。

裂性测定的支架见图 1-3-6 所示。

4）操作程序及结果判断：先用千斤顶慢慢裂砂浆板，当砂浆板基层裂缝等于或略大于 0.2mm 时，仔细观察涂层是否产生裂纹，当不产生裂纹者为合格。

（10）耐碱性的测定

1）概述：把氯丁胶乳沥青涂刷的白铁皮浸入饱和氢氧化钙溶液中，15d 后观察涂层表面变化情况。采用白铁皮作材料，其尺寸为 50mm×120mm×0.3mm。

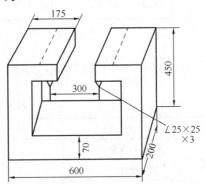

图 1-3-6　裂性测定的支架示意图

2）试件制备：在白铁皮上涂刷五道试样，涂刷后试件在室温下保养一周后备用。

3）操作程序及结果判断：将试件浸于饱和氢氧化钙溶液 15d 后，再对涂膜进行外观检查，涂膜没有龟裂、也不起泡即为合格。

3. 检验的规则

（1）氯丁胶乳沥青产品应由生产厂质量检验部门进行检验。生产厂应保证所有出厂的产品均符合国家标准的要求。每批出厂的产品均应附有一定格式的质量证明书。

（2）使用单位可按照国家标准规定的试验方法和检验规则对所收到的产品进行核验，核验其是否符合标准要求。

（3）取样规则：

1）批量规定：每批产品质量不超过 2t，每批产品的样品总量不少于 2kg。

2）每批取样量为总桶数的 20%，小批量产品取样不得少于 3 桶，生产厂可在包装前取样。

3）用玻璃棒或金属棒充分搅拌，搅拌均匀后，将一根内径为 10~15mm 的清洁干燥、两端开口的玻璃管慢慢插入包装桶底部，然后将玻璃管上端堵住，将管内物移到一洁净干燥取样瓶，反复操作，直到取得所要求的量。取样瓶上应粘贴标签，注明生产厂名、样品名称、批号、生产日期及取样日期，送质量检验部门进行检验。

（4）检验结果若不符合国家标准技术要求，应重新从两倍的桶中取样复验；复验后即使只有一项指标不符合标准要求，则整批产品为不合格品，不能验收。

（5）当供需双方对产品质量发生异议时，可由供需双方协商解决或由双方协议选定的仲裁机构按标准规定的试验方法和检验规则进行仲裁分析。

1.3.2.3 石油沥青油毡检验

在我国的隧道建设工程中，石油沥青油毡主要用于洞口明洞段的外防水。

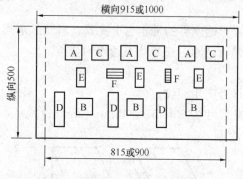

图 1-3-7 试件切取部位示意图

1. 石油沥青油毡取样方法

（1）纸胎石油沥青油毡（以下简称油毡）以同一品种、标号等级的产品 1500 卷为一批进行验收，不足 1500 卷也作为一批。

（2）油毡经过质量检查和外观质量检查合格的，从其中选取最轻的无接头的一卷，切除距外层油毡 2.5m 后，顺纵向截取长度为 0.5m 的全幅油毡，并且按图 1-3-7 所示的部位及表 1-3-3 规定的尺寸和数量切取试件，供作各项物理性能检验用。

石油沥青油毡试件尺寸和数量 表 1-3-3

试 验 项 目		部 位 号	试验尺寸（mm）	数 量
浸涂材料含量		A	100×100	3
不透水性		B	150×150	3
吸水性		C	100×100	3
拉力		D	250×50	3
耐热度		E	100×50	3
柔 度	纵向	F	60×30	3
	横向	F′	60×30	3

2. 石油沥青油毡检测方法

（1）外观质量检测

首先检查油毡的包装和包装标志是否符合标准要求，然后在 10～45℃温度范围内，按下列方法对油毡质量、面积和外观质量标准逐项检查。

1）质量：一般采用最小刻度为 0.1kg 的天平秤称其质量。

2）面积和外观：

①首先将受检油毡立放在平面上，捏紧其顶端的油毡层，用最小刻度为 1mm 的钢板尺（15cm 长）量其厚度之后，再将油毡倒立用同样方法在对称部位处量其另一端，两端厚度相减的数值即为卷筒两端厚度差；然后用一条钢板尺平放在油毡卷的端面上，用另一条钢板尺深入油毡卷端面最凹处所测得的数值，即为油毡卷筒端面里进外出的尺寸；

②先将把受检油毡开卷展开在平面上，然后按油毡外观质量要求，检查毡面的质量；但是在距卷芯 15cm 以内允许有折皱和裂纹；

③在检查油毡外观质量的同时，用最小刻度为 1mm 的卷尺量其宽度，用最小刻度不大于 0.5cm 的卷尺量其长度，长度乘宽度即得每卷油毡的面积；

④在受检油毡卷的任一端，沿横向全幅切取不小于 50mm 的一条，沿其边缘撕开，纸胎内不应有肉眼能看出来的未被渗透的浅色夹层和斑点。

（2）浸涂材料含量检测

浸涂材料含量的检测主要包括单位面积浸涂材料总量、涂盖材料质量及浸渍材料占干原纸质量百分比等。

1）溶剂：四氯化碳或纯苯。

2）仪器及材料：主要由天平（感量为 0.001g 或 0.0001g）、萃取器（250～500mL 索氏萃取器或经检定适用的其他萃取装置）、加热器（具有电热或蒸汽加热装置的电炉或水浴）、干燥箱（具有恒温控制装置）、标准筛（140 目圆形网筛，具有筛盖和筛底）、细软毛刷或毛笔、称量瓶或表面皿、镀镍钳或镊子、干燥器（$\phi50\sim300$mm）、金属支架及夹子、软质胶管、滤纸（滤纸直径不小于 15cm、同时要配备一定的棉线和裁纸刀）等组成。

3）试件准备：精确切取 100mm×100mm 的试件三块，并按以下不同要求进行处理：

①测定单位面积浸涂材料总量的油毡试件：将试件表面浮动撒布材料刷除，再行称量（W）；

②测定浸渍材料占干原纸质量百分比的油毡试件：试件不需处理即可称质量（W）；

③测定浸渍材料占原纸质量百分比和单位面积涂盖材料质量的油毡试件：首先将试件表面浮动撒布材料刷除，进行称量（W）；然后在电炉上微微加热试件，使其发软，再用刀轻轻剖为三层，用手撕开，分成带涂盖材料的两层和不带涂盖材料的一层（中间一层）。注意不要使试件碎屑散失，将不带涂盖材料的一层进行称量（G）；

最后，将称量后的试件用滤纸包好并用棉线捆扎，油毡试件撕分为带涂盖材料层和不带涂盖材料层者，应分别包成两个滤纸包并用棉线捆扎。

4）萃取：将滤纸包置入萃取器中，石油沥青油毡用四氯化碳或苯为溶剂，溶剂用量为烧瓶容量的 1/2～1/3，然后用水浴或电炉加热萃取，直到回流的溶剂无色为止。取出滤纸包，使吸附的溶剂先行蒸发，放入预热至 105～110℃的干燥箱中干燥不少于 1h，再放入干燥器内冷却至室温。

5）称量：冷却至室温的干燥试件，按以下要求进行处理和称量：

①油纸试件和油毡的不带涂盖材料层试件：将试件迅速移入称量过的称量瓶或表面皿内进行称量（G_1）；

②测定单位面积浸涂材料总量的油毡试件和油毡的带涂盖材料层试件：将试件放在圆形网筛中，迅速仔细刷净试件表面的矿物质材料，然后把试件移入称量过的称量瓶或表面皿内进行称量（P_1 和 P）；

③将留在网筛中的矿物质材料进行筛分，筛余物为撒布材料（S），筛下物为填充料（F），分别进行称量。

（3）不透水性试验（动水压法）

1）仪器及工具：不透水性试验器主要由透水盘（包括金属盖圈、胶皮垫圈和螺杆，透水盘内直径 135mm，上有 7 个直径 25mm 的透水孔）、贮水罐、压力表、加水压装置、定时钟等构成。

2）试件准备：按照不透水性试件的尺寸大小切取试件三块。

3）试验步骤：

a. 试验前须将洁净的水注入贮水罐中，开启透水盘下部的进水阀门，检查进水是否畅通，并使水与透水盘上口齐平；

b. 首先关闭进水阀，开启总水阀，并连续加水压，使贮水罐的水流出以清除空气；

c. 然后将试件置于透水盘上，涂盖材料薄的一面接触水面，垫上胶皮垫圈并盖上金属盖圈，并夹紧螺丝，开启进水阀，关闭总水阀，开始施加水压到指定压力，同时开启定时钟，随时观察试件有无渗水现象，并记录开始渗水时间。

说明：该试验宜在水温 20℃±5℃ 条件下进行，三块试件均无渗水现象方可评定油毡的不透水性合格。

（4）吸水性试验（常压吸水法）

1）仪器及材料：主要由天平（精确度 0.001g）、容纳试件的广口保温瓶、毛刷、毛巾、搅拌棒、温度计（0～50℃）、软化点 90℃ 以上的建筑石油沥青等组成。

2）试件准备：切取 100mm×100mm 的试件三块，将试件的撒布材料尽量清刷干净，再行称量。然后将其四边分别均匀地沾入热熔沥青中均 2mm 深使之涂封，以防由试件的横断面处吸入水分。待其冷却，并注意避免涂封沥青产生小针眼、脱落或与试件表面粘结。

3）试验步骤：将已涂封沥青的试件称量，然后立放在 18℃±2℃ 的水中浸泡。每块试件相隔距离不小于 2mm，水面应高出试件上端 20mm 以上。在此条件下试件浸泡 24h，取出迅速用毛巾或滤纸按贴试件两面及封边处，以吸取表面水分，至无水渍为度，立即进行称量。

4）计算结果：吸水性百分比（A）按下式进行计算：

$$A = \frac{G_3 - G_2}{G_1} \times 100\%$$

式中　G_1 ——浸水前未封边试件质量（g）；

　　　G_2 ——浸水前已封边试件质量（g）；

　　　G_3 ——浸水后已封边试件质量（g）。

注：为了尽可能避免浸水后试件中水分蒸发，试件从水中取出至称量完毕的时间，一般不应超过 3min。

（5）耐热度试验

1）仪器及材料：主要由电热恒温箱、温度计（0～150℃，最小刻度为 0.5℃）、干燥器、表面皿（6～8cm）、细铁丝或回形针（洁净无锈）等组成。

2）试件准备：一般是切取 100mm×50mm 的试件三块，并在每块试件距离一端 1cm 处的中心位置穿钻一小孔。

3）试验步骤：将准备好的试件用细铁丝或回形针穿挂好，然后放入已定温至规定温度的电热恒温箱内（打开通风孔）。试件的中心与温度计的水银球应在同一水平位置上；在距每块试件下端 10mm 处各放一个表面皿，用以接收淌下来的沥青物质。在规定的温度下加热 5h 后，取出试件及时观察，并记录试件表面有无涂盖层滑动和集中性气泡。

注：集中性气泡系指破坏油毡涂盖层花纹原形的密集气泡，以三块试件均合格为合格。

（6）拉力试验

1）仪器及工具：主要由拉力机（最大负荷 2kN，最小读数 10N，夹具的夹持宽度不小于 5cm)、量尺（精确度 0.1cm）等组成。

2) 试验准备：精确切取纵向 250mm×50mm 的试件三块（表面撒布材料可不刷除），然后置于与拉力试验温度相同的干燥处不少于 1h。

3) 试验步骤：首先调整拉力机，在无负荷情况下，将空夹具的自动下降速度为 40~50mm/min。然后再将试件夹持在拉力机的夹具中心，并不得歪扭，上下夹具之间的距离为 180mm。开动拉力机，使试件受拉至被拉断为止，这时指针所示数值，即为试件的拉力（N）。

如试件拉断处距夹具小于 20mm 时，试件的试验结果无效，应在同一样品上另行切取试件，重作试验。当试验温度达不到 18±2℃时，可采用下列经验公式进行拉力修正：

$$F_算 = F_t + f(t - 18)$$

式中　$F_算$——换算成 18″C 时的拉力（N）；

　　　F_t——实测拉力（N）；

　　　f——拉力温度修正系数（油毡为 1.3）；

　　　t——试验时实际温度。

注：拉力温度修正系数的适用范围为 21~40℃。

(7) 柔度试验

1) 用具：柔度试验的用具由圆棒（ϕ20mm 和 ϕ25mm)、水槽或烧杯、温度计（0~50℃，精确度 0.5℃等组成。

2) 试件准备：沿卷材纵向切取 60mm×30mm 和横向切取 60mm×30mm 的试件各三条，加微热，待试件呈平板状而无卷曲时，方可将试件和圆棒同时浸泡在已定温度 18±2℃的水中。

3) 试验步骤：首先将试件经 30min 的浸泡后，自水中取出，立即沿圆棒用手以约 2s 的时间按均衡速度弯曲成半周，用肉眼观察试件表面有无裂纹现象。对纵向和横向六块试件中，以五块试件无裂纹方可评定卷材柔度为合格。

1.3.2.4 土工织物物理性能检测

1. 概述

土工织物也称土工布，是透水性的土工合成材料，按制造方法分为无纺或非织造土工织物和有纺或机织土工织物。因其具有过滤、排水、隔离、加筋、防渗和防护等作用，在各类工程建设中得到广泛应用。特别是无纺土工织物在隧道工程中作为防水卷材的垫层和排水通道，用量十分可观。为了选择和应用土工织物，必须了解材料的工程特性，以便正确确定设计参数。土工织物物理性能取样具有如下要求：

(1) 试样不应含有灰尘、折痕、损伤部分和疵点。

(2) 每项试验的试样应从样品长度与宽度方向上随机剪取，但距样品边缘至少 100mm。

(3) 为同一试验剪取两个以上的试样时，不应在同一纵向或横向位置上剪取，如不可避免时应在试验报告中说明。

(4) 剪取试样应满足精度要求。

(5) 剪取试样时，应先制订剪裁计划；对每项试验所用的全部试样，应予编号。

2. 单位面积质量试验

(1) 目的及适用范围：本试验方法适用于土工合成材料，测定其单位面积质量。

(2) 仪器和仪具：主要由剪刀、尺（最小分度值为 1mm）、天平（感量 0.01g）等组成。

(3) 试样数量与规格：

1) 试样数量不得少于 10 块，对试样进行编号；

2) 试样面积：对一般土工合成材料，试样面积为 10cm×10cm，裁剪和测量精度为 1mm。

(4) 试验步骤：首先将裁剪好的试样按编号顺序逐一在天平上进行称量，并细心测读和记录，读数应精确到 0.01g（现场测试可精确到 0.1g）。

(5) 整理结果：

1) 按下式计算每块试样的单位面积质量 M：

$$M = \frac{m}{A}$$

式中　　M——单位面积质量（g/m^2）；

　　　　m——试样质量（g）；

　　　　A——试样面积（m^2）。

2) 计算单位面积质量的平均值 M、标准差 σ 及变异系数 C_V；

3) 试验记录格式如表 1-3-4 所示。

(6) 报告：报告主要包括说明试验方法、平均单位面积质量（g/m^2）、标准差 σ 及变异系数 C_V。

土工合成材料单位面积质量试验记录　　　　　　　　　　　　表 1-3-4

委托单位		试验温度	
名称与型号		试验湿度	
试样状态		试 验 者	
试样尺寸		计 算 者	
试验日期		校 核 者	
试验序号	试样面积（m^2）	质量（g）	单位面积质量（g/m^2）
1 2 3 4 5 6 7 8 9 10			
平 均 值 标准值 σ 变异系数 C_V（%）			

3. 土工合成材料厚度的试验

对于土工合成材料，因受压力时厚度的变化很大，为标准计，需规定在某固定压力下测定其厚度。工程上常规定此压力为 2kPa；根据工程需要，还可测试在 20kPa、200kPa 压力下的系统厚度。厚度变化对织物的孔隙率、透水性和过滤性等水力学特性有很大的影响。土工织物厚度测试可采用专门的厚度测试仪，也常利用土工固结仪进行测试。

（1）用厚度试验仪测厚度

1）目的和适用范围：本试验方法适用于测定土工合成材料在不同压力下的厚度。

2）仪器和仪具：厚度试验仪由下列部件及用具组成，如图 1-3-8 所示。

①基准板：其面积要大于两倍的压脚面积；

②可更换的压脚：采用表面光滑、面积为 $25cm^2$ 的圆形压脚。压脚重 5N，放在试样上时，其自重对试样施加的压力为 2 ±0.01kPa；

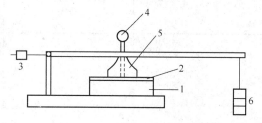

图 1-3-8　土工合成材料厚度试验仪图
1—基准板；2—试样；3—平衡锤；4—指示表；
5—压脚；6—砝码

③采用砝码或杠杆方法对压脚加压，压力分别为：20kPa ± 0.1kPa，200kPa ±1kPa；

④百分表（或千分表）：用以量测基准板至压脚间的垂直距离。试样厚度大于 0.5mm 时，表的最小分度值为 0.01mm；厚度等于或小于 0.5mm 时，最小分度值为 0.001mm；

⑤秒表：最小分度值为 0.1s。

3）试样数量与规格：

①试样数量不得少于 10 块，对试样进行编号；

②试样面积为 $10cm×10cm$。

4）试验步骤：

①擦净基准板和压脚，检查压脚轴是否灵活，调整百分表至零读数；

②提起压脚，将试样在不受张力情况下放置在基准板与压脚之间。轻轻放下压脚，稳压 30s 后记录百分表读数；

③土工合成材料的厚度一般指在 2kPa 压力下的厚度测定值，在需测定厚度随压力的变化时，尚需进行 4～5 步骤；增加砝码对试样施加 20±0.1kPa 的压力，稳压 30s 后读数；

④增加砝码对试样施加 200±1kPa 的压力，稳压 30s 后读数。除去压力，取出试样；

⑤复重 2～5 的步骤，测试完 10 块试样。

5）结果整理

①分别计算每种压力 6 块试样厚度的算术平均值，以 mm 表示。当试样厚度大于 0.5mm 时，要求计算精确至 0.01mm；当厚度小于或等于 0.5mm 时，要求精确至 0.001mm；

②计算每种压力厚度的标准差 σ 及变异系数 C；

③在未明确规定压力时，用 2kPa 压力下试样厚度平均值作为土工合成材料试样的厚度；

④试验记录格式如表 1-3-5 所示；

土工合成材料厚度试验记录   表 1-3-5

委托单位		试验温度	
名称与型号		试验湿度	
试样状态		试验者	
试样尺寸		计算者	
试验日期		校核者	

序号 ＼ 压力	2kPa	20kPa	200kPa
1			
2			
3			
4			
5			
6			
7			
8			
9			
10			
平均值 标准值 σ 变异系数 C_V（%）			

⑤绘制厚度与压力的关系曲线图，图中横轴为压力的对数坐标，纵轴为厚度的平均值，如图 1-3-9 所示。

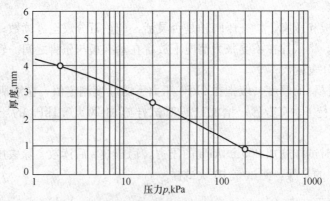

图 1-3-9　针刺无纺布的厚度-压力曲线
（采用厚度试验仪测试）

6）报告：给出试样某一压力的平均厚度，给出平均厚度的标准差 σ 和变异系数 C_V。

（2）用无侧限抗压强度试验仪测厚度

1）目的和适用范围：本试验方法适用于测定土工合成材料在不同压力下的厚度。

2）仪器和仪具：无侧限抗压强度试验仪包括以下部件及用具，如图 1-3-10 所示。

①可升降的基准板：其面积应大于两倍的圆形压脚面积；

②可更换的压脚：圆形，25cm²；

③量力系统：量力环（或压力传感器）、测力表，量力钢环应定期标定；

④其他：百分表（或千分表）、秒表。

3）试样数量与规格：一般试样数量为 10 块，对试样进行编号，取样面积为 10cm×10cm。

4）试验步骤：

①转动手柄，使基准板上升，待其与压脚接触，调整百分表至零读数；

②转动手柄，使基准板下降，将试样放在板上；

③再转动手柄，使基准板上升，试样受压。可根据 1～3000kPa 的压力范围和量力环的钢环系数来确定加压时量力环中测力表的读数范围，一般在此读数范围内分三级加压，施加压力分别为：2kPa ± 0.01kPa、20kPa ± 0.01kPa、200kPa±0.01kPa，每次加压后需稳压 30s 再读数；

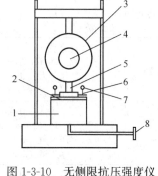

图 1-3-10 无侧限抗压强度仪示意图

1—基准板；2—试样；3—量力针（钢环或压力传感器）；4—测力杆；5—支撑杆；6—压脚；7—指示表；8—手柄

④土工合成材料的厚度一般指 2kPa 压力下的厚度测定值，在只需测定该压力下的厚度时，可只对试样施加 2±0.01kPa 的压力；

⑤重复 1～4 步骤，测试 10 块试样。

5）结果整理：由量力环变形读数和钢环系数，计算各变形值时试样所受的压力；按不同压力时的试样厚度绘制厚度·压力曲线，图中横轴为压力的对数坐标，纵轴为厚度的平均值，如图 1-3-11 所示。

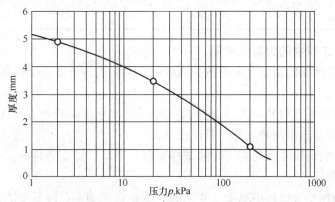

图 1-3-11 土工合成材料厚度-压力曲线图

计算出每种压力试样的平均厚度、标准差 σ 及变异系数 C_V。在未明确规定压力时，采用 2kPa 压力下测得的试样厚度平均值作为土工合成材料试样的厚度。

该试验记录格式如表 1-3-6 所列。

6）报告：内容同前。

土工合成材料厚度试验记录   表 1-3-6

委托单位		试验温度	
名称与型号		试验湿度	
试样状态		试 验 者	
仪器型号		试 验 者	
压脚尺寸		计 算 者	
钢环系数		校 核 者	

序号	项　　目	测　点									
		1	2	3	4	5	6	7	8	9	10
1	百分表（0.01mm） 钢　环（0.01mm） 压　力（kPa） 厚　度（mm）										
2	百分表（0.01mm） 钢　环（0.01mm） 压　力（kPa） 厚　度（mm）										
3	百分表（0.01mm） 钢　环（0.01mm） 压　力（kPa） 厚　度（mm）										
⋮	⋮										
10	百分表（0.01mm） 钢　环（0.01mm） 压　力（kPa） 厚　度（mm）										

1.3.2.5　土工织物的力学性能测试

土工织物力学性能的指标主要有抗拉强度、撕裂强度、顶破强度和刺破强度等。

1. 抗拉强度

1）土工织物是柔性材料，大多通过其抗拉强度来承受荷载以发挥工程作用。因此，抗拉强度及其应变是土工织物主要的特性指标。

2）土工织物的抗拉强度与测定时的试样宽度、形状、约束条件有关，因此必须在标准规定的条件下测定。

3）土工织物在受力过程中厚度是变化的，不易精确测定，故其受力大小一般以单位宽度所承受的力来表示（单位为 kN/m 或 N/m），而不是以习惯上所用的单位面积上的力来表示。

4）当前，测定抗拉强度基本上是沿用纺织品条带拉伸试验方法，即把试样两端用夹具夹住，以一定速率施加荷载进行拉伸直到破坏。测得试样自身断裂强度及变形，并绘出应力—应变曲线。显然这样测出的无侧限条件下的强度，不能完全反映土工织物的现场工程特性。

（1）适用范围

该项仪器仅适用于土工合成材料的宽条拉伸试验和窄条拉伸试验，测定土工合成材料的抗拉强度及延伸率。

（2）仪器和仪具

1）拉力机：拉力机具有等速拉伸功能，并能测读拉伸过程中土工合成材料的拉力和伸长量或直接记录拉力—伸长量曲线，平面拉伸试验见图1-3-12所示。

2）夹具：一对夹持试样的夹具，其钳口面要有一定的约束作用，防止试样在钳口内打滑，同时又要防止试样在钳口内被损坏。

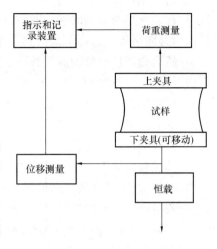

图1-3-12　平面拉伸试验

具体有如下要求：

①宽条试样有效宽度200mm，夹具实际宽度不小于210mm；

②窄条试样有效宽度50mm，夹具实际宽度不小于60mm；

③为满足某些土工合成材料变形较大的要求，两夹具间的最大净距不小于300mm。

3）动力装置：采用调速电机油压或机械设施调节拉伸速率。

4）测量和记录装置：

①这些测量的要求是指示或记录荷载的误差不得大于相应实际荷载的2%；

②对延伸率超过10%的试样，测量拉伸方向的伸长量可用有刻度的钢尺，精度为1mm。对延伸率小于10%的试样，应采用精度不小于0.01mm的位移测量装置；

③另外，可通过传动机构直接记录土工合成材料试样的拉力—伸长量曲线，也可用拉力传感器和位移传感器测量拉力和伸长量。

（3）试样制备

1）试样数量：试样数量分别以土工合成材料纵向和横向做试验长边，剪取试样各6块。

2）试样尺寸：

①宽条试样：一般裁剪试样宽度为200mm，长度至少200mm，但是实际长度视夹具而定，须有足够的长度使试样伸出夹具，试样计量长度为100mm。对于有纺土工织物，裁剪试样宽度210mm，再在两边拆去大约相同数量的纤维，使试样宽度达到200mm，如图1-3-13所示；

②窄条试样：裁剪试样宽度50mm，长度至少200mm，必须有足够的长度使试样伸出夹具，试样计量长度为100mm。对于有纺土工织物，裁剪试样宽度60mm，再在两边拆去大约相同数量的纤维，使试样宽度达到50mm，如图1-3-13所示。

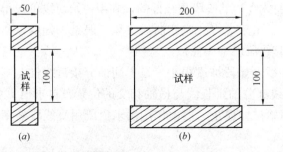

图1-3-13　宽条和窄条试样（尺寸单位：mm）
（a）窄条 $B/L=1/2$；（b）$B/L=2.0$

（4）试验步骤

1) 首先调整两夹具的初始间距到 100mm, 使两个夹具中要求其中一个的支点能自由旋转或为万向接头, 保证两个夹具平行并始终在一个平面内运动。

2) 然后选择拉力机的满量程范围, 使试样的最大断裂力控制在满量程的 10%～90% 范围内, 设定拉伸速率为 50mm/min。

3) 再将试样对中放入夹具内。为方便对中, 可事先在试样上画垂直于拉伸方向的两条相距 100mm 的平行线, 使两条线尽可能贴近上、下夹具的边缘, 并夹紧夹具。

4) 测读试样的初始长度 L_0。

5) 其试验的步骤: 开动试验机, 以拉伸速度 50mm/min 进行拉伸, 同时启动记录装置, 连续运转直到试样破坏时停机; 对延伸率较大的试样, 应拉伸至拉力明显降低时方能停机。当试样在钳口内打滑或大多数试样在钳口边缘断裂时, 可采取下列改进措施: ①钳口内加衬垫; ②钳口内的土工合成材料用固化胶加强; ③改进钳口面, 无论采取哪种措施, 均应在试验报告中说明。

6) 测量伸长量: 最后, 在拉伸的过程中, 测定拉力的同时测定其伸长量。

(5) 结果整理

1) 抗拉强度: 土工织物的抗拉强度 T_s, 可用下式计算:

$$T_s = \frac{P_f}{B}$$

式中　T_s——抗拉强度 [N/m (kN/m)];

　　　P_f——测读的最大拉力 [N (kN)];

　　　B——试样宽 (m)。

2) 延伸率: 延伸率 ε_p 按下式计算:

$$\varepsilon_p = \frac{L_f - L_0}{L_0} \cdot 100\%$$

式中　ε_p——延伸率;

　　　L_f——对应最大拉力时的试样长度 (mm)。

　　　L_0——初始长度 (mm)。

3) 拉伸模量: 由拉伸过程中的拉力—伸长量可转化成应力—应变曲线, 并可计算拉伸模量。由于土工合成材料的应力-应变曲线是非线性的, 因此拉伸模量通常指在某一应力 (或应变) 范围内的模量, 单位为 N/m 或 kN/m。根据应力—应变曲线的类型, 拉伸模量可由以下方法求出:

①初始拉伸模量 E: 如果应力—应变曲线在初始阶段是线性的, 利用初始切线可取得比较准确的模量值, 如图 1-3-14 (a) 所示。由于应力—应变曲线方程一般是未知的, 初始拉伸模量一般由作图法求出或选择初始直线段斜率代替;

②偏移拉伸模量 E_0: 当应力—应变曲线开始段坡度很小, 在中间部分接近线性, 则把开始段的曲线舍弃, 将纵轴向右移到直线部分的延长线与横轴相交的位置, 再求出 E_0 和偏移量, 如图 1-3-14 (b) 所示。偏移初始拉伸模量一般由作图法求出或用直线段斜率代替;

③割线拉伸模量 E_s: 当应力-应变曲线始终呈非线性变化, 用上述两种方法不能取得合适的模量时, 则可采用割线法。从原点到曲线上某一点 (如应变为 10% 或 20%) 连一

直线，该线坡度即为割线拉伸模量，并用 E_{s10} 或 E_{s20} 表示，图 1-3-14（c）所示。

$$E_s = \Delta T_{si} / \Delta \varepsilon_{pi}$$

式中　ΔT_{si}——对应于拉应变（$\Delta \varepsilon_{pi}$）范围的拉应力增量，$\Delta T_{si} = T_{si}$；

$\Delta \varepsilon_{pi}$——延伸率的增量，对通过原点的割线模量，$\Delta \varepsilon_{pi} = \varepsilon_{pi}$。

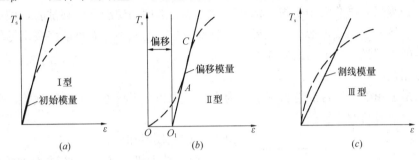

图 1-3-14　拉伸模量表示法

4）计算土工合成材料的抗拉强度、延伸率及各拉伸模量的平均值，并计算它们的标准差 σ 及变异系数 C_v。

5）试验记录格式如表 1-3-7 所示。

6）报告：主要报告材料及产品有关情况；试件尺寸及夹具情况；平均抗拉强度、延伸率、拉伸模量的平均值以及各指标的标准差 σ 和变异系数 C_v；应力-应变曲线。

土工合成材料拉伸试验记录　　　　　　表 1-3-7

委托单位		试验温度	
名称与型号		试验湿度	
仪器类型		试验日期	
拉伸速率		试验者	
试样状态		计算者	
试样宽度		校核者	

序号	纵　向　拉　伸				横　向　拉　伸			
	初始长度 （mm）	最终长度 （mm）	延伸率 （%）	拉　力 （N）	初始长度 （mm）	最终长度 （mm）	延伸率 （%）	拉　力 （N）
1								
2								
3								
4								
5								
6								
7								
8								
9								
10								
平均值 标准差 σ 变异系统 C_v（%）								

2. 撕裂强度

土工织物在隧道的铺设和使用过程中，常常会有不同程度的破损。撕裂强度反映了试样抵抗扩大破损裂口的能力。撕裂强度可评价不同土工织物被扩大破损程度的难易，是土工织物应用中的重要力学性能指标之一。

当前，撕裂强度试验沿用纺织品标准测试方法。常用的纺织品撕裂试验，按试样形状分为梯形法、翼形法以及舌形法，舌形法又分单缝与双缝两种。而目前多采用梯形法来测定土工织物的撕裂强度，下面简要介绍此方法。

（1）适用范围

梯形法最适用于土工合成材料（主要为土工织物和土工膜等）的撕裂试验，采用梯形法测定土工合成材料的撕裂强度。

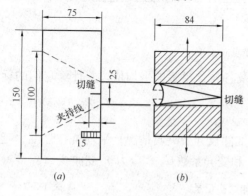

图 1-3-15　梯形撕裂试验
（a）试样尺寸；（b）夹具尺寸

（2）仪器和仪具

1）拉力机：条带拉伸试验用的拉力机，其拉伸速率为 100mm/min。

2）夹具：夹持面的尺寸为长 50mm×宽 84mm，其宽度的要求不小于 84mm，并且宽度方向垂直于力的作用方向。要求夹具上下夹持面平行、光滑，夹紧时不损坏试样，同时，要求试验中试样不发生打滑。

3）梯形模板：主要用于剪样，标有尺寸，见图 1-3-15（a）所示。

（3）试样制备

1）试样数量与试样尺寸：经向和纬向各取 10 块试样。试样的尺寸为宽 75mm、长 150mm 的矩形试样，在矩形试样中部用梯形模板画一等腰梯形，尺寸如图 1-3-15（b）所示。取样方法应符合试样制备的一般原则。

2）有纺土工织物试样：测定经向纤维的撕裂强度时，剪取试样长边应与经向纤维平行，使试样切缝切断和试验时拉断的为经向纤维。测定纬向撕裂强度时，剪取试样长边应与纬向纤维平行，使试样被切断和撕裂拉断的为纬向纤维。

3）无纺土工织物试样：在测定经向的撕裂强度时，首先是剪取的试样长边应与织物经向必须平行，使切缝垂直于经向；测定纬向撕裂强度时，剪取试样长边应与织物纬向平行，使切缝垂直于纬向。

4）在已画好的梯形试样短边 1/2 处剪一条垂直于短边的长 15mm 的切缝。

5）准备好试样，如进行湿态撕裂试验，试样从水中取出到试验的时间不超过 10 分钟。

（4）试验步骤

1）调整拉力机夹具的初始距离到 25mm，设定拉力机满量程范围，使试样最大撕裂荷载在满量程的 10%～90% 范围内，设定拉伸速率为 100mm/min。

2）将试样放入夹具内，沿梯形不平行的两腰边缘夹住试样。梯形的短边平整绷紧，其余呈起皱叠合状，夹紧夹具。

3）开动拉力机，一般以拉伸速率 10mm/min 拉伸试样，并记录拉伸过程中的撕裂力，直至试样破坏时停机。撕裂力可能有几个峰值和谷值，也可能单一上升而只有一个最大值，如图 1-3-16 所示。取最大值作为撕裂强度，单位以 N 表示。

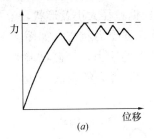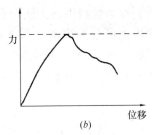

图 1-3-16　撕裂过程曲线

4）当试样在夹具内有打滑现象或有 1/4 以上的试样在夹具边缘 5mm 范围内发生断裂时，则夹具可作如下处理：夹具内加垫片，与夹具接触部分的织物用固化胶加固，或者修改夹具面。不管采用哪种方式处理均要在试验报告中说明。

（5）结果计算整理

1）分别计算顺机向和横机向的平均撕裂强度 T_t。

2）分别计算顺机向和横机向撕裂强度的标准差 σ 和变异系数 C_v。

3）土工合成材料撕裂试验记录见表 1-3-8 所列。

（6）测试报告

1）说明试验遵照的方法，介绍试样材料及制样情况。

2）顺机向和横机向撕裂强度的平均值、标准差 σ 和变异系数 C_v。

土工合成材料撕裂试验记录　　　　　　　　　　　　　表 1-3-8

委托单位		试验温度	
名称与型号		试验湿度	
撕裂速率		试验者	
试样状态		计算者	
试样尺寸		校核者	

序号	方向	经向撕裂（强度 N）	纬向撕裂（强度 N）
	1		
	2		
	3		
	4		
	5		
	6		
	7		
	8		
	9		
	10		
平均值			
标准差 σ			
变异系数 C_v（%）			

3. 顶破强度的试验

在任何工程建设中，土工织物常被置于两种不同粒径的材料之间，受到粒料的顶压作用；施工中也将受到抛填粒料引起的法向荷载。根据粒径大小及形状，土工织物按接触面的受力特征和破坏形式可分为顶破、刺破和穿透几种受力状态，如图 1-3-17 所示。顶破强度是反应土工织物抵抗垂直织物平面的法向压力的能力，顶破试验与刺破强度试验相比，压力作用面积相对较大，材料呈双向受力状态。现介绍顶破试验中常用的圆球顶破试验。

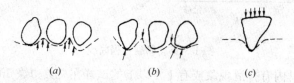

图 1-3-17 施工过程中土工织物可能的受力状态
(*a*) 顶破；(*b*) 刺破；(*c*) 穿透

（1）适用范围

该项试验仅适用于土工合成材料的顶破强度试验，测定其圆球顶破强度。

（2）仪器和仪具

该项试验可在测定土工合成材料的条带拉伸强度的拉力机上进行，仪器主要包括下列附件，其主要结构及功能如图 1-3-18 所示。

1）配有反向器的拉力机：反向器结构简单，由套在一起的上下两框架组成，上框架连至拉力机的固定夹具，下框架连至拉力机的可移动夹具，当下框架向下拉伸时，固定在上下框架上的圆球顶破装置产生顶压。

2）圆球顶破装置：由两部分组成，一端部带有钢球的顶杆和一个安装试样的环形夹具：

①其钢球直径为 25.4mm，环形夹具内径为 44.5mm；

②在环形夹具内夹紧试样时，首先不得损坏试样，更不能对试样施加较大预应力，试验过程中试样不允许在夹具内滑移；

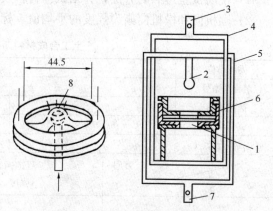

图 1-3-18 圆球顶破试验示意图
1—土工织物；2—球形杆；3—接拉力机上夹具；
4—反向器的上框架；5—反向器的下框架；6—环
形夹具；7—接拉力机下夹具；8—织物

③最后，在安装球形杆和环形夹具时要特别注意对中，并要求两者相对运动时钢球对中于环形夹具的中心。

（3）试样数量与规格

1）试样数量：每组试验取 10 块试样。

2）试样尺寸：试样尺寸为 φ120mm。

（4）试验步骤

1）选择拉力机的拉力量程范围，使最大压力在满量程的 $10\%\sim90\%$ 范围内。

2）将试样在不受拉力的状态下放入环形夹具内，将试样夹紧。

3）开动拉力机，顶压速率为 100mm/min，在此速度下连续运行直至试样被顶破，记下最大压力，单位为 N。

（5）计算整理

1）计算 10 块试样圆球顶破强度 T_b 的算术平均值。

2）计算顶破强度的标准差 σ 和变异系数 C_v。

3）土工合成材料顶破强度试验的记录格式见表 1-3-9 所列。

（6）总结报告

1）说明本次试验遵照的方法，介绍试样材料以及制样方法。

2）每个试样的顶破强度及其平均值，单位为 N。

3）顶破强度的标准差 σ 和变异系数 C_v。

土工合成材料圆球顶破试验记录　　　　　　　　　　表 1-3-9

委托单位		试验温度			
产品类型		试验湿度			
仪器型号		试验者			
试样状态		计算者			
试验日期		校核者			
方向		不同试样（强度 N）			
序号		A	B	C	D
	1				
	2				
	3				
	4				
	5				
	6				
	7				
	8				
	9				
	10				
平均值					
标准差 σ					
变异系数 C_v（%）					

4. 刺破强度的试验

刺破强度是反映土工织物抵抗小面积集中荷载，如有棱角的石子或树枝等的能力。试验方法与圆球顶破试验相似，只是以金属杆代替圆球。

（1）适用范围

该项试验仅适用于土工合成材料（主要为土工织物和土工膜等）的刺破强度测定，可用来评价土工合成材料抵抗颗粒料贯入的能力。

（2）仪器和仪具

1）压力机或带有反向器的拉力机：其变形速率为 300mm/min。

2）量力环：其量程要满足最大压力值。

3）环形夹具：内径 44.5mm。

4）刚性顶杆：直径 8mm，平头。

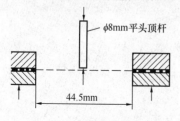

图 1-3-19　刺破试验示意图

（3）试样数量与规格

1）试样数量：每组试验取 10 块试样。

2）试验尺寸：试样尺寸为 ϕ120mm。

（4）试验步骤

1）将试样放入环形夹具内，使试样在自然状态下放平，拧紧夹具。

2）将夹具放在加荷装置上并对中，如图 1-3-19 所示。

3）将速率设定在 100mm/min。

4）调整连接在刚性顶杆上的测力环的百分表读数至零。

5）首先开机，记录顶杆顶压试样时的最大压力值；然后停机，取下试样。

6）最后，重复第 1～5 的步骤进行试验，每组试验进行 10 块试样。

（5）结果整理

1）由量力环标定曲线，将量力环中百分表读数换算为力，单位为 N。

2）计算 10 块试样刺破强度的算术平均值 T_p，单位为 N。

3）计算标准差 σ 及变异系数 C_v。

4）刺破强度测定的试验记录见表 1-3-10 所示。

土工合成材料刺破试验记录　　　　　　　　　　　　　　表 1-3-10

委托单位		试验温度		
仪器型号		试验湿度		
试样状态		试验者		
试验日期		计算者		
试验日期		校核者		
	不　同　试　样			
序号	A		B	
	量力环读数 (0.01mm)	刺破强度 (N)	量力环读数 (0.01mm)	刺破强度 (N)
1				
2				
3				
4				
5				
6				
7				
8				
9				
10				
平均值				
标准差 σ				
变异系数 C_v（%）				

（6）总结报告

1）说明试验遵照的方法，介绍试样材料以及制样方法。

2）各个试样的刺破强度值及其平均值，单位为 N。

3）刺破强度的标准差 σ 及变异系数 C_v。

1.3.2.6 防水混凝土抗渗性能试验

1. 防水混凝土类型

防水混凝土是指以调整配合比或掺用外加剂的方法增加混凝土自身抗渗性能的一种混凝土。隧道衬砌常用的防水混凝土有以下几种类型：

（1）普通防水混凝土

普通防水混凝土是指以控制水灰比，适当调整含砂率和水泥用量的方法来提高其密实性及抗渗性的一种混凝土。其配合比需经过抗压强度及抗渗性能试验后确定。在有冻害地区或受侵蚀介质作用的地区应选择适宜品种的水泥，此种混凝土应严格按有关规定要求施工。

（2）外加剂防水混凝土

如果在混凝土中掺入适量的外加剂，例如引气剂、减水剂或密实剂等，使其达到防水的要求。这种防水混凝土施工较为方便，若使用得当，一般能满足隧道衬砌的防水要求。

1）引气剂防水混凝土：常用的引气剂有松香酸钠、松香热聚物等。松香酸钠引气剂在混凝土中产生的气泡数量多、均匀而细小、间距小、质量好，其抗渗等级可达 1.2MPa，抗冻性比普通混凝土提高 3 倍，抗侵蚀性和抗炭化能力亦有提高。但是，掺有引气剂的防水混凝土强度及弹性模量均有所下降，因此，使用时必须先做试验合格后才确定。

2）减水剂防水混凝土：减水剂已在混凝土工程中广泛应用。混凝土使用减水剂可增加密实性，提高混凝土的抗渗能力和抗压强度。引气型减水剂混凝土的抗渗性较好；非引气型减水剂混凝土强度较高。混凝土使用减水剂除可得到高强度、高抗渗性和大流动度外，还可影响其凝结时间。除普通型外还有缓凝型，可使混凝土缓凝 3～6h；促凝型可使混凝土早凝 1～2h。如采用适当配制的复合减水剂，还可配制高强、缓凝高强或早强混凝土。

3）密实剂防水混凝土：

①氯化铁防水混凝土是在混凝土中加入氯化铁防水剂制成的，具有高密实度、高抗渗性（可达 1.2MPa 以上）；抗压强度可比普通混凝土增加 13%～40%，并有早强作用；可耐碱性腐蚀，但不耐酸；有直流电源时对钢筋有锈蚀作用，故不宜采用。此种混凝土凝结时升温快，故应注意早期养护以防干缩裂缝。氯化铁防水混凝土性能好、造价低、施工方便，可以在适宜场合广泛采用；

②三乙醇胺防水混凝土是在混凝土中掺入少量（占水泥的 0.05%）三乙醇胺制成的，有抗渗和早强作用。其强度在前两天提高 60%，28d 提高 10%；对铜、铝破坏性大，对铁、镍腐蚀不明显，在有高压、直流电源的场合必须慎重使用。

（3）膨胀水泥防水混凝土

使用膨胀水泥配制的混凝土，其孔隙率减小，毛细孔径也缩小，因而提高了抗渗性，按施工情况可用于隧道衬砌的拱墙接缝处等。

2. 一般规定

(1) 当衬砌处于侵蚀性地下水环境中，混凝土的耐侵蚀系数不得小于 0.8。混凝土的耐侵蚀系数按下式计算：

$$N_s = R_{ws}/R_{wy}$$

式中　　N_s ——混凝土的耐侵蚀系数；

　　　　R_{ws} ——在侵蚀性水中养护 6 个月的混凝土试块抗折强度；

　　　　R_{wy} ——在饮用水中养护 6 个月的混凝土试块抗折强度。

(2) 当受冻融作用时，不宜采用火山灰质硅酸盐水泥和粉煤灰硅酸盐水泥。

(3) 当钢筋混凝土衬砌采用防水混凝土时，应采用限制裂缝宽度计算方法进行配筋设计。其裂缝宽度应不大于 0.2mm。

(4) 防水混凝土衬砌的钢筋保护层厚度迎水面不应小于 35mm；当直接处于侵蚀性介质中时，保护层厚度不应小于 50mm。

(5) 防水混凝土衬砌的设计强度等级一般不低于 C20，抗渗等级不应小于 0.6MPa，衬砌厚度不应小于 200mm。防水混凝土抗渗等级可按表 1-3-11 的规定选用。

防水混凝土抗渗等级　　　　　　　　　　　　　　　　表 1-3-11

最大作用水头（H）与防水混凝土衬砌壁厚（h）的比值 H/h	设计抗渗等级（MPa）	最大作用水头（H）与防水混凝土衬砌壁厚（h）的比值 H/h	设计抗渗等级（MPa）
<10	0.6	25～35	1.6
10～15	0.8	>35	2.0
15～25	1.2	—	—

(6) 对于试件的抗渗等级应比设计要求提高 0.2MPa。

(7) 当在隧道施工中采用了防水混凝土时，应对衬砌的各种缝隙采取有效的防水措施，以使衬砌获得整体的防水效果。

(8) 当采用高标号水泥配制防水混凝土时，在不致影响强度的情况下，可在混凝土中掺加适量的粉细料，增加其密实性，能更好地提高防水性能。

3. 试验目的

在隧道施工中，为了确保隧道的防水性能，所采用的防水混凝土都应进行试验，其目的是检测混凝土硬化后的防水性能以及混凝土抗渗标号。防水混凝土的抗渗标号可分为三种：

(1) 设计强度等级：设计标号是根据地下工程的埋深以及水力梯度（即最大作用水头与建筑物最小壁厚之比）综合考虑而确定的。

(2) 试验强度等级：试验防水混凝土的标号，它用于确定防水混凝土施工配合比。一般应在设计抗渗标号的基础上提高 0.2MPa 来确定。

(3) 检验强度等级：它是对试验或施工过程中留置的防水混凝土抗渗试块进行抗渗试验所测得的标号。检验标号不得低于设计抗渗标号。

4. 防水混凝土抗渗试块制作

(1) 抗渗试块：

①圆柱体：直径、高度均为 150mm。

②圆台体：上底直径 175mm，下底直径 185mm，高为 165mm。

（2）试块制作：每组试块为 6 个，人工插捣成形时，分两层装入混凝土拌合物，每层插捣 25 次，在标准条件下养护；如结合工程需要，则在浇筑地点制作，每单位工程制作不少于两组，其中至少一组应在标准条件下养护，其余试件与构件相同条件下养护，试块养护不少于 28d，不超过 90d。

5. 试验仪器

（1）适于作混凝土抗渗性测定和试验研究的仪器为 HS40A 型混凝土抗渗仪。

（2）仪器结构原理：HS40A 型混凝土抗渗仪是利用密封容器与其连通的管路系统各处的压强相等（水头不计），以水泵施压，并通过接点压力表和简单的电气控制系统，保持压力在规定的范围内来进行试验的简易装置。

（3）HS40A 型混凝土抗渗仪由机架试模、分离器、水泵、蓄水罐和电气控制等部分组成，见图 1-3-20 所示。

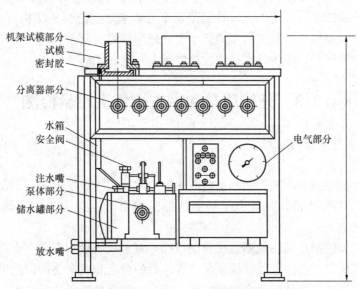

图 1-3-20　混凝土抗渗仪

6. 抗渗试验

（1）一般在试验前，试块应保持潮湿状态，表面应干燥（在低于 50℃ 的烘箱中烘 10～30min，在通风处放置 5～15min，表面干燥即可）。

（2）首先将试模预热至 50℃ 左右，涂以石蜡，装入试块，使试块周围与试模内壁之间的缝隙被石蜡填满。注意试块的上下表面不要沾上石蜡，若沾上石蜡则应凿除。

（3）装好试块的试模冷却后即可安装在渗透仪上进行加水试验。抗渗标号若要求大于 0.8MPa，则初始加压为 0.4MPa；抗渗标号若小于 0.8MPa，则初始压力为 0.2MPa。在试验中，如若水从试块与试模内壁的缝隙中渗出，说明密封不佳，应重新进行密封，再进行试验。

（4）试验时，水压从 0.2MPa 开始，每隔 8h 增加 0.1MPa，边加压，边观察，一直加至 6 个试块中有 3 个试块表面发现渗水，记下此时的水压力，即可停止试验。注意：当加压至设计抗渗标号，经 8h 第三个试块仍不渗水时，表明混凝土已满足设计要求，也可停止试验。

(5) 将未渗水的试块剖开，记录渗水高度。

7. 试验结果计算

混凝土的抗渗标号是以每组 6 个试件中 4 个未发现有渗水现象时的最大水压力表示。抗渗标号按下式进行计算：

$$S = 10H - 1$$

式中 S——混凝土抗渗标号；

H——第三个试块顶面开始有渗水时的水压力，MPa。

8. 抗渗试验的留置组数

(1) 抗渗试验比较繁琐，试验过程中要安排人员值班，耗用时间较长，组数不宜过多，以能反映整个结构或其重要部位的实际抗渗性能来确定组数。

(2) 但是，无论防水工程的规模大小，应至少留置两组抗渗试块。其中一组在标准条件下养护，以检验防水混凝土的设计特征值，作为衡量防水混凝土结构抗渗性能的依据，测得数据应达到试验标号，最低值不应低于设计抗渗标号；其余各组块应与结构在同条件下养护，测得检验标号，作为结构抗渗性能的参考数据。

1.3.3 开挖质量和钢支撑施工质量检测

1.3.3.1 开挖质量的检测

1. 概述

(1) 开挖是控制隧道施工工期和造价的关键工序。因为超挖过多，不仅因出渣量和衬砌量增多而提高工程造价，而且由于局部挖掉围岩会产生应力集中问题，影响围岩稳定性。

(2) 如果是欠挖则直接影响到二次衬砌厚度，对工程质量和安全产生隐患，处理起来费时费力费物。所以，必须保证开挖质量，为围岩的稳定和安全支护创造出良好条件。

(3) 隧道开挖质量的评定包含两项内容：一是检测开挖断面的规整度，二是超、欠挖控制。对于规整度，一般采用目测的方法进行评定。

(4) 对于超挖与欠挖的问题，则需通过对大量实测开挖断面数据的计算分析，才能做出正确的判断与评价。其实质就是要正确地测出隧道开挖的实际轮廓线，并将它与设计轮廓线纳入同一坐标体系中进行比较。

(5) 通过认真的比较与分析研究，从而十分清楚地从数量上获悉超挖和欠挖的具体部位，这样就能及时指导隧道工程下一步的施工。

2. 开挖的质量标准

(1) 对隧道的开挖断面尺寸必须符合设计要求。

(2) 要严格控制欠挖。当岩层完整，岩石抗压强度大于 30MPa 并确认不影响衬砌结构稳定和强度时，允许岩石个别突出部分（每 $1m^2$ 内不大于 $0.1m^2$）欠挖，但其隆起量不得大于 5cm，对于拱、墙脚以上 1m 内断面严禁欠挖。

(3) 在具体施工中，一定要尽量减少其超挖现象。在不同围岩地质条件下的允许超挖值规定见表 1-3-12 所列。当采用特殊方法支护时，其允许的超量要适当降低。

隧道允许超挖值（cm） 表 1-3-12

围岩条件类别 开挖部位	硬岩，一般相 当于Ⅵ类围岩	中硬岩，软岩相当 于Ⅴ～Ⅲ类围岩	破碎松散岩石及土质， 相当于Ⅱ～Ⅰ类围岩
拱部	平均 10 最大 20	平均 15 最大 25	平均 10 最大 15
边墙、仰拱、隧底	平均 10	平均 10	平均 10

注：1. 超、欠挖的测量以爆破设计开挖线为准；
    2. 硬岩，指岩石抗压极限强度 R_b ＞60MPa，中硬岩 R_b＝30～60MPa，软岩 R_b＜30MPa；
    3. 平均线性超挖值＝超挖面积/爆破设计开挖断面周长（不包括隧道底）；
    4. 最大线性超挖值系指最大超挖处至设计开挖轮廓切线的垂直距离；
    5. 表列数值不包括测量贯通误差、施工误差，如采用预留支撑沉落量时，不应再计超挖值；
    6. 采用支架式风钻和浅眼（不超过 3m）爆破。

3. 爆破开挖的质量要求

对于隧道开挖的方法主要包括钻爆法和机械挖掘法两种，但是目前工程上应用最广的仍是以钻爆法为主。对于采用钻爆法开挖的隧道，其爆破效果应满足以下要求：

（1）周边炮眼痕迹保存率可按下式进行计算，炮眼痕迹保存率要满足表 1-3-13 的规定。

周边炮眼痕迹保存率＝（残留有痕迹的炮眼数/周边眼总数）×100%

炮眼痕迹保存率标准 表 1-3-13

围岩条件	硬 岩	中硬岩	软 岩
炮眼痕迹保存率	≥80%	≥70%	≥50%

注：1. 周边炮眼痕迹要在开挖轮廓面上均匀分布；
    2. 上公式中的周边眼不包括底板的周边眼；
    3. 当炮眼痕迹保存率大于孔长 70% 时，按可见炮眼痕迹计算；
    4. 松散软岩很难保留炮眼痕迹，故软岩周边主要应以满足平整圆顺即可认为合格。

（2）采用支架式风钻打眼，炮眼深为 3m；两茬炮衔接时，出现的台阶形误差不得大于 15cm。如果眼浅则要减少，如果眼深则要加大。

（3）如果采用光面爆破，即使用大型的钻孔台车开挖隧道，按深眼（大于 3m）爆破来开挖，爆破效果应符合表 1-3-14 所示的要求。

光面爆破效果评定 表 1-3-14

序 号	主 要 项 目	硬 岩	中硬岩	软 岩
1	平均线性超挖量（cm）	16～18	18～20	20～25
2	最大线性超挖量（cm）	20	25	25
3	两茬炮衔接台阶最大尺寸（cm）	15	20	20
4	炮眼痕迹保存率（%）	≥80	≥70	≥50
5	局部欠挖（cm）	5	5	5
6	炮眼利用率（%）	90	90	95

注：1. 平均线性超挖量是由凿岩台车的外插角而定的，随循环进尺长度而变，孔深时取大值；
    2. 岩面上不要有明显的爆破裂缝；
    3. 爆破后石碴破碎程度要与所使用的装碴机械相适应，否则应调整爆破参数；
    4. 其他注解同表 1-3-11、表 1-3-12 所列。

4. 对超挖、欠挖的测定

施工中要根据现场条件采用切实可行的超挖、欠挖量测定方法，可参照表 1-3-15 选取。

表 1-3-15

隧道工程的超挖、欠挖测定方法

测定方法及采用的测定仪		测 定 法 概 要
比较施工量的方法	求开挖出渣量的方法	将开挖量换算成渣量并与实际渣量相比较
	求衬砌混凝土量的方法	将包含背面注浆在内的实际衬砌量与设计量比较
量测断面的方法	直接量测开挖面断面积的方法 — 使用激光束的方法	利用激光射线在开挖面上定出基点，并由该点实测开挖断面
	使用投影机的方法	利用投影机将基点或隧道基本形状投影在开挖面上，然后据此实测开挖断面面积
	非接触观测法 — 三维近景摄影法	在隧道内设置摄影站，采用三维近景摄影方法获取立体像对在室内利用立体测图仪进行定向和测绘，得出实际开挖轮廓线
	直角坐标法	利用激光打点仪照准开挖壁面各变化点，用经纬仪测出各点的水平角和竖直角，利用立体几何的原理，计算出各测点距坐标原点的纵横坐标，按比例画出断面图形
	极坐标法（断面仪法）	以某物理方向（如水平方向）为起算方向，按一定间距（角度或距离）依次——测定仪器旋转中心与实际开挖轮廓线的交点之间的矢径（距离）及该矢径与水平方向的夹角，将这些矢径端点依次相连即可获得实际开挖的轮廓线

5. 工程实例

下面将列举几种具体的测量方法以供参考：

(1) 以内模为参照物测量开挖断面

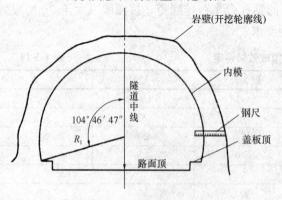

图 1-3-21 开挖断面的实测法

1）测量方法

①当在第二次衬砌立模之后，首先要以内模为参照物，从内模量至围岩壁的数据 l 加上内净空 R_1 即为开挖断面数据。然后在正式量测时，钢尺尽量与内模（梳形木、钢拱架）垂直，如图 1-3-21 所示；

②量测段数的划分：自隧道的一侧盖板顶至拱顶均分为 9 段，两侧共 18 段，19 个量测数据，编号分别为 A1～A19。隧道内每隔 5m（或 10m）测量一个开挖断面，且断面里程尾数最好为 0 或 5，如 K26＋125、K29＋130，这样既有一定的规律性，能全面反映情况，又便于资料的管理与查阅，如图 1-3-22 所示。

2）开挖质量评价原理

①隧道开挖质量不能以某一个开挖断面为标准进行评价，而应该以某一长度段内所有的实测数据的综合计算，进行全面分析来评价本段开挖质量；

②一般情况下，以 50m（或 100m）长、围岩类别相同段落的开挖实测数据做一分析群，则这一分析群内共有〔（50/5）＋1〕＝11 个断面，11×19＝209 个数据。通过对这 209 个实测数据的综合计算，再与设计要求进行比较分析，则可对这 50m 的开挖质量作全面评价。

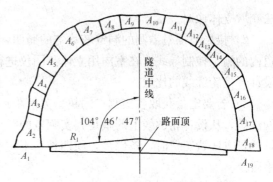

图 1-3-22　开挖实测划分数个断面

（2）用坐标法测量开挖断面

1）测量原理

用经纬仪测量被测开挖断面各变化点的水平角及竖直角，已知置镜点与被测断面的距离、置镜点仪器标高、被测断面开挖底板高程。以开挖底板高程点为坐标原点，垂直向上为 y 轴正方向，向右为 X 正向，向左为 X 负向，利用立体几何的原理，计算出各测点距坐标原点的纵横坐标，按一定比例画出断面图形，并同设计断面比较得到开挖断面的超、欠挖情况。

2）测量方法

①仪器：应准备的设备为经纬仪一台、水平仪一台、激光打点仪一台及钢尺、卡尺等；

②将激光打点仪置于被测的断面，照准隧道或线路中线方向，拨 90°角固定水平盘，使各测点处于同一断面上，利用其发出的激光束照准被测开挖断面各变化点；

③同时，在距被测断面一定距离置另一经纬仪，主要是用来测量激光打点仪照准各点的水平角及竖直角（在照准隧道或线路中线方向时，可将水平度盘置为 0 或记下水平读数）。用水平仪测量经纬仪的标高，用钢尺丈量两置镜的距离。

3）数据计算

$$X = L \cdot \mathrm{tg}(\alpha - \alpha_0)$$

$$Y = \frac{L}{\cos(\alpha - \alpha_0)} \cdot \mathrm{tg}\beta + 经纬仪的标高 - 开挖断面底板标高$$

式中　X——断面水平方向坐标；

　　　Y——断面竖直方向坐标；

　　　L——两置镜的距离；

　　　α——水平角读数；

　　　α_0——水平角中线方向初始角读数；

　　　β——竖直角读数。

（3）三维近景摄影法测量开挖断面

1）采用近景摄影法在隧道内设置摄影站，首先需要布设垂直于隧道轴线的摄影基线。用摄影经纬仪分别在隧道轴线上、摄影基线的左端、右端采用正直、右偏、左偏等摄影方法获取立体像对。

2）摄影时需对欲测的洞壁较均匀的照明，然后将获取的隧道开挖的立体像对利用隧道内的施工控制导线，在室内用立体测图仪进行定向和测绘，即可获得实际开挖轮廓线与设计开挖轮廓线的比较。

3）若要定量获取各实测点的超、欠挖距离，则从这些实测点上向设计轮廓线作该线的法线，从设计轮廓线上的垂足到实测点的距离即为超、欠挖值。可以看出，上述近景摄影测量方法费工费时，条件多，周期长，不宜作为实际的测量手段，只能作为科研的一种手段。

（4）全断面仪测量开挖断面

1）极坐标法即为现在俗称的断面仪，它的测量原理为极坐标法。如图 1-3-23 所示，以某物理方向（如水平方向）为起算方向，按一定间距（角度或距离）依次一一测定仪器旋转中心与实际开挖轮廓线的交点之间的矢径（距离）及该矢径与水平方向的夹角，将这些矢径端点依次相连即可获得实际开挖的轮廓线。

2）通过洞内的施工控制导线可以获得断面仪的定点定向数据，在计算软件的帮助下自动完成实际开挖轮廓线与设计开挖轮廓线的空间三维匹配，最后形成如图 1-3-24 所示的输出图形，并可输出各测点与相应设计开挖轮廓线之间的超、欠挖值（距离面积）。

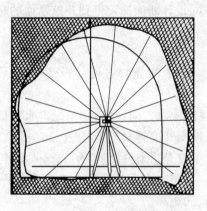
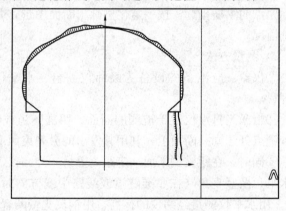

图 1-3-23　断面仪测量原理　　　　　　图 1-3-24　断面仪输出的图形成果

3）如果沿隧道轴向按一定间隔测量数个断面，还可算得实际开挖方量、实际超挖方量、实际欠挖方量。用断面仪测量实际开挖面的轮廓线的极坐标法，关键技术在于不需要合作目标（反射棱镜）的激光测距仪。

4）而且它的量测精度必须满足现代施工测量的要求，也就是断面仪上的激光测距仪指向何处，就可以获得指向靶点与断面仪旋转中心的准确距离，这项技术已获圆满解决，因而才有断面仪的问世。

5）用断面仪在隧道工程中进行测量，断面仪可以放置于隧道中任何适合于测量的位置（任意位置），扫描断面的过程（测量记录）是全自动的。所测的每点均由断面仪发出的一束十分醒目的单色可见红色激光指示，而且可以人工随时加以干预。

6）如果测量一个直径 10m 的断面轮廓线，每隔 25cm 测一个点，则需测量 126 个点，需时约为 5min。如果在断面仪自动扫描断面的测量过程中，发现轮廓线上的某特征点漏测了，还可以随时用断面仪配置的手持式控制器发出一个停止命令（按一个键），然后用控制键操作断面仪测距头施回欲测的特征点，完成该点的测量后继续扫描下去。

7）除此以外，在自动测量过程中，测点之间的间距还可以根据断面轮廓线的实际凹凸形状，随时动态地加以修正。

8）如若事先在控制器中输入了设计断面形状、隧道轴线平面、纵面设计定线参数（可以在室内输入）以及断面仪实测时的定向参数（实测时输入），则完成某一开挖断面的实际测量后，可以立即在控制器的屏幕上显示如图 1-3-25 所示的图形。

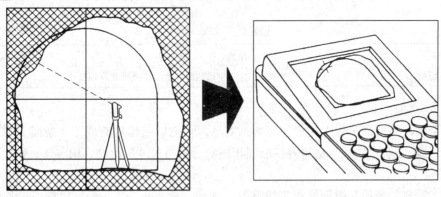

图 1-3-25　现场显示超、欠挖值

9）在控制器上操作断面仪测距头旋转，指向激光所指示的断面轮廓线上的某点，就对应于控制器上图形显示的光标点，并可适时显示该点的超、欠挖数值。

10）如要获取最后的硬拷贝输出成果，则可以将断面仪的控制器中的数据传输到普通的 PC 机中，运行断面仪配套的后处理软件，则可以从打印机、绘图机上自动获得如图 1-3-24 所示的成果。

由上所述，采用现代激光测距和计算机技术开发出来的硬、软件一体化的断面仪是隧道工程建设及地下工程建设中测量超、欠挖土石方的理想工具。

1.3.3.2　钢支撑施工质量的检测

1. 概述

（1）当隧道工程建设开挖后，围岩中原有的力学平衡被打破，围岩中的应力要进行重新分布。在此过程中，如果围岩条件很好，即围岩完整、坚硬，则围岩内的应力会自然地过渡到新的平衡状态，不需要采用任何人工措施围岩就能稳定。

（2）如果围岩条件极差，例如围岩破碎、软弱，则必须采取人工支护的办法，才能控制围岩的变形与坍塌。通常在隧道施工中，围岩条件有好有坏，处于极好与极差之间。除围岩条件极好外，一般都需要进行强度适当的人工支护，以保证隧道施工的安全和围岩的稳定。

（3）隧道支护方法根据作用机理的不同可分为两类，即钢支撑和锚喷支护。

1）钢支撑是依靠"被动支撑"来维持围岩稳定的，而锚喷支护则是依赖"主动加固"来保持围岩稳定的。前者是传统的支护方式，而后者是现代的支护方式。这里必须强调指出，任何一类支护方法都不是万能的，都是有利有弊的；

2）例如，锚喷支护虽然施工快速、经济，但它对围岩条件依赖较强；钢支撑虽然施工速度较慢，成本稍高，但它对围岩条件依赖较低；

3）因此，在隧道施工中，不能偏颇，一定要扬长避短，根据隧道的具体工程条件，灵活选用适宜的支护方式，确保隧道安全、经济、快速施工。下面介绍钢架支撑施工质量的检测方法（锚喷支护的施工质量检测将在 1.3.4 节中论述）。

2. 钢支撑的形式

根据钢材种类的不同，目前我国公路隧道施工中常用的钢支撑可分类方法见表 1-3-16：

钢支撑可分类方法　　　　　　　　　　表 1-3-16

型钢支撑			钢格栅		钢管支撑
H 型钢支撑	工字形钢支撑	U 形钢支撑	矩形断面格栅	三角形断面格栅	—

（1）钢格栅

1）钢格栅是目前工程上用量最大的钢支撑，它由钢筋焊接而成，在断面上有矩形和三角形之分。主筋弯曲成与隧道开挖断面相同的形状与尺寸，次筋（构造筋）作波形弯折焊接在主筋上。

2）主筋材料采用Ⅱ级钢筋或工级钢筋，直径一般不小于 22mm，次筋根据具体情况选用。为了便于施工，每副钢格栅都分成若干节，一般为 3~5 节。

3）节间加工法兰，选用螺栓固定连接之后焊接。钢格栅的特点是初期可作为普通钢架支撑及时支护围岩，后期可与模注或喷射混凝土形成钢筋混凝土，钢材利用得比较充分。

（2）型钢支撑

1）用于加工钢支撑的型钢有 H 型钢、工字形钢和 U 形钢，它们都是在施工现场或工厂用专门的弯曲机冷弯成形的。型钢的规格由隧道工程地质条件的几何特征来决定。每副型钢支撑也分成 3~5 节加工、安装。

2）H 型钢和工字钢支撑节间加工法兰，用螺栓连接定位，之后进行焊接；U 形钢支撑则由于 U 形钢的特殊凹槽，需加工专用的卡具，将上下两节 U 形钢嵌套在一起，形成整副钢支撑。型钢支撑的基本特点是强度高和安装方便，对初期施工安全十分有利。

3）需要指出的是，U 形钢支撑还具有特殊的工程特性。由于钢架节间是上下嵌套，而不是法兰对接，所以当围岩变形较大，对支撑施工的荷载过大时，U 形钢支撑可产生一定的收缩变形，使钢支撑上的压力减小，从而保证钢支撑不被压坏并以更大的支护能力来维护围岩的稳定。所以，U 形钢支撑的可缩性特点在许多软岩隧道的支护中发挥了重要作用。

（3）钢管支撑

1）钢管支撑通常用于隧道局部不良地质地段围岩的加固。钢管直径在 10cm 左右，现场常采用灌砂冷弯法加工。

2）施工中分节拼装对焊，在架底和拱顶留有注浆孔和排气孔，安装就位后，用注浆泵从架底注浆孔向管内灌注砂浆，直到拱顶排气孔出浆为止。

3）钢管支撑的特点是钢管的力学特性对称，后期灌浆使钢支撑的承载能力显著增加。

3. 施工质量的检测

钢支撑一般都用在围岩条件较差的区段，因其质量欠佳导致围岩片帮冒顶、坍塌失稳的工例屡见不鲜。因此，必须重视钢支撑的加工与安装质量检测，防患于未然，确保施工安全。

(1) 加工质量检测

1) 加工尺寸：钢架加工尺寸应符合设计要求。隧道的开挖断面是一定的，钢架的尺寸应与之相配套，如果其尺寸与设计尺寸稍有出入，就可能给施工带来不便，同时，还将影响安装质量，降低使用效果。

2) 强度和刚度：钢支撑必须具备足够的强度和刚度。如果地质条件复杂，钢架用量较大，应对钢架的强度和刚度进行抽检，将一定数量的钢架样品放到试验台上进行加载试验，建立荷载与变形的关系，分析计算钢架的强度与刚度。

3) 焊接：钢支撑加工时广泛应用焊接，焊接质量是加工质量的重要组成部分，对于钢格栅焊接尤其重要。检测时，要注意是否有假焊，焊缝长度、深度是否符合要求。

(2) 安装质量检测

1) 安装尺寸：对于不同类别的围岩，设计中钢支撑有具体的安装间距，施工中容易将此间距拉大，检测时应用钢卷尺测量，其误差不应超过设计尺寸 5cm。其次应注意量测钢架拱顶的标高，要求钢架不得侵入二次衬砌空间 5cm。

2) 倾斜度：钢架在平面上应垂直于隧道中线，在纵断面上其倾斜度不得大于 $2°$。在平面上检测可用直角尺，在纵断面上检测可用坡度规。值得注意的是，如果隧道某区段路面坡度接近 3‰，而此区段的钢架上部向下坡方向倾斜，且倾斜度在 $2°\sim3°$ 之间，则此区段钢架倾斜度合格，因为这样的倾斜更有利于钢架承受荷载。

3) 连接与固定：钢架之间必须用纵向钢筋连接，脚手架必须放在牢固的基础上。钢架应尽量靠近围岩，当钢架与围岩之间的间隙过大时应设垫块。目前钢架一般都作为衬砌骨架，所以，施工过程中尤其要检查钢架与锚杆的连接，要保证焊接密度与焊接质量，最终使锚杆、钢架和衬砌形成整体承载结构。

应当特别指出，有一些隧道在施工中出现冒顶与片帮现象，正是由于忽视了钢架与锚杆的连接，使围岩与钢架毫无联系造成的。

1.3.4 锚喷支护施工质量的检测

1.3.4.1 概述

(1) 隧道工程建设中，常使用锚喷支护技术，它是指锚杆支护和喷射混凝土支护。

(2) 锚杆是用机械方法或粘结方法将一定长度的杆体（通常多用钢筋），锚固在围岩预先钻好的锚杆眼内，由于锚杆具有"悬吊作用"、"组合梁作用"和"加固拱作用"等而使围岩能够得到很好的加固。

(3) 喷射混凝土是用压缩空气将掺有速凝剂的混凝土拌合料，通过混凝土喷射机高速喷射到岩面上形成混凝土层。喷射混凝土的喷射工艺有三种：

1) 干喷：它是指将已经配制好的混凝土，通过搅拌机搅拌好，然后由高压泵干喷射在隧道内的围岩表面上，干喷的工艺流程如图 1-3-26 所示；

2）湿喷：即将加添了水而配制好的混凝土，通过搅拌机搅拌后，由高压泵喷射在隧道的围岩表面上，湿喷的工艺流程如图 1-3-27 所示；

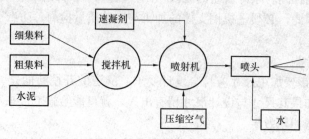

图 1-3-26 干喷混凝土工艺流程

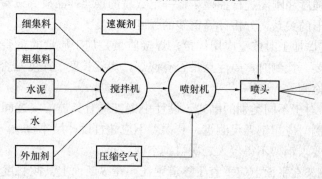

图 1-3-27 湿喷混凝土工艺流程

3）潮喷；潮喷工艺与干喷工艺相近，它是在干喷的拌合料中适量加水即为潮喷。喷层凝固后具有"支撑作用"、"填补作用"、"粘结作用"和"封闭作用"，从而使围岩得到加固，围岩自身的强度得到保护。

由于实际隧道工程上常将锚杆与喷射混凝土结合使用，所以统称锚喷支护。因为锚喷支护具有主动加固围岩、充分利用围岩自承能力、可及时灵活施工和比较经济等特点，所以，目前在隧道工程建设的初期支护中广泛应用。下面介绍锚喷支护施工质量的检测方法。

1.3.4.2 锚杆加工质量与安装尺寸检查

1. 锚杆加工质量的检查

（1）锚杆材料

1）抗拉强度：锚杆在工作时主要承受拉力，所以检查材质时首先应检测其抗拉强度。方法是从原材料中或成品锚杆上截取试样，在拉力试验机上拉伸，测试材料的力学特性，确定其是否满足工程要求。

2）延展性与弹性：有些隧道的围岩变形量较大，这就要求锚杆材质具有一定的延展性；过脆可能导致锚杆中途断裂失效，所以必要时应对材料的延展性进行试验。

3）另外，对管缝式锚杆，要求原料板材具有一定的弹性，使锚杆安装后管壁和孔壁紧密接触；检查时，可采用现场弯折或锤击，观察其塑性变形情况。

（2）杆体规格

锚杆杆体的直径必须与设计相符，可用卡尺或直尺测量。此外还应注意观察杆径是否均匀、一致，若发现锚杆直径有明显的忽粗忽细，则应弃之不可采用。

（3）加工质量

1）除砂浆锚杆仅需从线材上截取钢筋段外，其他类型锚杆都需要进行一定的加工。例如，树脂锚杆和快硬水泥锚杆锚固段需要热锻与焊接，另一端需要车丝。

2）检查时，首先应采用尺来量各部分的尺寸，其次检查焊接件的焊接质量；对于车丝的部分，应检查丝纹质量，观察是否有偏心现象。

2. 安装尺寸的检查

（1）锚杆位置

1）钻孔前应根据设计要求定出孔位，做出标记。施工时可根据围岩壁面的具体情况，允许孔位偏差±15mm，检查时应特别注意对锚杆间距与排距的尺量。

2）对于锚杆之间的间距、排距是锚杆设计与施工的重要参数之一，需要按照设计要求，认真检查其锚杆的具体位置。

（2）锚杆方向

1）在施工过程中，对钻机的钻孔方向应尽量与围岩壁面和岩层主要结构面进行垂直。施工时可视具体情况主要照顾其中一面，即围岩壁面或岩层结构面。

2）钻孔方向在边墙和拱脚线稍上位置容易控制，在拱顶部位不易与壁面垂直。检查时应特别注意拱顶钻孔的垂直度，目测即可。锚杆若过于偏斜，一般向隧道推进方向前倾，就会减小锚杆的有效锚固深度，不仅威胁了施工安全，又浪费施工材料。

（3）钻孔深度

1）在隧道建设的施工中，适宜的钻孔深度是保证锚杆锚固质量的前提。对于水泥砂浆锚杆，允许孔深的偏差为±50mm；对于树脂锚杆和快硬水泥锚杆，钻孔深度应控制更严。

2）施工中容易出现的问题是孔深不够，影响各种锚杆的安装质量。尤其对于树脂锚杆和快硬水泥锚杆影响较为严重，深度不足造成托板悬空，锚杆难以发挥作用。

（4）在施工中对钻孔深度的测量，可用带有长度刻度的塑料管或木棍等插孔进行量测。

（5）孔径与孔形

1）在隧道工程建设的施工中，目前为了降低能耗和提高钻进速度，锚杆的钻孔直径有逐渐缩小的趋势。但对于砂浆锚杆来说，孔径过小会减小锚杆杆体包裹砂浆层的厚度，影响锚杆的锚固力及耐久性。

2）所以，在检查时，对砂浆锚杆应用尺量钻孔直径，孔径大于杆体直径15mm时，可认为孔径符合要求。为了便于锚杆安装，钻孔还应圆且直。

1.3.4.3　锚杆拉拔力的测试

1. 概述

锚杆拉拔力指锚杆能够承受的最大拉力，它是锚杆材料、加工和施工安装质量的综合反映，也是锚杆质量检测的一项基本内容。

锚杆拉拔试验的常用设备为中空千斤顶、手动油压泵、油压表、千分表等。

2. 测试方法

（1）根据试验目的，在隧道围岩指定部位钻锚杆孔。孔深在正常深度的基础上稍作调整，以便锚杆外露长度大些，保证千斤顶的安装；或采用正常孔深，将待测锚杆加长，从而为千斤顶安装提供空间。

（2）按照正常的安装工艺安装待测锚杆。用砂浆将锚杆口部抹平，以便支放承压垫板。

（3）根据锚杆的种类和试验目的确定拉拔时间。

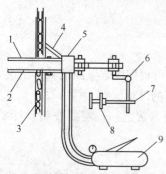

图 1-3-28　锚杆拉拔力测试

1—锚杆；2—充填砂浆；3—喷射
混凝土；4—反力板；5—油压千
斤顶；6—千分表；7—固定梁；
8—支座；9—油泵

（4）在锚杆尾部加上垫板，套上中空千斤顶，将锚杆外端与千斤顶内缸固定在一起，并装设位移量测设备与仪器，见图 1-3-28 所示。

（5）通过手动油压泵加压，从油压表读取油压，根据活塞面积换算锚杆承受的拉拔力。视需量从千分表读取锚杆尾部的位移，绘制锚杆拉力—位移曲线，供分析研究。

3．安装注意事项

（1）在安装拉拔设备时，应使千斤顶与锚杆同心，主要是为了避免偏心受拉。

（2）加载时应匀速进行，一般以每分钟 10kN 的速率增加。

（3）如无特殊需要，可不作破坏性试验，拉拔到设计拉力即停止加载。应该指出，在使用中空千斤顶进行锚杆拉拔试验时，一般都要求作破坏性试验，测取锚杆的最大承载力。一方面检验锚杆施工质量，另一方面为调整设计参数提供出重要的依据。

（4）在安装施工中，千斤顶应固定牢靠，并有必要的安全保护措施。特别应注意的是，试验时操作人员要尽可能避开在锚杆的轴线延长线方向，站在锚杆的侧向并远离锚杆尾部的位置上加压读数，测位移时必须停止加压。

4．试验要求

（1）在现场施工中，每安装 300 根锚杆至少随机抽样一组（3 根），如果设计变更或材料变更时，则需要另作一组拉拔力测试。

（2）同组锚杆锚固力或拉拔力的平均值，应大于或等于设计值。

（3）同组单根锚杆的锚固力或拉拔力，不得低于设计值的 90%。

1.3.4.4　砂浆锚杆的注满度检测

1．概述

（1）在隧道工程的建设过程中，由于认识、习惯和经济等多方面的原因，我国公路隧道支护中用量最多的锚杆为砂浆锚杆。

（2）在现场施工中若钻孔呈水平或向下，则锚杆孔的砂浆注满度容易保证；若钻孔上仰，特别是垂直向上，则锚杆孔较难用砂浆注满。

（3）因此，对于砂浆锚杆，施工检测中应重点注意砂浆注满度或密实度。对于砂浆锚杆的砂浆灌注质量，目前多以锚杆的拉拔力来检验。但在一般情况下，许多拉拔力合格的锚杆，其灌注质量并不好。

（4）因为从理论上讲，只要锚固的水泥砂浆长度大于杆体钢筋直径的 40 倍，则直至拉拔到钢筋颈缩锚杆也不会丧失锚固力。因此，希望有一种直接检测砂浆饱满程度的方法和仪器。

（5）利用超声波能量损耗来判定砂浆灌注质量的原理，可测出锚杆砂浆百分密实程度的方法、仪器和配套设备。

2. 基本原理

（1）基本原理是在锚杆杆体外端发射一个超声波脉冲，它沿杆体钢筋以管道波形式传播，到达钢筋底端后反射，在杆体外端可接收到此反射波。如果钢筋外密实、饱满地由水泥砂浆握裹，砂浆又与周围岩体粘结，则超声波在传播过程中，不断从钢筋通过水泥砂浆向岩体扩散，能量损失很大，在杆体外端测得的反射波振幅很小，甚至测不到。

（2）假如无砂浆握裹，仅是一根空杆，则超声波仅在钢筋中传播，能量损失不大，接收到的反射波振幅则较大；如果握裹砂浆不密实，中间有空洞或缺失，则得到的反射波振幅的大小介于前二者之间。由此，可以根据反射波振幅大小判定水泥砂浆的饱满程度。

（3）我国铁路科学研究院经过大量模型试验和现场试验，认为采用压电式发射探头，其发射能量不够，故不可能以砂浆的密实、饱满程度为参数来检测，而仅能与锚杆拉拔力相联系；激发与接受探头的耦合办法使得它要求杆体外端需进行机加工并具有一定的平整度和光洁度，且仅适用于杆径大于 20mm 的锚杆。

（4）针对这些问题，改用机械撞击激发方式，研制了激发器，大大增大了激振能量，并降低了使用频率，使得可能检测长达 8m 的锚杆。该研究院还研制了耦合装置，用水作耦合剂，从而大大降低了对杆体外端平整度和光洁度的要求（只需锯平即可），并可适应常用杆体直径的砂浆锚杆。

3. 检测的仪器

M-7 锚杆检测仪是铁道部科学研究院和地矿部水文地质技术研究队联合研制的。该仪器为数字显示，由示波器监测波形，通过游标由操作员操纵，能使仪器显示窗显示锚杆长度、振幅值和砂浆密实度级别。为提高测值精度，每一锚杆读数 5~10 次，取振幅值的平均值，仪器可自动对这些读数作累加并取平均。

4. 测量的方法

（1）首先，在施工现场按设计参数，对不同类型的围岩，各设 3~4 组标准锚杆，每组 1~2 根。例如有水泥砂浆密实度为 90%、80%、70% 三组锚杆，可定密实度大于 90% 者为 A 级，80%~90% 者为 B 级，70%~80% 为 C 级，密实度小于 70% 者为 D 级（可根据设计由业主规定，最多司定 4 个级别）。

（2）然后，在这些标准锚杆上测定反射波振幅值（若每组有一根以上锚杆则取平均值），这些值即作为检测其他锚杆的标准。这些标准值在进行其他锚杆的检测前存入仪器。在检测其他锚杆时可由测量仪器自动显示被测锚杆的长度与砂浆密实度的级别。

1.3.4.5 端锚式锚杆施工质量的无损检测

1. 概述

（1）目前隧道工程施工中除大部采用全长锚固的水泥砂浆锚杆外，同时还应用着树脂锚杆、快硬水泥药包锚杆和楔缝锚杆等端锚式锚杆。

（2）这些锚杆的共同特点是在性能上可迅速承载，在构造上带有螺栓和托板，在施工上操作简便。在一些不良地质条件下，隧道开挖后钢支撑难以及时支护，喷射混凝土不易迅速形成承载结构时，可采用上述的端锚式锚杆快速加固围岩。

（3）特别是这类锚杆外端带有螺栓和托板，在锚固端锚固牢靠的情况下，可通过螺栓和托板给锚杆施加预应力，及时限制隧道围岩变形的发展与裂隙的产生。

（4）对于这类锚杆的锚固质量检测，除了采用锚杆拉拔机进行破坏性拉拔外，还可利用扭力扳手进行无损伤拉拔试验。此方法实施简便。可随时对大批量的锚杆进行锚固质量检测。

2. 检测的原理

（1）对于带有螺栓和托板的端锚式锚杆来说，托板和螺母安装后，可通过拧紧压在托板上的螺母使锚杆杆体受拉，拉力的大小与螺母的拧紧程度有关，拧紧程度又与加在螺母上的力矩有关，所以锚杆上的拉力取决于加在螺母上的力矩。

（2）利用锚杆拉力与所加力矩之间的关系，可通过给待检测的锚杆螺母施加力矩，来间接确定锚杆的锚固质量。

（3）由于作用在螺母上的力矩除取决于锚杆拉力外，还与螺母和托板之间的摩擦力有关，因此，为了利用螺母上的力矩来检测锚杆的拉力，必须事先在实验室进行试验，建立力矩、锚固力关系，然后据此关系检测锚杆的锚固质量以及锚杆上的预应力。

（4）表 1-3-17 是对某种端锚式直径为 $\phi16$ 锚杆试验得到的力矩—锚固力对应关系。

直径 $\phi16$ 锚杆扭力矩. 锚固力关系 表 1-3-17

扭力矩（N·m）	16	32	40	66	80	96	112
锚固力（kN）	5	10	15	20	25	30	35

3. 检测的工具

锚杆螺母扭力矩的量测工具为扭力扳手。扭力扳手是机械装配和机械修理中常用的工具，它由力臂、刻度盘、指示杆和套筒组成（图 1-3-29a）。力臂为具有一定刚度或弹性的圆杆，标扭力矩的刻度盘固定在力臂上，在扳手的另一端，固定了一根指示杆。使用时，在力壁的手柄上施加力 F，这时会在扳手的另一端出现反力矩 M 与工作力矩 Fl 平衡。在 F 达到最大值 F_{max} 时，M 也达到最大值 M_{max}。在 F_{max} 的作用下，具有弹性的力臂本身要

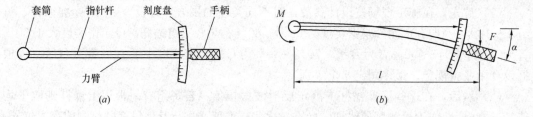

图 1-3-29 扭力扳手示意图

产生变形，使钢杆弯曲，弯曲的大小可由弯曲转角反映。由于指示杆不受力，它不产生任何变形，所以在力臂杆和指示杆之间就出现了角度差。指针偏离最初的零度位置，由指针在刻度盘上的位置可读出力臂杆转角的大小。通过实验室标定，可建立起力臂最大转角 α_{max} 和反力矩 M_{max} 的关系，并据此关系标示刻度盘，便可从刻度盘上直接读出反力矩 M_{max} 之值（图 1-3-29b）。

4. 检测的方法

（1）将套筒套在待检测锚杆的螺母上，并将扭力扳手主体与套筒连接。

（2）左手轻按扭力扳手套筒端，右手扳动手柄，同时读取扭力矩的最大读数，并作记录。

（3）根据扭力矩和锚杆拉力之间的对应关系，确定锚杆的拉力。应该指出，随着扭力矩的增加，锚杆所受的拉力也增加，最终可能出现两种现象：

1）首先是由于锚固质量欠佳，锚固强度较小，锚固端出现滑移；

2）其次是锚固强度很大，螺栓丝扣处产生颈缩。

（4）出现这两种现象都使锚杆失去或减小承载能力，所以相应的试验为破坏性试验。在工程上更常见的是事先确定锚杆应有的锚固力，当测试过程中发现锚杆的锚固力达到要求时，便停止测试，使锚杆仍完好地工作。

（5）扭力扳手还可作为一种锚杆安装工具，据其可对锚杆施加给定量值的预应力，从而既能最大限度地对围岩进行主动加固，又能保护锚杆初期锚固强度不遭破坏。

1.3.4.6 喷射混凝土的质量检测

1. 概述

（1）喷射混凝土的作用原理

喷射混凝土是指将水泥、砂子、石子、外加剂和水按一定的配合比和水灰比拌合而成的混合物，以压风为动力快速喷至岩体表面而形成的人造石材，其作用和效果如表 1-3-18 所示。

喷射混凝土的作用与效果　　　　　　　　　　　表 1-3-18

喷射混凝土的作用与效果		概念示意图
支承围岩	由于喷层能与围岩密贴和粘结，并给围岩表面以抗力和剪力，从而使围岩处于三向受力	
"卸载"作用	变形的前提下，进入一定程度的塑性，从而使围岩"卸载"。同时，喷层的柔性也能使喷层中的弯曲应力减小，有利于混凝土承载力的发挥	
填平补强围岩	喷射混凝土可射入围岩张开的裂隙，填充表面凹穴，使裂隙分割的岩块层面粘连在一起，保持岩块间的咬合、镶嵌作用，提高其间的粘结力、摩阻力，有利于防止围岩松动，并避免或缓和围岩应力集中	

喷射混凝土的作用与效果		概念示意图
覆盖围岩表面	喷层直接喷射并粘贴在岩面上，形成防风化和止水的防护层，并阻止节理裂隙中充填物流失	
分配外力	通过喷层把外力传给锚杆、网架等，使支护结构受于力均匀分担	

（2）喷射混凝土质量检验指标

1）喷射混凝土的质量检验指标主要有喷射混凝土的强度和喷射混凝土的厚度两项内容。此外，还应采取措施减少喷射混凝土粉尘、回弹率。

2）喷射混凝土强度包括抗压强度、抗拉强度、抗剪强度、疲劳强度、粘结强度等。因此，喷射混凝土强度应是这些强度指标的综合结果。

3）因为这些强度之间存着一定的内在联系，可能在具体试验中只检测喷射混凝土的某一种强度，由此推知混凝土的其他强度。其中喷射混凝土抗压强度是表示其物理力学性能及耐久性的一个综合指标，所以，工程实际把它作为检测喷射混凝土质量的重要指标。

4）喷射混凝土厚度是指混凝土喷层至隧道围岩接触界面间的距离。要达到前述喷射混凝土支护的作用原理和效果的关键是，要确保混凝土支护的施工质量。在施工中保证喷射混凝土的厚度是确保喷射混凝土质量的前提。所以，喷射混凝土的厚度也是喷射混凝土质量检验的一个重要指标。

5）喷射混凝土施工过程中，部分混凝土由隧道岩壁跌落到底板的现象叫作喷射混凝土的回弹。回弹下来的混凝土数量与混凝土总数量之比，就是喷射混凝土的回弹率。喷射混凝土施工过程中，回弹率的多少也是检验喷射混凝土施工质量的一项检测指标。

6）喷射混凝土支护工程质量必须做到内坚外美。外观上，无漏喷、离鼓、裂缝、钢筋网（或金属网）外露现象，做到混凝土表面平整密实，断面轮廓符合要求；从内部看，喷射混凝土抗压强度和厚度必须达到设计要求。

（3）影响喷射混凝土质量的因素

1）影响喷射混凝土强度的因素：为保证喷射混凝土质量，必须严把混凝土原材料质量关及施工作业中质量关。

①原材料：喷射混凝土原材料主要包括：水泥、砂子、石子、水、速凝剂等。提供能满足质量要求的原材料是保证喷射混凝土强度的前提。水泥是喷射混凝土的最重要的原材料，必须严格把住水泥进库检查关及使用前检验关。对水泥强度、安定性、凝结时间进行抽样检查，合格者准予使用，不合格者不准进场和用于施工；

②为保证喷射混凝土强度，减少粉尘和混凝土硬化后的收缩，减少材料搅拌时水泥的

飞扬损失，砂子的细度模数、含水率、含泥量及石子颗粒级配、最大粒径等质量指标必须符合《锚杆喷射混凝土支护技术规范》中的有关规定；

③喷射混凝土用水必须是无杂质的洁净水，污水、pH 值小于 4 的酸性水均不许使用；

④为了加快喷射混凝土的凝结、硬化，提高其早期强度，从而减少喷射混凝土施工时因回弹和重力而引起的混凝土脱落，增大一次喷射混凝土厚度和缩短分层喷射的间隔时间，一般在喷射混凝土中加入速凝剂；

⑤速凝剂对于不同品种的水泥，其作用效果也不相同。因此，在使用前应做速凝剂与水泥的相容性试验及水泥净浆凝结效果试验。所以，采用的速凝剂应保证初凝时间不大于 5min，终凝时间不大于 10min。

2）施工作业：在保证原材料合格的前提下，应按设计的配合比，准确称量进行搅拌。

①喷射混凝土的强度还与喷射混凝土支护施工作业质量密切相关。因此，喷射混凝土前，必须冲洗岩面；喷射中，要控制好水灰比和喷射距离；喷射后，注意洒水养护；

②虽然可以通过施工过程中质量控制来保证喷射混凝土的强度，但是由于喷射混凝土在拌和料、外加速凝剂的称量、拌匀以及水灰比的配比、在喷射作业及洒水养护上都存在着很大的随机性，其强度的差异也较大。因此，对喷射混凝土的强度进行现场检测是十分必要的。

3）影响喷射混凝土厚度的因素：实际的隧道工程施工中，如果喷射混凝土的厚度达不到设计要求，会引起喷层开裂和剥落，甚至影响工程的安全使用。从喷射混凝土施工技术和施工管理方面分析，影响喷射混凝土厚度的因素主要有：

①爆破效果：如果光爆效果较差，隧道断面就成形不好，这样会导致超挖处混凝土喷层过厚，而欠挖处喷层又过薄；

②回弹率：由于在施工中，会向隧道拱部喷射混凝土时回弹量大，施工操作困难，导致拱部混凝土喷层达不到设计的厚度；

③施工管理：如果施工管理不严，没有采取诸如拉线复喷、埋设标准桩等严格控制喷层厚度的措施，则容易造成厚度不足；

④喷射参数：喷射混凝土的风压、水压、喷头与喷面的距离、喷射角度、喷射料的粒径等，不仅影响喷射混凝土的强度，而且还影响对喷层厚度的控制。

4）此外，缺乏方便、可靠的喷层厚度检测手段和方法，难以对喷层厚度进行有效的质量监督和控制，也是喷射混凝土厚度质量失控的一个重要原因。

因此，喷射混凝土厚度的检测是控制喷射混凝土施工质量的重要环节。在《公路工程质量检验评定标准》JTG 801—2004 中，喷层厚度检测被列为质量等级评定的基本项目，也是保证工程质量的主要检验项目。

2. 喷射混凝土质量的检测方法

（1）抗压强度试验

1）检查试块的制作方法

①喷大板切割法：在隧道工程施工的同时，将混凝土喷射在 45cm×35cm×12cm（可制成 6 块）或 45cm×20cm×12cm（可制成 3 块）的模型内，在混凝土达到一定强度后，加工成 10cm×10cm×10cm 的立方体试块，在标准条件下养护至 28d 进行试验（精确到

0.1MPa）；

②凿方切割法：在具有一定强度的支护上，用凿岩机打密排钻孔，取出长约 35cm、宽约 15cm 的混凝土块，加工成 10cm×10cm×10cm 的立方体试块，在标准条件下养护至 28d，进行试验（精确到 0.1MPa）。

2）检查试块的数量：隧道（两车道隧道）每 10 延米，至少在拱部和边墙各取一组试样，材料或配合比变更时另取一组，每组至少取 3 个试块进行抗压强度试验。

3）满足以下条件者为合格，否则为不合格。

①同批（指同一配合比）试块的抗压强度平均值，不得低于设计强度或 C20；

②任意一组试块抗压强度平均值不得低于设计强度的 80%；

③同批试块为 3～5 组时，低于设计强度的试块组数不得多于 1 组。试块为 6～16 组时，不得多于两组。17 组以上，不得多于总组数的 15%；

④检查不合格时，应查明原因并采取措施，可用加厚喷层或增设锚杆的办法予以补强。

（2）喷射混凝土厚度的检测

1）检查方法和数量：

①喷层厚度可用凿孔或激光断面仪、光带摄影等方法检查：凿孔检查时，宜在混凝土喷后 8h 以内，用短钎将孔凿出，发现厚度不够时可及时补喷。如混凝土与围岩粘结紧密、颜色相近而不易分辨时，可用酚酞试液涂抹孔壁，碱性混凝土即呈现红色；

②检查隧道断面的数量：一般情况下，每 10 延米至少检查一个断面，再从拱顶中线起每隔 2m 凿孔检查一个点。

2）合格条件：

①每个断面拱、墙需要分别统计，全部检查孔处喷层厚度应有 60% 以上不得小于设计厚度，平均厚度不得小于设计厚度，最小厚度不应小于设计厚度的 1/2。在软弱破碎围岩地段，喷层厚度不应小于设计规定的最小厚度。钢筋网喷射混凝土的厚度不应小于 6cm；

②当发现喷混凝土表面有裂缝、脱落、露筋、渗漏水情况时，应予修补或凿除重喷。

（3）喷射混凝土与围岩粘结强度试验

1）检查试块的制作方法：

① 成型试验法：在模型内放置面积为 10cm×10cm，厚度为 5cm 且表面粗糙度近似于实际情况的岩块，用喷射混凝土掩埋。在混凝土达到一定强度后，加工成 10cm×10cm×10cm 的立方体试块，在标准条件下养护至 28d，用劈裂法进行试验；

② 直接拉拔法：在围岩表面预先设置带有丝扣和加力板的拉杆，用喷射混凝土将加力板埋入，喷层厚度约 10cm，试件面积约 30cm×30cm。经过 28d 养护，进行拉拔试验。

2）强度标准：喷射混凝土与岩石的粘结力，Ⅳ 类及以上围岩不低于 0.8MPa，Ⅲ 类围岩不低于 0.5MPa。

（4）喷射混凝土粉尘、回弹检查

1）作为施工工艺，这两项工作应经常进行，用工艺标准来促进质量的提高。

2）根据《公路隧道施工技术规范》JTG F60—2009 规定：回弹率应予以控制，拱部不超过 40%，边墙不超过 30%，挂钢筋网后，回弹率限制可放宽 5%。应尽量采用经过验证的新技术，减少回弹率，回弹物不得重新用作喷射混凝土材料。

3）减少粉尘和回弹的措施

① 严格控制喷射机工作风压；

② 合理选择喷射混凝土配合比；适当减小最大骨料的粒径；使砂石料具有一定的含水率，呈现潮湿状；

③ 掌握好喷头处的用水量，提高喷射作业操作熟练程度和技术水平；

④ 采用湿喷工艺，添加外加剂；采用双水环喷头；

⑤ 应保持喷射机密封板的平整，不漏风，并调节好密封板的压力，松紧适宜；

⑥ 应加强喷射的照明、通风；或者采用模喷混凝土。

（5）其他试验

在隧道工程建设的施工中，当有特殊的要求时，对喷射混凝土的抗拉强度、弹性模量等项目应进行试验。

3. 喷射混凝土质量的评判

（1）匀质性

1）隧道工程中所使用的喷射混凝土强度的匀质性，可用现场 28d 龄期同批 n 组试块抗压强度的标准差 S_n 和变异系数 V_n 表示。

$$S_n = \sqrt{\frac{1}{n-1}\sum_{i=1}^{n}(R_i - R_n)^2} \quad \text{(MPa)}$$

式中　n——同批试块的组数；

R_i——第 i 组试块的强度代表值（MPa）；

R_n——同批 n 组试块强度的平均值，（MPa）。

$$R_n = \frac{1}{n}\sum_{i=1}^{n}R_i \quad \text{（精确到 0.1MPa）}$$

$$V_n = \frac{100S_n}{R_n}\text{（％）}$$

2）因为喷射混凝土由非匀质材料组成，在施工中影响混凝土强度的因素较多，故强度离散性较大。根据国内喷射混凝土施工状况，并参考国内外现浇混凝土的强度判别指标，将喷射混凝土施工质量判别条件列于表 1-3-19。

喷射混凝土的匀质性指标 表 1-3-19

项　目	施工控制水平	优	良	及　格	差
标准差 S_n（MPa）	母体的离散	<4.5	4.5～5.5	5.5～6.5	>6.5
	一次试验的离散	<2.2	2.2～2.7	2.7～3.2	>3.2
变异系数 V_n（％）	母体的离散	<15	15～20	20～25	>25
	一次试验的离散	<7	7～9	9～11	>11

（2）抗压强度

1）《公路隧道施工技术规范》JTG F 60—2009 规定：同批喷射混凝土的抗压强度，应以同批标准试块的强度代表值来评定。

2）每组试块的强度代表值为 3 个试块试验结果的平均值（精确到 0.1MPa）。同组试块应在同块木板上制取，有明显缺陷者应予舍弃。3 个试块中的过大或过小的强度值，与中间值相比超过 15％时，以中间值代表该组强度。

3）喷射混凝土抗压强度的合格标准

① 当同批试块组数 $n \geqslant 10$ 时，应以数理统计方法按下述条件评定：

$$R_n - K_1 S_n \geqslant 0.9 R \tag{a}$$

$$R_{min} \geqslant K_2 R \tag{b}$$

式中　　n ——同批喷射混凝土试件组数；

　　　　R_n ——同批 n 组试件强度的平均值（MPa）；

　　　　S_n ——同批 n 组试件强度的标准差（MPa），当 $S_n < 0.06 R$ 时，取 $S_n = 0.06R$；

　　　　R ——喷射混凝土设计强度（MPa）；

　　　　R_{min} —— n 组试件中强度最低一组的值（MPa）；

　　K_1, K_2 ——合格判定系数，见表 1-3-20 所列。

K_1，K_2 合格判定系数的值

表 1-3-20

N	10～14	15～24	$\geqslant 25$
K_1	1.70	1.65	1.60
K_2	0.90	0.85	0.85

②当同批试块组数 $n < 10$ 时，可用非统计方法，按下述条件进行评定：

$$\overline{R}_n \geqslant 1.15 R$$

$$R_{min} \geqslant 0.95 R$$

喷射混凝土强度合格条件的判别式（a）是主要指标。其设计强度的保证率为 95％，式中要求 $\geqslant 0.9R$ 为必须保证的喷射混凝土设计强度。

式（b）是前述条件的补充，主要作用是控制分布曲线中低强度一侧可能出现长尾的情况，以弥补其不足。

1.3.5　防排水施工质量检查

1.3.5.1　概述

1. 隧道防排水的重要性

（1）渗漏水是我国隧道工程建设中最常见的病害之一，隧道渗漏水的长期作用，可能造成隧道侵蚀破坏。因此，通过隧道防水与排水，使隧道衬砌不漏不渗，无论南方北方，都是保证隧道长期使用，保证行车安全的重要条件。

（2）围岩有地下水并具侵蚀性的情况下，对衬砌和隧道设备的腐蚀性更加严重：路面积水，行车环境恶化，降低轮胎与路面的附着力。

（3）对于寒冷地区的隧道渗漏水，尤其是严寒地区，反复冻融循环，在衬砌内部造成衬砌混凝土冻胀开裂；在衬砌与围岩之间，造成冻胀，引起拱墙变形、破坏。

（4）拱墙上悬挂冰柱、冰溜，侵入净空。在隧道底层可能冻起，并形成冰坡、冰锥，使行车滑溜，甚至无法通过。各种附属结构及设备，由于绝缘、防锈、防蚀等的要求，隧道不渗水是其正常工作的必要条件。

2. 隧道的排水方法

（1）隧道的水害、冰害是由洞内、洞外的各种条件决定的，影响因素十分复杂。目前在隧道设计中通常都依靠综合治理的办法来达到防水防冻的目的。其中及时排出隧道内的存水是维护保养的积极办法，也是多年来隧道治水的经验总结。

（2）目前在设计中隧道排水的做法是：隧道开挖后，每隔一定距离沿洞周环向铺设弹簧排水管，其直径 50～100mm，具有一定的柔性，可顺壁面随弯就弯；又由于弹簧具有一定的刚度，无论管子怎样变形，管径基本保持不变。弹簧排水管外面用玻璃纤维布包裹，具有滤水防堵功能，弹簧排水管下端与纵向排水盲管相连。纵向排水盲管有软管和硬管之分。

（3）软管与上述的弹簧排水管构造相同，管径通常为 100mm 左右；硬管即为建筑工程中常用的 PVC 排水管。为了使该管既具有排水功能，又具有透水作用，使用中常在PVC 管的上半部钻有大量的小孔。

（4）为了充分利用纵向排水盲管，纵向盲管铺设时还带有一定的泄水坡度。纵向盲管每隔 10～20m 留有一出水口，通过横向盲管与双边排水管或中央排水管相连，地下水经排水管集中排出。

3. 隧道的防水方法

（1）将隧道衬砌修成复合式衬砌，采用夹层防水层。隧道开挖后用锚喷将岩面整平，在岩面上铺设一层土工布或。PE 泡沫垫层，然后再铺设一层防水板。

（2）防水板多为合成高分子卷材，种类繁多，工程上使用较多的有 PVC 管、LDPE 管和 EVA 等。防水板铺设时有不同的工艺，其差别主要表现在防水板的固定上和板间的搭接方法上。

（3）防水卷材在厚度和宽度上有不同的规格，使用时有环向铺设和纵向铺设两种。为保证接茬的密封质量，一般在两幅卷材接茬处都要搭接 10cm，卷材接茬方法有冷粘法和热合法两种。

（4）冷粘法主要用于 PVC 防水卷材的胶合，使用时将专用胶合剂用刷子涂刷于接缝边缘，待胶合剂稍干后将两幅卷材粘合在一起。冷粘法方法的优点是施工方便、施工速度快。

（5）热合法主要用于 EVA 和 LDPE 等防水卷材的搭接，施工时将两幅卷材平行放好，压茬宽度 10cm，然后用专门的热合焊缝机将两卷材边缘压合在一起。

值得特别指出的是，目前工程上使用的焊缝机多为双缝焊机。即在两焊缝中间留有一道宽 1cm 的气道，接缝焊完后，可用充气筒向气道内注气，若气道内气压不断降低，说明焊缝不够严实，应检查补焊；若气道压力保持不变，说明焊缝完好。热合法的最大优点就在于施工期间可进行质量检测。

4. 防水卷材的固定方法

目前，在隧道工程也采用防水卷材，防水卷材往隧道洞壁上的固定方法有两种：

（1）有钉铺设法：所谓有钉铺设法，是将防水卷材在洞壁上摊平，用塑料垫片压实后，用射钉枪将垫片固定在洞内壁面上。垫片的布置形式有梅花形和矩形；一般边墙垫片间距约 1m，拱顶约 80cm。为了防止垫片上的钉孔渗漏水，在防水卷材固定好后，在垫片四周涂刷一层胶粘剂，再用一块稍大的塑料板将原先的垫片封盖，从而达到完全防水的目的。

（2）无钉铺设法：所谓无钉铺设法其实是对有钉铺设法的一种改进，这种方法先用塑料垫片及射钉固定土工布等防水卷材垫层，然后将防水卷材有规律地摊铺，在塑料垫片处用专用的平头烙铁将防水卷材与垫片热合。由于塑料垫片与防水卷材为同质材料，所以两者热合牢固，质量可靠。无钉铺设法是一种先进的施工工艺，它保证了防水卷材的完整性与密闭性。

5. 复合式衬砌的防水方法

（1）采用复合式衬砌并在衬砌间夹防水层是我国公路隧道建设中的一项重大技术进步。为了保证公路隧道防水抗渗，通常在设有防水夹层的基础上，对衬砌混凝土还提出特殊的要求，即要求混凝土不但要有一定的强度，而且还要有一定的抗渗能力。

（2）实践证明，衬砌中的各种接缝是渗漏水的关键部位。设计中在伸缩缝、变形缝和施工缝间都设有止水带，以达到多层设防，疏而不漏之目的。

（3）公路隧道工程的防水、防冻工作必须高度重视，不仅在设计上要求完善；而且从施工角度看，由于工程条件的千变万化，以及主观原因或客观原因，经常使设计思想难以到位。

因此，作好隧道的防水、防冻工作，归根到底要提高施工质量，加强隧道工程建设全过程之间，每项分工程施工质量检查、监督与检测很有必要；特别遇到不良地质条件时，采用适当一些特殊的措施，使排水系统畅通无阻，防水系统做到不渗不漏。

1.3.5.2 排水系统施工质量的检查

对于公路隧道的防排水系统属排水型，即地下水从围岩渗出，经管路系统排出洞外。其流程为：围岩→环向排水管→纵向排水管→横向排水盲管→中央排水管→洞外出水口。按照水流的顺序，下面介绍各排水管道施工中的质量检查方法。

1. 环向排水管的检查

（1）外观检查

1）当前隧道工程建设中常使用的环向排水管通常为涂塑弹簧外裹玻璃纤维布或塑料滤布构成。检查弹簧管质量时，首先检查玻璃纤维布或塑料滤布是否套紧。

2）紧接着检查弹簧涂塑层是否均匀，检查涂层有无老化；然后用直尺量测弹簧管的直径，检查其是否与设计尺寸一致。最后对轴向和横向用力压弹簧管的检查，仔细观察是否有较大的塑性变形，孔径是否有异常的变化。

（2）安装检查

对于隧道围岩中的地下水，要考虑这种地下水是随季节与年份的变化而变化的，施工中必须防止因隧道渗水量小或无渗水而扩大弹簧排水管的间距。

1）在隧道排水管的施工检查中，首先要按要求布设环向弹簧排水管，要保证基本间距，局部涌水量大时还应适当加大其密度。但是，要特别注意，在安装弹簧排水管时，应尽量紧贴渗水岩壁，尽量减小地下水由围岩到弹簧排水管的阻力。

2）另外，弹簧排水管布置时沿环向应尽量圆顺，尤其在拱顶部位不得起伏不平。

3）对于弹簧排水管安装时应先用钢卡等固定，再用喷射混凝土封闭。最后应检查弹簧排水管与下部纵向排水盲管的连接，确保弹簧排水管下部排水畅通。

2. 纵向排水盲管的检查

（1）外观检查

1）纵向排水盲管材质及规格检查：塑料制品若保存不当极易发生老化，可目测管材的色泽和管身的变形，轻轻敲击观察管体是否变脆，用卡尺或钢尺量管径与管壁，检查其是否与设计要求相符。

2）管身透水孔检查：纵向排水盲管主要有两个作用：首先将环向排水管下流之水经其排至横向盲管，然后将防水卷材阻挡之水经纵向盲管上部透水孔向管内疏导。

3）为了实现此功能，盲管上的透水孔必须有一定的规格并保证有一定的间距。在纵向盲管安装前，必须用直尺检查钻孔的孔径和孔间距。

（2）安装检查

1）安装坡度检查：纵向排水盲管通常位于衬砌的两下角，需要从路面水平下挖一定深度才能达到设计标高。有时施工条件极为不利，施工较易出现管身高低起伏不定，平面上忽内忽外的现象。在这种情况下，隧道建成后纵向盲管容易被淤砂封堵，或被冰冻封堵，造成纵向排水不畅。因此施工中一定要为纵向盲管做好基础，用坡度规检查、测定纵向盲管的坡度，使地下水进入纵向盲管后在有一定的坡度下，按照指定的方向自然流动。

2）包裹安装检查：纵向排水盲管在布设时必须注意其细部构造。首先应用土工布将纵向排水管包裹，使泥沙不得进入纵向盲管。然后应用防水卷材半裹纵向盲管，使从上部下流之水在纵向盲管位置尽量流入管内，而不让地下水在盲管位置纵横漫流。

因此，我们在施工时，必须认真检查纵向盲管的包裹安装情况，杜绝粗放施工，为隧道的后期排水创造有利条件。

3）与上下排水管的连接检查：纵向排水盲管在整个隧道排水系统中是一个中间环节，起着承上启下的作用，施工中应注意检查上部环向弹簧排水管与纵向排水盲管的连接。首先用环向排水管出口与纵向盲管简单搭接方式，避免两管之间被喷射混凝土隔断；然后，应注意检查纵向排水盲管与横向盲管的连接。一般常采用三通管连接，三通管留设位置应准确，接头应牢靠，防止松动脱落。

3. 横向盲管的检查

（1）横向盲管位于衬砌基础和路面的下部，布设方向与隧道轴线垂直，是连接纵向排水盲管与中央排水管的水力通道。横向盲管通常也为硬质塑料管，施工中先在纵向盲管上预留好接头，然后再在路面施工前接长至中央排水管。

（2）对横向盲管的检查，接头必须牢靠、密实，确保纵向盲管与中央排水管间水路畅通，严防接头处断裂，使纵向盲管排出的水在路面下漫流，造成路面翻浆冒水，影响行车安全；

（3）其次是在横向盲管上部应有一定的缓冲层，以免路面荷载直接对横向盲管施压，造成横向盲管破裂或变形，影响其正常的排水能力。

4. 中央排水管的检查

（1）外观的检查

中央排水管位于路面下部中央，通常由预制混凝土管段构成。其作用主要是集中排放由上游管路流来的地下水，同时，通过其上部的众多小孔（$\phi12mm$）疏排路面下的各种积水。中央排水管的外观检查包括：

1）预制管段的规整性：用钢尺量测管段直径，观察管身是否变形或有严重裂缝；检查管身上部透水孔是否畅通。

2) 管壁的强度：首先用石块轻敲其管壁，仔细检查混凝土强度是否满足设计与施工要求；对酥松掉块者，必须弃之不用。

(2) 施工中的检查

1) 中央排水管基础检查：中央排水管因隧道所在地区的不同，埋置深度在 0.5～2.0m 之间。施工时首先挖好基槽，并整平基础，然后再铺设管段，最后回填压实。其中最重要的一个环节是处理管段基础。在软岩或断层破碎带区段施工中，应将不良岩（土）体用强度较高的碎石替换，并用素混凝土找平基面，使基础既平整又密实，为管段顺利铺设创造条件。施工中应特别注意检查基础的坡度，不仅总体坡度应符合要求，而且局部的几个管段间也应符合要求，尽可能避免高低起伏。

2) 管段铺设检查：管段铺设时，首先要保证将具有透水孔的一面朝上。管段逐个放稳后。再用水泥砂浆将管段间接缝密封填实。待砂浆凝固后，应逐段进行通水试验，发现漏水，及时处理。之后用土工布覆盖管段透水孔，在横向盲管出口处注意与中央排水管的连接方式。回填时注意保护管段的稳定及其上部透水性。

1.3.5.3 防水板施工质量的检测与检查

1. 概述

(1) 随着我国经济建设的不断发展，隧道工程中所采用的新材料、新工艺不断涌现，使我国有条件在修建公路隧道时采用复合式衬砌防水新技术。

(2) 所谓复合式衬砌，即分内、外两层先后施作的隧道衬砌，在隧道开挖后及时安装钢构架、钢格栅和挂网锚喷，作为初期支护（或一次衬砌）。

(3) 经监控量测或观察，确认围岩初期支护基本稳定后，再铺设防水层。防水层为不透水表面光滑的高分子防水卷材，它不仅起防水作用，而且对初期喷射混凝土及二次衬砌模注混凝土来说，还起到隔离与润滑作用。

(4) 复合式衬砌防水新技术，能使初期支护喷射混凝土对二次衬砌混凝土的约束应力减少，从而避免模注混凝土产生裂缝，所以，提高了二次衬砌混凝土的防水抗渗能力。

2. 喷射混凝土基面的要求

对于公路隧道开挖并进行初期支护后，喷射混凝土基面仍然是十分粗糙，局部凹凸不平，经常出现锚杆头外露等现象，如果直接铺设防水卷材，其防水质量难以保证。因此，在防水卷材铺设前，必须对喷射混凝土基面认真地进行处理。检查中必须注意的事项：

(1) 喷射混凝土基面平整度：对于隧道内壁喷射混凝土基面平整度应满足下式要求：

$$边墙 \ D/L \leqslant 1/6$$

$$拱顶 \ D/L \leqslant 1/8$$

式中　L——喷射混凝土相邻两凸面间的距离；

　　　D——喷射混凝土相邻两凸面间下凹的深度。

平整度用直尺检测，具体方法见图 1-3-30 所示。

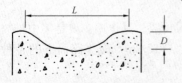

图 1-3-30　混凝土基面检测

(2) 基面不得有钢筋、凸出的管件等尖锐突出物；若待铺设防水卷材基面有尖锐突出物，则必须进行割除，并在割除部位用砂浆抹成曲面，以免刺破防水层。

(3) 对于碰到隧道的断面有变化或转弯处的阴角时，

应抹成 $R \geqslant 50$mm 的圆弧。

（4）对防水层施工时，其基面不得有明水；如有明水，应采取措施进行施堵或引排。

3. 防水卷材施工工艺与检测方法

在隧道工程建设施工中，当初期衬砌施工完毕并达到要求的平整度后，就要及时进行防水卷材的铺设。目前防水卷材的铺设工艺有两种：

（1）无钉热合铺设法：为了防水可靠和便于施工，先将 PE 泡沫塑料（或土工布）垫衬用机械方法铺设在喷射混凝土基面上，然后用"热合"方法将 EVA 或 LDPE 卷材粘贴在固定 PE 泡沫塑料垫衬的圆垫片上，从而使 EVA 或 LDPE 卷材无机械损伤。其施工的程序如下：

1）基面清理：对隧道壁上的表面必须清理干净，其要求应符合上述标准。

2）PE 泡沫垫衬的施工：首先在喷混凝土隧道拱顶要求正确标出隧道纵向的中心线，然后再使 PE 泡沫的横向中心线与喷混凝土上的这一标志相重合，从拱顶开始向两侧下垂铺设。然后用塑料胀管、木螺丝或射钉枪和塑料垫片将 PE 泡沫卷材固定在已达基面要求的喷混凝土上。有时也可用热风塑料焊枪将 PE 泡沫塑料垫衬热粘在基面上，翘边处及其他必要点用射钉枪按上法加强固定。PE 泡沫塑料垫衬卷材间接缝用热风塑料焊枪粘结。

3）热塑性塑料圆垫片的施工：热塑性塑料圆垫片是隧道复合式衬砌防水层施工的必要零部件。用塑料胀管和木螺丝或射钉枪、射钉将其覆盖在 PE 泡沫垫衬上，每隔 500～1500mm 梅花形布设（拱顶 500mm、边墙 1000mm、底板 150mm），构造如图 1-3-31 所示。

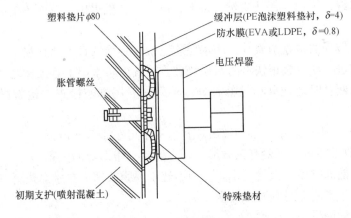

图 1-3-31　防水卷材 MM 方法

4）对 EVA、LDPE 与 ECB 的施工铺设：

① 首先裁剪卷材，要考虑搭接在底板上，高边墙 $\geqslant 300$mm，并在隧道拱顶部的 PE 泡沫塑料垫衬上正确标出隧道纵向中心线，再使防水膜的横向中心线与这一标志相重合，将拱顶部与塑料圆垫片热熔焊接，与 PE 泡沫塑料垫衬一样从拱顶开始向两侧下垂铺设，边铺边与圆垫片热熔焊接。

② 铺设时要注意与喷射混凝土凹凸不平相密贴，并不得拉得太紧，一定要注意留出搭接余量。EVA 或 LDPE 膜在与圆垫片用压焊器进行热合时，一般 10s 即可。

③ 用塑料热合机焊接材质较薄的防水膜时，还可采用反弯法进行施工。即首先将两

层膜对接，然后热合焊接，当双焊缝经检查合格后，将其弯向一侧点焊在卷材上，这样可避免焊缝 180°剥离。其具体施工方法如图 1-3-32 所示。

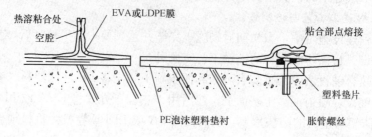

图 1-3-32 反弯法接缝处理示意图

图 1-3-33 双焊缝焊接

（2）焊缝质量检测：在隧道建设施工中，采用防水膜间进行热合机焊接，接缝为双焊缝，其中间留出空腔以便充气检查，可见图 1-3-33 所示。其检查方法：

1）首先用 5 号注射针与压力表相接，用打气筒充气（脚踏式或手动式皆可），充气时检查孔会鼓起来，当压力达 0.1~0.15MPa 时，停止充气。

2）该当指出，保持该压力时间不少于 1 分钟，说明焊接良好；如压力下降，证明有未焊好的地方，可用肥皂水涂在焊接缝上，产生气泡地方为焊接的欠佳之处。

3）重新焊接可用热风焊枪或电烙铁等补焊，直到不漏气为止。检查数量，焊接 1000 延米抽检 1 处焊缝；为切实保证质量，每天、每台热合机焊接均应取一个试样，注明取样位置、焊接操作者及日期。

（3）防水层破损的检查与修补：防水层质量检查必须认真，如正在工作的塑料热合机突然停电不能前进，此时会很快将防水层烧破。检查出防水层上有破坏之处，必须立即做出明显标记，以便及时地把破损处修补好。补后一般用真空检查法检验修补质量。具体要求：

1）所打的补丁不得过小，必须离破坏孔边沿不得小于 70mm。

2）补丁要剪成圆角，不要有正方形、长方形、三角形等的尖角。

在防水施工前如拱顶有大量涌水，应用不透水薄膜或塑料排水盒进行排水，以免因涌水使防水膜鼓包，影响二衬混凝土的灌注尺寸。

（4）有钉冷粘铺设法：

1）工艺与特点：

① 常采用防水板与土工布复合在一起的专用防水卷材，在这种卷材的纵向边缘留有 100mm 的粘接带，在此区内无土布层；施工中，首先将初期衬砌基面整平，割除锚杆头等金属突出物。接着根据防水卷材的铺设方向（纵向或环向）截取相应的卷材段，擦干净粘接带内的灰尘与水滴，将防水卷材自下而上或自外而内边涂胶边固定；

② 固定时采用射钉枪固定塑料垫片，塑料垫片外压防水卷材。卷材片间的粘接采用卷材厂家提供的专用胶，可冷涂施工。最后用比固定塑料垫片稍大的卷材块涂胶后修补射钉孔。这种工艺的特点是防水卷材铺成的表面留有钉疤，接茬时用胶冷粘。

2）施工检查：有钉冷粘法施工质量的检查方法主要是直观检查。具体方法是：

① 首先用手托起塑料板，看其是否与喷射混凝土密贴。在拱顶施工过程中，要求在 1m² 范围内塑料板不得下凹或呈水平状；

② 然后再仔细观看塑料板是否有被划破、扯破、刺破等破损的现象；

③ 最后看接缝处是否胶粘紧密，有无漏涂胶现象，搭接宽度必须大于 50mm；

④ 检查射钉补块是否严密，胶粘强度能否满足施工要求。

1.3.5.4　止水带的检查

1. 概述

（1）公路隧道围岩中的地下水是无孔不入，必须认真地进行综合治理，多层设防。

（2）隧道施工中的衬砌施工缝、沉降缝及伸缩缝（或明洞与隧道衬砌接缝）是隧道防水的重要薄弱环节，若处理不当则是渗漏水的主要通道。衬砌施工缝和沉降缝一般都采用塑料止水带或橡胶止水带进行防水。由于止水带具有高弹性和压缩变形的特点，它在荷载的作用下产生弹性变形，所以，止水带能起到紧固、密封和有效防止接缝渗漏水的作用。

（3）隧道施工中常使用的止水带品种较多，有外贴式、预埋式、内贴式三种安装形式。其中预埋式止水带，因构造简单、施工简便及质量可靠，使用较为普遍。预埋式止水带的施工质量检查主要是预埋位置检查和止水带接头粘结检查。

2. 预埋位置的检查

（1）隧道工程施工中的二次衬砌浇筑时，总是由外向内或由内向外从一个方向一环一环地逐步推进。止水带通常在先浇筑的一环衬砌端头由挡头板固定，要保证止水带预埋位置准确。

（2）施工中首先要检查止水带安装的横向位置，并用钢卷尺量测内模到止水带的距离，与设计尺寸相比，偏差不应超过 50mm。其次检查止水带安装的纵向位置，通常止水带以施工缝或伸缩缝为中心两边对称如图 1-3-34 所示，即埋在相邻两衬砌环节内的宽度是相等的。

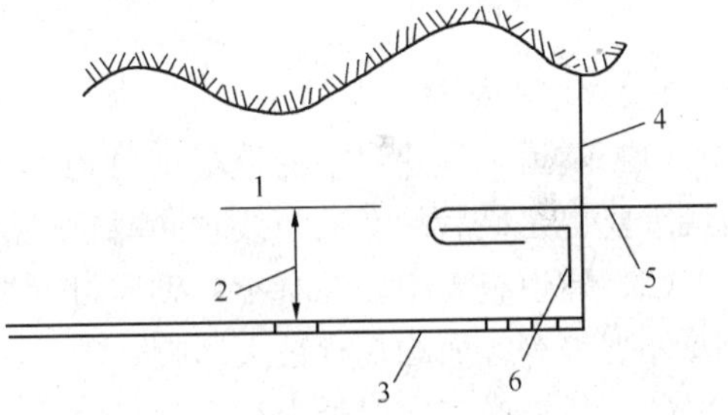

（3）最后采用钢卷尺进行检查，并要求止水带偏离中心不能超过 30mm。

图 1-3-34　止水带的预埋示意图
1—待灌混凝土空间；2—1/2 设计衬砌厚度；3—模板；
4—挡头板；5—钢筋卡；6—止水带

（4）在隧道工程上，人们还发现止水带与衬砌端头模板不正交，在浇筑混凝土前应用角尺检查，否则会降低止水带在两侧的有效长度，并有可能导致影响混凝土密实度。

（5）在浇捣作业时，应注意浇捣压力，以免止水带被刺破。如发现有破裂应及时修补，否则在接缝变形和受水压时，止水带所能抵抗外力和防水的能力就会大幅度降低。

（6）在施工过程中，应注意止水带的保护。浇捣时，应防止止水带偏移，并充分振捣，使止水带和混凝土很好贴合。

（7）发衬砌脱模后，若检查发现施工中有走模现象发生，致使止水带过分偏离中心，则应适当凿除或填补部分混凝土，对过分偏离的止水带进行纠偏。

3. 现场接头的检查

（1）在隧道止水带的施工现场中，止水带的接头部位是止水带防水的薄弱环节。止水带现场接头方式可分为对接、搭接和复合接三种。

（2）塑料止水带接头方法有焊接法和熔接法两种。

1）焊接法是采用与塑料止水带材质相同的焊条（直径约为 3mm），用焊枪以 180～200℃热风焊接为一体，在空气中自然冷却。

2）熔接法是将塑料止水带加热至熔融状态下接合再冷却至常温。以上两种接头方法的性能，焊接法为母体抗拉强度的 70%以上，熔接法为母体抗拉强度的 90%以上。

（3）橡胶止水带的接头，常用的方法有热接和冷接。外、内贴式橡胶止水带，通常采用热接法。因为冷粘法中目前所采用的胶粘剂耐水性较差，故对于外、内贴式橡胶止水带拼接来说不宜采用；而预埋式，则可借助混凝土浇捣密实，冷接、热接两种方法均可，以方便为宜。现场检查的主要内容有：

1）接头留设部位与压茬方向：一般说来接头部位的防水能力要较正常部位差些，所以留设止水带接头时，应尽量避开排水坡度小与容易形成壁后积水的部位，最好留设在起拱线上下。其次应检查接头处上下止水带的压茬方向，此方向应以排水顺畅、将水外引为正确方向，即上部止水带靠近围岩，下部止水带靠近隧道内壁。

2）接头强度：施工中常忽视接头表面的清刷与打毛，焊接或粘接后接头强度低，不密实，防水性差。检查时用手轻撕接头，观察接头强度和表面打毛情况，不合格时重新焊接或粘接。

1.3.6　混凝土衬砌质量的检测

1.3.6.1　概述

（1）隧道工程建设中的混凝土衬砌工作，是隧道的主要承载结构，也是隧道防水工程的最重要也是最后的一道防线，同时也是隧道外观美的直接体现者。

（2）隧道施工中，混凝土衬砌质量的好坏将对隧道的长期稳定、使用功能的正常发挥以及外观美等方面均具有很大影响。

（3）隧道施工中混凝土衬砌常见的质量问题有，局部裂缝和内部缺陷、混凝土强度不够、衬砌厚度不足等问题。下面介绍隧道工程上常用的检测方法。

（4）加强对衬砌混凝土各道施工工序的检查，是防止混凝土出现局部裂缝、内部缺陷和厚度不够、强度不足等质量问题的有效措施。衬砌混凝土施工期间的质量检查内容包括：

1.3.6.2　隧道内衬砌混凝土施工的检查

1. 隧道开挖轮廓的检查

（1）隧道工程建设开始后，首先是进行开挖工作，围岩壁面凹凸不平，经整形和锚喷支护，一般说来，隧道开挖断面形状和尺寸都能满足设计和施工要求。

（2）在施工中，有时会因开挖毛面欠挖，或是围岩变形较大，使隧道轮廓局部严重外凸，壁面不够平顺，若不及时处理，就会造成衬砌混凝土厚度不足或不能振捣密实。

（3）所以，在衬砌混凝土浇筑和防水层铺设之前，或用尺进行测量，或采用隧道断面仪对衬砌施工前的隧道实际轮廓进行检测。

（4）如果隧道内的凸出部分基面已经侵入衬砌断面，则首先应在浇筑前对该基面进行处理，减少凸出部分基面，以确保衬砌混凝土厚度。

2. 隧道基础的检查

（1）隧道基础施工检查的重点是基坑检查。首先检查基坑的基本尺寸应符合设计要求。

（2）在不良地质条件下，基坑开挖可能会遇到种种困难，这时应采用锚喷支护或其他措施，加强对外壁围岩的支护，保证基坑基本尺寸。

（3）其次是在浇筑混凝土之前，应清理基坑内的浮渣，排除基坑内的积水。最后的检查是，当地质条件发生不利变化时，还应注意检查基底承载力。

（4）隧道的基础在浇筑前，还应仔细检查排水管路布设情况，如水路是否畅通，外壁面上的防水板是否严密，止水带预埋位置是否准确，预留长度是否合适等。

3. 模板的检查

在施工中，衬砌模板的质量在很大程度上决定着隧道衬砌的外观质量，并影响着衬砌的内在质量，因此，在施工前和施工过程中都应进行严格的质量检查。

（1）拱架应有足够的刚度：拱架是模板的依托，一般说来其强度不会存在大的问题，但其整体刚度常常引起衬砌质量问题。拱架的刚度可由计算或试验方法来检验，拱架的整体刚度可通过单个拱架的型钢号或拱架间距来调整。

（2）拱架应有规整的外形：拱架在使用前应先在样台上试拼，拼装前必须认真检查拱架有无缺焊、掉焊及松动现象，各拱架间的轮廓径向尺寸差不宜大于 10mm；前后两端的拱架外形应尽量一致，最大径向尺寸差不大于 5mm，以免前后两环衬砌间出现错台。

（3）模板长度和宽度均不宜过大：模板长度过大容易造成板块刚度不足，宽度较大不利于衬砌的弯曲过渡。其长度一般可取 1000mm，最大不应超过 1500mm；其宽度一般为500mm，并配备若干块较窄的模板，宽为 300mm。

（4）拱架和模板设置位置应准确无误：架设施工时，应按照隧道中线和标高就位，反复校核，在施工允许误差范围内尽量减小其误差。

（5）挡头板安装可靠结实，封堵严密。挡头板应按衬砌断面的大小来制作，安装时要特别注意止水带两侧以及与初期支护间的密实，并确保固定可靠。

4. 混凝土浇筑的检查

在隧道衬砌施工中，要检查衬砌混凝土的配合比、强度和坍落度等，是否按照有关规范进行。衬砌混凝土浇筑的检查主要靠现场直观进行，其重点环节有：

（1）角落部位和钢筋密度大部位的振捣：这些部位由于振捣较为困难，施工质量不易保证，若稍有不慎，就可能出现蜂窝麻面，降低衬砌强度，给渗漏水提供通道。

（2）拱顶部位的浇筑：拱顶部位的混凝土浇筑是隧道衬砌施工的难点之一，无论是混凝土的送料还是对混凝土的振捣都十分困难，到了顶面混凝土拌合料还会出现沉析现象。这时旁站的监督检查极为重要，必须高度重视。

（3）水平施工缝后浇筑处理：由于各种各样的原因，经常出现衬砌混凝土浇筑到某一高度时，浇筑作业不得不暂时停止。如果间歇时间过长，超过了先浇筑混凝土的终凝时间，则不可避免地要在此位置上出现水平施工缝。

实践证明，水平施工缝对隧道衬砌整体强度影响较大，特别是对衬砌防渗防漏影响极大，许多已建隧道的渗漏水都发生在水平缝上。因此，在后浇混凝土施工之前，必须清除先浇筑基面上的各种杂物，必要时还应凿除不干净、不密实的表层，作适当处理后再重新浇注混凝土。其施工质量也只能靠现场观察来检查、判断。

5. 拆模的检查

在衬砌混凝土必须达到一定强度之后才能拆除衬砌模板。施工过程中，常常为了加快工程进度而采取提前拆模手段，造成低强度混凝土过量承载，致使衬砌出现裂缝。适宜的拆模时间应根据实际采用的混凝土的强度-时间（龄期）关系曲线来确定。

必须严格执行《公路隧道施工技术规范》JTGF 60—2009 规定中，有关拆除拱架、墙架和模板，应符合以下要求：

（1）不承受外荷载的拱、墙，混凝土强度应达到 5.0MPa，或在拆模时混凝土表面和棱角不被损坏并能承受自重。

（2）承受围岩压力较大的拱、墙，封顶和封口的混凝土应达到设计强度的 100%。

（3）承受围岩压力较小的拱、墙，封顶和封口的混凝土应达到设计强度的 70%。

6. 外观的检查

当衬砌被拆模以后，应立即对衬砌表面的蜂窝麻面面积进行测量检查。如果蜂窝、麻面等面积不超过总表面积的 0.5%，其深度不超过 10mm，则属正常；否则就要认真分析原因，同时，要对混凝土的水灰比、配比进行检测调整，或采取其他技术措施加以预防。

7. 养护的检查

隧道的衬砌混凝土拆模后应及时进行养护，并必须遵守以下规定：

（1）采用硅酸盐水泥拌制的混凝土，其养护时间不得少于 7d；掺有外加剂或有抗渗要求的混凝土，其养护时间不得少于 14d。

（2）在隧道衬砌混凝土的养护过程中，可以采用加覆盖物或洒水等方式进行养护。但是，其养护所使用水的温度应与环境温度基本相同。

1.3.6.3 回弹法检测混凝土强度

回弹法检测混凝土强度，是根据弹性能量与线性回弹值成一定比例的原理，以线性回弹值反映混凝土表面的硬度，根据混凝土表面硬度来推求混凝土抗压强度的一种检测方法。

1. 检测仪器及使用方法

（1）回弹法是当前使用较广泛的一种测定混凝土强度的无损检测方法。回弹法所使用的仪器称为回弹仪。回弹仪的基本构造如图 1-3-35 所示。

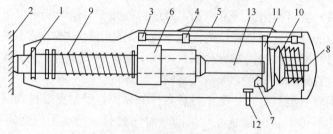

图 1-3-35　回弹仪的基本构造

1—冲杆；2—试件；3—套筒；4—指针；5—标尺；6—冲锤；7—钩子；8—调整螺丝；
9—拉力弹簧；10—压力弹簧；11—导向圆板；12—按钮；13—导杆

（2）使用时，首先压一下冲杆，使按钮脱离导向圆板，在压力弹簧的作用下，圆板连同导杆被推前方，并带动指针回"零"，使冲杆伸出套筒，此时钩子勾住冲锤。

（3）然后，将冲杆垂直地顶向试件表面，徐徐用力将其顶回套筒内，于是拉力弹簧就逐渐处于受力状态。

（4）最后当钩子被后盖调整螺丝顶开时，冲锤就借弹簧力冲击于冲杆上，冲击反力将锤弹回，并带动指针在标尺上指出回弹值。

2. 回弹值的测量方法

（1）对回弹值进行检测时，首先要使回弹仪的轴线应始终垂直于衬砌混凝土检测面，然后缓慢地进行施压，准确读数，快速复位。

（2）测点宜在测区范围内均匀分布，相邻两测点的净距一般得不小于 20mm，测点距衬砌边缘或外露钢筋、预埋件的距离不小于 30mm。

（3）测点不应在气孔或外露石子上进行，同一测点只允许弹击一次。每一测区必须记取 16 个回弹值，每一测点的回弹值读数精确至 1。

3. 炭化深度值的测量

（1）当回弹值测量完毕后，首先应选择不少于衬砌的 30％测区数，并尽可能在有代表性的位置上进行测量炭化深度值。

（2）在测量碳化深度值时，可用比较合适的工具在测区表面形成直径约 15mm 的孔洞，其深度必须大于混凝土的炭化深度。

（3）然后除净孔洞中的粉末和碎屑，不得用水冲洗。立即用浓度为 1％的酚酞酒精溶液滴在孔洞内壁的边缘处，再用深度测量工具测量已炭化与未碳化混凝土交界面到混凝土表面的垂直距离多次，取其平均值，该距离即为混凝土的炭化深度值，每次的读数精确至 0.5mm。

4. 回弹值计算

（1）计算测区平均回弹值时，应从该测区的 16 个回弹值中剔除 3 个最大值和 3 个最小值，然后将余下的 10 个回弹值按下列公式计算：

$$R_m = \frac{\sum_{i=1}^{10} R_i}{10}$$

式中　R_m——测区平均回弹值，精确至 0.1；

　　　R_i——第 i 个测点的回弹值。

（2）回弹仪非水平方向检测混凝土浇筑侧面时，应按下列公式修正：

$$R_m = R_{m\alpha} + R_{a\alpha}$$

式中　$R_{m\alpha}$——非水平方向检测时测区的平均回弹值，精确至 0.1；

　　　$R_{a\alpha}$——非水平方向检测时回弹值的修正值，见表 1-3-20。

（3）回弹仪水平方向检测混凝土浇筑表面或底面时，应按照下列公式修正：

$$R_m = R_m^t + R_a^t$$

$$R_m = R_m^b + R_a^b$$

式中　R_m^t, R_m^b——水平方向检测混凝土浇筑表面、底面时，测区的平均回弹值，精确至 0.1；

R_a^t，R_a^b——混凝土浇筑表面、底面回弹值的修正值，见表 1-3-22 所列。

（4）如果检测时仪器非水平方向且测试面非混凝土的浇筑侧面，则应先按表 1-3-21 对回弹值进行角度修正，然后再按表 1-3-22 对修正后的值进行浇筑面修正。

非水平方向检测时回弹值的修正值 表 1-3-21

$R_{m\alpha}$	检 测 角 度							
	向 上				向 下			
	90°	60°	45°	30°	−30°	−45°	−60°	90°
20	−6.0	−5.0	−4.0	−3.0	+2.5	+3.0	+3.5	+4.0
25	−5.5	−4.5	−3.8	−2.8	+2.3	+2.8	+3.3	+3.8
30	−5.0	−4.0	−3.5	−2.5	+2.0	+2.5	+3.0	+3.5
35	−4.5	−3.8	−3.3	−2.3	+1.8	+2.3	+2.8	+3.3
40	−4.0	−3.5	−3.0	−2.0	+1.5	+2.0	+2.5	+3.0
45	−3.8	−3.3	−2.8	−1.8	+1.3	+1.8	+2.3	+2.8
50	−3.5	−3.0	−2.5	−1.5	+1.0	+1.5	+2.0	+2.5

注：1. $R_{m\alpha}$ 小于 20 或大于 50 时，均分别按 20 或 50 查表；

2. 表中未列入的相应于 $R_{m\alpha}$ 的修正值 $R_{a\alpha}$，可用内插法求得，精确至 0.1。

不同浇筑面的回弹值的修正值 表 1-3-22

R_m^t 或 R_m^b	表面修正值（R_a^t）	底面修正值（R_a^b）	R_m^t 或 R_m^b	表面修正值（R_a^t）	底面修正值（R_a^b）
20	+2.5	−3.0	40	+0.5	−1.0
25	+2.0	−2.5	45	+0	−0.5
30	+1.5	−2.0	50	+0	0
35	+1.0	−1.5	—	—	—

注：1. R_m^t 或 R_m^b 小于 20 或大于 50 时，均分别按 20 或 50 查表；

2. 表中有关混凝土浇筑表面的修正系数，是指一般原浆抹面的修正值；

3. 表中有关混凝土浇筑底面的修正系数，是指构件底面与侧面采用同一类模板在正常浇筑情况下的修正值；

4. 表中未列入的相应于 R_m^t 和 R_m^b 的 R_a^t 和 R_a^b 值，可用内插法求得，精确至 0.1。

5. 混凝土强度的计算

（1）衬砌第 i 个测区混凝土强度换算值，可按所求得的平均回弹值 R_m 及所求得的平均碳化深度值 d_m 由表 1-3-23 查得。有地区测强曲线或专用测强曲线时，混凝土强度换算值应按地区或专用测强曲线换算得出。

测区混凝土强度换算表 表 1-3-23

平均回弹值（R_m）	测区混凝土强度换算值（MPa）					
	平均碳化深度值 d_m（mm）					
	1.0	2.0	3.0	4.0	5.0	≥6.0
20.0	9.8	—	—	—	—	—
22.0	11.9	11.0	10.2	—	—	—

续表

平均回弹值 （R_m）	测区混凝土强度换算值（MPa）					
	平均碳化深度值 d_m（mm）					
	1.0	2.0	3.0	4.0	5.0	≥6.0
24.0	14.2	13.1	12.2	11.5	19.7	10.1
26.0	16.6	15.4	14.4	13.5	12.6	11.6
28.0	19.2	17.6	16.5	15.4	14.4	13.2
30.0	21.9	20.0	18.6	17.4	16.4	14.7
32.0	24.9	22.8	21.2	19.6	18.4	16.4
34.0	28.0	25.6	23.7	22.1	20.4	18.3
36.0	31.2	28.2	26.2	24.5	22.4	20.2
38.0	34.9	31.5	29.2	27.4	24.8	22.5
40.0	38.3	34.5	31.7	30.0	27.0	25.0
42.0	42.2	37.6	34.9	33.0	29.8	27.5
44.0	46.4	41.3	38.3	36.3	32.8	30.2
46.0	—	45.2	41.9	39.7	35.8	33.1
48.0	—	—	45.6	43.2	39.0	36.0
50.0	—	—	—	46.9	42.3	39.1

（2）由各测区的混凝土强度换算值可计算得出结构混凝土的强度平均值。当测区数不少于 10 个时，还应计算强度标准差。平均值及标准差可以按照下列公式计算：

$$m_{fcu}^c = \frac{\sum\limits_{i=1}^{m} f_{cu,u}^c}{n}$$

$$S_{fcu}^c = \sqrt{\frac{\sum\limits_{i=1}^{m} \langle f_{cu,u}^c \rangle^2 - n \langle m_{fcu}^c \rangle^2}{n-1}}$$

式中　　m_{fcu}^c——衬砌混凝土强度平均值（MPa），精确至 0.1MPa；

n——对于单个检测的衬砌环节，取一个环节的测区数；对于批量检测的衬砌环节，取被抽取测区数之和；

S_{fcu}^c——衬砌混凝土强度标准差（MPa），精确至 0.01MPa。

注：测区混凝土强度换算值是指按《回弹法检测混凝土抗压强度技术规程》JGJT 23—2011 检测的回弹值和碳化深度值，换算成相当于被测结构或构件的测区在该龄期下的混凝土抗压强度值。

表 1-3-24 为回弹法检测原始记录表，表 1-3-25 是衬砌混凝土强度计算表。有关回弹法更详细的要求与说明请查阅《现行建筑材料规范大全》。

回弹法检测原始记录表

表 1-3-24

工程名称：　　　　　　　　　　　　　　　　　　　　　　　第 页 共 页

编　号		回　弹　值（R_i）																	碳化深度
构件	测区	1	2	3	4	5	6	7	8	9	10	11	12	13	14	15	16	R^m	（d_i）（mm）
	1																		
	2																		
	3																		
	4																		
	5																		
	6																		
	7																		
	8																		
	9																		
	10																		

测面状态	侧面、表面、底面、干、潮湿	回弹仪	型　号		回弹仪检定证号
			编　号		
测试角度（α）	水平、向上、向下		率定值		测试人员资格证号

测试：　　　　记录：　　　　计算：　　　测试日期：　　　　　　　年 月 日

构件混凝土强度计算

表 1-3-25

工程名称：

构件名称及编号　　　　　　　　　　　　　　　　　　第 页 共 页

项目		测区	1	2	3	4	5	6	7	8	9	10
回弹值	测区平均值											
	角度修正值											
	角度修正后											
	浇灌面修正值											
	浇灌面修正后											
平均碳化深度值 d_m（mm）												
测区强度值 f^c_{cu}（MPa）												
强度计算（MPa） $n=$			$m^c_{fcu}=$			$m^c_{fcu}=$			$m^c_{cu,min}=$			
使用测区强度换算表 名称：　　规划　　地区　　专用					备注：							

测试：　　　　记录：　　　　计算：　　　测试日期：　　　　　年 月 日

1.3.6.4 超声波法检测混凝土强度

1. 概述

（1）无数次的试验表明混凝土的抗压强度 R_c 与纵波的传播速度 v_t 之间存在着明显的关系，如图 1-3-36 所示。

（2）我国进行了大量的试验研究表明，超声波在混凝土内的传播速度是由混凝土的强度所确定的，即：混凝土成分（质量和原材料品种）、龄期及拌制工艺等的复合函数。

（3）该方法在工程实践中的应用获得了显著的效果。较其他检测比较，具有速度快、精度高、操作简便等优点，如与回弹法综合使用（综合法）可以提高测试精度。

（4）若利用超声波法来确定混凝土强度是用公式 $R_c = ae^{bv_e}$ 来实现的，亦即将实测的超声波传播速度 v_t 转换成混凝土的抗压强度 R_c，公式中的 a、b 为常数。

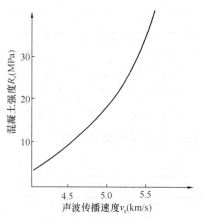

图 1-3-36　R_c-v_t 关系曲线图

（5）混凝土的组成因素，如水泥的品种与用量、集料的性质与级配、混凝土的龄期与湿度以及掺合料等，都对超声波传播速度与混凝土强度的关系产生影响。用分别求出影响系数的方法求得总影响系数 C_t：

$$C_t = C_c C_d C_a C_\phi C_g C_m C_u C_p$$

式中　C_c ——水泥品种影响系数；

　　　C_d ——水泥用量影响系数；

　　　C_a ——集料性质影响系数；

　　　C_ϕ ——最大集料粒径影响系数；

　　　C_g ——细集料（0～1mm）所占比例影响系数；

　　　C_m ——混凝土龄期影响系数；

　　　C_u ——混凝土湿度影响系数；

　　　C_p ——混凝土掺合料影响系数。

（6）"标准混凝土"的 $C_t = 1$。对于非标准混凝土的抗压强度 R_{ef}，可用"标准混凝土"的强度乘以总影响系数的方法进行修正：

$$R_{ef} = R_c C_t$$

推求影响系数的方法是选择在施工中常用的材料和常用的材料用量作为"标准"，定它们的影响系数为 1。然后在固定其他因素的情况下，改变某一因素，分别捣制不同标号的混凝土试块，进行声波试验和破损试验，做出相应的 $R_c C_t$ 曲线。再同标准材料的曲线进行比较，即可得到所求因素的影响。

（7）以每个试块的平均波速 v_e 为横坐标，破损强度 R_c 为纵坐标，根据试验结果作散点图，再按散点图绘出影响系数为 1 的波速-强度标准曲线和其他非标准曲线。影响系数 $C = R_{ef}/R_{st} R_{st}$ 为标准曲线上的强度值，R_{ef} 为非标准曲线上的强度值。

2. 影响因素及影响系数

（1）水泥的品种：以强度等级为 40 的波特兰水泥为标准，其影响系数为 $C_c = 1$。不同的水泥品种混凝土的影响系数如表 1-3-26 所示。

水泥品种影响系数 C_c 表 1-3-26

水 泥 品 种	影响系数	水 泥 品 种	影响系数
快凝水泥 RIM	1.14	波特兰水泥 P400、P2400、M400	1.00
波特兰水泥 P500，BSS	1.07	矿渣水泥 F300	0.85

注：各影响系数及表中所列数值均为罗马尼亚资料。

（2）水泥的用量：现以水泥用量 300kg/m³ 为标准，其影响系数为 $C_d = 1$。不同水泥乃是混凝土的影响系数如表 1-3-27 所示。

水泥品种影响系数 C_d 表 1-3-27

水泥用量（kg/m³）	影响系数	水泥用量（kg/m³）	影响系数
100	0.46	350	1.11
150	0.61	400	1.21
200	0.75	450	1.30
250	0.88	500	1.38
300	1.00	—	—

（3）集料的性质：以常用的石英质河卵石为标准，其影响系数为 $C_a = 1$。不同性质集料混凝土的影响系数见图 1-3-28 所示。

集料性质影响系数 C_a 表 1-3-28

集 料 性 质	影响系数	集 料 性 质	影响系数
石英质河卵石	1.00	陶粒	2.10
石灰质碎石	0.82	玄武岩渣	4.00
玄武岩碎石	0.91	碎陶瓷	5.00
花岗岩碎石	1.09	硅藻土	6.00
火成岩碎石	1.24	—	—

（4）最大集料的粒径：混凝土级配中，最大集料粒径不同，$R_c - v_e$ 曲线也不同。以最大集料粒径 300mm 为标准，其影响系数 $C_\phi = 1$。不同粒径集料的混凝土影响系数可见表 1-3-29。

最大集料粒径影响系数 C_ϕ 表 1-3-29

最大集料粒径（mm）	影响系数	最大集料粒径（mm）	影响系数
70～80	0.90	15	1.05
30	1.00	10	1.12

（5）0～1.0mm 细集料的比例：混凝土级配中，0～1.0mm 细集料比例不同，$R_c - v_e$ 的关系也不同。以集料（0～1.0mm）占 12% 的比例为标准，其影响系数 $C_g = 1$。不同比

例细集料混凝土影响系数见表 1-3-30 所示。

细集料（0～1.0mm）比例影响系数　　　　　表 1-3-30

0～1.0mm 的比例（%）	影响系数	0～1.0mm 的比例（%）	影响系数
6	0.96	30	1.12
12	1.00	42	1.20
18	1.04	54	1.28

（6）混凝土的成熟程度：采用的成熟程度的概念，可考虑混凝土的龄期和成熟期中温度两个因素，用温度与天数的乘积来表示。以标准养护条件下的影响系数 $C_m = 1$，不同成熟程度混凝土的影响系数如表 1-3-31 所示。

混凝土成熟程度影响系数 C_m　　　　　表 1-3-31

成熟程度（$d \cdot ℃$）	影响系数	成熟程度（$d \cdot ℃$）	影响系数
100	0.73	3100	1.10
250	0.87	6300	1.18
500	0.95	13000	1.24
1000	1.00	65000	1.36

（7）混凝土的湿度：混凝土湿度对声波探测影响很大，因为混凝土湿度增大时，混凝土中的空隙为水所填充，而超声波在水中的传播速度远远大于在空气中的传播速度。因此，混凝土的湿度越大，超声波的传播速度也越快。鉴于目前尚无法测定混凝土的含水量，因此只能粗略地定标准养护条件的影响系数 $C_u = 1$。不同养护条件的混凝土影响系数如表 1-3-32 所示。

混凝土湿度影响系数 C_u　　　　　表 1-3-32

混凝土湿度（养护条件）	影响系数	混凝土湿度（养护条件）	影响系数
空 气 中	1.04	在 水 中	0.80
标准养护（模内 1d，水中 2d，空气中 21d）	1.00	—	—

（8）混凝土的掺合料：加掺合料的混凝土与不加掺合料的混凝土，其 $R_c - v_e$ 关系是不相同的。以不加掺合料的混凝土为标准，其影响系数 $C_p = 1$。加入不同数量氯化钙的混凝土影响系数如表 1-3-33 所示。

混凝土湿度影响系数 C_p　　　　　表 1-3-33

掺合比例（%）	影响系数	掺合比例（%）	影响系数
0	1.00	4	1.40
2	1.19	—	—

影响系数 C_p 也可用下式计算：

$$C_p = 1 + \frac{P}{10}$$

式中　P——掺合料占的百分比。

3. 确定混凝土的强度

以上述各影响系数中 $C=1$ 标准情况，制备标准混凝土试块，并以测得每个试块的平均传播速度 v 为横坐标、破损强度 R 为纵坐标，作散点图，散点图的曲线方程选用 $R = ae^{bv}$。选择试验数据中的两个点，如：

$$R_1 = 8\text{MPa} \qquad v_1 = 3200\text{m/s}$$
$$R_2 = 24\text{MPa} \qquad v_2 = 4200\text{m/s}$$

代入公式 $R_c = ae^{bv}$ 中，解联立方程得：

$$b\frac{\ln\dfrac{R_2}{R_1}}{v_2 - v_1} = 1.1\text{s/km}$$

$$\log a = \log R_2 - bv_2\log e = 0.380$$

$$a = 0.24\text{MPa}$$

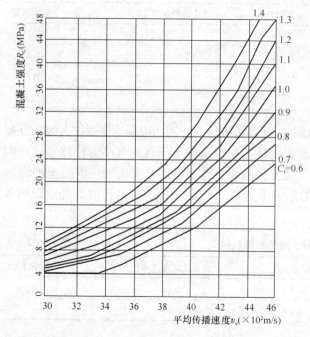

图 1-3-37 超声法的 $R_c - v_e$ 关系曲线图

由此可以得到曲线方程为：$R_c = 0.24e^{1.1v}$

非标准混凝土抗压强度为：$R_{ef} = R_cC_t$

对于不同的 C_t 值，$R_c - v_e$ 关系曲线如图 1-3-37 所示。

4. 声波探测的仪器

（1）为了更好地使发射探头向被探测的混凝土发送声波，必须向其提供声频电信号，接收探头接收声波信号并将其转换为电信号；这些信号必须进行放大、处理和显示才能进行判断和识别。这些工作都是由声波探测仪器来完成的。根据仪器发射声波的类型可分为三种：

1）连续波型仪器：该仪器发射的声波是连续的，并且声波频率保持不变。

2）调频波型仪器：仪器发射的声波是调频的连续波，将声波作为载频，它受到另一低频振荡的频率调制。

3）脉冲波型仪器：仪器不连续发射周期性的、频率保持不变的声波，可将其视为矩形脉冲所调制的声波。

（2）接收信号的显示方式，可以采用光屏波形显示（如 CT5-10 型）和数字显示（如 JC-2 型，UCT-2 型），也可以采用两者相结合的方法显示（如 SC-2 型）。

（3）采用示波管荧光屏显示波形具有直观、便于测读幅度的优点，但是，为了提高测读的精度，必须采用较大屏幕的示波管，这就使得仪器较为笨重，不便运输和现场使用。

（4）因为数字技术的发展和集成电路的普遍应用，声波探测仪器广泛采用数字显示。

数字显示精度高、便于测读、易于实现自动记录，但是，单纯的数字显示不便于测读声波的幅度变化，也不够直观。因此，有些仪器在采用数字显示传播时间的同时还配合以小屏幕的示波管显示，以满足各方面的要求。

（5）随着电子计算机的广泛应用，声波信号的数字分析有了很大的发展。通过磁带记录装置录取声波信号，由电子计算机进行信号的数字分析与处理，不但速度快、精度高，而且还可从接收信号中提取更多的反映结构特征的有用信息。

5. 声波探测方法与探测条件

（1）探测的方法

1）穿透法：其方法是将声波发射探头和接收探头放置在被测对象相对的两个表面上（图 1-3-38），根据声波穿透混凝土后的波速及能量的变化情况来判断混凝土的质量。这种穿透法具有灵敏度较高的特点，是一种使用较为广泛的探测方法，但对发射头和接收探头安装位置的相对准确性要求较高，所以，对混凝土衬砌不适用。

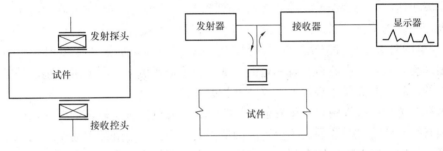

图 1-3-38　穿透法声波探测　　　　　图 1-3-39　反射法声波探测

2）反射法：该法就是由探头向混凝土发射声波，声波沿发射方向传播到混凝土底面后被反射回来并由接收探头接收，如图 1-3-39 所示，根据反射波的传播时间和显示的波形来判断混凝土内部的缺陷及材料的性质。

但是，在非金属材料的声波探测中，发射器多采用脉冲超声波，发射和接收探头可合用一个探头。这种方法适用于结构的另一面无法安放探头的情况，如隧道混凝土衬砌等。当混凝土厚度很大，声波大量衰减，反射波十分微弱，接收较为困难时，可以用锤击等冲击的方法产生较大的发射能量。

3）沿面法：该法是由探头发射的纵波通过一定的角度射入混凝土中，并转换成表面波，通过对表面波传播特性的测定，来判断混凝土的缺陷与材料的性能。

表面波的能量只在混凝土表面传播，它的能量随着深度的增加很快衰减，在混凝土内部大于一个波长的深度内，表面波能量已经很小，无法进行探测。该法适用于只能在混凝土的一侧安设探头的情况，所以，该项检测方法特别适合隧道内检测衬砌混凝土。

（2）探测的条件

1）声波的频率：在具体操作过程中，因测定纵波速度的精度与声波的频率有关，所以，希望有尽量高的频率和尽可能长的传播距离。但是，由于混凝土粗集料颗粒尺寸较大，如果波长与粗集料尺寸相差不多或者还要小，就会引起波的散射和衰减。

因此，应用声波探测混凝土一类结构时，其最高频率的上限为 100kHz，一般为 20kHz。声波的频率越低，则传播的距离越远；如果频率过低，也会使分辨率降低，并使指向性变差。

2) 耦合剂：为了使声波有效地发射到被测结构中，并有效地接收由结构中传来的声波，需使发射探头与接收探头和结构表面有良好的接触。

因此，在探测过程中，除对测点处的结构表面进行平整处理外，还必须具有良好的可塑性，能易于紧密地填充在探头和结构表面之间，其阻抗应足够大，以便声能可以尽量多地入射到结构内。常用的耦合剂有机油、黄油或其他无机油类。

3) 仪器的选择：声波探测仪器是测试的中心环节，合理选择和使用仪器，对于测试精度有决定性的影响。一般认为，用于混凝土等非金属材料的声波探测仪，其计时精度应满足：

① 对于声波传播距离在 30mm 以内的小型构件，仪器的绝对计时误差应小于 0.15×10^{-6}；

② 在探测较大的混凝土结构时，声速的测量误差应小于 $\pm 1\%$。

为了减小速度的测量误差，除对计时精度要求较高外，还应对声波在混凝土中的传播路径长度作精确的测量。当声路小于 20cm 时，应采用卡尺进行测量。

4) 探测的对象：在对被测的混凝土结构或构件发射声波时，由于发射探头的指向性不可能很理想，入射的声波将会有一定的扩散。为了避免侧面反射对测试精度的影响，试验方向上的混凝土断面尺寸必须大于声波波长的两倍。

因为在穿透探测过程中，对于发射、接收探头的安放位置有较高的要求，所以，测点应事先画好线，然后再按照预定的位置准确地安装探头。测点处的混凝土表面必须清理干净并打平，然后在其上涂以耦合剂。探头应压紧在混凝土表面，使耦合剂层尽量薄，以减小耦合剂对声波传播时间和振动的影响。

1.3.6.5　"回弹—超声"法测定混凝土强度

1. 概述

（1）目前，隧道工程建设的施工中，广泛采用"回弹—超声"的综合法来测定混凝土的强度。该法是建立在回弹值和超声波传播速度与混凝土的抗压强度之间相互联系的基础之上，即用回弹值和声波的传播速度综合反映混凝土的抗压强度。综合法与单一法相比，测定的数据精确度高，适用范围广。

（2）从前面所述的回弹法和超声波法的影响系数中看出，同一个影响因素对不同的方法有着不同的影响效果，有些影响甚至互相矛盾。

例如，混凝土的龄期和混凝土的湿度，对于回弹法来说，随着混凝土龄期的增长其表面硬化，加上混凝土表面碳化结硬，使回弹值偏高；对于湿混凝土，表面硬度降低，回弹值明显偏低。而对于超声波法来说，情况则相反，随龄期的增长混凝土内部趋于干燥，传播速度偏低；对于湿混凝土，声波的传播速度要比在干燥混凝土中快得多。

（3）上述的两种单一的方法综合后，混凝土龄期和湿度的影响可以相互抵消而不加考虑。对于其他影响因素，在采用综合法后，不能相互抵消，但影响系数却比单一法要小。所以，对于已失去混凝土组成原始资料的长龄期混凝土，采用综合法确定其强度有较好的效果。

（4）综合法确定混凝土的强度，主要是根据由试验值所建立的标准混凝土回弹值—超声波传播速度等强度曲线。混凝土的组成因素的影响，同样采用分别求出影响系数的方法，对非标准混凝土的抗压强度，用标准混凝土强度乘以影响系数的方法进行修正。

2. 影响因素与影响系数

（1）综合法测定混凝土的强度有以下几个影响因素：水泥品种和用量，集料性质和最大集料粒径，细集料（0～10mm）所占比例等。求影响系数的方法与回弹法和超声波法中的相同，试块以 200mm×200mm×200mm 为宜，试块至少 4 组（每组 3 块），先进行回弹法试验，然后进行超声波法试验，最后进行破损试验。

（2）求得每个试块的平均回弹值 n 作为纵坐标，平均的声波传播速度 v 作为横坐标，并根据试验数据作散点图，将破损强度 R 值标于坐标点附近。根据散点图绘出标准混凝土与非标准混凝土的等强度曲线，则影响系数 C 为：

$$C = R_{ef}/R_{st}$$

式中　　R_{ef} ——非标准混凝土强度；

R_{st} ——标准混凝土强度。

（3）各影响因素的影响系数如表 1-3-34～表 1-3-38 所列。

1）水泥的品种（如表 1-3-34 所列）：

水泥品种及影响系数　　　　　　　　　　　　　表 1-3-34

水 泥 品 种	影响系数（C_c）	水 泥 品 种	影响系数（C_c）
快凝水泥 RIM	1.08～1.11	矿渣水泥 F300	0.88～0.92
波特兰水泥 P400	1.00	—	—

2）水泥的用量（见表 1-3-35 所列）：

水泥用量及影响系数　　　　　　　　　　　　　表 1-3-35

水泥用品（kg/m³）	影响系数（C_d）	水泥用品（kg/m³）	影响系数（C_d）
200	0.86～0.92	400	1.11～1.16
300	1.00	500	1.22～1.27

3）集料的性质（见表 1-3-36 所列）：

集料的性质及影响系数　　　　　　　　　　　　表 1-3-36

集料的性质	影响系数（C_a）	集料的性质	影响系数（C_a）
石英质河卵石	1.00	70%的重晶石	1.90
30%的石英质河卵石	1.58	70%的重晶石	1.58

4）最大集料的粒径（见表 1-3-37 所列）：

最大集料的粒径及影响系数　　　　　　　　　　表 1-3-37

最大集料的粒径（mm）	影响系数（C_ϕ）	最大集料的粒径（mm）	影响系数（C_ϕ）
7	1.07～1.11	70	0.95～0.96
30	1.00		

5）细集料（0～1mm）的比例（见表 1-3-38 所列）：

0～1mm细集料的比例（%）	影响系数（C_g）	0～1mm细集料的比例（%）	影响系数（C_g）
6	0.95～0.96	30	1.06～1.09
12	1.00	48	1.13～1.16
18	1.03	—	—

细集料（0～1mm）的比例及影响系数　　　　表 1-3-38

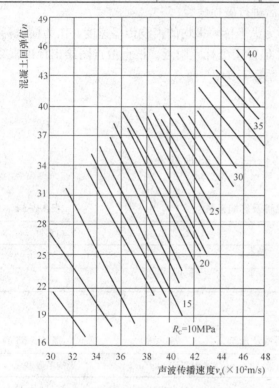

图 1-3-40　综合法"标准混凝土"等强度曲线

3. 混凝土强度的确定

（1）以影响系数均为 1.0 的条件下所构成的标准混凝土的回弹值－声波传播速度等强度曲线即为"标准混凝土"的等强度曲线。

（2）制定"标准混凝土"等强度曲线的试块需数百块，试块尺寸以 200mm×200mm×200mm 为宜，混凝土强度要在 5～40MPa 范围内均匀分布。

（3）首先将由综合法和破损试验测得的数据绘制散点图，然后制成近于 45°倾斜角的等强度曲线和标准混凝土强度值，如图 1-3-40 所示。

（4）对于非标准混凝土的抗压强度 R_{ef}，必发根据总影响系数 C_t 及标准混凝土的抗压强度 R_c 计算：

$$R_{ef} = R_c C_t$$

式中　　$C_t = C_c C_d C_a C_g C_\phi$。

1.3.6.6 对隧道混凝土缺陷的检测

1. 隧道混凝土衬砌裂缝的检测

检测隧道内混凝土衬砌裂缝的简单仪器一般有刻度放大镜和塞尺等。

（1）刻度放大镜：这种刻度放大镜可以用来检测混凝土裂隙的宽度。它的最小刻度值为 0.01～0.1mm，其量程为 3～8mm。使用时将放大镜的物镜对准需检测的衬砌裂缝，经过目测后就可以读出衬砌裂隙的实际宽度。

（2）塞尺：通过常用塞尺来检测隧道中混凝土出现的裂隙深度，它是由一些不同厚度的薄钢片组成。首先按照所测混凝土裂隙的宽度来选择合适的塞尺厚度，然后慢慢地插入裂隙中，根据塞尺插入的深度即可得到裂隙的深度。

2. 隧道混凝土衬砌内部缺陷检测

（1）在浇注混凝土衬砌时，因不慎或其他的原因，常常在衬砌内部造成空洞、蜂窝等缺陷，这些缺陷的存在降低了衬砌的承载能力并可能造成衬砌的早期损坏。利用超声波进行衬砌无损检验可及时发现这些隐患，能采取相应的补救措施，提高衬砌质量具有很大意义。

（2）超声波在介质中传播时，如果在声路上遇有空隙，声波就产生反射，一部分能量受到衰减，另一部分能量绕过空隙继续向前传播，即所谓绕射现象。因此，接收到的信号与无空隙相比，不但能量减少很多，而且传播时间也有所增加。

1）检测混凝土中的空洞

① 对于混凝土内部大于100mm的空洞，可通过测定超声波的传播时间的突然变化来判断它的存在，并计算出空洞的尺寸。空洞的半径可由下式计算：

$$R = \frac{l}{2}\sqrt{\left(\frac{t_d}{t_c}\right)^2 - 1}$$

式中　l——声路的长度；

　　　t_d——有空洞处超声波传播时间；

　　　t_c——无空洞处超声波传播时间。

② 为了正确判断空洞的大小与形状，可以在有空洞的范围内打网格增加测点，如图1-3-41所示，就可正确地判断空洞的形状、大小和所在部位。

③ 在空洞较小而声路较长时，由于缺陷的存在所增加的传播时间十分有限，因此这种计算方法误差较大，只能作为参考。

④ 如果混凝土结构内部存在蜂窝、离析等不密实的缺陷时，也可根据声波传播时间增长的现象做出初步判断。在实践中，经常采用的一种有效方法是根据声波传播的振幅衰减情况来判断混凝土结构中存在的不密实情况。

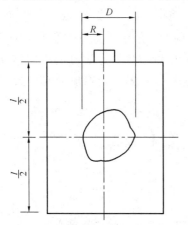

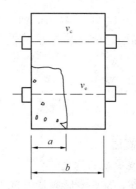

图 1-3-41　探测内部孔洞示意图　　　　图 1-3-42　探测不密实层示意图

⑤ 对于混凝土不密实的缺陷深度（沿声路方向的长度），可按图1-3-42所示的方法求得。图中 v_c 为声波通过密实混凝土的速度，v_d 为声波通过不密实混凝土的速度，b 为声路的长度，a 为缺陷深度。由图1-3-42可得声波通过有不密实混凝土的传播时间 t 为：

$$t = \frac{a}{v_d} = \frac{b-a}{v_c}$$

则

$$a = \frac{v_b\langle tv_c - b\rangle}{v_c - v_d}$$

2）检测混凝土中的裂缝

① 混凝土结构由于养护不当，或承受较大的拉应力等原因，都可能在结构中出现裂

缝。裂缝的存在不但降低了结构的刚度，还会受到外界不利条件的作用，使内部的钢筋锈蚀，影响结构的正常使用。

② 因此，当结构出现裂缝时，需及时查明裂缝的宽度、走向和深度，以便进一步寻找开裂的原因，采取补强加固措施。应用声波探测判定混凝土裂缝是一种有效的方法。

③ 隧道混凝土衬砌一面外露，一面与围岩接触，所以，只能采用沿面检测法来探测混凝土内部的是否存在裂缝的可能。

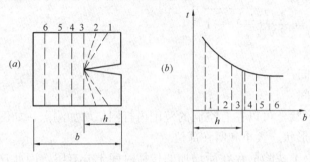

图 1-3-43 探测裂缝深度示意图

④ 检测前，必须在裂缝附近完好的表面处，选择一定的长度作为校准距离。设这段距离为 $2d$。在这段距离的两端安放探头，测出声波能通过 $2d$ 的时间为 t_o。

⑤ 然后将发射与接收探头安放于裂缝的两侧，并使两个探头至裂缝的距离均为 d，如图 1-3-43 所示。测得此处的声波传播时间为 t_1。如果裂缝与表面正交，则裂缝深度为：

$$h = d\sqrt{\left(\frac{t_1}{t_o}\right)^2 - 1}$$

⑥ 上述方法假定开裂面与检测的结构表面正交。这一假定并非是开裂的普遍情况，但是符合于混凝土衬砌梁、板、柱等断面不大的构件，由于受力或收缩产生的裂缝情况。

⑦ 在检测混凝土的开裂情况时，探测位置应尽量避免贯穿裂缝的横向钢筋，以免声波通过钢筋传播而影响测定精度。此外，在裂缝中有液体或杂物填充时也会产生较大的误差。

1.3.7　隧道施工监控量测

1.3.7.1　概述

1. 隧道监控量测的意义

（1）隧道施工的监控量测是保证工程施工质量的重要措施，也是判断围岩和衬砌是否稳定，保证施工安全，指导施工顺序，进行施工管理，提供设计信息的主要手段。

（2）因为隧道与地下工程是一种特殊的工程结构体系。从岩体力学的角度看，它是处于与围岩相互作用的体系之中的结构物；从地质力学的角度看，它是处于千变万化的地质体之中的工程单元体。在这样的岩体和地质体中，隧道一经开挖，其中所包容的原状力学体系便被打破，四周原有的受力状态已经改变。

（3）随着开挖断面增大或者深度的增长，这种改变也将不断地延续。在支护敷设后的一段时间内，虽然受力状态已发生改变，但是支护与围岩体之间的力的作用还没有达到最终平衡。随着时间的推移，根据得到的信息对支护再作若干变动，这种受力状态的改变才逐渐停止，支护与围岩体间力的作用体系逐渐达到最终平衡。

（4）从隧道与地下工程的这种复杂的力学发展过程，我们可以认识到以下几点：

1）隧道与地下工程如果作为一种工程结构物看待，它的受力特点和地面工程有很大的差别。由于隧道与地下工程是处于千变万化的岩体之中，其所受外力是不明确的。迄今为止，国内外学术界和工程界对外荷载体系的分布和量值还处于研究阶段，这就决定了隧道与地下工程设计是建立在若干假定条件下进行的。

2）隧道与地下工程的成形过程，自始至终都存在着受力状态变化这一特性。换言之，隧道从开挖起，一直到受力平衡和体系稳定，或者到结构受损，围岩内部结构一直是在变动，支护和衬砌的内力和外形也在变动之中。

（5）由上所述可知，隧道的现场监控量测，是从个体到群体解决隧道与地下工程力学、设计、施工问题的一种重要手段和主要途径。

2. 施工监控量测的任务

（1）确保工程质量：为此需要掌握隧道围岩和支护的状态，并进行动态的管理，根据量测的各种信息，对隧道实施科学施工，确保工程质量。

（2）指导现场施工：量测数据经过分析处理，预测和确认隧道围岩最终稳定时间，指导施工顺序和估算实施二次衬砌所需的时间。

（3）修正设计图纸：根据隧道工程在开挖后所获得的各种量测信息，必须认真进行综合的分析，检验和修正好原来的施工预设计。

（4）积累设计与施工的资料：对已有隧道工程施工中的量测结果，可以间接地应用到其他类似工程中去，作为设计和施工的参考资料。

3. 量测的具体要求

（1）能快速埋设测点：隧道在施工开挖过程中，开挖的工作面四周两倍洞径范围内受开挖影响最大。测点一般是开挖后埋设的，为尽早获得围岩开挖初始阶段的变形动态，测点应紧靠工作面快速埋设，尽早量测。一般情况下，应设置在隧道开挖工作面 2m 的范围内，开挖后 24h 内、下次爆破前测取初读数。

（2）测量的时间短：在隧道工程的测量中，必须使每一次量测数据所需时间应用最短。

（3）测试元件应具有良好的防震、防冲击波能力，测试数据应准确可靠。

（4）测试数据直观，不必复杂计算即可直接应用：测试元件在埋设后能长期有效工作。

（5）所测试的各种元件，应有足够的精度，满足测量的所有要求。

4. 量测项目及其方法

施工监控量测的项目应根据隧道工程地质条件、围岩类别、围岩应力分布情况、隧道跨度、埋深、工程性质、开挖方法、支护类型等因素确定。表 1-3-39 中的 1～4 项为必须测量项目；5～11 项为选择测量的项目。

隧道现场监控量测项目及量测方法　　　　　　　　　　　　　表 1-3-39

序号	项目名称	方法及工具	具体布置	量测的间隙时间			
				1～15d	16d～1 个月	1～3 个月	＞3 个月
1	地质和支护状况观察	岩石现状及支护裂缝观察描述、地质罗盘	开挖后及施工初期的隧道支护后进行	每次爆破后进行			

序号	项目名称	方法及工具	具体布置	量测的间隙时间			
				1～15d	16d～1个月	1～3个月	＞3个月
2	周边位移	各种类型收敛	每10～50m一个断面，每断面2～3对测点	1～2次/天	1次/2天	1～2次/周	1～3次/月
3	拱顶下沉	水平仪、水准尺、钢尺或测杆	每10～50m一个断面	1～2次/天	1次/2天	1～2次/周	1～3次/月
4	锚杆或锚索内力及抗拔力	各类电测锚杆、锚杆测力计及拉拔器	每隔10m一个断面，每个断面至少做3根锚杆	—			
5	地表下沉	水平仪、水准尺	每10～50m一个断面，每断面至少7个测点；中线每5～20m一个测点	开挖面距量测断面前后＜2B时，1～2次/天；开挖面距量测断面前后＜5B时，1～2次/天；开挖面距量测断面前后＜5B时，1/周			
6	围岩体内位移（洞内设点）	地面钻孔中安设单点、多点杆式或钢丝式位移计	每5～100m一个断面，每断面2至少11个测点	1～2次/天	1次/2天	1～2次/周	1～2次/月
7	围岩体内位移（地表设点）	地面钻孔中安设各类位移计	每代表性地段一个断面，每断面3～5个钻孔	同地表下沉要求			
8	围岩压力及两层支护间的压力	各种类型压力盒	每代表性地段一个断面，每断面宜为15～20个测点	1～2次/天	1次/2天	1～2次/周	1～2次/月
9	钢支撑内力及外力	支柱压力计或其他测力计	每10榀钢拱支撑一对测力计	1～2次/天	1次/2天	1～2次/周	1～2次/月
10	支护、衬砌内应力、表面应力及裂缝量测	各类混凝土内应变计、应力计、测缝计及表面应力解除法	每代表性地段一个断面，每断面宜为11个测量点	1～2次/天	1次/2天	1～2次/周	1～2次/月
11	围岩弹性波测试	各种声波仪及配套探头	在有代表性能段设置	—			

5. 施工监控量测计划的制定

施工监控量测计划应综合施工、地质、测试等方面的要求，由设计人员完成。量测计划应根据隧道地质地形条件、支护类型和参数、施工方法和其他有关条件制定。施工监控量测计划一般应包括下列内容：

（1）监控量测项目、方法及监控量测断面选定，断面内测点数量和位置、量测频率，量测仪器和元件的选定及其精度和率定方法，测点埋设时间等。

（2）量测数据记录表格式，表达量测结果的格式，量测数据精度确认的方法。

（3）量测数据处理方法，进行试算；量测数据大致范围，作为判断异常依据。

（4）从初期量测值预测最终位移值的方法，综合判断隧道最终稳定的标准。

（5）施工管理方法；异常情况对策；利用反馈信息修正设计的方法。

（6）传感器埋设的设计，包括埋设方法、步骤、各部分尺寸及回填浆液配比、工艺选定及与工程进度衔接等。

（7）固定测试元件的结构设计和测试元件的附件设计。一般应保证测点的空间或平面位置正确，使测到的力和变形方向明确，防震、安全可靠；包括钻孔内、钻孔口部和引出线的布线方法，测试仪器对环境的要求。

（8）量测断面布置图及其文字说明，监控量测设计的说明书。

6. 监控量测的实施管理方法

（1）获得满足精度要求和可信赖的量测信息。

（2）正确进行预测和反馈。

（3）建立管理体制和相应管理基准，进行日常施工管理、量测管理等。

（4）由于隧道的开挖工作面是不断推进的，所得到的量测信息也是不断变化的，使得量测信息的管理是动态的，大量的信息需不断地更新、计算及进行判断。因此，为了及时利用量测信息，应使用微型计算机和绘图仪进行数据处理和施工管理。

（5）现场监控量测应按量测计划认真组织实施，并与其他施工环节紧密配合。各预埋测点应牢固可靠，易于识别并妥善保护，不得任意撤换和遭到破坏。

（6）隧道现场监控量测应成立专门量测小组，由施工单位或委托其他单位承担量测任务。

（7）量测小组负责测点埋设、日常量测、数据处理和仪器保养维修工作，并及时将量测信息反馈于现场施工和设计。

1.3.7.2 围岩周边位移的量测

1. 量测的设计

隧道内壁面两点连线方向的位移之和称为"收敛量测"。收敛值为两次量测的距离之差。收敛量测是隧道施工监控量测的重要项目，是基本的量测数据，须量测准确，计算无误。

收敛量测设计包括仪器选择、断面间距、量测频率、测线布置、量测点埋设时间等。设计依据是地质条件、地压分布、隧道埋深、开挖方法、施工进度，断面收敛速度等因素。

（1）量测断面的间距：首先应保证沿隧道轴线每类围岩至少有一个量测的断面。一般情况下，对于洞口段和埋深小于两倍隧道宽度的地段，每间隔 5～10m 就需有一个量测断面；其余地段可根据地质条件来确定，基本上是每隔 5～100m 设一个断面。

对于地质条件好且收敛值稳定的隧道，可加大量测断面的间距；对于围岩较差，收敛值长期不稳定，开挖进度快或采用分部开挖法施工的隧道，可缩小量测断面的间距。

（2）量测的频率：量测的频率必须按照表 1-3-40 所示取值。由于从不同测线得到的位移速度不同，量测频率应按速度高的取值；若根据位移速度和距工作面距离两项指标分别选取的频率不同，则从中取高值。

收敛和拱顶位移量测频率　　　　　　　　　　　　　　　表 1-3-40

序号	位 移 速 度	距工作面距离	频 率
1	＞10	(0～1)D	1～2 次/日
2	5～10	(1～2)D	1 次/日
3	1～5	(2～5)D	1 次/2 日
4	＜1	＞5D	1 次/周

注：1. 位移速度的单位为 mm/d；

　　2. D 为隧道宽度。

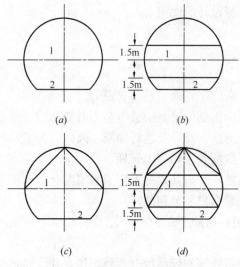

图 1-3-44　隧道周边位移测线布置

当隧道接近超前导坑时，如果地质条件变差，或量测值出现异常情况，量测频率应加大，必要时需每 1h 测量一次，或者更短时间量测一次，反之频率可减少；后期量测时，间隔时间可加大到几个月或半年量测一次。

（3）量测点的埋设时间：初期监控测点埋设的时间是一个重要因素。一般情况下，测点距开挖工作面应小于 1～2m。测点埋设后，第一次量测时间应在上次爆破后 24h 内进行，并在下次爆破前进行。第一次量测的初读数是关键性数据，应反复测读；当连续量测 3 次的误差 $R \leqslant 0.18$mm 时，才能继续爆破掘进（R 根据收敛计而异）。

（4）收敛测线布置：测线的布置和数量与地质条件、开挖方法、位移速度等因素有关，主要布置形式见图 1-3-44 所示。当全断面开挖时，埋深小于两倍洞径地段或浅埋隧道，可采用 3～6 条测线；一般地段应采用 2～3 条测线，但拱脚处须有一条水平测线。若位移值较大，可同时进行绝对位移量测。

2. 量测仪器与测试原理

（1）目前我国公路隧道施工中常用的收敛计为机械式的收敛计，其性能与特点如表 1-3-41 所列。

现场位移监控常用收敛计性能与特点　　　　　　　　　　表 1-3-41

编号	仪器名称	主要技术性能	特点
1	QJ-85 型坑道周边收敛计	球铰弹簧式，最小计数 0.01mm，量测精度 ±0.06mm	可靠、方便、精度高
2	GY-85 型收敛计	柱销弹簧式，最小计数 0.01mm，量测精度 ±0.05mm	可靠、方便、精度高
3	SWJ 型隧道周边收敛计	重锤式，最小计数 0.01mm，量测精度 ±(0.30～0.47)mm	可靠、简易、经济

（2）不同的收敛计有不同的使用方法，下面以球铰式收敛计（图 1-3-45）为例，说明收敛测试原理。仪器安装后，利用弹簧秤、钢丝绳、滑管给钢尺施加固定的水平张力（弹

簧秤拉力 90 N），同时，钢丝绳带动内滑管沿固定方向移动，内滑管上的触头压缩百分表读得初始数值 X_0；间隔时间 t 后，用同样的方法可读得 t 时刻的值 X_t，则 t 时刻的周边收敛值 U_t 即为百分表的两次读数差。即：

$$U_t = L_0 - L_t + X_{t1} - X_{t0}$$

式中　L_0 ——初读数时所用尺孔刻度值；

　　　L_t —— t 时刻时所用尺孔刻度值；

　　　X_{t1} —— t 时刻时经温度修正后的百分表读数值；

$$X_{t1} = X_t + \varepsilon_t$$

　　　X_{t0} ——初读数时经温度修正后的百分表读数值；

$$X_{t0} = X_0 + \varepsilon_{t0}$$

　　　X_t ——M 时刻量测时百分表读数值；

　　　X_0 ——初始时刻百分表读数值；

　　　ε_t ——温度修正值；

$$\varepsilon_t = \alpha(T_0 - T)L$$

　　　α ——钢尺线膨胀系数；

　　　T_0 ——鉴定钢尺的标准温度，$T_0 = 20℃$；

　　　T ——每次量测时的平均气温；

　　　L ——钢尺长度。

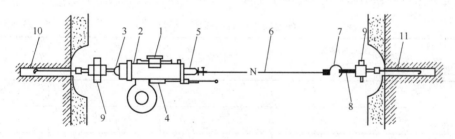

图 1-3-45　球铰式收敛计结构及安装示意图

1—百分表；2—百分表支架；3—球铰；4—弹簧秤；5—滑管；
6—钢尺；7—挂钩；8—连接环；9—连接销；10—砂浆；11—预埋件

3. 原始记录和量测资料整理

（1）量测的原始记录：量测的原始记录应呈表格形式，一般有如下内容：注明断面编号、测点设置时间，列出量测内容并填写具体量测值，表中应留有备注栏，以便记录施工情况，最后应有量测和记录人员的签名等。

（2）量测资料整理：对隧道围岩周边位移每次量测后，需将原始记录及时整理成正式记录。对每一次量测断面内的每一条测线，整理后的量测资料应包括以下内容：

1）原始记录表及实际测点布置图。

2）位移随时间以及开挖面距离的变化图。

3）位移速度、位移加速度随时间以及开挖面距离的变化图。

（3）在上述图表中应同时记入隧道的开挖、喷射混凝土、锚杆施工工序和时间，并将位移警戒线和极限值计算出来。

（4）当收敛值在 3～6 个月后还在发展时，一个月后的位移图可用单对数坐标表示。

（5）每日的记录汇入日报表，并将整理的图表应及时进行数据处理，以便能更好地指导现场施工，最后汇入工程竣工档案中。

4. 数据的处理

（1）每一个隧道工程所遇到的许多变量都有相关关系，一个量变化，另一个也随之变化，但却无法从一个变量去精确地计算另一个变量。

（2）如围岩变形与地层压力的关系；隧道表面位移值与时间的关系等。所以，应及时对现场量测数据绘制时态曲线（或散点图）和空间关系曲线。

（3）当位移-时间曲线趋于平缓时，应进行量测数据处理或回归分析，以推求最终位移和掌握位移变化规律。

5. 收敛量测结果的应用

（1）收敛量测结果的主要用途在于评定隧道的稳定性。隧道的稳定性判断有两个方面：首先是初期支护的稳定性判断，据此确定二次支护的时间；然后是隧道周边总收敛值判断，在规定允许值之内，且不大于预留变形量，据此保证结构不侵入限界。

（2）《公路隧道施工技术规范》JTGF60—2009 第 9.3.4 条规定，隧道周壁任意点的实测相对位移值或用回归分析推算的总相对位移值均应小于表 1-3-42 所列数值。当位移速率无明显下降，而此时实测位移值已接近该表所列数值，或者喷层表面出现明显裂缝时，应立即采取补强措施，并调整原设计参数或开挖方法。

隧道周边相对位移值（％） 表 1-3-42

序号	覆盖层厚度（m） 围岩类别	<50	50～300	>300
1	Ⅳ	0.10～0.30	0.20～0.50	0.40～1.20
2	Ⅲ	0.15～0.50	0.40～1.20	0.80～2.00
3	Ⅱ	0.20～0.80	0.60～1.60	1.00～3.00

注：1. 相对位移值是指实测位移值与两测点间距离之比，或拱顶位移实测值与隧道宽度之比；

2. 脆性围岩取表中较小值，塑性围岩取表中较大值；

3. Ⅰ、Ⅴ、Ⅵ类围岩可按工程类比初步选定允许值范围；

4. 本表所列位移值可在施工过程中通过实测和资料积累作适当修正。

（3）按照我国《公路隧道施工技术规范》JTGF60—2009 第 9.3.5 条规定，在进行二次衬砌的施工应在满足下列要求时进行：

1）各测试项目的位移速率明显收敛，围岩基本稳定。

2）已产生的各项位移已达预计总位移量的 80％～90％。

3）周边位移速率小于 0.1～0.2mm/d，或拱顶下沉速率小于 0.0～0.15mm/d。

（4）对于某一个量测断面而言，取拱脚附近的水平测线和另一条最大测线的两条回归方程，作为判断用的方程。前者从收敛速度进行判断，后者从总的收敛量进行判断（不含弹性变形量）。一方面预报变形情况和判断施做二次支护的时间，另一方面需要注意最终的位移值，其结构是否侵入限界。

1.3.7.3　拱顶下沉的量测

1. 概述

（1）隧道工程建设中，如果遇到拱顶内壁的绝对下沉量则称为拱顶下沉值，单位时间内拱顶下沉值称为拱顶下沉速度。

（2）拱顶下沉量测也属位移的量测，对于埋深较浅、固结程度低的地层，水平成层的场合，这项量测比收敛量测更为重要。

（3）对于其量测的数据是正确判断隧道支护效果，便于指导施工工序，它是保证隧道施工质量和安全的最基本的资料。

2. 量测的方法

（1）对于浅埋的隧道，一般可通过由地面对下进行钻孔，使用挠度计或其他仪表测定拱顶相对地面不动点的位移值。

（2）而对于深埋的隧道，则可以采用拱顶变位计，将钢尺或收敛计挂在拱顶点作为标尺，后视点可设在稳定衬砌上，用水平仪进行观测。

（3）在量测深埋的隧道过程中，可将前后两次后视点读数相减（后读数减前读数）得差值 A，两次前视点读数相减（后读数减前读数）得差值 B，计算 $C=B-A$；如 C 值为正，则表示拱顶向上位移；若 C 值为负，表示拱顶下沉。

（4）如图 1-3-46 示出了 A、B、C 三量间的几何关系，图中实线为前次观测时的情形，虚线为后次观测时的情形；P 为前次观测时标尺上的前视点，P' 为后次观测时 P 点在垂直方向上移到的位置。

3. 量测的具体要求

（1）拱顶下沉量测断面间距、量测频率、初读数的测取等同收敛量测。

（2）每个断面布置 1～3 个测点，测点设在拱顶中心或其附近。

（3）量测精度要求必须为 ±1mm。

（4）量测时间应延续到拱顶下沉稳定后。一般来说，拱顶下沉量的历时变化在开挖后大致呈直线增加，一直到距开挖面约 1～3 倍隧道直径处之后下沉发展变慢、坡率变缓、渐近稳定。如果有底臌时，可按拱顶下沉法量测。

4. 量测所用仪器

（1）拱顶下沉量测主要用隧道拱部变位观测计。

（2）新奥法量测中，要求观察拱部的下沉量。

（3）由于隧道净空高，使用机械式测试方法很不方便，使用电测方法造价又很高，铁道科研部门设计了隧道拱部变位观测计。

（4）其主要特点是，当锚头用砂浆固定在拱顶时，钢丝一头固定在挂尺轴上，另一头通过滑轮可引至隧道下部，测量人员可在隧道底板上测量，如图 1-3-47 所示：测量时用尼龙绳将钢尺拉上去，不测时收在边上，不致影响施工，测点位置又相对固定。

5. 原始记录和量测资料的积累

（1）量测的原始记录与收敛量测相同，用下沉量、下沉速度的时间关系图来表示。

（2）拱顶下沉值主要用于确认围岩的稳定性，尤其是事先预报隧道拱顶崩塌；其方法与收敛量测相同，拱顶下沉值大约为起拱线附近的水平测线收敛值的 1/2。

（3）对上述两者而言，随时间变化规律是一样的，但是，如果碰上崩塌或者浅埋则除外。

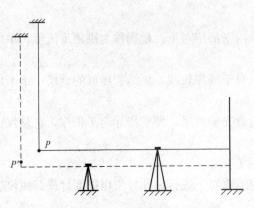

图 1-3-46 水平仪观测拱顶下沉示意图

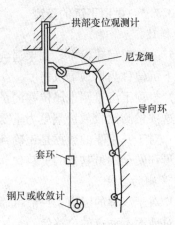

图 1-3-47 拱部变形观测图

1.3.7.4 隧道地表下沉的量测

1. 概述

对浅埋隧道开挖过程中可能会引起地层而发生沉陷，进行量测目的在于了解如下内容：

（1）地表下沉在隧道的具体位置、范围及大约量值。

（2）地表及地中下沉随隧道建设施工的工作面推进而发生的规律。

（3）在隧道建设施工中，地表及地中下沉稳定的时间。

2. 量测的方法

（1）一般采用水平仪进行量测，其量测精度为 ±1mm。

（2）量测用的测点沿纵向（即隧道的中线方向）布置，其间距：当埋深 $D>2D$ 时，为 20~50m；当埋深 $D<h<2D$ 时，为 10~20m；当埋深 $D<D$ 时，为 5~10m。

（3）在 D 为隧道直径时，每个隧道至少两个断面；横向布置间距为 2~5m；至少布置 11 个测点，隧道中线附近可密些，远离隧道中线处可疏些。

（4）其实测例可如图 1-3-48 所示，测点构造可如图 1-3-49 所示。

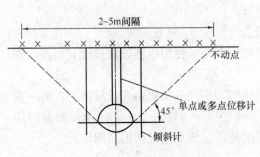

图 1-3-48 地表下沉测点布置图

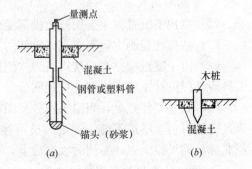

图 1-3-49 下沉测点构造示意图

（a）地中下沉测定点；（b）地表下沉测定点

（5）为了准确掌握地表下沉规律，应从工作面前方 2D 处开始量测地表下沉。

（6）量测的频率：一般情况下，开挖面的距量测断面前后距离 $d<2D$ 时，每天 1~2

次；当 $2D<d<5D$ 时，每两日进行一次；当 $d>5D$ 时，每周 1 次。

3. 原始记录和量测资料积累

(1) 原始记录表可参考收敛或拱顶下沉记录表，但注意在整理资料时，应将纵向下沉-时间曲线和横向下沉-时间曲线分别做出。

(2) 最大下沉量的控制标准是根据地面结构的类型和质量要求而定，大约为 $10\sim20mm$；在变弯点的地表倾斜应小于结构的要求，一般应小于 $1/300$。

(3) 根据回归分析，如果地表下沉量超过上述标准，应采取有效措施来处理。

1.3.7.5 隧道围岩内部位移量测

1. 概述

(1) 量测的目的：隧道围岩内部位移量测的主要目的是了解隧道围岩的径向位移分布和松弛范围，优化锚杆参数，指导施工。

(2) 量测原理：埋设在钻孔内的各测点与钻孔壁紧密连接，岩层移动时能带动测点一起移动，如图 1-3-50 所示。变形前各测点钢带在孔口的读数为 S_{i0}，变形后第 n 次测量时各点钢带在孔口的读数为 S_{in}。测量钻孔不同深度岩层的位移，也就是测量各点相对于钻孔最深点的相对位移。第 n 次测量时，测点 1 相对于孔口的总位移量为 $S_{1n}-S_{10}=D_1$，测点 2 相对于孔口的总位移量为 $S_{2n}-S_{20}=D_2$，测点 i 相对于孔口的总位移量应为 $S_{in}-S_i$。于是其测点 2 相对于测点 1 的位移量是 $\Delta S_{2n}=D_2-D_1$，测点 i 相对于测点 1 位移量是 $\Delta S_{in}=D_i-D_1$。

(3) 当在钻孔内布置多个测点时，就能分别测出沿钻孔不同深度岩层的位移值。测点 1 的深度愈大，本身受开挖的影响愈小，所测出的位移值愈接近绝对值。

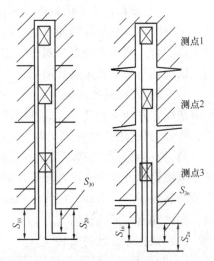

图 1-3-50 隧道围岩内移量测示意图

2. 量测方法

(1) 量测断面的选择：隧道施工中需要量测断面应设在有代表性的地质地段；在一般围岩条件下，每隔 $200\sim500m$ 设一个量测断面比较适宜。在这同一的量测断面上，围岩内部位移、锚杆轴力、衬砌内切向和径向应力、表面应力等项的量测，均可以在同时进行。

(2) 隧道内量测断面上的测点布置：对于每一量测断面必须布设 $3\sim11$ 个测点；其测点布置应按各个隧道的实际情况选择合适的位置，要尽量靠近锚杆或周边位移量测的测点处，以便进行计算分析。对每一测点，需选择几种不同深度的钻孔；连续测几种不同深度的围岩内的位移，以确定围岩内部的松弛范围。

(3) 量测频率：隧道施工中，围岩内位移的量测频率与同一断面其他项目量测频率相同。

3. 量测的仪器

(1) 量测仪器的分类

1) 根据埋设情况，多点位移计可分为埋设式和移动式两种；埋设式多点位移计安装在钻孔内以后就不再取出，这里又有弦式和杆式两种。由于埋设式耗资大，测量的点数有限，因此又出现了移动式。这种方法克服了上面的一些缺点，得到了越来越广泛的应用。

2) 根据位移测试仪表的不同又可分为机械式和电测式，其主要特点：

① 机械式钻孔伸长计是一种常用的钻孔位移计，用以长期观察钻孔轴向的相对变形。如果钻孔有相当深度，则可认为其变形为绝对变形，它既可监视施工过程中围岩的稳定情况，又能长期观测锚喷加固围岩的效果；

② 电测式多点位移计测量部分可采用滑线电阻式、电阻应变式、电感式等。这种方法测量精度高，容易实现遥测，但价格较贵，容易受干扰。机械式测试方法价格便宜、读数稳定，不足之处是精度较低、不易遥测等。目前这两种测试方法都得到了普遍的应用。

（2）钻孔伸长计的构造

1) 钻孔伸长计主要由锚固器和位移测定器组成，锚固器安装在钻孔内，每个测点安装一个锚固器，它只起锚固点的作用。位移测定器安装在钻孔口部，可与数个（如 8 个）锚固器配合，测出各测点相对于口部的位移值，然后换算出各测点相对于最深一点的位移值。锚固器与位移测定器之间用钢丝联结。

2) 锚固器在钻孔内锚固时，使用专用设计的安装杆。其旋转紧螺栓，压紧钻孔孔壁，形成锚固，并卸下安装杆。此种锚固器结构较简单，加工比较方便，但是其锚固力较小，约 100N，只适用孔径为 90～125mm 的钻孔。

3) 位移测定器压簧座固定外壳的底部，滑杆可在其中自由滑动，钢丝从滑杆中穿过，被压紧螺钉和夹线块夹住，压簧顶着滑杆可将整个钢丝撑紧。当有变形时，滑杆在钢丝与压簧的制约下产生滑动。用深度游标卡尺测读，测量板是测读的基准，测出滑杆的滑动距离，便可知道变形的量值。

（3）钻孔伸长计的安装

1) 钻孔要求：钻孔伸长计是用来测定钻孔轴向各点变形量的，故要求钻孔基本顺直；实际上一般钻孔稍有弯曲不影响使用。孔径受锚固器尺寸所限，一般不能相差太大。采用 YQ100A 型潜孔凿岩机钻孔，其直径在 100～120mm 范围内。

2) 锚固器的安装：锚固器安装位置要根据钻孔地质构造情况及对围岩变形情况的预测来确定。一般原则是深处布点稀，浅处布点密，由深到浅依次安装。安装时，先排除钻孔内的碎石，将锚固器接上钢丝，装在安装杆上，以最小外径向钻孔内递送。递送到一定位置后，可旋转安装杆撑开锚固器，到用力旋转不动为止，然后卸下安装杆。

3) 位移测定器的安装：一般在安装前，首先在钻孔附近埋设底脚螺栓，然后将钢丝依次穿过位移测定器各孔，再装上外壳，用螺母垫片固定在底脚螺栓上。位移测定器中轴线与钻孔轴线相重合，将钢丝穿过压簧及滑杆，放好夹线块并压紧螺钉，把滑杆插进位移测定器底座孔内，用力拉紧钢丝，推送滑杆使弹簧压缩，旋紧压紧螺钉，使夹线块夹紧钢丝，并剪去多余钢丝，最后将测量板安装上，并盖上盖子。

（4）钻孔伸长计的应用

1) 一般在拱部或顶部导洞开挖后，必须立即钻孔安装伸长计，然后再进行扩挖，隔一定时间测读各点位移值；进行校正，求出相对于最深一点的位移值，做出时间-位移曲线，并分析各点的变形速率及稳定性。

2）测读方法，用 0～300mm 的深度游标卡尺（精度为±0.2mm）测读。以测量板为基准面，通过测量板上的各孔，测量滑杆尾部（即压紧螺钉端面）与基准面的距离变化。在安装好位移测定器后，即可进行初始读数测量，每点需进行 5 次测读，取其 3 次相近的读数平均值作为此处测读结果；其测读间隔时间必须视工程进展及围岩变形情况而定，由数小时到数天，一般间隔 1d 就应测读一次。

4. 量测资料的应用

（1）隧道围岩内位移的量测多在软弱、破碎或具有较大地质结构面的围岩内进行。这类围岩本身力学性态复杂，受力变形规律不易预测，支护比较困难。

（2）进行围岩内位移量测，可比周边位移量测获取更多地层信息，特别是有关围岩内的信息，对分析围岩内部的位移规律，并据此调整支护参数，或设计新的支护结构大有好处。

（3）在实施量测过程中，一般根据量测的结果，首先绘出位移-深度关系曲线（图 1-3-51）和位移-时间关系曲线（图 1-3-52）。如果在两相邻测点间位移突然变化，则表明在此两点间很可能有不连续位移在发生，即松弛围岩的界面在此两点之间；若调整支护参数时，如有可能则应使锚杆长度超出此两点。

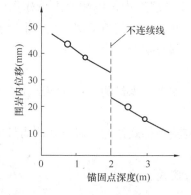 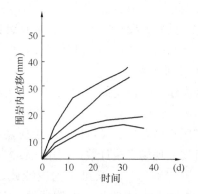

图 1-3-51　位移-深度关系曲线示意图　　图 1-3-52　位移-时间关系曲线示意图

（4）如果相邻测点间位移变化比较均匀，且最深测点仍有较大位移，则表明围岩受扰动范围较大，仅靠调整锚杆长度一般难以解决支护问题；这时应采取综合治理措施，采用特殊的钢支撑加锚喷（挂网）等方案进行初期支护，并在必要时加大二次衬砌的强度和刚度。通过位移-时间曲线，掌握了围岩内部随时间变形的规律，则可更好地用于指导施工，如确定复喷的时间和二次衬砌的施工时间。

（5）值得指出的是，以上对量测成果的分析仅仅是初步的，据其结论采取工程措施有时会"药不对症"。为了分析在特定条件下产生的量测结果的深层次原因，综合分析地质因素和施工因素对围岩稳定性的影响，对一些重大工程上应用"反分析法"。

（6）"反分析法"基本原理是：以现场量测的位移作为基础信息，根据工程实际建立力学模型，反求实际岩（土）体的力学参数、地层初始地应力以及支护结构的边界荷载等。广义的反分析法还包括在此之后，利用有限元、边界元等数值方法，进行正分析，据之进行工程预测和评价，并进行工程决策和决定采取措施，最后进行监测并检验预测结果。如此反复，达到优化设计、科学施工之目的。图 1-3-53 所示为监测-预报系统的组成

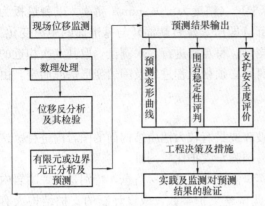

图 1-3-53 监测-预报系统组成框示意图

框示意图，位移反分析法为其核心。

1.3.7.6 钢支撑压力的量测

1. 概述

（1）当隧道建设中的围岩类别低于Ⅳ类时，在隧道开挖后常需要采用各种钢支撑进行支护。量测围岩作用在钢支撑上的压力，对维护支架承载能力、检验隧道偏压、保证施工安全、优化支护参数等具有重要意义。

（2）通过对压力的量测，可得知钢支撑的实际工作状态，从钢支撑的性能曲线上可以确定在此压力作用下钢支撑所具有的安全系数，视具体情况确定是否需要采取加固措施。

（3）如果施工中采用上下部分次开挖时，下部开挖马口容易扰动架脚，造成上部拱架松动下落，轻则支护作用受到影响，重则可能导致局部坍塌。

（4）特别是当倾斜状岩层出现时，极易出现顺层滑坍，影响钢支撑作用的发挥。这时，如果上部拱架上设有压力计，便能从其读数变化情况判断下部开挖对上部支护结构的影响，根据量测结果调整马口开挖宽度，保障下部开挖的安全。

2. 测力计的分类

隧道围岩作用于钢支撑上的压力可采用多种测力计来量测。根据测试原理和测力计结构的不同，测力计分以有如下的分类方法：

（1）液压式测力计。又可以分为液压盒式与油压枕式两种。液压式测力计的优点是结构简单、可靠、现场直接计数，使用比较方便。

（2）电测式测力计。又可分为应变式、钢弦式、差动变压式、差动电阻式四种。电测式测力计的优点是测量精度高，可远距离和长期观察。下面仅介绍液压式压力计的结构原理和压力测试的方法。

3. 液压式测力计的结构原理

（1）图 1-3-54 所示为液压测力计结构图，主要由油缸、活塞6、调心盖4、接管式高压胶管2、减振器和压力表1等组成。

（2）另外，为了在组装时排净系统中的空气，在油缸壁上设有球形排气阀。在使用中突然卸载时，为了不使压力表损坏，还设有螺钉减振装置。

（3）测力计与压力表的连接有硬管（直管和弯管）和软管（高压胶管）两种。油液采用机油或透平油。压力表的精度为 1～1.5 级，测量范围为 0～600MPa。为了使测力计能在恶劣条件下正常工作，其压力表盖为有机玻璃并装配防水胶套及铠装套。

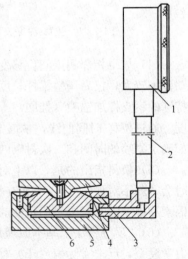

图 1-3-54 液压测力计结构示意图
1—压力表；2—高压胶管；3—压盖；
4—调心盖；5—油缸底座；6—活塞

表 1-3-43 所列为常用的 HC45 型液压测力计技术性能。

HC45 型液压测力计技术性能   表 **1-3-43**

额定载荷（t）	承载面积（m²）	额定液压（MPa）	配用压力表规格（MPa）	油缸内径（mm）	压力表外径（mm）	精度（%）	允许偏心角（′）	质量（kg）	液压油型号
45	0.0135	57.3	0~60	100	100	5	5	12.5	≥30 号机油

4. 量测的方法

（1）根据量测目的去选择隧道的量测断面。

（2）在量测断面内布置测点；测点一般为 3 个，如图 1-3-55 所示，也可视需要灵活设置。

（3）根据液压测力计的使用要求，安装测力计于钢支撑上面。注意测力计必须同时与钢支撑和围岩壁面或喷射混凝土面接触，安装应牢固可靠，如图 1-3-56 所示。

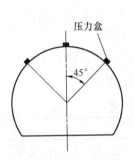

图 1-3-55　测力计的布置示意图

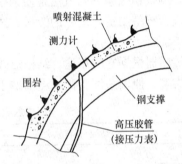

图 1-3-56　测力计安装示意图

（4）通过高压软管将压力表接到读数方便的位置，固定管束和压力表于钢支撑或隧道壁面上。由于液压测力计通常就在钢支撑的旁边测取读数，测力计和压力表等有时会受爆破施工影响，所以安装时应注意使量测仪器避开爆破飞石方向。

（5）读取初读数，并定期记录各点压力值。

5. 量测的总结

液压测力计测取的是隧道围岩因变形而作用在钢支撑上的径向压力，此压力随时间发展而会发生不断变化。量测成果的总结整理工作，主要是绘制各测点的压力-时间变化曲线。图 1-3-57 所示出为某地下工程钢支撑压力的实测结果。

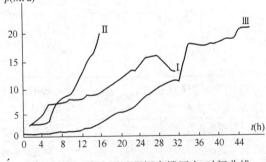

图 1-3-57　某地下工程钢支撑压力-时间曲线

1.3.7.7　隧道衬砌应力的量测

1. 基本原理

（1）对于隧道衬砌应力量测的目的是在于研究复杂工程条件下的地压问题、检验设计、积累资料和指导施工，衬砌应力量测通常是压力量测。

（2）钢弦式测试技术属于"非电量电测法"的范畴，测试工作系统一般由钢弦式传感器（或调频弦式传感器）和钢弦频率测定仪组成，如图 1-3-58 所示。

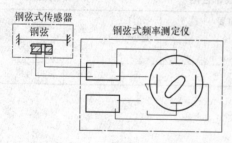

图 1-3-58　钢弦式测试系统图

（3）该方法其实质是传感器中有一根张紧的钢弦，当传感器受到外力的作用时，弦的内应力就发生变化，随着弦的内应力的改变，自振频率也相应地发生变化，弦的张力越大，自振频率越高，反之，自振频率就越低。

（4）钢弦自振频率的变化反映了加于钢弦传感器上外力的变化。如若能测出钢弦频率的变化，就可以利用它测定施加于传感器上的外力。

（5）所以，钢弦式测试隧道衬砌应力的基本原理，就是利用钢弦的这种性质，将力转换成钢弦的固有频率的变化而进行测量的。

（6）一般测量钢弦频率的方法是使钢弦在电磁力的作用下激振，起振后将振动频率转成电量，再进行频率测量。钢弦的激振方式通常有两种：间歇式激振和连续等幅激振。

2. 压力盒的类型

钢弦式传感器根据它的用途、结构形式和所用材料的不同，一般有多种类型。国产常用的压力盒类型、使用条件及优缺点归纳于表 1-3-44 中。

压力盒类型及使用特点　　　　　　　　　　　　　　　　　　　　表 1-3-44

序号	工作原理	结构与材料	使用条件	主 要 优 缺 点
1	单线圈激振型	钢丝卧式钢丝立式	测土、岩土的压力，测土的压力	（1）构造简单； （2）输出间隙非等幅衰减波，故不适用动态测量和连续测量，并且难于自动化
2	双线圈激振型	钢丝卧式	测水、土、岩的压力	（1）输出等幅度，稳定，电势大； （2）抗干扰能力强，便于自动化； （3）精度高，便于长期使用
3	钨丝压力盒	钢丝立式	测水、土的压力	（1）刚度大，精度高； （2）温度补偿好，能耐高温； （3）便于进行自动化记录
4	钢弦摩擦压力盒	钢丝卧式	测井壁与土层间的摩擦力	只能测与钢筋同方向的摩擦力
5	钢筋应力计	钢　弦	测钢筋中的应力	使用中比较可靠
6	钢筋应变计	钢　弦	测混凝土的变形	使用中比较可靠

3. 传压囊的设置

（1）在隧道施工的现场进行实际测量工作时，为了增大钢弦压力盒接触面，避免由于埋设接触不良而使压力盒失效或测值很小，有时采用传压囊增大其接触面。

（2）囊内传压介质一般使用机油，因其传压系数可接近 1，而且油可使负荷以静水压力方式传到压力盒，也不会引起囊内锈蚀，便于密封压力盒与传压囊装配情况如图 1-3-59 所示。

（3）装配传压囊时，必须将油尽量注满，且囊内无空气；钢弦压力盒与传压囊接触处，用密封圈密封，压紧套管要压紧压力盒，达到施以设计负荷不漏油、不浸油时方可使用。

4. 钢弦压力盒的性能试验

对于一个压力盒的性能好坏，它直接影响压力测量值的可靠性和精确度。因此，具有一定灵敏度的钢弦压力盒，应随时保证其工作频率，特别是初始频率的稳定；压力与频率关系的重复性好，所以，应用前应对其进行各项性能试验。

（1）钢弦抗滑性能试验：钢弦通常用销钉夹紧装置安装并经过热处理、抗滑性试验时，将压力盒放在频率为 50 周/秒的振动台上持续振动 10～15s，然后检查其结构的初频变化情况。此外，还应做锤击试验。首先用小木槌以 15 次/min 的速度垂直敲打压力盒承压膜，当持续 2min 后再测量其初频变化；若初频变化在 ±10Hz 以内，则可认为性能良好，否则必须卸下钢弦重新安装。

（2）密封防潮试验：在试验时，将压力盒放在专设的压力罐中，先让其放在水中浸泡7d 以上，然后加 0.4MPa 的压力，并且恒压 6h 取出压力盒将其启开，检查密封质量，如果无渗漏现象，则可以认为密封防潮性能良好，可以使用，否则必须更换密封圈。压力盒密封试验装置如图 1-3-60 所示。

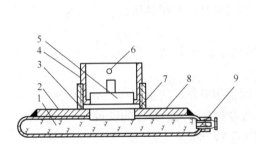

图 1-3-59　钢弦压力盒与传压囊装配图
1—机油；2—底板；3—连接套管；4—压紧套管；
5—钢弦压力盒；6—拧紧插孔；7—O 形密封圈；
8—油囊；9—注油嘴

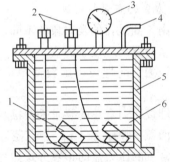

图 1-3-60　压力盒密封试验装置
1—压力盒；2—引线；3—压力表；
4—压力泵接口；5—压力缸；
6—水

（3）稳定性试验：该项试验是为了检查钢弦压力盒的初始频率在一段较长的时间内是否保持不变。其方法是把已经作过抗滑和密封防潮试验的压力盒在完全不受载荷的情况下静置 1 年，再测量其初始频率值；若仍在 ±10Hz 的频差范围内，可认为是稳定可靠的。

（4）重复性试验：压力盒的压力与频率重复性，系指在同一试验条件下，压力与频率对应关系的重复性能。如果压力盒的重复性能良好，其工作频率也一定稳定可靠。其试验方法与压力盒的标定的方法相同。

5. 钢弦压力盒的标定

（1）压力盒的标定，是指在室内测定每个压力盒频率与压力之间的对应关系，并绘出其关系特性曲线，以便现场测试使用。

（2）标定是在压力缸或材料试验机上进行的，如图 1-3-61 所示。

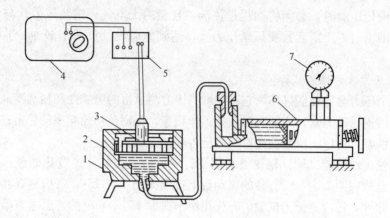

图 1-3-61 压力盒标定装置

1—油压罐；2—密封圈；3—压力盒；4—钢弦频率仪；5—激发放大器；
6—压力泵；7—压力表

（3）在标定前，首先将压力盒预压 3 次（反复由零加至设计最大负荷），然后开始标定读数。每次读数压力间隔一般为最大压力的 1/8～1/10。标定读数重复进行 3 次，取其平均值，并绘制其压力与频率平方差的关系曲线，即 P-(N-M) 曲线，如图 1-3-62 所示。

6. 压力盒的布置与埋设

（1）由于测试目的及对象的不同，测试前必须根据具体情况做出观测的设计，再根据观测设计来布置与埋设压力盒。

（2）压力盒的埋设，虽较简单，但由于体积较大、较重，给埋设工作带来一定的困难。

（3）埋设压力盒总的要求是：接触紧密和平稳，防止滑移，不损伤压力盒及引线，并且需在上面盖一块厚 6～8mm、直径与压力盒直径大小相等的铁板。

（4）常见的压力盒的布置方式如图 1-3-63 所示。

7. 压力盒的布置与埋设

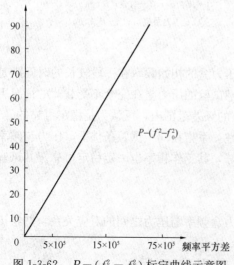

图 1-3-62 $P-(f^2-f_0^2)$ 标定曲线示意图

（1）由于测试目的及对象的不同，测试前必须根据具体情况作出观测的设计，再根据观测设计来布置与埋设压力盒。

（2）压力盒的埋设，虽较简单，但由于体积较大、较重，给埋设工作带来一定的困难。

（3）埋设压力盒总的要求是：接触紧密和平稳，防止滑移，不损伤压力盒及引线，并且需在上面盖一块厚 6～8mm、直径与压力盒直径大小相等的铁板。

（4）常见压力盒的布置方式如图 1-3-62 所示。

8. 压力盒观测的方法

（1）压力盒按照观测设计的要求布置埋设

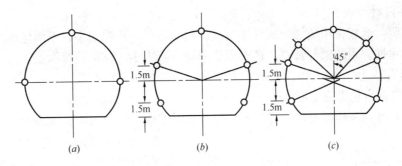

图 1-3-63　压力盒的布置

好以后，应根据实际情况设立观测室，首先将每个压力盒的电缆引线集中于室内，并按照顺序编排好号码，以防弄混出错。电缆线铺设一定要摆放得当，切不可出现被压断、拉断的现象。

（2）在正式观测时，必须根据具体情况及要求，定期进行测量；每次每个压力盒的测量应不少于 3 次，力求所测量的数值可靠、稳定，并仔细做好原始记录。这样，通过一段时间的现场观测，就可以根据所获得的资料进行整理分析。

1.3.8　隧道通风系统的检测

1.3.8.1　概述

（1）公路隧道内的通风可分为两种，即施工期间通风系统和运营期间通风系统。

（2）施工的通风系统旨在将施工中的炮烟、运输车辆排放的废气以及施工过程中产生的粉尘排至洞外，为在隧道内的施工人员输送新鲜空气，确保施工人员的身体健康。

（3）运营通风系统的目的是用洞外的新鲜空气置换被来往车辆废气污染过的洞内空气，给安全行车创造良好的条件，保护司乘人员和洞内工作人员的身体健康。

（4）下面介绍隧道通风的各种检测方法，主要包括压力的检测、流速的检测、施工粉尘浓度的检测、隧道内有害气体的检测和煤烟浓度的检测等。

1.3.8.2　隧道内粉尘浓度的检测

1. 隧道内粉尘浓度检测的意义

（1）我国公路隧道所穿过的地层地质条件千变万化，施工中产生的粉尘危害性很大。一般的岩尘能引起职业病危害职工身体健康，特殊情况下在煤层内掘进时产生的煤尘还有爆炸危险，严重威胁着隧道的施工安全。

（2）随着现代隧道机械化施工水平的提高，粉尘的发生量也将不断增加，因此，必须重视粉尘检测与防治工作，改善劳动条件，确保施工安全。

（3）我国《公路隧道施工技术规范》（JTG F60—2009）规定，隧道施工中含 10% 以上游离二氧化硅的粉尘，每立方米空气中不得大于 2mg；含 10% 以下游离二氧化硅的矿物性粉尘，每立方米空气中不得大于 4mg。

（4）目前我国对隧道施工中，常采用质量法测定粉尘浓度，滤膜测尘法的基本原理是：用抽气装置抽取一定量的含尘空气，使其通过装有滤膜的采样器，滤膜将粉尘截留，然后根据滤膜所增加的质量和通过的空气量计算出粉尘的浓度。

2. 主要器材

(1) 滤膜：滤膜是用超细合成纤维制成的网状薄膜，孔隙细小，表面呈细绒状，具有电荷性、憎水性、耐酸碱等特点，还有阻尘率高、阻力小、质量轻等优点。

滤膜有直径为 75mm 和 40mm 两种规格。当粉尘浓度高于 200mg/m³ 时，用直径 75mm 的滤膜；当粉尘浓度低于 200mg/m³ 时，用直径 40mm 的滤膜。

(2) 采样器：采样器是由采样头和滤膜两部分组成的，如图 1-3-64 所示。

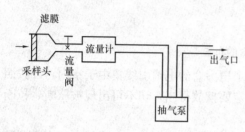

图 1-3-64　采样器的工作原理图

(3) 抽气装置：目前，电动测尘仪在隧道粉尘测定能得到广泛应用。它是以微型电池或蓄电池为动力，采用密闭触点开关，带动小型电动抽气机抽取含尘空气，使其通过装有滤膜的采样器及流量计，进行粉尘检测。

3. 粉尘浓度检测过程

(1) 准备滤膜：首先将待用滤膜置于玻璃干燥器中干燥，然后用镊子将其两面的衬纸取下，置于分析天平或扭力天平上称量，并记下初值；再把称好的滤膜装入滤膜夹（直径 40mm 的滤膜平铺夹紧，直径 75mm 的滤膜折成漏斗形夹紧），最后，把已装好的滤膜夹进行编号后放在样品盒内，以备采样。

(2) 采样：掘进工作面可在风筒出口后面距工作面 4～6m 处采样，其他作业点一般在工作面上方采样。采样器进风口要迎着风流，距地板高度为 1.3～1.5m。采样的时间应在测点粉尘浓度稳定以后，一般在作业开始半小时后进行。为保证测尘的准确性，便于对比，要求在同一测点相同的流量下，同时采集两个样品。

4. 计算结果

(1) 一般情况下，采样后的滤膜放在化验室干燥箱中放置 30min 后便可进行称重。如果在滤膜表面发现水珠，应放在干燥箱干燥，每隔 30min 就要称重一次，直到相邻两次质量差不超过 0.2mg 为止（计算时取其中最低的值）。然后按下式计算出粉尘浓度：

$$G = \frac{W_2 - W_1}{QT}$$

式中　G——粉尘的浓度（mg/m³）；

W_1——采样前滤膜质量（mg）；

W_2——采样后滤膜质量（mg）；

Q——流量计读数（m³/min）；

T——采样时间，min。

(2) 当两个平行样品进行分别计算之后，其偏差如果小于 20％ 时，算该产品合格。平行样品的偏差值按下式计算：

$$P = \frac{2\Delta G}{G_1 + G_2} \cdot 100\%$$

式中　ΔG——平行样品计算结果之差（mg/m³）；

G_1, G_2——两个平行样品计算结果（mg/m³）。

(3) 合格的两个平行样品，用它们的计算结果平均值作为测点的粉尘浓度，如果大于

20％，则需要进行重新检测。

（4）滤膜测尘的准确性比较高，能够比较准确地反映粉尘状况，所以，目前普遍采用这一方法。但是，这种测尘方法操作程序复杂，耗时较长，不能当时得出测定结果，因而还不能起到及时指导现场防尘工作的作用，同时也影响测尘工作的普遍开展。

（5）为了简化测尘过程，迅速获得测尘结果，国内外都在研究各种快速测尘仪器，如光电测尘仪、静电测尘仪、β射线测尘仪、全体粉尘采样器（由工人携带于身上，小流量长时间连续采样）等。我国煤炭系统研制的 ACG-1 型煤尘测定仪、ACH-1 型呼吸性粉尘测定仪、ACS-1 型水泥粉尘测定仪，均属于光电型。这些测尘仪器的推广和应用将会极大地促进我国的防尘劳动保护工作。

1.3.8.3　隧道内瓦斯的检测

1. 概述

（1）公路的隧道在掘进中有时要穿过煤系地层，煤系地层经常富含瓦斯。瓦斯是多种可燃可爆气体的总称，其主要成分是甲烷（CH_4）〔在今后的讨论中，都用甲烷（CH_4）代表瓦斯〕。瓦斯爆炸是含有瓦斯与助燃成分的混合气在火源引燃下，瞬间内能完成燃烧反应，形成高温高压下产生爆炸的过程，其爆破力很大。

（2）由于反应过程很快，与时间成反比的功率就很大，所形成的瞬间压力对掘进中的隧道有很大破坏力，直接威胁在现场作业的施工人员生命安全和财产损失。因此，在隧道施工中必须对瓦斯进行严格检测。

（3）在瓦斯和其他可燃性气体的检测中，最常用的是载体催化型的仪器，它使用的载体催化元件（以下简称元件）是一种热敏式瓦斯传感器。由于它具有体积小（典型尺寸为长 3mm，直径为 1.2mm 的圆柱体）、质量轻（每个元件重 7mg）、构造简单、使用方便、消耗功率小、性能稳定好等一系列优点，成为目前国内外自动检测瓦斯的主要传感器。

（4）元件的构造见图 1-3-65 所示。铂丝螺旋圈是元件的骨架，又是一个热敏电阻，通过一定电流后铂丝被加热，元件温度升高。载体的作用是使催化剂有良好的分散度，提供足够的反应面积。通常使用的是 K 型氧化铝（Al_2O_3），经过良好处理的 K 型氧化铝（Al_2O_3）是坚硬的多孔状材料，它具有每克几十平方米的比表面积。

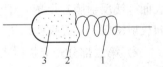

图 1-3-65　载体催化元件示意图

1—铂丝螺旋圈；2—载体；

3—催化剂

（5）常用的催化剂是铂、钯、钍等铂族元素组成。在催化剂的作用下，瓦斯与氧气在较低温度下发生强烈氧化（无焰燃烧），反应的化学方程式为：

$$CH_4 + 2O_2 \xrightarrow{\text{催化}} CO_2 + 2H_2O + Q$$

（6）根据催化理论，反应过程是由于催化剂 Pt、Pd 的存在，降低了瓦斯（CH_4）和氧（O_2）发生链反应的活化能，在催化剂表面的活化中心附近，被吸附的 CH_4 分子内部结构离开了稳定状态而活化裂解，加速链反应的进行。CH_4 与 O_2 在 Pt、Pd 催化下的反应是一种多相反应，在这种反应中，气体在催化剂表面上的吸附与否与活化程度和催化反应密切相关。

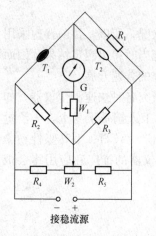

图 1-3-66　测量电桥
工作示意图

（7）金属催化剂的吸附能力取决于金属和气体分子结构以及吸附条件。另外，催化剂的分散度对化学反应也有重要影响。

（8）利用载体催化元件测量瓦斯浓度的原理如图 1-3-66 所示。这是一个简单的测量电桥，催化元件 T_1（黑元件）为工作元件，没有浸渍催化剂的元件 T_2（白元件）为补偿元件。无瓦斯时，通过 W_2 的调整，可使电桥处于平衡状态，此时在工作电流加热下，元件温度为 500℃ 左右。

（9）当有瓦斯时，瓦斯与氧气在工作元件表面发生反应，放出反应热 Q。反应热被元件吸收引起温度升高。由于铂丝是电阻温度系数很高的热敏材料，元件的温度增量 ΔT 将引起电阻增量 AR，从而使电桥不平衡，产生一个与瓦斯浓度成正比的输出信号。

（10）利用这个原理可检测瓦斯浓度。如把获得的信号放大传送到远处，就可实现瓦斯浓度的遥测。把信号放大后变成适当形式，可推动操作设备，从而实现对瓦斯浓度的自控。

2. 光干涉瓦斯的检定器

（1）仪器内部的光学系统如图 1-3-67 所示。由光源发出的光经过聚光镜之后到达平面镜，在 0 点分为两部分：一部分反射，一部分折射。

1）第一部分光束穿经平面透镜过气室的侧室，经折光镜将其折回穿过另一侧的小室后又回到平面镜，折射入平面镜后在其后表面（镀反射膜）反射，于 0′ 点穿出平面镜向反射镜前进，经偏折后进入望远镜。

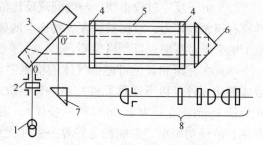

图 1-3-67　光干涉瓦斯检定器工作原理
1—光源；2—透镜；3—平面镜；4—平面透镜；
5—气室；6—折光镜；7—反射镜；8—望远镜

2）第二部分光束折射入平面镜后在其后表面反射，然后穿过气室中央小室回到平面镜（如图中虚线所示），于 0′ 点反射后与第一部分光束会合，一并进入望远镜。

（2）两束光在物镜的焦平面上产生白光特有的干涉现象：干涉条纹中央为黑纹，两旁为彩纹。人眼通过目镜进行观测。

（3）为了了解光干涉产生的原因，有必要复习折射率与光程的概念。某一物质的折射率等于光在真空中传播的速度除以光在这种物质中传播的速度。光程等于光线所通过的路程乘以光所通过的物质的折射率。

（4）因此可得知：若两列光波通过的路程长短不同，或是通过的物质不同，或是通过的路程和物质都不同，光程都可能不同。两列光波光程长短的差别，叫作光程差。两列具有光程差的相干波（同一光源发出的光波）相遇，就会产生光的干涉现象。

（5）当两列光波的光程差等于 $\left(n+\dfrac{1}{2}\right)\lambda$ 时，产生暗条纹；当两列光波的光程差等于 $n\lambda$ 时，产生亮条纹。因为白色光是各种单色光的混合光，白色光具有不同的波长，在一定的路程内，各色光的程差不同。如果使用单色光为光源，干涉将形成明暗相间的条纹；

如果使用白色光源，干涉所产生的条纹是彩色条纹。

（6）当气室各小室内充进相同的气体时，两列光波所经过的光程一定。如果在一支光路中改变气体的化学成分或温度、压力等，则因其折射率会起了变化，光程及光程差也就随之变化，所看到的干涉条纹随之便会移动。

（7）光通过的路程是固定的，根据条纹移动的大小可测知气体折射率的变化。如果使两通路的温度、压力相同，当被测气体的化学成分已知时，则可以做定量分析，能够测出被测气体的浓度，这就是光干涉检定器的工作原理。

（8）为了避免隧道内二氧化碳和水蒸气对测量精度的影响，采用装有钠石灰的吸收管来吸收二氧化碳，用装有氯化钙的吸收管来吸收水蒸气。在气室中两侧的部分称为空气室，空气室内有新鲜空气；中间的部分称为气样室，使用时吸入被测气样。空气室与气样室不相通。

3. 催化型瓦斯测量仪

（1）催化型瓦斯测量仪使用纯铂丝元件或载体催化元件作为传感器检测瓦斯浓度。携带型瓦斯测量仪是常使用在隧道或煤矿中的测量仪，它可以分为两类：

1）第一种是由桥路输出直接推动电表指示。

2）第二种是测量电桥的输出信号经过电子线路放大后，推动电表指示或推动数字显示电路指示瓦斯浓度。经放大后的信号还可以与声光显示单元连接，给出专门的停限指示或声光警报信号。

（2）另一类测量仪器，它介于携带型测量仪与固定式连续检测仪器之间。这类仪器用表头指示或者数字显示瓦斯浓度，并将检测信号经放大整形后推动警报电路，当瓦斯超限时给出声光警报信号。AQJ-9 型瓦斯指示警报器就属于这类仪器。这类仪器使用蓄电池供电，经过一次充电，一般可连续工作 8h。

（3）由于在隧道掘进中人员比较分散，工作地点变动频繁，便携式瓦斯检测仪表具有十分重要的作用。为了适应不同条件，需要性能各异规格不同的各式仪器仪表，它们各有特点，满足不同的要求，但是必须保证三个方面的性能。

1）必须有性能稳定、功耗小的瓦斯传感元件。

2）适于长期隧道内工作、性能可靠的较先进的电路设计、保证质量、减少耗电。

3）要有结构合理、体积小、质量轻的外壳及仪器的其他机械零件。

（4）使用低功耗传感元件可以使仪器除反应气室外，整机其他部分设计成为本质安全型。便携式瓦斯检测仪器部分品种列于表 1-3-45 中。

便携式瓦斯检测器一览表   表 1-3-45

性能 \ 型号	JJ-1	SJ-1	SWJ-1	DTX-2	WS85-01
测量范围	0～2% CH$_4$	0～4% CH$_4$	0～8% CH$_4$	0～4% CH$_4$	0～5% CH$_4$
基本误差	±0.2% CH$_4$	0～1% ±0.1% 1%～2% ±0.2% 2%～4% ±0.3%	0～2% ±0.1% 2%～3% ±0.2% 3%～4% ±0.3% 4%～8% ±0.4%	0～2% ±0.2% 2%～4% ±0.4%	0～2% ±0.1% 2%～5% ±0.3%

性能 \ 型号	JJ-1	SJ-1	SWJ-1	DTX-2	WS85-01
报警方式	声 光	红 光	—	声报警	声 光
响应时间（S）	—	≤15	≤7		≤7
供电方式	镉镍蓄电池		镉镍蓄电池		镉镍蓄电池
工作时间	12h	连续 4h	间断工作		连续 4h 也可间断工作
显示方式	发光二极管	液晶数码		电子表显示	液晶数码
报警范围	两档可调	—			连续可调
计时器	无		有	读数显示共用	有
环境温度（℃）		0～35	0～40		0～40
相对湿度（％）		≤95	≤97		≤98
防爆类型	KBH		KBH		KBH
仪器尺寸（mm）	77×146×47	80×161×47	76×134×37	93×150×40	80×133×27
仪器质量（kg）	0.3	0.7	0.45	0.5	0.36

1.3.8.4 一氧化碳的检测

1. 概述

（1）一氧化碳是一种无色、无臭、无味的气体，对空气的相对密度为 0.97，故能均匀地散布于空气中，不用专门的仪器检查是不易察觉。一氧化碳微溶于水，一般化学性不活泼，但浓度在 13％～75％时能引起爆炸。

（2）一氧化碳的毒性极强，当空气中 CO 浓度超过 0.4％时，在很短的时间内人就会失去知觉，抢救不及时就会中毒死亡。隧道在建设的施工中可能会遇到一氧化碳，运营后稀释汽车废气中的一氧化碳是由机械通风系统排向隧道外面。

（3）因此，必须重视对一氧化碳的检测工作，以保证施工安全和司乘人员的健康。鉴于一氧化碳的危害性，我国《公路隧道施工技术规范》JTF60—2009 和《公路隧道设计规范》JTGD70—2004 分别对一氧化碳浓度作了规定：

1）对于施工隧道：一氧化碳一般情况下不大于 $30mg/m^3$；特殊情况下，施工人员必须进入工作面时，浓度可为 $100mg/m^3$，但工作的时间不得超过 30min。

2）对于运营隧道：隧道内工作人员休息和控制室等人员长期停留的工作间为 24ppm；正常运营时，为 150ppm；发生事故时，短时间（15min）内为 250ppm。

2. 检知管

（1）以前用于矿井一氧化碳的检测是采用检知管，检知管有比色式与比长式两种。检知管是一支直径 4～6mm、长 150mm 左右的密封玻璃管，管内装有易与一氧化碳发生反应的药品。使用时，将检知管封口打开，通过一定容积的吸气球，使一定量的被测气体通过检知管。吸入气体中的一氧化碳与药品作用，白色的药品颜色迅速变化。

（2）比色式检知管是根据管内药品与一氧化碳作用后颜色的变化，来判断一氧化碳浓度的。仪器备有一块标准比色板，上面标有与各种颜色相对应的一氧化碳浓度。检知管吸入气体后，对比检知管与标准比色板的颜色，找出与检知管颜色最接近的标准色条，它所对应的一氧化碳浓度就是被测气样的一氧化碳浓度。

（3）比长式仪器有一块标准浓度板，它是一支按长度标度一氧化碳浓度的尺子。当检知管吸入被测气体后，白色药品由进气端开始变成深黄色，变色的长度与一氧化碳浓度成比例，与标准浓度尺对比，即可确定被测气体中一氧化碳的浓度。

（4）无论是比色式还是比长式检知管，每支检知管只能使用一次。

3. AT2 型一氧化碳测量仪

AT2 型一氧化碳检测仪器，是利用控制电位电化学原理来检测一氧化碳浓度的。现以 AT2 仪器为例来说明其检测原理。AT2 型一氧化碳测量仪是一种矿用安全火花型携带式检测仪器。

（1）主要技术性能：

1）测量范围：0～50ppm、0～500ppm 两个量程。

2）测量精度：误差小于 $\pm 5\%$ 满度值（$20\pm5℃$）。

3）反应时间：反应 90% 值时 $\leqslant 30s$。

4）传感器寿命：1 年，保证使用半年。

（2）检测原理：仪器采用控制电位电化学原理，实现对空气中 CO 浓度的测定。工作原理框图如图 1-3-68 所示。

（3）被测量的 CO 通过传感器聚四氟乙烯薄膜扩散到工作电极 W，W 电极受到恒电位环节的控制作用，具有一个恒定的电位，CO 在 W 电极上发生氧化反应：

$$CO + H_2O \longrightarrow CO_2 + {}^+ + 2e^-$$

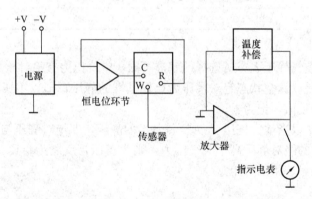

图 1-3-68　AT_2 型一氧化碳测量仪工作原理图

同时在电极 C 上发生氧的还原反应：

$$\frac{1}{2}O_2 + 2H^+ \longrightarrow H_2O$$

总化学反应式为：

$$CO + \frac{1}{2}O_2 \longrightarrow CO_2$$

（4）图中 R 是参考的电极，给定一个恒电位。于是，在传感器工作电极 W 和电极 C 之间，就能产生了微电流，其大小与一氧化碳浓度成比例。该电流经放大后由电表指示出一氧化碳的浓度值。

（5）仪器的性能主要决定于传感器的性能。目前，为了提高传感器的性能，仍有许多工作需要继续开展，改善密封、防止漏酸就是其中的一项任务。此外，为保证仪器测量精度，使用一段时间之后，要用标准气样校正。

1.3.8.5 隧道风压的检测

隧道风压是隧道通风的基本控制参量。在长及特长公路隧道中，通风系统往往由复杂的通风网络构成，要使风流在网络内有规律地流动，就必须调整或控制网络内各结点的风压。此外，风压还是各种通风机的一项基本性能指标，检验通风机时必须对其风压进行检测。

1. 概述

（1）空气静压

1）空气静压是气体分子间的压力或气体分子对与之相接触的固体或液体边界所施加的压力，空气的静压在各个方向上均相等。空间某点空气静压的大小与该点在大气中所处的位置和人工所造成的压力有关。

2）大气压力是地表静止空气的压力，它等于单位面积上空气柱的重量。

3）地球为空气所包围，空气圈的厚度高达 1000km。靠近地球表面的空气密度大，距地球表面越远，空气密度越小，不同海拔标高处空气柱的重量是不一样的。因此，对不同地区来讲，由于海拔标高、地理位置、空气温度和湿度不同，其大气压（空气静压）也不同。各地大气压主要随海拔标高变化而变化，其变化规律如表 1-3-46 所列。

不同海拔高度的大气压   表 1-3-46

海拔高度（m）	0	100	200	300	500	1000	1500	2000
大气压力（kPa）	101.32	100.12	98.92	97.72	95.46	89.86	84.7	79.7

在真空状态下，静压为零。

4）根据度量空气静压大小所选择的基准不同，空气压力有绝对压力和相对压力之分。

5）绝对压力是以真空状态绝对零压为比较基准的静压，即以零压力为起点表示的静压，绝对静压恒为正值，记为 ρ_s。

6）相对压力是以当地大气压 ρ_a 为比较基准的静压，即绝对静压与大气压力之差。如果隧道中或管道中的绝对静压高于大气压力，则为正压，反之为负压。相对静压用 h_s 表示，随标准的基准 ρ_a 变化而变化。

（2）空气动压

1）运动着的物体具有动能，当其运动受到阻碍的时候，就有压力作用在障碍物表面上。压力的大小取决于物体动能的大小。

2）当风流受到阻碍时，同样有压力作用在障碍物上，这个力称为风流的动压，用 h_v 表示。动压因空气运动而产生，它恒为正值并具有方向性，作用方向风流方向一致。

3）在与风流平行的面上，无动压作用。如果风流中某点的风速为 v（m/s），单位体积空气的质量为 ρ（kg/cm^3），则动压 h_v（Pa）可用下式表示：

$$h_v = \frac{1}{2}\rho v^2$$

或者

$$h_v = \frac{\gamma}{2g}v^2$$

（3）全压

风流的全压即静压与动压的代数和。

2. 隧道空气压力测定

（1）绝对静压的测定

1）通常使用水银气压计和空盒气压计测定空气绝对静压。

2）水银气压计：如图 1-3-69 所示，它主要由一个水银盛槽与一根玻璃管组成。玻璃管上端密闭，下端插入水银盛槽中，管内上端形成绝对真空，下部充满水银。当水银盛槽中的水银表面受到空气压力时，管内水银柱高度随着空气压力而变化，此管中水银面与盛槽中的水银面的高差即为所测空气的绝对静压。

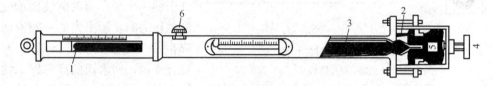

图 1-3-69　水银气压计结构图

1—水银柱面；2—尖端；3—水银柱；4—旋钮；5—皮囊；6—测微游标旋钮

3）空盒气压计：如图 1-3-70 所示，它主要由一个被抽成真空的皱纹状金属空盒与联接在盒上带指针的传动机构组成。空盒气压计又称无液气压计，其测压原理是：由于盒内抽成真空，当大气压作用于盒面上时，盒面被压缩，并带动传动杠杆使指针转动，根据转动的幅度可读得大气压力数值。

4）空盒气压计是一种携带式仪表，一般用在非固定地点概略地测定大气压力数值。使用前必须经水银气压计校定；测量时将盒面水平放置在被测地点，停留 10～20min 待指针稳定后再读数；读数时视线应该垂直于盒面。

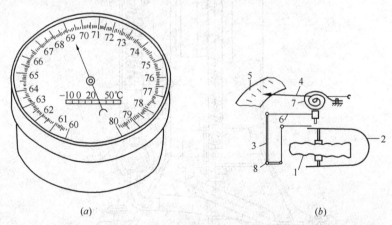

图 1-3-70　空盒气压计结构示意图

(a) 外形图；(b) 结构示意图

1—金属盒；2—弹簧；3—传递机构；4—指针；5—刻度盘；6—链条；7—弹簧丝；8—固定支点

（2）相对静压的测定

在隧道的空气压力检测过程中，也通常使用 U 形压差计、单管倾斜压差计或补偿式

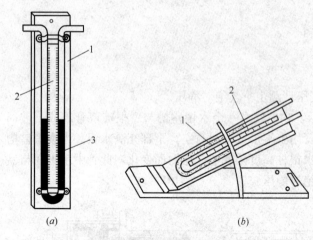

微压计与皮托管配合测定风流的静压、动压和全压。

1）U形压差计：亦称 U 形水柱计，有垂直和倾斜两种类型，如图 1-3-71 所示。它们都是由一内径相同，装有蒸馏水或酒精的 U 形玻璃管与刻度尺组成。

2）测压原理是：U 形玻璃管两侧液面承受相同的压力时，液面处于同一水平；当两侧液面承受不同的压力时，压力大的一侧液面下降，另一侧液面上升。对 U 形水柱计来说，两水面的高差即为两侧压力差。对倾斜 U 形压差计，则

图 1-3-71　U 型压差计结构图

（a）垂直型；（b）倾斜型

1—U形玻璃管；2—刻度尺；3—蒸馏水或酒精

要考虑实际的高差。垂直 U 形压差计精度低，多用于测量较大的压差。倾斜 U 形压差计精度要高一些。

3）补偿式微压计：如图 1-3-72 所示，它由盛水容器 A 和 B 以胶管连通而成。容器 B

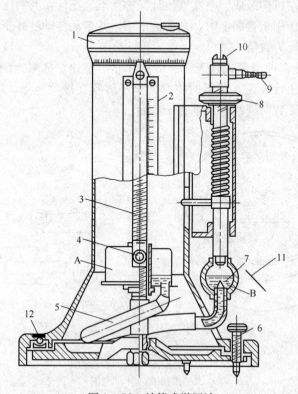

图 1-3-72　补偿式微压计

A、B—盛水容器；1—微调盘；2—刻度尺；3—螺杆；4—胶管接头"—"；5—连通胶管；

6—底座螺钉；7—水准头；8—调节螺母；9—胶管接头"十"；10—密封螺钉；

11—反光镜；12—水准泡

固定不动，B 中装有水准头。容器 A 可以上下移动。

4）测压原理是：较大的压力 ρ_1 连到"＋"接头与 B 相通，小压力 ρ_2 连到"－"接头与 A 相通，B 中水面下降，水准头露出，同时 A 内液面上升。测定时，旋转螺杆以提高容器 A，则 B 中水面上升，直至 B 中水面回到水准头所在水平为止。即通过提高容器 A 的位置，用水柱高度来平衡（补偿）压力差造成的 B 中水面下降，使它恢复到原来的位置。此时 A 内液面上升的高度恰好是压力差 $\rho_1 - \rho_2$ 造成的水柱高度 H。

5）为了使 H 测量准确，仪器上装有微调与水准观察装置。微调装置由刻有 200 等分的微调盘构成，将它左右转动一圈，螺杆将带动 A 上下移动 2mm，其精度能读到 0.01mm 水柱（mmH_2O）。水准观察装置是根据光学原理使水准头形成倒像，当水准头的尖端和像的尖端恰好接触时，说明 B 中水面已经达到要求的位置。

6）使用补偿式微压计时，要整平并对零；使 B 中水.准头和像的尖端恰好相接；并注意大小两个压力不能错接；最后在刻度尺和微调盘上读出所测压力差。

7）皮托管：它是接收和传递压力的工具，与压差计相配合使用。如图 1-3-73 所示，皮托管由两根金属小圆管 1 和 2 构成，内管 1 和外管 2 同心套结成一整体，但互不相通。内管前端开一小孔 4 与标有"＋"的脚管相通，孔 4 正对风流，内管就能接收测点的全压。外管前端不通，在前端不远处的管壁上开有 4～6 个小孔，孔 3 与标有"－"的脚管相通，当孔 4 正对风流时，外管孔 3 与风流垂直不受动压作用，只能接收静压。

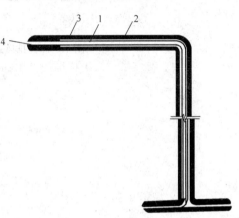

图 1-3-73　皮托管结构图
1—内管；2—外管；3—侧孔；4—前孔

3. 风流性能相互关系及在水柱上的显示

（1）压入式通风：如图 1-3-74 所示，风流的绝对压力高于大气压力，风流的相对压力为"＋"。若用 p_s 表示绝对静压，p_t 表示绝对全压，则由图 1-3-74 可得：

$$h_s = p_s - p_a, \quad h_v = p_t - p_a, \quad h_t = p_t - p_a = h_s + h_v$$

（2）抽出式通风：如图 1-3-74 所示，风流的绝对压力低于大气压力，风流的相对压

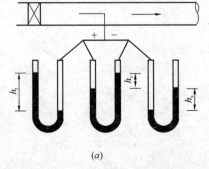

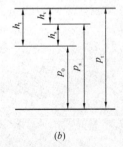

图 1-3-74　送风式通风压力关系示意图
（a）压力在水柱计上的显现；（b）压力关系示意图

力为"一"。水柱计读数等于相对压力的绝对值。由图 1-3-75 可得：

$$h_s = p_s - p_a, \text{ 或 } |h_s| = p_a - p_s, \quad h_v = p_t - p_s$$

$$h_t = p_t - p_s, \text{ 或 } |h_t| = p_a - p_t = |h_s| - h_v$$

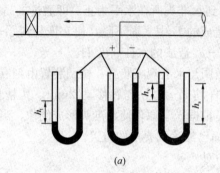
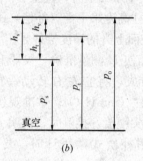

图 1-3-75　排风式通风压力关系示意图

(a) 压力在水柱计上的显现：(b) 压力关系示意图

2　道路的维修技术

2.1 道路维修的机械设备

2.1.1 道路维修机械装备的标准

根据建设部 1992 年 10 月 14 日颁布的 899 号文件，现摘录《城市道路桥梁维修装备标准》的部分内容。

2.1.1.1 道路维修机械装备标准的目的、范围和原则

1. 道路维修机械装备标准的目的意义

为了加强道路桥梁的养护和维修工作，提高道路桥梁沿途设施的完好率，改善养护维修工人的劳动和安全条件，保证养护维修的质量、工期，降低成本，增加社会、环境、经济效益，必须提高施工的机械化水平。为指导各地配备养护维修机械，特制定本标准。

2. 道路维修机械装备标准的适用范围

(1) 本标准适用于全国道路桥梁管理、养护和维修部门。

(2) 各地区、县、镇和工矿企业的道路桥梁管理。养护和维修部门可参照执行。

3. 道路维修机械装备的原则

(1) 道路桥梁和排水设施的养护，维修机械的装备（以下简称"装备"），应根据设施数量，养护、维修条件，社会、环境和经济效益的需要相应配备。

(2) 道路维修机械装备必须要有利于道路桥梁和排水设施的养护、维修的技术进步，并逐步实现标准化、系列化、通用化。

(3) 装备必须从实际出发，做到技术先进、质量稳定、运行可靠、经济实用、配套合理，并逐步提高机械化、自动化程度，以保证装备总量的增长和装备质量的优化。

(4) 城镇道路养护装备的施工作业质量应符合建设部颁发的《城镇道路养护技术规范》CJJ 36—2006 和交通部颁布的《公路工程质量检验评定标准》JTGF 801—2004，以及排水设施养护的有关技术规范，以保证道路、桥梁和排水设施功能的发挥。

(5) 表 2-1-1 所列设备均为一般设备，其中带有 * 中为必备的设备。要求各单位先配备必备设备，再配备其他设备。

(6) 表 2-1-1 是按道路桥梁和排水两个专业分设配备设备；对两个专业合一的单位，共用设备配备不能重复。

2.1.1.2 路基养护维修机械装备标准

(1) 路基养护维修的主要工序包括旧路面破碎、旧路面的开挖、基础铺筑、软土基加固和路面基础结构层铺筑等。

(2) 路基养护维修机械配备如表 2-1-1 所列。

路基养护维修机械配备表   表 2-1-1

工序	机械名称	主要技术参数	备　注
旧路面开挖	空气压缩机	功率≥60kW，排气量≥9m³	移动式（带风镐）
	道路铣沟机	功率≥7.4kW 铣刨深度≥400mm 铣刨宽度≥500mm	自行式冷铣刨
	单斗挖掘机	功率≥59kW 斗容量≥0.6m³	轮胎或履带式
软土基加固	推土机	功率≥88kW	轮胎或履带式 （带松土器）
	铲运机	功率≥59kW	自行式拖式
	装载机	功率≥40kW 斗容量≥0.5m³	轮胎式 （铰接或回转）
路基基础 结构层铺筑	稳定土拌和机	功率≥57kW 生产率≥150t/h	固定场拌式
		功率≥44kW 拌和深度≥200mm	自行路拌式
	平地机	功率≥118kW 平地宽度≥3700mm	自行式（带自动找平）
		平地宽度≥3000mm	拖式
	压路机	按重型压实考虑： 静碾压路机自重≥14t 单位线压力≥105.5kg/cm 振动压路机自重≥8t 激振力≥15t 轮胎压路机自重≥9t 功率≥59kW	静压式 振动式 （组合振动或铰接轮胎式）
	稳定土摊铺机	功率≥88kW 摊铺厚度≥150mm	自行式

2.1.1.3 沥青路面养护维修机械装备标准

（1）沥青路面养护维修的主要工序包括路基与路面联接层铺筑，侧缘石（道牙）铺换，各种路面病害消除和路面面层铺筑。

（2）沥青路面养护维修机械配备如表 2-1-2 所列。

沥青路面养护维修机械配备表   表 2-1-2

工序	机械名称	主要技术参数	备　注
路基面与 铺路筑联接	沥青洒布机	电机功率≥8kW 或柴油机功率≥3.6kW 沥青罐容积≥500L	拖式 燃料：木炭、煤
		功率≥99kW，喷洒宽度≥2.5m 沥青罐容积≥1000L	自行式 （汽车底盘）
侧铺缘 石换	侧缘石 铣槽机	功率≥40kW 铣槽宽度≥180mm 铣槽深度≥200mm	自行式
消除病害	道路 养护工程车	载质量≥3t 碾压宽度≥1m 功率≥88kW 单位线压力 ≥200～350kg/cm	自行式（带沥青混凝土保温仓液压锤、液化沥青预热喷洒和碾压滚等装置） 集储、运、破、喷、压五功能

工序	机械名称	主要技术参数	备注
消除病害	沥青 再生重铺机		自行式（带铣刨滚， 回收旧料，再生沥青加 热拌和装置）
	路面铣刨机	功率≤37kW 铣槽宽度≥500mm 铁刨深度≥50mm	自行式 （带回收装置）
	液压锤	功率≥4kW 锤体自重≥12kg	带泵站或安装 在其他机械上
	注浆设备		
	切缝机	功率≥3.7kW 刀片直径 80～300mm	自行式（电动或内燃机式）
	撒砂车	切割深度 100mm 载重量≥0.5t 功率≥3.7kW	自行式
路面面层铺筑	发电机	功率≥24kW	移动式
	沥青混凝土 拌和机	生产率≥8t/h	固定式 移动式
	稀浆 封层摊铺机		拖式
	沥青混凝土 摊铺机	功率≥49kW 自重≥6t 摊铺宽度≥4.5m 斗容量≥3m	自行式 拖式
	压路滚	自重≥3t	拖式
	自动夯土机	夯击能量≥30kg	内燃式
	冲击夯	冲击力≥56kW	电动或内燃式
	平板夯	功率≥3.7kW	
	静碾压路机	功率≥29kW 单位线压力≥52MPa	
	振动压路面	功率≥3.7kW 激振力≥12.5kW	手扶式 自行式

2.1.1.4 水泥路面养护维修机械装备标准

（1）水泥路面养护维修的主要工序包括水泥路面病害消除，加工水泥混凝土和水泥路面铺筑。

（2）水泥路面养护维修机械配备见表 2-1-3 所示。

水泥路面养护维修机械配备表　　　　　　　　　　　　　　表 2-1-3

工序	机械名称	主要技术参数	备注
旧路 面开挖	路面开槽 破碎挖掘 设备	见表 2-1-1	
消除病害	路面铣刨机	见 2-1-2	
加工混凝土	水泥混凝土搅拌机	功率≥10kW 出料容量≥250L 生产率≥10m³/h	固定式 移动式
水泥路面铺筑	水泥混凝土 摊铺机	摊铺厚度≥200mm 摊铺宽度≥3.5mm	滑模式 轨模式
	砂浆机	自重≥600kg 功率≥3kW	电动式

续表

工序	机械名称	主要技术参数	备注
水泥路面铺筑	混凝土振动梁		
	路面抹平机	功率≥0.5kW　自重≥30kg 生产率≥100m²/h	电动式
	切缝机	刀片直径≥300~450mm 切割速度≥2m/min	
	压纹机		
	侧缘石 铺筑机	功率≥8kW	

2.1.1.5 高等级道路的维修保养设备

我国高等级道路的维修养护设备的配备按其作业内容分为以下几种类型，如表 2-1-4~表 2-1-7 所列。

道路维修养护管理系统检测设备　　表 2-1-4

序号	设备名称	规格基本性能	用途	备注
1	自动弯沉仪	测试速度：3km/h，最高行驶速度：70km/h，分辨率±0.01mm	评价路面承载力（已开发）	静态
2	横向力系数测试车（SCRIM）	测试速度：50~80km/h，配测试轮水箱、微机数据处理系统	连续测路面摩擦系数（空白，有进口样机）	微机构造
3	便携式摆式机（SRT）	BS-1 型，摆值 0~100	人力随时检查路面摩擦系数，评价抗滑能力	微机构造
4	路面标线反光测定仪（便携式）	点测时间 10s，质量 10kg，可白天测试，带标准色对板，18V 10A/h 电池组	调查标线反光作用变化及更新时间（空白）	
5	激光路面构造深度仪 1) 手推仪 2) 车载式	JTC 型，测试速度：3~5km/h，显示精度：±0.1mm，测试范围 20mm，每 10mm 打印一个平均构造深度。测试速度：30~90km/h，显示精度±0.1mm，自动测量及数据处理	测平均构造深度，评价抗滑能力（已开发） 测平均构造深度，评价抗滑能力（待开发）	粗糙度对高速公路不太适用粗糙度
6	颠覆累积仪(BUMP)（车载式或拖车）	测试速度 20~65km/h，最少读数 1cm，连续测量，自动数据处理	测颠覆指数（cm/km）评价平整度（已开发）	舒适反应型
7	快速路形测定仪	HSP 型，具有接触式和激光非接触式两种探头，测试速度 30~72km/h，分辨率 1mm，磁带记录长度 100km	测纵向、横向不平度（已开发、待提高）	直接测定
8	公路巡视车	行驶速度大于 80km/h，附小型检测仪，如摆式仪直尺等，设置紧急警示标志	检查记录公路综合状态（一般型小汽车）	观测
9	桥梁检测车	轴载质量 2~4 人，最大能检查厚 7cm，水平距离 12~16m 的桥，行驶速度如一般卡车，带电视摄像记录技术装置	观测桥梁各部位（空白）	观测

序号	设备名称	规格基本性能	用途	备注
10	桥梁测试车	静，动态加载，自动数据处理系统	测动、静态应变，评价承载能力（已开发）	测应变
11	车辆数据测试设备	可在任何地点、时间测定车辆种类、轴载一车距等交通数量数据自动处理	测交通量参数，览视超重车辆（空白）	
12	车辆行驶状态测试车	测量车辆行驶时间，里程、油耗启动停车次数等、数据自动处理	测车辆行驶状态评价公路运行质量（空白）	插入车流中

经常性维护保养路面的机械　　　　　　表 2-1-5

序号	设备名称	规格基本性能	用途	开发状态	备注
1	路面清扫车	清扫宽度 2～2.5m，垃圾箱容积大于 3m³，清扫速度大于 60km/h，要求吸扫结合，垃圾自卸	清除垃圾，脏物及泥土浮尘		
2	路面标线自动划线机	划线速度 10～80km/h，漆罐容量 3000～4000L，热塑料粉 4000～5000kg，要求具有多种功能，可划常温标线漆、加热标线漆、漆热熔标线漆，具有加玻璃珠能力，可划单线、双线、间断线。电脑控制，自动跟踪、自动定向	划路面标线		
3	多功能维修，养护车	1）底盘：发动机功率 90kW，行驶速度 0.1～90km/h，要求全轮驱动，前、后均有机械，液压、气压等功力输出快速悬挂装置及气、电、液控制系统 2）可配置的工作装置有：割草装置树枝剪修装置、清扫装置、高空作业装置、起重装置、挖沟装置、挖坑装置、救援车、喷洒装置、拖挂车、平板车、推土、挖掘，装载等装置	1）路面清扫除雪；2）标牌护栏洗刷；3）绿化养护；4）撒盐、洒水；5）起重抢险；6）牵引事故车；7）运送小型养护机械，如：电动或内燃剪草机，路面切削机；运次慢速养护机械（摊铺机、压路机、切削机）等；8）修复更换高空照明通讯等附属设施		参考样机为原联邦德国 U1200 多功能底盘车
4	沥青路面修补车	行驶速度大于 60km/h，成品混合料保温箱 3t；沥青箱容量 200～300L，要求带压实装置，切挖装置喷洒装置，乘员 3～4 人	修复坑槽，裂缝桥头台阶		
5	移动标志车	行驶速度大于 70km/h，要求带发电机、警灯，反光标志牌，反光标墩等	施工中临时安全标志		
6	抢险排障车	行驶速度大于 70km/h，承载能力 5t，拖动能力 20t，要求配备起吊装置、平板拖车、解体机具、消防灭火器具	处理事故		
7	救护车	具有抢救和护送伤员能力和设备	抢救事故伤员		外购

续表

序号	设备名称	规格基本性能	用　途	开发状态	备注
8	砂浆贯注机	带钻机装置、砂浆料仓，砂浆搅拌器，砂浆压注装置	修补水泥路面沉降错位、唧泥	空白	
9	裂缝修补机	带清缝、扩缝、填缝装置	修补较大裂缝，更换水泥路面接缝	空白	
10	微型道路路面修补用活动组装桥	长80～90m；宽3～3.5m；作业空间长×宽×高=6m×3.25m×1.9m，通过车速40km/h通过轴载质量3t，各组件具有4轮驱动，4轮转向，要求能快速组装和拆卸，组装的微型道路可小规模移动，移动速度3km/h	各种伸缩缝接头补修、路面补修，栏杆等养护作业时不阻断交通的临时通过桥，桥下桥侧可进行作业		
11	化学溶剂撒布车	轴载质量5～8t，洒布量5～20g/m²，最大撒布宽度12m，撒布速度40～60km/h，要求前后驱动桥液体及固体消化剂均能适应，带撒布量及宽度控制器	消除50mm以下薄雪或在降雪前，降雪时作消冰防冻用		冬季养护
12	除雪机	1）除雪机 除雪速度20～40km/h，最大除雪宽度3m，最大除雪厚度300mm，行驶速度70km/h，前后桥驱动带推雪板 2）螺旋除雪机 除雪量500m³/h，抛雪距离20m以上，最大除雪厚度1.5m，除雪宽度2.6m，行驶速度0～40km/h	清除厚度较小的新雪 消除厚雪		冬季养护
13	各种小型养护机具	手持式动力驱动剪草机，修树机，喷漆机平板夯，划线机，搅拌机	大型机械无法施工的养护作业		

道路抗滑能力恢复设备　　　　　　　表 2-1-6

序号	设备名称	规格基本性能	用　途	开发状态	备注
1	路面凿毛机	工作宽度2m，凿击深度0～3mm工作速度80km/h，抗滑能力恢复值 $F\geqslant47$，$TD\geqslant0.4$	恢复路面抗滑能力（沥青水泥）		冬季养护
2	洒水车（高压洗净车）	水箱容量大于20000L，扫刷宽度2000mm，高压喷头压力20～40MPa，行驶速度大于60km/h，带扫刷低压泵1个，高压泵2～4个	消除泥浆粉尘沉积物、刹车胶痕、路面降温，植物浇水		
3	石屑摊铺机	摊铺宽度2～4.5m，可调	沥青或水泥面表处	提高	贯入式

道路面层修复设备 表 2-1-7

序号	设备名称	规格基本性能	用途	开发状态	备注
1	专用路面破碎机（共振式）	发动机功率：147～220kW；破碎能力：15～30cm厚，无筋水泥面板；100～300m²/h；20cm厚，沥青路面时：200m²/h；破碎后最大块径小于300mm；自行速度大于40km/h	用于面层更换法水泥路面罩面法中、破碎路面	空白	
2	路面切削机（冷发刨机）	切削宽度1.5m，2m，3m；切削速度0～30m/min；最大切削速度200mm；带切料回收装置，自动调平装置	用于切削罩面法旧路再生法		
3	沥青旧料再生搅拌设备	1）生产能力为60～80t/h，间歇强制搅拌再生设备，再生比例为30%～50%旧料；2）生产能力为100～120t/h，滚筒式再生设备、旧料再生比例50%～100%	面层更换法及切削罩面法旧料再生利用		厂拌再生可改变混合料性质
4	沥青路面就地再生机组	1）再生重铺机，作业宽度3～4.5m作业深度0～60mm，功率182kW带自动找平装置及先进的加热器；2）接缝再生机，作业宽度300mm，作业深度0～40mm，带先进的加热装置、功率20kW；3）冷再生重铺机，作业宽度3～4.5m，作业深度0～100mm，带自动找平装置	一个车行道或整条路面再生修复；修复开裂的接缝；一个车道或整条路面再生修复		加热型结合材料用高分子材料改进的乳化沥青
5	稀浆封层机	摊铺宽度3.5～4m，作业速度3～5km/h，轴载质量20～30t，带自动控制系统	砂浆表处	提高	拌和摊铺型
6	路面切削机	切削宽度800mm，切削深度50mm，带切料回收及自动调平装置	车辙修补	提高	
7	车撤摊铺机	两摊铺带，摊铺宽度（2×800）mm，摊铺密实度达98%	车辙修补		

2.1.2 路基维修机械设备

2.1.2.1 概述

1. 路基维修机械的特点与类型

应用于各类路基的维修工程中，对土壤或其他材料进行切削、挖掘、铲运（短距离运输）、回填、平整及压实等施工作业的机械和设备称为路基维修机械，又称土方工程维修机械。

在各类基本建设维修施工中，土方工程是最基本，也是工程量和劳动强度最大、施工期限长、施工条件复杂的工程之一。土方工程所应用的机械设备，具有功率大、机型大、机动性大、生产效率高和类型复杂等特点。根据其在施工中所起的作用不同，可将土方工程维修机械分为推土机械、铲运机械、挖掘机械、装载机械、平地机械和压路机械等类型。

目前，道路工程维修施工的大部分工序都可由土方工程维机械来完成。它不但可以节省劳动力，减轻繁重的体力劳动，而且施工质量好，作业效率高（据有关资料表明：土方工程维修机械施工是人力施工生产率的15～20倍），工程造价低，经济效益好，深受广大施工企业和工程业主的欢迎。

2. 道路路基维修机械的适应范围与使用条件

在各类路基维修施工中，选择什么型号的维修机械，应综合地考虑路基土质的种类、地形、运距、维修施工期限等因素，经济合理地选定。各种常用路基维修施工机械的适应范围见表 2-1-8 所列。道路路基维修施工机械的使用条件如表 2-1-9 所列。

常用路基维修施工机械的适应范围　　　　　表 2-1-8

序号	机械名称、特性	作业特点及辅助机械	适用范围
1	推土机 操作灵活，运转方便，需工作面小，可挖土、运土，易于转移，行驶速度快，应用广泛	1. 作业特点 （1）摊平；（2）运距100m内的堆土（效率最高为60m）；（3）开挖浅基坑；（4）推送松散的硬土、岩石；（5）回填、压实；（6）配合铲运机助铲；（7）牵引；（8）下坡坡度最大35°，横坡最大为10°，几台同时作业，前后距离应大于8m 2. 辅助机械 土方挖后运出，需配备装土、运土设备推挖三～四类土，应用松土机预先翻松	（1）推一～四类土 （2）找平表面，场地平整 （3）短距离移挖回填，回填基坑（槽）、管沟并压实 （4）开挖深不大于1.5m的基坑（槽） （5）堆筑高1.5m内的路基、堤坝 （6）拖羊足碾 （7）配合挖土机从事集中土方、清理场地、修路开道等
2	铲运机 操作简单灵活，不受地形限制，不需特设道路，准备工作简单，能独立工作，不需其他机械配合能完成铲土、运土、卸土、填筑、压实等工序，行驶速度快，易于转移；需用劳力少，动力少，生产效率高	1. 作业特点 （1）大面积整平；（2）开挖大型基坑、沟渠；（3）运距800～1500m内的挖运土（效率最高为200～350m）；（4）填筑路基、堤坝；（5）回填压实土方；（6）坡度控制在20°以内 2. 辅助机械 开挖坚土时需用推土机助铲，开挖三、四类土宜先用松土机预先翻松20～40cm；自行式铲运机用轮胎行驶，适合于长距离，但开挖亦须助铲	（1）开挖含水率27%以下的一～四类土 （2）大面积场地平整、压实 （3）运距800m内的挖运土方 （4）开挖大型基坑（槽）、管沟，填筑路基等。但不适于砾石层、冻土地带及沼泽地区使用
3	平地机 操作比较灵活，运转方便，需要的工作面大，能从事平土、路基整形、修整边沟和斜坡、修筑路堤等工程	1. 作业特点 （1）高度0.75m以内路侧取土填筑路堤 （2）高度在0.6m以内路侧弃土，开挖路堑 2. 辅助机械 （1）开挖排水沟，截水沟；（2）路基石及场地平整，修整边坡	（1）平一～三类土 （2）找平表面，场地平整 （3）长距离切削平整 （4）截水沟

续表

序号	机械名称、特性	作业特点及辅助机械	适用范围
4	正铲挖掘机 装车轻便灵活，回转速度快，移位方便，能挖掘坚硬土层，易控制开挖尺寸，工作效率高	1. 作业特点 （1）开挖停机面以上土方；（2）工作面应在1.5m以上；（3）开挖高度超过挖土机挖掘高度时，可采取分层开挖；（4）装车外运 2. 辅助机械 土方外运应配备自卸汽车，工作面应有推土机配合平土、集中土方进行联合作业	（1）开挖含水量不大于27%的一～四类土和经爆破后的岩石与冻土碎块 （2）大型场地整平土方 （3）工作面狭小且较深的大型管沟和基槽路堑 （4）独立基坑 （5）边坡开挖
5	反铲挖掘机 操作灵活，挖土，卸土均在地面作业，不用开运输道	1. 作业特点 （1）开挖地面以下深度不大的土方；（2）最大挖土深度4～6m，经济合理深度为1.5～3m；（3）可装车和两边甩土、堆放；（4）较大较深基坑可用多层接力挖土 2. 辅助机械 土方外运应配备自卸汽车，工作面应有推土机配合推到附近堆放	（1）开挖含水量大的一～三类的砂土或黏土 （2）管沟和基槽 （3）独立基坑 （4）边坡开挖
6	装载机 操作灵活，回转移位方便、快速；可装卸土方和散料，行驶速度快	1. 作业特点 （1）开挖停机面以上土方；（2）轮胎式只能装松散土方，履带式可装较实土方；（3）松散材料装车；（4）吊运重物，用于铺设管道 2. 辅助机械 土方外运需配备自卸汽车，作业面需经常用推土机平整并推松土方	（1）外运多余土方 （2）履带式改换挖斗时，可用于开挖 （3）装卸土方和散料 （4）松散土的表面剥离 （5）地面平整和场地清理等工作 （6）回填土 （7）拔除树根

道路路基维修施工机械的使用条件　　　　表 2-1-9

序号	路基种类	主导机械	辅助机械	填挖高度（m）	水平运距（m）	集中工作量（m³）	最小工作面长度或高度（m）
1	（1）路侧取土	1）自行平地机		<0.75			300～500
		2）73kW 推土机		<3	10～40	不限	
		3）102～146kW 推土机		<3	10～80	不限	50～80
		4）6～8m³ 拖式铲运机	73kW 推土机	<5	100～250	>5000	80～100
		5）6～8m³ 拖式铲运机	73kW 推土机	<6	250～700	>5000	
	（2）远运取土	1）6～8m³ 拖式铲运机		不限	>700	>5000	50～80
		2）9～12m³ 拖式铲运机		不限	>1000	>5000	50～80
		3）9m³ 以上自行铲运机		不限	>700	>5000	50～80
		4）挖掘机配合自卸汽车等		不限	500～5000	>10000	2.5～3.5
		5）装载机配合自卸汽车		不限	500～5000	>1000	

序号	路基种类	主导机械	辅助机械	填挖高度 (m)	水平运距 (m)	集中工作量 (m³)	最小工作面长度或高度(m)
2	(1) 路侧 弃土	1) 自行平地机		＜0.6			300～500
		2) 73kW 推土机		＜3	10～40	不限	
		3) 102～146kW 推土机	59kW 推土机	＜3	10～80	不限	
		4) 6～8m³ 拖式铲运机	59kW 推土机	＜6	100～300	＞5000	50～80
		5) 6～8m³ 拖式铲运机		＜15	300～600	＞5000	100
		6) 9～12m³ 拖式铲运机		＞115	＞1000	＞5000	200
	(2) 纵向 利用	1) 73kW 推土机		不限	20～70	不限	
		2) 102～146kW 推土机		不限	＜100	不限	
		3) 6～8m³ 拖式铲运机		不限	80～700	＞5000	100
		4) 9～12m³ 拖式铲运机	59kW 推土机	不限	＞1000	＞5000	100
		5) 9m³ 以上自行铲运机		不限	＞500	＞5000	100
		6) 挖掘机配合自卸汽车等		不限	500～5000	＞10000	2.0～2.5
		7) 装载机配合自卸汽车		不限	500～5000	＞1000	
3	半填半挖路基	102～146kW 推土机		不限	20～80	不限	

2.1.2.2　推土机

1. 推土机的用途和类型

（1）推土机的用途：在各类路基的维修施工中（特别是路基的较大面积的塌方），推土机是最主要维修机械之一，主要用于推运土方、石渣、开挖基坑、平整场地、清理树根和石块、堆集散料、填沟压实、助推及牵引等作业。是一种结构简单，操纵灵活，生产效率高，既能独立完成拖、拉、铲、运、压、裂、装、填等多种作业，又能多台集体作业，或配合其他机械联合施工的土方机械。所以，广泛地应用于道路、铁路、市政、建筑、水利、矿山和国防工程的施工中。

用推土机来维修路基，其推运土方的经济运距在 100m 以内，一般不超过 120m。图 2-1-1 所示为推土机的外貌图。

（2）推土机的类型：推土机的类型主要有如下几种分法：

1）按行走机构分为履带式推土机、轮胎式推土机。

2）传传动方式分为机械式推土机、液力机械式推土机、全液压式推土机、电气式推土机。

3）按用途分为普通型推土机、专用型推土机。

4）按工作装置分为直铲式推土机、角铲式推土机。

5）按功率等级分为超轻型推土机（功率在 30kW 以下）、轻型推土机（功率在 30～74kW 之间）、中型推土机（功率在 74～220kW 之间）、大型推土机（功率在 220～520kW 之间）、特大型推土机（功率在 520kW 以上）。

2. 推土机的生产率计算

对于推土机的生产率计算，是根据每台推土机标准台班内所完成的土方（m³）来进行计算，其计算式如下：

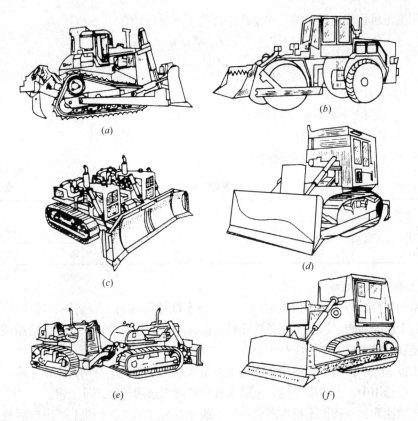

图 2-1-1 推土机外貌图

(a) 三角形履带式推土机；(b) 轮胎式推土机；(c) 并列式推土机；

(d) 带松土器式推土机；(e) 串联式推土机；(f) 履带式推土机

$$Q = \frac{60 T q K_{B} K_{n}}{t K_{p}}$$

式中　Q——标准台班完成的土方量（m^3/台班）；

　　　T——推土机每台班作业持续时间（h）；

　　　q——推土刀前堆集的土壤体积（m^3）；

　　K_{B}——时间利用系数，一般取 $K_{B}=0.85\sim0.95$；

　　K_{n}——运土中土壤漏耗系数，一般取 $K_{n}=0.75\sim0.88$；

　　K_{p}——土壤松散系数，如表 2-1-10 所列：

　　　t——推土机每一作业循环所需要的时间（min），其值可按下式进行计算：

$$t = \frac{L_1}{U_1} + \frac{L_2}{U_2} + \frac{L_3}{U_3} + 2t_n + t_c + t_o$$

式中　L_1、L_2、L_3——铲土、运土、回程距离（m）；

　　U_1、U_2、U_3——铲土、运土、回程速度（m/min）；

　　　　　t_n——推土机调头所需时间（min）；

　　　　　t_c——推土机变速所需时间，$0.08\sim0.17$min；

　　　　　t_o——推土刀下降所需时间（min）。

若利用推土机作场地平整时，对生产率可按下式进行计算：

$$Q = \frac{60T(B\cos\alpha - m)Lt_c}{n\left(\dfrac{L}{v_p} + t_n\right)}$$

式中　α——推土刀安装的平面角（°）；

　　　m——相邻两次平整时的重叠宽度，0.3～0.5m；

　　　L——平整地段长度（m）；

　　　T——推土机每台班作业持续时间（h）。

土壤松散系数　　　　　　　　　　　　　表 2-1-10

土壤松散系数　　土壤等级	Ⅰ	Ⅱ	Ⅲ	Ⅳ
K_p	1.08～1.17	1.14～1.28	1.24～1.30	1.28～1.32

3. 推土机的合理选择

在路基的维修过程中，如何根据推土机的技术性能和现场工程条件，选择合理的机型，充分发挥推土机的功能，以及工程条件比较复杂，如何创造条件，采取有效措施或先进的施工方法，使现有推土机发挥出应有功能。

（1）土方量大小：当抢修的路单现场土方量大而且集中，应选用大型推土机；土方量小而且分散，应选用中、小型推土机，土质条件允许的可选用轮胎式推土机。

（2）土壤性质：一般推土机均适合一、二级土壤施工或 3、4 级土壤预松后施工。如土壤比较密实、坚硬，或冬季冻土，应选用液压式重型推土机或带松土齿推土机；如果土壤属潮湿软泥，最好选用宽履带式推土机。

（3）施工现场：在危险地带作业，如有条件可采用自动化推土机。在修筑半挖半填的傍山坡道时，最好选用回转式推土机；在严禁噪声的地方施工时，应选用低噪声推土机；在水下作业时，可选用水下推土机；在高原地区则应选择高原型推土机等。

（4）作业要求：根据施工作业的各种要求，为减少投入现场机械的台数和提高机械化作业的范围，最好选用具有多种功能的推土机施工作业。

选择合适的推土机，还应考虑其经济性。施工单位土方成本决定于机械使用费和机械生产率，选择推土机型号时，应初选两种或两种以上的机械，经过计算比较，选择土方成本最低的推土机。对于租用的推土机，土方成本可按合同规定的定额标准计算。

2.1.2.3　铲运机

1. 铲运机的用途与分类

（1）铲运机的用途：铲运机是利用装在前、后之间的铲斗，在行驶中顺序进行铲削、装载、运输和铺土壤循环作业式的高效铲土运输机械。铲运机是一种多功能的机械，特别是处理大面积的道路路基坍方时，它能独立地完成铲、装、运、卸各工序，还兼有一定压实和平地性能，因而具有较高的技术经济指标。所以，它广泛地应用于各建筑、道路、铁路、矿山、农田、水利、机场、港口、工业厂房工地的土方填挖及场地平整中。

铲运机适用于四级以下的土壤工作，要求作业地区的土壤不含树根、大石块和过多的杂草。如用于四级以上的冻土或土壤时，必须事先预松土壤。链板装载式铲运机适应范围较大，除可运普通土壤外。还可铲砂、砂砾石和小的石渣等物料。

铲运机的经济运距与行驶道路、地面条件、坡度等有关。一般拖式铲运机（用履带式机械牵引）的经济运距在 500m 以内，而轮胎自行式铲运机的经济运距则为 800～1500m。

在工业发达的国家中，土方工程有一半的土方量是由铲运机来完成的。所以，铲运机是土方工程中应用最为广泛的重要机种之一。

铲运机制外貌如图 2-1-2 所示。

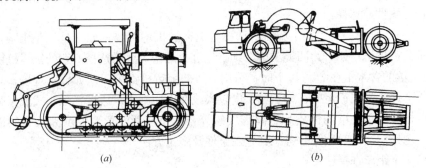

图 2-1-2　自行式铲运机外貌图
(a) 履带式铲运机；(b) 轮胎式铲运机

(2) 铲运机的分类：

1) 按铲斗容积大小可分为小型（3m³）、中型（4～15m³）、大型（15～30m³）、特大型（30 m³ 以上）。

2) 按牵引车与铲运斗的组装方式分为拖式铲运机、自行式铲运机。

3) 按牵引车行走装置型式分为履带式铲运机、轮胎式铲运机。

4) 按传动装置不同可分为机械式铲运机、液力机械式铲运机、柴油机－电力驱动式铲运机。

5) 按发动机台数可分为单发动机式铲运机、双发动机式铲运机、多发动机式铲运机。

2. 铲运机的生产率计算

对于铲运机的生产率计算，是以单位时间（h）内所完成的土方量（m³）来进行计算的。其计算公式如下：

$$Q = \frac{3600Q_n k_c}{T_c k_p}$$

式中　Q——铲运机的生产率（m³/h）；

Q_n——铲土斗容量（m³）；

k_c——铲装土壤充满系数，砂子为 0.75，其他土壤为 0.85～1.0，最高可达 1.3；

T_c——铲运机从铲土至卸土完毕循环延续所用的时间（s）；

k_p——土壤松散系数（见表 2-1-10）。

铲这机每个作业循环所需的时间 T_c 可由下式进行计算：

$$T_c = \frac{L_c}{v_c} + \frac{L_y}{v_y} + \frac{L_x}{v_x} + \frac{L_r}{v_r} + t_n + 2t_m$$

式中　L_c、L_y、L_x、L_r——分别为铲土、运土、卸土和回程的距离（m）；

v_c、v_y、v_x、v_r——分别为铲土、运土、卸土和回程的速度（m/s）；

t_n——铲运机换挡所需时间，5～10s；

t_m——铲运机一次调头所需的时间，15～30s。

3. 铲运机的合理选择

根据使用经验，影响铲运机生产效能的工期因素主要有：土壤性质、运距长短、施工期限、现场情况、当地条件、土方量大小及气候（如冬期、雨期）等，因此，可按这些因素合理选择机型。

(1) 按土壤性质选择：

1) 当土方工程为一～二类土壤时，选择各类铲运机均可以；如果是三类土壤，则可选择重型履带式铲运机；如若为四类土壤，则首先进行翻松，然后选择一般的铲运机铲运土。

2) 当土壤的含水量在 25% 以下时，采用一般的铲运机都可以；如施工现场多软泥或砂地，则必须选择履带式铲运机；如土壤湿度较大或在雨期施工，应选择强制式或半强制式的履带式铲运机。由于土壤的性质和状况因气候等自然条件而变化，也可因人为的措施而改善，因此，选择铲运机时谊综合考虑其施工条件及施工方法。

(2) 按运土距离选择：

1) 当运距小于 70m 时，铲运机的性能不能得到充分发挥，可选择推土机运土更好。

2) 当运距在 70～800m 时，可选择小型（斗容在 6m³ 以下）铲运机，其经济运距为 100m 左右。

3) 当运距在 300～800m 时，可选择中型（斗容在 6～10m³ 以下）铲运机，其经济运距为 500m 左右。

4) 当运距在 800～2000m 时，可选择轮胎式的大型（斗容在 10～25m³ 以下）自行式铲运机，其经济运距为 1500m 左右。

5) 当运距在 3000～5000m 时，可选择特大型（斗容在 25m³ 以上）自行轮胎式铲运机，其经济运距为 3500～4000m。同时，也可以选择挖掘机与自卸汽车运输配合施工，但是均应进行比较和经济分析，最后选择机械施工成本最低的施工设备。

(3) 按土方数量选择：正常情况下，土方量较大的工程，选择大、中型铲运机，因为大、中型铲运机的生产能力大，施工速度快，能充分发挥机械化施工的特长，保质保量，缩短工期，降低工程成本。对于小量或零散的土方工程，可选择小型的铲运机。

(4) 按施工地形选择：利用下坡铲土和运输可提高铲运机的生产率。适合铲运机作业的最佳坡度为 7°～8°，坡度过大不利于装斗。因此，铲运机适应用于从路旁两侧取坍方下来的土，去填筑路堤（高 3～8m）或两侧弃土挖深 3～8m 路堑的作业。

(5) 按铲运机的种类选择：双发动机铲运机可提高功率一倍，并具有加速性能好、牵引力大、运输速度快、爬坡能力强、可在较恶劣地面条件下施工等优点。但其投资大，且铲运机的质量增加 10%～43%，折旧和运转用增加成本 27%～33%。所以，只有在单发动式铲运机难以胜任的工程条件下，双发动机的铲运机才具有较好的经济效果。

2.1.2.4　装载机

1. 装载机的用途与分类

(1) 装载机的用途：装载机是用一个装在专用底盘或拖拉机底盘前端的铲斗，铲装、运输和倾卸散状物料（煤、沙石、土方等）、装抓木材和钢材，并能清理路面、平整场地（推土、挖土、松土）及牵引作业的一种高效率的土方工程机械。因此，它被广泛地应用于市政、道路、铁路、建筑、料场、矿山、水电、港口和国防建设等工程中。装载机的作业对象是各种土壤、砂石料、灰料及其他筑路用散粒状物料等。所以，在抢修道路路基的坍方应急情况时，装载机深受用户欢迎。

图 2-1-3 所示为国产轮胎式和履带式装载机结构简图。

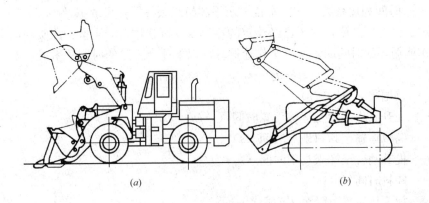

(a) $\qquad\qquad\qquad\qquad$ (b)

图 2-1-3　轮胎式和履带式装载机结构简图

（2）装载机的分类：

1）按行走装置不同可分为：履带式装载机、轮胎式装载机。

2）按传动系统不同可分为：机械式传动装载机、液力机械传动装载机、液压传动装载机。

3）按车架结构形式和转向方向不同可分为：整体车架式装载机、铰接车架转向装载机。

4）按卸料方式不同可分为：前卸式装载机、后卸式装载机、回转式装载机。

5）按铲斗额定装载量大小可分为：小型装载机、中型装载机、大型装载机、特大型装载机。

2. 装载机的生产率计算

装载机的生产率计算按照是否考虑时间利用率分两种：

（1）技术生产率：技术生产率指装载机在一定的生产条件下，正确地组织生产过程、掌握先进的操纵方法，在每小时内所能完成的最大生产量：

$$Q' = \frac{3600V \cdot K_1}{TK_2}$$

式中　Q'——技术生产率（m³/h）；

$\quad V$——装载机额定铲斗容量（m³）；

$\quad K_1$——铲斗装满系数。它的选择取决于所铲装物料的种类和块度、铲斗的形状和尺寸、装载机的结构、司机操作的熟练程度等因素，对于有经验的司机，K_1 建议取值：砂石取 $K_1=0.0\sim1.2$；经破碎、块度小于 40mm 的石灰石和块度小于 50mm 的砾石，取 $K_1=1.0\sim1.2$；经破碎、块度小于 50mm 的坚硬岩石，取 $K_1=0.7\sim1，0$；载装黏土、凝固的砾质土、爆破的砾石时，取 $K_1=0.45\sim0.7$；

$\quad T$——装卸一铲斗所需循环作业时间（s）；

$\quad K_2$——物料松散系数，通常取 $K_2=1.2\sim1.5$。

（2）实际生产率：实际生产率是指装载机在具体生产条件下，考虑到停车、维修、转换工作面等因素在单位时间内实际达到的生产量，它与技术生产率主要不同在于考虑了时间利用系数 K_c，所以实际生产率为：

$$Q = \frac{3600VK_1K_c}{TK_2}$$

式中 K_c——时间利用系数，在正常技术水平和组织条件下，可取 $K_c = 0.75 \sim 0.85$。

计算装载机的生产率，除了已经给定的斗容以及所装物料的质量、性质外，主要是要找出影响作业循环的时间因素。一个作业循环由以下几个工序的时间所组成：

$$T = t_1 + t_2 + t_3 + t_4 + t_5 + t_6 + t_7 + t_8$$

式中 t_1——铲掘装斗时间（s）；

  t_2——提升工作装置至运输位置时间（s）；

  t_3——满载运输至卸料地点时间（s）；

  t_4——提升动臂至卸载高度时间（s）；

  t_5——卸料时间（s）；

  t_6——把工作装置下降至运输位置时间（s）；

  t_7——装载机返回至铲掘地点时间（s）；

  t_8——其他所需的辅助时间（换档、转向等）（s）。

装载机的合理选择

对装载机的正确、合理选择，必须根据搬运物料的种类、形状、数量，堆料场地的地形、地质、周围环境条件、作业方法及配合运输的车辆等多方面情况来进行仔细选择。

（1）斗容量的选择：装载机的斗容量选择可根据装卸物料的数量及要求完成时间来确定。一般情况下，所搬运物料的数量较大时，应选择较大斗容量的装载机，以提高其生产率；否则，可选择较小斗容量的装载机，以减少机械的使用费用。如装载机与运输车辆配合施工时，则运输车辆的斗容量应该是装载机斗容量的 2～3 倍，不得超过 4 倍，过大或过小都会影响车辆的运输效率。

（2）行走机构方式的选择：

1）当堆料现场地质松软、雨后泥泞或凹凸不平时，应当选择履带式装载机，以充分发挥装载机的动力性能和作业效能；若现场地质条件好，天气又好，则以选用轮胎式装载机为宜。

2）对于零散物料的搬运，在气候、地质条件允许的情况下，优先选择轮胎式装载机，其行走方便、速度快、转移迅速，而履带式装载机不但转换速度慢，而且不允许在公路上或街道上行驶。

3）当装载场地狭窄时，可选用能作 90°转弯铲装和卸载的履带式装载机，或选择回转式装载机。

4）当与运输车辆配合施工时，可根据施工组织的装车方法选用。如果场地较宽，采用 V 形装车方法，应选用轮胎式机械，其操作灵活，装车效率较高；如果场地较小，可以选择能转 90°弯的履带式装载机。

（3）现有机型的选用：优先选用现有装载机是选择机械的重要原则。如果现有机械的技术性能与工作环境不相适应，则应采取多种措施，创造良好的工作条件，充分发挥现有装载机的特性。如现有装载机机型容量较小，可以采用 2 台共装一台自卸卡车，或改选载重量较小的自卸卡车，以提高联合施工作业效率。

2.1.2.5　挖掘机

1. 挖掘机的用途与分类

（1）挖掘机的用途：挖掘机是土方工程机械中一种用斗状工作装置挖取土壤或其他材料，或用于剥离土层的机械，也是开挖土石方工程的主要机械设备。挖掘机广泛应用于道路工程、铁路工程市政工程、建筑工程、水利工程、矿山和国防等工程的施工中。据统计，一台斗容为 $1m^3$ 的单斗挖掘机，在挖掘四级以下的土时，每个台班生产率大约相当 $300\sim400$ 个工人一天的工作量。从而可知挖掘机在抢修道路路基大面积的塌方中所起的重要作用。

挖掘机可进行基坑的挖掘、疏通河道、修筑道路、清理路基坍方、挖掘水库和河道、剥离表土、开挖矿石等，如果与载重汽车等运输工具配合进行远距离的土石方转移，具有很高的生产效率。

（2）挖掘机的分类：

1）按用途可分为通用型和专用型。一般斗容量在 $1.6m^3$ 以下者为通用型，大于 $1.6m^3$ 的斗量挖掘机为专用型；

2）按工作装特点可分为：正铲、反铲、刨铲、刮铲、拉铲、抓斗、吊钩、打桩器、拔根器等，如图 2-1-4 所示。

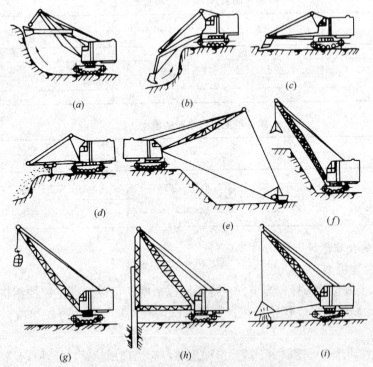

图 2-1-4　单斗挖掘机工作装置主要形式

（a）正铲；（b）反铲；（c）刨铲；（d）刮铲；（e）拉铲；（f）抓斗；（g）吊钩；（h）打桩器；（i）拔根器

3）按动力装置可分为：电力驱动式、内燃机驱动式、混合动力装置等。

4）按作业方式可分为循环作业式（单斗挖掘机）和连续作业式（多斗挖掘机）两大类。

5）按动力传递和控制方式分为机械式、机械液压式和全液压式三种。

2. 挖掘机的生产率计算

挖掘机的生产率计算：单斗挖掘的生产率决定于机械的铲斗容量、机械的工作速度，以及土壤的特性，可按如下公式计算：

$$Q = V \cdot n \frac{K_C}{K_S} \cdot K_B$$

式中　Q——单斗挖掘机生产率（m³/h）；

　　　V——铲斗容量（m³）；

　　　K_C——铲斗充满系数，见表 2-1-11；

　　　K_S——土壤的松散系数，见表 2-1-11；

　　　K_B——时间利用系数，一般取 0.7~0.85；

　　　n——每小时的挖土次数，可参考表 2-1-12 中的数值或按下式确定；

$$n = \frac{3600}{\sum t}$$

式中　$\sum t$——挖掘机每一工作循环所需的总时间（s）。其中包括挖土时间、回转时间、卸土时间以及辅助动作时间等等。

铲斗的充满系数 K_C 和土壤松散系数 K_S 表 2-1-11

土壤类别	K_S	K_C 最大值	
		正　铲	拉　铲
一	1.0~1.15	0.95~1.23	0.80~1.22
二	1.14~1.16	1.05~1.12	0.90~1.00
三	1.15~1.17	1.00~1.18	0.98~1.08
四	1.16~1.28	1.30~1.42	1.18~1.26

单斗挖掘机每小时的挖土次数 表 2-1-12

工作装置	斗容量（m³）			
	0.25	0.5	1	2
正铲	215	200	180	160
反铲	175	155	145	—
拉铲	175	155	145	125
抓铲	160	150	135	—

3. 挖掘机的合理选择

（1）选择合理机型：

1）按施工土方位置选择：当土方在停机面以上时，可以选择正铲挖掘机；当土方在停机面以下时，一般选择反铲挖掘机；若开挖深沟或基坑，可选择拉铲或抓斗（土壤松软）挖掘机。

2）按土壤性质选择：挖取水下或潮湿泥土时，应当选用拉铲、抓斗或反铲挖掘机；若土壤比较坚硬或开挖冻土时，应选用重型挖掘机；而装卸松散物料，采用抓斗挖掘最有效。

3）按土方运距选择：在地形平坦的场地挖取松软土壤或开挖各种沟槽，最好选择生产效率高的多斗挖掘机，其次考虑其他机型；当运土距离较远，挖掘机必须与运输机械配合施工时，注意挖斗容量与运输车辆的斗容量合理配套。

4）按土方量大小选择：当土方工程最不大而必须采用挖掘机施工时，可选用机动性能大的轮胎式挖掘机或装载机；而大型土方工程，必须选用大型专用的挖掘机，并可以采用多种机械联合施工，可装较大的石块，有利于提高运输车辆的生产率。

5）优先选择先进的新型机种：选择施工机械的原则是以本单位现有机械为主；如果另有机械来源，则应根据施工条件和要求优先选择先进的新产品，如液压挖掘机、多功能挖掘机，以提高挖掘生产率，缩短施工期，降低施工成本。

（2）选择经济机型：挖掘机的经济机型主要是考虑能源消耗和施工的成本，能源消耗可用机械耗油率来衡量，施工成本可用单位土方成本来进行比较。

挖掘机的单位土方成本可按其生产率计算，或按台班产量定额及台班费用定额进行计算，并参考表 2-1-13。表中台班费只是一个设定值，依地区、工程情况而不同，只供参考。从表中数值可知，一般挖掘机容量较大，其机械化施工的土方成本较低，因此，在满足工程量和挖土高度的条件下，选择大容量挖掘机是比较合算的。

单斗挖掘机施工土方预算成本参数　　　　　　　表 2-1-13

规格	主要项目	普通土		硬土		砂砾硬土	
		不装车	装车	不装车	装车	不装车	装车
0.5m³	台班定额（台班/km³）	2.68	3.08	2.97	3.41	3.58	4.11
	土方定额（m³/台班）	373	325	337	293	279	243
	台班费（元/台班）	266.54					
	土方成本（元/m³）	0.71	0.82	0.79	0.91	0.96	1.10
1.0m³	台班定额（台班/km³）	1.87	2.15	2.08	2.39	2.55	2.93
	土方定额（m³/台班）	535	465	481	418	392	341
	台班费（元/台班）	266.54					
	土方成本（元/m³）	0.50	0.57	0.55	0.64	0.68	0.78

注：台班费参照 1989 年《广东省建筑工程预算定额》（修订本）

（3）选配联合施工机械：当遇上连续多日的暴雨所造成的大面积的路基坍方，或道路路面的上山面大面积土石方坍方时，对这种大型的土石方抢修工程中，需要挖掘机与运输机械联合施工，为保证流水作业连续均衡，提高挖掘和运输机械的总生产率，运输机械的斗容量应是挖掘机械斗容量的整数倍，一般选 3 倍左右。

挖掘机与自卸汽车联合施工时，每台挖掘机必须配合的自卸汽车台数可按下式计算：

$$N_{汽} = \frac{T_{汽}}{nt_{挖}}$$

式中　$N_{汽}$——自卸汽车台数（台）；

　　　$T_{汽}$——汽车运土循环时间（min）；

　　　$t_{挖}$——挖掘机工作循环时间（min）；

　　　n——每台汽车装土的斗数。

如果知道汽车的台数，要选配挖掘机的台数，可按下式计算其台数：

$$N_{挖} = \frac{N_{挖}\, nt_{挖}}{N_{汽}}$$

式中　$N_{挖}$——应配合的挖掘机台数；

$N_汽$——投入施工的自卸汽车台数。

2.1.2.6 平地机

1. 平地机的作用与分类

（1）平地机的用途：平地机主要是利用刮土铲刀进行土壤切削、刮送和整平作业的土方机械。它可进行砂石或砾石路面的维修、路基路面的整形、挖沟或表层土的剥离、修刮边坡等切削平整作业。它还可以完成材料的推移、混合、回填、铺平作业，如果配置推土铲、松土器、犁扬器、加长铲刀、扫雪器等工作装置，就能进一步提高其工作能力，扩大使用范围。因此，平地机是利用刮土铲一种高效能、作业精度好、用途广的施工机械，被广泛地用于道路、铁路、机场、停车场等大面积的整平作业。

随着我国交通事业迅速发展，高等级道路将会越来越多。而修建高等级道路，对路面的平整度有很高的要求，这种高精度的大面积平整作业是由平地机来完成的。因此，在土方施工作业中，平地机有着其他机械所不可替代的独特作用。

（2）平地机的分类：

1）按行走方式不同可分为自行式平地机、拖式平地机。

2）按行走车轮数目不同可分为四轮式平地机、六轮式平地机。

3）按转向方向不同可分为前轮转向式平地机、全轮转向式平地机、铰接转向式平地机。

4）按车轮驱动情况可分为后轮驱动式平地机、全轮驱动式平地机。

5）按重要的大小不同可分为重型平地机、中型平地机、轻型平地机。

2. 平地机的生产率计算

平地机的生产率计算包括粗平整作业和精平整作业两种：

1）粗平整作业：场地平整作业大多包含有铲切、运移（摊铺、疏散）、修整等工作，可用每小时切出土壤的体积表示生产率。

$$Q_1 = \frac{1000LAK_B}{2L\left(\dfrac{N_K}{V_1} + \dfrac{N_n}{V_2} + \dfrac{N_o}{V_3}\right) + t_{No}(N_K + N_n + N_o)}$$

式中 Q_1——粗平整生产率（m^3/h）；

L——工作路段长度，（m）；

A——填土截面面积（m^2）；

K_B——工作时间利用系数，取 0.85~0.90；

N_K——切土作业往返次数；

N_n——运土作业往返次数；

N_o——修整作业往返次数；

V_1——切土实际运行速度平均值（km/h）；

V_2—— 运土实际运行速度平均值（km/h）；

V_3——修整作业实际运行速度平均值（km/h）；

t_{No}——平地机调头时间（h），取 0.08~0.10。

2）精平整作业：精平作业时可按每小时的平整面积表示平地机的生产率 Q_2。

$$Q_2 = \frac{60L(B\cos\alpha - b)K_B}{n\left(\dfrac{L}{V} + t_{No}\right)}$$

式中 Q_2——精平整生产率（m²/h）；

　　　B——铲刀长度（m）；

　　　α——铲刀水平调整角（°）；

　　　b——相邻两次平整重叠宽度（m），取 0.3～0.5；

　　　n——平整遍数，取 1～2；

　　　V——平地作业实际运行速度平均值（m/min）。

3. 平地机的合理选择

（1）铲土角的选择：铲土角即切削角，指刮刀切削刃与地面的夹角。铲土角的大小一般依作业类型来确定，一般平地机铲土角都有一定的调整范围以适应不同的作业要求。中等的切削角（60°左右）适用于通常的平整作业。当切削、剥离土壤时，例如剥离草皮、刮平凸缘、切削路边沟等，需要较小的铲土角，以降低切削阻力。当进行摊铺、混合物料的作业时，应选用较大的铲土角，这样可以避免大粒物料对铲刀的推挤力，大粒物料较容易从刮刀下滚过去；由于铲土角大，刮刀载料减少，使物料滚动混合作用加强。

（2）刮刀回转角选择：刮刀回转角是指刮刀与横向坐标轴 X 轴的正向夹角 ω（图 2-1-5）。当回转角 ω 增大时，工作宽度 b 减小，而物料的侧移输送能力提高，切削能力也提高，刮刀单位切削宽度上的切削刀增大。对于剥离、摊铺、混合作业及硬土切削作业，回转角可取 30°～50°；对于推土摊铺或进行最后一道刮平，以及进行松软或轻质土刮整作业时，回转角可取 0°～30°。回转角应视具体情况及要求来确定。

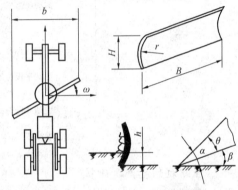

图 2-1-5　切削刀具的主要工作参数示意图

α—切削角（又称铲土角）；β—切削后角；b—切削宽度；h—切削深度；ω—回转角；H—刀具高度；B—刀具宽度；θ—刃角；γ—刀面圆弧半径

将刮刀回转 180°，平地机可在倒退行驶状态下作业，这特别适合于狭窄地段施工。在机器调头困难的情况下进行往复作业（也称穿梭作业法），可以提高工作效率。刮刀回转 180°比机器调头要快和容易，尤其是短距离施工特别适宜。因此，平地机的倒退档较多，用于慢进慢退同时作业；或慢进作业，加快退回。刮刀回转时应注意操纵顺序，防止刮刀碰轮胎、耙土器等。

（3）动力装置的选择：目前，平地机的动力装置有三种形式，即风冷式柴油发动机、水冷式柴油发动机、混合动力装置（柴油机→发电机→电动机）。例如国产 PY160A 型平地机采用 6135-10 型风冷式柴油发动机；国产 PY180 型平地机采用水冷式增压柴油发动机；美国卡特皮勒公司生产的 160G 型平地机也采用水冷式柴油发动机；对于大型或特大型平地机则采用混合动力装置。

2.1.2.7　压路机

1. 压路机的用途与分类

（1）压路机的用途：压路机是用来压实由土和各种松散材料（碎石、砾石、砂及各种混合料）所组成的任何施工工程的基础及其承载面层的土方机械。主要用于公路、铁路、市政建设、机场跑道、水库堤坝等工程的地基压实作业，以提高基础和路面的强度和稳定性，能承受一定的载荷和抗侵蚀的能力，不会因材料颗粒自重和受雨水、风、雪等的侵蚀以及承受静、动载荷而发生沉陷、变形，导致其上面建筑物的破坏和运动物体（如车辆、飞机等）的事故。对于路面和飞机滑行道的压实，还可使它们具有足够的平整度，保证车辆与飞机可平稳地行驶和滑行。所以，压路机已成为基础工程和道路工程中不可缺少的施工机械。

（2）压路机的分类：压实机械的具体分类方式如下：

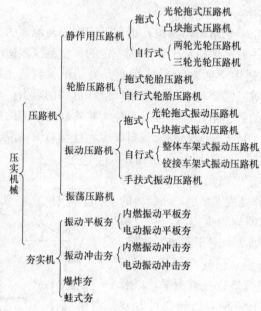

2. 压路机的生产率计算

土壤压实生产率的计算，各种压实机械的压实面积生产率均可按以下公式计算：

$$Q = \frac{60 \cdot (b-c)LK_B}{\left(\dfrac{L}{v} + t\right)^n}$$

式中　Q——压实机械的压实面积生产率（m²/h）；

b——一次碾压宽度（m）；

c——相邻两碾压带的重叠宽度（m），一般情况取 $c=0.15\sim0.25$；

L——碾压地段长度（m）；

v——压路机作业速度（m/min）；

t——转弯掉头时间，min，对于拖式压路机取 $t=0.25\sim0.35$min，自行式压路机取 $t=0.07\sim0.08$min；

n——同一地段所需的碾压遍数；

K_B——时间利用系数，$K_B=0.8\sim0.9$。

土石镇方压实的体积生产率单位为 m³/h，而决定生产率的主要因素是：轮宽、碾压遍数、工作效率、铺层厚度等。

体积生产率的计算公式通常为：

$$Q' = \frac{B \cdot v \cdot H \cdot 1000}{n} \cdot C$$

式中 Q'——土石填方压实的体积生产率（m³/h）；

    C——效率因素，C＝实际生产率/理论生产率；

    B——滚轮宽高（m）；

    v——碾压速度（km/h）；

    H——压实后的铺层厚度（m）。

如果压路机处于近似连续工作状态，即每小时工作 50min 左右，并采用正常的重叠宽度来碾压土壤，则压实效率为 0.75。

3. 压路机的合理选择

（1）按工程量大小选择。填筑土方工程量较大时，应选择大型或中型的静压式机械，如组合式的压路机，可以提高压路机的生产率，缩短工期；当土方量较小或施工场地较狭窄时，应选用冲击式夯实机械，以减少边角剩余土方，从而减少人工压实的工作量。

（2）按土壤性质选择，根据土壤类别选抬择压路机型时，应注意机型特点：如黏土和部分亚黏土不宜采用振动式压路机；砂土和部分轻亚黏土不宜采用羊足碾或带槽式压路滚；而轮胎式压路机则适用于各种土壤，因为轮胎的气压可任意调节。

（3）按填土层厚度选择。凡是填土层较厚的基础压实，最好选择单位面积压力较大的压路机，如轮胎式压路机、重型打夯机、羊足碾等，以保证压实质量；对于路面或场地表面的压实，必须选择光面压路机，才能获得既密实又平整的压实质量。

（4）考虑其他因素。选用机械应以自身设备为主，其次考虑租用和购置。由于振动式压路机无论在压实质量、压实层厚度（可达 0.5～1m），压实生产率等都优于静力静压式压路机和冲击式夯实机械，同时机械的质量轻（为同等压实效果的静压式压路机的 1/3 以下），适应性强（可在狭窄地点作业），适合于大面积填筑土方工程的压实工作，可以优先考虑。

（5）路面压实机械的选择：

1）按填筑材料选择：因为道路的设计承载力不同，所使用的填筑材料也不同，因此，应根据填筑材料的品种和强度，选择适当线压力（压轮每厘米长度所产生的压力）的压路机以保证碾压作用。按路面形式选择压路机类型，可见表 2-1-14。

根据路面形式选择压路机　　　　　表 2-1-14

序号	路面形式	各个碾压阶段所需压轮线压力（N/cm）	各个阶段碾压所需速度（km/h）	使用压路机的质量（t）	应用压路机的类型
1	碎石路面	300～400 500～700 800～1200	1.5～2 1.5～2 3～4	5～8 7～8 12～15	内燃式三轮二轴式压路机
2	砾石铺砌层	300～400 500～750	1.5～2 3～4	5～6 7～8	内燃式三轮二轴式压路机
3	沥青混凝土	300～400 400～750 500～750	1.5～2 2.5～3 2～4	5～6 7～8 12～15	内燃二、三轮二轴及三轮三轴轮胎式压路机
4	冷浇沥青	70～90 100～130	2～3 2～4	0.7～1 1.5～2	内燃二、三轮二轴及三轮三轴轮胎式压路机
5	沥青碎石	300～400 500～750	2～3 3～4	5～6 8～10	内燃三轮二轴式压路机

2）按路面要求选择：当道路（特别是高等级公路）对路面的平整度要求较高时，如

果选用一般压实机械碾压时，则路面容易形成波浪现象。因此，必须选择三轮三轴式压路机，以压平起伏的路面。对于沥青混凝土路面的终压，选用三轮三轴式压路机更为适宜。

2.1.3 稳定土路面维修机械

2.1.3.1 路拌机械

1. 路拌机的用途与分类

（1）路拌机的用途：稳定土路拌机是一种旋转式加工稳定土材料的拌合设备。它是将土壤粉碎与稳定剂（如石灰、水泥、沥青、乳化沥青或其他化学荆等）均匀的拌合，用以修筑道路、机场、城市建筑等设施的基础层拌合施工，亦可用于土壤拌合及旧路面翻新的破碎作业，以上这种施工的工艺方法叫做路拌法。

（2）路拌机的分类：路拌用稳定土拌合机有多种形式，稳定土路拌机的分类如图 2-1-6 所示。

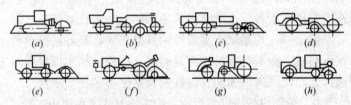

图 2-1-6　稳定土路拌机分类
(*a*) 履带式；(*b*) 轮胎式；(*c*) 轮履复合式；
(*d*) 自行式；(*e*) 半拖式；(*f*) 悬挂式；(*g*) 中置式；(*h*) 后置式

1）按其行走方式可分为轮胎式、履带式和复合式。

2）按其移动方式可分为自行式、半拖式和悬挂式。

3）按其动力的传递形式可分为机械式、液压式和混合式。

4）按其工作装置所在轴上的位置可分为中置式和后置式。

5）按其转子的数量可分为单转子和多转子式。

6）按其拌和的方向可分为正转和反转两种形式。

目前使用最多的为单轴驱动的单转子轮胎式自行结构的稳定土路拌机。因为这种形式满足了一般施工和加大拌和深度的要求。而且机动灵活，适应性强。而多转子的路拌机用于大规模的配套施工。

2. 路拌机的使用要点

（1）工作前做好检查工作：

1）检查动力系统燃油和润滑油是否充足，启动系统是否正常。将转子放在地面上，检查转子两端轴承润滑油是否充足。

2）将转子举升至最高位，插好两头的保险销，检查刀片是否完好。

3）其他有关的润滑部位是否加足了润滑油（脂）。

4）各受力螺栓是否松动。

（2）调正罩壳的倾角：

1）路拌机可开到平整的地面上，并把转子放下来。

2）在罩壳的后面垫以 $\delta = 50mm$ 的垫块，调整罩壳前的螺丝，使罩壳前距地面100～110mm。

3）用锁紧螺母锁紧好调整的螺栓。

（3）稳定土拌和机的操作程序：

1）启动动力装置，工作 5min 以后再驾驶整机到工作现场。

2）用举升油缸把工作装置举升到保险锁可活动处。

3）取下转子上部的保险销，把转子落下靠近地面的位置上。

4）开动转子马达，使转子运转起来。

5）用举升油缸缓慢地落下转子，达到预定的位置和深度。

6）变速箱放在一档上，慢慢地启动转子马达，使整机前进。

7）调整尾门开启度、转子转度及整机行驶速度，使机器工作在最佳位置状态，视情况可以把尾门放到浮动位置。

2.1.3.2 稳定土厂拌设备

1. 稳定土厂拌设备的作用与分类

（1）稳定土厂拌设备的作用

稳定土厂拌设备是路面工程机械的主要机种之一，是专门用于拌制以水，硬性材料为结合剂稳定混合料的搅拌机组。由于这项工作是在固定场地集中进行，因而厂拌设备较路拌机有其明显的优点。厂拌设备具有材料的级配准确，拌合均匀，节省材料，便于使用微机进行自动控制等优点，保证了稳定土材料的质量。因而在公路建设、城市道路及货场，机场等需要稳定土材料的工程中得到了广泛的应用。

（2）稳定土厂拌设备的分类

1）根据生产率的大小，稳定土厂拌设备可分为小型：200t/h 以下；中型 200～400t/h；大型 400～600t/h 以及生产率大于 600t/h 以上的特大型。

2）根据设备布置和机动性，稳定土厂拌设备可分为：整体移动式，模块（总成）移动式和固定式等形式。

3）根据设备的拌合工艺，稳定土厂拌设备可分为非强制性跌落式，强制间歇搅拌式和强制连续搅拌式等三种。在强制连续式中又可分为单卧轴强制搅拌式和双卧轴强制搅拌式。

稳定土厂拌设备组成示意图如图 2-1-7 所示。

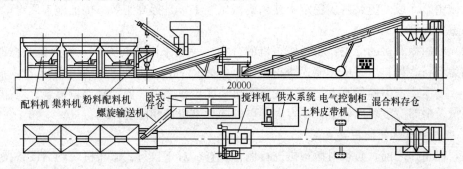

图 2-1-7　稳定土厂拌设备组成示意图

2. 稳定土厂拌设备的使用要点

（1）作业前的准备：

1）作业前要对机组各部设备加油润滑，检查有无不正常情况。

2）检查各连接、传动装置是否可靠，电控方面接触是否良好等。

（2）工作中的操作要领及注意事项：

1）设备启动以后，先空载运行，检查机组各部位有无不正常的声响、振动等状况。

2）检查机组各检测装置是否正常。一旦发现动力部分出现问题，必须停机检查，排除故障后再工作。

3）皮带机工作正常，无卡滞及跑偏现象。

4）拌合鼓和拌合叶片无卡位现象。

5）仓壁振动器应能正常工作。

6）电动滚筒清扫器正常工作。

7）液压系统有否漏油及异常噪声。

8）供水系统应工作正常，不得有漏水及计量失准现象。

9）在配料部分可设置专门人员，循环进行检查，每 1～2h 分料一次，发现问题及时调整解决。

10）在停止工作之前，应将料斗中，储料仓中的余料卸完，方可考虑停止输料机的工作。

11）工作完成以后，按照操作规程要求逐步停止各设备的运转，动力装置先减速，后停机。

12）检查操作室内设备情况并记好当天的日记。

13）操作人员在离开工作岗位前，关闭总闸开关，关好门窗并锁好操纵室的门。

2.1.3.3 粉料撒布机

1. 粉料撒布机的作用与分类

（1）粉料撒布机的作用：粉料撒布机是道路稳定土路拌设备中撒布粉料（如灰土→石灰和土壤；灰砂→水泥，砂或砂砾，或者是粉煤灰等矿料）的专用设备。在过去的道路施工中，粉料的撒布多半由人工倾倒并铺撒，其结果是精确度低，均匀性差，而且效率也不高，可以说是事倍功半。采用粉料撒布机，就能更好地完成此项工作。

我们知道，道路的基层的工程质量是十分重要的。而由粉料撒布机、稳定土拌和机和压实机械组合而成的道路基层稳定土拌和机械化施工，是提高工效，保证施工质量的必要措施和重要保证。

（2）粉料撒布机的分类：粉料撒布机的分类，一般来讲有两类：一类为拖式撒布机，另一类为自行式粉料撒布机。拖式撒布机无需配置动力，在其他机械牵引下工作。简单、体积小，易生产，但容量不大，自行式撒布机功能比较完善，但结构比较复杂。对撒布机的撒布量及撒布宽度可以调节，斗容大，可以同大型机械相配套使用。

2. 粉料撒布机的使用要点。

（1）在工作之前，必须对撒布机进行例行检查。对于自行式撒布机，动力设备按照使用说明书中的要求进行检查和调整。对于撒布滚筒和螺旋布料器进行检查，保证工作中灵活可靠。

（2）在撒布作业之前，应根据撒布的宽度和厚度，调整好行驶速度及布料速度等。保证撒布质量。工作中，不要随意变更速度。

（3）对冷料进行检查，是否符合撒布料的质量要求。

（4）工作中根据撒布的工作状况，注意安全及防落措施，避免灰粒或小石粒误伤施工人员。

（5）作业中观察撒布的均匀性，一旦发现问题，随时加以调整，若有漏料现象，要停机予以检查维修。

2.1.3.4 石料摊铺机

1. 石料摊铺机的用途与分类

（1）石料摊铺机械的用途：在修筑碎石路面、砾石路面以及铺筑和修理黑色路面时，都需要在路基或路面底层上均匀地摊铺一层碎石、砾石或石屑。在机械化筑路工程中，这项工程是采用专门的石料摊铺机来完成的。

（2）石料摊铺机的分类：

1）按所摊铺石料的粒径大小，可分为碎石摊铺机和石屑撒布机两种。

2）按所配置动力的牵引情况，可分为拖式碎石摊铺机（石屑撒布机）和自行式碎石摊铺机（石屑撒布机）。

3）石料摊铺机按其机构的型式，可分为槽缝式、螺旋式、转子式及碟石等。

自行式碎石摊铺机（图 2-1-8）主要由专用的履带式行走装置的底盘和发动机、机架、料斗、滑模板、八字板、推动滚筒和出料口等组成。

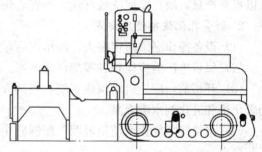

图 2-1-8　自行式碎石摊铺机

2. 自行式碎石摊铺机的施工过程

（1）自卸汽车自石料厂装料，并运至摊铺地点。

（2）汽车倒退，使后轮支靠在碎石摊铺机前面的两个推动滚筒上，此时汽车变速箱应放在空挡位置上。

（3）发动机工作，使机器不停地推动汽车前进，此时汽车在移动的同时将车厢内碎石缓慢地卸入摊铺机的料斗内，摊铺机在前进中进行摊铺工作，直至石料摊铺完毕。

2.1.4　沥青路面维修机械

2.1.4.1 沥青乳化设备

1. 沥青乳化设备的作用与分类

（1）沥青乳化设备的作用：沥青乳化设备是完成从原料投入到产品储存这一连续作业过程中所需的成套沥青乳化机械的总称。由于乳化沥青可以免除沥青经过高温和持续反复加温所造成的不利影响，使用时可以冷料冷拌，具有减缓并防止沥青老化、节约能源、减少污染、节省沥青用量、延长使用期和施工方便等优点，已在国内外得到普遍的推广和应用。我国常用乳化沥青进行表面处治，同时袋装的冷拌沥青混凝土也开始投入使用，可以存放较长时间而不破乳。

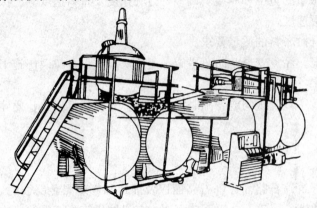

图 2-1-9 沥青乳化设备外形图

（2）沥青乳化设备的分类：沥青乳化设备根据沥青和乳化剂进入乳化机时的状态不同，分为开式系统和闭式系统两种连接方式。开式系统的特点是用阀门控制流量，沥青和乳化剂靠自重流入乳化机的漏斗，其优点是直观，工作完了后乳化机容易清洗，缺点是容易混入空气，产生气泡。闭式系统的特点是不用乳化机漏斗接液，而用两个匹配好的泵直接把沥青和乳化剂水液经管路泵入乳化机内，靠流量计指示其流量。其优点是不易混入空气，便于自动化控制，可以提高产量，缺点是清洗较麻烦。沥青乳化设备的外形如图 2-1-9 所示。

2. 沥青乳化设备使用要点

（1）设备操作必须指定专人，经培训后，严格按生产工艺进行。

（2）每班生产前应检查各零部件及电器、线路，确认安全正常工作状态后方可开机。

（3）开机前，应先启动预热系统，当沥青和乳化剂均能用手转动，轻松自如时，再启动乳化机和乳化剂水溶液泵。

（4）严格按"乳化剂使用说明"配制乳化剂水溶液，沥青和乳化剂水溶液温度应符合工艺要求。

（5）采用自动控制油水比的设备，应先开手动档，待油水流量计显示和工作正常时，再拨向自动档。

（6）生产结束时，停机顺序应是沥青泵—乳化剂水溶液泵—乳化机，同时应关闭沥青管道阀门和水溶液阀门。

（7）机器开动后，操作人员不得离岗，以保证设备的正常运转，同时注意生产场地的通风。

2.1.4.2 沥青撒布机

1. 沥青撒布机的作用与分类

（1）沥青撒布机的作用：沥青撒布机是一种黑色路面机械，它是道路、机场和港口码头建设的主要设备之一。当用贯入法和表面处理法修筑、修补沥青路面时，沥青撒布机可以用来完成液态沥青（包括热态沥青、乳化沥青）贮存、转运和撒布工作。尤其是大容量的沥青撒布，还可以作为沥青和乳化沥青的运载工具。

（2）沥青撒布机的分类：根据沥青撒布机的移动形式，可分为手推式、拖式和自行式三种。手推式沥青撒布机是将沥青罐、撒布设备和动力装置等装在一辆二轮手推车上，罐的容量大约为 200~300L，动力装置为 2~3kW 的气冷式汽油机，撒布能力在 30L/min 以下。这种撒布机一般用于市政道路养护作业。

拖式沥青撒布机则将所有的部件和设备装在一辆单轴两轮式双轴 4 轮挂车上，由牵引车拖着运行。其沥青罐容量为 400~600L，并可用喷燃器加热罐内的沥青进行保温。其动力装置为 3~5kW 的气冷式汽油机或柴油机，撒布能力一般在 30L/min 以上，这种撒布机大多用于养路和小面积的撒布作业。图 2-1-10 所示为 LS4500 型自行式沥青撒布机外貌图。

图 2-1-10　沥青撒布机外貌图

2. 沥青撒布机的使用要点

（1）使用前的准备工作：

1）作业前应对汽车本身进行一次常规的全面检查，发现问题及时处理好。

2）认真检查沥青是否被沥青所凝固。为此，先将分动箱挂上低档位置，然后缓慢松开离合器踏板，若发现发动机熄火或离合器有拖滞现象，即表明沥青泵齿轮被沥青凝固住，这时要利用手提喷灯烤热沥青泵，直到齿轮泵运转灵活为止。

3）调整好各操作阀和撒布管至不同的安装位置，调整时可参照说明书进行。

（2）操作中的注意事项：在撒布作业时，沥青必须均匀地喷洒在路面上，尤其是表面处治的沥青路面。沥青量过多或过少，都会严重影响路面的使用寿命。所以在撒布过程中应注意下列事项：

1）要保证沥青在工作温度范围内进行喷洒。沥青温度降低，将会增加其黏度，减少其流量。

2）调整好喷嘴的喷射角，使各个相邻喷嘴喷出沥青所形成的喷雾扇或喷雾锥，在其下角能有少量重叠。喷雾扇角和锥角的大小与喷射压力有关。它们下部的重叠量则与喷嘴离地面高度有关，在同喷雾角下，随着喷嘴离地高度的不同，在其下面撒布的宽度也不同。喷嘴离地面高，其撒布宽度就较大，相邻喷嘴所喷沥青的喷雾重叠量就较多。反之，撒布宽度就较小，重叠量也就较小。对于长缝喷嘴，相邻喷嘴所喷沥青喷雾的重叠程度还同嘴缝与管轴线的交角有关，一般应事前调好交角（25°~30°）。锥孔喷嘴安装位置的高低也影响其撒布宽度及与毗邻喷嘴喷雾的重叠量。一般情况，喷嘴都是事先调整好的，只有喷嘴的离地高度会在施工时随着撒布管位置的高低调整而变化。一般在施工时应将撒布管调整到离地面 25cm 左右。

3）要在撒布作业的整个过程中保持一定的喷洒压力，最好是进行恒压撒布。喷雾角是靠一定压力来维持的，此压力在管径与喷孔都是一定的情况下，将随沥青在管内的流速而变化。此流速又同沥青泵的转速与沥青的温度以及撒布量有关，所以工作时要尽可能使沥青泵转速恒定（专用发动机驱动的较易掌握），并保持沥青在规定的工和温度范围之内。鉴于撒布量的改变影响管内沥青的压力，所以现代沥青撒布机的撒布管为全循环式，并配有卸压阀。工作时，撒布管始终处于恒压状态。

4）要保持相邻撒布带之间有一定的重叠量，横缝重叠量一般为 10~15cm。纵缝重叠量一般为 20~30cm。为了确保横向重叠控制在一定范围之内，沥青撒布机应在起点前约 5~10m 处起步，到撒布点时应迅速打开喷嘴开关，避免横向接头处有过多的沥青。

（3）操作结束后的保养：每台班操作结束后，要先将管路中的残留沥青吸净，并排空沥青罐，然后注入适量柴油，对管路进行循环清洗。如长期不用，还要及时拆洗沥青滤清器、阀和喷嘴等。

2.1.4.3 沥青混凝土拌合设备

1. 沥青混凝土拌合设备的作用与分类

（1）沥青混凝土拌合设备的作用：高等级道路或城市道路所采用的路面铺筑材料大多为沥青混凝土或水泥混凝土。所谓沥青混凝土就是由碎石、砂、填充料（石粉）和有机结合料（沥青）拌制而成的混合物。在铺筑路面时将这些混合料在热态下摊铺于预先整修好的路基底层上。在机械化筑路和维修路面工程中，沥青混凝土拌合机械就是用来拌制这种热态的混合料的。

（2）沥青混凝土拌合设备的分类：

1）按照拌合设备的规模和搬运情况分为固定式沥青混凝土拌合设备（图 2-1-11）、半固定式沥青混凝土拌合设备、移动式沥青混合料拌合设备（如图 2-1-12）。

图 2-1-11 固定式沥青混凝土拌合设备外貌图

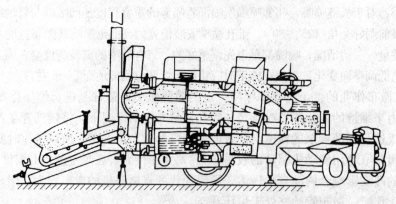

图 2-1-12 移动式沥青混凝土拌合设备

2）按照沥青混凝土拌合设备所采用工艺流程分为周期式混凝土拌合设备、连续式作业沥青混凝土拌合设备、综合作业式沥青混凝土拌合设备；

2. 沥青混凝土拌合设备的使用要点

（1）作业前的准备：

1）检查各部机件是否完好，各传动部件有无松动，各部连接螺栓是否坚固可靠。

2）检查传动链条的连续和张紧度、传动皮带的松紧度及磨损偏磨情况，输送带有无跑偏现象、钢丝绳是否完好。

3）检查供料系统是否畅通，检查输送管道是否有漏水、漏气、漏油、漏沥青、漏料现象。

4）检查各润滑点润滑油、脂是否充足、良好。

5）检查电器设备是否完好、电源电压是否同设备所需工作电压相符，其偏差不允许大于±5％。

6）检查热料仓斗门、搅拌器斗门位置是否正确，开关是否灵活。

7）检查粒料、沥青、水的规格、质量是否符合拌合及施工技术要求，其数量应保证连续生产需要。

8）检查沥青加热装置，并根据生产需要提前开启沥青加热装置。

（2）作业中的要求：

1）巡视人员检查完毕确认正常后，机长鸣警铃，工作人员就位。

2）进行烘干（烘干拌合）滚筒的空载运行，运行正常后，进行点火试验，若点火失效，应充分通风后再点火。需调整点火时，要在切断高压电源的情况下进行。点火正常后实行温度自动控制，并顺序启动各工作装置。

3）点火用的液化气必须有减压阀及压力表，燃烧器点燃后必须关闭总阀门。

4）烘干（烘干拌合）滚筒温度达到110℃时方可投料进行试生产，待各工作装置运行参数稳定后再使用自动控制系统。

5）作业中应经常查看温控系统，检查粒料，沥青温度是否符合要求。对成品料要经常抽验并及时反馈抽验结果。

6）将成品料送至成品料仓时应在送料斗内喷入雾状洗净油，以免沥青粘附在斗壁上。

7）对于没有成品料仓的拌合设备，操作人员必须了解运料汽车的载重吨位，满载后及时鸣警，指示车辆离去。

8）加强生产过程中的巡视工作，发现异常现象必须立即排除，因意外停电使用备用电源，尽快恢复正常生产。

（3）对连续式拌合设备的特殊要求：

1）当燃烧器熄灭时应立即停止喷射沥青，防止沥青在滚筒内堆积。为防止沥青老化，烘干拌合筒内温度不可超过180℃。

2）当烘干拌和筒内沥青或混合料着火时，应立即关闭燃烧器，停止供给沥青，关闭鼓风机、排风机，将含水量高的细骨料投入烘干拌合筒内，扑灭火焰，同时在外部卸料口用干粉或泡沫灭火器进行灭火，当烘干拌合筒内的材料温度低于200℃后，将废料排出。

（4）作业后的要求：

1）停止供料，逐渐关闭燃烧器，用热料在烘干拌和滚筒或搅拌器内洗刷二三次，将残余沥青洗净、排出。

2）倒转沥青泵抽回剩余沥青。

3）当滚筒温度降至40～50℃时，按启动的反顺序关机。关机后，清除皮带机上的残余粒料，清洗沥青管道，清除各供料斗中积料及除尘装置内外积物。

2.1.4.4 沥青混凝土摊铺机

1. 沥青混凝土摊铺机的作用与分类

（1）沥青混凝土摊铺机的作用

沥青混凝土摊铺机是用来将拌制好的沥青混凝土和黑色粒料均匀地摊铺在已整好的路基或基层上的专用设备。在摊铺过程中，它先从自卸卡车上接料，然后将沥青混凝土横向散在路基或基层上，最后加以初步压实、整形，形成一条有一定宽度、一定厚度和一定形状的铺层。摊铺机摊铺沥青混凝土，速度快、质量高，且对铺层又进行了顶压，从而降低了施工成本，所以，广泛地应用于城市建设和公路建设之中。

图 2-1-13 所示为沥青混凝土摊铺机外貌图。它主要由机架、柴油发动机、顶推辊、料斗、刮板送料器、螺旋摊铺器、熨平装置、机械—液压传动系统、转向系统、行走机构和电路系统等组成。

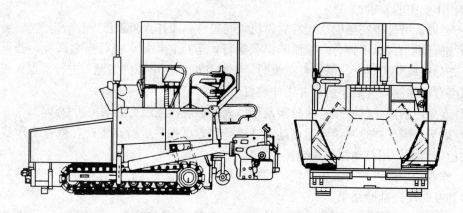

图 2-1-13 履带式沥青混凝土摊铺机

（2）沥青混凝土摊铺机的分类

1）按摊铺机的行走机构不同，可分为轮胎式和履带式两种，前者机动性好、构造简单，因而国内外大多采用轮胎式沥青混凝土摊铺机。

2）按摊铺机的生产率不同，可分为大型（200～400t/h）、中型（100～200t/h）、小型（50～100t/h）三种。

3）按摊铺机的接料装置不同，可分为有接料斗装置和无接料斗装置两种。

4）按摊铺机的自动化程度不同，可分为半自动化和全自动化两种。

2. 沥青混凝土摊铺机的使用要点

（1）作业前的准备

1）了解有关施工技术、质量要求，并根据要求安装、调整摊铺机的工作装置。

2）发动机应工作均衡、运转平稳，动力性能良好，调速器动作准确。

3）离合器、传动链条、三角皮带等调整适当。

4）刮板送料器、料斗闸门、螺旋摊铺器处于良好工作状态。

5）履带松紧适度，轮胎气压正常，且左右均匀。

6）熨平板、振捣器安装正确，加热器工作良好。

7）自动找平装置安装正确，纵向、横向控制器工作正常。

8）传动系统工作正常，无冲击、振动、异响等异常现象。

9）电器系统工作正常，操纵系统灵活可靠。

10）将各操作杆、主传动并关置于中间位置，液压系统各调节阀门调到零位，各电器开关处于断开位置，液压传动系统处于不供油状态。

11）摊铺机上的所有安全防护设施须配备齐全，熨平板接长后，应有相应的安全防护措施。即踏板宽度须与摊铺宽度相等。

12）驾驶台和熨平板脚踏板应保持整洁，无油污及拌合料，不得堆放杂物、工具。

13）驾驶台和作业现场要视野开阔，应清除有碍工作的一切设施。

（2）作业与行驶的要求：

1）按说明书的规定，对柴油机进行启动和停止工作。

2）换档必须在摊铺机完全停止时进行，严禁强力挂档。

3）摊铺机接受运料车卸料时，应使摊铺机推滚贴紧运料车轮胎，顶推自卸车前进卸料，两者协调动作，同步行进，须防止运料车冲撞摊铺机。

4）作业时严格控制各机构协调工作，并进行必要的修正。作业速度一经选定，要保持稳定，并尽可能减少停车起动次数，以保持摊铺机连续均衡作业。

5）严禁驾驶员在摊铺机工作时离开驾驶台，无关人员不得在作业中上、下摊铺机或在驾驶台上停留。

6）轮式摊铺机的差速装置，应在地面附着力不足时使用，结合或断开差速装置时须停机。在结合差速装置时，只允许直行，不得转向。禁止在坡道上换档或以空档滑行。

7）振捣器频率应由低渐高，逐步增加，摊铺面层时，每前进 5mm，捣固次数应不小于 1 次，并随时检测摊铺层的密实度。

8）履带式摊铺机不得长途行驶，其行驶距离不应超过 1km，特殊需要作长距离行驶时，行走装置应注意加油。

9）行驶时熨平板应恢复标准宽度，并升起用挂钩挂牢。

10）摊铺机用其他车辆牵引时，只允许用刚性拖杆，不得使用钢丝绳。其变速手柄应置于空档，并解除自动装置的工作。

11）禁止用摊铺机牵引其他机械。

（3）作业后的要求

1）对摊铺机各工作装置、运行机构进行清洁工作，清除残留沥青，使之运转自如，转动灵活。

2）擦拭液压伸缩熨平板的导向柱表面和油缸活塞杆表面。

3）清洁并检查高度传感器支座各部元件，并对转动零件加注机油润滑。

4）清洁工作应在作业场地以外进行。用柴油清洁时禁止明火接近。

5）驾驶员在离开驾驶台前，要将摊铺机停稳，停车制动必须可靠，料斗两侧壁完全放下，熨平板放到地面或用挂钩挂牢。

6）摊铺机停放在交通车道附近时，须在周围设置明显的安全标志，夜间设灯信号并设专人守护。

7）施工全部结束时，应对摊铺机进行必要的保养和修理。

2.1.4.5 沥青路面再生机械

1. 沥青路面再生机械概述

沥青路面再生机械是对沥青路面材料进行再加工并回收利用的机械设备，它可降低养护成本，经济、实用。

我国的沥青路面再生研究是在 20 世纪 80 年代初才开始，现已逐步发展起来，道路路面再生机械也逐步发展，由于我国沥青路面特点是沥青含蜡量较高且路面面层较薄。质量等级技术较低，因此再生工艺以厂拌再生为主，且机型已逐步形成系列。随着交通业的发展，我国的道路等级不断提高，尤其是高等级道路的迅速增加，对路面再生机械的要求及综合能力也提出较高的要求，我国目前已开发出适合我国国情的沥青路面就地再生机械。

2. 沥青路面再生机械的分类与特点

按再生地点的不同可分为：厂拌再生和就地再生。

按加热方式不同分为：热拌再生和冷拌再生。

沥青路面再生工艺的不同，决定采用的机械种类不同，在工程中采用何种工艺，主要考虑旧路面基层损坏情况和沥青路面面层的厚度。推荐应用工艺见表 2-1-15 所列。

沥青路面再生工艺的选择   表 2-1-15

基层情况	面层厚度（mm）	再生工艺
损　坏		厂拌再生
完　好	≤40	厂拌再生
	40～60	厂拌再生或就地再生
	≥60	就地再生

沥青路面的再生机械品种较多，一些机械使用的是通用筑路机械，这里就不再介绍，这里主要介绍的是专用机械。即地面加热和再生搅拌机械。

地面加热机械主要是指使用红外加热器时路表面加热，使路面软化，以便铲起旧面层材料，进行再生搅拌后摊铺，碾压，达到翻新的作用。

再生搅拌机械，是将旧材料与添加的新材料及其他配料一起，进行加热搅拌的机械，经过再生搅拌的混合料，通过摊铺、碾压，以达到翻新路面的要求。

滚筒式再生拌和机是将新料的烘干拌和与旧料的烘干拌和以及包括添加沥青及再生添加剂在内的数道工序同时在滚筒内完成的一种综合功能机械。其旧料再生比例可达到 60%～100%，而且结构简单，能耗低，自身除尘效果好，使用费用低。其设备组成及工艺流程，如图 2-1-14 所示。

滚筒式再生拌合机的主要机型有：内外套双滚筒再生拌合机、新旧料分开加热的双滚筒再生拌合机、热扩散型燃烧室再生拌和机、滚筒中间加旧料再生拌合机、细腰式滚筒再生拌和机等。

3. 沥青路面再生机械的使用要点

（1）设备在使用前，应按规定进行检查和试运转，试验合适后方能投入运行。

（2）操作人员应经过生产厂家的培训，了解机器各部位的操作规程，严禁违规操作。

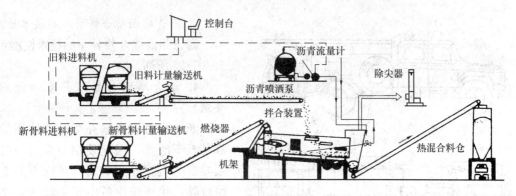

图 2-1-14　滚筒式沥青混合料再生设备组成及工艺流程

（3）机器在走合期应按厂家使用说明书中的规定执行，同时要填写走合期记录，走合期满必须进行走合保养。

（4）再生拌合的关键部件加热器应经常性检查工作是否正常，特别是温控仪，要定期测试是否准确，防止失控，引起沥青过烧或低温搅拌。

（5）工作装置在工作时，应按说明书要求工作，切不可超负荷的运转工作。

（6）在高温季节和低温季节施工应注意发动机的润滑油和液压油的更换。

（7）设备管理者应对设备建立完整的设备档案，以便维修保养时提供可靠的依据。

2.1.4.6　沥青路面综合修补车

1. 沥青路面综合修补车概述

沥青路面在长期使用中，由于受车辆荷载的反复作用以及气候、材料的性能变化等诸多因素的影响，路面会出现坑槽、裂缝、拥包、沉陷、啃边、麻面、脱皮、松散等病害。在车辆行驶不断冲击和雨雪侵蚀下，病害影响迅速扩大，严重影响车辆正常行驶，造成路面大面积的破坏。沥青路面修补车就是用来及时修补这些病害所造成的损坏部分的工程机械。

2. 沥青路面综合修补车的分类与特点

沥青路面修补车一般均使用汽车底盘，所以一般按底盘的载重量分大、中、小三种类型，见表 2-1-16 所列。

沥青路面综合修补车的分类　　　　　　　表 2-1-16

类　型	小　型	中　型	大　型
吨位（t）	<3	3～5	>5

另外，在以上分类基础上，也可按动力传递方式和行驶方式再进一步分类。

沥青路面修补车的特点是功能多，机动灵活，采用液压和电力传动且使用简单，容易控制。适用路面日常养护及公路其他设施的维修。

根据道路等级、质量状况和里程的不同，选择不同类型的沥青路面修补车。一级沥青路面在 300km 以上的可选大型沥青路面修补车，一级沥青路面在 200～300km 则可选中型，200km 以下及二级沥青路面则可选择小型沥青路面修补车。

沥青路面综合修补车是由基础车、动力设备、传动系统、装运和制备材料装置、作业机具、操纵及控制机构等部分组成，如图 2-1-15 所示。

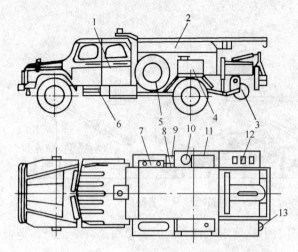

图 2-1-15 ZLY5100TLQ 型沥青路面修补车

1—基础车;2—混合料斗;3—压路辊;4—工作油箱;5—备胎架;6—齿轮油泵及动力输出系统;7—沥青箱;8—灭火器;9—沥青喷洒管路喷轮及保温箱;10—灯油喷灯及充气筒;11—水箱和柴油箱;12—多路换向阀组;13—液压冲击镐

3. 沥青路面综合修补车的技术性能

沥青路面综合修补车的技术性能见表 2-1-17 所列。

4. 沥青路面综合修补车的使用要点

沥青路面综合修补车一般使用的都是汽车底盘,因此使用设备时,必须要有一名汽车驾驶员,否则不能上路行驶,此外该设备由于功能多,结构复杂,因此要求使用时操作人员必须经过专业培训,了解结构和工作原理,以便能熟练操作,遇到故障能及时排除。

因为沥青路面综合养护车的基础车一般是通用汽车,所以其使用技术及驾驶、操作、保养应按汽车技术标准规定执行。对于工作装置的使用应注意以下几点:

(1) 动力装置应注意在非作业前,取力器与基础车是脱档状态。作业时,作业机具不可同时使用,作业机具使用时的总负荷要低于动力输出功率。作业后,取力器应及时脱档,避免发动机空转,降低油泵的使用寿命。

沥青路面综合修补车的技术性能   表 2-1-17

序号	型号	功　能	主要性能参数
1	XTG5701TLY	路面铲挖沥青撒布,压实,载料	功率 51.5kW,底盘 NJ1061DAS,最高车速 70km/h,搅拌箱 1m³ 沥青箱容量 220kg
2	LZ-C	路面破碎、沥青撒布、混合料搅拌、碾压	破碎效率 17m²/h(深≤100mm),沥青箱容量 300kg,搅拌能力 200kg/锅,碾压线压力 140N/cm
3	LY-10	路面破碎、沥青撒布、混合料搅拌、碾压	底盘 NJ1061DASX,最高车速 70km/h,载料 1000kg,沥青箱容量 250kg
4	DL150	道路自动取芯	最大取芯深度 500mm,最大取芯直径 φ150mm,最大行驶速度 15km/h
5	PM-400-48 TRK	辐射式加热板,冷料加热保温料仓遥控系统,旧料再生	车载式、三菱或同类底盘,加热板 1830mm×2440mm,加热保温料仓 3～4m³
6	PM-200-36 TLR	辐射式加热板,冷料加热保温料仓,旧料再生及乳化沥青系统	拖挂式,加热板 1830mm×1830mm,加热保温料仓 1.5～2.0m³
7	ZJY5100TLQ	沥青路面养护车	功率 99.3kW,载料 3t,底盘 EQ3092EJ,最高车速 70km/h

(2) 混合料箱应在装料时,将箱盖全打开,防止混合料撒落在箱外,进入保温箱内的混合料不能低于 150℃,装料后应及时关闭箱盖,以便保温;混合料使用完后,应及时将料箱清理干净。

（3）沥青罐应在装沥青前打开放气孔，确定泵、阀、管路无凝结沥青后开启沥青泵，吸入管口要有过滤器；装入罐内的沥青温度应在160℃以上；装入罐内的沥青最高只能装到总容量的80%，最低应使加热管路在沥青面100mm以下，同时注意在行驶过程中不可加热，加热时要打开放气孔，调节阀门，抬起沥青泵，使沥青在罐内循环，动态加热，使沥青均匀受热。收工回场应将剩余沥青排放干净，并清洗干净沥青泵、阀、管路等，不能残留沥青。

（4）拌合装置在拌合前，应先空运转，待运转平稳后，再投料拌合；混合料拌匀后，应立即出料，不能停留在拌合筒内；不连续拌合或回场前，应将拌合筒内的残留料清除干净。

（5）作业机具在转移场地时，应按要求放在固定位置，紧牢固，防止碰撞和丢失。收工完后应及时清理干净，高压软管应防止与其他物体摩擦，损坏油管。

2.1.4.7 美国科来福公司修补裂缝设备

用美国科来福公司技术修补沥青路面裂缝，需要两台专用设备。一台是CRAFCO 200型路面开槽机，一台是CRAFCO 60型灌缝机。

1. 路面开槽机

CRAFCO 200型路面开槽机的技术参数见表2-1-18，结构示意图如图2-1-16所示。

CRAFCO 200型路面开槽机技术参数　　　　　　　表 2-1-18

发动机	燃油箱容积	开槽宽度	最大开槽深度	开槽深度控制方式	安全控制方式	开槽刀具
2缸183kW汽油机	22L	12.5～50mm	16～25mm	电动控制	电动离合器控制	6个链轮状钢制刀具

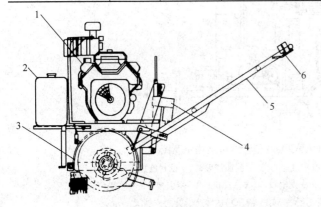

图 2-1-16　CRAFCO 200型路面开槽机结构示意图
1—发动机；2—油箱；3—开槽刀盘机构；4—电动升降机构；
5—手柄架；6—开槽机离合挖掘机构

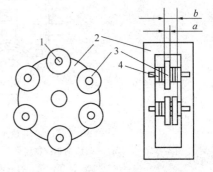

图 2-1-17　开槽刀盘结构示意图
1—刀轴；2—刀盘架；3—刀具；4—调整垫片；
a—刀具的厚度；b—开槽宽度

该设备是一种手推小车式机械，主要由发动机、开槽刀盘机构和各种控制机构组成。开槽深度靠电动升降机构进行精确控制，开槽刀盘的开启用安装在手柄架上的电动离合器控制，可保证施工安全。开槽刀盘的结构示意图如图2-1-17所示。

该刀盘主要由刀盘架、刀具、刀轴、调整垫片等组成。6个刀轴安装在刀盘架上，每个刀轴套有1个碳钢刀具，刀具可在刀轴上自由旋转。当开槽机上的发动机运转时，通过传动机构带动刀盘架整体旋转，刀盘架再通过刀轴带动刀具旋转，完成开槽作业。调整开槽宽度的方法如图 2-1-17 右图所示。若各刀具安装在同一平面上，其开槽宽度为刀具的厚度 a；若通过调整垫片调整刀具在刀轴上的横向位置，则开槽宽度为 b。也可将数个刀具安装在同一刀轴上，加大开槽宽度。

2. 路面灌缝机

CRAFCO 60 型灌缝机的技术参数见表 2-1-19，结构示意图如图 2-1-18 所示。

CRAFCO 60 型灌缝机主要技术参数 表 2-1-19

发动机	密封胶加热罐容积	液化气瓶容积	液压油箱容积	导热油容积	发电机
单缸 11 马力 （8.085kW） 汽油机	230L	45L	40L	80L	2kW，12V

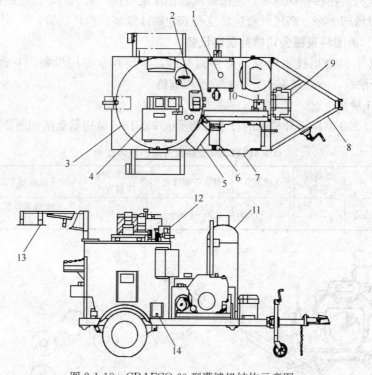

图 2-1-18　CRAFCO 60 型灌缝机结构示意图

1—液压油箱；2—导热油加入口；3—密封胶加热罐；4—密封胶加入口；

5—密封胶加热控制仪表箱；6—发电机；7—发动机；8—牵引架；9—电瓶；

10—液压油泵；11—液化气罐；12—液压马达转速、转向控制阀；

13—密封胶输出管支撑架；14—液化气输入口

该设备装有 1 台单缸 11 马力汽油机，用其驱动液压油泵和发电机。液压油泵输出的液压油驱动 2 个液压马达，用其再分别驱动密封胶加热罐内的搅拌浆和密封胶输出泵；发电机可输出 12V 直流电，给装在密封胶输出油管内的电阻丝加热，使该软管工作后不需要清洗，不发生阻塞，便于下一班工作。密封胶加热罐结构示意图如图 2-1-19 所示。

密封胶加热罐上部设有投料口，块状的密封胶可从该口投入加热罐内。加热罐底部有一液化气加热炉盘，由装在灌缝机上的液化气罐供给液化气，液化气燃烧后加热罐体夹套内的导热油，再通过导热油加热密封胶。密封胶搅拌方式为液压驱动、垂直轴、W 型水平桨叶式搅拌，搅拌速度可调，对密封胶可实现边加热、边搅拌，以保证加热均匀。密封胶输出泵位于加热罐内的中部，由液压马达通过一皮带传动系统驱动，可正、反向旋转，间歇式输出，输出流量可调，并带有滤网。罐体侧壁装有温度传感器，可通过电子控制系统自动控制密封胶与导热油的加热温度，并由控制仪表直接显示温度数值。罐体外部还设有一层 3.8cm 厚陶瓷保温绝缘材料，以保证密封胶加热过程中的温度和操作安全。

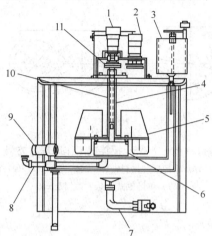

图 2-1-19　密封胶加热罐结构示意图

1—搅拌浆驱动液压马达；2—密封胶输出泵驱动液压马达；3—导热油加入口；4—密封胶输出泵驱动轴；5—搅拌浆；6—密封胶输出泵；7—液化气输入管路及加热盘；8—密封胶输出管路；9—温度传感器；10—搅拌浆驱动轴；11—驱动皮带轮

2.1.5　水泥路面维修机械

2.1.5.1　混凝土搅拌机械

混凝土搅拌机械是将一定配合比的水泥、砂、石骨料和水等拌制成匀质混凝土的机械。同人工拌制相比，可使强度提高 20%～30%，而且减轻劳动强度，加快施工进度，提高生产率。

1. 混凝土搅拌机的类型和特点

（1）按工作原理分类

1）连续作业式：其作业过程，无论装料、搅拌和卸料都是连续不断进行的，所以生产率高，但混凝土的配合比和拌合质量难以控制，民用建筑施工中很少使用，多用于混凝土需要最大的市政、路桥和水利工程中。

2）周期作业式：装料、搅拌和卸料工序周而复始地分批进行。构造简单，因而容易控制配合比和保证拌和质量，是建筑工程应用最多的类型。

（2）按搅拌方式分类

1）自落式：如图 2-1-20a、b 所示，搅拌机搅拌筒旋转，筒内壁固定的叶片将物料带到一定高度，然后物料靠自重自由坠落，周而复始，使物料获得均匀拌和。

2）强制式：如图 2-1-20d～g 所示，搅拌机搅拌筒固定不动，筒内物料由转轴上的拌铲和刮铲强制挤压、翻转和抛掷，使混凝土拌和。这种搅拌机生产率高，拌和质量好，但

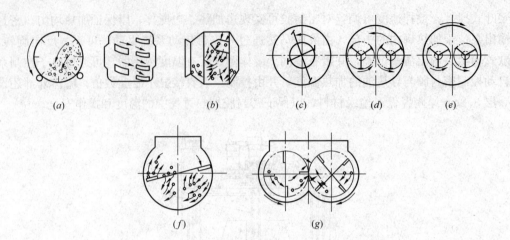

图 2-1-20 混凝土搅拌机工作原理与类型
(a) 鼓形；(b) 锥形反转出料；(c) 涡桨式；(d)、(e) 行星式；
(f) 单卧轴式；(g) 双卧轴式

耗能大。

（3）按卸料方式分类

1）倾翻式：搅拌机搅拌筒的轴线位置是可变的，卸料时须将搅拌筒倾翻至一定角度，使混合料从筒内卸出。根据搅拌筒的形状不同又可分单锥形和双锥形两种。

2）不倾翻式：搅拌机的旋转轴线固定不变。拌筒形状为鼓形或双锥形，它的两端各有一个开口供装料和卸料用。根据出料方式不同，又可分为反转卸料式和斜槽卸料式两种。

（4）按移动方式分类

1）固定式：搅拌机与基础固定，这种搅拌机的生产容量大，一般出料容量都在 0.35m³ 以上，多在搅拌楼（站）中使用。

2）移动式：移动式搅拌机有牵引式和自行式两种。牵引式搅拌机由汽车牵引移动，多用于中、小型工程施工工地；自行式搅拌机是装在汽车上的混凝土搅拌机械，如混凝土搅拌运输车。

2. 混凝土搅拌机的生产率计算

混凝土搅拌机生产率计算：搅拌机生产率的高低，取决于每拌制 1 罐混凝土所需要的时间和每罐的出料体积，其计算公式如下：

$$Q = 3.6 \frac{V f_1}{t_1 + t_2 + t_3 + t_4} \ (\mathrm{m^3/h})$$

式中　V——进料容量（L）；

　　　f_1——出料系数，对混凝土取 0.65～0.7，砂浆取 0.85～0.95；

　　　t_1——每罐料的搅拌时间（s），一般 $t_1 = 50～150s$（强制式混凝土搅拌机的搅拌时间较短，取前者，自落式混凝土搅拌机搅拌时间较长，取后者）；

　　　t_2——每罐进料时间（s），提升料斗进料时，$t_2 = 15～20s$；固定料斗进料时，$t_2 = 10～15s$；

　　　t_3——每罐出料时间（s），对 JF 型搅拌机取 $t_3 = 10～20s$；对 JG 型搅拌机取 $t_3 = 30$

～60s；对 JZ 型搅拌机取 $t_3 = 20 \sim 35s$；

　　t_4——搅拌筒复位时间（s），JF 型搅拌机可由实测确定，其他机型均为零。

3. 混凝土搅拌机的使用要点

（1）新机使用前应按使用说明书的要求，对各系统和部件进行检验和试运转，达到要求方可使用。

（2）料斗放到最低位置时，在料斗与地面之间应加一层缓冲垫木。

（3）接线前检查电源电压，电压升降幅度不得超过搅拌机电气设备规定的 5%。

（4）作业前应先进行空载试验，观察搅拌筒或叶片旋转方向是否与箭头所示方向一致。如方向相反，则应改变电机接线。反转出料的搅拌机，应使搅拌筒正反转运转数分钟，察看有无冲击拌动现象。如有异常噪声应停机检查。

（5）拌筒或叶片运转正常后，进行料斗提升试验，观察离合器、制动器是否灵活可靠。

（6）检查和校正供水系统的指示水量与实际水量是否一致，如误差超过 2%，应检查管路是否漏水，必要时应调节节流阀。

（7）每次加入的拌合料，不得超过搅拌机规定值的 10%。减少粘罐，加料的次序应为粗集料—水泥—砂子，或砂子—水泥—粗集料。

（8）料斗提升时，严禁任何人在料斗下停留或通过。如必须在料斗下检修时，应将料斗提升后，用铁链锁住。

（9）作业中不得进行检修、调整和加油，并勿使砂、石等物料落入机器的传动机构内。

（10）搅拌过程不宜停车，如因故必须停车，在再次启动前应卸除荷载，不得带载启动。

（11）以内燃机为动力的搅拌机，在停机前先脱开离合器，停机后仍应合上离合器。

（12）如遇冰冻气候，停机后应将供水系统的积水放尽。内燃机的冷却水也应放尽。

4. 混凝土搅拌机的合理选择

（1）搅拌机容量的选择：搅拌机的容量可根据施工要求的每台班所需混凝土量，参照表 2-1-40 至表 2-1-42 的额定生产率合理选择。具体要求如下：

1）优先考虑本单位现有机械，不足部分再考虑其他来源。

2）根据混凝土需要量选择。当混凝土需要最较多时，宜选用生产率较高的机械，以减少投入台数，节约费用；当施工期内所需混凝土最变化较大时，可适当选用一些小型搅拌机，以备调节使用。

3）搅拌机容量应适合混凝土集料的最大粒度。一般集料粒度越大，要求搅拌机的容量越大。若自落式搅拌机的容量为 $0.35m^3$、$0.75m^3$、$1.0m^3$，则其混合料最大粒度分别可达 60mm、80mm、120mm。强制式搅拌机由于叶片易磨损或卡料，集料最大粒度应小些，一般不能超过 40～60mm。

4）搅拌机的出料容量应与运输工具（如斗车、翻斗车、搅拌车等）的装料容量相配合，才能充分提高配合机械的生产效率。

（2）搅拌机的类型选择

根据混凝土工程的施工条件和要求参照搅拌机的技术性能选择机型时，应注意如下事项：

1）当施工现场具有动力电源时，应优先选用电动搅拌机，否则可使用内燃搅拌机。

2）当混凝土工程量较少时，宜选用移动式搅拌机，以便于转移；否则选用固定式搅拌机。

3）优先选择强制式搅拌机。强制式搅拌机虽然功耗较大，叶片衬板磨损较快，但搅拌混凝土质量好，生产效率高，又可搅拌干硬性和轻质混凝土，适应性强，其综合经济效益较高，是机械工业推广的高效产品之一。

4）目前我国已正式宣布停止生产自落式搅拌机。对现有的自落式搅拌机应尽快使用，尽快淘汰。

5）当混凝土工程量大而且集中时，宜选用机械化、自动化程度高的混凝土搅拌楼（站）。

2.1.5.2 混凝土搅拌楼（站）

1. 混凝土搅拌楼（站）概述

混凝土搅拌楼（站）是用来集中搅拌混凝土的联合装置。由于它的机械化、自动化程度很高，所以生产率也很高，并能保证混凝土的质量和节省水泥，故常用于混凝土工程量大、施工周期长、施工地点集中的大、中型水利电力工程、桥梁工程、建筑施工等。随着市政建设的发展，采用集中搅拌、提供商品混凝土的搅拌楼（站）具有很大的优越性，因而得到迅速发展，并为推广混凝土泵送施工，实现搅拌、输送、浇筑机械联合作业创造条件。

（1）混凝土搅拌楼（站）的类型：

1）按其结构不同可分为固定式和移动式两类。

2）按其作业形式不同可分为周期式和连续式两类。

3）按其工艺布置形式不同可分为单阶式和双阶式两类。

（2）混凝土搅拌楼（站）的工艺流程：图 2-1-21 所示混凝土搅拌工作流程示意图。1 是用径向拉铲机或自动拦运机将砂石等集料拦运至秤量处，2 是将砂、石集料送入秤量斗中，3 是将水定量器放入水量分配斗中，4 是借助螺旋输送器将水泥配入水泥秤盘中，5 是将秤量斗中砂、石集料放入搅拌机中，6 是将定量水放入搅拌机中，7 是将水泥放入搅拌机中，8 是将集料，水泥及水进行搅拌，9 是将已搅拌完毕的混凝土放出。

2. 混凝土搅拌楼（站）的使用要点

（1）混凝土搅拌站、楼的操作人员必须熟悉设备的性能与特点，并认真执行操作规程和保养规程。

（2）新设备使用前必须经过专业人员安装调试、在技术性能各项指标全部符合规定并经验收合格，方可投产使用。经过拆卸运输后重新组装的搅拌站，也应调试合格方可使用。

（3）电源电压、频率、相序必须与搅拌设备的电器相符。电气系统的保险丝必须按照电流大小规定使用，不得任意加大或用其他非熔丝代替。

（4）操作盘上的主令开关、旋钮、指示灯等应经常检查其准确性、可靠性。操作人员必须弄清操作程序和各旋钮、按钮作用后，方可独立进行操作。

（5）机械启动后应先观察各部运转情况，并检查水、砂、石准备情况。

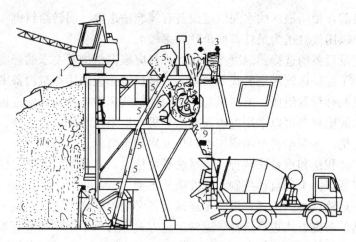

图 2-1-21　搅拌楼工作流程图

1—拉铲机；2—砂；3—水定期器；4—螺旋输送器；5—称量斗；

6—自来水龙头；7—水泥斗；8—搅拌机；9—水泥混凝土排放管

（6）集料规格应与搅拌机的性能相符，粒径超出许可范围的不得使用。

（7）机械运转中，不得进行润滑和调整工作。严禁将手伸入料斗、拌筒探摸进料情况。

（8）若搅拌机不具备满载起动的性能，搅拌中不得停机。如发生故障或停电时，应立即切断电源，将搅拌筒内的混凝土清除干净，然后进行检修或等待电源恢复。

（9）控制室的室温应保持在 25℃以下，以免电子元件因温度而影响灵敏度和精确度。

（10）切勿使机械超载工作，并应经常检查电动机的温升。如发现运转声音异常、转速达不到规定时，应立即停止运行，并检查其原因。如因电压过低，不得强制运行。

（11）停机前应先卸载，然后按顺序关闭各部分开关和管路。作业后，应对设备进行全面清洗和保养。

（12）电气部分应按一般电气安全规程进行定期检查。三相电源线截面，铜线不得小于 25mm²，沿线不得小于 35mm²，并需有良好的接地保护。电源电压波动应在±1.0%以内。

（13）搅拌站需要转移或停用时，应将水箱、附加剂箱、水泥、砂、石储存斗及称量斗内的物料排尽，并清洗干净。转移中应将杠杆秤表头平衡砣及秤杆加以固定，以保护计量装置。

3. 搅拌站配套设备的合理选择

对于需要较大数量混凝土的搅拌站，为了节省投资，可根据混凝土工程数量、工地布置、方式和施工具体情况去选择搅拌机主机，然后确定必要的配套设备。常用配套设备有：砂石料供应设备、水泥供应设备、材料配量设备、混凝土运输设备等。

（1）砂、石料供应设备的选择：常用的砂、石料供应设备是皮带输送机以及料斗和称量装置，可根据搅拌站的地形和布置方式选用 10m 或 15m 的移动式皮带输送机；也可采用铲斗装载机、铲斗或抓斗挖掘机，以及电子计量装置等。可根据现有设备和施工条件选定合适的种类。

（2）水泥供应设备的选择：水泥是粉末状的水硬性胶结材料，故运输过程中必须保证密封和防水。目前，使用最广的水泥供应设备有螺旋输送机、回转给料机、斗式提升机或压气输送，其中以压气输送为最佳，但消耗功率较大。

（3）材料配量设备的选择：混凝土采用的材料应根据结构所要求的强度，由实验计算确定配合比。为了保证达到规定的技术要求，各种材料必须采用称量设备来配量。材料配量设备由给料机和秤量器组成，给料机起到均匀送给的作用，从而保证秤量的精度。

砂、石、水泥给料都可以采用电磁振动给料机；如果投有此设备，砂、石给料可以采用短型胶带输送机，水泥给料可用螺旋给料机或回转给料机。

秤量方法有体积法和重量法两种。重量法秤量精度高，可采用普通台秤、杠杆式配料秤或电子秤等仪器，并采用自动控制，既准确又迅速。

（4）混凝土运输设备的选择：混凝土运输设备必须根据施工地点的地形和施工设备情况，按照搅拌站的布置方式进行选择。通常运输方式分为水平运输和垂直运输，水平运输主要有轨道式斗车、混凝土运输车、自卸汽车、架空索道及人力手推车等；垂直运输设备主要有吊车（桶）、提升机，皮带输送机、混凝土输送泵及泵车。各种运输设备的主要特点、适用范围可参考表 2-1-20 所列。

各种运输设备的混凝土容器应与搅拌机出料容量相配合。如出料容量不足一车，可备储料斗，储料斗容量不应小于搅拌机 2 次出料量，也不小于运输工具的容量。

混凝土运输设备的特点及适用范围　　　　　　　　　　表 2-1-20

序号	运输设备	主　要　特　点	适　用　范　围
1	滑槽	结构简单，经济	结构物比搅拌机出料口低
2	吊车	机动性好，并有多种用途	结构物在搅拌站附近，并比搅拌机出料口高 10m 以内
3	提升机（升降塔）	不便移动，高度可达 60m，占地面积小	结构物在搅拌站附近，并比搅拌机出料口高 10m 以上
4	皮带输送机	运量大，运输连续，但易发生离析现象	结构物与搅拌机出料口的高低差，一般皮带输送机的安装倾角为 20°以下
5	混凝土泵	可连续运输，结构物工作面可以很小	混凝土给料粒度等必须符合混凝土泵性能
6	轨道斗车	需铺设轨道，上坡可用卷扬机牵引	运量大，运距长，人力推车一般在 500m 以下，机车牵引可达 1500m 以上
7	自卸汽车	机动性好，如途中颠簸，混凝土容易发生分层现象	运量大，运距在 2~2.5km 以上
8	架空索道	需有架设索道设施	跨越山沟或河流运输
9	人力推车	劳动强度大，效率低	运量小，运距在 70m 以内
10	混凝土搅拌运输车	在运输过程中能连续缓慢搅拌，防止混凝土产生分层离析现象，从而保证混凝土质量	适合于混凝土远距离运输

2.1.5.3　混凝土输送机械

1. 混凝土输送机械概述

混凝土输送机械用来把拌制好的新鲜混凝土及时地、保质地输送到浇灌现场。对于集中搅拌的混凝土或商品混凝土，由于输送距离较长且运输量较大，为了保证被输送的混凝土不产生初凝和离析，常应用混凝土搅拌输送车、混凝土泵或混凝土泵车等专用输送机械。而对于采用分散搅拌或自设混凝土搅拌点的工地，由于输送距离短且量少，一般可采用手推车、机动翻斗车、自卸汽车、架空索道、提升机等通用设备。

混凝土专用输送机械的输送效果好，质量佳，但设备投资高，适用于大中型道路建设、维修工地。混凝土通用输送机械输送效率低，但灵活机动，故在中、小型建筑工地得到广泛应用。

2. 混凝土搅拌输送车

（1）搅拌输送车的类型：混凝土搅拌输送车按如下分类：

$$混凝土搅拌输送车\begin{cases}按搅拌筒驱动装置分\begin{cases}机械驱动式\\液压驱动式\end{cases}\\按搅拌筒动力供给分\begin{cases}汽轮发动机共用式\\单独发动机专用式\end{cases}\end{cases}$$

（2）搅拌输送车的特点：混凝土搅拌输送车是一种长距离的混凝土输送设备，由于在输送过程中搅拌筒可作慢速旋转，使所装运的混凝土受到搅动，因而不会产生分层离析现象，在冬季远距离运输混凝土时也不致凝固，从而使浇筑后的混凝土质量得到保证。在商品混凝土中，搅拌输送车是生产一条龙的必备设备。它具有运输平稳、搅拌效果好、性能可靠、出料迅速、操作简便，工作寿命长等特点，所以，广泛用于市政、建筑、道路、桥梁等建设工程。

（3）混凝土搅拌输送车的典型结构：混凝土搅拌输送车的外形图如图 2-1-22 所示。它由载重汽车底盘与搅拌装置两部分组成。因此，搅拌输送车能按汽车行驶条件运行，并用搅拌装置来满足混凝土在运输过程中的要求。搅拌装置的工作部分为拌筒，它支撑在不同平面的三个支点上，拌筒轴线对车架（水平线）倾斜一角度，常为 $16°\sim20°$。它开有料口，供进料、出料用。因此进料斗、出料槽均装在料口一端。当拌筒顺时针方向（沿出料端方向看）回转时进行搅拌，拌筒反向回转时进行卸料。搅拌装置一般均采用液压传动。

图 2-1-22　混凝土搅拌输送车外形图

3. 混凝土搅拌输送车的使用要点

（1）操作前，必须进行全面检查。检查汽车各部件是否正常，特别是转向和制动机构是否灵敏可靠，轮胎气压是否合乎标准；检查搅拌系统是否连接紧固，机构位置是否正确，运转中会否发生卡滞等现象。当确认机械各部均属完好时，方可启动机械。

（2）各部液压油的压力应按规定要求，不能随意改动。液压油的油量、油质、油温应达到规定要求，所有油路各部件无渗漏现象。

（3）搅拌运输时，装载混凝土的重量不能超过允许载重量。

（4）搅拌车在露天停放时，装料前应先将搅拌筒反转，使筒内的积水和杂物排出，以保证运输混凝土的质量。

（5）搅拌车在道路上行驶时，加长斗必须翻转，放置在出料斗上并固定，再转至与车身垂直部位，用销轴固定在机架上，防止由于不固定而引起摆动并打伤行人或影响车辆运行。

（6）搅拌车通过桥、洞、库等设施时，应注意通过高度及宽度，以免发生碰撞事故。

（7）工作装置连续运转时间不应超过 8h。若 1.6h 或 24h 连续工作，则会迅速缩短机器使用寿命。

（8）搅拌车运送混凝土的时间，不得超过搅拌站规定的时间，若中途发现水分蒸发，应适当加水，以保证混凝土质量。

（9）运送混凝土途中，搅拌筒不得停转，以防止混凝土产生初凝及离析现象。

（10）搅拌筒由正转变为反转时，必须先将操纵手柄放至中间位置，待搅拌筒停转后，再将操纵手柄放至反转位置。

（11）水箱的水量要经常保持装满，以防急用。冬季停车时，要将水箱和供水系统的水放净。

（12）出料斗根据使用需要，不够长时可自行接长。

（13）装料前，最好先向筒内加少量水，使进料流畅，并可防止粘料。

（14）用于搅拌混凝土时，必须在拌筒内先加入总水量 2/3 的水，然后再加入骨料和水泥进行搅拌。

（15）司机下班前，要清洗搅拌筒和车身表面，以防混凝土凝结在筒壁、叶片及车身上。此外，还要对机械进行清洗、维修及换油等辅助工作。

（16）机器在露天停放时，要盖好有关部位，以防各运动部件因风吹日晒而生锈、失灵。

4. 混凝土泵送设备

（1）混凝土泵送设备概述：在不同的施工条件下，合理地选择混凝土输送方法及输送设备，对加快工程进度、降低工程造价、提高劳动生产率、保证混凝土结构的质量等都有重要的意义。在现场施工中，例如高层建筑物、水坝、大型设备基础以及桥墩、涵洞、隧道等混凝土结构物，现场浇灌量往往是很大的，有时甚至一次连续浇灌几千立方米以上。这时，合理的施工组织、恰当地选用混凝土输送与浇灌机械设备是非常重要的。

混凝土泵是现有混凝土输送设备中比较理想的一种，几乎可以同时解决混凝土的水平和垂直运输并浇灌。混凝土搅拌输送车把混凝土自搅拌站运来，直接卸入混凝土泵集料斗中，通过管路及布料装置，可以不受限制地送往浇灌地点进行浇灌。因此，混凝土泵具有机械化程度高、占用人力少、工人劳动强度低及施工简单等优点。图 2-1-23 所示为混凝土搅拌车正在向带布料杆的混凝土泵车卸料和布料杆向工作面布料的情况。

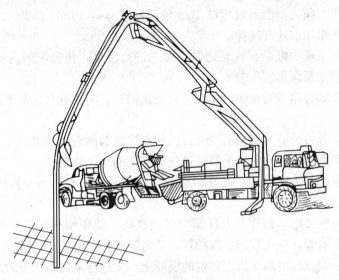

图 2-1-23 混凝土泵及布料杆的施工情况

当前，混凝土泵的最大输送距离，水平可达 800m，垂直可达 300m；有些国家，泵送混凝土的比例已达 50%以上。混凝土泵可分为活塞式泵、挤压式泵、隔膜式泵及气罐式泵等类型，其中以活塞式混凝土泵应用最为广泛。

（2）混凝土泵送设备的使用要点：

1）接好电源，检查电动机的转向是否正确，并检查液压油箱和搅拌减速器的油量是否够用，行程阀的油杯是否满液压油、空气压缩机是否能正常工作等。

2）使手动换向阀保持在中间位置，将水箱注满清水。检查空气压缩机的离合器是否有效，并予以彻底分离，检查料斗有无杂物，检查联络设备是否完备等。

3）泵机必须放置在坚固平整的地面上，如必须在倾斜地面停放时，可用轮胎制动器卡住车轮，倾斜度不得超过 3°。

4）若气温较低，空运转时间应长些，要求液压油的温度升至 15℃以上时，才能投料泵送。

5）泵送前应向料斗加入 10L 清水和 0.3m³ 的水泥砂浆，如果管长超过 100m，应随布管延伸适当增加水和砂浆。

6）水泥砂浆注入料斗后，应使搅拌轴反转几周，让料斗内壁得到润滑，然后再正转，使砂浆经料斗喉部喂入分配阀箱体内。开泵时，不要把料斗内的砂浆全部泵出，应保留在料斗搅拌轴轴线以上，待混凝土加入料斗后再一起泵送。

7）泵送作业中，料斗中的混凝土平面应保持在搅拌轴轴线以上，供料跟不上时，要停止泵送。

8）料斗网络上不得堆满混凝土，要控制供料流量，及时清除超粒径的骨料及异物。

9）搅拌轴卡住不转时，要暂停泵送，及时排除故障。

10）发现进入料斗的混凝土有分离现象时，要暂停泵送，待搅拌均匀后再泵送。若骨料分离严重，料斗内灰浆明显不足时，应剔除部分骨料，另加砂浆重新搅拌。必要时，可打开分配阀阀窗，把料斗及分配阀内的混凝土全部清除。

11) 供料中断时间，一般不宜超过 1h。停泵后应每隔 10min 作 2～3 个冲程反泵-正泵运动，再次投入泵送前应先搅拌。

12) 垂直向上泵送中断后再次泵送时，要先进行反泵，使分配阀内的混凝土吸回料斗，经搅拌后，再正泵泵送。

13) 作业后，如管路装有止流管，应插好止流插杆，防止垂直或向上倾斜管路中的混凝土倒流。

14) 清洗前，拆去锥管，把直径为 152mm 直管口部的混凝土掏出，接上气洗接头。接头内应塞好浸水海绵球，在接头上装进排气阀和压缩空气软管。

15) 在管路末端装上安全盖，其孔口应朝下。若管路末端已是垂直向下或装有向下 90°弯管时，可不装安全盖。

16) 气洗管件装妥后，徐徐打开压缩空气进气阀，使压缩空气把海绵球将混凝土压出。如管路装有止流管，应先拔出止流插杆，并将插杆孔盖盖上，再打开进气阀。

17) 工作以后应及时清除泵机上粘附的混凝土，并进行泵内和管道的清洗工作。

18) 各润滑点应加注润滑油（脂），并检查搅拌轴两端的密封，清除积存的混凝土后重新予以润滑。

19) 泵缸和球阀内均应注入机油以防锈蚀。

2.1.5.4 混凝土振动机械

1. 混凝土振动机械概述

(1) 混凝土振动机械的特点：混凝土振动机械是一种借助于动力，以一定的装置为振动源，产生频率振动，并把这种频率振动传给混凝土使之密实的机械。浇入模板内的混凝土，必须要经过合理的振捣，目的是降低混凝土料粒间的摩擦力和粘结力，使其在自重力作用下，自行充实料粒间的间隙，排除混凝土内部的空气，不致在凝结后的构件中形成气孔（大孔俗称狗洞），保证构件表面光滑、平整，不出现麻面。钢筋混凝土构件浇模后经过振捣，还可以显著地提高钢筋与混凝土的结合力（握裹力），保证和增强混凝土的强度。振捣的作用，还不仅仅是保证构件质量，对于改善劳动条件，缩短混凝土凝固成型时间，提高模板使用周转率，加快施工进度也有着极为重要的意义，所以，混凝土振捣，是混凝土施工的重要环节，广泛用于建筑、市政建设施工中和水坝、桥梁、港口等工程中。

(2) 混凝土振动机械的分类：

1) 按传播振动方式不同分为插入式（内部式）、附着式（外部式）、平板式、平台式等。

2) 按工作部分的结构特征不同分为锥形（杆形或锤形）、棒形（杆形或柱形）、片形、条形（R 形）、平台形等。

3) 按振源的振动子形式不同分为偏心式、行星式、往复式、电磁式等。

4) 按使用振源的动力不同可分为电动式、风动式、内燃式和液压式等。

5) 按振动频率不同可分为高频式（133～350Hz）、中频式（83～133Hz）、低频式（33～83Hz）。

2. 混凝土振动机械的使用要点

(1) 内部振动器的使用要点

1) 振动棒的直径、频率和振幅是直接影响生产率的主要因素，所以在工作前应选择合适的振动棒。

2）在振动器使用之前，首先应检查电动机的绝缘情况是否良好，长期闲置的振动器启用时必须测试电动机的绝缘电阻，检查合格后方可接通电源进行试运转。

3）振动器的电动机旋转时，若软轴不转，振动棒不起振，系电动机旋转方向不对，调换任意两相电源线即可；若软轴转动，振动棒不起振，可摇晃棒头或将棒头轻嗑地面，即可起振。当试运转正常后，方可投入作业。

4）作业时，要使振动棒自然沉入混凝土，不可用猛力往下推。一般应垂直插入，并插到下层尚未初凝层中 50～100mm，以促使上下层相互结合。

5）振捣时，要做到"快插慢拔"。快插是为了防止将表层混凝土先振实，与下层混凝土发生分层、离析现象。慢拔是为了使混凝土能来得及填满振动棒抽出时所形成的空间。

6）振动棒各插点间距应均匀，一般间距不应超过振动棒有效作用半径的 1.5 倍。

7）振动棒在混凝土内振密的时间，一般每插点振密 20～30s，直到混凝土不再显著下沉，不再出现气泡，表面泛出水泥浆和外观均匀为止。如振密时间过长，有效作用半径虽然能适当增加，但总的生产率反而降低，而且还可能使振动棒附近混凝土产生离析。这对塑性混凝土更为重要。此外，振动棒下部振幅要比上部大，故在振密时，应将振动棒上下抽动 5～10cm，使混凝土振密均匀。

8）作业中要避免将振动棒触及钢筋、心管及预埋件等，更不得采取通过振动棒振动钢筋的方法来促使混凝土振密。否则就会因振动而使钢筋位置变动，还会降低钢筋与混凝土之间的粘结力，甚至会相互脱离，这对预应力钢筋影响更大。

9）作业时，振动棒插入混凝土的深度不应超过棒长的 2/3～3/4。否则振动棒将不易拔出而导致软管损坏；更不得将软管插入混凝土中，以防砂浆浸蚀及渗入软管而损坏机件。

10）振动器在使用中如遇温度过高，应立即停机冷却检查，如机件故障，要及时进行修理，冬季低温下，振动器作业前，要采取缓慢加温，使棒体内的润滑油解冻后，方能作业。

11）插入式振动器电动机电源上，应安装漏电保护装置，熔断器选配应符合要求，接地应安全可靠。电动机未接地线或接地不良者，严禁开机使用。

12）振动器操作人员应掌握一般安全用电知识，作业时应穿戴好胶鞋和绝缘橡皮手套。

13）工作停止移动振动器时，应立即停止电动机转动；搬动振动器时，应切断电源。不得用软管和电缆线拖拉、扯动电动机。

（2）外部振动器的使用要点

1）外部振动器设计时不考虑轴承承受轴向力，故在使用时，电动机轴应呈水平状态。

2）在水平的混凝土表面进行振捣时，振动器是利用电动机振子所产生的惯性力的水平分力自行移动的，操作者仅控制移动的方向即可。

3）在一个模板上同时用多台附着式振动器振动时，各振动器的频率必须保持一致，相对的振动器应错开放。

4）振动器作业前要进行检查和试运转。试转时不应在干硬土或硬物体上运转，否则将使振动器振跳过其而损坏。安装在搅拌楼（站）料仓上的振动器应安置橡胶垫。

5) 附着式振动器作业时，一般安装在混凝土模板上，每次振动时间不超过 1min。当混凝土在模内泛浆流动成水平状时，即可停振。不得在混凝土初凝状态再振，也不得使周围的振动影响到已初凝的混凝土，以免影响混凝土质量。

6) 平板振动器作业时，振动器的平板要与混凝土保持接触，使振波有效地传到混凝土而使之振实，到表面出浆、不再下沉后，即可缓慢向前移动。移动方向应按电动机旋转方向自动地向前或向后，移动速度以能保证每一处混凝土振密出浆为准。在振的振动器不准放在已凝或初凝的混凝土上，以防振伤。

7) 平板振动器振动时，应分层分段进行大面积的振动，移动时应排列有序，前排振捣一段落以后可原排返回进行第二次振动，或振动第二排，两排搭接 5cm 为宜。

8) 振动中移动的速度和次数，应视混凝土的干硬程度及混凝土厚度而定。振动的混凝土的厚度不超过 1.5cm 时，振动两遍即可满足质量要求。第一遍横向振动使混凝土密实，第二遍纵向振捣，使表面平整。

9) 表面振动器大部分是在露天潮湿的场合下工作的。因此，电气部分容易发生故障，如有漏电现象，容易造成人身伤亡事故，故必须严格遵守用电安全操作守则。

10) 在操作移动时，须使电动机的导线保持足够的长度和强度，勿使其张拉过紧以免线头拉断。

11) 工作中须经常检查电动机脚座、机壳和振板是否完好，连接是否牢固。如有裂缝和松动现象须及时修补或重新紧固。带有缓冲弹簧的平板振动器，弹簧要有良好的减振性能。

3. 混凝土振动机械的合理选择

(1) 动力形式的选择：建筑施工普遍采用电动式振动器，当工地附近只有单相电源时，应选用单相串激电动机的振动器；有三相电源时，则可选用各种电动式振动器。在有瓦斯的工作环境，必须选择风动式振动器，以保证安全。如果在远离城镇、没有电源的临时性工程施工，可以选用内燃式振动器。

(2) 结构形式的合理选择：大面积混凝土基础的柱、梁、墙、厚度较大的板，以及预制构件的捣实工作，可选用插入式振动器；钢筋稠密或混凝土较薄的结构，以及不宜使用插入式振动器的地方，可选用附着式振动器；表面积大而平整的结构物，如地面、屋面、道路路面等，通常选用平板式振动器。而钢筋混凝土预制构件厂生产的空心板、平板及厚度不大的梁柱构件等，则选用振动台可收到快速而有效的捣实效果。

(3) 插入式振动器的选择：振动器的振动频率是影响捣实效果的重要因素，只有振动器的振动频率与混凝土颗粒的自振频率相同或相近，才能达到最佳捣实效果。由于颗粒的共振频率取决于颗粒的尺寸，尺寸大的自振频率较低，尺寸小的自振频率较高，故对于骨料颗粒大而光滑的混凝土，应选用低频、振幅大的插入式振动器。

2.1.5.5 水泥混凝土摊铺机

1. 水泥混凝土摊铺机的概述

(1) 用途：水泥混凝土摊铺机是将从混凝土混合料搅拌输送车或自卸卡车中卸出的混合料，沿路基按给定的厚度及路型进行均匀摊铺的机械。它广泛地应用于市政、道路、机场、港口、车站、码头等大型的水泥混凝土摊铺工程。

(2) 分类

1) 按摊铺机的作业方式分：

① 连续作业式摊铺机，即连续不断地把水泥混凝土均匀地摊铺在路基上，是现代最新型的、自动化程度极高的水泥混凝土摊铺机；

② 周期作业式摊铺机：即摊铺机必须在前一份水泥混凝土摊铺完毕后，再行走到新的工作位置，才能将新卸入的一份水泥混凝土摊铺下去。

2) 按摊铺机的工作机构不同分：

① 刮板式摊铺机：摊铺机本身能在板上自由地前后移动，并在前面的导管上左右移动。由于刮板本身也旋转，所以可以用刮板向任意方向自由地摊铺卸在基层上的混凝土混合料堆；

② 螺旋式摊铺机：由可以正反方向旋转的螺旋杆（直径约 50cm 左右）将混合料摊开。螺旋后面有刮板，可以准确调整摊铺层厚度。这种摊铺机的摊铺能力大，在发达国家应用较广泛；

③ 箱式摊铺机：这种摊铺机是混合料经过卸料机（纵向或横向）卸在钢制的箱子内。箱子在机械前行时横向移动，同时箱子的下端按松铺高度刮平混合料。由于混合料一次全部放在箱内，所以重量大，但能摊铺均匀而且很准确，其摊铺能力大，故障较少。

当前，水泥混凝土路面施工还有混凝土摊铺列车施工，如图 2-1-24 所示，它主要由输送卡车、摊铺机、混凝土整面机等组成综合性作业的机械群体。这样大大提高水泥混凝土路面施工的机械化程度，缩短施工工期，提高了生产率。

图 2-1-24　滑模式水泥混凝土摊铺机列车施工情况

2. 水泥混凝土路面施工机械的选型与配套

（1）施工工序可选用的机械：水泥混凝土面层施工的主要内容有：施工前的准备工作、安装模板或轨道、筑做接缝和安装钢筋、制备与运送水泥混凝土混合料、水泥混凝土混合料的摊铺与捣实、水泥混凝土面层的修整与光面、拉毛防滑槽、拆模与养生、填缝与开通。当采用轨道式摊铺机施工时，各工序选用的机械见表 2-1-21；若采用滑模式摊铺机施工时，各工序所选用的机械见表 2-1-22。

轨道式摊铺机施工各工序可选用的施工机械   表 2-1-21

施工程序	可 考 虑 选 用 的 机 械
混凝土制备	水泥混凝土搅拌机，装载机，水泥输送设备，碎石联合筛分设备
混凝土运输	自卸汽车，自卸翻斗车，水泥混凝土搅拌运输车
卸　料	侧面卸料机，纵向卸料机
摊　铺	刮板式摊铺机、箱式摊铺机、螺旋式摊铺机
振　捣	振捣机，内部摄动式振动器
接缝施工	水泥混凝土切缝机
表面修整	修整机，纵向表面修整机，斜向表面修整机
修整粗糙面	拉毛机，压（刻）槽机

滑模式摊铺机施工各工序所选用的施工机械   表 2-1-22

施工程序	施 工 机 械 的 名 称
混凝土混合料制备	水泥混凝土搅拌机，装载机，水泥输送设备碎石联合破碎筛分设备
混凝土混合料运输	自卸汽车，机动翻斗车，水泥混凝土搅拌输送车
卸　料	运输车直接卸料或混凝土输送机
摊铺、振捣、接缝、整平	滑模式混凝土摊铺机、自动切缝机
修整粗糙面	拉毛机，压（刻）槽机
混凝土铺层养生	养生剂喷洒车

（2）施工机械选型与配套原则

1）在水泥混凝土面层施工机械选型时，应首先选定主导机械，然后根据主导机械的技术性能和生产率，配置相应的配套机械。

2）在选择摊铺机作为第一主导机械时，既要考虑施工质量和进度得到满足，又应兼顾施工单位的技术人员素质、管理水平和购买能力等实际情况。在保证摊铺机发挥最大效益的前提下，应使配套机械的类型和数量尽可能少。

3）若以水泥混凝土搅拌设备作为第二主导机械，在机型选择时，除了生产率应与摊铺机相适宜外，还应考虑：拌合品质和拌合能力、机械设备的可靠度、工作效率和经济性。因为摊铺机铺筑路面的质量（密实度和平整度）以及工作进度取决于水泥混凝土的拌制质量，混凝土摊铺的工作进度除与混凝土配比有关外，还与拌合的方式有关。

4）当水泥混凝土搅拌合摊铺设备选型后，应考虑水泥混凝土运输车辆的配套。如水泥混凝土的坍落度小于 5cm，若运距在 1km 以内，则以 2t 以下的小型自卸车比较经济；运距在 5km 左右时，以 3～5t 中型自卸车最为经济；运距为 6～10km 左右时，以选用 8t 以上的自卸车为宜，当运距大于 10km 时，或水泥混凝土的坍落度大于 5cm 时，考虑到混凝土在运输过程中有水分散失和离析等问题，应当采用容量为 6m³ 以上的水泥混凝土搅拌运输车。运距与搅拌设备的设置有关，一般要求水泥混凝土运输中，夏季不超过 30～40min，冬季不超过 60～90min。如若运距超过这两种时间，可以让搅拌输送车先装上干料或半干料水泥混凝土，待搅拌输送车运行到离施工现场只有 20min 的路程时，才加水搅拌混凝土，这种搅拌输送车所送的混凝土拌合料，同样能保证质量。

2.1.5.6　水泥路面维修车

1. 水泥路面维修车概述

水泥路面由于混凝土板、基层、路基等的缺陷，造成混凝土板断裂、错台、麻面等病害，时间一长，水通过裂缝掺入基层，造成基层破坏，引起路面的大面积损坏。因此一旦发现损坏现象就应立即修复，防止病害扩大。

维修水泥路面的常用工艺有：扩缝、清缝、灌缝、凿孔、切槽、罩面、凿毛、搅拌、振捣、摊铺、钻孔、破碎、翻修等。对于小面积的维修，一般采用单一机具，如破碎机、凿岩机；空气压缩机、高压水清洗机、搅拌机、振捣器、切缝机等对其进行处理、施工。大面积的翻修，则用专门设备将旧路面排除，然后重新修筑。

现在国外一些厂家也开始生产水泥路面综合养护机具，主要是在一专用底盘上，安装一台发动机，由发动机带动液压泵，由液压泵向各种专用工具提供动力源，主要配置的液压工具有：液压传动搅拌滚筒、液压镐、液压切缝机，液压振搏器以及液压传动破碎机。这种机型也可将水泥路面的部分材料回收利用，它适应较远距离，小面积施工，有很好的发展前途。

2. 水泥路面维修车分类、特点

水泥路面维修设备主要分为两类：

（1）单一功能维修机械。它主要有路面破碎机、清缝机、切缝机、封层机、搅拌机、空气压缩机、风镐、振捣器、振动夯等。这些机具的功能是单一的，一般依靠电力驱动，如无电源，还要带发电机，由于工具多，转场难度大，一般在近距离、小面积的地区进行施工。

（2）多功能维修机械，它分自行式与拖挂式两种，其作业功能一般在两个以上。它有动力输出，一般具有破碎、搅拌、夯实、切缝、振捣等功能，适应较远距离小面积施工。自行式多功能水泥路面综合养护车，是将各种功能机具装置在专用汽车底盘上，移动方便，它的动力输出可通过取力器从汽车上取出，也可自配发动机输出动力。拖挂式一般自配有发动机，将各种功能机具装置在拖车上，依靠汽车或拖拉机牵引。使用拖挂式水泥路面综合养护机，一般选用汽车带上修补材料，拖上机器，较远距离一次完成施工，而自行式则需专用汽车运送材料。所以一般优先选用拖挂式的综合养护机。

3. 主要机型的结构及工作原理

（1）多功能水泥路面维修车：多功能水泥路面维修车具有速度快、可乘坐施工人员，能载运维修机具及材料等优点；但使用了汽车底盘，行走机构与车身为弹性悬挂，作业时必须使用支腿保持底盘平稳方可正常作业，多功能水泥维修车作业装置分为前置和后置两种，如图2-1-25所示。

工作臂前置式水泥路面维修车的工作臂位于驾驶室与车厢之间，其负荷由前后两车桥共同承担，车架受力好。由于这个位置离变速箱的取力口近，液压管道短，所以作功效率高。但这种形式只能在车辆的左右两侧进行作业，占用车道宽，对交通影响较大。

工作臂位于多功能水泥路面维修车后部，维修作业可以在车的后面进行，占用车道窄，因而对交通影响小，比较安全，利用工作臂还可以在后面的挂车上装卸货物。但这种形式汽车车架受力状况偏载，工作时稳定性差，一般应对车架进行加强。这种结构的液压管路较长，液压动力损耗相对大一些。

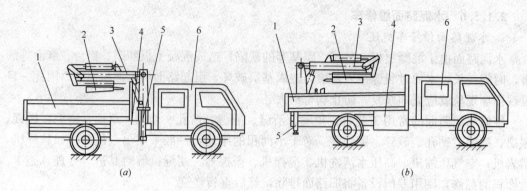

图 2-1-25 以汽车底盘为基础的水泥路面维修车
(a) 工作臂前置式；(b) 工作臂后置式
1—车厢；2—工作头；3—工作臂；4—液压油箱；5—支腿；6—基础车

多功能水泥路面维修车的主要工作原理是利用一个多用途的工作臂，该工作臂上可快速更换各种作业工具，以满足破碎、凿毛、夯实、挖坑、抓料、钻孔等工作，其车厢还可运送部分施工用料。

(2) 拖挂式多功能水泥路面养护机：拖挂式多功能水泥路面养护机是一种自行设计的专用工程机械，它自备柴油发动机，由发动机带动液压泵，液压泵配有多路输出快换接口，提供给各种液压作业工具作业使用。底盘上配有各种手持式液压工具和水泥搅拌滚筒。它可完成挖掘、切缝、搅拌、振捣等作业。行走依赖拖拉机或汽车牵引。如用汽车带料，便可适应长距离的小工程量作业。如在汽车上配置一台破碎机的话，便可达到材料二次利用的效果，大大降低维修工程造价。该机结构紧凑，运输方便。适合现代混凝土路面维修的需要。

4. 水泥路面维修车的使用要点

(1) 该类型设备的作业系统均为液压系统，因此操作人员一定要经过培训，方可操作，以免高压油外泄伤人。

(2) 定期对发动机进行保养。

(3) 使用前认真检查液压系统各控制阀是否在正常位置，非工作阀门一定要关闭。

(4) 使用后应立即拆下各种作业机具，并关闭控制阀门，将作业机具放置各自定位处，以防损坏。

(5) 经常检查液压表工作是否正常，油压是否在限定的安全范围内，以保证工作时能正常使用。

(6) 完成作业后，一定要把各构件，尤其是作业装置机器清理干净，防止水泥附着，损坏机件。

2.2 道路路基的维修技术

2.2.1 道路软土路基超限沉陷的防治处理

2.2.1.1 概述

《公路软土地基路堤设计与施工技术规范》JTJ 017—96 中软土定义：滨海、湖沼、谷地、河滩沉积的天然含水量高、孔隙比大、压缩性高、抗剪度低的细粒土。

在工程实践中，对软土的含义已基本取得共识，道路路基软土的鉴别按表 2-2-1 所列指标综合鉴定。

道路路基软土鉴别指标 表 2-2-1

特征或指标名称	天然含水量	相对含水量	天然孔隙比	渗透系数	压缩系数	十字数剪切强度
指标值	≥35%或液限	≥1.0	≥1.0	$<10^{-6}$ cm/s	>10 MPa^{-1}	<35 kPa

我国道路软土基础分布很广，大都为天然形成。在南方地区，江河湖泊、稻田、沼泽等处，往往成为工程的软地基，路基软土类型及分布如表 2-2-2 所列。

路基软土类型及分布 表 2-2-2

序号	类型	主要分布情况
1	滨海沉积	主要分布在东海、黄海、渤海等沿海地区
2	湖泊沉积	洞庭湖、太湖、鄱阳湖、洪泽湖周边古云梦泽边缘地带.
3	河滩沉积	长江中下游、粤江下游及河口、韩江下游、淮河平原、松辽平原、闽江下游
4	谷地沉积	西南、南方山区或丘陵区
5	长期受水浸蚀浸泡	北方地区.

软土地基有极大的危害性，它可造成构物不同程度的破坏，严重时不但影响使用，甚至造成有形物的彻底报废。道路是一条带状的、承受动静两种荷载的特殊人工构筑物，由于它分布较广、使用要求较高，因而对地基提出了较高的要求。同时道路不可避免地要经过大量的软土地质地区，对软基处理不当，将会使路基沉降过大，导致路堤失稳，路面开裂；桥台与路基的沉降不同而产生桥头错台；路的中心沉降过大引起涵管弯曲和路基路面横坡变小等问题，严重者甚至彻底破坏。因此，从高标准、高质量的使用要求出发，合理、可行地处理好软土地基，已成为公路建设必不可少的一个环节。

大家认为路基的软土地基具有极大的破坏性，虽然在对其认定上尚无完全一致的结论，但是从广义上讲，只要外在荷载加在土基上有可能出现有害的过大变形和强度不够等问题时，都应该认真对待道路的软基础，并进行必要的处理。一般按处理的部位可分为地基处理和路堤处理，软土路基处理的分类方法如图 2-2-1 所示。

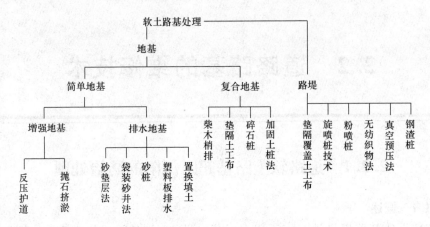

图 2-2-1　软土路基处理的分类

2.2.1.2　土工布加固地基、路填

1. 垫隔土工布加固地基法

以土工织物作为补强材料加固地基，其作用类似柔性柴排，如图 2-2-2 所示是道路工程中使用土工织物施工示意图。

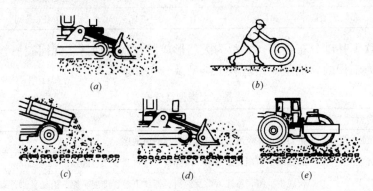

图 2-2-2　道路工程中使用土工织物施工示意图

(a) 挖除表土和平整场地；(b) 铺开土工织物卷材；

(c) 在土工织物上卸砂石料；(d) 铺设和平整筑路材料；(e) 压实路基

路堤基底铺设土工织物锚固端构造如图 2-2-3 所示。土工织物的布端要折铺一段并锚固，铺设两层以上土工织物，两层织物中间要夹 10~20cm 的砂层。

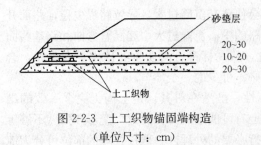

图 2-2-3　土工织物锚固端构造
（单位尺寸：cm）

在地下水位较高、松软土基路堤中，采用垫隔土工布加强路基刚度，有利于排水。在高填路堤，可适当分层垫隔；在软基上隔垫土工布可使荷载均布。垫隔土工布加固地基应满足以下要求：

（1）道路材料：土工合成材料应具有质量轻、整体连续性好、抗拉强度较高、耐腐蚀、抗微生物侵蚀好、施工方便等优点，非织型的土工纤维应具备当量孔隙直径小、渗透性好、质地柔软、能与土很好结合的性质。

所选土工合成材料的幅宽、质量、厚度、抗拉强库、顶破强度和渗透系数应满足设计要求。

（2）道路施工：

1）在整平好的下承层上按路堤底宽全断面铺设，摊平时应拉直平顺，紧贴下承层，不得出现扭曲、折皱、重叠。在斜坡上摊铺时，应保持一定松紧度（可用 U 形钉控制）。

2）铺设土工聚合物，应在路堤海边留足够的锚固长度，回折覆盖在压实的填料面上。

3）为保证土工合成材料的整体性，当采用搭接法连接，搭接长度宜为 30～90cm；采用缝接法时，缝接宽度应不小于 5cm，采用粘结法时，粘结宽度不小于 5cm，粘结强度不低于土工合成材料的抗拉强度。

4）现场施工中，一方面注意土工合成材料破损时必须立即修补好，另一方面上下层接缝应交替错开，错开长度不小于 0.5m。

5）在土工材料堆放及铺设过程中，尽量避免长时间暴露和暴晒，以免性能劣化。

6）铺设质量应符合规范要求。

2. 垫隔、覆盖土工布

在软土、沼泽地区，地基湿软，地下水位较高的情况下，用垫隔、覆盖土工布法处理会收到较好的效果。

其施工用料要求与上述同。在施工中，在基底铺垫土工布并沿边坡折起，以至覆盖堤身摊铺，既能提高基底刚度，又有利于排水，并有利地基应力再分配而增加路基的稳定性。

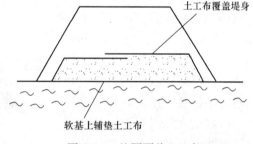

图 2-2-4 垫隔覆盖土工布

土工布铺设典型断面如图 2-2-4。

2.2.1.3 砂垫层、置换填土、抛石挤淤法

1. 砂垫层

在软土层顶面铺设排水砂层，以增加排水面，使软土地基在填土荷载作用下加速排水固结，提高其强度，满足稳定性的要求。排水砂层对于基底应力的分布和沉降量的大小无显著的影响，但可加速沉降的发展，缩短固结过程。砂垫层适用范围为：路堤高度小于极限高度的两倍以内，软土层不厚或虽厚但有良好排水条件，且砂源丰富、工期不紧的情况。砂垫层的厚度一般为 60～1000cm，视路堤高度和软土层厚度及压缩性而定。

砂（砾）垫层材料宜采用洁净中、粗砂、含泥量≤5%，并将其中植物、杂质除尽；也可采用天然级配砂砾料，最大粒径不应大于 5cm，砾石强度不低于四级（即洛杉矶法磨耗率小于 60%）。砂垫层施工中，对砂（砾）适当洒水、分层压实，压实厚度宜为 15～20cm。如采用砂砾石，应无粗细料分离现象，且砂垫层应宽出路基坡角 0.5～1cm，两端以片石护砌或其他方式防护，以免砂料流失。

当在砂垫层上填筑路基时，路堤填筑速度应合理安排，使加荷的速率与地基承载力增加（排水固结）的速率相适应，以保证地基在路堤填筑过程中不发生破坏。通常可以利用

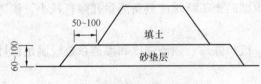

图 2-2-5　砂垫层典型断面图（cm）

埋设在路堤中线的地面沉降板以及布置在路堤坡脚处的位移边桩进行施工观测，随时掌握地基在路堤填筑过程中的变形情况和发展趋势，借以判断地基是否稳定，控制填土的速度。根据经验，一般情况下水平位移每天不超过 10cm，垂直位移每天不超过 1.5cm，地基便可保持稳定。砂垫层的典型断面如图 2-2-5 所示。

2. 置换填土

在泥沼地带及软土厚度小于 200cm，路堤高度较低时，一般采用置换填土法处理。首先将泥炭、软土全部或部分挖除，并采用渗水性好的材料（必要时添加适量水泥、石灰）进行分层填筑。常用填筑材料有砂、砾、卵石、片石等渗水性材料或强度较高的黏性土。

3. 抛石挤淤法

淤泥厚度小于 30cm，表层无硬壳，呈流动状态，排水困难，石块易于取得的条件下可采用抛石挤淤方法。

挤淤施工用料采用不易风化石料，片石大小随泥炭稠度而定。对于易流动的泥炭或淤泥，片石宜稍小些，但不宜小于 30cm，小于 30cm 粒径含量不得超过 20%。抛投的顺序应沿路中线向前抛填，再渐次向两侧扩展，以使淤泥向两旁挤出。当软土或泥沼底面有较大横坡时（横坡陡于 1∶10），抛石应从高的一侧向低的一侧展开，并在低的一侧多抛一些，使低侧边部形成约有 200cm 宽的平台顶面。

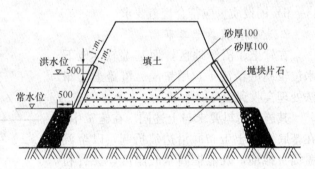

图 2-2-6　抛石挤淤断面示意图

片石高出软土面后，应用较小石块填塞垫平，用重型机械反复碾压，以使填石紧密，然后在其上铺设反滤层，再行填土。如图 2-2-6 所示为抛石挤淤断面示意图。

2.2.1.4　加固土桩法

1. 概述

加固土桩是用某种专用机械将软土地基的局部范围（某一深度、某一直径）内的软土桩体用加固材料改良、加固而形成，与桩间软土形成复合地基。通常用生石灰、水泥、粉煤灰等作为加固料，经过物理化学作用，在地基内形成桩柱，降低土中含水量，提高地基强度，减少沉降量。

水泥适用于含砂量较大的软土，且水泥用量与软土天然重之比宜大于 7% 而小于 15%，当为拌和桩时，水灰比选用 0.4～0.5。掺入石灰时，适用于含砂量较低的软土，掺入比亦为 12%～15%。

2. 材料要求

（1）生石灰应是磨细的，最大粒径小于 0.2cm，无杂质，氧化镁和氧化钙含量不应小于 85%，其中氧化钙含量不低于 80%。

（2）水泥宜采用普通水泥和矿渣水泥，严禁使用过期、受潮、结块、变质的劣质水泥。对非国家免检产品应分批提供有关强度、安定性等试验报告。

（3）粉煤灰化学成分中要求二氧化硅和三氧化铝的含量应大于70%，烧失量小于10%。

（4）石膏粉可作为掺加剂，利于强度提高。

（5）以上固化剂和外掺剂，必须通过室内试验检验符合设计要求方可使用。

（6）加固土桩桩径一般为50cm，桩长最大12m，一般为9m，桩距常用75~150cm。施工前必须进行成桩试验，且不少于5根，以便取得成桩经验及各种技术参数。

3. 施工工艺

（1）定位：调整导轨垂直度，钻头对中桩位。

（2）预搅下沉：启动电机，放松起吊钢丝绳，空压机送气，使钻头沿导轨下沉钻进至设计深度。注意工作电流不应大于额定电流。

（3）钻杆提升：粉体发送器送灰至喷灰口，按规定的提升速度，边喷边搅拌，边提升至桩顶。一般距表面50cm的土层侧向约束较弱，成桩不利，因此，停灰面宜离地面50cm处。

（4）复搅：为保证软土与固化剂搅拌均匀，关闭粉体发送器或灰浆泵后，再次将钻杆下沉至设计要求深度，再搅拌提升至地面。

4. 施工机械

（1）对浆液固化剂，主机为深层搅拌机，有双搅拌轴中心管输浆方式和单搅拌轴叶片喷浆方式两种，配套机械有灰浆拌制机、集料斗、灰浆泵、控制柜及计量装置。

（2）对粉体固化剂，主要为钻机、粉体发送器、空气压缩机、搅拌钻头。钻机必须要求动力大、扭矩大，适合大直径钻头成桩，具有正向钻进，反转提升的功能，提升力大并能实现匀速提升。粉体发送器要求能满足定时定量发送粉体材料，并附有计量设备。空气压缩机根据工程地质条件和加固深度选型，一般压力不需很高，风量不宜太大，空气压力一般在0.2~0.4MPa。搅拌钻头应保证反向旋转提升时对柱中土体有压密作用，钻头直径一般为500mm。

5. 施工中的注意事项

（1）施工前应丈量钻杆长度，并标以显著标志，以便掌握钻入深度、复搅深度，保证设计桩长。

（2）浆液固化剂严格按预定配比拌制。制备好的浆液不得离析，不得停置过长，超过2h的浆液应降低标号使用。浆液倒入集料时必须过筛，以免浆液结块，损坏泵体。

（3）泵送浆液前，管路要保持潮湿，以利输浆。现场制浆应配备专人记录固化剂、外掺剂用量和泵送开始、结束时间。

（4）操作人员要对每米下沉提升时间、送浆停浆时间等作好详细记录。

（5）保持送浆连续性和均匀性。一旦因故停浆应将搅拌机停至浆面下50cm以防断桩，停机超过3h，为防止浆液凝结堵管，应先拆卸输浆管路，清洗后备用。

（6）搅拌机进至地面下100cm时，宜且慢速，喷浆口即将出地面时，稍事停留，搅拌数秒以保证桩头均匀密实。

（7）采用粉体固化剂的粉喷桩施工中，除作好压力、喷粉量、钻进速度等有关参数及变化记录外，必须严格控制喷粉、停粉标高，并保证喷粉的连续性，以保证桩体长度。严禁在尚未喷粉的情况下进行提升作业。

（8）钻头升至地面下 50cm 时，停止送灰并用黏土人工回填压实，以防地表水灌入和桩在垂直方向上的膨胀使地基隆起。

（9）发现喷粉量不足应整桩复打，复打的喷粉量应不小于设计要求范围。因故中断喷粉，复打重叠段不小于 100cm。

（10）粉体发送器必须配置计量装置，用以记录瞬时和累计喷入量。储灰灌容量不小于一根桩用灰量加 50kg，储灰量不足不得开钻，钻头直径的磨损不得大于 1cm。

2.2.1.5 碎石桩与砂桩

1. 碎石桩

（1）碎石桩是利用一个产生水平向振动的管状设备，以高压水流边振边冲在软弱黏性地基中成孔，在孔内分批填入碎石加以振密制桩，与周围黏性土形成复合地基。此方法与排水固结法相比，加固期短，可以采用快速连续加载方法施工路堤，对缩短工期十分有利。但是在软弱土层较深、工期要求紧时，采用碎石桩处理软基为好。

（2）材料要求：选用未风化的干净碎石、砾石、矿渣、碎砖等，含泥量不得超过 5％～10％，级配粒径最大不超过 50mm，以免卡孔或振冲器磨耗过大。

（3）施工机具：碎石桩施工的主要机具：振动打桩机、柴油打桩机、近端装有活瓣钢桩靴的桩管。

（4）工艺流程：碎石桩的工艺流程：整平原地面→机具定位→桩管沉入→加料压密→拔管→机具移位。

（5）施工工艺要求：

1）定位：起吊振动器，对准桩位，检查水压、电压和振冲器空载电流是否正常。

2）成孔：打开电源，启动振动器，使钻机在压力水冲击作用和振动作用下贯人地层至设计深度。

3）清孔：成孔后，孔内泥浆稠度大，为排出孔内稠浆，振冲器在孔底停留 1min，借助压力水将泥浆排出。

4）制桩：采用连续加料法自下而上逐段制桩，每次填料数量据土质条件而定，一般每填料 15～50cm³ 将振冲器沉至填料中进行振实，当振冲器工作电流达到密实电流时迅速提起，再继续加料、振密，如此反复直至孔口。

桩的施工次序一般是由里向外或一边推向另一边，如图 2-2-7、图 2-2-8 所示，有利于挤走部分软土。对抗剪强度低的粘性土地基，为减少制桩时对原土的扰动，宜用间隔跳打的方式施工，如图 2-2-9 所示。加固区如比邻其他建筑物时，为减少对建筑物的影响，可

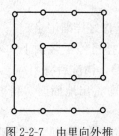

图 2-2-7　由里向外推

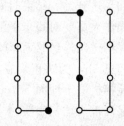

图 2-2-8　由一边向另一边推

按图 2-2-10 所示的次序施工。

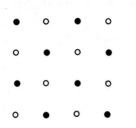

图 2-2-9　间隔跳打

先做●桩，后做○

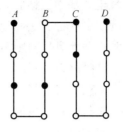

图 2-2-10　临近构造物

5）关机停水移至下一桩位。

（6）碎石桩在施工中应注意以下几方面问题：

1）首先应严格控制水压、电流和振冲器在固定深度位置的振留时间。

2）水压视土质及其强度而定，一般对强度较低的软土，水压要小一些，强度高的软土，水压宜大，制桩振密时水压宜小，水量要充足，孔内充满水以防塌孔。

3）电压一般为 380±20V，并保持稳定。

4）电流一般为空载电流加 10～15A，为加料振密过程中的密实电流，或为额定电流的 90%。严禁在超过额定电流的情况下作业。

5）振冲器在固定深度位置振留时间宜为 10～20s。

6）填料要分批加入，且本着"少吃多餐"的原则，保证试桩标定的装料量。每一深度的桩体在未达到规定的密实电流时应继续加料振实，以防断桩、缩径。

7）碎石桩密实度宜抽查 5%，要求用 II 型动力触探测试，贯入量 10cm，次数不小于 5 次，碎石桩密实判别标准如表 2-2-3 所列。

8）碎石桩施工允许偏差如表 2-2-4 所列。

碎石桩密实判别标准　　　　　　　　　　表 2-2-3

连续 5 击下沉量（cm）	密度程度	连续 5 击下沉量（cm）	密度程度
<7	密度	10～13	不密实
7～10	不够密实	>13	松散

碎石桩施工允许偏差　　　　　　　　　　表 2-2-4

序号	项　目	单　位	允许偏差	检查方法和频率
1	桩距	cm	±15	抽查 2%
2	桩径	cm	不小于设计	抽查 2%
3	桩长	cm	不小于设计	查施工记录
4	竖直度	%	1.5	查施工记录
5	灌碎石量	m³	不小于设计	查施工记录

2. 砂桩

（1）概述：在软土地基中，钻成一定直径的孔眼，灌以粗砂或中砂，利用上部荷载作用加速软土的排水固结，这种方法称为砂桩处理法。一般软土均适合采用砂桩法，但次固结占很大比例的土和高塑性黏性土则不宜采用。

（2）材料要求：砂桩材料亦采用渗水率较高的中、粗砂，大于 0.5mm 的砂的含量宜占总重的 50％以上，含泥量不应大于 30％，渗透系数不应小于 5×10^{-3} cm/s。

（3）施工机具：施工机具采用振动打桩机、柴油打桩机，按成型的工艺分为冲击式和振动式，下端装有活瓣钢桩靴的桩管。

（4）施工工艺

施工工艺按以下程序进行：整平原地面→机具定位→桩管沉入→加料压密→拔管→机具移位。

（5）施工工艺要求：

1）砂桩的成桩方法，在软弱土中可选用冲击成桩法，也可选用振动成桩法，对砂桩质量要求严格或要求小直径管打大直径砂桩时可采用双管冲击成桩法或单管振动重复压拔管成桩法。

2）砂桩的排列形式，一般采用倒三角形或正方形，以三角形排列较紧凑、有效。桩径一般采用 20～30cm，桩距为桩径的 8～10 倍，常用的是 200～400cm。砂桩顶部设砂垫层构成排水系统，垫层一般厚为 40～50cm。在路堤荷载作用下加速排水固结，从而提高强度，保证路堤稳定性。

（6）砂桩的施工质量应符合以下规定：

1）砂的含水量对桩体密实度有很大影响，应根据成桩法分别符合以下规定：

① 当采用单管冲击法，一次打桩管成桩法或复打成桩法施工，应使用饱和砂；

② 采用双管冲击法，重复压拔法施工时，可使用含水量为 7％～9％的砂，饱和土中施工也可使用天然湿砂。

2）地面下 1～2m 的土层，由于测向约束软弱，不利成桩，应采取超载投砂法，通过压挤提高表层砂的密实程度。

3）桩体在施工中应确保连续、密实：在软弱黏性土中成型困难时，可隔行施工，各行中也可间隔施工。

4）实际灌砂量未达到设计用量要求时，应在原位将桩管打人，补充灌砂后反复打一次，或在旁边补桩一根。砂桩施工允许偏差应符合表 2-2-5 要求。

砂桩施工允许偏差 表 2-2-5

序号	项　目	单　位	允许偏差	检查方法和频率
1	桩距	cm	±10	抽查 2％
2	桩长	cm	不小于设计	查施工记录
3	桩径	mm	不小于设计	抽查 2％
4	竖直度	％	1.5	查施工记录
5	灌砂量	m³	不小于设计	查施工记录

2.2.1.6 袋装砂井、塑料排水板、反压护道和柴（木）梢排

1. 袋装砂井

（1）概述：袋装砂井是事先把砂装入长条形、透水性好的编织袋内，然后用专门的机具设备打入软土地基内代替普通大直径砂井。袋装砂井既有大直径砂井的作用，又可以保证砂井的连续性，避免缩径现象。此外，由于袋装砂井的直径小，材料消耗小，工程造价低，施工速度快，设备轻型，更适应在软弱的地基上施工。

当泥沼或软土层厚度超过 5m，且路堤高度的自重静压超过天然地基承载力很多时，常采用袋装砂井法。特别是当地基土水平位移较大时，袋装砂井更具有优越性。

（2）袋装砂井的材料：

1）袋：选用聚丙烯或其他适用的编织料，抗拉强度能保证承受砂袋自重，装砂后砂袋的渗透系数应不小于砂的渗透系数；

2）砂：采用渗水率较高的中、粗砂，粒径大于 0.5mm 的砂的含量宜占总重的 50% 以上，含泥量不应大于 3%，渗透系数不应小于 5×10^{-3} cm/s。砂宜用风干砂，不宜用潮湿砂，以免袋内砂干燥后体积减小，造成袋装砂桩缩短与排水垫层不搭接等质量事故。

（3）施工机械：主要机具为导管式振动打桩机，在行进方式上普遍采用的有轨道门架式、履带臂架式、吊机导架式等。

（4）袋装砂井的施工：袋装砂井可呈矩形、梅花形平面布置，井径应是根据所承担的排水量和施工工艺要求决定，一般采用 7～12cm 的直径，井距 1～2m，相当于井径比 1～30，砂垫层厚为 40～50cm。

（5）工艺流程：整平原地面→摊铺下层砂垫层→机具定位→打入套管→沉入砂袋→拔出套管→机具移位→埋砂袋头→摊铺上层砂垫层。

（6）施工注意事项：

1）砂井定位要准确，垂直度要好，沉桩时应用经纬仪或锤球控制垂直度。

2）砂袋灌入砂后，露天堆放应有遮盖，切忌长时间暴晒，在整个施工过程中，避免砂袋挂破漏砂。

3）砂袋入井时，应用桩架吊起垂直下井，防止砂袋发生扭结、缩径、断裂和砂袋磨损。

4）拔钢套管时应注意垂直吊起，若发生带出或损坏砂袋现象，应立刻在原孔边缘重新打孔施工。连续两次将砂袋带出时，应停止施工，待查明原因后再施工。

5）砂袋留出孔口长度应保证伸入砂垫层至少 30cm 以上，并保持直立，不得卧倒。

6）砂袋灌砂率 r 按下式计算：

$$r = \frac{M_{sd}}{0.78d^2 L \rho_d} \times 100\%$$

式中　M_{sd}——实际灌入砂的质量（kg）；

　　　d——砂井直径（cm）；

　　　L——砂井深度（cm）；

　　　ρ_d——中粗砂的干密度（kg/m³）。

7）袋装砂井施工允许偏差见表 2-2-6 所列。袋装砂井的典型断面如图 2-2-11 所示。

袋装砂井施工允许偏差　　　　　　　　　　　表 2-2-6

序号	项　目	单　位	允许偏差	检查方法和频率
1	井距	cm	±15	抽查 2%
2	井长	cm	不小于设计	查施工记录
3	井径	mm	+10　-0	挖验 2%
4	竖直度	%	1.5	查施工记录
5	灌砂率	%	+5	查施工记录

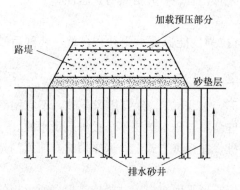

图 2-2-11　袋装砂井典型断面

2. 塑料排水板

（1）概述：塑料排水板是在纸板排水的基础上发展而来的，它的特点是，单孔过水断面大，排水畅通，质量轻，强度高，耐久性好。一般在泥炭饱和淤泥地段或土基松软、地下水位较高的情况下采用此方法。

（2）材料要求：

1）塑料排水板是由芯体和滤套组成的复合体，或是单一材料的多孔管道板带（无滤套）。

2）芯板是由聚乙烯或聚丙烯加工而成的多孔管道或其他形式的板带，应具有足够的抗拉强度和垂直排水能力，其单位承载能力不小于 130N/cm，当周围土体压力在 15cm 深度范围内不大于 250kPa，或在大于 15cm 范围内不大于 35kPa 条件下，其排水能力应不低于 $30cm^3/s$，芯板具有耐腐蚀性和足够的柔性，保证塑料排水板在地下的耐久性并在土体固结变形的情况下不会被折断、破裂。

3）滤套由无纺织物制成，具有一定的隔离土颗粒和渗透功能，等效于 0.025mm 孔隙，最小自由透水表面积宜为 $1500cm^2/m$，渗透系数不小于 $5×1.0^{-3}cm/s$。

（3）施工机具：施工机械主要是插板机，也可以与袋装砂井打桩机具共用，但应将圆形套管换成矩形套管。对于振动打桩工艺及力的大小，根据导管根数、断面大小、入土长度和地基均匀程度确定。一般对均匀软土，振动锤击振力参照表 2-2-7 所列。

振动锤击振力参考值　　　　　　　　　　　表 2-2-7

导管长度	导管直径	振动锤击振力（kN）	
（m）	（mm）	单　管	双　管
>10	130~146	49	80
10~20	130~146	80	120~160
>20		120	160~220

（4）施工工艺

施工工艺按以下程序进行：整平原地面→摊铺下层砂垫层→机具就位→塑料排水板穿靴→插入套管→拔出套管→割断塑料排水板→机具移位→摊铺上层砂垫层。

（5）施工过程中的注意事项：

1）施工现场堆放塑料排水板带要加以覆盖，以防暴露在空气中老化。

2）塑料板插入过程中，钢套管不得弯曲，透水滤套不应被撕破、污染，并防止淤泥进入板芯堵塞输水通道，影响排水效果。

3）塑料板与桩尖连接要牢固，避免提管时脱开，将塑料板带出。

4）塑料排水板接长时，采用滤套内平接的办法，芯板对扣。为保证输水畅通，并有足够的搭接强度，搭接长度不小于20cm，并用滤套包裹，用可靠措施固定。

5）严格控制间距和深度。凡塑料板被带出2m的应作废补打。

6）导管与桩尖要衔接适当，避免措缝，防止淤泥进入，增大塑料板与导管壁的摩擦力，造成塑料板带出。

塑料板施工允许偏差见表2-2-8所列。

表 2-2-8

塑料板施工允许偏差

序号	项　目	单　位	允许偏差	检查方法和频率
1	板距	cm	+15	抽查2%
2	板长	cm	不小于设计	查施工记录
3	竖直度	%	1.5	查施工记录

3. 反压护道法和柴（木）梢排

（1）反压护道法

1）反压护道法是在路堤两侧填筑一定宽度、高度的护道，使路堤下的淤泥或泥炭向两侧隆起的胀力得到平衡，从而保证路堤的稳定性。

2）采用反压护道加固地基，不需特殊的机具设备和材料，施工简单，但占地多，用土量大，后期沉降量大，养护工作量大。

3）反压护道法一般适用于路堤高度超过其极限高度的1.5～2.0倍以内，非耕作区和取土不困难、运距又不远的地区。

4）反压护道填筑材料应符合设计要求，填筑时应与路堤同时填筑。若必须分开填筑，则需在路堤达临界高度前将反压护道筑好。反压护道的高度一般为路堤高度的1/2～1/3。

5）为保证护道本身稳定，其高度不得超过天然地基所容许的极限高度。反压护道的宽度，一般采用圆弧稳定分析法通过稳定性验算决定。在验算中软土或泥沼地基的强度指标采用快剪法测定或用无侧限抗压强度之半或用十字板现场剪力试验所测得的强度。

6）当软土层或泥沼土层较薄或其下卧硬层具有明显的横向坡度时，宜采用两侧不同宽的反压护道。横坡下方的护道应较横坡上方的护道宽一些。

7）反压护道的压实度应达到《公路土工试验规程》JTP，E40—2007重型击实试验法测定的最大干密度的90%或满足设计要求。

8）反压护道典型断面如图2-2-12所示。

9）由于我国土地资源有限，道路建设要尽量少占土地，因此在道路工程中，反压护道法一般不宜大面积使用，多数在桥台高填土地段局部少量使用。

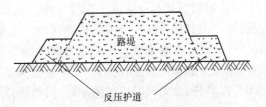

图 2-2-12　反压护道典型断面

（2）柴（木）梢排

1）柴排是用圆木或捆扎梢料做成的，铺在路堤底面，能起到扩大基础、分散荷载的作用，可防止深层滑动面的形成，保持路堤基底的稳定。

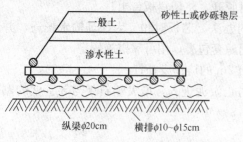

图 2-2-13　柴排加固路堤典型断面

2）用圆木组成者称为刚性柴排，用梢料组成者称为柔性柴排。

3）采用柴排加固路基用料甚多，从节约出发，一般不提倡。在交通量不大，道路等级较低的泥沼、软土地区，料源丰富的情况下，可考虑采用，在此不作深入介绍。

4）柴排加固路堤典型断面如图 2-2-13 所示。

5）软土地基的处理方法很多，在此不一一讲述。总之，软土地基处理的目的在于增强路堤的稳定性，减少工后不均匀下沉，为此，在施工中应严格按照施工工序及规范要求进行施工，保证施工质量、进度和投资等等的实现。

2.2.1.7　粉喷桩与真空预压法

1. 粉喷桩

（1）概述

1）粉喷桩是目前国内在软基处理中应用比较广的一种技术，它是解决道路软基沉降与稳定的一种有效方法。道路工程中应用粉体搅拌桩较早的沪宁高等级道路的修建。

2）粉喷桩的主要特点简介如下：

① 无噪声、无污染，对土体无侧向挤压作用，对邻近建筑物无影响。

② 能应用工程类别多，道路、市政、堆场、深基坑开挖、工业及民用建筑的地基加固均可适用；能应用的基础类型多，筏板基础、条形基础、独立基础均可应用。

③ 所使用的材料单一，不需要钢材、木材和砂石，使用的机械设备单一。

④ 施工速度快，工期短，而施工场地整洁文明。

⑤ 造价低廉，采用粉喷桩施工的基础工程总造价为预制桩和混凝土灌注桩的基础工程总造价的 30%～60%。

⑥ 这种桩既加强了地基的受力强度又充分发挥原有的地基土的强度潜力。

⑦ 这种桩既克服了砂井、塑料排水板地基加固手段的预固阶段，又克服了某些加固手段的泥土污染物侧向挤动，也避免了完全不考虑道路地基土强度而作人工深基础的昂贵费用。

3）粉喷桩是石粉或水泥粉与自然、地基土强制混合后的产物。加固料的掺量是与土层性质，尤其是含水量有关，根据国内外大量的室内外实验和实测，一般控制在土自重的 10%～18%，含水量低，有机质含量少的略低一些，反之略高一些，一般掺量在 15% 左右；水泥土的初期强度较大，28 天强度为 7 天强度的 1.5～2.0 倍，90 天抗压强度可达 1.6～2.0MPa（无侧限抗压强度）；抗剪强度为抗压强度的 1/2 左右，水泥土的压缩模量为天然土的 10～30 倍。

4）粉喷桩的单桩允许承载力可达 120～200kN，相应沉降为 6～10mm，桩身极限破坏多发生在 4～5 倍桩径处，即受力桩顶以下 2.0～2.5m 处；粉喷桩界于柔性和刚性桩之间，桩体与原始土之间在同时受力时的应力比为 3∶1～4∶1，因此粉喷桩加固的地基按复合地基计算。

（2）粉喷桩的平面布置

在条形基础时可采用单排或链条状双排等；筏板基础时可采用梅花形和矩形；独立基础时可采用梅花形，一般情况下，均可不考虑护桩。桩的深度可按现在设备最大深度 15m 以内按地基土层确定，桩距常以置换率控制（即加固区内总桩面积与加固区面积之比），一般在 10%～18%。

1）复合地基承载力计算：

$$R_{sp} = a_c \times (1 + a_c) \times R_S$$

且必须满足 $R_{sp} > \sigma_c$

式中 R_{sp}——复合地基的平均允许承载力；

    a_c——粉喷桩的转换率 $a_c = nA/F$；

    F——基础底面积；

    A——桩截面积；

    n——桩数。

2）复合地基沉降量计算：

$$s = s_1 + s_2$$

s_1 采用下式计算：

$$S_1 = \frac{\sigma_c \cdot L}{a_c \cdot E_c + (1 - a_c)E_S}$$

式中 S——总沉降量；

    S_1——粉喷桩部分沉降量；

    L——桩体有效长度；

    E_S——地基土无侧限变形模量（压缩模量）；

    E_c——桩弹性模量。

（3）粉喷桩的施工质量控制

1）工程地质勘察报告应提供地基土断面图，提供地基土的含水量、天然密度，塑性指数，土的压缩指标，无侧限抗压强度等物理力学指标，以及地下水位高程，地基承载力。

2）应查明并清除施工场地内的石灰、树根及旧基础，地下管线等。

3）做好场地的三通一平工作，做好测量记录工作，熟悉施工设计图及说明，桩位放样误差不小于 5cm。

4）工程桩施工前，应先做 1～2 根工艺性试桩，确定制桩技术参数，并经设计、质检部门签证后作为工程桩施工依据。

5）施工中桩机钻头与桩位误差不小于 5mm。桩顶桩底高程与设计要求高程误差不大于 5cm，垂直偏差不超过 1%，实际喷灰量不能小于设计喷灰量，成桩直径不能小于设计直径的 2cm。

6）所用粉体加固料应保证质量，不能使用过期、受潮变质材料。

7）填写粉喷施工原始记录表，记录内容必须实事求是逐项记录。

8）对于喷灰量小于设计用量，中间发生停喷或少料等不能满足设计要求的需进行复喷施工。

9）施工中需经常检查桩位质量，及时补救，随时作挖桩自检工作，开挖深度不小于1m，在施工结束后，工地施工员必须在土建施工开挖时返回工地检查核对桩位和观测成桩质量。

10）每一工地施工结束后必须上交竣工报告，内含竣工图、施工记录汇总表及说明等。

（4）粉喷桩施工过程

1）粉喷桩施工中，钻机是主要机械，目前我国使用的钻机为 GDF-5 型，一次成桩直径 500mm，成桩深度达 15m。

2）粉体输送器是将粉体气化，利用气体输送原理通过钻杆喷入土的关键设备，空气压缩机，是粉体输送的气源，钻头是将粉体和土体搅拌均匀并压密的重要部件。

3）施工时，将桩机对准桩位，保持垂直启动钻机钻头边旋转边钻进，用时利用压缩空气防止喷口堵塞，被加固的土体原位被搅动，直达加固深度，启动钻机使钻头反向旋转。

4）启动粉体输送器，将粉体喷入土中，同是钻头逐步缓慢提升，这时粉体与原位土被钻头叶片强制拌和并被压密，钻头提升到离地面 0，3～0.5m 时停止喷粉。

5）粉喷桩施工工艺流程如图 2-2-14 所示。

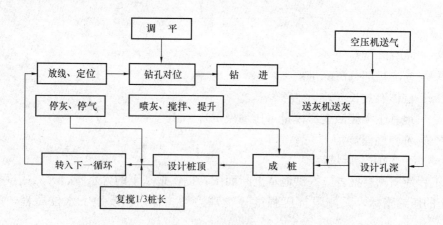

图 2-2-14　粉喷桩施工工艺流程图

2. 真空预压法

真空预压软基加固法是我国"六五"科技攻关的项目，通过二十多年的探索，如今已形成一套从设计到施工的完整科学体系。

（1）真空预压法设计的原理

真空预压法是利用大气压强 0.098MPa 等效堆载预压法对软弱地基进行中加固的一套方法，即依靠真空抽气设备，使密封的软弱地基产生真空负压力，使得土颗粒间的自由水、空气、沿着纵向排水通道（塑料板桩或砂井）上升到软基上部砂垫层内，由砂垫层内过滤管再排到软基密封膜以外，从而使土体固结。

（2）真空预压设计内容

根据地质勘探资料以及软基加固后的使用荷载和工后允许沉降量的要求进行设计，其设计的主要内容包括以下几方面：

1）排水系统的设计：排水系统设计包括软弱地基的纵向和横向排水两部分，纵向排水系统的内容有塑料板桩（或砂井）的质量要求：桩打入深度、桩间距和桩的排列组合；横向排水系统为砂垫层透水性要求，砂垫层厚度、砂垫层内排水滤管的布设以及滤管之间、滤管及密封膜外抽真空系统的连接等项内容。

2）软基密封膜的设计：在被加固的软弱地基上建立一个不透气封闭层，内容包括封闭膜的性能要求，膜之间搭接处理、铺膜方法、压膜沟的宽度、深度、膜上覆水深度等。

3）抽真空设备系统设计：抽真空设备系统主要包括射流箱、射流泵、电机以及整个设计加固区的抽真空设备台数平面布置。

4）观测装置的设计：根据加固区的面积，布设膜上膜下真空抽气设计的真空度表、沉降标志杆、侧向位移观测装置的设置。

（3）真空预压法的特点

真空预压施工作业时间为 90～120 天。加固效果好，对软基影响较深，沉降明显。以天津新港为例，软基深度 17～21m，真空预压加固后，沉降量一般在 110～140cm（包括施工沉降），含水量比加固前减少 17％～20％，孔隙比加固前缩小 18％～22％，密度增加 5％以上，抗剪强度一般提高 80％左右，十字板强度提高 65％～100％。其特点是：

1）对软基深层固结起到了加速作用，减少了工后沉降量，效果十分显著。

2）真空预压软基加固完成卸载后，被加固的软基中间沉降量大于四周，总沉降量中间与边缘相差 30～40cm 左右，说明软基中心加固效果好于四周。

3）出现这种情况的原因是，由于加固区四周与外界土接触，当真空抽气时，临界土颗粒的自由水会源源不断输送进去，这样，就会形成了被加固的四周软基内土颗粒间的自由水相对更多于中间部分土颗粒间的自由水，因此，四周的固结就没有中间的快，从而使中间沉降较深。

4）同时与之相应的软基加固后相邻地基也会受到影响，地基向加固区测移，地基开裂。

5）真空预压可以影响到边界外 8m 范围，有时造成加固区周围房屋开裂，影响其他构造物的安全。

（4）真空预压的施工要求

真空预压施工必须依据设计文件要求进行，在施工过程中应掌握如下原则：

1）纵向排水系统要求纵向排水板桩必须选用渗透系数大抗拉、抗顶破强度高，耐久性和耐腐蚀性能好的塑料板桩。塑料板桩打设时塑料板不能扭曲，不能断桩，不能漏打，也不能短打。

2）横向排水系统的砂垫层一般要求含泥量少（小于 5％），透水性强的砂子。过滤管布设应均匀、透气性好、管外包裹的纱窗布应该用小铁丝箍紧，防止施工时脱落，管与管之间所用的二通、三通、四通连接件应紧密防止砂子进入。在缺少中、粗砂的地区、也可用细砂替代。为了增加其透水性，可以用塑料板在砂垫层内水平方向上纵横布置并与滤管连接，从而起到改善横向排水的作用。

3）铺膜工艺要求：铺膜是关系到真空抽气成败的一道重要工序，处理不好将前功尽弃，必须慎重对待。铺膜前应将砂垫层上一些带棱角的紧硬物如尖石、土块、瓦砾等清出场外，铺膜时选用无风或小风天气进行，并顺风方向铺设。膜与膜之间采用现场热粘合，必须密封牢固。上层膜与下层膜之间纵、横搭接缝尽量错开。当膜进入膜沟内，膜必须平铺，然后回填透水性材料较差的黏土将膜压住。

4）真空抽气设备的安装：真空抽气设备一般在工厂内加工好后直接运往工地。前些年真空射流箱往往布设在膜上或四周的围堰上，高出原地面 1m 多，近两年改为布设在围堰外侧的土坑内，射流泵高度与下滤管平齐，降低了射流高度，从而提高了真空度。可见将射流箱埋进土坑内的工艺改进，效果十分显著的。

5）试抽气：在试抽气期间，膜上不覆水，并对全加固区内进行检查。如果膜下真空度始终上不去，说明有漏气的地方，漏气之处不难找到，往往会发出吱吱作响的声音。发现后应立即修补，等设备运转正常，膜上、膜下真空度表读数均上升后，即在膜上覆水，覆水的目的在于压住膜防止被风刮起撕破薄膜，此外也加大了对软基的荷载压力。

2.2.2 高填方路基的下沉处理

2.2.2.1 高填方路基的基本概念

改革开放以来，我国的道路事业发展很快，尤其是高等级道路的发展更是日新月异。在高等级道路上，为了减少横向交通干扰，必须设置供横穿道路的行人和车辆的设施。对于山丘区，可利用地形布置天桥横穿道路，对于平原区则只能提高路基填土高度来满足设置下穿式通道的要求。因此，在平原区修筑高等级道路，其路基填土高度，一般在 4～5m以上。且要求纵坡平缓，弯道半径大。

高填方路基不断增多，给道路路基设计与施工提出了一些新问题。通常所说的高填方路基在《公路路基设计规范》JTJ 13—95[①]（以下简称《规范》）中是以边坡的总高度作为划分界限的。根据《规范》表 3.3.5 所列数值，当边坡总高度大于 20m（土石质边坡）和12m（砂、砾）时，宜进行稳定性验算。从这个意义上看，20m 和 12m 可视为是高填方路基与低填方路基的界限。

高填方路基施工完工后，随着时间的延长与汽车重复荷载的作用，常出现路基的整体下沉与局部下沉。特别是在填挖方接头处，路基下沉尤为突出。因此，高填方路基的稳定不仅与边坡高度有关，也与路基填料、性质、边坡坡度、地基性质、水文状况、路基压实机具、施工方法等有关。高填方路基的施工，虽然施工队伍素质较好、设备齐全、施工管理和技术管理严密、质量管理体系健全并能按照《公路路基施工技术规范》要求进行施工，然而，由于高填方路基是放在半无限体上的线性工程，所处的环境千变万化，所处地段的水文地质情况错综复杂又暴露在野外环境中，堤土的密实与自身固结都需要时间，且常年受重复荷载的作用，因此在工程施工过程中和工程完工后的车辆营运阶段，发生的病

---

① 《公路路基设计规范》JTG D30—2015，作为公路工程行业标准，自 2015 年 5 月 1 日起施行，原规范同时废止。

害较多，而且较难处治。高填方路基常见的病害有：

（1）路基整体下沉或局部沉降。

（2）路基纵横向开裂。

（3）路基滑动或者边坡滑坍。

2.2.2.2 高路堤产生沉降的原因

1. 地质、地形与土质的原因

（1）地质原因：随着道路技术等级的提高，相应提高了道路几何线形要素的技术要求。使得路线通过不良地质地段的情况增多。

在工程地质不良，泥沼软基丰富的地段填筑路堤，由于地表土壤密度小，压缩变形大，承载能力低，当路堤填料不断增加时，原地面土壤容易产生压缩沉降或挤压移位。地基的压缩变形致使路堤随之沉降。

（2）地形原因：当路堤横穿沟谷（尤其是 V 形沟）时，其沟谷中心往往填土高度最大，向两端逐渐减低，在路堤横断面上，往往迎水面填土高度小于背水面。这样因填土高度不同而产生的不均匀沉降，使路堤纵断面方向路面中间低，两头高，横断面方向的路肩一侧高一侧低。

（3）土质原因：

1）若填料中混进了种植土、腐殖土或泥沼土等劣质土，由于这类土壤中有机物含量多，抗水性差，强度低，修筑的路堤难免出现塑性变形或沉陷破坏。

2）在黄土地区修筑的道路常发生沉陷现象。如近些年修建的高等级道路（207 国道半坝段和 110 国道下半段）均有不同程度的路基沉陷问题，这是由于黄土的湿陷性造成的。干燥的黄土强度较高，浸水后在外荷载或自重作用下其结构迅速破坏而产生下沉。

3）用膨胀土为填料填筑的高路堤也很难保证其稳定性。

2. 设计方面的原因

因条件限制道路路线必须通过复杂山区时，设计上应按照《规范》要求认真地对高填方路基作特殊设计。对未进行高路堤的稳定性验算，而按一般路基进行设计，且施工工艺、填料等未作特殊要求说明的路段，在工程施工过程中或工程完工后，高填方路基将会有较大整体下沉或局部沉陷，以致影响道路的正常使用。

3. 路基填料方面的原因

如果路堤填料土质差，填料中混进了种植土、腐殖土或泥沼土等劣质土，由于这类土壤中有机物含量多、抗水性差、强度低等特性的作用，路堤将出现塑性变形或沉陷破坏。尤其是膨胀土，这种土遇水膨胀软化，风干收缩开裂，固体稳定性差，用作填料时随着土壤中水分的挥发，收缩开裂尤为严重，对路堤的整体结构危害极大。

4. 施工方面的原因

（1）高填土路堤由于压实度不够而下沉。如有些地方路基填筑搞"群众运动"无法保证压实度，或未按规定分层碾压等。

（2）软基未加处置或处置方法不妥造成路基沉降。当前修建的高等级道路，建设期一般较短，路基没有自然沉降时间就在新填筑路基上修建路面。

（3）路基施工时，土壤含水量过大或过小，填土无法达到规范要求的压实度。

（4）在填挖交界处，没有挖台阶，导致交界处发生不均匀沉降。或由于原地面与填料结构不同，二者密度、承载能力不同，如填挖交接截面上软土腐殖土等未清除干净或填筑方式不对及压实度不足，就会出现接合部沉降病害。

（5）施工过程未注意排水处理，遇上雨天，路基严重积水，无法自行排出。有的积水浸入路基内部，形成水囊。晴天施工时也未排除积水就继续填筑。

（6）填筑路堤时没有按全宽范围均匀分层填土，有的是先填半幅，再填另一半幅。

（7）台后和通道两边高填土下沉。原因主要是柔性的填土与刚性构造物衔接处，二者强度、稳定性方面差异较大，加之填土压实不够而导致了下沉。

5. 路基排水方面的原因

水是路基的天敌，对路基危害无穷，当水浸入路基后路基内水位上升。路基排水的任务是把路基工作区的土基含水量降低到一定的范围内。土基含水量过大、排水不良会引起土质松软，稳定性和强度降低，边坡坍塌，造成堤身沉陷或滑动以及产生冻害等。

2.2.2.3 高填方路基的设计

1. 设计的主要特点

（1）一般路基是套用典型横断面进行设计，无需加以论证和验算，对于高填方路堤，则要对其边坡进行稳定性分析、验算，以确定合理的断面形式。

（2）高填方路基过去大多预留沉降量，使路基沉降后仍能符合设计高度，而高等级道路具有较严格的技术标准，不可能由于预留沉降量使路基在短时间趋于稳定，也不能因预留沉降量而在路基沉实后再调整路面高度。

（3）只有在路基填筑过程中严格控制填筑质量，达到《公路路基设计规范》JTG D30—2015 要求的密实度标准，从而减小完工后的沉降值，满足规范的要求，达到高填方路基稳定的目的。

（4）当路堤高度大于 20m（粗中砂为大于 12m）时，其边坡坡度一般应进行单独设计，通过稳定性验算或论证确定。通常是上部高度不超过 20m（填粗砂、中砂为 12m）部分仍采用规范规定的坡度，以下部分的边坡坡度或加设平台的宽度要另行确定。

（5）对于填土高度大于 20m 的填方路基，应考虑竣工后填土和路面自重压密固结所产生的沉降量，施工中须超填且路基顶面每侧应预留加宽值。使最终沉降后能维持路基设计标高。

2. 设计的要求

（1）高填方路基的路床要求

1）路床土质应均匀、密实、强高度。路床压实度达不到《公路路基设计规范》JTG D30—2015 规定的要求时，必须采取晾晒、掺石灰、换填料等技术措施处理，使之达到规定的强度要求。路床顶面横坡应与路拱横坡相一致。

2）高填方路基基底范围内地表土层有树根草皮或腐殖土时应予清除。由于地表水或地下水影响路基稳定时，应采取拦截、引排等措施，或在路堤底填筑不易风化的片石、碎石或砂砾等透水性材料。路堤基底为耕作土或松散土时，必须做好填前碾压工作，其压实度要求不低于重型压实击实标准的 85%。

（2）路基填料的选择：路基填料宜选用级配较好的粗粒土如砂、砾土作为填料。用不同填料填筑路基时应分层填筑，每一水平层均应采用同类填料。泥炭、淤泥、冻土，强膨胀土及易溶盐含量超过允许限量的土，不得直接用于填筑路基。

（3）压实与压实度：高填方路基施工中应分层铺筑，应用振动式压实机械均匀压实，每一层位的压实度应符合规范的压实度标准。

（4）高填方路基的边坡：

1）高填方路基的边坡应根据填料种类、边坡高度和基底工程地质条件等确定。路基基础良好时，边坡坡度按表 2-2-9 确定。

路填边坡坡度　　　　　　　　　　　　　表 2-2-9

填 料 种 类	边坡高度（m）			边坡坡度		
	全部高度	上部高度	下部高度	全部高度	上部高度	下部高度
粉砂、粉土，粉质黏土、黏土	20	8	12	—	1：1.5	1：1.75
砂、砾	12	—	—	1：1.5	—	—
漂（块）石土、卵石土、砾（角砾）类土、碎石土	20	12	8	—	1：1.5	1：1.75
不易分化的石块	20	8	12	—	1：1.3	1：1.5

注：采用台阶式边坡时，下部边坡可采用与上部边坡一致的坡度。

2）填方边坡高时，可在边坡中部每隔 8～10m 设边坡平台一道，平台宽度为 1～3m，用浆砌片石或水泥混凝土预制块防护。平台应设坡度为 2％～5％ 的缓坡并向外侧倾斜。受水浸淹的路基填方边坡坡度，在设计水位以下部分视填料情况可采用 1：1.75～1：2.0，在常水位以下部分可采用 1：2～1：3。如用渗水性好的土填筑或设边坡防护时，可采用较陡的边坡。

3）填石路基应采用不易风化的开山石料填筑，边坡坡度可采用 1：1，边坡坡面应选用大于 25cm 的石块进行台阶式码砌，码砌厚度为 1～2m。填石路堤的高度不宜超过 20m。

3. 路基稳定性的验算

《公路路基设计规范》JTG D30—2015 规定，当路基边坡高度超过 20m 和 12m 时应进行路基稳定性验算。

（1）高路堤填方数量大、占地宽、行车条件差，为使路基边坡稳定和横断面经济合理，需要特殊设计。

（2）由于要求高，而需要更加注意路基基底状况，了解地基浅层有无软弱夹层和地质不良地段；地下水及地表水对稳定性有无影响等。

（3）如果路线通过地质不良地段，要尽量设法避绕，实在无法避绕时，应对其地质情况做深入细致的地质调查，仔细评估其稳定性，以防由于高路堤失稳而引起破坏。

（4）高填方路堤稳定性验算时，稳定系数若达不到要求，需加固处理，对其加固措施应在初步设计阶段提出比较方案和推荐意见。

（5）稳定性验算的方法，随着土质不同有不同的方法。

规范要求，对渗水土，可采用直线滑动面法进行验算；对黏质土可采用圆弧滑动面法进行验算，其稳定系数不得小于 1.25。由渗水性土填筑的路堤及路堤边坡，坍塌时，其破裂面形状近似一个平面，所以，简化为直线滑动面，依此进行计算并计算其稳定系数，如图 2-2-15 所示。

由黏性土填筑的路堤及边坡坍塌时，其破裂面形状为一曲面，如简化计算，将此曲面近似地段设为一圆弧面。对于圆弧滑动面，一般是通过边坡坡脚，对于折线性边坡，滑动面有时会通过折线的变坡点，对此，除了对整个路基边坡进行稳定性验算外，对上部较陡的边坡亦应进行验算。如果基底较为软弱，滑动面也可能会超过坡脚，对此则应按照基底滑动进行验算，如图 2-2-16、图 2-2-17、图 2-2-18 所示。

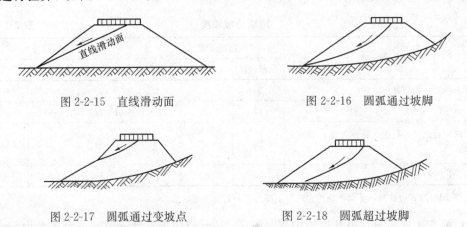

图 2-2-15 直线滑动面 　　　　　　　图 2-2-16 圆弧通过坡脚

图 2-2-17 圆弧通过变坡点 　　　　　　图 2-2-18 圆弧超过坡脚

直线滑动面法和圆弧滑动面法是稳定验算中常用的两种方法，比较方便易行。此外还有公式计算法、图解法等也可以应用。其具体计算公式和计算方法在有关设计手册中均有详细介绍。但是以上这些方法大多是近似计算，其精度有一定的局限性。20 世纪 90 年代中期以来，国内、外对路基稳定性研究有较大的进展，出现了一些新的、精度较高的计算方法，如应用较为广泛的二维线性有限元法，采用位移法求解，再如概率分析法，研究各种滑动情况下的破坏概率，以确定其概率值，并对稳定性进行分析，从中找出对稳定性最敏感的因素，以便于在路堤及边坡的设计中选择合理的处理措施。

2.2.2.4 高填方路基的施工

1. 施工前的准备工作

（1）高填方路基在施工前，应全面熟悉设计文件，并对现场进行核对和调工调查，所调查的主要内容：

1）将工程范围的地形、地质、水文和地面排水情况等的调查放在首位。

2）工程范围内的交通和地上、地下构筑物及公用管线情况。

3）将施工现场的供水、供电、电讯设备及场外运输线路、生产和生活设施的设置地点等情况的调查放在重要位置上。

4）沿线附近可供取土的地点、运距和有关情况。

5）沿线附近可供排水的沟渠和涵管等情况。

6）施工现场附近测量标志及需要保护的植物和构造物等情况。

（2）根据从现场所收集到的实际情况，认真核准其工程数量，并及时按工期的要求、施工难易程度和人员、设备及材料的准备情况，编制成实施性的施工组织设计。

（3）做好征地拆迁、场地清理工作。对于路基附近的危险建筑物予以适当加固，对文和古迹应妥善保护。

（4）认真做好排水设施的准备工作，例如，应事先做好截水沟、排水沟等排水及防渗设施，特别是多雨地区和雨季施工更要加强这方面的工作。

（5）路基填料的选择。为确保路基的强度和稳定性，应尽可能的选择优质的土壤：

1）一般的土、石都可作为路堤的填料，用卵石、碎石、砾石粗砂等透水性良好的填料，只要分层填筑分层压实，可不控制含水量，用黏性土等透水性不良的填料，应在接近最佳含水量情况下分层填筑与压实。

2）碎（砾）石土，粗细亚砂土是较理想的路基填料，条件允许，应尽可能采用，其压实后有较高的强度和稳定性。

3）粉性土（粉砂、粉土、粉质黏土、黏土）是较差的路基用土，其粉粒含量大，毛细作用强，在水土与气候不良时，一般不宜用来填筑，不得已应掺配其他土类填筑。

4）含盐量超过规定的强盐渍土和过盐渍土不能作为高等级道路的填料，膨胀土除非表层用非膨胀土封闭，一般也不宜用作高等级道路填料。

5）淤泥沼泽土，含残余树根和易于腐烂性质的土，不能用作填筑路堤。液限大于50%及塑性指数大于26的土，透水性很差，干时坚硬难挖，具有较大的可塑性、粘结性、膨胀性，毛细现象显著，浸水后长期保持水分，因而承载力很低，故一般不作为填料，如非用不可，应在接近最佳含水量下充分压实，并设置完善的排水设施。

6）对所选的、准备用作填料的土必须进行土工试验。

2. 路基的填筑施工

高填方路基在施工过程中必须首先满足普通路基的填筑施工要求，值得提请注意的一点是高填路基的边坡坡度一般是单独进行设计，并通过稳定性验算论证确定。所以在施工中应严格按设计边坡进行坡角线等的放线并进行分层填筑，不得缺填。《公路路基设计规范》规定，对于填土高度大于 20m 的填方路基，应考虑竣工后填土和路面自重压密固结所产生的沉降量，且路基顶面每侧应预留加宽值。加宽值视填土压缩沉降量和道路等级而定。

（1）河滩路基的填筑

河滩路堤除承受一般外力和自重外，其淹没部分还要承受水的浮力及渗透水压力的作用。当水位骤降时，土体内部的水向外坡流出，其渗透动水压力可能破坏路堤边坡稳定性，故路堤浸水部分应采用水稳性较高及渗水性好的填料。其边坡较缓和一点。

（2）土方路堤的填筑

1）路基填料要求

不得使用淤泥、沼泽土、冻土、有机土、含草皮土、生活垃圾、树根和腐殖土。液限大于50、塑性指数大于 26 的土以及含水量超过规定的土，不得直接作为路基填料。需要使用时，必须采取满足设计要求的技术措施处理，经检查合格后方可使用。路基填料应有一定的强度要求，其 CBR 值应满足《公路土工试验规程》JTG E40—2007 的规定。

2）填筑方法

土方路堤应分层填筑，用透水性不良的土填筑路堤时，应控制其含水量在最佳压实含水量的土 2% 之内。分层的最大松铺厚度，高等级道路、一级道路不超过 30cm，路基顶面最后一层最小压实厚度不应小于 8cm。填筑路堤宜采用水平分层填筑法施工。如原地面不平，应由最低处分层填筑，每一填层均应符合压实度规定要求。

原地面纵坡大于 12% 的地段，可采用纵向分层法施工，沿纵坡分层，逐层填压密实。原地面横坡陡于 1∶5 时，原地面应挖成台阶（台阶宽度不小于 1m），并且用小型夯实机加以夯实。填筑应由最低一层开始逐台向上填筑。对于陡峻山坡的半填挖路基，设计边坡外的松散弃土应在路基竣工后全部清除。

机械作业时，应根据工地地形、路基横断面形状和土方调配图等，合理地规定机械运行路线。土方集中工点，应有全面、详细的机械运行作业图。挖掘机、装载机与自卸车配合运输时，要合理布置取土场地的汽车运输路线并设置必要的标志。汽车配备数量，应根据运距远近和车型确定，其原则是满足挖装设备能力的需要。

在我国太旧高等级道路西段第六标段 K36＋500～K36＋650 段高填方施工中，高填方段长 150m，填方高度 37m，底宽 120m，有涵洞 1～2.5m，石拱涵道长 118m、1～5m 通道一座长 100m，动用土方 18.9 万 m³。路基填方为亚黏土，是较好的路基填料。施工机具配有 50t 振动碾，25t 振动压路机，18～21t 静碾压路机、推土机、装载机、自卸汽车、水车等施工机械。施工过程中认真按规范要求进行施工，分层填土高度控制在 30～50cm 之间，土样最大干密度 1.93g/cm³，压实度根据路基填土高度分别按 85%、90%、95% 控制。从基底开始逐层填筑到路基设计标高，历时 3 个月，于 1994 年 11 月 10 日填筑完毕。工程完工后，为了了解该段路基的稳定情况，及时掌握该段高填路基的动态，在路面铺筑之前设了观察站每半月进行一次观测，观测时间从 11 月 15 日开始至次年 4 月底，历时 5 个半月，累计下沉 4cm，路基基本处于稳定状态。从太旧路全线完工投入营运至今，该路段未发现继续下沉的现象，也未发现有任何病害发生。

3. 填石路堤的填筑

（1）填石路堤中石料强度不应小于 15MPa，且石料的最大粒径不宜超过层厚的 2/3。利用强风化石料或软质岩石填筑路堤，当用重型压路机或夯锤压实时，石料可能被碾压成碎屑、碎粒，这类石料应测定 CBR 值，符合要求时才准许使用，以保证路堤填筑压实后的浸水整体强度和稳定性要求。

（2）填石路堤应分层填筑，分层压实，分层松铺厚度不宜大于 0.5m。逐层填筑时应安排好石料运输路线，专人指挥，按水平分层填筑，先低后高，先两侧后中央卸料，并用大型推土机摊平。个别不平处应配合人工用细石填筑，石屑找平。当石料级配差、粒径较大、填层较厚、石块间空隙较大时，可在每层表面的空隙里扫入石渣、石屑、中粗砂，再用压力水将其冲人下部，反复数次，使空隙填满。当人工铺填粒径 25cm 以上石料时，应先铺填大块石料，大面向下，小面向上，摆平放稳，再用小石块找平，石屑塞缝，最后压实。

（3）填石路堤的填料如其岩性相差悬殊，则应将不同岩性的填料分层或分段填筑。例如在太旧高等级道路中段路基施工时遇到了一特殊地段，这段工程沿线没有可供填筑路基的土方可利用，填料要到很远的地方去运。为了解决该路基的填筑问题，建设单位在该段做了试验段。该段路基的填料均为泥岩、页岩等软质岩石，且铁质砂岩的比例较大。针对这种情况，对路基施工做了规定。泥岩填筑路基除应满足通用填料路基施工的要求外，为了尽快减少施工后的压缩沉降，应采用大功率的振动压路机进行破碎碾压，使其空隙率小于 13%。此外还应注意下列几点：

① 由于泥岩强度较低，对填路基的填料应进行压碎值试验。

② 路堤基底以下 80cm 范围内填砂砾土，其最大粒径应小于 15cm。

③ 路堤边坡防护面积较大时，可选用干砌片石坡面防护并用 10 号水泥砂浆勾缝，以避免地面水的侵入。

④ 路基填料应做 CBR 值试验，并满足路基顶面以下 15cm 内填料 CBR 值应不小于10，路堤下部填料 CBR 值不小于 5。

⑤ 路基填料应分层填筑，分层碾压，每层松铺厚度应视振动压路机的能力而定，松方厚度不大于 60cm。填料的最大粒径应小于压实厚度的 2/3，对超出要求的石块应剔除或破碎后填筑。填筑过程中，大粒径石块不得集中填筑也不得互相重叠，石料摊平后以小粒径石渣或碎石填充空隙，以便压实。

（4）压实度测点的取样位置为顶层距碾压顶面小于 20cm，底层取样位置距底层为20cm。每次碾压完毕后，对密度测点的填料采用筛分法进行粒度测定，算出土石比，求出压实度。在工程施工中严格按照上述要求进行，并在现场有专人负责，以确保工程质量。工程完工后经两年多的检验，道路使用情况良好。

4. 土石路堤的填筑

（1）天然土石混合料中所含石料强度大于 20MPa 时，石块最大粒径不得超过压实层厚度的 2/3；当所含石料为软质岩时，石料最大粒径不得超过压实层厚度。

（2）土石路堤不得采用倾填方法，均应分层填筑，分层压实。每层铺填厚度应视压实机械类型和规模确定，但不得超过 40cm。

（3）当填筑两侧边缘线以形成填方边坡时，则填筑面的横坡度不小于 4%，且不大于10%。如原地面有一定横坡，填筑面在山坡上侧边缘线以下未形成填方边坡，则填筑面应以单向坡面为宜，填筑面横坡倾向山坡下方，横坡不小于 4%，且不大于 10%。

（4）压实后渗水性差并有较大石块的土石混合料应分层或分段填，一般不宜纵向分幅填筑。当土石混合料中石料岩性或土石混合比相差较大时，应分层或分段填筑，否则应将含硬质石块混合料铺于填筑层的下面，且石块不得过分集中或重叠，上面铺软质石料混合料，再进行整平碾压。

（5）当土石混合料中石料含量超过 70% 时，应先铺填大块石料，大面向下，设置平稳，再铺小块面料、石渣或石屑嵌缝找平，然后碾压；当石料含量小于 70% 时，土石可混合铺填，但应避免硬质石块集中。

高等级道路土石路堤的路床顶面以下 30~50cm 范围内应填筑符合路床要求的土并分层压实，其填料粒径不大于 10cm。如填料来源不同，其性质相差较大时，应分层填筑，不应分段或纵向分幅填筑。

2.2.3　高路堤软基的处理

在软基地段填筑高路堤，路基在自然环境影响和汽车重复荷载作用下地基的变形和强度一般不能满足工程设计的要求。引起路基的整体下沉和局部沉陷，边坡坍塌，影响了道路的正常使用，降低了道路的评定等级。因此，高路堤工程应以变形控制为主，实际上现行的多种处理方法均以强度设计为主，处理目的是提高软弱地基强度，工程中提高地基强度和稳定性相对容易实现。

目前国内外处理软弱地基的方法很多，常用的有：塑料排水板、旋喷桩、粉喷桩、袋装砂井、排水砂垫层、土工织物加固、预压、砂（碎石）桩、石灰桩、换土反压护道及灌浆法等等。下面介绍几种处治措施，以供处理路基病害时参考。

2.2.3.1　换土覆填法

采用换土覆填法施工，可有效地处治软基和增强基层的承载能力，适合于软土层较薄且易于排水施工的情况。若大规模地全面换土，耗资大、成本高、难以承受。抛石挤淤是强迫换土的一种形式，适用于池塘，沼泽或河流等积水洼地，常年积水且不易抽干表面无硬壳，软土液性指数大，厚度薄，片石能沉至下卧层的情况，爆破排淤换填深度较大，工效较高适用于软土层较厚，稠度大、路堤较高及施工期紧迫的情况。

在软土地基上修筑路堤，如果工期不紧，可以先填筑一部分或全部使地基经过一段时间固结沉降，然后再填足和铺筑路面或预先把土填得较设计高度高一些，或加宽填土宽度，以加速地基固结下沉，以后再挖除超填部分，这种预压或超载预压的方法，简单易行，但需要较长的固结时间。路堤高时常采用分级加荷预压。

换填法的加固原理是根据土中附加应力分布规律，让垫层承受上部较大的应力，软弱层承担较小的应力，以满足设计对软地基的要求。

垫层的主要作用是：

（1）提高持力层的承载力。通过扩散作用使传到垫层下软弱层的应力减小。

（2）减少沉降量。一般道路地基浅层部分的沉降量在总沉降量中所占的比例较大。

（3）加速较弱土层的排水。不透水基础直接与软弱土层相接触时，在荷载的作用下，软弱土地基中的水被迫绕基础两侧排出，因而使基底下的软弱土不易固结，形成较大的孔隙水压力，还可能导致由于地基强度降低而产生塑性破坏的危险，砂石垫层和砂垫层等材料透水性大，软弱土层受压后，垫层可作为良好的撑水面。使基础下面的孔隙水压力迅速消散，加速垫层下软弱土层的固结和提高其强度，避免地基土塑性破坏。

（4）防止冻胀。因为粗颗粒的垫层材料孔隙大，不易产生毛细管现象，因此可以防止寒冷地区土中的冰所造成的冻胀，这时，砂垫层的底面应满足当地冻结深度的要求。

因此，换填法适用于淤泥、淤泥质土、湿陷性黄土、素填土、杂填土等软地基，以及暗沟、暗塘等的浅层处理。

2.2.3.2　排水固结法

1. 排水固结法的原理

土层的排水固结效果和它的排水边界条件有关。如图 2-2-19（a）所示的排水边界条件，即土层厚度相对荷载宽度（或直径）来说比较小，这时土层中的孔隙水向上、下面透水层排出而使土层发生固结，这称为竖向排水固结。根据固结理论，黏性土固结所需的时间和排水距离的平方成正比，土层越厚，固结延续的时间越长。为了加速土层的固结，最有效的方法是增加土层的排水途径，缩短排水距离。砂井、

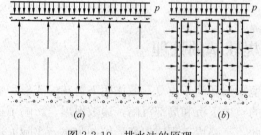

图 2-2-19　排水法的原理
（a）竖向排水情况；（b）砂井地基排水情况

塑料排水板等竖向排水体就是为此目的而设置的，如图 2-2-19（b）所示，这时土层中的孔隙水主要从水平向通过砂井和部分从竖向排出。砂井缩短了排水距离，因而大大加速了地基的固结速率（或沉降速率），这一点无论从理论上还是工程实践上都得到了证实。

2. 排水固结法的应用范围

我国东南沿海和内陆广泛分布着海相、湖相以及河相沉积的软弱黏性土层。这种土的特点是含水量大、压缩性高、强度低、透水性差且不少埋藏深厚。由于其压缩性高、透水性差，在建筑物荷载作用下会产生相当大的沉降和沉降差，而且沉降的延续时间很长，有可能影响建筑物的正常使用。另外，由于其强度低，地基承载力和稳定性往往不能满足工程要求。因此，这种地基通常需要采取处理措施，排水固结法就是处理道路软黏土地基的有效方法之一。按照使用目的，排水固结法可以解决以下两个问题：

（1）沉降问题：使地基的沉降在加载预压期间大部分或基本完成，使建筑物在使用期间不致产生不利的沉降和沉降差。

（2）稳定问题：加速地基土抗剪强度的增长，从而提高地基的承载力和稳定性。排水固结法是由排水系统和加压系统两部分共同组合而成的。即：

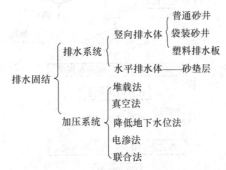

工程上广泛使用的，行之有效的增加固结压力的方法是堆载法，此外，还有真空法、降低地下水位法、电渗法和联合法等。采有真空法、降低地下水位法和电渗法不会像堆载法有可能引起地基土的剪切破坏，所以较为安全，但操作技术比较复杂。

排水固结法的设计，实质上在于合理安排排水系统和加压系统的关系，使地基在变压过程中排水固结，增加一部分强度以满足在逐渐加荷的条件下地基稳定性的要求，并加速地基的固结沉降，缩短预压的时间。

排水固结法设计流程图可参照图 2-2-20 的流程进行。

3. 堆载预压施工方法

要保证排水固结法的加固效果，从施工角度考虑，主要做好以下三个环节：铺设水平排水垫层、设置竖向排水体和施加固结压力。

（1）水平排水垫层的施工

排水垫层的作用是使在预压过程中，从土体进入垫层的渗流水迅速地排出，使土层的固结能正常进行，防止土颗粒堵塞排水系统。因而垫层的质量将直接关系到加固效果和预压时间的长短。

1）垫层材料：垫层材料应采用透水性好的砂料，其渗透系数一般不低于 10^{-3} cm/s，同时能起到一定的反滤作用。通常采用级配良好的中粗砂，含泥量不大于 3%，粒度分布如图 2-2-21 所示。一般不宜采用粉、细砂。也可采用连通砂井的砂沟来代替整片砂垫层。

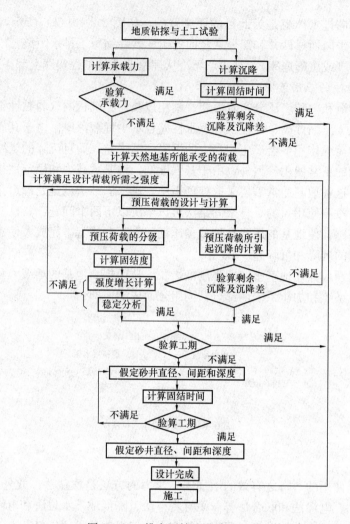

图 2-2-20 排水固结法设计流程图

排水盲沟的材料一般采用粒径 D 为 3～5cm 的碎石或砾石，且满足下式：

2）垫层尺寸：

a. 确定排水层平面尺寸和厚度时，须考虑加固场地的面积、加固地基单位时间的排水量、排水层材料的渗透系数和地基处理所采用的施工工艺。排水垫层的厚度首先要满足从土层渗入垫层的渗流水能及时地排出；另一方面能起到持力层的作用。一般情况下陆上排水垫层厚度为 20～50cm，水下垫层为 80～100cm。对新吹填不久的或无硬壳层的软黏土及水下施工的特殊条件，应采用厚的或混合料排水垫层。

b. 排水层兼作持力层，则还应满足承载力的要求。对于天然地面承载力较低而不能满足正常施工的地基，可适当加大砂垫层的厚度。

c. 排水砂垫层宽度等于铺设场地宽度，砂料不足时，可用砂沟代替砂垫层。

d. 砂沟的宽度为 2～3 倍砂井直径，一般深度为 40～60cm。

e. 盲沟尺寸与其布置形式和数量有关，设计时可采用达西定律。

$$q = kAi/5$$

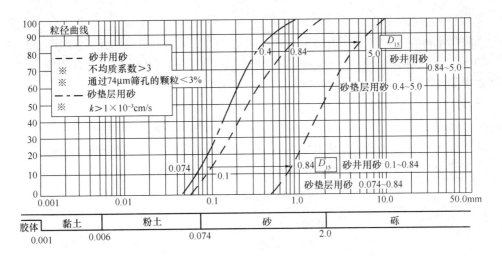

图 2-2-21　排水砂井及砂垫层所用砂的粒度分布图

式中　q——盲沟单位时间排水量，对于饱和土等于其负担面积单位时间土体的压缩体积

（cm^3/s）；

　　i——水力坡降，一般为 $0.01 \sim 0.05$；

　　k——材料渗透系数，取 $2.5cm/s$；

　　A——断面面积（cm^2）。

　3）垫层施工：排水砂垫层目前有四种施工方法：

　a. 当地基表层有一定厚度的硬壳层，其承载力较好，能承载通常的运输机械时，一般采用机械分堆摊铺法，即先堆成若干砂堆，然后用机械或人工摊平。

　b. 当硬壳层承载力不足的，一般采用顺序推进摊铺法。

　c. 当软土地基表面很软，如新沉积或新吹填不久的超软地基，首先要改善地基表面的持力条件，使其能承载施工人员或轻型运输工具。

　d. 尽管对超软地基表面采取了加强措施，但持力条件仍然很差，一般对不能承载轻型机械的情况下，通常要用人工或轻便机械顺序推进铺设。

　不论采用何种施工方法，都应避免对软土表层的过大扰动，以免造成砂和淤泥混合，影响垫层的排水效果。另外，在铺设砂垫层前，应清除干净砂井顶面的淤泥或其他杂物，以利砂井排水。水平排水垫层施工与铺设方法见表 2-2-10 所列。

水平排水垫层施工与铺设方法　　　　　　　　　　表 2-2-10

施 工 要 求	砂 垫 层 铺 设 方 法	
	按砂源供应情况采用	按地场情况采用
（1）垫层平面尺寸和厚度符合设计要求。厚度误差为土 $h/10$（h 为垫层设计厚度）每 $100m^2$ 挖坑检验； （2）与竖向排水通道连接好，不允许杂物堵塞或隔断连接处； （3）不得扰动天然地基； （4）不得将泥土或其他杂物混入垫层； （5）真空预压垫层，其面层 4cm 厚度范围内不得有带棱角的硬物	（1）一次铺设：砂源丰富时，可一次铺设砂层至设计厚度； （2）分层铺设：砂源供应不及时，可分层铺设，每次铺设厚度为设计厚度的 1/2，铺完第一层后，进行垂直排水通道施工，再铺第二层	（1）机械施工法，地基能承受施工机械运行时，可用机械铺砂； （2）人力铺设法：地基软弱不能承受机械碾压时，可用人力车或轻型传递带由外向里（或由一边向另一边）铺设，当地基很软施工人员无法上去施工时，可采用铺设荆笆或其他透水性好的编织物的方法

（2）竖向排水体施工

竖向排水体在工程中应用有普通砂井、袋装砂井、塑料排水带。陆上砂井直径一般为20～30cm，水下砂井直径 30～40cm，井径比为 8～10。砂料为中粗砂，含泥量小于 3%，粒度要求如图 2-2-21。所示。袋装砂井直径一般为 7～10cm，井径比为 15～30。

1）砂井施工：砂井施工要求：①保持砂井连续和密实，并且不出现缩颈现象；②尽量减小对周围土的扰动；③尽砂井的长度、直径和间距应满足设计要求。

砂井施工一般先在地基中成孔，再在孔内灌砂形成砂井。表 2-2-11 为砂井成孔和灌砂方法。选用时应尽量选用对周围土扰动小且施工效率高的方法。

砂井成孔和灌砂方法　　　　　　表 2-2-11

类　型	成　孔　方　法		灌　砂　方　法	
使用套管	管端封闭	冲击打入 振动打入	用压缩空气	静力提拔套管 振动提拔套管
		静力压入	用饱和砂	静力提拔套管
	管端敞口	射水排土 螺旋钻排土	浸水自然下沉	静力提拔套管
不使用套管	旋转、射水 冲击、射水		用饱和砂	

砂井成孔的典型方法有套管法、射水法、螺旋钻成孔法和爆破法。

2）袋装砂井施工：袋装砂井是用具有一定伸缩性和抗拉强度很高的聚丙烯或聚乙烯编织袋装满砂子，它基本上解决了大直径砂井中所存在的问题，使砂井的设计和施工更加科学化，保证了砂井的连续性；设备实现了轻型化；比较适合在软弱地基上施工；用砂量大为减少；施工速度加快、工程造价降低，是一种比较理想的竖向排水体。

a. 施工机具和工效：在国内，袋装砂井成孔的方法有锤击打入法、水冲法、静力压入法、钻孔法和振动贯入法 5 种（表 2-2-12）。

各种袋装砂井成孔施工方法所用的机具和工效　　　　表 2-2-12

序号	成孔方法	机具总重（kg）	主要机械设备	平均成孔时间	平均工效	最高工效
1	打入法	1000	1t 卷扬机一台； 55kW 电机一台； 600kg 锤一个	12min43s	22min54s	18min35s
2	水冲法	500	0.5t 卷扬机一台； 75TSW-7 水泵一台	10min	15min32s	12min
3	静力压入法	4000	1t 卷扬机两台； 3t 卷扬机两台	15min	30min	
4	钻孔法	1000	100 型钻机一台	1min	75min	
5	振动贯入法		KM2 12000A 型振动打桩机一套	30s	8min	6min

由于袋装砂井直径小、间距小，所以加固同样面积的土所需打设袋装砂井的根数要比普通砂井的根数为多。如直径 70mm 袋装砂井按 1.2m 正方形布置，则每 1.44m² 需打设

一根，而直径 0.4m 的普通砂井，按 1.6m 正方形布置，每 2.56m² 需打设一根，所以前者打设的根数是后者的 1.8 倍。国内某些单位对普通砂井和袋装砂井作了经济比较：在同一工程中，加固每平方米地基的袋装砂井费用是普通砂井的 50% 左右。

b. 砂袋材料的选择：砂袋材料必须选用抗拉力强、抗腐蚀和紫外线能力强、透水性能好、韧性和柔性好、透气，并且在水中能起滤网作用和不外露砂料的材料制作。国内采用过的砂袋材料有麻布袋和聚丙烯编织袋，其力学性能如表 2-2-13 所示。

砂袋材料力学性能表 表 2-2-13

材料名称	拉伸试验		弯曲180°试验			渗透性
	抗拉强度（MPa）	伸长率（%）	弯心直径（cm）	伸长率（%）	破坏情况	（cm/s）
麻袋布	1.92	5.5	7.5	4	完整	
聚丙烯编织袋	1.70	25	7.5	23	完整	＞0.01

c. 施工要求：灌入砂袋的砂宜用干砂，并应灌制密实。砂袋长度应较砂井孔长度长50cm，使其放入井孔内后能露出地面，以便埋入排水砂垫层中。

袋装砂井施工时，所用钢管的内径宜略大于砂井直径，以减小施工过程中对地基土的扰动。另外，拔管后带上砂袋的长度不宜超过 500mm。

3）塑料带排水法施工：塑料带排水法是将带状塑料排水带用插带机将其插入软土中，然后在地基面上加载预压（或采用真空预压），土中水沿塑料带的通道逸出，从而使地基土得到加固的方法。

塑料带排水法是由纸板排水发展和演变而来的。其特点是单孔过水断面大、排水畅通、质量轻、强度高、耐久性好、耐酸、耐碱、滤膜与土体接触后有滤土能力，是一种较理想的竖向排水体。它由芯板和滤膜组成。芯板是由聚丙烯或聚乙烯塑料加工而成的两面有间隔沟槽的板体。土层中的固结渗流水通过滤膜渗入到沟槽内，并通过沟槽从排水垫层中排出。根据塑料排水带的结构，要求滤膜渗透性好，与黏性土接触后其渗透系数不低于中粗砂，排水沟槽输水畅通。

2.2.3.3 加筋技术

1. 概述

土的加筋是指在人工填土的路堤或挡墙内铺设土工合成材料（或钢带、钢条、钢筋混凝土（串）带、尼龙绳等）；或在边坡内打入土锚（或土钉、树根桩、碎石桩等），如图2-2-22 所示。这种人工复合的土体，可承受抗拉、抗压、抗剪和抗弯作用，借以提高地基承载力、减少沉降和增加地基稳定性。这种起加筋作用的人工材料称为加筋材。

土中加筋在我国古代早有所见，人们早已用草秸等材料掺入胶泥盖屋或用柴枝褥垫修路。汉武帝时以草枝建造长城，这些均有史可查。然而现代加筋土技术的发展始于 20 世纪 60 年代初期，法国工程师首先在试验中发现，当土掺有纤维材料时，其强度可明显提高到原有天然土强度的好几倍，并由此提出了土的加筋概念和理论。

在本书的前面曾提到过的碎石桩、砂桩等均属于土的加筋范畴。下面仅介绍加筋土挡墙土钉技术。其余土工合成材料、土层锚杆等有关内容因限于篇幅，请参见有关资料。

2. 加筋土挡墙

（1）加筋土挡墙的概述

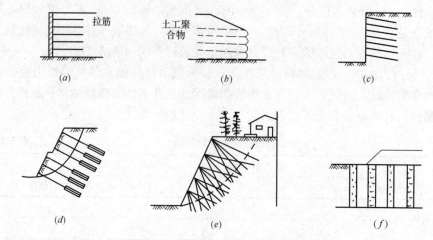

图 2-2-22   加筋技术在工程中应用

(a) 加筋土挡墙；(b) 土工聚合物加筋土堤；(c) 土锚加固边坡；(d) 土钉；
(e) 树根桩稳定边坡；(f) 碎石桩加固路基

加筋土挡墙系由填土、在填土中布置一定量的拉筋以及直立的墙面板三部分组成一个整体的复合结构。这种结构内部存在着墙面土压力、拉筋的拉力及填料及拉筋间的摩擦力等相互作用的内力。这些内力互相平衡，保证了这一复合结构的内部稳定。同时，加筋土这一复合结构类似于重力式挡墙，还要能抵抗加筋体后面填土所产生的侧压力，即为加筋土挡墙的外部稳定，从而使整个复合结构稳定。与其他结构一样，在加筋土结构外部稳定性验算中，还包括地基承载力的稳定验算。

1982 年在武汉召开了我国"加筋土学术研究会"，1983 年在太原召开了全国公路加筋土技术经验交流会。其后又先后多次召开了全国性会议。我国目前已编制了《公路加筋土工程设计规范》JTJ 015—91 和《公路加筋土工程施工技术规范》JTJ 035—91。目前我国最高的加筋土挡墙在陕西"故邑"，高达 35.5m；最长的是重庆沿长江的滨江公路驳岸墙，总长达到 5km。现今加筋土技术已广泛用于路基、桥梁、驳岸、码头、贮煤仓、槽道和堆料场等工程中。

（2）加筋土挡墙的特点

1）它的最大特点是可做成很高的垂直填土，从而减少占地面积，这对不利于放坡的地区、城市道路以及土地珍贵的地区而言，有着巨大的经济意义。

2）面板、筋带可在工厂中定型制造加工，构件全部预制，实现了工厂化生产，不但保证了质量，而且降低了原材料消耗。

3）由于构件较轻，施工简便，除需配备压实机械外，不需配合其他机械，施工易于掌握，施工快速，且能节省劳力和缩短工期。

4）充分利用材料性能，特别是土与拉筋的共同作用，使挡土墙结构轻型化，其所用混凝土体积相当于重力式挡土墙的 3%～5%。由于加筋土挡土墙面板薄，基础尺寸小，当挡土墙高度超过 5m 时，加筋土挡土墙的造价与重力式挡土墙相比可降低 40%～60%，墙越高经济效益越佳，与其他形式钢筋混凝土挡墙相比，造价上的优势更加显著。

5）加筋土挡土墙系由各构件相互拼装而成，具有柔性结构的性能，可承受较大的地基变形，因而适用于软土地基。

6）加筋土挡土墙这一复合结构的整体性较好，且它所特有的柔性能够很好地吸收地震能量，具有良好的抗震性能。

7）面板的形式可根据需要选用，拼装完成后造型美观，适合于城市道路的支挡工程。

加筋土挡墙主要适用于道路加筋土挡墙和道路梁（板）式加筋土桥台等构筑物，因限于篇幅，本节主要介绍道路加筋土挡土墙的内容。

（3）加筋土挡土墙的破坏机理

加筋土挡土墙的整体稳定性取决于加

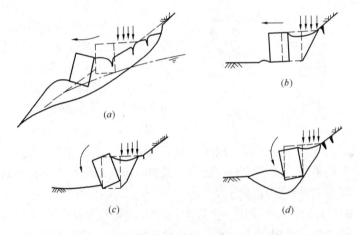

图 2-2-23　加筋土挡土墙内部可能
产生的破坏形式
（*a*）拉筋拔出破坏；（*b*）拉筋断裂；（*c*）面板与拉
筋间接头破坏；（*d*）面板断裂；（*e*）贯穿回填土
破坏；（*f*）沿拉筋表面破坏

筋土挡土墙的内部和外部的稳定性，其可能产生的破坏形式如图 2-2-23 和图 2-2-24 所示。

图 2-2-24　加筋土挡土墙外部可能产生的破坏形式
（*a*）土坡整体失稳；（*b*）滑动破坏；（*c*）倾覆破坏；（*d*）承载力破坏

从加筋土挡土墙内部结构分析（图 2-2-25），由于土压力的作用，土体中产生一个破裂面，破裂面的滑动楔体达到极限状态。在土中埋设拉筋后，趋于滑动的楔体，通过面板和土与拉筋间的摩擦作用产生将拉筋拔出的倾向。因此，这部分的水平分力 τ 的方向指向墙外。滑动楔体后面的土体则由于拉筋和土体间的摩擦作用把拉筋锚固在土中，从而阻止拉筋被拔出，这一部分的水平分力是指向土体。两个水平方向分力的交点就是拉筋的最大应力点。将每根拉筋的最大应力点连接成一曲线，该曲线把加筋土挡墙分成两个区域，将各拉筋最大应力点连线以左的土体称为主动区（或活动区），以右的土体称为被动区（或锚固区、稳定区），如图 2-2-25 所示。

通过大量的室内模型试验和野外实例资料分析，两个区域的分界线离开墙面的最大距离为 $0.3H$。当然加筋土两个区域的分界线的形式，还要受下列几个因素的影响。即：结构的几何形状、作用在结构上的外力、地基的变形、土与拉筋间的摩擦力。

（4）加筋土挡墙构造设计

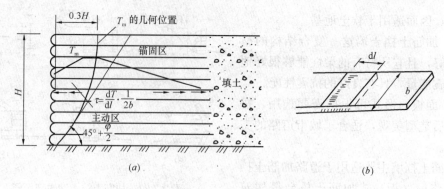

图 2-2-25 加筋土挡土墙内部结构受力分析

1）加筋挡墙应随公路平面线形设计而变化，平面布置可以是直线、折线和曲线。相邻墙面的内夹角不宜小于 70°，主要考虑该部位筋带的施工方便和受力的合理与经济。

加筋体筋带一般应水平布设并垂直于面板，当一个结点有两条以上筋带时应扇状分开。当相邻墙面的内夹角小于 90°时，宜将不能垂直布设的筋带逐渐斜放，必要时在角隅处增设加强筋带。

图 2-2-26 加筋土挡墙的剖面形式

2）加筋土挡墙的剖面形式一般应采用矩形 [图 2-2-26（a）]。当受地形、地质条件限制时，也可采用图 2-2-26（b）或图 2-2-26（c）的形式。断面尺寸按内部稳定和外部稳定由计算确定，底部筋带长度不应小于 3m，同时不小于 $0.4H$。

当加筋土挡墙所处的地基承载力较高，且横向净空受到限制时，墙的下部（约 $H/3$）范围内可采用较短的筋带；而当地基承载力较低时，可将墙的横断面向下逐步加宽，以达到应力的扩散，减少对地基的压应力。

3）加筋体填料压实度的标准是一个技术与经济的综合指标，对加筋体要求填料达到足够压实度后与筋带产生摩阻力才能保证结构的稳定。由于受行车荷载作用的影响，加筋体顶部一定深度范围内的强度将直接影响路面结构和使用质量。因此对作为路面基础的加筋体，在一定深度内要求的压实度将更高，但重型压实机距离墙面板太近时，将会造成面板位移过大，甚至可使加筋体失稳，这样必然导致距墙面一定范围内的压实度系数将有所降低，因此《公路加筋土工程设计规范》JTJ 015—91 规定采用距墙板面 1m 为界考虑不同的压实度系数（见表 2-2-14）。

加筋体填料压实度系数　　　　　　　　　　　　　表 2-2-14

填土范围	路槽底面以下深度（cm）	压实度（%）	
		高速、一级公路	二、三、四级公路
距面板 1.0m 以外	0~80	≥95	≥93
	<80	≥90	≥90
距面板 1.0m 以内	全部墙高	≥90	≥90

注：1. 表列压实度的确定系按交通部现行《公路土工试验规程》JTG E40—2007 重型击实试验标准，对于三、四级道路允许采用轻型击实标准；

2. 特殊干旱或特殊潮湿地区，表内压实度值可减少 2%~3%；

3. 加筋体上填土按现行的《公路路基设计规范》JTG D30—2004 执行。

4）对浸水地区的加筋体应采用渗水性良好的土作填料。在面板内侧应设置反滤层或铺设土工合成材料，其目的是加强排泄墙背积水，减少墙背的水压力，同时避免细粒土从面板接缝流失。浸水部分的面板因受到水流的冲刷与掏刷的作用，板厚宜适当加厚。

对季节性冻土地区的加筋体宜采用非冻胀性土作填料，否则应在墙面板内侧设置不小于 0.5m 的砾砂防冻层。

5）加筋体墙面下部应设置宽度不小于 0.3m，厚度不小于 0.2m 的混凝土基础，但属下列情况之一者可不设：①面板筑于石砌圬工或混凝土之上；②地基为基岩。

6）对设置在斜坡上的加筋土结构，应在墙脚设置宽度不小于 1m 的护脚，以防止前沿土体在加筋土体水平推力作用下剪切破坏，导致加筋土结构丧失稳定性，如图 2-2-27 所示。

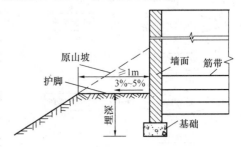

图 2-2-27　加筋土挡墙护脚横断面图

7）加筋土挡墙应根据地形、地质、墙高等条件设置沉降缝。其间距是：土质地基为 10～30m，岩石地基可适当增大。沉降缝或伸缩缝的宽度一般为 10～20mm，可采用沥青板、软木板或沥青麻絮等填塞。

8）加筋土挡土墙顶部一般应按路线要求设置纵坡，路堤式挡土墙也可调整两端与路线水平距离，变更墙高，将墙顶设计成平坡；设置纵坡的加筋土挡墙顶部可按纵坡要求设计异形面板，也可将需设异形面板的缺口用浆砌片或现浇混凝土补齐，如图 2-2-28 所示。

9）加筋土挡墙的基底可做成水平或结合地形做成台阶形式。

10）根据全国资料统计，在已修建的加筋土挡墙中除用砂砾和黄土填料外，墙高大于 12m 者很少，因此，暂以 12m 作为高墙与短墙的分界线。对大于 12m 的高墙宜选择粗粒土、黄土等作填料。墙高的中部宜设宽度不小于 1m 的错台（图 2-2-29）。增设错台有利于调整墙面水平位移，减少面板对地基的压力，并便于施工操作。

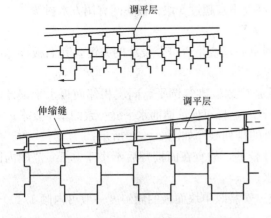

图 2-2-28　加筋土挡土墙纵坡调平图

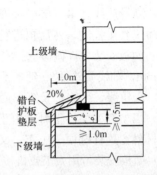

图 2-2-29　加筋土挡土墙错台与垫层剖面图

错台顶部宜设 20% 的排水横坡，用混凝土板防护；当采用细粒填料时，上级墙的面板基础下宜设置宽度不小于 1.0m，高度不小于 0.5m 的砂砾或灰土垫层。

11）双面加筋土挡墙按单面墙设计，可能存在筋带相互重叠问题，而引起摩擦力降

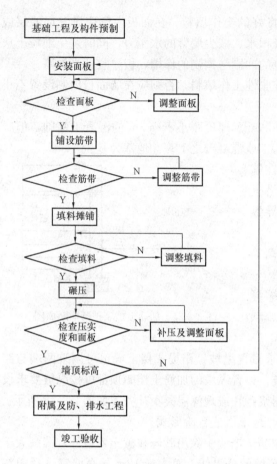

图 2-2-30　加筋土挡墙工程施工工艺流程图

低，因此，相互插入部分的筋带应错开铺设。

在拱涵顶部的双面加筋土挡墙，其下部应增加筋带用量或采用防止拱两端墙面变位的其他措施。

（5）加筋土挡墙的施工技术

1）施工工艺流程：加筋土挡墙工程的施工，一般可按图 2-2-30 所示的工艺流程框图安排作业。

2）基础施工

基础开挖时，基槽（坑）平面尺寸一般大于基础外缘 0.3m。对未风化的岩石应将岩面凿成水平台阶。台阶宽度不宜小于 0.5m。台阶长度除满足面板安装需要外，高度比不宜大于 1∶2。当基槽（坑）底土质为碎石土、砂性土或黏性土等时，均应整平夯实。对特殊地基，应按有关规定处理。在地基上浇筑或放置预制基础，基础一定要做得平整，使得面板能够直立。须严格控制基础顶面标高，砌筑基础时可用水泥砂浆找平，基础砌筑时，应按设计要求预留沉降缝。

3）面板安装：混凝土面板可在预制厂或工地附近场地预制后再运到施工场地安装。面板可竖向堆放，也可平放，但应防止扣环变形和碰坏翼缘角隅。当面板平放时，其堆筑高度不宜超过 5 块。板块间宜用方木衬垫。

a. 第一层面板的安装方法：

（a）测量放线。第一层面板安装是控制全墙基线是否符合设计的关键，其面板外缘线应用经纬仪测量控制，然后再进行水平测量；

（b）面板安装允许偏移量。安装时用低强度砂浆砌筑调平，同层相邻面板水平误差不大于 10mm，轴线偏差每 20 延米不大于 10mm。这样可保证墙面水平缝一致的基本要求；

（c）六角线。十字形及矩形面板安装时的排列顺序如图 2-2-31 所示；

（d）当填料为黏性土时，由于其透水性较差，故宜在面板背后不小于 0.5m 范围内回填砂砾材料，这样既便于压实，又利于排水；

（e）面板安装可用人工或机械吊装就位。安装时单块面板的倾斜度一般可内倾 1/100～1/200，作为填料压实时板外倾的预留度。

b. 以后各层面板的安装方法：

（a）沿面板纵向每 5m 间距设标桩，每层安装时用垂球挂线，再用经纬仪测量核对。每三层面板安装完毕后均应测量标高和轴线，其允许偏量与第一层相同，面板安装检查如图 2-2-32 所示；

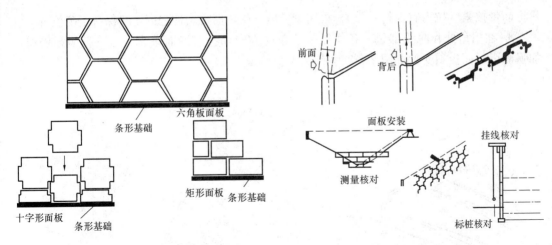

图 2-2-31　面板安装示意图　　　　　　图 2-2-32　面板安装检查

（b）防止相邻面板错位，第一层用斜撑固定，以后各层用夹木螺栓固定，面板安装固定如图 2-2-33 所示。在曲线部位尤应注意安装顺适。水平误差用软木条或低强度砂浆调整，水平及倾斜的误差应逐层调整，不得将误差累积后再进行总调整；

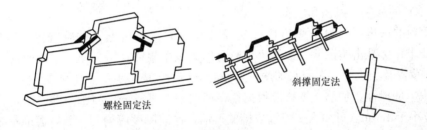

图 2-2-33　面板安装固定

（c）不得在未完成填土作业的面板上安装上一层面板；

（d）严禁采用坚硬石子及铁片支垫，以免造成应力集中损坏面板；

（e）设有错台的高加筋土挡土墙，上墙面板的底部应按设计要求进行处理，并应及时将错台表面封闭如浆砌块（片）石、铺砌混凝土预制块等。

4）铺设筋带

a. 钢带与面板拉环（片）的连接和钢带的接长，可用插销连接、焊接或螺栓连接，钢带应平顺铺设于已压实整平的填料上，不得弯曲或扭曲；

b. 钢筋混凝土带与面板拉环的连接以及每节钢筋混凝土带之间的连接，可采用焊接、扣环或螺栓连接。筋带底面的填料应平整和密实。钢筋混凝土带可在压实的填料达到设计标高后，按设计位置挖槽铺设，也可直接铺设于压实的填料上；

c. 聚丙烯土工带与面板的连接，一般可将土工带的一端从面板预埋拉环或预留孔中穿过，折回与另一端对齐。土工带可采用单孔穿过、上下穿过或左右环孔合并穿过，并要绑扎以防止抽动（图 2-2-34）。无论采用何种方法均应避免土工带在环（孔）上绕成死结，不然筋带材料会超过其弯折强度，影响筋带使用寿命。土工带扇形辐射状铺设在压实整平的填料上，不宜重叠，不得卷曲或折曲，不得与硬质棱角填料直接接触。在铺设时可用夹具将筋带拉紧（拉力宜保持一致），再用少量填料压住筋带，使之固定并保持正确位置。

d. 在拐角处和曲线部位，各类筋带的布筋方向都应与墙面垂直，当设有加强筋时，加强筋可与面板斜交，如图 2-2-35 所示。

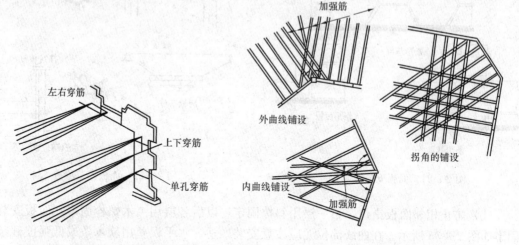

图 2-2-34   聚丙烯土工带拉筋穿孔法   图 2-2-35   拐角和曲线部位拉筋的铺设

5）填料的采集、摊铺和压实

a. 填料的采集：填料采集后应按交通部现行的《公路土工试验规程》JTG E40—2007 的要求作标准击实试验。加筋土填料可用人工采集或机械采集，采集时应清除表面种植土、草皮及杂土等。对浸水加筋土工程的填料，应选用水稳性好的透水性材料填筑；

b. 填料的摊铺：加筋土填料应根据筋带竖向间距进行分层摊铺。卸料时机具与面板距离不应小于 1.5m。可用人工摊铺或机械摊铺，摊铺厚度应均匀一致，表面平整，并设不小于 3‰ 的横坡。当机械摊铺时，摊铺机械距面板不应小于 1.5m。摊铺前应设明显标志易于驾驶员观察。机械运行方向应与筋带垂直，并不得在未覆盖填料的筋带上行驶或停车。距面板 1.5m 范围内应用人工摊铺。对钢筋混凝土筋带顶面以上填料，一次摊铺厚度不得小于 20cm；

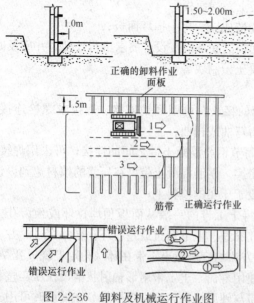

图 2-2-36   卸料及机械运行作业图

c. 填料压实：碾压前应进行现场压实试验。根据碾压机械和填料性质确定填料分层摊铺厚度、碾压遍数以指导施工。填料填筑压实时，应随时检查其含水量是否满足压实要求。每层填料摊铺完毕后，应及时碾压，用黏性土作填料时，在雨季施工应采取排水和遮盖措施。加筋土工程的填料应严格分层碾压。碾压时一般应先轻后重，并不得使用羊足碾，压路机不得在未经压实的填料上急剧改变运行方向和急刹车。卸料及机械运行作业如图 2-2-36 所示。

压实作业应先从筋带中部开始，逐步碾压至筋带尾部，在铺筑上层筋带前，再加填预留部分，并用人工或小型压实机具压实后再铺设上层筋带。

（6）质量检验

质量检验项目及其标准，适用于中间检查及竣工验收。当各工序完成后，应进行分项工程中间检查验收，并提供实测记录资料。经检查验收合格后才可进行下一工序的施工。凡不合格者必须进行补救或返工，使其达到要求。

加筋土工程竣工验收时，应按交通部现行的《公路工程质量检验评定标准》JTG F80—2004 的规定提交全部竣工文件。

总体外观鉴定，其墙面板光洁无破损、平顺美观、板缝均匀、线形顺延、沉降缝上下贯通顺直、附属及防水排水工程齐全、取弃土位置合理。外观实测标准见表 2-2-15 所列。

外观实测标准　　　　　　　　　　　　　　　　　　　表 2-2-15

项次	检查项目		规定值或允许偏差值	检查方法及频度	规定分
1	墙顶高程	路堤式（mm）	±50	水准仪测 3 点	15
		路肩式（mm）	±30	水准仪测 3 点	
		桥台（mm）	±20	每一直面不少于 2 点	
2	墙顶平面位置	路堤式（mm）	±50，−100	丈量 3 处	20
		路肩式（mm）	±50	丈量 3 处	
		桥台（mm）	±50	每一直面不少于 2 处	
3	墙面垂直或坡度（mm）		$+0.005H$ 及 50 $-0.01H$ 及 100	垂线吊测 2 处	20
4	面板缝宽（mm）		1	不少于 5 条竖缝	10
5	墙面平整度（mm）		15	2m 直尺测 3 处	20
6	总体外观		符合规定	目测	15

注：1. 桥台顶面高程指前墙不少于 2 点，翼墙各不少于 1 点。桥台平面位置为每一墙面为一检测单位；

2. 平面位置及垂度"+"为外，"−"为内；

3. 以 20m 为检查单位，小于 20m 仍按 20m 计；

4. 本表 3 项次中内外侧各有两个允许偏差值时，应取绝对值小者，H 为挡土墙高度。

3. 土钉

（1）概述

土钉是将拉筋插入土体内部，常用钢筋做拉筋，尺寸小，全长度与土粘结，并在坡面上喷射混凝土，从而形成土体加固区带，其结构类似于重力式挡墙，用以提高整个边坡的稳定性，适用于开挖支护和天然边坡加固，是一项实用有效的原位岩土加筋技术，现代土钉技术已有近 40 年的历史。

（2）土钉的类型、特点及适用性

按施工方法，土钉可分钻孔注浆型土钉、打入型土钉和射入型土钉三类。其施工方法及原理、特点和应用状况见表 2-2-16 所列。

土钉的施工方法及特点   表 2-2-16

序号	土钉类别	施工方法及原理	特点及应用状况
1	钻孔注浆型土钉	先在土坡上钻直径为 100～200mm 的一定深度的横孔，然后插入钢筋、钢杆或钢绞索等小直径杆件，再用压力注浆充实孔穴，形成与周围土体密实粘合的土钉，最后在土坡坡面设置与土钉端部联结的联系构件，并用喷射混凝土组成土钉面层结构，从而构成一个具有自撑能力且能够支挡其后来加固体的加筋域	土钉中应用最多的型式，可用于永久性或临时性的支挡工程中
2	打入型土钉	将钢杆件直接打入土中。欧洲多用等翼角钢作为钉杆，采用专门施工机械，如气动土钉机，能够快速、准确地将土钉打入土中。长度一般不超过 6m，用气动土钉机每小时可施工 15 根	长期的防腐工作难以保证，目前多用于临时性支挡工程
3	射入型土钉	由采用压缩空气的射钉机依任意选定的角度将直径为 25～38mm，长 3～6m 的光直钢杆（或空心钢管）射入土中。土钉可采用镀锌或环氧防腐套。土钉头通常配有螺纹，以附设面板。射钉机可置于一标准轮式或履带式车辆上，带有一专门的伸臂	施工快速、经济，适用于多种土层，但目前应用尚不广，有很大的发展潜力

土钉适用于地下水位低于土坡开挖段或经过降水使地下水位低于开挖层的情况。为了保证土钉的施工，土层在分阶段开挖时应能保持自立稳定。为此，土钉适用于有一定粘结性的杂填土、黏性土、粉性土、黄土类土及弱胶结的砂土边坡。此外，当采用喷射混凝土面层或坡面浅层注浆等稳定坡面措施能够保证每一切坡台阶的自立稳定时，也可采用土钉支挡体系作为稳定边坡的方法。

土钉作为一种施工技术，具有以下特点：

1）对场地邻近建筑物影响小：由于土钉施工采用小台阶逐段开挖，且在开挖成型后及时设置土钉与面层结构，使面层与挖方坡面紧密相结合，土钉与周围土体牢固粘合，对土坡的土体扰动较少。土钉一般都是快速施工，可适应开挖过程中土质条件的局部变化，易于使土坡得到稳定。实测资料表明，采用土钉稳定的土坡只要产生微小变形，就可使土钉的加筋力得到发挥，因而实测的坡面位移与坡顶变形很小（图 2-2-37），对相邻建筑物的影响小。

2）施工机具简单、施工灵活：设置土钉采用的钻孔机具及喷射混凝土设备都属可移动的小型机械，移动灵活，所需场地也小。此类机械的振动小、噪声低，在城市地区施工具有明显的优越性。土钉施工速度快，施工开挖容易成形，在开挖过程中较易适应不同的土层条件和施工程序。

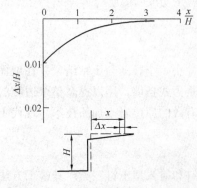

图 2-2-37　土钉加筋后坡面的位移

3）经济效益好：据西欧统计资料，开挖深度在 10m 以内的基坑，土钉比锚杆墙方案可节约投资 10%～30%。在美国，按其土钉开挖专利报告（ENR 1976）所指出的可节省投资 30%左右。国内据 9 项土钉工程的经济分析统计，认为可节约投资 30%～50%。

（3）土钉的加固机理

土钉是由较小间距的加筋来加强土体，形成一个原位复合的重力式结构，用以提高整个原位土体的强度并限制其位移，这种技术实质上是"新奥隧道法"的延伸，它结合了钢丝网喷射混凝土和岩石锚栓的特点，对边坡提供柔性支挡。其加固机理主要表现在以下几个方面：

1）提高原位土体强度：国内学者通过模拟试验表明，土钉在其加强的复合土体中起着箍束骨架作用，提高了土坡的整体刚度与稳定性；土钉墙在超载作用下的变形特征，表现为持续的渐进性破坏。即使在土体内已出现局部剪切面和张拉裂缝，并随着超载集度的增加而扩展，但仍持续很长时间不发生整体塌滑，表明其仍具有一定的强度。然而，素土（未加筋）边坡在坡顶超载作用下，当其产生的水平位移远低于土钉加固的土坡时，就出现快速的整体滑裂和塌落（图 2-2-38）。

此外，在地层中常有裂隙发育，当向土钉孔中进行压力注浆时，会使浆液顺着裂隙扩渗，形成网状胶结。当采用一次压力注浆工艺时，对宽度为 1～2mm 的裂隙，注浆可扩成 5mm 的浆脉，如图 2-2-39 所示，它必然增强土钉与周围土体的粘结和整体作用。

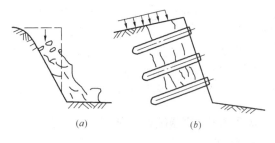

图 2-2-38 素土边坡和土钉加筋边坡的破坏形式
(a) 素土边坡；(b) 土钉加筋边坡

2）土与土钉间相互作用：类似加筋土挡墙内拉筋与土的相互作用，土钉与土间的摩阻力的发挥，主要是由于土钉与土间的相对位移而产生的。在土钉加筋的边坡内，同样存在着主动区和被动区（图 2-2-40）。主动区和被动区内土体与土钉间摩阻力发挥方向正好相反，而被动区内土钉可起到锚固作用。

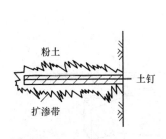

图 2-2-39 土钉浆液的扩渗

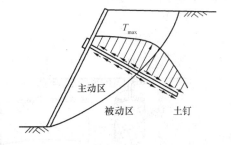

图 2-2-40 土与土钉间相互作用

3）面层土压力分布：面层不是土钉结构的主要受力构件，而是面层土压力传力体系的构件，同时起保证各土钉不被侵蚀风化的作用。由于它采用的是与常规支挡体系不同的施工顺序，因而面层上土压力分布与一般重力式挡土墙不同。山西省太原煤矿设计研究院曾对山西某黄土边坡土钉工程进行了原位观测（见图 2-2-41）。试验指出，实测面层土压力随着土钉及面层的分阶段设置，而产生不断变化，其分布形式不同于主动土压力，可将其简化为图中曲线 3 所示的形式。

4）破裂面形式：对均质土陡坡，在无支挡条件下的破坏是沿着库伦破裂而发展的，这已为许多试验和实际工程所证实。对原位加筋土钉复合陡坡的破坏形式，太原煤矿设计研究院对此进行了原位试验及理论分析，并获得了如图 2-2-42 所示的结果。试验土坡的土质为黄土类粉土与粉质黏土。实测土钉复合陡坡的破裂面不同于库伦破裂面，有关专家建议采用如图 2-2-42（b）中的简化破裂面形式。

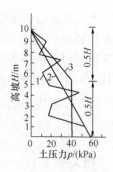

图 2-2-41　土钉面层土压力分布
1—实测土压力；2—主动土
压力；3—简化土压力

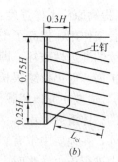

图 2-2-42　土钉复合陡坡破裂面形式
1—库伦破裂面；2—有限元解；3—实测值

2.2.3.4　高压喷射注浆法

1. 概述

高压喷射注浆法是利用钻机把带有喷嘴的注浆管钻至土层的预定位置后，以高压设备使浆液或水以 20MPa 左右的高压流从喷嘴中喷射出来，冲击破坏土体，同时钻杆以一定速度渐渐向上提升，将浆液与土粒强制搅拌混合，浆液凝固后，在土中形成一个固结体。固结体的形态和喷射流移动方向有关。高压喷射注浆分为旋转喷射、定向喷射和摆动喷射三种，如图 2-2-43 所示。

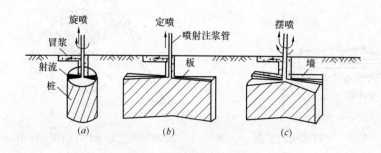

图 2-2-43　高压喷射注浆的三种方式

（1）图 2-2-43（a）所示为旋喷法。旋喷法施工时，喷嘴一面喷射一面旋转并提升，固结体呈圆柱状。主要用于加固地基，提高地基的抗剪强度，改善土的变形性质；也可组成闭合的帷幕，用于截阻地下水流和治理流砂。旋喷法施工后，在地基中形成的圆柱体，称为旋喷桩。

（2）图 2-2-43（b）所示为定喷法。定喷法施工时，喷嘴一面喷射一面提升，喷射的方向固定不变，固结体形如板状或壁状。

（3）图 2-2-43（c）所示为摆喷法。摆喷法施工时喷嘴一面喷射一面提升，喷射的方向呈较小角度来回摆动，固结体形如较厚墙体。

定喷及摆喷两种方法通常用于基坑防渗、改善地基土的水流性质和稳定边坡等工程。

2. 高压喷射注浆法的工艺类型

当前，高压喷射注浆法的基本工艺类型有：单管法、二重管法、三重管法和多重管法等四种方法。

（1）单管法：单管旋喷注浆法是利用钻机把安装在注浆管（单管）底部侧面的特殊喷嘴，置入土层预定深度后，用高压泥浆泵等装置以 20MPa 左右的压力，把浆液从喷嘴中喷射出去冲击破坏土体，同时借助注浆管的旋转和提升运动，使浆液与从土体上崩落下来的土搅拌混合，经过一定时间凝固，便在土中形成圆柱状的固结体，单管旋喷注浆如图 2-2-44 所示。

（2）二重管法：使用双通道的二重注浆管。当二重注浆管钻进到土层的预定深度后，通过在管底部侧面的一个同轴双重喷嘴，同时喷射出高压浆液和空气两种介质的喷射流冲击破坏土体。即以高压泥浆泵等高压发生装置喷射出 20MPa 左右压力的浆液，从内喷嘴中高速喷出，并用 0.7MPa 左右压力把压缩空气从外喷嘴中喷出，在高压浆液和外圈环绕气流的共同作用下，破坏土体的能量显著增大，喷嘴一面喷射一面旋转和提升，最后在土中形成固柱状固结体，固结体的直径明显增加，如图 2-2-45 所示。

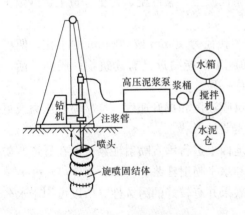

图 2-2-44　单管旋喷注浆

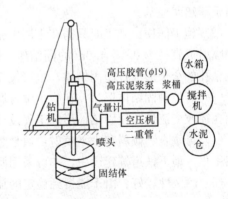

图 2-2-45　二重管旋喷注浆

（3）三重管法：使用分别输送水、气、浆三种介质的三重注浆管，在以高压泵等高压发生装置产生 20MPa 左右的高压水喷射流的周围，环绕一股 0.7MPa 左右的圆筒状气流，进行高压水喷射流和气流同轴喷射冲切土体，形成较大的空隙，再另由泥浆泵注入压力为 2～5MPa 的浆液填充，喷嘴作旋转和提升运动，最后便在土中凝固为直径较大的圆柱状固结体，如图 2-2-46 所示就是三重管旋转注浆示意图。

（4）多重管法：这种方法首先需要在地面钻一个导孔，然后置入多重管，用逐渐向下运动的旋转超高压力水射流（压力约 40MPa），切削破坏四周的土体，经高压水冲击下来的土和石成为泥浆后，立即用真空泵从多重管中抽出。如此反复地冲和抽，便在地层中形成一个较大的空间，装在喷嘴附近的超声波传感器及时测出空间的直径和形状，最后根据工程要求选用浆液、砂浆、砾石等材料进行填充。于是在地层中形成一个大直径的柱状固结体，在砂性土中最大直径可达 4m，如图 2-2-47 所示。

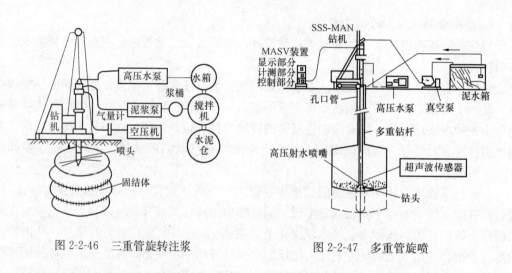

图 2-2-46　三重管旋转注浆　　　　图 2-2-47　多重管旋喷

3. 高压喷射注浆法的特点

（1）适用范围较广：由于固结体的质量明显提高，它既可用于工程新建之前，又可用于竣工后的托换工程，主要适用于处理淤泥、淤泥质土、黏性土、粉土、黄土、砂填土和碎石土等道路地基。

（2）施工简便：施工时只需在土层中钻一个孔径为 50mm 或 300mm 的小孔，便可在土中喷射成直径为 0.4～4.0m 的固结体，因而施工时能贴近已有建筑物；成型灵活，既可在钻孔的全长形成柱型固结体，也可仅作其中一段。

（3）可控制固结体形状：在施工中可调整旋喷速度和提升速度、增减喷射压力或更换喷嘴孔径改变流量，使固结体形成工程设计所需要的形状。

（4）可垂直、倾斜和水平喷射：通常是在地面上进行垂直喷射注浆，但在隧道、矿山井巷工程、地下铁道等建设中，亦可采用倾斜和水平喷射注浆。

（5）耐久性较好：由于能得到稳定的加固效果并有较好的耐久性，所以可用于永久性工程。

（6）料源广阔：浆液以水泥为主体，在地下水流速快或含有腐蚀性元素、土的含水量大或固结体强度要求高的情况下，则可在水泥中掺入适量的外加剂，以达到速凝、高强、抗冻、耐蚀和浆液不沉淀等效果。

（7）设备简单：高压喷射注浆全套设备结构紧凑、体积小、机动性强、占地少，能在狭窄和低矮的空间施工。

（8）工程使用范围：适用旋喷的工程种类如表 2-2-17 所列。

适用旋喷的工程种类 表 2-2-17

高压旋喷加固土体
- 1. 增加地基强度
  - 1. 提高地基承载力
  - 2. 整治局部地表下沉
  - 3. 桩基础
  - 4. 应力扩散
- 2. 挡土围堰及地下工程建设
  - 5. 保护邻近构筑物
  - 6. 地下工程建设
  - 7. 市政排水管道工程
  - 8. 防止基坑底部隆起
- 3. 增大土的摩擦力及粘聚力
  - 9. 防止小型塌方滑坡
  - 10. 锚固基础
- 4. 减小振动防止液化
  - 11. 减小设备基础振动
  - 12. 防止砂土液化
- 5. 降低土的含水量
  - 13. 整治路基翻浆冒泥
  - 14. 防止地基冻胀
- 6. 防渗帷幕
  - 15. 水库坝基防渗
  - 16. 矿山井巷帷幕
  - 17. 防止管道漏气
  - 18. 地下连续墙的补缺
  - 19. 防止涌砂冒水
- 7. 防止洪水冲刷
  - 20. 防止桥渡、河堤及水工建筑物基础的冲刷

4. 水泥与土的固结机理

水泥与水拌和后，首先产生铝酸三钙水化物和氢氧化钙，它们可溶于水中，但溶解度不高，很快就达到饱和，这种化学反应连续不断地进行，就析出一种胶质物体。这种胶质物体有一部分混在水中悬浮，后来就包围在水泥微粒的表面，形成一层胶凝薄膜。所生成的硅酸二钙水化物几乎不溶于水，只能以无定形体的胶质包围在水泥微粒的表层，另一部分渗入水中。由水泥各种成分所生成的胶凝膜，逐渐发展起来成为胶凝体，此时表现为水泥的初凝状态，开始有胶粘的性质。此后，水泥各成分在不缺水、不干涸的情况下，继续不断地按上述水化程序发展、增强和扩大，从而产生下列现象：

（1）胶凝体增大并吸收水分，使凝固加速，结合更密。

（2）由于微晶（结晶核）的产生进而生出结晶体，结晶体与胶凝体相互包围渗透并达到一种稳定状态，这就是硬化的开始。

（3）水化作用继续深入到水泥微粒内部，使未水化部分再参加以上的化学反应，直到完全没有水分以及胶质凝固和结晶充盈为止。但无论水化时间持续多久，很难将水泥微粒内核全部水化，所以水化过程是一个长久的过程。加固后的土体固结强度高，重量略大，渗透系数小。

5. 高压喷射注浆法的设计计算

（1）旋喷直径确定：通常应根据估计直径来选用喷射注浆的种类和喷射方式。对于大型的或重要的工程，估计直径应在现场通过试验确定。在无资料的情况下，对小型的或不太重要的工程，可根据经验选用。可采用矩形或梅花形布桩形式。

（2）地基承载力计算：用旋喷桩处理的地基，应按复合地基设计，旋喷桩复合地基承载力标准值应通过现场复合地基载荷试验确定，也可按下式计算或结合当地情况与其土质相似工程的经验确定。

$$f_{\mathrm{sp,k}} = \frac{1}{A_0}\left[R_{\mathrm{k}}^{\mathrm{d}} + \beta f_{\mathrm{s,k}}(A_0 - A_{\mathrm{p}})\right]$$

式中 $f_{sp,k}$——复合地基承载力标准值（kPa）；

  A_0——一根桩承担的处理面积（m²）；

  A_p——桩的平均截面积（m²）；

  β——桩间天然地基土承载力折减系数，可根据试验确定，在无试验资料时，可取 0.2～0.6，当不考虑桩间软土的作用时，可取零；

  R_k^d——单桩竖向承载力标准值（kN），可通过现场载荷试验确定，也可按下列公式计算，并取其中较小值

$$R_k^d = \eta f_{cu,k} A_p$$

$$R_k^d = \pi \overline{d} \sum_{i=1}^{n} h_i q_{si} + A_p q_p$$

式中 $f_{cu,k}$——桩身试块（边长为 70.7mm 的立方体）的无侧限抗压强度平均值（kPa）；

  η——强度折减系数，可取 0.35～0.50；

  $\overline{d}$——桩的平均直径（m）；

  n——桩长范围内所划分的土层数；

  h_i——桩周第 i 层的厚度（m）；

  q_{si}——桩周第 i 层土的摩擦力标准值，可采用钻孔灌注桩侧壁摩擦力标准值（kPa）；

  q_p——桩端天然地基土的承载力标准值（kPa），可按《建筑地基基础设计规范》GB 50007—2011 的有关规定确定。

旋喷桩单桩承载力的确定，基本出发点与钻孔灌注桩相同，但在下列方面有所差异：

1）桩径与桩的面积：由于旋喷桩桩身的均匀性较差，因此需选用比灌注桩更高的安全度；另外桩径与土层性质及喷射压力有关，而这两个因素并非固定不变，所以在计算中规定选用平均值。

2）桩身强度：设计规定按 28d 强度计算。试验证明，在黏性土中，由于水泥水化物与黏土矿物继续发生作用，故 28d 后的强度将会继续增长，这种强度的增长作为安全储备。

3）综合判断：由于影响旋喷单桩承载力的因素较多，因此除了依据现场试验和规范所提供的数据外，尚需结合本地区或相似土质条件下的经验做出综合判断。

（3）地基变形计算：旋喷桩的沉降计算应为桩长范围内复合土层以及下卧层地基变形值之和，计算时应按国家标准《建筑地基基础设计规范》GB 50007—2011 的有关规定进行计算。其中复合土层的压缩模量可按下式确定：

$$E_{sp} = \frac{E_s(A_e - A_p) + E_p A_p}{A_0}$$

式中 E_{sp}——旋喷桩复合土层的压缩模量（kPa）；

  E_s——桩间土的压缩模量，可用天然地基土的压缩模量代替（kPa）；

  E_p——桩体的压缩模量，可采用测定混凝土割线模量的方法确定（kPa）。

由于旋喷桩的性质接近混凝土的性质，同时采用 0.4 的折减系数与旋喷桩强度折减值也相近，故在《建筑地基处理技术规范》JGJ 79—2012 中规定采用这种方法计算。

（4）防渗堵水设计：防渗堵水工程设计时，最好按双排或三排布孔形成帷幕（图2-2-48），孔距应为 $1.73R_0$（R_0 为旋喷设计半径），排距为 $1.5R_0$ 最经济。

若想增加每一排旋喷桩的交圈厚度，可适当缩小孔距，按下式计算孔距：

$$e = 2\sqrt{R_0^2 - \left(\frac{L}{2}\right)^2}$$

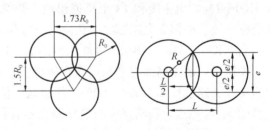

图 2-2-48　布孔孔距和旋喷注浆固结体交联图

式中　e——旋喷桩的交圈厚度（m）；

　　　R_0——旋喷桩的半径（m）；

　　　L——旋喷桩孔位的间距（m）。

定喷和摆喷是一种常用的防渗堵水的方法，由于喷射出的板墙薄而长，不但成本较旋喷低，而且整体连续性亦高。

（5）浆量计算：高压喷射注浆法所需的浆量，是通过计算法取得，即体积法和喷量法，一般采用喷量法：

以单位时间喷射的浆量及喷射持续时间计算出浆量，计算公式为：

$$Q = \frac{H}{v}q(1+\beta)$$

式中　Q——需要用的浆量（m^3）；

　　　v——提升速度（m/min）；

　　　H——喷射长度（m）；

　　　q——单位时间喷浆量（m^3/min）；

　　　β——损失系数，通常取 $0.1\sim0.2$。

根据计算所需的喷浆量和设计的水灰比，即可确定水泥的使用数量。

6. 高压喷射注浆法的质量检验

（1）检验内容：固结体的整体性和均匀性、固结体的有效直径、固结体的垂直度、固结体的强度特性、固结体的溶蚀和耐久性能。

（2）喷射质量的检验：施工前，主要通过现场旋喷试验，了解设计采用的旋喷参数、浆液配方和选用的外加剂材料是否合适，固结体质量能否达到设计要求。如某些指标达不到设计要求时，则可采取相应措施，使喷射质量达到设计要求。

（3）施工后，对喷射施工质量的鉴定，一般在喷射施工过程中或施工告一段落后进行。检查数量应为施工总数的 $2\%\sim5\%$，少于 20 个孔的工程，至少要检验 2 个点。检验对象应选择地质条件较复杂的地区及喷射时有异常现象的固结体。

（4）凡检验不合格者，应在不合格的点位附近进行补喷或采取其他有效补救措施，然后再进行质量检验。

（5）高压喷射注浆处理地基的强度较低，28 天的强度为 $1\sim10$MPa，强度增长速度较慢。检验时间应在喷射注浆后 4 周进行，以防在固结体强度不高时，因检验而受到破坏，影响检验的可靠性。

7. 工程实例

（1）工程概况

1）锡澄高速公路北起江阴长江公路大桥，经江阴和锡山区，南于锡山区东北塘钱巷的互通式立交工程（N-15 标段）与沪宁高速公路拼接后相互贯通，全长 34.89km。

2）N-15 标段互通式立交工程（见图 2-2-49）位于沪宁高速公路 NK97＋510～NH100＋145，由主线和 13 个匝道组成，长 9.6km。其中 A、B、I、K 匝道紧靠沪宁高速公路两侧。根据新老路基之间距离，可分为两种拼接形式：①直接拼接式。位于沪宁高速公路 NK97＋510～NK98＋300 两侧的 A、B 匝道和 NK99＋870～NK100＋145 两侧的工、K 匝道，新路路面与老路路面直接拼接，匝道路面宽 0.0～4.5m（见图 2-2-50）。直接拼接式新路总长 2.13km。②分离拼接式。位于沪宁高速公路 NK98＋980～NK99＋820 两侧的 I、K 匝道，新路路面与老路路面不直接拼接，但路基互相拼接，匝道路面宽 8.5～12.5m（见图 2-2-51）。分离拼接式新路总长 1.68km。

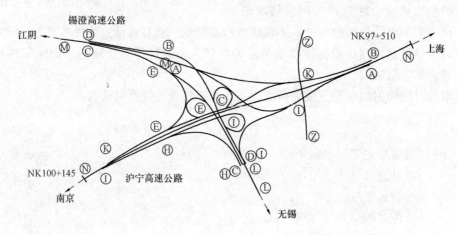

图 2-2-49　N-15 标段互通式立交工程概况

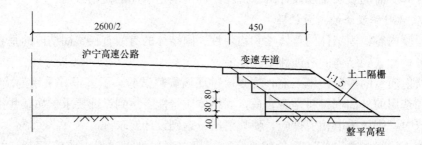

图 2-2-50　直接拼接段地基处理方案（单位：cm）

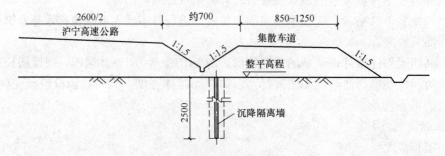

图 2-2-51　分离拼接段地基处理方案（单位：cm）

3）拼接段地基上部为灰黄色粉质黏土，土层厚度约1m，呈可塑至软塑状；第二层为淤泥质粉质黏土，厚度约2.5m，呈软塑至流塑状；第三层为灰黄色粉质黏土，厚度约4.0～5.0m，呈可塑至硬塑状；第四层为灰色、灰黑色粉砂，饱和，呈中密至稍密状，厚度约4.0m；第五层为灰黄色粉质黏土，呈可塑至硬塑状，未穿透。

4）新建拼接段路面采用沥青混凝土路面，工后沉降控制年限为15a，对一般路段工后容许沉降量 $s_r \leqslant 30cm$，桥头段 $s_r \leqslant 10cm$，过渡段 $s_r \leqslant 20cm$。沪宁高速公路路基中心原设计工后沉降量与拼接路基施工后附加沉降量（控制在2cm左右）的累计值不得大于上述标准。拼接路基施工引起的横坡度改变值小于0.5%。

（2）分离拼接段沉降隔离墙处理：

1）为了避免分离拼接段实施后引起沪宁高速公路路基中心工后沉降量增大（超过设计允许值）和横断面路肩附近出现反坡及引发路面开裂等问题，经比较采用沉降隔离墙方案进行分离拼接段地基处理。

2）沉降隔离墙采用高压喷射注浆法施工形成，设计要求墙体能承受由于新路基施工所产生的沉降对隔离墙引发的负摩擦力和阻挡土方填筑中侧向水平附加压力对沪宁高速公路地基土体固结的影响。

3）为了改善搭接质量，增大截面抗弯模量和减小注浆量，高压喷射注浆法施工的具体方案推荐采用双喷嘴单墙折线型布置（见图2-2-52），采用小摆喷工艺。要求墙体搭接处厚度不小于20cm，平均厚度不小于17cm，90天抗压强度大于1.0MPa，渗透系数 $1.0 \times 10^{-5} \sim 1.0 \times 10^{-7} cm/s$，墙体倾斜率小于1%。

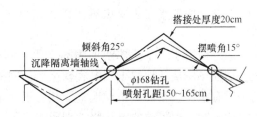

图2-2-52 双喷嘴单墙折线形布置

4）有限元分析和现场实测结果表明，这一处理方案是成功的，通过以来未发生不良现象。

2.2.3.5 水泥土搅拌法

1. 概述

水泥土搅拌法是用于加固饱和黏性土地基的一种方法。它是利用水泥（或石灰）等材料作为固化剂，通过特制的搅拌机械，在地基深处就地将软土和固化剂（浆液或粉体）强制搅拌，由固化剂和软土间所产生的一系列物理和化学反应，使软土硬结成具有整体性、水稳定性和一定强度的水泥加固土，从而提高地基强度和增大变形模量。根据施工方法的不同，水泥土搅拌法分为水泥浆搅拌（国内俗称深层搅拌法）和粉体喷射搅拌两种，前者是用水泥浆和地基土搅拌，后者是用水泥粉或石灰粉和地基土搅拌。

水泥土搅拌法常在高等级道路的高填方下深厚层软土地基工程中应用。

水泥土搅拌法加固软土技术，其独特的优点如下：

（1）水泥土搅拌法由于将固化剂和原地基软土就地搅拌混合，因而最大限度地利用了原土。

（2）搅拌时不会使地基侧向挤出，所以对周围原有建筑物的影响很小。

（3）按照不同地基土的性质及工程设计要求，合理选择固化剂及其配方，设计比较灵活。

（4）施工时无振动、无噪声、无污染，可在市区内和密集建筑群中进行施工。

（5）土体加固后重度基本不变，对软弱下卧层不致产生附加沉降。

（6）与钢筋混凝土桩基相比，节省了大量的钢材，并降低了造价。

（7）根据上部结构的需要，可灵活地采用柱状、壁状、格栅状和块状等加固形式。

水泥加固土的室内试验表明，有些软土的加固效果较好，而有的不够理想。一般认为含有高岭石、多水高岭石、蒙脱石等黏土矿物的软土加固效果较好，而含有伊利石、氯化物和水铝英石等矿物的黏性土以及有机质含量高、酸碱度（pH 值）较低的黏性土加固效果较差。

2. 水泥浆搅拌法的加固机理

水泥加固土的物理化学反应过程与混凝土的硬化机理不同，混凝土的硬化主要是在粗填充料（比表面不大、活性很弱的介质）中进行水解和水化作用，所以凝结速度较快。而在水泥加固土中，由于水泥掺量很小，水泥的水解和水化反应完全是在具有一定活性的介质——土的围绕下进行，所以水泥加固土的强度增长过程比混凝土为缓慢。

（1）水泥的水解和水化反应

普通硅酸盐水泥主要由氧化钙、二氧化硅、三氧化二铝、三氧化二铁及三氧化硫等组成。

国外使用水泥土搅拌法加固的土质有新吹填的超软土、泥炭土和淤泥质土等饱和软土。加固场所从陆地软土到海底软土，加固深度达 60m。国内目前采用水泥土搅拌法加固的土质有淤泥、淤泥质土、地基承载力不大于 120kPa 的黏性土和粉性土等地基。当用于处理软土时，由不同的氧化物分别形成了不同的水泥矿物：硅酸三钙、硅酸二钙、铝酸三钙、铁铝酸四钙、硫酸钙等。用水泥加固软土时，水泥颗粒表面的矿物很快与软土中的水发生水解和水化反应，生成氢氧化钙、含水硅酸钙、含水铝酸钙及含水铁酸钙等化合物。

根据电子显微镜的观察，水泥杆菌最初以针状结晶形式在比较短的时间里析出，其生成量随着水泥掺入量的多寡和龄期的长短而异。由 x 射线衍射分析，这种反应迅速，最后把大量的自由水以结晶水的形式固定下来，这对于含水量高的软土的强度增长有特殊意义，使土中自由水的减少量约为水泥杆菌生成重量的 46%。当然，硫酸钙的掺量不能过多，否则这种水泥杆菌针状结晶会使水泥发生膨胀而遭到破坏。所以，如使用得合适，在某种特定条件下可利用这种膨胀势来增加地基加固效果。

（2）黏土颗粒与水泥水化物的作用

1）离子交换和团粒化作用：

a. 黏土和水结合时就表现出一种胶体特征，如土中含量最多的二氧化硅遇水后，形成硅酸胶体微粒，其表面带有钠离子 Na^+ 或钾离子 K^+，它们能和水泥水化生成的氢氧化钙中的钙离子 Ca^{2+} 进行当量吸附交换，使较小的土颗粒形成较大的土团粒，从而使土体强度提高；

b. 水泥水化生成的凝胶粒子的比表面积约比原水泥颗粒大 1000 倍，因而产生很大的表面能，有强烈的吸附活性，能使较大的土团粒进一步结合起来，形成水泥土的团粒结构，并封闭各土团的空隙，形成坚固的连接，从宏观上看也就使水泥土的强度大大提高；

2) 硬凝反应：随着水泥水化反应的深入，溶液中析出大量的钙离子，当其数量超过离子交换的需要量时，在碱性环境中，能使组成黏土矿物的二氧化硅及三氧化二铝的一部分或大部分与钙离子进行化学反应，逐渐生成不溶于水的稳定结晶化合物，增大了水泥土的强度，其反应如下：

$$\begin{matrix}SiO_2\\(Al_2O_3)\end{matrix} + Ca(OH)_2 + nH_2O \longrightarrow \begin{matrix}CaO \cdot SiO_2 \cdot (n+1)H_2O\\(CaO \cdot Al_2O_3 \cdot (n+1)H_2O)\end{matrix}$$

从电子显微镜观察中可见，拌入水泥 7d 时，土颗粒周围充满了水泥凝胶体，并有少量水泥水化物结晶的萌芽。1 个月后水泥土中生成大量纤维状结晶，并不断延伸充填到颗粒间的孔隙中，形成网状构造。到 5 个月时，纤维状结晶辐射向外伸展，产生分叉，并相互连接形成空间网状结构，水泥的形状和土颗粒的形状已不能分辨出来。

（3）碳酸化作用

1) 水泥水化物中游离的氢氧化钙能吸收水中和空气中的二氧化碳，发生碳酸化反应，生成不溶于水的碳酸钙，其反应如下：

$$Ca(OH)_2 + CO_2 \longrightarrow CaCO_3 \downarrow + H_2O$$

这种反应也能使水泥土增加强度，但增长的速度较慢，幅度也较小。

2) 从水泥土的加固机理分析，由于搅拌机械的切削搅拌作用，实际上不可避免地会留下一些未被粉碎的大小土团。在拌入水泥后将出现水泥浆包裹土团的现象，而土团间的大孔隙基本上已被水泥颗粒填满。因此在水泥土中不可避免地会产生强度较大和水稳性较好的水泥石区和强度较低的土块区。两者在空间相互交替，从而形成一种独特的水泥土结构。可见，搅拌越充分，土块被粉碎得越小，水泥分布到土中越均匀，则水泥土结构强度的离散性越小，其宏观的总体强度也最高。

3. 水泥浆搅拌法的施工工艺

（1）搅拌机械设备及性能

国内目前的搅拌机有中心管喷浆方式和叶片喷浆方式。后者是使水泥浆从叶片上若干个小孔喷出，使水泥浆与土体混合较均匀，对大直径叶片和连续搅拌是合适的，但因喷浆孔小易被浆液堵塞，它只能使用纯水泥浆而不能采用其他固化剂，且加工制造较为复杂。中心管输浆方式中的水泥浆是从两根搅拌轴间的另一中心管输出，当叶片直径在 1m 以下时，并不影响搅拌均匀度，而且它可适用多种固化剂，除纯水泥浆外，还可用水泥砂浆，甚至掺入工业废料等粗粒固化剂。

1) SJB-1 型深层双轴搅拌机：该机是由冶金部建筑研究总院和交通部水运规划设计院合作研究，并由江苏省江阴市江阴振冲器厂生产的双搅拌轴中心管输浆的水泥搅拌专用机械（图 2-2-53）。

2) GZB-600 型深层单轴搅拌机：该机是由天津机械施工公司利用进口钻机改装的单搅拌轴、叶片喷浆方式的搅拌机（图 2-2-54）。GZB-600 型深层搅拌机在搅拌头上分别设置搅拌叶片和喷浆叶片，两层叶片相距 0.5m，成桩直径 600mm。

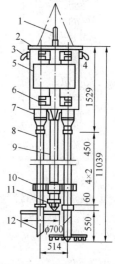

图 2-2-53 SJB-1 型深层双轴搅拌机

1—输浆管；2—外壳；3—出水口；4—进水口；5—电动机；6—导向滑块；7—减速器；8—搅拌轴；9—中心管；10—横向系板；11—球形阀；12—搅拌头

3）DJB-14D 型深层单轴搅拌机

由浙江有色勘察研究院与浙江大学合作，在北京 800 型转盘钻机基础上改制而成（图 2-2-55）。DJB-14D 型深层单轴搅拌机的主要系统包括动力头、搅拌轴和搅拌头。搅拌头上端有一对搅拌叶片，下部为与搅拌叶片互成 90°直径 500mm 的切削叶片，叶片的背后安有两个直径为 8～12mm 喷嘴。

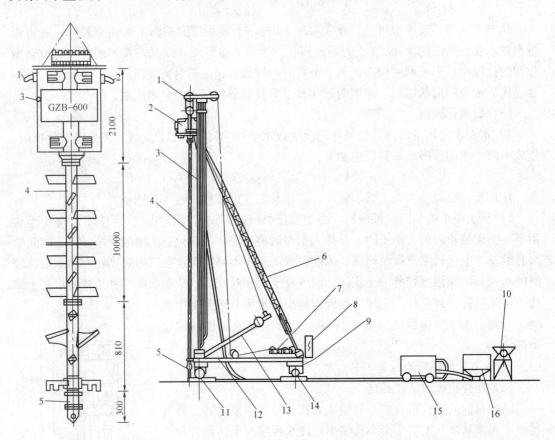

图 2-2-54　GZB-600 型深
层单轴搅拌机

1—电缆接头；2—进浆口；
3—电动机；4—搅拌轴；
5—搅拌头

图 2-2-55　DJB-14D 型深层单轴搅拌机配套机械

1—顶部滑轮组；2—动力头；3—钻塔；4—主动钻杆；5—搅拌钻头；6—副腿；
7—卷扬机；8—配电箱；9—操作台；10—灰浆搅拌机；11—枕木；
12—底盘；13—起落挑杆；14—轨道；15—挤压泵；16—集料斗

上述深层搅拌机械技术参数汇总表如表 2-2-18 所列。

深层搅拌机械技术参数汇总表　　　　　　　　　表 2-2-18

水泥浆深层搅拌机类型		SJB-1	GZB-600	DJB-14D
深层搅拌机	搅拌轴数量（根）	2（ϕ129）	1（ϕ129）	1
	搅拌叶片外径（mm）	700～800	600	500
	搅拌轴转数（r/min）	46	50	60
	电机功率（kW）	2×30	2×30	1×22

续表

水泥浆深层搅拌机类型		SJB-1	GZB-600	DJB-14D
起吊设备	提升能力（kN）	大于100	150	50
	提升高度（m）	大于14	14	19.5
	提升速度（m/min）	0.2～1.0	0.6～1.0	0.95～1.20
	接地压力（kPa）	60	60	40
固化剂制备系统	灰浆拌制台数×容量	2×200	2×500	2×200
	灰浆泵量（L/min）	HB6-4 50	AP-15-B 281	UBJ2 33
	灰浆泵工作压力（kPa）	1500	1400	1500
	集料斗容量（L）	400	180	
技术指标	一次加固面积（m²）	0.71～0.88	0.283	0.20
	最大加固深度（m）	15.0	10～15	19.0
	效率（m/台班）	40～50	60	100
	总质量（t）	4.5（不包括吊车）	12	4

注：SJB-2 电机功率 2×40kW，加固深度 15～20m。

（2）水泥浆搅拌法的施工工艺流程

水泥浆搅拌法的施工工艺流程，如图 2-2-56 所示。

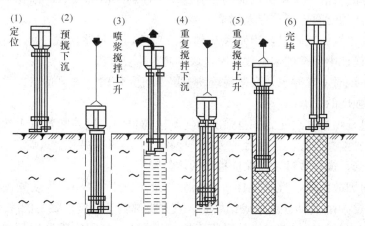

图 2-2-56　水泥土搅拌法施工工艺流程

1）定位。起重机（或塔架）悬吊搅拌机到达指定桩位并对中。当地面起伏不平时，应使起吊设备保持水平。

2）预搅下沉。待搅拌机的冷却水循环正常后，启动搅拌机电机，放松起重机钢丝绳，使搅拌机沿导向架搅拌切土下沉，下沉的速度可由电机的电流监测表控制。工作电流不应大于 70A。如果下沉速度太慢，可从输浆系统补给清水以利钻进。

3）配备水泥浆。待搅拌机下沉到一定深度时，即开始按设计确定的配合比拌制水泥浆，待压浆前将水泥浆倒入集料斗中。

4）提升喷浆搅拌。搅拌机下沉到达设计深度后，开启灰浆泵将水泥浆压入地基中，边喷浆边旋转，同时严格按照设计确定的提升速度提升搅拌机。

5）重复上、下搅拌。搅拌机提升至设计加固深度的顶面标高时，集料斗中的水泥浆应正好排空。为使软土和水泥浆搅拌均匀，可再次将搅拌机边旋转边深入土中，至设计加固深度后再将搅拌机提升出地面。

6）清洗。向集料斗中注入适量清水，开启灰浆泵，清洗全部管路中残存的水泥浆，直至基本干净，并将粘附在搅拌头上的软土清洗干净。

7）移位。重复上述（1）～（6）步骤，再进行下一根桩的施工。

（3）施工注意事项

1）根据实际施工经验，水泥土搅拌法在施工到顶端 0.3～0.5m 范围时，因上覆土压力较小，搅拌质量较差，其场地整平标高应比设计确定的基底标高再高出 0.3～0.5m，桩制作时仍施工到地面，待开挖基坑时，再将上部 0.3～0.5m 的桩身质量较差的桩段挖去，当基础埋深较大时，取下限；反之，则取上限。

2）搅拌桩的垂直度偏差不得超过 1%，桩位布置偏差不得大于 50mm，桩径偏差不得大于 4%。

3）施工前应确定搅拌机械的灰浆泵输浆量、灰浆经输浆管到达搅拌机喷浆口的时间和起吊设备提升速度等施工参数；并根据设计要求通过成桩试验，确定搅拌桩的配比等各项参数和施工工艺。宜用流量泵控制输浆速度，使注浆泵出口压力保持在 0.4～0.6MPa，并应使搅拌提升速度与输浆速度同步。

4）制备好的浆液不得离析，泵送必须连续。拌制浆液的罐数、固化剂和外掺剂的用量以及泵送浆液的时间等应有专人记录。

5）为保证桩端施工质量，当浆液达到出浆口后，应喷浆座底 30s，使浆液完全到达桩端。特别是设计中考虑桩端承载力时，该点尤为重要。

6）预搅下沉时不宜冲水，当遇到较硬土层下沉太慢时，方可适量冲水，但应考虑冲水成桩对桩身强度的影响。

7）可通过复喷的方法达到桩身强度为变参数的目的。搅拌次数以 1 次喷浆 2 次搅拌或 2 次喷浆 3 次搅拌为宜，且最后一次提升搅拌宜采用慢速提升。当喷浆口到达桩顶标高时，宜停止提升，搅拌数秒，以保证桩头的均匀密实。

8）施工时因故停浆，宜浆搅拌机下沉至停浆点以下 0.5m，待恢复供浆时再喷浆提升，若停机超过 3h，为防止浆液硬结堵管，宜先拆卸输浆管路，妥为清洗。

9）壁状加固时，桩与桩的搭接时间不应大于 24h，如因特殊原因超过上述时间，应对最后一根桩先进行空钻留出榫头以待下一批桩搭接，如间歇时间太长（如停电等）与第二根无法搭接时，应在设计和建设单位认可后，采取局部补桩或注浆措施。

2.2.4　路肩边坡的维修

2.2.4.1　路肩的维修

路肩是保护路面和为保持临时停车所需两侧余宽的重要组成部分。路肩要经常保持平整、坚实，保持适当的横坡，坡度顺适。

1. 土路肩

土路肩上出现车辙、坑洼与路面产生错台现象时，必须及时整修并用与原路基相同的土填平夯实，使其顺适。路肩过高妨碍路面排水时，应铲削整平，宜在雨后土壤较为湿润状态下，结合清理边沟同时进行。横坡度过大时，宜用良好的砂土以及其他合适的材料填补压实，不得用清沟挖出的淤泥或含有草根的土壤填补。横坡过小时，应削高补低整修至规定坡度。填补厚度大于15cm时，应分层夯实。土或有草的路肩应满足其横坡度比路面坡度大 1‰～2‰ 的要求，以利排水。

2. 陡坡路段的路肩

由于纵坡大，易被暴雨冲成纵横沟槽，甚至冲坏路堤边坡，一般可根据路基排水系统的情况与需要，综合改善，可采取下述措施：

(1) 自纵坡坡顶起，每隔20m左右两边交错设置宽 30～50cm 的斜向截水明槽，并用砾（碎）石填平；同时在路肩边缘处设置高 10cm，上宽 10cm、下宽 20cm 的拦水土埂。在每条截水明槽处，留一淌水口，其下面的边坡用草皮或砌石加固，使水集中由槽内排出。

(2) 在暴雨中，可沿路肩截水明槽下侧临时设置阻水埂，迫使雨水从草内排出，但雨后应立即铲除。中、低级路面的路肩上自然生长的草皮也应予保留。植草皮应选择适宜于当地土壤的种子，成活后需加以维护和修整，使草高不超过 15cm，丛集的杂草应铲除重铺，以保持路容美观。如路肩草中淤积沙土过多妨碍排水时，应立即铲除，以恢复路肩应有的横坡度。使用除草剂消灭杂草时，应注意对沿线环境的影响。路肩外侧，易被洪水冲缺或牲畜踩踏形成缺口处，可以用石块、水泥混凝土预制块或草皮铺砌宽 20cm 左右的护肩带，既消除病害，又美化路容。

3. 用各种路面材料铺成硬路肩

道路上的路肩通常不供行车之用，但从功能上要求应能承受汽车荷载。为减少路肩养护工作量，对于行车密度大的路线，应利用当地出产的砂石等材料，有计划地将土路肩进行加固，或用沥青材料改铺成硬路肩。硬路肩的横坡度应与路的横坡相同。硬路肩的类型大体有以下几种：砂石加固的硬路肩，如泥结碎（砾）石，烧陶粒；稳定类硬路肩，如石灰土、二灰碎石、泥结碎（砾）石、水泥土等。

2.2.4.2 边坡的维修

1. 概述

在各种因素的作用和影响下，例如风化作用（物理风化、化学风化、生物风化）和违反规定的行为，在路基坡脚、边坡、护坡道上挖土、取料或种植农作物等，常常会使自然山坡坡面或经过修建的护坡坡面上出现岩石风化、崩落等情况；边坡、碎落台、护坡道等出现缺口、冲沟、沉陷、塌落情况；或受洪水、边沟流水冲刷及浸水影响而引起破损等情况。为此，必须通过养护工作，保持坡面平顺坚实无冲沟，其坡度符合设计规定，坡面整洁无裂缝，消除危岩，浮石、保持原有的稳定状态，应经常观察路堑，特别是深路堑边坡的稳定情况。其养护工程措施如下：

2. 路堤、路堑边坡

一般采用种草、铺草皮的加固办法，不同土质边坡用草皮加固要求见表 2-2-19。

不同土质边坡用草皮加固   表 2-2-19

土　类	边坡自路基边缘起的长度（m）		
	2 以下	2～8	8 以上
砂质粉土及粉质砂土	密铺草皮		
粉质砂质粉土 粉土 粉质黏土	种草	铺格式 草皮及 种草	密铺 草皮
粉质黏土 及黏土	种草*	铺格式 草皮及 种草	铺格式 草皮及 种草

注：* 并路堑可不加固。

3. 河岸、河滩路堤边坡

对河岸、河滩的路堤边坡，婶河面较宽，主流较固定，水的流速小，若水流方向与路线方向接近平行，坡面仅受季节性的浸水或冲刷轻微，土质适于草类生长的，可采用种草或铺草皮加固边坡。

（1）边坡坡度不陡于 1：1.5 的，为防止地表水浸蚀，可直接种草，也可在边坡上用草皮作成方格，在方格中种草。

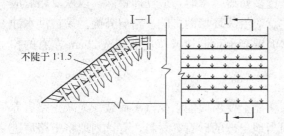

图 2-2-57　平铺草皮

（2）边坡坡度不陡于 1：1.5，路堤浸水时水流速度在 0.6m/s 以下，可在边坡上分别打入长 30～50cm 的小木桩，然后在坡面上平铺草皮，如图 2-2-57 所示。

（3）植树加固：河滩、河岸的路堤边坡宜采用植树加固。树种应选择适合当地的土质和气候、生长迅速、根系发达、枝叶茂密的乔木及耐水浸的灌木，种植间距参见表 2-2-20。

护坡林种植间距参考   表 2-2-20

种植方法	树的种类	行距（m）	株距（m）
单株种植	乔木类	1.0～3.0	1.0～2.0
	灌木类	0.8～1.5	0.5～1.0
丛式种植	灌木类	0.8～1.5	0.5～1.0

（4）当路堤边坡常年受水淹和风浪袭击、冲刷较严重、堤脚易被掏空时，应采取以下方法加固防护：

1）抛石防护。路堤浸水时，水流方向比较平顺，流速不大于 3m/s 时，可采用抛石护坡。石块应坚硬，石块的长边和直径不小于 30cm，抛石厚度不小于石块尺寸的两倍。

2）石笼护坡。受水流冲刷但无滚石地段，或大石料缺少地区，可采用石笼防护。石笼可用竹木制作，根据水流情况可做成单层式或多层式，见图 2-2-58 石笼基底应平整，可用卵石、碎砾石垫平，将预先制作好的石笼安放就位，并用 $\phi6\sim\phi8$mm 钢筋联结，打桩固定，然后装填大块石或卵石。

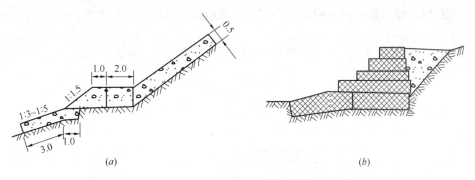

图 2-2-58　石笼护坡（尺寸单位：m）

(*a*) 单层石笼护坡；(*b*) 多层石笼护坡

3）干砌片石护坡。河水流速在 2～4m/s 时，可采用片石护坡。其厚度不小于 25cm，并应在护坡层下设置厚度不小于 15cm 的粗砂、碎砾石或卵石作为反滤层，见图 2-2-59 所示。

4）浆砌片石护坡。适用于河水流速 4～8m/s 或常水位淹没部位。护坡厚度不小于 35cm，下设厚度不小于 15cm 的粗砂，碎石或砂砾层，见图 2-2-60 所示。

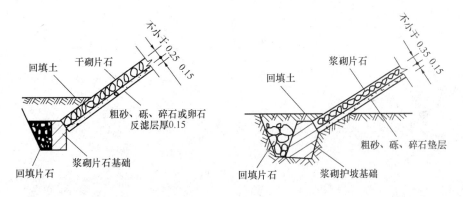

图 2-2-59　干砌片石护坡（单位：m）　　　　图 2-2-60　浆砌片石护坡（单位：m）

5）当水流冲刷严重或峡谷急流地段，可设置浆砌块石或混凝土浸水挡墙。其基础应埋置在冲刷线以下 1m，冰冻线以下 0.25m，基础前设冲刷防护设施，墙身设泄水孔。

（5）对经常有浮石滚落和土块坍落的路堑高边坡，若种草、植树效果不佳，应考虑干砌或浆砌护坡、挡墙；或将边坡开挖成台阶形并设置碎落台；也可采用铅丝、尼龙编织网或高强塑料网格，平铺于坡面上，并打入带弯钩钢筋或木桩固定。

（6）对于受季节性水浸的山区公路的路堤边坡，可用柴束加固。用铅丝或耐腐绳索将树枝捆扎成束，平铺于坡面，并用木杆模压，然后打入木桩固定。对加固后的边坡，应加强养护与检查，发现损坏及时修理。

（7）抹面养护。易于风化的岩石（如页岩、泥岩、泥炭岩、千枚岩等软质岩层）的路堑边坡，因常受侵蚀而剥落。在边坡稳定的情况下，可以采用抹面防护——用混合材料涂抹坡面，如炭炉渣混合灰浆、石灰炉渣、水泥石灰砂浆等。

（8）钢筋混凝土挂板：对于严重冲刷地段，可预制 0.5～1.0m 见方、厚 0.2～0.4m 的板。安放后，板与板之间用钢筋套钩互相连接以加强整体性，如图 2-2-61 所示。

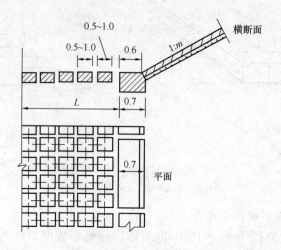

图 2-2-61　钢筋混凝土挂板（单位：m）

2.3 路面不平整的原因及处理技术

路面平整度是以几何平面为基准，表现为路面纵向和横向的凸凹程度，即是指实际路面表面对设计平面的偏离程度。平整度合格率既反映了行车舒适程度，又反映了施工队伍的水平。平整度不佳，不仅难以满足汽车高速行驶的要求，而且还会增加汽车的燃料消耗和轮胎磨损，加大运输成本，增加运输时间，降低社会经济效益，甚至会危及行车安全。

2.3.1 路面不平整产生的主要原因

路面不平整主要表现为坑凹、起拱、波浪、接缝台阶、碾压车辙、桥头或涵洞两处路面沉降、桥梁伸缩缝的跳车等。

2.3.1.1 路基不均匀沉降

（1）路堤地基处理不当：

1）伐树除根及表土处理不彻底，路堤成形后一旦杂质腐烂变质，地基将会发生松软和不均匀沉降。

2）地面横坡大于 1∶5 的路段，路堤填筑前土基未按规定要求挖成台阶，填料与土基结合不良，在荷载作用下，填料极易失稳而沿坡面产生滑移。

（2）路堤填料控制不当：

1）选用了稳定性较差的路基填料，如采用高液限黏土、粉质土或使用淤泥、腐殖质含量较高的土料填筑路堤，会使路堤产生整段或局部的变形。

2）采用不同土质填筑路堤时，因土的性质不同，如填筑方法不当，碾压成型后易造成不均匀沉降。

（3）半填半挖路基的接合部处理不当：半填半挖地段的施工，土基未按规范要求挖成台阶，使土基与填料在接合部产生裂缝和沉降。

（4）填土路基压实不足：当路基填料的含水量、压实时的松铺厚度、碾压机具的选择不当，都易造成路基压实不足，使路基土壤的密实度偏低，土体的透水性增强，造成水分积聚和侵蚀路基，使路基土软化或因冻胀而产生不均匀沉降。

（5）特殊地基路段：

当路基修筑于软土地段时，由于软土的压缩性大，在自重的作用下会产生沉降。

（6）排水不完善：

路基施工中，如果排水系统不完善，必然造成水流不畅，引起路基变形，这种情况在黄土地区尤为突出。

2.3.1.2　桥头涵洞两端及桥梁伸缩缝的跳车

桥、涵台背处路基由于沉降而导致跳车，其主要原因：

（1）由于压实机械的作业面狭小而使压实不到位，通车后，易引起路基的压缩沉降。

（2）由于台背填料与台身刚度差较大，造成沉降不均匀。

（3）在桥（涵）与路基接合处，常会产生细小缩裂缝，雨水渗入缝后，使路基产生病害，导致该处路基发生沉降。

（4）桥梁伸缩缝在选型和施工时考虑不周和处理不当，易产生跳车现象。

2.3.1.3　基层不平整路面平整度的影响

基层的平整度差对路面平整度有着重要影响。若基层不平，即使面层摊铺平整，压实后也会因虚铺厚度不同，而产生不平整。对于沥青路面，因基层顶面的平整度允许偏差为10mm，当用沥青混凝土摊铺机作业时，尽管沥青混合料表面是摊平了，但该处因多出10mm的松厚，压实后仍将出现低洼。若是水泥混凝土路面，由于基层不平整，造成路面厚度不均，也会因干缩程度不同，而影响路面平整度。

2.3.1.4　路面摊铺机及工艺对平整度的影响

1. 沥青混凝土路面

摊铺机是沥青面层施工的主要机具设备，其本身性能及操作水平对摊铺平整度影响很大。摊铺机结构参数不稳定、行走装置打滑、摊铺的速度快慢不均、机械猛烈起步和紧急制动以及供料系统速度忽快忽慢都会造成面层的不平整和波浪。

（1）摊铺机结构参数选择不当：

1）熨平板组合宽度不对称以及下表面不平直，当组合后熨平板宽度与机械本身左右不对称，机具易走偏，并在混合料的惯性作用下使熨平板前后混合料的压力不一致，造成在横断面上摊铺厚度的差异。组合后的熨平板下表面若不成平面，也将形成摊铺厚度不均匀。

2）熨平板初始工作角不一致将造成摊铺层同一横断面内厚度不一致或出现台阶，直接影响平整度。

3）熨平板前后拱差值选择不合适，会使整个摊铺层结构不均匀，密实度不一致。如前拱过小，摊铺层中部会出现松散结构，摊铺层两侧会出现明显刮痕。

4）当摊铺厚度较大，骨料粒径较大和要求密度较高时，若螺旋分料器与熨平板前缘的距离过小时，满足不了规定的摊铺厚度，而且使摊铺层出现波纹，使路面平整度下降。

5）当摊铺较薄的上面层，振动器、夯锤频率过高会造成熨平板共振，使摊铺机找平装置处于不稳定状态而影响平整度。另外，当振动器、夯锤皮带过于松弛会使振动频率、夯实次数快慢不一，形成路面"搓板"。

（2）摊铺机基准线控制不当：目前使用的摊铺机大都有自动找平装置，摊铺时可按照预先设定的基准来控制。如果基准控制不好，如基准线因张拉力不足或支承间距太大而产生挠度，使面层出现波浪。挂线高程测量不准，量线失误或桩位移动，都会通过架设在钢丝线上的仪表反映在相应的摊铺路段上，造成路面高低起伏，影响平整度。

（3）摊铺机的摊铺速度：在摊铺沥青混合料过程中，随意变更摊铺机的摊铺速度，使摊铺速度快慢不匀，也会导致面层表示粗糙度不均匀，影响到摊铺后的预压密实度和平整度。此外，当摊铺机中途停顿时，因混合料温度下降会引起局部不平整，而且纵向调平系统在每次起动后，自动找平装置仍需行驶 3～8m 后才能恢复正常，也易造成摊铺厚度不匀。

（4）摊铺机操作不正确：

1）摊铺机操作手不熟练，导致摊铺机曲线前进，一旦纠偏过猛就会出现凸楞，使路面不平整。

2）在正式摊铺前，熨平板未充分预热，造成混合料粘结和熨不平。

3）运料车在倒车时撞击摊铺机，会引起摊铺机扭曲前进，使路面出现凸楞；或是料车停在摊铺机前待卸料和卸料过程中使用制动增加了摊铺机的牵引负荷以及卸料过猛，使摊铺机速度发生变化，使路面形成波动或"搓板"。

4）在摊铺中，熨平板处于浮动状态（由已铺筑的路面混合料支撑着），如果供料系统失常，料位高度不稳定，就会使进入熨平板全宽范围的拌合物密度发生变化，当熨平板下拌合物密度变小时，支撑熨平板的浮力变小，摊铺厚度减小；反之，熨平板被抬起，摊铺厚度加大，导致路面出现波浪。

5）因卸料而撒落在下层的混合料未及时清除，影响了履带或轮胎的接地标高，而殃及摊铺层的横坡及平整度。

2. 水泥混凝土路面

水泥混凝土路面按小型配套机具和滑模摊铺机施工分别叙述其对路面的平整度的影响。

（1）采用小型配套机具施工：

1）立模质量的影响：立模质量是确保混凝土路面平整度的重要环节。振动梁、提浆滚或三轴整体机是依靠模板的控制进行作业的，若立模本身凸凹不平或模板固定不牢，当受各种振捣机具的冲击而变形，路面整平就失去了基准。

2）施工机具本身的影响：振动梁变形和振动频率的失调会直接影响对混凝土拌合物的刮平、补振、压实、提浆功能。振动夯梁行进速度不当也会影响路面平整度。

3）混凝土摊铺工序的影响：混凝土卸料作业的均匀程度，对混凝土路面的平整度影响很大。如自卸汽车大堆卸料或施工人员用钉耙抛卸摊铺、振捣工序混乱都会使混凝土摊铺初始密度不匀或产生离析，难以保证最终的平整度。

4）在混凝土表面制毛时，如时间掌握不当，进行压纹时易使相邻两压纹段之间的路面上形成不平整的一条鼓包，拉毛易疏松和破损，使表面 1～2mm 范围的密实度受到影响，平整度也相应降低。

（2）采用滑模摊铺机：滑模摊铺机是以人工架设基准线为基准，摊铺过程中传感器的探测杆沿基准线滑动，实现自动找平，控制标高。产生路面不平整的原因有：

1）摊铺机的自身的影响：

① 底模。底模是挤压成型的模板。底模的平整是影响路面平整度的关键。底模经过一定时间的施工使用后，由于受到压力和自身重力作用，板会产生一定的变形，因而由底模挤压成型后的路面也会不平整，如呈拱形或波浪形；

② 浮板。浮板挂在成型模之后，施工时浮板悬浮在混凝土面上，起修面作用。同底模一样，浮板的变形也会影响路面的平整度；

③ 翘角。边模内侧的底模设定一可调的翘角，一般根据混凝土的坍落度来调整。翘

角调整不当，摊铺带两侧混凝土面会略高于或低于标高，影响混凝土板两边平整度。特别在进行分幅摊铺时，由于板边是纵向接缝，平整度差时难以接顺，致使路面横向平整度变差。

2）基准线的影响：基准线是控制摊铺机标高和导向的，架设是否准确，直接影响路面的标高和平整度。如基准线标高不准会影响纵向平顺，架设基准线的铁架刚度不够，会产生变形；基准线若张拉不紧会产生挠度；在坡道处，铁架横杆受压力会向下弯曲；在弯道内，钢丝会对支架的立杆产生偏拉力，使铁架偏离原来的位置。所有这些都会导致方向偏离，标高偏高或偏低，使路面产生波浪。

施工中常见基准绳支架螺丝松脱现象，导致横杆下掉。用作基准线的钢丝绳长期使用后，会产生较多脱丝和打结现象，当探测杆碰到钢丝结时，不能滑过而出现掉传感器现象，造成摊铺过程标高的失控；即使能够滑过，由于传感器产生跳越而不能实现正常找平，使路面平整度降低。人工移动传感杆通过支架或钢丝结，同样不能保证标高的准确。在施工中，运输车辆、施工人员不留意，会意外碰及基准线，使之脱离支架或偏位，造成正在摊铺的路面标高产生变化。

3）摊铺机操作的影响：机械操作人员除了要在施工之前对机械进行准确的校正之外，在施工过程中也要根据具体情况进行适当的调整和操作，如虚方板、振动棒的升降，振动的频率、修边器等，否则，会造成以下影响：

① 缺料。由于布料太少或虚方板过低，使进入成型模的拌合物不够，产生缺料现象。人工修补缺料，难以保证路面的质量及平整度；

② 堆料过多。当摊铺机前堆料过多，摊铺机走不动时，机手通常采用手动抬高仰角的办法减小摊铺阻力，由此造成标高偏高，平整度变差；

③ 振捣过度。坍落度较大的拌合物，若过分振捣提浆，会使混凝土料的粒料分层，下层粗骨料偏多，而上层只有砂浆和小骨料，振动棒向前拖动过后，回填的混凝土料基本是稀浆，且水灰比变大，当水分蒸发之后，该处的强度小、收缩率大，影响路面平整度。

2.3.1.5 面层摊铺材料的质量对平整度影响

1. 沥青混凝土路面

（1）沥青混合料的配合比设计不合理：配合比设计中主要是考虑稳定性与耐久性。稳定性包括高温稳定性与低温抗裂性。而耐久性包括抗水剥离性与老化性，通常以马歇尔试验作为主要的测试手段，由此来决定矿料级配和沥青用量，以确保混合料有良好的性质。表 2-3-1 汇总了影响沥青混合料性质的因素。

影响沥青混合料性质的因素　　　　　　　　　　　　　　表 2-3-1

影响因素　　参　数　　性能指标	沥青		骨料		矿粉		空隙率
	用量	性质	级配	性质	数量	性质	
热稳定性好	少	黏性大	密级配	亲油性、抗磨性	少	吸油性	大
耐久性好	多	黏性小	密级配	亲油性、抗磨性	较多	非吸油性或不一定	小
柔性好	多	黏性小	开级配	亲油性	少	吸油性	大
抗疲劳性强	多	黏性大或小	密级配	亲油性	较多	吸油性	小

续表

影响因素 参　数 性能指标	沥青		骨料		矿粉		空隙率
	用量	性质	级配	性质	数量	性质	
抗滑性好	少	黏性大	密级配或开级配	抗磨性	少	吸油性	大
不透水性好	多	黏性大	密级配	亲油性	多	吸油性	小
强度高	多	黏性大	密级配	亲油性	多	吸油性	大

在配合比设计中空隙率与稳定度是很重要的指标，尤其在调整矿料级配时特别重要，下面着重对它们之间的关系问题进行分析，提出处理措施。

1）空隙率低，稳定度也低：可用很多方法来增加空隙率：调整矿料的级配，在容许的范围内增加粗骨料用量；减少细骨料的用量；如果沥青混合料的油石比高于正常量而且超出的量不能被矿料吸收时，油石比可予以适当的降低以增加空隙。如果上述两种方法都不能满足要求时，应当考虑更换骨料。通常可以增加粗骨料，减少细骨料来改善沥青混合料的稳定度和空隙率。

2）空隙率低但稳定度尚能满足要求时，可能会导致沥青路面出现壅包和泛油等病害，对此应当对矿料的级配予以适当调整，增加粗骨料用量，减少细骨料用量，同时应适当降低沥青混合料的油石比。

3）空隙率能满足要求但稳定度低，说明矿料的质量不好，骨料的压碎值和石料的抗压强度太差和细长扁平颗粒含量过高，需更换矿料重新进行试验，直至满足规范要求为此。此外，还可以考虑采用稠度较高的沥青。

4）空隙率高但稳定度能满足要求时，因高的空隙率具有较高的渗透性，雨水和空气可以通过路表穿过路面，最终导致沥青过早老化，使沥青路面产生破坏。虽然稳定度符合要求，但仍要调整空隙率，通常以增加矿粉的用量来达到此目的。粗的矿粉更换成细的矿粉，或调整矿粉的级配同样可以达到此目的。

5）空隙率高稳定度低时，可以采用两种方法进行改善。第一，调整矿料的级配或增加沥青的用量；第二，如果前述的方法不能满足要求时，应当考虑更换矿质材料再进行配合比设计，直至满足规范要求为止。

（2）混合料配合比的最终确定：在我国的现行规范中规定，确定最佳的沥青用量是找出马歇尔指标均符合要求的共同范围，尽管马歇尔试验的过程比较精密，但也不可能排除人为及其他有关的环境、操作等因素影响，因此还应参考以前的经验来确定最佳用油量。

通过理论与实践相结合，确定了配合比最佳用油量后，便可检验混合料是否具有高温稳定性及耐久性。在做动稳定度试验时，一定要控制好料温及试件成型温度，因为它直接影响着结果的真实性。试验若不满足大于800次/mm的规范要求，便需重新调整配合比。如果通过调整配合比仍达不到要求，则应采取改性沥青等方法。

总之，高等级道路沥青混凝土配合比设计是一项复杂而细致的工作，必须严格控制各个环节，才能得出可靠的配合比。当然，室内配合比还不能作为最终配合比使用，必须根据拌合设备性能、施工控制精度及材料变异情况进行试拌后进一步调整直至使拌合设备生产出的混合料指标达到规范规定，方可作为生产配合比使用。

（3）沥青混合料的拌合不均匀：

1）当拌合设备出现意外情况，如刚开炉或料温低，含水量大时，易出现料温不均现象。

2）当筛分系统出现问题时，造成骨料级配发生较大变化。

3）由于料温偏低，拌合时间短等原因出现花白料，使路面难以摊铺成型。

4）由于炒拌温度过高造成沥青材料老化，不能保证沥青混凝土摊铺质量。

5）当拌合设备供应能力过小，出现停工待料状况，使接头处温度降低，出现温度差，形成一个个"坎"；此外当运输设备不配套或司机技术较差时，易撞击摊铺机，使机身后移，形成台阶。

2. 水泥混凝土路面

（1）原材料的影响：

1）使用强度低、脆性大、干缩大的水泥，路面易出现干缩裂缝、脱皮等病害。

2）使用耐磨性较差的骨料会造成水泥路面耐磨性较差，会使路面出现露骨、断板。

3）使用含有活性二氧化硅和其他活性骨料时，可能产生碱—骨料反应（AAR），从而影响路面的使用寿命，出现早期破坏，影响路面平整度。

（2）配合比设计不当：配合比设计不当，水泥用量偏多，水灰比偏大，会使混凝土干缩增加，出现开裂、断板，使路面不平。施工中配合比掌握不严、计量不准、拌合不足或过量，常会有坍落度不均匀、离析失水和初凝现象，对路面平整度会造成不利影响。

（3）停工待料的影响：每个工作日只停工一次，并设量工作缝，否则会由于待料时间过长，混凝土形成初凝，与后续拌合料不能具有相同的状态，造成面层不平整。

2.3.1.6　碾压对平整度的影响及接缝处理欠佳

沥青面层铺筑后的碾压对平整度有着重要影响，需认真选择碾压机具、碾压温度、速度、路线、次序等。

（1）压路机型号：如果采用低频率、高振幅的压路机时，会产生"跳动"夯击现象而破坏路面平整度。压路机初压吨位过重也会使刚摊铺好的路面产生推挤变形。

（2）碾压温度：初压温度过高压路机的轮迹明显；沥青料前后位移大，不易稳定。复压温度过高会引起胶轮压路机粘结沥青细料，小碎石飞溅，影响表面级配；温度过低，则不易碾压密实和平整。

（3）碾压速度：压路机碾压速度不均匀、急刹车和突然启动、随意停置和掉头转向、在已碾压成型的路面上停置而不关闭振动装置等都会引起路面推拥。在未冷却的路面上停机会出现凹陷。

（4）碾压路线：碾压行进路线不当，不注意错轮碾压，每次在同一横断面处折返，会引起路面不平。

（5）碾压次数：碾压遍数不够，压实不足，通车后形成车辙。

（6）驱动轮和转向轮的前后问题：如果是从动轮在前，由于从动轮本身无驱动力，靠后轮推动，因而使混合料产生推移，倒退时在轮前留下波浪。

（7）接缝处理欠佳：

1）接缝包括纵向接缝和横向接缝（工作缝）两种，接缝处理不好常容易产生的缺陷是接缝处下凹或凸起，以及由于接缝压实度不够和结合强度不足而产生裂纹甚至松散。

2）对于水泥混凝土路面接缝施工质量欠佳，会引起板的各种损坏，从而引起路面的不平整，使行车的舒适性受到影响。

2.3.2　提高路基及路面基层平整度的措施

2.3.2.1　置路堤填筑前原地面处理

（1）填筑路堤时应首先进行原地面处理：当路堤填筑高度小于1.0m时，应注意将路基范围内的树根，草丛全部挖除。若基底的表层土系腐殖土，则须用挖掘机或人工将其表层土清除换填，厚度视具体情况而定，一般以不小于30cm为宜，并予以分层压实。如发现草炭层、鼠洞、裂缝，应更换符合条件土回填，并按规定进行压实。

路堤通过耕地时，路堤筑填施工前必须预先填平压实。如其中有机质含量和其他杂质较多时，碾压时因弹性过大，不易压实，应换填土。

（2）坡面基底处理：当坡面较小（横坡小于1：5）时，只需清除坡面上的表层，其处理方法同上。但坡度较大（横坡大于1：5）时，应将坡面做成台阶，让填料充分嵌在地基里，以防止路堤的滑移。台阶的尺寸，依土质、地形和施工方法而不同，一般宽度不宜小于1m，而且台阶顶面应做成向堤内倾斜3％～5％的坡度，并分层夯实。当所有台阶填完之后，可按一般填土进行。

2.3.2.2　路基填料及压实

1. 路堤填料

（1）路堤填料一般应采用砂砾及塑性指数和含水量符合规范的土，不得使用淤泥、沼泽土、冻土、有机土、含草皮土、生活垃圾及含腐殖质的土。对于液限大于50，塑性指数大于26的土，一般不宜作为路基填土。在特殊情况下，受工程作业现场条件限制，必须使用时，应作如下处理：

1）控制最佳含水量，保证土料在最佳含水量下达到最佳压实度。可通过翻晒或是洒水来实现，洒水量可由自然含水量和最佳含水量之差求出。

2）掺外加剂改良。对含水量大、塑性高的土或强度不足的其他材料掺入石灰、水泥工业废料或其他材料的稳定剂（或凝固剂），对土的性质进行改良，达到填土要求。

（2）采用不同土质填筑路堤时，应注意以下几点：

1）层次应尽量减少，每一结构层总厚度不小于0.5m。不得混杂乱填，以免形成水囊或滑动面。

2）透水性差的土填筑在下层时，其表面做成一定的横坡（一般为双向4％横坡），以保证来自上层透水性填土的水分及时排出。

3）应合理安排不同土质的层位，一般采用不因潮湿及冰融而变更其体积的优良土填在上层，强度较小的应填在下层。

4）在不同土质填筑的路堤交接处应做成斜面，并将透水性差的土填在斜面的下部。

2. 填土路基压实

路基施工时，应严格按现行《公路路基施工技术规范》JTG F10—2006要求进行，并应通过试验路段来确定不同机具压实不同填料的最佳含水量、适宜的松铺厚度和相应的碾压遍数、最佳的机械配套和施工组织。各种土质适宜的碾压机械见表2-3-2，各级公路的路基压实标准见表 2-3-3、表 2-3-4。

各种土质适宜的碾压机械 表 2-3-2

序号	机械名称 \ 土的类别	细粒土	砂类土	砾石土	巨粒土	备注
1	6～8t 两轮光轮压路机	A	A	A	A	用于预压整平
2	12～18t 三轮光轮压路机	A	A	A	A	最常使用
3	25～50t 轮胎压路机	A	A	A	A	最常使用
4	羊足碾	A	C 或 B	C	C	粉、黏土质砂可用
5	振动压路机	B	A	A	A	最常使用
6	凸块式振动压路机	A	A	A	A	最宜使用于含水量较高的细粒土
7	手扶式振动压路机	B	A	A	C	用于狭窄地点
8	振动平板夯	B	A	A	B 或 C	用于狭窄地点，机械质量 800kg 的可用于巨粒土
9	手扶式振动夯	A	A	A	B	用于狭窄地点
10	夯锤（板）	A	A	A	A	夯击影响深度最大
11	推土机、铲运机	A	A	A	A	仅用于摊平土层和预压

注：1. 表中符号：A 代表适用；B 代表无适当的机械时可用；C 代表不适用；
    2. 土的类别按《公路土工试验规程》JTG E40—2007 的规定划分；
    3. 对特殊土和黄土（CLY）、膨胀土（CHE）、盐渍土等的压实机械选择可按细粒土考虑；
    4. 自行式压路机宜用于一般路堤路堑基底的换填等的压实，宜采用直线式进退运行；
    5. 羊足碾（包括凸块式碾、条式碾）应有光轮压路机配合使用。

土质路堤压实度标准 表 2-3-3

填挖类型		路面底面计起深度范围（cm）	压实度（%）	
			高等级道路、一级道路	其他道路
路堤	上路床	0～30	≥95	≥93
	下路床	30～80	≥95	≥93
	上路堤	80～150	≥93	≥90
	下路堤	＞150	≥90	90
零填及路堑路床		0～13	≥95	≥93

注：1. 表列压实度以《公路土工试验规程》JTG E40—2007 重型击实试验法为准；
    2. 对于铺筑中级或低级路面的三、四级道路路基，允许采用表 2-3-4 轻型击实试验法求得的路基压实标准；
    3. 其他等级道路修建高级路面时，其压实标准应采用高等级道路、一级道路的规定值；
    4. 特殊干旱地区的压实度标准可降低 2%～3%；
    5. 多雨潮湿地区的黏性土，其压实度标准按表 2-3-4 规定执行；
    6. 用灌砂法、灌水（水袋）法检查压实度时，取土样的底面位置为每一压实度底部；用环刀中部处于压实层厚的 1/2 深度；用核子仪试验时，应根据其类型，按说明书要求办理。

路基压实标准（轻型）   表 2-3-4

填挖类型		路面底计起的深度范围（cm）	压实度（%）	
			高等级道路、一级道路	二级及二级以下道路
路堤	上路床	0～30	—	≥95
	下路床	30～80	≥98	≥95
	上路堤	80～150	95	≥90
	下路堤	>150	90	≥90
路堑路床		0～30	—	≥95

注：1. 表列压实度以《公路土工试验规程》JTG E40—2007 轻型击实试验法为准；

2. 高等级道路、一级道路路床土质强度，应按表 2-3-3 的标准执行，其他道路可参考该规定执行。

2.3.2.3 完善道路排水设施

为了保持路基能经常处于干燥、坚固和稳定状态，必须将影响路基稳定的地面水予以拦截，并排除到路基范围之外，防止漫流、聚积和下渗。同时，对于影响路基稳定的地下水，应予以截断、疏干、降低水位，并引导到路基范围以外，使全线的沟渠、管道、桥涵构成完整的排水体系。对于黄土地区的排水设施应注意防冲、防渗以及水土保持问题。

（1）一般路段排水：路基排水沟渠（包括边沟、截水沟、排水沟）要注意防渗、防冲，当沟渠纵坡达到或超过表 2-3-5 所列数值时即需采取加固及防止渗漏措施。

边沟需加固的纵坡值   表 2-3-5

土　类	新　黄　土	老　黄　土	红　色　黄　土
纵坡度（%）	≥3	≥4	≥6

注：1. 边沟长度≥200m 时，需进行铺砌加固；

2. 边沟过长时，应考虑减小纵坡的容许值或作好出口设计，将水引离路基；

3. 边沟纵坡过于平缓，将会引起边沟淤塞，一般纵坡不小于 0.5%，受限制时不小于 0.3%；

4. 道路等级低时，表列数值可以适当调整。

黄土地区公路边沟以采用浆砌片石加固和砖砌加固效果较好（砖砌加固受冻融后易遭破坏），如图 2-3-1 所示。也有采用跌水消力池式加固的，如图 2-3-2 所示。

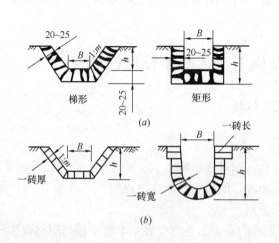

图 2-3-1　边沟加固（单位：cm）

(a) 浆砌片石加固；(b) 砖砌加固

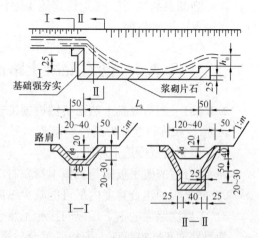

图 2-3-2　跌水消力池式加固边沟（单位：cm）

截水沟应设在离堑顶边缘以外不少于 10m 的地方，断面不宜过大，沟底纵坡宜在 0.5%～2.0%之间。在填挖交界处引出边沟水时，应注意出水口的加固。

（2）特殊路段的排水：在垭口、深路堑、高路堤、滑坡、陷穴等地段，应注意结合水土保持进行综合治理。如用挖鱼鳞坑、水平沟、种草、植树等方法对坡面径流进行调治与防护；在冲沟头植树，防止冲沟溯源侵蚀，危害路基；布设在沟谷的路线，在沟谷中筑坝淤地，并保持路基坡脚不受水的冲刷破坏；还可做护坡埂、涝池、水窖等。

2.3.2.4 路面基层施工注意事项

（1）严格按照《公路路面基层施工技术规范》JTJ 034—2000 要求进行底基层和基层施工，对于高等级道路和一级道路，必须坚持除与土基接触的底基层可以采用路拌法施工以外，其上面的各层均应采用集中场拌合摊铺机摊铺施工方法，以确保标高、横坡、强度、平整度达到设计要求。当采用摊铺机进行基层施工时，为了消除中间高两侧低的现象，可适当调整摊铺机两侧的横向斜杆，使熨平板呈中间低两头翘状态。

（2）加强基层养护：在基层施工完成后，宜采用不透水薄膜或湿砂进行养护，也可以采用喷洒沥青乳液保护。若无上述条件时，可以用洒水进行养护，并应严格控制行车。若不能封闭交通，应限制重车通行，其车速不应超过 30km/h，同时应注意其他交通设施对基层的损坏。若出现车槽（坑槽）松散，应采用相同材料修补压实，也可用贫混凝土填平振实后，上面铺一层油毛毡再进行路面施工。严禁用松散粒料填补。

（3）严格控制基层平整：

1）面层铺筑前用 3m 直尺对基层进行平整度检测，平整度差若大于 8mm 的路段应进行整平。

2）面层摊铺前认真清扫基层表面，确保基层表面整洁，没有松散浮料和杂质。如有泥土还应用压力水冲洗干净。如基层表面局部透层沥青或下封层脱落，则应将脱落处基层表面清洗干净后补洒透层沥青或补做下封层。

3）认真抄平放线，确保基层标高和基准线标高准确无误。基层标高超过允许范围时，高处必须铲平，低处可用下面层补平。

（4）当基层铺筑面层前受到其他工序污染，如表面滴落水泥成硬渣时，应予及时清除，以确保面层平整度。

2.3.3 沥青混凝土路面施工工艺与平整度控制

2.3.3.1 沥青混凝土路面机械摊铺工艺与控制

1. 摊铺机结构参数的选择和调整

（1）熨平板宽度选定原则：

1）组合后的熨平板应与机械本身左右对称，即对称原则。

2）熨平板的组合宽度内尽可能减少纵向接缝，即最小纵向接缝原则。

3）多层次路面的上下层纵向接缝不重合原则。

沥青路面正式摊铺前，应检验组合后熨平板的底面不平整度和基本熨平板与附加熨平板底面的高度差，以保证足够的平整度。

（2）熨平板初始工作角的选择：

1）熨平板初始工作角主要根据摊铺层厚度选择。即在同一沥青混合料的条件下，对较大的摊铺厚度应选用较大的初始工作角。

2）在摊铺过程中，不应频繁调整摊铺厚度控制杆，否则将使工作角不断变化，而工作角的恢复需要一段时间，在此时间内，面层的平整度将受影响。

（3）熨平板拱度的调整：熨平板拱度值应按设计给定值进行调整，需要有适当的前后拱差值，一般前拱比后拱大 3～5mm。

（4）螺旋分料器与熨平板前缘距离的调整控制：这一距离的调整，主要涉及混合料下料速度及其通过性。当摊铺厚度较大，骨料粒径较大和要求密实度较高时，需将距离调大，使混合料有较高的下料速度和较好的通过性。在摊铺作业中，应根据不同的摊铺层厚度和宽度及摊铺速度正确地调整刮料板的开度，以保证螺旋分料器中混合料压力的稳定。

（5）摊铺机振捣器、夯锤的控制：

1）振动梁振幅调整的主要依据是摊铺厚度和摊铺层密实度。振动压实时，大振幅比小振幅有较高压实能力。但沥青混凝土摊铺层属于薄层，一般采用小振幅（控制在 4～12mm 为宜），以避免面层松散和整体强度下降。

2）在摊铺前，应检查振捣器、夯锤皮带使用性能，尤其是皮带是否过于松弛，避免振捣频率和夯实次数快慢不一。

2. 摊铺机基准线的控制

摊铺机在进行自动找平时，需要有一个准确的基准面（线），下面介绍两种确立基准面（线）的方法，使用者可结合路面的结构层次和施工位置进行选定。其基本原则是：当以控制高度为主时，以走钢丝为宜；当控制厚度为主时，则采取浮动基准梁法。一般是底面层用走钢丝，中面层和表面层用浮动基准梁法。

（1）摊铺底面层——基准钢丝绳（走钢丝）法：此方法是在路面两侧安装基准钢丝绳，但应注意：

1）支持钢丝绳的支柱钢筋的间距不能过大，一般为 5～10m。

2）用两台精密水准仪测量控制钢筋的高程，钢筋宜较设计高程高 1～2mm，并保证钢筋的高程在铺筑过程中始终准确。

3）一般使用 $\phi2～\phi3mm$ 的高强度钢绞线，用紧线器拉紧安放在支柱的调整横杆上，每两根钢支柱间钢丝绳的挠度不大于 2mm，张紧钢丝绳的拉力一般在 800N 左右。

4）基准线应尽量靠近熨平板，以减少厚度增量值。

5）为保证连续作业，每侧钢丝绳至少应具备 3 根 200～250m 长的钢绞线，在未走完本段钢丝之前，下段钢丝已经架设完成。

（2）摊铺中面层和表面层——浮动基准梁法：

1）浮动基准梁用于保持摊铺机前后高差相同，保证摊铺厚度和提高表面平整度。

2）在构造物上另加挂钢丝绳配合进行控制，其主要方法是：浮动基准梁的前部由长 2～3m 的 2～4 个轮架组成，每个轮架有 3～4 对小轮，行走在摊铺机前面下承层。

3）浮动基准梁的后部是约 0.5m×10m 的滑板（俗称滑靴），在摊铺层顶面滑移，参见图 2-3-3 所示。

4）为了减少基准误差和自动找平装置的误差，需在进行自动找平装置的安装和调整时注意以下几点：

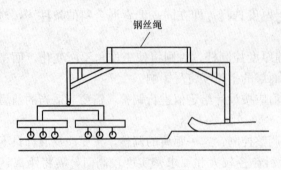

钢丝绳

图 2-3-3　浮动基准梁示意图

① 横坡传感器的安装误差应小于 ±0.1%；

② 浮动基准梁的滑动基面应与摊铺基面平行上横坡值相同；

③ 随时检查液压系统的工作压力，使其处于正常状态；

④ 随时检查摊铺厚度和横坡值是否符合设计值。

3. 摊铺机操作控制措施

（1）选用熟练的摊铺机操作手，并进行上岗前培训。

（2）在摊铺过程中，运料车应在摊铺机 10～30m 处停住，并挂空挡，依靠摊铺机推动缓慢前进，并应有专人指挥卸料车进行卸料。

（3）确保摊铺机供料系统的工作具有连续性，即保证脚轮（输送轮）内的料位高度稳定、均匀、连续，料位高度保持在中心轴以上叶片的 2/3 为宜。如中断摊铺时间短，仅受料斗内的混合料已经冷硬，则应先将受料内已冷硬的混合料铲除干净，然后重新喂料。

（4）派专人负责及时清扫洒落的粒料。

（5）摊铺前，熨平板必须清理干净，调整好熨平板的高度和横坡后，预热熨平板。熨平板的预热温度应接近沥青混合料的温度，一般可加热到 85～90℃。

4. 摊铺机的摊铺进度控制

摊铺机应该匀速、不停顿地连续摊铺，严禁时快时慢。因摊铺速度的变化必然导致摊铺厚度变化。为了保证厚度不变，就要调节厚度调节器以及捣固器和熨平板的激振力与振捣梁行程，但人工调节是凭经验调节，在速度变化处会引起摊铺后预压密实度的变化，从而导致最终压实厚度的差异，影响路面平整度。

（1）摊铺机的速度一般为 2～6m/min，实际可采用的摊铺速度则取决于拌合机的产量，可按下式计算：

$$V = \frac{100 \times Q}{60D \times W \times T} \times C$$

式中　V——摊铺速度（m/min）；

D——压实沥青混凝土的毛体积密度（t/m³）；

Q——拌合机产量（t/h）；

W——摊铺宽度（m）；

T——压实后的平均厚度（m）；

C——摊铺机的效率系数，应根据材料供应、拌合机的生产能力与运输能力等配套情况确定，一般为 0.9 左右。

（2）在摊铺过程中，应尽量避免停机，应将每天必须停机中断摊铺点放在构造物一端预定做收缩缝的位置。在中途万一出现停机，应将摊铺机熨平板锁紧不使下沉；停顿时间在气温 10℃ 以上时不要超过 10min。停顿时间超过 30min 或混合料温度低于 100℃ 时，要按照处理冷接缝的方法重新接缝。

2.3.3.2　沥青混凝土面层材料的质量控制

1. 沥青混合料的组合设计

混合料的组合设计应根据道路等级的要求，经过目标配合比设计、生产配合比和生产配合比验证三个阶段调试后，确定粗集料、细集料、矿粉和沥青材料相互配合的最佳组成比例，使其既满足沥青面层设计要求，又符合经济的原则。高等级道路和一级道路的上、中面层还应进行动稳定度的检查，检查其抗车辙能力是否符合设计要求。

连续级配沥青混凝土混合料配合比设计是以马歇尔试验为主，并通过车辙试验对抗车辙能力进行辅助检验。沥青混合料 60℃ 时，车辙试验的动稳定度高等级道路不小于 800 次/mm（较热地带不小于 1000 次/mm），一级道路不小于 600 次/mm。

（1）提高混合料的高温稳定性：可采用提高粘结力和内摩组力的方法解决。在沥青混合料中，增加粗矿料含量，使粗矿料形成空间骨架结构，从而提高沥青混合料的内摩阻力。适当地提高沥青材料的黏稠度，控制沥青与矿料的比值（油石比），严格控制沥青用量，采用具有活性矿粉以改善沥青与矿料的相互作用，就能提高沥青混合料的粘结力。

（2）提高混合料低温抗裂性：在组合设计中，应选用稠度较低、温度敏感性低、抗老化能力强的沥青，在沥青中掺入橡胶等高聚物，也能大大提高混合料低温抗裂性。

（3）提高混合料的耐久性：一般在混合料中应残留 3%～6% 空隙（或以饱水率 2%～4% 计）。

2. 拌合沥青混合料时的注意事项

（1）清除热仓料的超尺寸颗粒：检查振动筛，调整冷料仓上料速度。

（2）消除混合料的花白料：根据检查确定的原因升高集料加热温度，或增加拌合时间，或减少矿粉用量。

（3）清除湿料：对含水量大于 7% 的细集料不允许使用。

（4）消除混合料无色泽：严格控制沥青加热温度在 160～170℃。

（5）消除矿料颗粒的明显变化：检查原因和采取相应的措施或调整配合比。另外，在拌合时沥青、矿料的加热温度和沥青混合料的出厂温度应根据沥青品种、标号、黏度、气候条件和铺筑层的厚度确定。沥青的针入度小、黏度小、气温低、铺筑层薄时用高限，可参照表 2-3-6。

热拌沥青混合料的加工温度（℃）　　　　表 2-3-6

沥青种类		石　油　沥　青			煤　沥　青	
沥青标号		AH-50 AH-70 AH-90 A-60	AH-110　AH-130 A-100　A-140 A-180	A-200	T-8 A-9	T-5 T-6 T-7
沥青加热温度		150～170	140～160	130～150	100～130	80～120
矿料温度	间歇式拌合机	比沥青加热温度高 10～20（填料不加热）			比沥青加热温度高 15（填料不加热）	
	连续式拌合机	比沥青加热温度高 5～10（填料加热）			比沥青加热温度高 8（填料加热）	
沥青混合料出厂正常温度		140～165	125～160	120～150	90～120	80～110
混合料储料仓储料温度		储料过程中温度降低不超过 10			储料过程中温度降低不超过 10	

（6）拌合设备的数量的决定：为了保证均匀、连续、不间断地摊铺，必须保证拌合炉具有一定的产量，可根据实际情况测定每天供应或摊铺的数量和一台拌合楼的产量，来确定拌合炉的数量。其依据为在摊铺机前应经常保持有 4～5 车沥青混合料待卸，以保证摊铺的连续性。

3. 沥青混合料的运输

（1）应选用载质量大于 15t 的大型自卸汽车运送沥青混合料到摊铺现场，以减少摊铺前经常短时换车卸料的情况。

（2）车辆数量的确定，应根据施工位置、施工条件、摊铺能力、运输路线、运距和运输时间，以及所需混合料的种类和数量确定，可采用下式计算：

$$n = \alpha \frac{t_1 + t_2 + t_3}{T}$$

式中　n——运输车辆数量；

　　　t_1——重车运程时间（min）；

　　　α——储备系数，视交通情况而定，一般取 1.1～1.2；

　　　t_2——空载运程时间（min）；

　　　t_3——在工地卸料和等待的总时间（min）；

　　　T——拌制一车混合料所需的时间（min），$T = 60G_0/G$；

　　　G_0——车辆载重能力（t/h）；

　　　G——拌合设备生产能力（t/h）。

（3）从拌合厂到摊铺现场的距离远时，在非高温季节施工时应用篷布或棉毯覆盖沥青混合料，以保持沥青混合料的温度。在雨季施工时，运料车还应有防雨篷布。

2.3.3.3　沥青混凝土路面碾压的质量控制

沥青混凝土面层的碾压通常分三个阶段进行，即初压、复压和终压。

1. 沥青混凝土路面的初压

第一阶段初压习惯上常称作稳压阶段。由于沥青混合料在摊铺机的熨平板前已经过初步夯击压实，而且刚摊铺成的混合料的温度较高（常在 140℃ 左右），因此只要用较小的压实功就可以达到较好的稳定压实效果。通常用 6～8t 的双轮振动压路机以 2km/h 左右速度进行碾压 2～3 遍。碾压机驱动轮在前静压匀速前进，后退时沿前进碾压时的轮迹行驶并振动碾压。也可以用组合式钢轮-轮胎（四个等间距的宽轮胎）压路机（钢轮接近摊铺机）进行初压。前进时静压匀速碾压，后退时沿前进碾压时的轮迹行驶并振动碾压。

2. 沥青混凝土路面的复压

第二阶段复压是主要压实阶段。在此阶段至少要达到规定的压实度，因此，复压应该在较高温度下并紧跟在初压后面进行。复压期间的温度不应低于 100～110℃，通常用双轮振动压路机（用振动压实）或重型静力双轮压路机和 16t 以上的轮胎压路机同时先后进行碾压，也可以用组合式钢轮-轮胎压路机与振动压路机和轮胎压路机一起进行碾压。碾压遍数参照铺筑试验段时所得的碾压遍数确定，通常不少于 8 遍。碾压方式与初压相同。

3. 沥青混凝土路面的终压

（1）第三阶段终压是消除缺陷和保证面层有较好平整度的最后一步。由于终压要消除复压过程中表面遗留的不平整，因此，沥青混合料也需要有较高的温度。终压常使用静力双轮压路机并应紧接在复压后进行。终压结束时的温度不应低于沥青面层施工规范中规定的 70℃，应尽可能在较高温度（如不低于 80℃）下结束终压。

（2）在施工现场，组织得好的碾压应是初压、复压和终压的压路机各在相互衔接的小段上碾压并随摊铺速度依次向前推进。当然，实际碾压过程中压路机会超出复压与初压和终压复压的分界线。

（3）为使压路机驾驶员容易辨明自己应该碾压的路段，可用彩旗或其他标记物放在初压与复压和复压与终压的分界线上，并根据沥青混合料的温度和碾压遍数移动这些标记物，指挥驾驶员及时进入下一小段进行碾压。

（4）为保证各阶段的碾压作业始终在混合料处于稳定的状态下进行，碾压作业应按下述规则进行：

1）由下而上（沿纵坡和横坡）。

2）先静压后振动碾压。

3）初压和终压使用双轮压路机，初压可使用组合式钢轮-轮胎压路机，复压使用振动压路机和轮胎压路机。

4）碾压时驱动轮在前，从动轮在后。

5）后退时沿前进碾压的轮迹行驶。

6）压路机的碾压作业长度应与摊铺机的摊铺速度相平衡，随摊铺机向前推进。

7）压路机折回去不在同一断面上，而是呈阶梯形。

8）当天碾压完成尚未冷却的沥青混凝土层面上不应停放一切施工设备（包括临时停放压路机），以免产生形变；压实成型的沥青面层完全冷却后才能开放交通。

4. 沥青混凝土路面纵向接缝与横向接缝的碾压

（1）纵向接缝的碾压：纵向接缝的碾压，压路机先在已压实路面上行走，同时碾压新铺混合料 10～15cm，然后碾压新铺混合料，同时跨过已压实路面 10～15cm，将接缝碾压密实。

（2）横向接缝的碾压：横向接缝的碾压是工序中的重要一环。碾压时，应先用双轮压路机进行横向（即垂直于路面中心线）碾压，需要时，摊铺层的外侧应放置供压路机行驶的垫木。碾压时压路机应主要位于已压实的混合料层上，伸入新铺混合料的宽度不超过 20cm。接着每碾压一遍向新铺混合料移动约 20cm，直到压路机全部在新铺面层上碾压为止。然后进行正常的纵向碾压。

在相邻摊铺层已经成型必须施做冷纵向接缝时，可先用钢轮压路机沿纵缝碾压一遍，在新铺层上的碾压宽度为 15～20cm，然后再沿横向接缝进行横向碾压。横向碾压结束后进行正常的纵向碾压。

2.3.3.4 沥青混凝土路面接缝处理措施

1. 沥青混凝土路面纵向接缝的处理措施

两条摊铺带相接处，必须有一部分搭接，才能保证该处与其他部分具有相同的厚度。搭接的宽度应前后一致。搭接施工有冷接茬和热接茬两种。

（1）冷接茬施工是指新铺层与经过压实后的已铺层进行搭接：半幅施工不能采用热接缝时宜加设挡板或采用切刀切齐。铺另半幅前必须将缝边缘清扫干净，并涂洒少量粘层沥青。摊铺时应重叠在已铺层上 5～10cm，摊铺后用人工将摊铺在前半幅上面的混合料铲走，然后再进行碾压。应注意新摊铺带必须与前一条摊铺带的松铺厚度相同。

（2）热接茬施工一般是在使用两台以上摊铺机梯队作业时采用的：此时两条毗邻摊铺带的混合料都还处于压实前的热状态，所以纵向接茬易于处理，且连接强度较好。施工时应将已铺混合料部分留下 10～20cm 宽，暂不碾压，作为后摊铺部分的高程基准面，待后摊铺部分完成后，一起碾压（跨缝碾压）。

不管采用冷接法或热接法，摊铺带的边缘都必须齐整，这就要求机械在直线上或弯道上行驶始终保持正确位置。为此，可沿摊铺带一侧敷设一根导向线，并在机械上安置一根带链条的悬杆，驾驶员只要注视所悬链条对准导向线行驶即可。

2. 沥青混凝土路面横向接缝的处理措施

（1）相邻两幅及上下层的横向接缝均应错位 1m 以上。横向接缝有斜接缝和平接缝两种。高等级道路、一级道路的中、下层的横向接缝可采用斜接缝，在上面层应采用垂直的平接缝，其他等级道路的各层均可采用斜接缝。铺筑接缝时，可在已压实部分上面铺一些热混合料使之预热软化，以加强新旧混合料的粘结。但在开始碾压前应将预热用的混合料铲除。

（2）斜接缝的搭接长度与层厚有关，一般为 0.4～0.8m。搭接处应清扫干净并洒粘层油。当搭接处混合料中的粗集料颗粒超过压实层厚时应予剔除，并补上细料。斜接缝应充分压实并搭接平整。

（3）平接缝应做到紧密粘结、充分压实、连接平顺，施工可采用下列方法：

1）在施工结束时，摊铺机在接近端部前约 1m 处将熨平板稍抬起驶离现场，用人工将端部混合料铲齐后再碾压，然后用 3m 直尺检查平整度，趁混合料尚未冷透时垂直铲除端部层厚不足的部分，使下次施工时直角连接。

2）在预定的摊铺段的末端先撒一薄层砂带，摊铺混合料后摊铺层上挖一道缝隙，缝隙位于撒砂的交界处，在缝中嵌入一块与压实层厚等厚的木板或型钢，待压实后铲除撒砂的部分，扫尽砂子，撤去木板或型钢，在端部洒粘层沥青接着摊铺。

3）在预定的摊铺段末端先铺上一层麻袋或牛皮纸，摊铺碾压成斜坡，下次施工时将铺麻袋或牛皮纸的部分用人工刨除，在端部洒粘层沥青接着摊铺。

4）在预定摊铺段的末端先撒一薄层砂带，再摊铺混合料，待混合料稍冷却后用切割机将撒砂的部分要切割整齐后取走，用干拖布吸走多余的冷却水，待完全干燥后在端部洒粘层沥青接着摊铺，不得在接头有水或潮湿的情况下铺混合料。

对于横向接缝，应于接缝处起继续摊铺混合料前，用 3m 直尺检查已铺路面端起平整度，不符合要求时应予清除。在摊铺新混合料时应调整好预留高度，接缝摊铺层施工结束后再用 3m 直尺检查平整度，当有不符合要求者应趁混合料尚未冷却时立即处理，以保证横向接缝处的路面平整度。

2.3.4 水泥混凝土路面施工工艺与平整度控制

2.3.4.1 水泥混凝土路面机械摊铺工艺

1. 采用小型配套机具施工

（1）模板安装控制

1) 应选用钢模且其外侧设有固定模板的斜支撑装置，使立模工作方便、迅速。

2) 在使用前对钢模的直顺度必须认真地进行一次校正工作。

3) 在立模时应精确放样，并检查其中线位置、设计高程和宽度、横坡度、侧面铅垂度，纵缝的顺直度和相邻模板高差。

4) 严格控制模板的安装，模板间接头用螺钉固定，模板下缘与基层之间空隙用加工铁锲垫高，用道钉、钢钎控制模板下边线，用斜支撑控制模板的上边线，使模板能经受各种振捣机具的冲击，确保模板牢固不斜。

5) 施工时还应注意清除模板顶面附着的水泥砂浆等杂物，保证模板顶面平顺。

6) 模板安装就位后应横跨路面拉线检查拟浇混凝土路面厚度，基层高出部分应凿除整平。

(2) 施工机具的控制：

1) 振动梁底面要保持平直，当弯曲超过 2mm 时，应调整或更换。施工结束时，振动梁要清洗干净，放在平整处（必要时将振动梁朝下搁放，以使其自行校正平直度），且不得暴晒或雨淋。

2) 混凝土全面振捣后，再用振动梁进一步拖拉振实并初步整平。振动梁往返拖拉 2~3 遍，使表面泛浆，并赶出气泡。振动梁移动的速度要缓慢而均匀，一般以 1.2~1.5m/min 为宜。

(3) 混凝土拌合物摊铺工序控制：

1) 摊铺前，应对模板的间隔、高度、润滑、支撑稳定情况和基层的平整度、润湿情况以及钢筋的位置和传力杆装置等进行全面检查。

2) 混凝土厚度不大于 24cm 时，可一次摊铺；大于 24cm 时，宜分为两次摊铺，下层厚度宜为总厚度的 3/5。

3) 摊铺的松料厚度，应考虑振实的影响而预留一定的高度，具体数值根据试验确定，一般可取设计厚度的 10% 左右。

4) 混凝土混合料运送车辆到达摊铺地点后，一般直接倒入安装好侧模的路槽内，并用人工找平补齐。可采用"扣锹"的方法，严禁抛掷和搂耙，以防止混凝土离析。

5) 振捣顺序：

① 首先应用插入式振捣器在模板边缘角隅等平板振捣器振捣不到之处振一次（如面板厚大于 22mm，则需用插入式捣器全面顺序插振一次），同一位置振捣时间不宜少于 20s；

② 然后再用平板振捣器全面振捣。振捣时应重叠 10~20cm，同一位置振捣时，当水灰比小于 0.45 时，振捣时间不宜少于 30s；水灰比大于 0.45 时，不宜少于 15s，以不再冒气泡并泛出水泥浆为准；

③ 混凝土在全面振捣后，用振动梁进一步拖拉振捣并且初平；

④ 用平直的滚杆进一步滚揉表面，使表面进一步提浆调平。

(4) 混凝土未凝固前表面不平处理对策：当振捣后的混凝土表面有不平处时，应及时采用人工补填找平。补填时应用较细的混合料原浆。

(5) 混凝土表面制毛的控制：一般应以四周边混凝土适合压纹的时间为准，在板面中央等强度高的部位，采用在压纹机上加载的办法解决。采用压纹的路面平整度，一般都不如拉毛的路面平整度好。

2. 采用滑模摊铺机

(1) 消除摊铺机自身的影响:

1) 调整挤压底板的倾角、边部超铺角及侧模位置。应根据滑模摊铺机的动力大小、履带行走部位坚硬程度及挤压底板面积,调整好底板仰角。原则是既要保证滑模摊铺机对混凝土路面有足够的挤压力,又能使其顺畅行进摊铺。

2) 在摊铺出一小段路面时,应根据稳定的混凝土坍落度,检测出横向平整度,调整底板两侧翘起量,同时调整侧模板内倾斜度,使给定坍落度下的超铺角合适,路面出模边混凝土坍落后,达到路面边角所要求的规则几何形状下的横断面平整度。

3) 调整好浮板抹平板压力。为了提高路面平整度并消除表面坑槽、气泡和翘出的石子,在摊铺机上一般应配置自动悬浮式抹平板,进行表面的机械修整和提浆,即保证优良外观和平整度,又提供制作抗滑构造所需足够的砂浆层厚度。自动抹平的压力应根据混凝土稠度和路面纵坡度变化随时调整,其压力宜轻不宜重,压力过大会使原有的纵横向平整度丧失。

(2) 基准线的控制:滑模摊铺水泥混凝土路面的施工拉线是保障平整度的"生命线",路面的摊铺平整度及精度只能低于而绝不可能高于拉线设定值,所以必须高度重视。并采取如下措施:

1) 在拉线敷设时首先必须严防出现差错,保证拉线精度,并对其进行必要的测量复查。还可以经常贴近设的拉线,观察是否有肉眼能看出的拐点和不平顺现象,一经发现,应立即纠正。

2) 拉线桩应钉牢,桩之间的间距在顺直段每10m一根,在渐变段及小半径平曲线及竖曲线内应加密到每5m一根,特别是渐变段处纵横坡变化路段的摊铺,两侧拉线的每个横断面上的坡度都必须正确无误。

3) 拉线可用醒目的红色尼龙绞线,也可以用直径合适的钢丝绳。每根拉线最长为500m。每根线上不得有三个以上的接头,断开分叉的钢丝应剪掉。

4) 每个拉线在两端应设有专用紧线器,拉线张拉力应不小于1kN。拉线张力的要求是为了保证传感器的导杆在拉线上滑动时,其挠度不至于影响摊铺的平整度。

5) 在施工过程中,严禁人和车辆碰动已设好的拉线。滑模摊铺操作手应随时观察监视拉线及传感器的工作,严防传感器掉线。如果拉线被扰动或传感器掉线,路面平整度就会失控。

6) 目前较先进的滑模摊铺机在传感器控制上,设有防止突然掉线的防差错初始参数设定系统,从摊铺机的自动控制上考虑到掉线差错的防止。即便如此,施工中仍应严禁碰撞拉线,以保证摊铺位置、高程和平整度达到设计要求。

(3) 摊铺机操作措施:首先应将滑模摊铺机各项工作参数调整到最佳状态。

1) 均匀分布混凝土料。操作手根据前方料堆位置,及时转动螺旋布料器,左右横向均匀布料,特别应保持两边角处有充足的拌合物。同时,要注意前后卸料尽量均匀,一般应在摊铺前配备一定的机械来保证布料。布料不均将严重影响路面平整度。

2) 调整松方控制板高度。松方控制板的高度根据振动仓内的料位高度随时调整,振内的最佳料位一般应保持在高于路表面10cm左右。料位过低,振捣棒裸露,减小振动效果，还可能烧毁振捣棒；过高，则混凝土排气不充分，密实度受影响。料位过高或过低都会影响摊铺平整度。

3）调整好振捣棒间距、位置、振捣频率及行进速度。滑模摊铺机振捣棒数量要足够，安装间距不大于 45cm，距侧边不大于 25cm。

4）滑模摊铺时，振捣棒的水平部位应平行于路面，悬浮在路表面处振捣。如插在路面中，拉出的振捣棒沟槽或砂浆沟槽将影响路面平整度。砂浆沟槽会引起路面纵向开裂。

5）振捣棒的振动频率应视混凝土稠度在 6000～1000 次/min 范围调整。振捣频率要与摊铺速度、拌合物的稠度匹配。振捣棒的振动频率，料干时用高频；料稀时用低频振动。

6）料干时应减慢摊铺速度，料稀时应加快摊铺速度，既要防止出现欠振麻面现象，又要防止过振流淌。

7）调整夯实杆位置及夯实频率。插捣粗集料夯实杆最低位置应在挤压底板前沿以下 5～8mm 处，位置过浅不起作用，过深增加摊铺机推进阻力。夯捣频率控制在 60～120 次/min 之间，料干加大，料稀减少。

2.3.4.2 水泥混凝土路面材料

（1）水泥混凝土原材料：

1）水泥原则上应选用强度高、干缩小、耐磨性和抗冻性好的水泥，主要采用硅酸盐水泥，普通硅酸盐水泥和道路硅酸盐水泥。对中低等级的路面，也可采用矿渣硅酸盐水泥。各级交通选用水泥强度等级为：特重交通采用 42.5 级；重、中交通及轻交通采用 32.5 级。

2）集料应选用坚硬、耐久、洁净，并有良好级配的集料，避免选用含二氧化硅的岩石（一般有蛋白石、玉髓、鳞石英、方石英、硬绿泥岩、硅镁石灰岩、玻璃质或隐晶流纹岩、安山岩和凝灰岩等）。

（2）混凝土配合比设计

混凝土配合比设计应根据混凝土设计弯拉强度、耐久性、工作性（和易性）等要求和经济合理的原则，通过试验确定混合料各组合成分的配合比例。其方法是：

1）根据已有的配合比试验参数或以往的经验，得出初拟设计配合比。

2）按初拟设计配合比进行试拌，考虑混合料的工作性，按符合要求的情况作必要的调整，然后进行强度和耐久性试验，按符合要求的情况再作必要的调整，得到设计配合比。

3）根据混凝土现场实际浇筑条件，如集料供应情况（级配、含水量等）、摊铺机具和气候条件等，进行适当地调整，得出施工配合比。

2.3.4.3 水泥混凝土路面纵横缝设置

1. 水泥混凝土路面纵缝设置

小型机具施工时，按一个车道的宽度（3.75～4.5m）一次施工，纵向施工缝一般采用平缝加拉杆或企口缝加拉杆的形式。但在道口等特殊部位，一次性浇筑的混凝土板宽度可能会大于 4.5m，这就需要设纵向缩（假）缝。纵向假缝一般亦应设置拉杆。

缝纵拉杆应采用螺纹钢筋，设置在板厚的中间，并应避免将脱模剂（如沥青等）涂撒的拉杆上。

2. 水泥混凝土路面横缝设置

(1) 横向缩缝

1) 横向缩缝可采用在混凝土凝结后（碎石混凝土抗压强度达到 6.0～12.0MPa，砾石混凝土达到 9.0～12.0MPa）锯切或在混凝土铺筑时压缝的方式修筑。

2) 压缝法施工方法是：当混凝土混合料做面后，应立即用振动压缝刀压缝。当压至规定深度时，应提出压缝刀，用原浆修平缝槽，严禁另外调浆。然后，应放入铁制或木制嵌条，再次修平缝槽，待混凝土混合料初凝前泌水后，取出嵌条，形成缝槽。

3) 由于切缝可以得到质量比压缝好的缩缝，因此，应尽量采用这种方式。特别是高等级道路必须采用切缝法。其施工工艺为：

a. 切缝前应检查电源、水源及切缝机组试运转的情况，切缝机刀片应与机身中心线成 90°角，并应与切缝线在同一直线上；

b. 开始切缝前，应调整刀片的进刀深度，切割时应随时调整刀片切割方向。停止切缝时应先关闭旋钮开关，将刀片提升到混凝土板面上，停止运转；

c. 切缝时刀片冷却用水的压力不应低于 0.2MPa，同时应防止切缝水渗入基层和土基；

d. 当混凝土强度达到设计强度的 25%～30%，即可进行切割。当气温突变时，应适当提早切缝时间，或每隔 20～40m 先割一条缝，以防因温度应力产生不规则裂缝。应严禁采用一条缝分两次切割的操作方法；

e. 切缝后，应尽快灌注填缝料。

f. 切缝的注意事项：

(a) 切割时间要特别注意掌握好，切得过早，由于混凝土的强度不足，会引起粗骨料从砂浆中脱落，而不能切出整齐的缝；

(b) 切得过迟，则由于温度下降和水分减少而产生的混凝土收缩因板长而受阻，导致收缩应力超出其抗拉强度而在非预定位置出现早期裂缝；

(c) 合适的切割时间应控制在混凝土获得足够的强度，而收缩应力并未超出其强度的范围内时；

(d) 切缝时间随混凝土的组成和性质（集料类型、水泥类型和含量、水灰比等）、施工时的气候条件等因素而变化，施工技术人员需依据经验并进行试切后决定。表 2-3-7 为大致的切缝时间范围，供参考。

经验切缝时间 表 2-3-7

昼夜平均温度（℃）	常规施工方法（h）	真空脱水作业（h）	昼夜平均温度（℃）	常规施工方法（h）	真空脱水作业（h）
5	45～50	40～45	20	18～21	12～15
10	30～45	25～30	25	15～18	8～11
15	22～26	18～23	30	13～15	5～7

(2) 胀缝

1) 胀缝应与路中心线垂直，缝壁必须垂直，缝隙宽度必须一致，缝中不得连浆。缝下设胀缝板，上部灌胀缝填缝料。

2）传力杆的活动端，可设在缝一边或交错布置，固定后的传力杆必须平行于板面及路面中心线，其误差不得大于 5mm。

3）传力杆的固定，可采用端头木模固定或支架固定安装两种方法：

a. 端头木模固定传力杆安装方法。宜用于混凝土板不连续浇筑时设置的胀缝。传力杆长度的一半应穿过端头挡板，固定于外侧定位模板中，混凝土拌合物浇筑前应检查传力杆位置，浇筑时应先摊铺下层混凝土拌合物，并用插入式振捣器振实，并应在校正传力杆位置后，再浇筑上层混凝土拌合物。浇筑后板时应拆除端头木模，并应设置胀缝板、木制嵌条和传力杆套管（见图 2-3-4）；

b. 支架固定传力杆安装方法。宜用于混凝土板连续浇筑时设置的胀缝。传力杆长度的一半应穿过胀缝板和端头挡板，并应用钢筋支架固定就位。浇筑混凝土时应先检查传力杆位置，再在胀缝两侧摊铺混凝土拌合物至板面，振捣密实后，抽出端头挡板，空隙部分填补混凝土拌合物，并用插入式振捣器振实。

近年来，人们在施工中对该方法做了一些改进，其做法是：预先设置好胀缝板和传力杆支架，并预留好滑动空间，为保证胀缝施工的平整度以及施工的连续性。胀缝板以上的混凝土硬化后用切缝机按胀缝的宽度切两条线，待填料时，将胀缝板以上的混凝土凿去。这种方法对保证胀缝施工质量特别有效，无端头挡板的胀缝如图 2-3-5 所示。

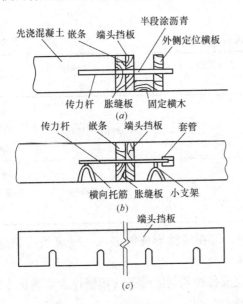

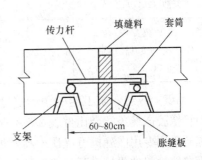

图 2-3-4　有端头挡板的胀缝 　　　　图 2-3-5　无端头挡板的胀缝
（a）顶头木模固定；（b）钢筋支架固定；（c）端头挡板

（3）施工缝

施工缝宜设于胀缝或缩缝处，多车道施工缝应避免设在同一横断面上。施工缝如设于缩缝处，板中应增设传力杆，其一半锚固于混凝土中，另一半应先涂沥青，允许滑动。传力杆必须与缝壁垂直。

3. 水泥混凝土的接缝填封

混凝土板养护期满应及时填封接缝。填缝前必须保持缝内清洁，防止砂石等杂物掉入缝内。常用的填缝方法有灌入式和预制嵌缝条填缝两种。

(1) 灌入式填缝施工:

1) 采用灌入式填缝施工时,灌注填缝料必须在缝槽干燥状态下进行,填缝料应与混凝土缝壁粘附紧密,不渗水,其灌注深度以 3～4cm 为宜,下部可填入多孔柔性材料。

2) 填缝料的灌注高度,夏天应与板面平齐,冬天宜稍低于板面。

3) 当用加热施工或填料时,应不断搅拌使填料达到规定温度。气温较低时,应用喷灯加热缝壁,个别脱开处,应用喷灯烧烤,使填料粘结紧密。

4) 目前用的强制式灌缝机和灌缝枪,能把改性聚氯乙烯胶泥和橡胶沥青等加热施工式填缝料和常温施工式填缝料灌入缝宽不小于 3mm 的缝内,也能把分子链较长、稠度较大的聚氨酯焦油灌入 7mm 的缝内。

(2) 预制嵌缝条填缝施工:

1) 胀缝:胀缝板宜用软木板、木纤维板或沥青浸制的油毛毡压制而成,适用于胀缝的下半部分。预制胀缝板嵌入前,缝壁应干燥,并应清除缝内杂物,使嵌缝条与缝紧密结合。适用于胀缝上半部的嵌缝条常用的有两种,即沥青橡胶嵌缝条和有孔氯丁橡胶嵌缝条。有孔氯丁橡胶嵌缝条采用氯丁橡胶原料,按设计图形用橡胶挤出机挤压成型,然后放在硫化罐内硫化而成。沥青橡胶嵌缝条用沥青、石棉粉、石粉按比例配合(沥青橡胶配合比见表 2-3-8) 压制而成。

沥青橡胶配合比 (质量比)　　　　　　　　表 2-3-8

沥青掺配成分	掺配后沥青 (%)	废橡胶粉 (%)	石粉 (%)	石棉粉短绒 (%)	适用范围
油-10 沥青 (80%) +重(轻) 柴油 (20%)	0	25	0	石棉粉 5	缩缝 施工缝 纵缝
油-10 沥青 (80%) +重(轻) 柴油 (20%)	50	20	0	石棉短绒 10	胀缝上半部

2) 缩缝:纵缝、施工缝的预制嵌缝条,可在缝槽形成时嵌入,嵌缝条应顺直整齐。常用沥青橡胶嵌缝条配合比见表 2-3-8 所列。

如若采用专用嵌缝机可优质、高效地完成各种预制嵌缝条的填缝作业。确保水泥混凝土路面接缝填封的质量,延长路面的使用寿命。

2.4 水泥混凝土路面的维修技术

2.4.1 概 述

（1）作为高级路面两大类型的沥青混凝土（黑色）路面和水泥混凝土（白色）路面，各有优点和不足。在世界各国长期存在着所谓"黑白之争"。我国的公路路面一直以黑色（沥青）为主。由于我国沥青资源有限，沥青含蜡量高。20 世纪 90 年代以来，根据我国的资源条件和道路事业发展需要，交通运输部提出了"黑白并举"的路面发展战略。

（2）对发展水泥路面又采取了"因地制宜，积极稳妥，确保质量，加快发展"的 16 字方针，水泥混凝土路面的发展速度明显加快。据统计，1994 年以来，我国每年修建里程超过 12000～20000km，到 2011 年止，水泥混凝土路面达到约 350000km。其中早期修建的水泥混凝土路面已接近使用年限，出现了不同程度的一些开裂、断板、沉陷、错台等病害。

（3）特别是水泥混凝土路面在高速公路建设中的应用比较普遍，在施工和养护中出现的各种病害、裂缝产生的过程，混凝土原材料、配合比、水灰比、施工操作等对质量的影响。造成使用过程中出现角隅断裂、断裂、纵向裂缝、横向裂缝、填缝失效、啃边及表面网裂、脱皮、磨光、掉粒、拱起等等。

因此，加强对水泥混凝土路面的养护和维修，是道路交通部门或高速公路管理部门的一个刻不容缓的任务及重要的工作内容。

2.4.1.1 水泥混凝土路面的现状

1. 基本情况

（1）水泥混凝土路面是一种刚度大、扩散荷载能力强、稳定性好的路面结构。目前世界上，无论是工业发达国家，还是发展中国家对水泥混凝土路面的修筑技术都一直在进行研究和总结，使得水泥混凝土路面在技术上日臻完善，经济上显示出优势，并得到较广泛的应用。

（2）特别是高等级重交通的道路，水泥混凝土路面得到更广泛的应用。我国到 1970 年底全国仅有水泥混凝土路面 200km，占高级、次高级路面里程的 0.9%。20 世纪 70 年代，浙江、广东、江苏等省在沥青供应不足的情况下，开始较多地修筑水泥混凝土路面。与此同时，一些材料研究单位较为系统地开展了水泥混凝土路面技术的研究。

（3）到 20 世纪 80 年代，随着修筑里程的增长，实践经验的积累，科学研究的深入，水泥混凝土路面的修筑技术逐步改进，质量不断提高。加之水泥混凝土路面的适应性及抗灾能力强，能较好地满足现代化交通的要求；沥青供应缺口很大，水泥材料可就近供应。因此，水泥混凝土路面得到了较大的发展。

（4）特别是交通部 1989 年推广国家科学技术委员会科技工作引导性项目《我国水泥混凝土路面发展对策及修筑技术研究》成果以来，使我国公路水泥混凝土路面由 1988 年前的 8264km，上升到 1998 年底的 83652km，10 年净增 75388km，平均每年修建约 7539km，是前 38 年年平均修建里程数的 35 倍，占高级、次高级路面的比重由 1970 年的 0.9% 上升到 1998 年底的约 16.4%，我国高速公路的发展更是喜人的，至 2013 年底止，全国的总里程已突破 100000km，从 1997 年居世界第 39 位跃升到第二位。这样的发展速度在国外也是少见的。

（5）我国早期修建的水泥混凝土路面，主要用于三、四级道路上，设计强度低。水泥混凝土抗压强度除少数为 30MPa 外，多数为 20～25MPa，有的甚至低于 20MPa；面板厚度薄，一般为 16～20cm，有的仅 14cm，甚至更薄。这些路面在行车荷载和环境因素作用下，有的修建不久便出现破坏，有的已超过使用年限，大多数进行过罩面、补强或改建。但也有少数路段，如 1959 年修建的北戴河至杨各庄东 2km 混凝土路面（路面宽 7m，板厚 19cm，砂垫层）已使用 30 年。1988 年调查时，面板破损率仅为 12%，路面表面的水泥砂浆层已全部磨光，但仍能使用，这充分显示出了水泥混凝土路面的优越性。

2. 现状

水泥混凝土路面，在经历了多年的荷载和环境因素作用后，出现了不同程度的损坏，主要表现在以下几方面：

（1）路面断板。水泥混凝土路面断板按其损坏程度分为 3 类：

1）轻微断裂：裂缝无剥落或轻微剥落，未封缝的裂缝宽度小于 3mm；已封缝的裂缝宽度不限，但封缝良好。

2）中等断裂：裂缝处有中等程度剥落；未封缝的裂缝宽度为 3～25mm；已封缝的裂缝无剥落或轻微剥落，但填缝料明显损坏；板被分割成 3 块以内，但均属轻微裂缝。

3）严重断裂：裂缝处有严重剥落；未封缝的裂缝宽度大于 25mm；板被分割成 3 块以上，裂缝损坏在中等程度以上；有错台，裂块已开始活动。

2004 年交通部颁发的《公路工程质量检验评定标准》JTG F80/1—2004 指出："混凝土板的断裂属路面质量不合格问题，应该是不允许出现的，多数施工单位均做返工处理。但国内外资料显示，个别板尚难以避免"。故规定"混凝土的断裂块数，高速公路和一级公路不得超过评定路段混凝土板总块数的 2‰，其他公路不得超过 4‰。对于断裂板应采取适当措施予以处理"。

（2）胀缝损坏：这个时期修建的水泥混凝土路面胀缝间距较短（一般为 20～40m），数量多，胀缝损坏率很高，且难于养护，成为水泥混凝土路面的主要缺陷之一。如上海市延安中路，使用一年，60% 的胀缝出现了不同程度的碎裂，占损坏板块总数的 87%。

（3）纵缝拉宽：由于当时纵缝不设拉杆，板在自重作用下沿路拱横坡方向滑动，加上板的热胀冷缩作用，使纵缝逐渐拉开，有的可达 2～5cm。在填方路段，特别是半填半挖路段以及处于平曲线半径小的路段，面板的纵缝拉宽更大。纵缝拉宽的后果是使雨水渗入基层，引起更多的病害。

（4）错台和唧泥：由于当时修筑水泥混凝土路面时，人们对基层重视不够，南方地区不少水泥混凝土路面是在原有泥结碎石路面上修建的。泥结碎石含土较多，当水由接缝及路面边缘渗入后，基层强度即显著降低，从而发生唧泥现象。有的采用大块石做基层，由于施工中密实度难以控制和不易压实，往往会松动失稳。北方地区，基层采用的砂石级配不够合理，或细料含量过多，或未经处治，同样存在整体性、稳定性及防冻性差的问题，造成路面错台、唧泥等损坏。

（5）裂缝：造成水泥混凝土路面板开裂原因很多，有施工养护不当引起的早期开裂，有基层脱空引起的断裂，有在荷载和温度应力共同作用下的疲劳开裂，也有板长过长的翘曲或过量收缩而产生横向裂缝等。由于裂缝增宽会丧失传荷作用，导致路面产生严重损坏、变化、龟裂、破损等现象，按规定应设置接缝。却因其透水问题未能解决，反而引起一系列问题：

1）由路面流入接缝内的水，也将流入路基、路床，使路基变弱，不能承受来自车辆碾压的各种压力，就发生混凝土边缘先遭受破坏，尤以板角隅断裂的现象更为严重；

2）水泥混凝土板一旦发生龟裂、破损，路面的水便更容易流入板底下的基础，将恶性循环加剧龟裂、破损的程度；

3）水泥混凝土路面的接缝，若填缝料干凝则体积收缩。收缩后的填料不能抵抗路面雨水的侵蚀。相反，接缝处为路面水的渗入路基提供路径。

21 世纪以来，我国交通部门在组织修建水泥混凝土路面的高等级道路、一级、二级道路过程中，严格执行《公路工程质量检验评定标准》JTG F80/1—2004 标准，使水泥混凝土路面的质量有很大的提高。尽管如此，近几年修建的水泥混凝土路面，由于施工、养护等原因，加之交通荷载的日益重型化，交通量的大幅度增长，加速了路面的损坏。如不及时维修，将会给以后的修补带来更大的困难。

2.4.1.2 水泥混凝土路面的损坏与鉴定

1. 概述

下面阐述水泥混凝土路面的损坏现象及其鉴定方法，适用于普通水泥混凝土路面、钢筋水泥混凝土路面、钢纤维水泥混凝土路面。具体损坏形式和对应的量测见表 2-4-1 所列。

各种水泥路面损坏形式和对应的量测单位   表 2-4-1

序号	损坏类型	损坏类型	量测单位	荷载相关	荷载无关	结构性	功能性
1	裂缝	角隅断裂	处	√	—	√	—
		纹裂（"D"裂缝）	处，m²	—	√	√	—
		纵向裂缝	m	√	√	√	—
		横向裂缝	条，m	√	√	√	—
2	接缝损坏	填缝失效	条，m	—	√	—	√
		啃边	条，m	√	√	√	√
3	表面缺陷	网裂	处，m²	—	√	—	√
		脱皮	处，m²	—	√	—	√
		磨光	处，m²	—	√	—	√
		掉粒	板块及掉粒数	—	√	—	√
4	其他	拱起	个	√	√	√	—
		唧泥	m	√	√	√	—

续表

序号	损坏类型		量测单位	荷载相关	荷载无关	结构性	功能性
4	其他	错台	mm	✓	✓	✓	—
		传力杆失效	处	—	✓	✓	—
		补丁损坏	个，m²	✓	✓	✓	—
		车道与路肩高差或公离	mm	—	✓	✓	—

2. 裂缝

水泥混凝土路面的接缝和裂缝处往往伴随有啃边现象，使裂缝和接缝在纵断面上呈"漏斗"状，并造成在裂缝宽度测量时的不确定。为了统一测量和评价标准，裂缝宽度均以啃边最宽处为准，作为裂缝宽度，如图 2-4-1 所示。

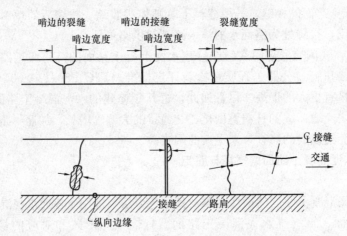

图 2-4-1　接缝和裂缝宽度测量方法分析图

（1）角隅断裂

角隅断裂是指在板角的两个直角边约 1.8m 内出现的斜割板角的断裂，断裂与纵缝和横缝的夹角均约 45°，如图 2-4-2 所示。不同于板角啃边，角隅断裂纵贯整个板厚，使板角与板体分离。造成角隅断裂的原因主要是板角脱空、接缝传力失效、温度翘曲，及其与

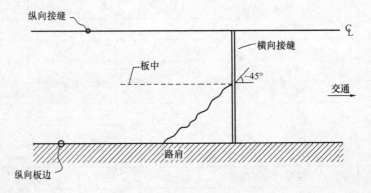

图 2-4-2　角隅断裂分析图

车辆荷载的综合作用。虽然角隅断裂是一种明显的荷载相关型损坏，但是却与水泥板下基层的耐冲刷性能有很强的相关性，由于基层材料的流失所造成的板底脱空使板角失去支撑，是角隅断裂最主要的影响因素。

1）损坏等级：

a. 轻微：轻微啃边不超过裂缝长度的 10％，没有明显的错台；角隅完整，没有继续断裂成若干块；没有材料的流失，也没有补丁，如图 2-4-3 所示；

b. 中等：有轻微啃边现象，超过裂缝长度的 10％，但并不严重；错台＜13mm；角隅完整，没有继续断裂成若干块；

c. 严重：严重的啃边现象，并超过裂缝长度的 10％，但不严重；错台≥13mm；角隅断裂成若干小块，表面明显不平整，如图 2-4-4 所示。

图 2-4-3 角隅断裂（轻微）

图 2-4-4 角隅断裂（严重）

2）测量方法：按照不同的损坏等级记录角隅断裂个数，如果板角已经得到挖补，那就按照补丁面积来记录。如果修补的边缘还可以看清的话，则按照"严重"等级来记录。

3）相关试验：主要包括采用水泥抗折试验、水泥混凝土小梁弯拉试验、基层材料耐冲刷性试验等。

（2）纹裂

水泥混凝土路面纹裂是指在板边和裂缝附近一系列密集的细如发丝的裂缝（图 2-4-5 和图 2-4-6）。由于裂缝中含有氢氧化钙残留物，致使裂缝呈现出较深的颜色。纹裂产生的主要原因是混凝土中含有的某种粗骨料因冻融原因发生了体积膨胀。

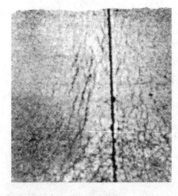

图 2-4-5 纹裂（接缝处）示意图

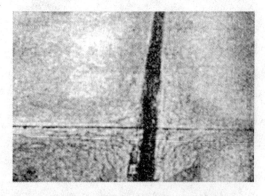

图 2-4-6 纹裂（角隅附近）示意图

1）损坏等级：

a. 轻微：是指水泥混凝土路面纹裂相对紧密，没有出现脱皮和掉块，也没用补丁现象；

b. 中等：是指水泥混凝土路面纹裂的范围相对较小，有小块脱皮和掉块，或已经有修补；

c. 严重：是指水泥混凝土路面纹裂的范围相对较大，有明显的脱皮和掉块现象，并且补丁的面积已经超过 $0.1m^2$。

2）测量方法：认真记录水泥混凝土路面出现纹裂的板块数目，并按照不同的损坏等级来记录纹裂的面积。图 2-4-7 所示为纹裂分析图。

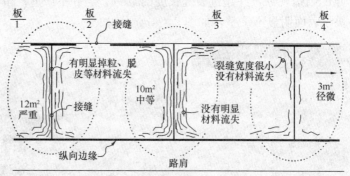

图 2-4-7 纹裂分布分析研图

（3）纵向裂缝

水泥混凝土路面中的纵向裂缝大致平行于道路中线，交通荷载、板底脱空、温度和湿度翘曲应力以及错误的纵向接缝施工都是引起纵向裂缝的主要原因。

1）损坏等级：

a. 轻微：是指裂缝宽度＜3mm，没有明显的啃边和错台，或已经被灌缝，如图 2-4-8 所示；

b. 中等：是指 3mm≤裂缝的宽度＜13mm，啃边＜75mm，错台＜13mm；

c. 严重：是指裂缝的宽度＞13mm，啃边≥75mm，错台≥13mm，如图 2-4-9 所示。

图 2-4-8 纵向裂缝（轻微）示意图

图 2-4-9 纵向裂缝（严重）示意图

2）测量方法：按照不同的损坏等级记纵向裂缝的长度，同时记录已经灌缝且状况良好的裂缝长度。纵向裂缝分析如图 2-4-10 所示。

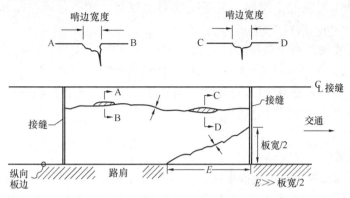

图 2-4-10 纵向裂缝分析图

（4）横向裂缝

水泥混凝土路面中的横向裂缝，有时表现为对角裂缝，一般垂直于道路的中线处，如图 2-4-11 和图 2-4-12 所示。交通荷载、板底脱空、温度和湿度翘曲应力的综合作用是引起横向裂缝的主要原因。横向裂缝图示如图 2-4-13 所示。

图 2-4-11 横向裂缝（开叉）之一

图 2-4-12 横向裂缝（开叉）之二

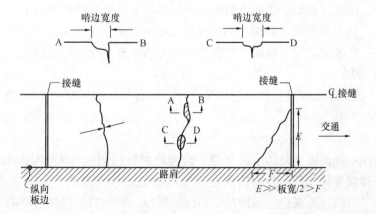

图 2-4-13 横向裂缝分析图

1）损坏等级：

a. 轻微：指水泥混凝土路面的裂缝宽度须<3mm，没有明显的啃边和错台，或已经

被灌缝；

b. 中等：指水泥混凝土路面的裂缝宽度必须控制在如下范围：3mm≤裂缝宽度＜6mm，啃边＜75mm，错台＜6mm；

c. 严重：指水泥混凝土路面的裂缝宽度＞6mm，同时，啃边≥75mm，错台≥6mm。

2）测量方法：按照不同的损坏等级记录横向裂缝的数目和长度。一条裂缝上可能存在不同的损坏等级，只要有10%的裂缝达到了某一等级，此裂缝损坏程度即从重记录。灌缝且状况良好的裂缝应同时记录其长度。

3. 接缝损坏类

（1）填缝失效

水泥混凝土路面的填缝失效或损坏后，一些如石子一类的坚硬的物体可以进入接缝，而水可以穿透接缝侵入路面内部，引发各类次生病害。比较典型的填缝失效有：填缝料挤出、硬化、剥落、断裂，或者完全流失。此外，坚硬的异物可能会挤坏接缝，交通量较少的道路上接缝内可能会长草，如图 2-4-14 和图 2-4-15 所示。

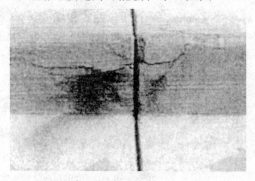 

图 2-4-14   填缝料流失示意图   图 2-4-15   填缝料流失并伴有啃边（已灌缝处理）

1）损坏等级：

a. 横缝

（a）轻微：指水泥混凝土路面中的灌缝料损坏不足整条接缝长度的10%；

（b）中等：指水泥混凝土路面中的灌缝料损坏达到整条接缝长度的10%～50%；

（c）严重：指水泥混凝土路面中的灌缝料损坏达到超过接缝长度的50%。

b. 纵缝无分级。

2）测量方法：记录横缝是否填缝状况良好，如有损坏则标明损坏程度；纵缝则记录损坏长度，单位为 m。

（2）啃边

啃边是指在水泥混凝土路面中的纵缝、横缝或裂缝两侧 0.6m 范围内出现板边磨损、起皮、裂缝、掉块等现象时，使板边参差不齐，如图 2-4-16 和图 2-4-17 所示。啃边不会向板底方向发展贯通，而是以一定的角度斜向缝断面，对板边形成斜切效果。其原因通常是一些不可压缩的硬物掉入缝内，在混凝土板自身膨胀或交通荷载的作用下造成板边处的应力集中。混凝土解体、强度不足，或传力杆设置不当也会引发啃边。横缝、纵缝的啃边分析图见图 2-4-18 和图 2-4-19 所示。

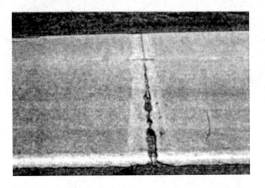

图 2-4-16　横缝啃边示意图

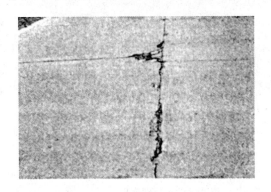

图 2-4-17　纵缝啃边示意图

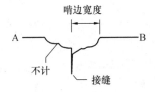

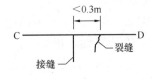

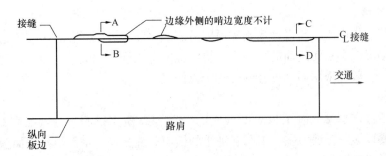

图 2-4-18　纵缝啃边分析图

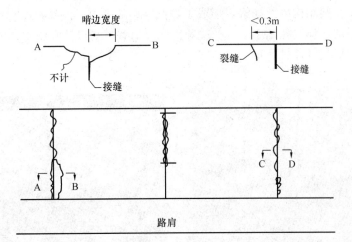

图 2-4-19　横缝啃边分析图

1）横缝啃边损坏等级：

①轻微：指水泥混凝土路面中的啃边宽度＜75mm，有掉块现象；或者啃边没有掉块，也没有补丁等现象；

②中等：指水泥混凝土路面中的啃边宽度应在如下范围内：75mm≤啃边宽度＜150mm，并且有掉块现象；

③严重：指水泥混凝土路面中的啃边宽度＞150mm，或有破碎现象和补丁现象。

2）纵缝啃边损坏等级：

①轻微：指水泥混凝土路面中的啃边宽度＜75mm，并且有掉块现象；或者啃边没有掉块，也没有补丁现象；

②中等：指水泥混凝土路面中的啃边宽度应在如下范围内：75mm≤啃边宽度＜150mm，并且有掉块现象；

③严重：指水泥混凝土路面中的啃边宽度＞150mm，并且有掉块现象。

3）测量方法：对于纵缝，按照不同的损坏等级记录啃边的长度，只记录0.1m以上的损坏。对于横缝，则要记录啃边横缝的数目以及损坏等级，每条横缝损坏等级以损坏最为严重的10％部分计量。如果破碎部分已经移除，并得到了修补，则归为补丁损坏记录。

4. 表面缺陷

表面缺陷是指由于材料设计或施工原因造成的水泥板表面网裂、脱皮、磨光和掉粒现象。表面缺陷降低了水泥路面的平整度、抗滑性能，以及外观效果，但对水泥板的结构强度影响较小，一般可采用局部维修的方式予以修复。

（1）网裂

网裂是指仅在水泥混凝土板表面开展的一系列纵横交错的裂缝，如图2-4-20所示。大的裂缝主要以纵向开展为主，中间有细小的横向裂缝相连。水泥混凝土面板铺筑时表面的浮浆过多可引发网裂。

另外，有一种看似网裂的损坏是由碱集料反应造成的。由于碱集料反应造成混凝土体积膨胀，混凝土材料结构因此崩解，形成了类似网裂的表象，但是裂缝直达板底，造成整块水泥混凝土板的解体，如图2-4-21。这种损坏应追查材料设计和施工环节，而不能作为网裂损坏处理，以免维修过程重蹈覆辙。

图2-4-20　网裂示意图

图2-4-21　发生碱集料反应的水泥板示意图

1）损坏等级：水泥混凝土路面上出现的网裂损坏没有进行分级。

2）测量方法：网裂测量方法是记录出现损坏的水泥混凝土板的块数，并测量损坏的面积，主要以损坏的外接矩形面积为准。

（2）脱皮

脱皮是指水泥混凝土板表面脱落而形成的一种损坏，一般脱皮厚度为 3～13mm 不等。脱皮往往是随着网裂而发生的，除雪盐、反复交通荷载、不良的施工工艺、冻融循环以及钢筋过于靠近路表面都会引发网裂区域的脱皮损坏。图 2-4-22 和图 2-4-23 所示为水泥混凝土路面中的局部脱皮和大面积脱皮。

1）损坏等级：水泥混凝土路面的脱皮损坏没有进行分级。

2）测量方法：脱皮测量方法是记录出现损坏的水泥混凝土板的块数，并测量损坏的面积，它也是以损坏的外接矩形面积为准。

图 2-4-22　局部脱皮示意图　　　　　图 2-4-23　大面积脱皮示意图

（3）磨光

磨光是指水泥混凝土板表面被磨蚀光亮、光滑，如图 2-4-24 所示。如果粗骨料清晰可见，亦被磨蚀光滑，如图 2-4-25 所示。

1）严重程度：水泥混凝土路表面磨光是没有分等级的，但是，可以通过测量其表面摩擦系数来反映路面实际状况。

2）测量方法：磨光测量方法是记录表面损坏的面积，以损坏的外接矩形面积为准。

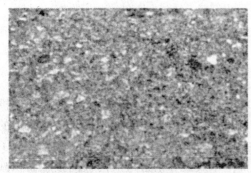 

图 2-4-24　表面刻槽被磨光示意图　　　　图 2-4-25　表面粗集料亦被磨光示意图

（4）掉粒

掉粒是指水泥混凝土板表面出现直径 25～100mm 的小面积掉粒，并形成大小不一的坑洞，路面坑洞的深度约 13～50mm，如图 2-4-26 和图 2-4-27 所示。

图 2-4-26　掉粒（局部）

图 2-4-27　掉粒（特写）

1）损坏等级：水泥混凝土板表面掉粒是没有分等级的。

2）测量方法：水泥混凝土板表面掉粒的测量方法是记录掉粒的板块数目，以及每个板块上掉粒的数量。水泥板掉粒分析如图 2-4-28 所示。

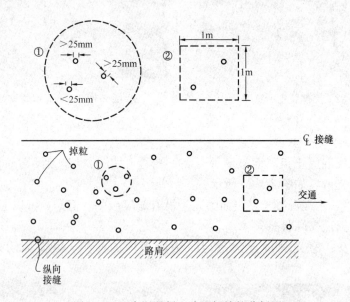

图 2-4-28　水泥混凝土路面板掉粒分析图

5. 其他损坏

（1）拱起

在高温季节里，对横向接缝和裂缝无法吸收水泥混凝土板的膨胀增量时就会发生拱起，如图 2-4-29 所示，在一些窨井和设施开口附近也会经常发生拱起，而且接缝附近的面板经常有碎裂现象。拱起的主要原因是横向接缝间隙不足，或有不可压缩的硬物填充了接缝、阻碍了板的膨胀。水泥混凝土板接缝底部由于纹裂和啃边造成两板间接触面积减少，在一定程度上也会加速拱起的发生。拱起可以表现为小范围的急剧隆起，如图 2-4-30 所示，也可表现为长距离的、缓和的波浪形式。

图 2-4-29 路面拱起示意图

图 2-4-30 路面拱起在维修中的示意图

1）损坏等级：水泥混凝土路面的拱起损坏是无分级的，可用行驶质量评价代替，拱起的分析图，可见图 2-4-31 所示。

2）测量方法：水泥混凝土路面的拱起损坏的测量方法是记录拱起的板块数目。

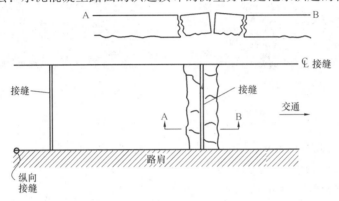

图 2-4-31 拱起分析图

（2）唧泥

水泥混凝土路面的外界水从路面接缝处或裂缝处侵入路面内，然后被行车荷载挤压出路面，如图 2-4-32 和图 2-4-33 所示，对水泥混凝土板的下卧层造成冲刷，并将下卧层的细料溶蚀，随水流挤压到路表面，造成路面下卧层材料逐渐流失，路表同时残留大量的细集料污迹，这种现象称为唧泥。

图 2-4-32 接缝唧泥瞬间示意图

图 2-4-33 裂缝唧泥瞬间示意图

1）损坏等级：水泥混凝土路面的唧泥类损坏无分级，在不同的条件下变化较大。

2）测量方法：唧泥损坏的测量方法是记录出现唧泥的路面长度，单位米（m）。

（3）错台

错台是指在路面接缝或裂缝部位出现前后两板之间的高差，如图 2-4-34 所示。发生错台的接缝或裂缝处，后板的板底积蓄了被水冲蚀而来的松散骨料而被抬高，前板的板底则被冲蚀脱空而沉降，因此，两板间出现高差，如图 2-4-35 所示。错台的根本原因是荷载作用下的唧泥现象，以及基层材料自身的耐冲刷性不足。在错台的形成过程中，由于温度和湿度梯度分布造成的板的向上翘曲，助长了错台的发展速度。当前板的脱空达到一定程度后，前板的板中易发生横向断裂。

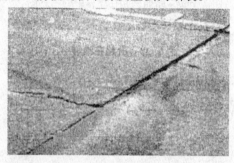

图 2-4-34　错台之一示意图

图 2-4-35　错台之二示意图

1）损坏等级：

a. 轻微：错台高度＜5mm；

b. 中等：5mm＜错台高度≤10mm；

c. 严重：错台高度＞10mm。

2）测量方法：在错台板块之间，分别测量轮迹带、板中和板边处的错台，以平均值作为错台量，单位毫米（mm）。以行驶前进方向为前，前板低于后板者，错台量为正值（＋），反之为负值（－）。错台分析图见图 2-4-36 所示。

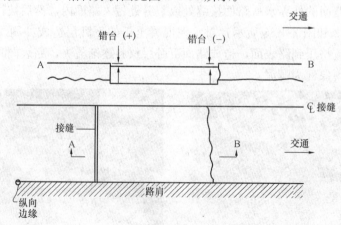

图 2-4-36　错台分析图

（4）传力杆失效

水泥混凝土道路在设置传力杆的横缝附近，通常在靠近纵缝或路边缘位置出现横向裂缝，传力杆的功能由此丧失。发生这种损坏的主要原因是传力杆直径过小、腐蚀、重交通、以及错误配置，如图 2-4-37 和图 2-4-38 所示。

图 2-4-37 传力杆设置不合理 　　　　图 2-4-38 锈蚀导致传力杆失效

1）损坏等级：传力杆失效损坏无分级。

2）测量方法：传力杆失效损坏的测量方法是记录传力杆失效和横缝数目。

2.4.1.3 连续配筋水泥混凝土路面的损坏与鉴定

1. 概述

（1）由于连续配筋水泥混凝土路面的构造不同于普通水泥混凝土路面，尤其是设置纵向连续钢筋和不设横向接缝的特点，显著改变了连续配筋水泥混凝土路面的结构性能，使原来的水泥混凝土路面损坏出现了一些新的变化，也引发了一些新的损坏形式。

（2）所以对连续配筋水泥混凝土路面损坏现象的认识，有助于真正理解这种路面的设计意图。下面讲述连续配筋水泥混凝土路面的损坏现象（表 2-4-2）及其鉴别方法，部分与普通水泥混凝土路面相同的损坏现象不再重复描述。

连续配筋水泥混凝土路面各种损坏形式和对应的量测单位　　　　表 2-4-2

序号	损坏类型		量测单位	荷载相关	荷载无关	结构性	功能性
1	裂缝	横向裂缝	条，m	—	√	√	—
		纵向裂缝	m	√	√	√	—
		纹裂	条，m²	—	√	√	—
2	表面缺陷	网裂	板块数，m²	—	√	—	√
		脱皮	板块数，m²	—	√	—	√
		磨光	板块数，m²	—	√	—	√
		掉粒	板块及掉粒数	—	√	—	√
3	其他	冲断	个，m²	√	—	√	—
		横向施工缝损坏	条	—	√	√	—
		车道与路肩高差	mm	—	√	—	√
		拱起	个	—	√	√	—
		啃边	条，m	√	—	—	√
		纵缝灌缝失败	条，m	—	√	—	√
		补丁损坏	个，m²	√	√	√	—
		唧泥	m	√	√	√	—

2. 裂缝

连续配筋水泥混凝土路面的裂缝主要有纹裂、横向裂缝和纵向裂缝 3 种形式。纹裂的主要原因是水泥混凝土材料本身的设计缺陷，纵向裂缝比较少见，而横向裂缝则是连续配筋水泥混凝土路面的构造要求。

（1）横向裂缝

横向裂缝大致垂直于道路中线 [图 2-4-39(a)]，温度和湿度收缩应力是引起横向裂缝的主要原因，交通荷载、板底脱空等原因引发的横向裂缝可能性相对较小。

连续配筋水泥混凝土路面上遍布细密而又规律的横向裂缝，这是其结构特点，又是其功能要求。正是这些细密的裂缝使条带状的水泥板具有了伸缩能力，从而吸收了水泥混凝土材料因为热胀冷缩产生的长度变化。所以，规律的、细微的横向裂缝是连续配筋水泥混凝土的构造要求 [图 2-4-39(b)]，而不能简单的把横向裂缝当作损坏来看待。

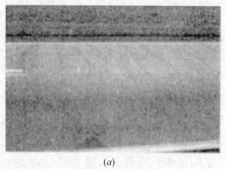

(a)　　　　　　　　　　　　　　　　(b)

图 2-4-39　连续配筋水泥混凝土路面的横向裂缝
(a) 横向裂缝基本垂直于行车方向；(b) 横向裂缝间距规律、相互平行

由于布设了连续的纵向钢筋，连续配筋水泥混凝土路面的横向裂缝宽度非常有限，一般不超过 0.5mm，而横缝本身的啃边损坏则会严重影响路面的性能，啃边的发生不但减少横缝两侧板体的接触面积、降低横缝的荷载传递能力，而且容易积水并增加渗透量，造成板体内部的钢筋锈蚀，因此对连续配筋水泥混凝土路面横向裂缝的损坏评价主要以啃边程度为准。

1）严重程度

a. 轻微：指连续配筋水泥混凝土路面的横向裂缝啃边少于裂缝长度的 10%；

b. 中等：指连续配筋水泥混凝土路面的横向裂缝啃边大于裂缝长度的 10%，小于 50%；

c. 严重：指连续配筋水泥混凝土路面的横向裂缝啃边大于裂缝长度的 50%。

2）测量方法：按照不同的损坏等级记录连续配筋水泥混凝土路面横向裂缝的数目和长度。横向裂缝长度超过路幅宽度一半的，按一条裂缝计，否则不予计数。具体统计方法示意图见图 2-4-40 所示。

（2）纵向裂缝

连续配筋水泥混凝土路面的纵向裂缝大致平行于道路中线，交通荷载、板底脱空、温度和湿度翘曲应力、以及错误的纵向接缝施工都是引起纵向裂缝的主要原因。

纵向裂缝在连续配筋水泥混凝土路面上比较少见，能被发现的纵向裂缝一般都靠近板

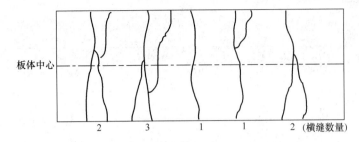

图 2-4-40 连续配筋水泥混凝土路面横向裂缝数量统计方法图

体中线，较少出现在板体边缘，因为板体边缘的纵缝与横缝相交后即形成另外一种连续配筋水泥路面的主要损坏-冲断。

1）严重程度：

①轻微：是指其纵向裂缝宽度＜3mm，没有明显的啃边和错台，或者已经被灌缝；

②中等：是指纵向裂缝控制范围：3mm≤纵向裂缝宽度＜13mm，啃边＜75mm，错台＜13mm；

③严重：是指其纵向裂缝宽度＞13mm，啃边≥75mm，错台≥13mm。

2）测量方法：按照不同的损坏等级记录纵向裂缝的长度，同时记录已经灌缝且状况良好的裂缝长度。连续配筋水泥混凝土路面纵向裂缝分析如图 2-4-41 所示。

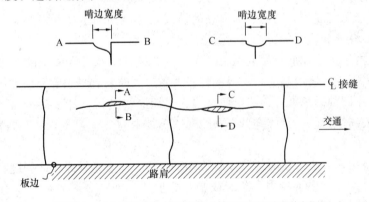

图 2-4-41 连续配筋水泥混凝土路面纵向裂缝分析图

（3）纹裂

纹裂是指在自由板边、接缝和裂缝附近一系列密集的细如发丝的裂缝。由于裂缝中含有氢氧化钙残留物，致使裂缝呈现出较深的颜色。纹裂形成的主要原因是混凝土中含有的某种粗骨料因冻融原因发生体积膨胀。与普通水泥混凝土路面不同的是，连续配筋水泥混凝土路面的纹裂大部分发生在横向裂缝与自由板边的交接点附近，其纹裂分析如图 2-4-42 所示。

1）严重程度：

①轻微：是指其纹裂相对紧密，没有出现脱皮和掉块，也没有补丁现象；

②中等：是指其纹裂的范围相对较小，并有小块脱皮和掉块，或已经有修补现象；

③严重：是指其纹裂的范围相对较大，有明显的脱皮和掉块，其补丁面积超过 $0.1m^2$。

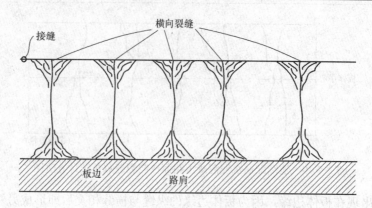

图 2-4-42 连续配筋水泥路面的纹裂分析图

2) 测量方法：记录出现纹裂的横向裂缝数目，按照不同的损坏等级记录纹裂的面积。

3. 表面损坏

连续配筋水泥混凝土路面的表面损坏类型主要有网裂、脱皮、磨光和坑槽 4 种。这些损坏的主要原因是水泥混凝土的材料设计缺陷，与路面结构和交通荷载的相关性比较小，同时，与普通水泥混凝土路面相关损坏的表现形式完全相同，在此不再重复说明，具体详见本书的 2.4.1.2 中的"3. 接缝损坏类"内容。

4. 其他损坏

1) 连续配筋水泥混凝土路面最为典型的荷载相关型损坏是冲断，而横向施工缝和路肩的处理对路面性能和质量的影响最为显著。

2) 此外，由于连续配筋水泥混凝土路面不设置横缝，水泥混凝土的热涨量需要由材料本身的压缩来吸收，所以当材料本身的膨胀系数过大时，容易引起路面的拱起。

3) 围绕上述四种损坏展开介绍，而啃边、纵缝灌缝失效、补丁损坏和唧泥均与普通水泥路面的相关损坏相同，具体详见本书的 2.4.1.2 中的"5. 其他损坏"内容。

(1) 冲断

冲断是指由相邻的两条横向裂缝（通常小于 0.6m）、一条较短纵向裂缝和板边围城的断裂块与板体分离，出现了啃边、断裂或错台等损坏，如图 2-4-43 所示。有时也可能由两条相邻的横向裂缝和板边形成三角形断裂块也会出现相同的损坏。

(a)   (b)

图 2-4-43 连续配筋水泥路面的冲断示意图
(a) 横向施工缝与水泥混凝土路肩附近的冲断；(b) 沥青混合料路肩附近的冲断

相邻较近的两条裂缝之间的板块在受力上类似悬臂梁结构，在车辆荷载的反复作用下从板体上断裂下来，配筋也可能发生断裂，并随之被压入基层或底基层。冲断板块附近一般都伴有啃边、唧泥和错台损坏，如不及时维修的话，冲断会向毗邻区域迅速发展，形成大面积的冲断群。连续配筋水泥混凝土路面的冲断分析如图 2-4-44 所示。

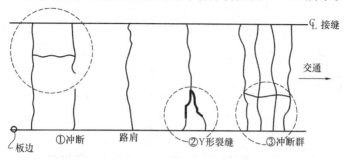

图 2-4-44　连续配筋水泥混凝土路面的冲断分析图

1）严重程度：

a. 轻微：是指其纵向和横向裂缝仍然紧密，啃边<75mm，错台<5mm；

b. 中等：是指其冲断裂纹控制在如下范围：75mm≤啃边<150mm；5mm≤错台<10mm；

c. 严重：是指其冲断裂纹控制在如下范围：啃边>150mm；错台>10mm。

2）记录方法：连续配筋水泥混凝土路面的冲断损坏记录是按照不同的损坏等级记录冲断的数量和面积。对于已经修补过的冲断，按照严重损坏等级记录。

（2）横向施工缝损坏

横向施工缝损坏是指由于横向施工缝处理不当，在施工缝附近容易出现的一系列严重的裂缝、啃边、唧泥和错台等损坏。在施工缝处混凝土本身并不连续，如果钢筋没有采用错位搭接［图 2-4-45(a)］，则容易因为过大的收缩和膨胀应力导致接缝处应力激增，从而导致施工缝张开等一系列损坏，如图 2-4-45 (b) 所示。

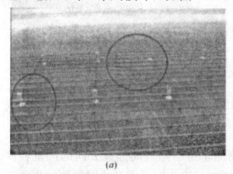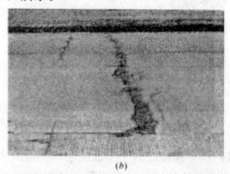

(a)　　　　　　　　　　　　　　(b)

图 2-4-45　连续配筋水泥混凝土路面横向施工缝损坏示意图
(a) 在施工缝处应采用钢筋错位搭接；(b) 横向施工缝张开并伴有啃边和错台

1）严重程度：

a. 轻微：是指在施工缝附近 0.6m 的范围内，没有明显的啃边和错台；

b. 中等：是指在施工缝附近 0.6m 的范围内，啃边<75mm；

c. 严重：是指在施工缝附近 0.6m 的范围内，啃边≥75mm，并有断裂现象。

2）测量方法：连续配筋水泥混凝土路面的横向施工缝损坏测量方法是按照损坏的等级记录施工缝的损坏数目，如图 2-4-46 所示。

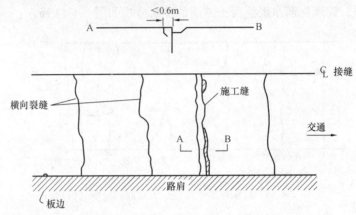

图 2-4-46 连续配筋水泥混凝土路面的横向施工缝损坏示意图

（3）车道与路肩高差或分离

对于连续配筋水泥混凝土路面的硬路肩，可以采用沥青混凝土或水泥混凝土铺面，但是由于路肩和路面结构不同，构造也不连续。

所以，这种现象经常出现车道与路肩分离或高差的位置，如图 2-4-47 所示。沥青混凝土路肩尤为甚。通过长期的实践，工程设计与施工人员想出了好方法，即：采用设拉杆的水泥混凝土路肩，不仅可以有效地分担路面荷载，而且还可以起到保护路面作用。

(a)   *(b)*

图 2-4-47 沥青混凝土路肩与连续配筋水泥混凝土路面出现高差
(a) 沥青混凝土路肩；*(b)* 沥青混凝土路肩与水泥混凝土路面出现的高差

1）严重程度：对于连续配筋水泥混凝土路面车道与路肩高差或分离的严重程度无一定的明确评价标准，采用不同测量方法的评价标准又不相同。因此，对量测结果的记录很重要，因为相对于严重程度评价来讲，所以，它更准确并具有可重复性。

2）量测方法：测量时，沿路肩一车道交界线，每间隔 15m 就进行量测一次，以"mm"计。如果行车道低于路肩，在测量值前加负号来表示。

（4）拱起

当在高温季节时，连续配筋水泥混凝土路面的横向裂缝、横向施工缝又无法吸收水泥混凝土板的膨胀时，就会发生拱起现象，如图 2-4-48 所示，这样会造成裂缝和接缝附近的面板出现碎裂现象。

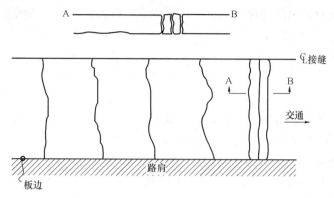

图 2-4-48 连续配筋水泥混凝土路面拱起示意图

连续配筋水泥混凝土路面拱起的原因是，横向接缝或裂缝的间隙不足难以容纳混凝土板的膨胀，而连续配筋水泥混凝土路面膨胀量是非常大的，容易在路面不连续处形成强烈的膨胀挤压。此外，水泥混凝土板接缝底部可能由于纹裂和啃边造成缝间接触面积减少，在一定程度上也会加速拱起的发生。

1）严重程度：对于评议连续配筋水泥混凝土路面拱起损坏的严重程度，目前是没有划分等级的，一般采用行驶质量评价来代替。

2）测量方法：针对连续配筋水泥混凝土路面的拱起损坏的测量方法，一般采用的方法是记录拱起的数目。

2.4.1.4 水泥混凝土路面修补材料及技术的发展

1. 水泥混凝土路面修补材料的选择原则

（1）水泥混凝土路面裂缝修补材料的选择原则：裂缝修补材料主要是具有粘结强度高、防水抗渗性好、在自然温度范围内具有较好的稳定性；同时，具有优良的抗嵌入性、优良的耐久性、使用方便、施工快捷；并对环境无污染、与基质混凝土具有良好的相容性。

（2）嵌缝料的选择原则：理想的水泥混凝土路面修补的嵌缝料必须具备以下技术性能：

1）首先必须与路面水泥有较好的粘结力，当水泥混凝土伸缩时，填缝料与板缝壁粘结牢固，不致被拉脱。

2）具有较高的拉伸率，填缝料必须能随水泥混凝土板伸缩，不致被拉断。

3）同时，应具有较好的耐热及抗嵌入性能；能够在低温下具有塑性良好。

4）并且具有防水抗渗性好、耐磨及耐久性好、施工方便、价格适中等。

（3）水泥混凝土路面及板块修补材料的选择原则：理想的路面及板块修补材料必须满足如下要求：适宜的凝结时间和较好的工作性能；较快的硬化速度和较高的早期强度、同旧混凝土有较好的结合强度；与旧混凝土有较好的相容性、后期强度不倒缩和耐久性好。

（4）具有防水抗渗性能好，并且低收缩。

2. 水泥混凝土路面修补材料

（1）裂缝修补材料：裂缝修补材料根据其功能可分为高模量补强材料和低模量密封材料。前者固化后具有较高的强度和刚度，后者则具有较大的柔性。当需要补强时，可选用高模量补强材料，对"缝"类的裂缝，则宜采用低模量的材料。高模量的裂缝修补材料有环氧树脂类、酚和体改性酚树脂类胶粘剂；低模量封闭材料有聚氨酯类、烯类、橡胶类、沥青类胶粘剂等。

1）环氧树脂类：水泥混凝土路面修补中常用的环氧树脂类材料大多属缩水甘油基型，这类环氧树脂刚性大，延性小，质脆，与旧混凝土胶接时，界面易产生应力集中而开裂。而环氧树脂改性后，既保持了强度高、粘附力强的优点，又通过改性降低了脆性，提高了韧性最重要的一类用于水泥混凝土路面裂缝修补的是聚硫改性环氧灌浆材料。

2）聚氨酯类灌浆材料：聚氨酯胶液具有柔性分子链，耐振动性及抗疲劳性能都很好，另外，其耐低温性能好，适宜各种自然温度下使用。较早使用的一类聚氨酯是多异氰酸酯，其粘结强度高，能与被胶结材料表面上吸附的水及表面含水氧化物等发生化学反应。

3）烯类裂缝修补材料：这是采用烯类聚合物配制而成，通常有两大类：一类是以烯类单体或预聚体作胶粘剂，在固化过程中发生聚合；另一类是以高分子聚合物本身作胶粘剂。用于水泥混凝土路面裂缝修补的烯类材料主要有两类：氰基丙烯酸酯胶粘剂、甲基丙烯酸酯树脂胶粘剂、聚合物改性水泥砂浆类裂缝修补材料等。

（2）嵌缝料

1）水泥混凝土路面的嵌缝料对路面的性能及耐久性起着关键的作用，嵌缝料的失败可能导致板们断裂、脱空、板块活动、唧泥、错台等严重的路面损坏。以前，我们长期对嵌缝料的重视不够，大多使用性能较差的沥青混合物，少量的使用聚氯乙烯焦泥等。

2）传统的沥青混合物嵌缝料与水泥混凝土板缝壁粘结力差，易与水泥混凝土脱开，温度稳定性差。聚氯乙烯焦泥以煤焦泥为主，加入聚氯乙烯树脂、增塑剂、填充料和稳定剂等配制而成，灌入温度 $130 \sim 140℃$，较沥青混合物性能有所改善但仍未满足嵌缝料的基本要求。

（3）路面及板块修补材料：目前广泛使用水泥混凝土路面及板块快速修补的材料有：快硬硅酸盐水泥混凝土、硫铝酸盐超早强水泥及氟铝酸盐快凝快硬水泥、高铝水泥、磷酸镁水泥混凝土、硅灰水泥混凝土、偏高岭水泥混凝土、聚合物改性砂浆及混凝土等。

3. 水泥混凝土路面修补工艺的发展

仅仅具有性能良好的修补材料还不够，修补工艺也直接影响到水泥混凝土路面的修补质量。

（1）在裂缝的修补方面，最简单的方法是用热熔化后的沥青直接灌入缝内。后来采用的灌环氧树脂的方法是沿路面裂缝每隔一段距离钻一些孔，然后灌进环氧树脂，让环氧树脂通过孔渗入裂缝内。这种修补方法对新建道路的断板裂缝修补较为适用。对于旧混凝土路面，由于裂缝内夹有灰尘、缝壁的尘污难以清除，致使灌入的材料与原混凝土粘结不好。近几年来，江苏等地采用沿路面裂缝向两侧扩展 $20 \sim 30cm$，去除表层 $8 \sim 10cm$ 的混凝土，沿裂缝每隔 30cm 左右用耙钉耙住裂缝两侧，再铺上用 JK 系列混凝土快速修补材料配制的混凝土。使用时间最长的已有 3 年多，未发现新的贯穿裂缝出现。

（2）在板块的修补方面，我国江苏等地也总结出了一套行之有效的修补方法。在我国破碎旧混凝土，大多采用人工凿除或用风镐破碎的方法，破碎清除废混凝土速度很慢。有的地方采用冲击锤破碎旧混凝土，虽工效有所提高，但容易导致相邻好板块的损伤。最近，我国研制出了一种液压式的多功能混凝土破碎机，不仅大大提高了老混凝土的破碎工效，而且也减少了相邻混凝土板块的损坏。

2.4.1.5　水泥混凝土路面维修养护的内容和对策

1. 水泥混凝土路面养护、维修的内容

路面的好坏，直接影响到道路运输效益和行车安全。尽管水泥混凝土路面使用年限比其他路面长，抗灾能力也比其他路面强。但一旦损坏，其修补工作却困难很多。因此，必须做好预防性和经常性养护，发现缺陷，要弄清原因，及时采取维修措施，以保持路面状况的完好，确保行车的安全。

（1）日常养护的内容：水泥混凝土路面经常性的养护工作，主要是清扫路面上的砂、石和其他杂物；整修路肩，整理路容；开通边沟，排除积水；接缝填封料的修补和更换等，以防止和减少混凝土板的损坏。

（2）维修的内容：水泥混凝土路面维修的内容有：裂缝修补；部分板或整块板更换；表面局部损坏修补；接缝损坏修补，板底灌浆抬高板块或加固地基；错台处理；恢复抗滑能力罩面等。

2. 水泥混凝土路面养护维修的对策

（1）重视日常养护工作：长期以来，人们对水泥混凝土路面的日常养护重视不够，认为修了水泥混凝土路面就可以"一劳永逸"，20～30 年内不需要养护，有的甚至把水泥混凝土路面的养护费用移作它用，以致需要经常养护维修的内容，诸如接缝的填封、接缝材料的更新、缝中杂物的清除、裂缝及边角损坏的修补等得不到及时的养护和维修，而造成水泥混凝土路面的早期损坏。

水泥混凝土路面的养护工作量小，费用低是其优点。但工作量小，不等于不需养护；费用低，不等于可不安排养护所必需的费用。实践和研究表明，路面过早的破坏在很大程度上是由于水渗入路面基层，导致基层湿软、冲刷、强度降低而引起的。因此，一定要把日常的养护工作抓好，以免"因小失大"。

（2）制定养护维修计划：在现有的水泥混凝土路面中，有部分路面，特别是早期修建的路面，不能适应当前繁重的交通，需要更新。为提高养护费用的投资效益和合理利用资金，道路养护管理部门应建立起路面养护管理信息系统，并根据养护管理系统所提供的静态数据、路面损坏程度、范围和位置等，以及对路面今后的使用要求、交通量增长和养护资金等，本着轻重缓急的原则，制定局部维修和大、中修计划。同时，要对各种养护维修方案进行技术经济比较，以选择经济合理、切实可行的维修方案。

（3）进一步加强养护维修新技术、新材料、新工艺、新设备的研究和推广应用：我国尽管近几年来水泥混凝土路面的维修养护技术有了较大进步，一些性能优良的新型水泥混凝土路面修补材料得到了较大范围的推广应用，修补工艺也有很大改善，但有些水泥混凝土路面的病害处理，如裂缝修补，断板处治，罩面后的反射裂缝防治等仍需进一步开展研究。已有的一些经过实践验证过的研究成果，要大力推广应用。

水泥混凝土路面的修补，应以操作简单、成本低廉、尽可能不中断交通或缩短限制交通时间为目标，尽快提高路面养护维修的技术水平，延长水泥混凝土路面使用寿命。

（4）逐步实现维修养护机械化：目前，我国水泥混凝土路面的养护维修，基本上是手工作业，劳动强度大，施工速度慢，而且有些工艺手工作业难以做到。为此，要根据我国的财力、物力，因地制宜，有计划、有步骤地逐步实现养护维修机械化，以降低劳动强度，提高工作效率和养护维修的质量。

2.4.2　水泥混凝土路面损坏的类型、原因及评定

2.4.2.1　水泥混凝土路面损坏类型

水泥混凝土路面常见的损坏是：裂缝、板边缘和角隅的损坏、接缝的损坏、板面磨损和板错台等。

（1）按其结构性能损坏分为两大类型：

1）结构性损坏，主要包括严重裂缝（断板）、沉陷、错台、碎裂、拱起等。

2）非结构性损坏，主要包括轻微裂缝、露骨、麻面、剥落、磨光、接缝材料损坏、孔洞坑槽等。

（2）按损坏形式可分为四大类型。

1）裂缝类：主要指水泥混凝土路面的横向裂缝、纵向裂缝、斜向裂缝、交叉裂缝、板角断裂、网裂等。

2）变形类：主要指水泥混凝土路面的沉陷、胀起等。

3）接缝损坏类：主要指水泥混凝土路面的接缝碎裂、填缝料损坏、接缝张开、错台、唧泥、拱起等。

4）表面损坏：主要指水泥混凝土路面的纹裂、网裂、起皮、磨损、露骨、活性集料反应、坑槽、孔洞、磨光等。

2.4.2.2　水泥混凝土路面断板原因

1. 概述

温度应力与荷载应力超过混凝土的抗拉强度，水泥混凝土路面板就会产生断裂并发展为断板。这些断裂，有的是在施工期间由于混凝土的初期收缩受到阻碍而产生的拉应力超过了混凝土的抗拉强度而引起的横向裂缝；有的是由于板块尺寸过大所产生的温度翘曲应力超过了混凝土的抗弯拉强度而引起的横向裂缝；有的是由于地基的不均匀沉降或地基受侵蚀而使板底出现脱空后，致使应力增加而引起的纵向、横向或角隅断裂；有的是由于车辆荷载的多次重复作用，所产生的重复荷载应力超过了混凝土的疲劳强度而引起的纵向或横向裂缝。

有的研究认为：水泥混凝土路面开裂的主要原因是混凝土的自身收缩及其与基层间的强大的摩阻力，因此减少或改善混凝土的自身收缩及其与基层的摩阻力，就能有效地防止开裂。下面将早期开裂断板和使用期开裂断板的原因作以下分析：

2. 水泥混凝土路面早期开裂断板原因

（1）原材料不合格：

1）水泥安全性差，强度不足：水泥中的游离氧化钙（f-CaO）在凝结过程中水化很慢，水泥凝结硬化后还在继续起水化作用，当f-CaO超过一定限量时，就会破坏已经硬化的水泥石或使抗拉强度下降。水泥强度不足也会影响混凝土的初期强度，使开裂断板的机

率大大增加。水泥的水化热高、收缩大，也易导致开裂。

2）骨料（砂、碎石等）含泥量及有机质含量超标：水泥混凝土中水泥石与骨料的界面粘结不良，往往是产生初期开裂的薄弱部位。骨料的含泥量和有机质含量超过规范要求，必然会造成界面缺陷，容易开裂。另外，有资料表明，在同样的水灰比条件下，石灰岩、石英岩等亲水性骨料与水泥石界面粘结力大，花岗岩等亲水性差的骨料则反之。

（2）基层标高失控和不平整：

1）基层标高失控，造成路面厚度不一致，过薄或厚薄交界处将成为薄弱断面，在混凝土收缩时，难以受承拉应力而开裂。

2）基层不平整会大大地增加其与混凝土界面的摩阻力，易在较薄弱路面开裂。

3）用松散材料处理基层标高失控或不平整时，上层混凝土拌合物的水分或砂浆会下渗或被基层吸收，使下部混凝土变得疏松，强度下降。

4）基层干燥会吸收混凝土拌合物中的水分，使底部混凝土失水，强度降低，导致开裂。

（3）混凝土配合比不当：

1）单位水泥用量偏大：混凝土中引起收缩的主要是水泥石部分，过多的水泥用量，必然会导致较大的收缩。

2）水灰比偏大：水泥完全水化的最低水灰比约为 0.26～0.29，施工中采用较高的水灰比是为了满足和易性需要。但偏大的水灰比，增大了水泥水化初期骨料表面的水膜厚度，影响了混凝土强度。

3）施工中计量不准，尤其是未根据集料中的含水量及时调整用水量，会影响混凝土的配合比的准确性，从而影响其初期强度。

4）一般情况下，混凝土配合比按"饱和面干"状态设计，如使用长期的日光暴晒下的过干骨料，会大量吸收拌和用水而影响水灰比的准确性，影响混凝土强度。

（4）施工工艺不当：

1）搅拌不足或过分，振捣不密实，形成的混凝土强度不足或不均匀，易导致早期开裂断板。振捣时间不宜过长，否则会造成分层，粗骨料沉入底层，细骨料留在上层，强度不均匀，表面收缩裂缝增加。

2）混凝土拌和时，如果水泥或集料温度过高，再加上水泥的水化热，会使混凝土拌合物的温度很高，在冷却、硬化过程中会使温差收缩加大，导致开裂。

3）混凝土浇筑间断：因停电、机械故障、运输不畅、气候突变、停料等原因使混凝土浇筑作业中断，再浇筑时未按施工缝处理，新旧混凝土由于结合不良和收缩不一致会形成一条不规则的接缝。

4）养护不及时或养护方法不当：尤其是气温高，湿度小，风速大的不利条件下，就会使混凝土表面水分蒸发太快，从而形成干缩裂缝。

5）切缝不及时：由于机具故障或操作人员切缝时间掌握不准确或切缝深度不足，造成混凝土内应力集中，在混凝土板的薄弱处形成不规则的贯穿裂缝。

6）施工车辆过早通行：某些施工作业面，由于受到地理条件的限制或因混凝土养护作业需要在混凝土强度不足条件下过早地通车，产生荷载应力，这是产生裂缝的又一个原因。

7) 采用真空吸水工艺时，如果因两吸垫之间未重叠而导致漏吸，则漏吸处水灰比较两侧大，混凝土强度较低，收缩也大，也形成薄弱环节而开裂。

8) 传力杆安装不当，上下翘曲，则在混凝土伸缩和传力过程中混凝土就会被破坏，形成裂缝损坏。

9) 在日温差较大的季节和地区，混凝土表面修整过程中，要避免阳光直射，整修后要及时覆盖养护，防止混凝土白天过多的升温，造成夜间降温时收缩过大。

(5) 边界原因：

1) 在双幅路面施工中，已浇筑一边的缩缝在另一边未开始浇筑前已经裂通，气温下降一定幅度时，断裂的缩缝两边混凝土板收缩，这样后浇筑还未切割的混凝土板受到较大的拉应力，而这时其混凝土强度还较低，当拉应力大于混凝土初期抗拉强度时，就会在先浇筑板缩缝对应位置发生不规则裂缝。

2) 有中央分隔带路缘石等的高等级道路和街道施工中，路缘石常设有混凝土平基背座，由于路缘带先于路面施工，当温度下降时路缘带本身会收缩，路缘带下半部具有粗糙面会带动初期强度很低的混凝土面板在路缘带裂缝处产生边界裂缝。

3) 同样原因，如果基层稳定层已经发生裂缝，裂缝两边基层在气温下降时收缩，由于摩擦力作用，同样也会带动上面初期混凝土面板开裂。

3. 水泥混凝土路面使用期间开裂断板原因

(1) 设计不当

1) 路面厚度偏薄。根据美国的研究资料，路面的使用寿命与路面厚度成 5 次方关系，如果设计时交通量调查不准，路基、基层、底基层的模量和材料参数选用不当等原因而使路面厚度偏薄，就会使路面寿命缩短，过早地出现开裂、断板。

2) 板块平面尺寸不当。

3) 混凝土原材料的配合比不当，混凝土产生碱-骨料反应或抗冻融差等耐久性问题。

4) 排水设计不妥。

5) 水泥混凝土路面直接暴露在大气之中，一年四季大气温度、湿度周期性的变化，以及每一昼夜气温的变化，都会使得混凝土路面板在不断的伸缩和翘曲中处于拉应力和压应力的反复交替作用状态，此拉、压应力称为温度应力。混凝土板越长，温度应力就越大。若设计时板块过长或长宽比例不当，温度应力超出容许范围，路面板即产生开裂断板。

(2) 超重车的影响：由于交通运输业的迅速发展，大吨位车辆逐年增多，单轴轴载比原设计计算轴载增加几倍，由于轴载等效换算系数 $f = \left(\dfrac{P_i}{P_0}\right)^{16}$，即超重轴载与标准轴载换算成 16 次方关系，所以，超重车的增加是水泥混凝土路面使用期开裂断板的重要原因。

(3) 路基不均匀沉降：路基不均匀沉降主要发生在以下几个方面：

1) 填挖相交断面处，半填半挖结合处，新老路基交接处，土基密度不同部位。

2) 软弱地基、湿陷性黄土以及采空区、陷穴等特殊路段。

3) 桥涵、构造物附近压实机械难以施工的部位。

4) 路面采用了不同填料之间的界面或层面。

5) 压实度不足：压实不均匀路段，在路面长期使用过程中，由于水温条件的变化和行车荷载作用，路基产生不均匀沉降，致使沉降量不同的结合面产生错台，面板由于荷载作用导致断裂。

（4）基层失稳：

1）基层施工质量不好，强度不均匀或较低，使用中基层松散或在渗水作用下材料被吸往一边，面层脱空，当受到的弯拉应力大于混凝土板强度时面板即发生断裂。

2）面层接缝填封料失效，板的弯沉使空隙内的积水变成有压水，侵蚀冲刷基层，并沿接缝缝隙喷出，即产生唧泥。如果唧泥现象不断产生，面板边缘部分将失去支承，在荷载作用下产生断裂。

（5）初期微裂缝的扩展：初期混凝土收缩形成未反映到表面的微小裂缝，使用一段时间后，受行车荷载及温度应力的双重作用，部分裂缝将逐渐增长、变深，以至造成面板断裂。

（6）排水不良：

1）路基及基层排水不良，长期受水浸泡，引起路基失稳或强度不足，使路面产生不规则断裂。

2）裂隙水或边沟水等渗入路基、基层和底基层，冬期冻胀时使路面产生纵向开裂。

（7）桥（涵）面铺装损坏：钢筋混凝土明盖板桥涵上的水泥混凝土路面铺装层，由于厚度不足或与盖板、涵台结合部处理不当，在行车作用和盖板胀缩下，产生层间搓动和面板断裂。

2.4.2.3 水泥混凝土路面裂缝的原因

1. 水泥混凝土路面表面裂缝

（1）混凝土板面的表面裂缝主要是由混凝土混合料的早期过快失水干缩和碳化收缩引起的。

（2）混凝土混合料是一种多相不均匀材料。由于构成混合料的各种固体颗粒大小、密度不同，混合料不可避免地会发生分层离析，但离析的程度有轻有重。配比合理，操作得当，混凝土的离析就会大大减轻。

（3）在路面水泥混凝土施工中发生的颗粒不均匀分层离析大多是粗骨料从混合料中分出，即重颗粒下沉，水分向上迁移，从而形成表层泌水。

（4）泌水的结果，使水泥混凝土路面表面含水量增加。当混合料表面水的蒸发速度比泌水速度快时，水的蒸发面就会深入到混合料表面之内，水面形成凹面。

（5）由于表面凹面较凸面所受压力大，同时固体颗粒间产生毛细管张力，促使颗粒凝聚。当混凝土表面尚未充分硬化，不能抵抗这一张力时，混凝土表面则发生裂缝。这种塑性裂缝的发生时间，大致与泌水消失时间相对应，在混凝土浇筑后数小时，混凝土表面将普遍出现细微的龟裂。

（6）混凝土的碳化收缩也会引起混凝土表面龟裂。当混凝土的水泥用量较低、水灰比较大时，空气中的 CO_2 易渗透到混凝土内，与其中的碱性物质起化学反应后生成碳酸盐和水。混凝土的碳化反应在空气相对湿度为 $30\%\sim50\%$ 的情况下最为激烈。碳化引起的收缩仅限于水泥混凝土路面表层，只产生混凝土的表面裂缝。

（7）混凝土的碳化收缩速度较失水干缩速度慢得多，因而由碳化带来的表面裂缝对混凝土强度的危害并不大，有时碳化甚至能增加混凝土的强度。但是无论是哪种表面龟裂，都给水泥混凝土路面表面的耐磨性带来了不利影响。严重的表面裂缝,会使混凝土路面较快出现裸露砂石现象,如不及时处理,将会降低水泥混凝土路面的表面抗滑能力和行车舒适性。

2. 水泥混凝土路面贯穿裂缝

水泥混凝土路面贯穿裂缝为贯穿板全厚度的横向裂缝、纵向裂缝、交叉裂缝、板角断裂等。

(1) 横向裂缝

垂直于行车方向的有规则的裂缝称为横向裂缝,导致水泥混凝土路面出现横向裂缝的原因较多,大致可以归纳为如下几个方面:

1) 干缩裂缝:

a. 在水泥混凝土中,水在水泥石中是以化学结合水、层间水、物理吸附水,还有毛细水等状态存在着。当这些水在混凝土硬化过程中失去时,水泥浆体就会收缩,这些是干缩。但是自由收缩,还不会导致裂缝发生,惟有收缩受到限制时而发生收缩应力时,才会引起干燥收缩裂缝;

b. 水泥浆干缩的内部限制主要是混凝土中骨料对水泥浆的限制。在普通水泥混凝土中,水泥浆的收缩率被限制了 90%,所以,混凝土内部经常存在着引起干缩裂缝的应力状态;

水泥混凝土干缩的外部限制主要是路面板块间或路面整体的限制,处于限制状态下的混凝土结构,只有当混凝土本身的抗拉弹性应变 ε_c 以及徐变应变 ε_c 两者与混凝土硬化干燥过程中的自由收缩被 ε_f 不相适应时,即 $K\varepsilon_f > \varepsilon_c + \varepsilon_c$ 时,混凝土才会发生裂缝。

c. 从配合比来看,虽然混凝土的坍落度、水泥用量、集料粒径、细集料含量等对混凝土的干缩有影响,但最重要的影响因素还是混凝土的单位用水量。混凝土的单位用水量愈小,ε_f 愈小,但在实际施工中,过小的单位用水量,往往满足不了混凝土路面施工要求,因而在实际施工中,通常以缩小侧限系数 K 为目的;

d. 对于路面长度,则借助于设置接缝的方法来缓和约束;对于基层与侧边,则借助于隔离层和平整度来缓和约束;

e. 干缩裂缝引发的路面横向裂缝,往往是在混凝土水化硬化的早期。有资料表明,水泥混凝土 20 年收缩量的 14%~34% 发生在水泥混凝土的 14d 龄期内,40%~80% 发生在 3 个月龄期内。

2) 冷缩裂缝:

a. 和一般材料一样,水泥混凝土具有热胀冷缩性能。混凝土板块的热胀冷缩都是在相邻部分或整体性限制条件下发生的,故热胀属于变形压缩,而冷缩则属于拉伸变形,很容易引起开裂;

b. 水泥的水化过程是一个放热过程。在混凝土硬化过程中,释放大量热能,致使温度上升。在通常温度范围内,混凝土温度上升 1℃,每米膨胀 0.01mm,这种温度变形,对大面积板块极为不利;

c. 由现场测试可知,水泥水化过程中的放热速度是变化的,初始较缓慢,25min 后增温,大约在水泥终凝后 12h 的水化热温度可达 80~90℃,使内部混凝土产生显著的体积膨胀,而板面温度随着晚上气温降低,湿水养护而冷却收缩,致使混凝土路面内部膨胀，外部收缩，产生很大的拉应力。当外部混凝土所受拉应力一旦超过混凝土当时的极限抗拉强度时，板块就会产生裂缝或横向断裂；

d. 此外，从最高温度降温，由于受到已有基层或已有硬化混凝土的约束力，在温度下降时，就不能自由收缩，就要产生裂缝。这种裂缝大多是贯通路面的。

3）切缝不及时：

a. 为防止混凝土路面的干缩裂缝和冷缩裂缝，人们采用切缝将路面分块。我国现行水泥混凝土路面设计规范规定，路面板长不大于6m，板宽不大于5m。但由于施工中切缝的时间难以控制得当，造成混凝土路面出现横向裂缝。从混凝土收缩因素考虑，最好是混凝土中水泥水化初始阶段就切缝，但事实上很难做到，因抗压强度过低，根本无法切缝；

b. 对于尚未切缝或刚切缝的较长混凝土路面板，当板温均匀下降时，其温度差引起的应力可用下式计算：

$$板中：\sigma_x = \frac{E_r \alpha \Delta T}{1 - \mu_c} \qquad (MPa)$$
$$板边：\sigma_x = -E_r \alpha \Delta T P$$

式中　α——混凝土的线膨胀系数，一般为 $1 \times 10^{-5}/℃$；

　　　P——因温度应力作用时间长，考虑徐变影响的应力松弛系数，一般取 2/3；

　　ΔT——温度差；

　　　μ_c——混凝土各龄期的泊松比，设为 0.15；

　　　E_r——混凝土各龄期的弹性模量（MPa）。

在 $E_r = 2.5 \times 10^4 MPa$，$\Delta T = -30℃$ 时，板中的温度应力为：

$$\sigma_x = \frac{2.5 \times 10^4 \times 1 \times 10^{-5} \times (-30)}{1-0.15} \times \frac{2}{3} = -5.9 MPa$$

c. 一般混凝土抗拉强度仅为抗压强度的 1/8～1/7，即约为 4.3～5.0MPa。可见，气温下降30℃的温度应力将超过混凝土的抗拉强度，板块的横向断裂就难以避免；

d. 但对于已切缝的混凝土板，除第一天的应力有可能大于该龄期的抗折强度外，其余温度应力均小于相应龄期的强度。所以切缝不及时，就会导致水泥混凝土路面横向裂缝产生。

（2）纵向裂缝

1）顺路方向出现的裂缝称为纵向裂缝。水泥混凝土路面的传荷顺序为面层、基层、垫层、路基。尽管面层板传到路基顶面的荷载应力值很小，往往不会超过0.05MPa，但路基的支承条件却是很重要的。

2）由于填料土质不均匀、湿度不均匀、膨胀性土、冻胀、压实不足等多种原因，很可能导致路基支承不均匀，在混凝土浇筑之前未严格检查基底弹性模量 E_t 是否符合规范要求，而盲目施工，在路基稍有沉陷的情况下，在板块自重和行车压力作用下而产生纵向断裂。开始缝很细，一般小于0.05mm，但随着雨水浸入和浸泡基层，使其表层软化、液化而产生唧泥、淘空，使裂缝加大。

3）拓宽路基时，由于路基处理不当，新路基出现沉降，混凝土板下沿纵向出现脱空。在车轮荷载作用下，使混凝土板发生纵向断裂。

（3）交叉裂缝

1) 两条或两条以上相互交错的裂缝称为交叉裂缝。产生交叉裂缝的主要原因：

a. 水泥混凝土强度不足，在轮载和温度作用下会出现交叉裂缝；

b. 路基和基层的强度与水稳性差，一旦受到水的侵入，将会发生不均匀沉陷，在车轮荷载作用下，混凝土板块出现交叉裂缝；

c. 水泥的水化反应和碱骨料反应。

2) 水泥混凝土在拌和、运输、振捣、凝结、硬化的过程中，始终存在着水泥的水化反应。水化反应可分初始期、休止期、凝结期及硬化期四个阶段。

3) 水泥水化反应在混凝土发生升温和降温过程中产生体积的胀缩变形。在内部骨料及外部边界约束下使混凝土的自由胀缩变形受阻，而产生拉压应力。

4) 长期以来，人们对水泥的安定性重视不够。殊不知，水泥的安定性对混凝土的质量影响很大。在水泥的生产过程中，有时会出现一些过烧的 CaO 和 MgO，它们的水化速度较慢，往往是在水泥硬化后再水化，引起水泥浆体积膨胀、开裂甚至溃散。

5) 我国立窑水泥较多，水泥生产过程中的烧成温度很难控制好，所以容易出现安定性不良的状况。如果使用了安定性不良的水泥，浇筑的混凝土路面就会产生大面积龟裂。

2.4.2.4 水泥混凝土路面表面损坏的原因

（1）接缝碎裂：

1) 水泥混凝土路面板接缝两侧倾斜的剪切挤碎现象称为接缝碎裂。混凝土路面常见的接缝分纵缝和横缝。横缝又分为胀缝（真缝）和缩缝（假缝）两种。

2) 胀缝的宽度随气温而变化，当气温上升时缝中的填缝料被挤出；当气温下降时性能较差的填缝料不能恢复，使缝中形成空隙，因而泥沙、石屑等杂物侵入，成为板块伸胀时的障碍。挤入的硬物将引起板边胀裂，雨雪水便能沿此空隙渗入，损坏基层和垫层，造成路面接缝处的变形和破损。

3) 缩缝的变化较小，但经过若干次冻缩，能把假缝折断成真缝。加之填缝料的老化，也会造成像胀缝一样的后患。

（2）板面起皮、剥落：

1) 水泥混凝土路面表层上下脱开，这种板面浅层内所发生的病害称为起皮。距接缝 40cm 宽度内的板边，板角 40cm 半径内不垂直贯通板的破碎（裂）现象称为剥落。

2) 起皮主要是施工中水灰比过大或因混凝土施工时表面砂浆有泌水提浆现象所致。

3) 剥落主要是由混凝土强度不足，缝内进入杂物所引起。

（3）坑槽、孔洞：水泥混凝土路面板表面有局部破损，形成有一定深度的洞穴称为孔洞。面层骨料局部脱落而产生的长槽称为坑槽。孔洞、坑槽主要是由于砂石材料含泥量过大，混凝土内有泥土或杂物所致。

（4）麻面、露骨：水泥混凝土表面结合料磨失，成片或成段地呈现过度的粗糙称为麻面。路面混凝土保护层脱落形成骨料裸露称为露骨。麻面主要是由于混凝土施工时遇雨所致。露骨主要是混凝土表面灰浆不足，泌水提浆造成混凝土路面表层强度不足。

（5）松散：水泥混凝土路面由于结合料不足或失效，成片或成段地呈现过度地粗糙和砂石材料分离称为松散。松散主要是由于砂石含泥量较大，水泥质量较差或用量较少，混凝土强度不足引起。

（6）磨光：水泥混凝土路面磨成光面，其摩擦系数已下降到极限值以下。磨光的主要原因是由于水泥路面水泥砂浆层强度低，水泥等原材料耐磨性差。路面使用时间较长也会发生磨光现象。

（7）填缝料损坏：接缝内无填料，填料破损，缝内混杂砂石称为填缝料损坏。填缝料损坏主要是由于填料脆裂、老化、挤出与板边脱离造成。质量较差的填缝料，短时间内就会发生填缝料损坏现象。

2.4.2.5 水泥混凝土路面损坏状况评定

1. 水泥混凝土路面状况评定的分级标准

（1）裂缝类标准贯穿水泥混凝土面层的断裂裂缝，按裂缝出现的方位和板断裂的块数，分为横向裂缝、纵向裂缝、斜向裂缝、板角断裂、交叉裂缝和断裂板 6 种病害。

1）横向、纵向、斜向裂缝和板角断裂病害，按裂缝缝隙宽度和缝隙边缘碎裂程度，分为三个轻重程度：

a. 轻微——边缘无破裂或错台的细裂缝、缝隙宽度小于 3mm；或者，填封良好、边缘无碎裂或错台的裂缝；

b. 中等——边缘有中等碎裂和（或）错台小于 12mm 的裂缝，缝隙宽度大于 25mm；

c. 严重——边缘严重碎裂或错台大于 12mm，缝隙宽度大于 25mm。

2）交叉裂缝和断裂板病害，按裂缝等级和板断裂的块数分为三个轻重程度等级：

a. 轻微——板被轻微裂缝分割成 4～5 块；

b. 中等——板被中等裂缝分割成 4～5 块，或被轻微裂缝分割成 6 块以上；

c. 严重——板被严重裂缝分割成 4～5 块，或被中等裂缝分割成 6 块以上。

（2）变形类标准：水泥混凝土路面层的竖向位移，按产生原因的不同分为沉陷、胀起两种病害。沉陷和胀起病害，按其对行车的影响分为 3 个轻重程度等级：

1）轻微——车辆驶过时仅引起无不舒适感的跳动，3m 直尺的最大下沉深度小于 12mm。

2）中等——车辆驶过时有产生不舒适感的较大跳动，3m 直尺的最大下沉深度为 12～30mm。

3）严重——车辆驶过时产生过大的跳动，引起严重不舒适或不安全，3m 直尺的最大下沉深度大于 30mm。

（3）接缝损坏类标准：水泥混凝土路面板接缝处的损坏，按损坏的形态和影响范围，分为接缝碎裂、填缝料损坏、接缝张开、错台、唧泥、拱起 6 种病害。

1）接缝填缝料病害，按填缝料出现老化、挤出、缺损的情况，分为 3 个轻重程度等级：

a. 轻微——整个路段接缝填缝料情况良好，仅有少量接缝出现上述损坏；

b. 中等——整个路段接缝填缝料情况尚可，1/3 以下的接缝长度出现上述损坏，水和硬质材料易渗入或挤入；

c. 严重——接缝填缝料情况很差，1/3 以上的接缝长度出现上述损坏，水和硬质材料能自由渗入或挤入，填缝料需立即更换。

2）接缝张开病害，按接缝的张开量分为两个轻重程度等级：

a. 轻微——接缝张开 10mm 以下；

b. 严重——接缝张开 10mm 以上。

3）唧泥和板底脱空病害，分为两个轻重等级：

a. 轻微——车辆驶过时，有水从板缝或边缘处唧出，或者在板缝或边缘的表面有少量唧出材料的沉淀物；

b. 严重——在板缝或边缘的表面有大量唧出材料的沉淀物，车辆驶近时，板有明显的颤动和脱空感。

4）错台病害，按相邻板边缘的高差大小分为三个轻重等级。

a. 轻微——错台量少于 6mm；

b. 中等——错台量为 6~12mm；

c. 严重——错台量大于 12mm。

5）接缝碎裂病害，按碎裂范围和程度分为三个轻重程度等级。

a. 轻微——碎裂仅出现在接缝或裂缝两侧 8cm 范围内，尚未采取临时修补措施；

b. 中等——碎裂范围大于 8cm，部分碎块松动或散失，但不影响安全或危害轮胎。

6）拱起病害的轻重程度分级与胀起相同。

（4）表面类标准：水泥混凝土路面的表层损坏分为纹裂、网裂、起皮、磨损和露骨、坑槽、坑洞等病害。

1）磨损和露骨病害，分为两个轻重等级。

a. 轻微——磨损、露骨深度小 3mm；

b. 严重——磨损、露骨深度大于 3mm。

2）纹裂、网裂和起皮病害，按是否起皮和起皮病害的面积，分为三个轻重程度等级。

a. 轻微——板的大部分面积出现纹裂或网裂，但表面状况良好，无起皮；

b. 中等——板出现起皮，面积小于混凝土板面积的 10%；

c. 严重——板出现起皮，面积大于混凝土板面积的 10%。

3）活性集料反应病害分为三个轻重程度等级：

a. 轻微——板出现网裂，面层可能变色，但未出现起皮和接缝碎裂；

b. 中等——出现起皮和（或）接缝碎裂，沿裂缝和接缝有白色细屑；

c. 严重——出现起皮和（或）接缝碎裂的范围发展到影响行车安全或危害轮胎，路表面有大量白色细屑。

4）集料冻融裂纹病害分为三个轻重程度等级。

a. 轻微——裂纹出现在缝或自由边附近 0.3m 范围内，缝未发生碎裂；

b. 中等——裂纹出现在缝或自由边附近，宽度大于 0.3m，受影响区内缝出现轻微或中等碎裂；

c. 严重——裂纹影响区内缝出现严重碎裂，不少材料散失。

5）坑洞病害不分轻重程度等级。

6）水泥混凝土路面板部分或全部修补或置换后，按再次出现的损坏情况，分为三个轻重程度等级：

a. 轻微——无或轻微损坏，边缘处有轻微碎裂；

b. 中等——轻微裂缝或有中等碎裂和 12mm 以下错台；

c. 严重——出现严重裂缝或错台，需重新进行修补。

2. 水泥混凝土路面状况调查

路面状况调查包括四个方面：即路面破损状况、结构承载能力、行驶质量、抗滑能力。

（1）路面破损状况：路面破损状况应以病害类型、轻重程度和出现的范围或密度三项属性表征。各种病害和轻重程度出现的范围或密度，以调查路段（或子路段）内出现该种病害和轻重程度等级的混凝土板块数占该段（或子路段）板块总数的百分率计。同一块板内存在多种病害或轻重程度等级时，以最显著的种类或最严重的程度计入。

调查工作采用目测和仪具量测方法，沿整个调查路段逐块板进行。

（2）结构承载力：路面破损严重或者路面需承受比原设计标准轴载数大得多的车辆荷载而考虑进行改建设计时，应进行现有路面的结构承载能力调查和测定。调查测定采用无破损试验和破损试验二者结合的方式进行。无破损试验主要采用承载板或落锤弯沉仪等仪器，测定试验荷载作用下的路表挠度曲线。破损试验为钻取各结构层的试样，量取其厚度，并在室内进行强度或模量的测定。

（3）行驶质量：行驶质量调查可采用反应类仪器或断面类仪器进行路面平整度测定，不同类型仪器的测定结果，应按预先经过试验建立的关系曲线，统一换算成国际平整度指数（IRI）。平整度测定沿调查路段的各个车道逐公里进行。在路面使用初期，进行一次全线平整度测定，尔后视交通量大小每隔 2～4 年进行一次测定，或者按情况需要对平整度差的路段进行测定。

（4）抗滑能力：抗滑能力调查包括路面表面摩阻系数和构造深度测定两项。摩阻系数可采用摆式仪测定路表面抗滑值（SRV），或者采用偏转轮拖车测定侧向力系数（SF），或者采用锁轮拖车测定滑移指数（SW）得到。路表面构造深度采用砂容量法测定。在路面使用初期，对各路段进行一次全面测定。按路段内各个车道路表面的构造情况，分为若干个均匀段落，分别选择代表性测定地点。尔后每隔 2～4 年进行一次测定，或者按情况需要对抗滑性能差或行车安全有疑问的路段进行测定。

3. 水泥混凝土路面状况评定

采用路面状况指数（PCI）和断板率两项指标评定路面破损状况。依据路段破损状况调查得到的病害类型、轻重程度和密度数据，按下列公式确定该路段的路面状况指数（PCI）：

$$PCI = 100 - \sum_{i=1}^{n} \sum_{j=1}^{m_i} DP_{ij} W_{ij}$$

$$DP_{ij} = A_{ij} D_{ij}^{B_{ij}}$$

$$W_{ij} \begin{cases} 2.5 R_{ij} & R_{ij} < 0.2 \\ 0.5 + 0.686(R_{ij} - 0.2) & 0.2 \leqslant R_{ij} < 0.55 \\ 0.74 + 0.28(R_{ij} - 0.55) & 0.55 \leqslant R_{ij} < 0.8 \\ 0.81 + 0.95(R_{ij} - 0.8) & R_{ij} \geqslant 0.8 \end{cases}$$

$$R_{ij} = \frac{DP_{ij}}{\sum_{i=1}^{n} \sum_{j=1}^{m_i} DP_{ij}}$$

式中　$i'j$——病害种类和轻重程度；

  n——病害种类总数；

  m_i——i 种病害的轻重程度等级数；

  DP_{ij}——i 种病害，j 种轻重程度的扣分值，它是破损密度 D_{ij} 的函数；

  D_{ij}——i 种病害，j 种轻重程度的板块数占调查路段板块总数的比值；

  A_{ij}，B_{ij}——计算单项扣分值的系数，可参考表 2-4-3 确定；

  W_{ij}——多种破损时，i 种轻重病害，j 种严重程度的修正系数；

  R_{ij}——各单位扣分值占总扣分值的比值。

计算单项扣分值的系数 A_{ij} 和 B_{ij} 表 2-4-3

序号	系　　数	A_{ij}			B_{ij}		
1	轻重程度	轻	中	重	轻	中	重
2	纵、横、斜向裂缝	30	65	93	0.55	0.52	0.54
3	角隅断裂	49	73	95	0.76	0.64	0.61
4	交叉裂缝、破碎板	70	88	103	0.60	0.50	0.42
5	沉陷和胀起	49	65	92	0.76	0.64	0.52
6	唧泥	95	—	65	0.90		0.80
7	错台	30	60	92	0.70	0.61	0.53
8	接缝碎裂	23	30	51	0.81	0.61	0.71
9	拱起	49	65	92	0.76	0.64	0.52
10	纵缝张开	30		70	0.90		0.70
11	填缝料损坏	10	35	60	0.95	0.90	0.80
12	纹裂或网裂和起皮	22	60	90	0.79	0.60	0.50
13	磨损和露骨	20		60	0.70		0.50
14	坑洞		30			0.60	
15	骨料反应和耐久性裂缝	25	47	70	0.90	0.80	0.70
16	修补损坏	10	60	90	0.95	0.60	0.54

  依据路段破损状况调查得到的断裂类病害的板块数，按断裂缝种类和严重程度的不同，采用不同的权系数进行修正后，由下式确定该路段的断板率（DBL）。

$$\mathrm{DBL} = \left(\sum_{i=1}^{n}\sum_{j=1}^{m_i} DB_{ij}W'_{ij}\right)/BS$$

式中 DB_{ij}——i 种裂缝病害，j 种轻重程度的板块数；

  W'_{ij}——i 种裂缝病害，j 种轻重程度的修正权系数，按表 2-4-4 确定；

  BS——评定路段内的板块总数。

计算断板率的修正权系数 W'_{ij} 表 2-4-4

裂缝类型	交叉裂缝			角隅断裂			纵、横、斜向裂缝		
轻重程度	轻	中	重	轻	中	重	轻	中	重
修正权系数 W'_{ij}	0.60	1.00	1.50	0.20	0.70	1.00	0.20	0.60	1.00

  路面破损状况分为五个等级，各路面破损状况等级评定标准如表 2-4-5 所示。

路面破损状况等级评定标准 表 2-4-5

评定等级	优	良	中	次	差
路面状况指数（PCI）	≥85	84～70	69～55	54～40	<40
断板率（DBL）%	≤1	2～5	6～10	11～20	>20

路面结构承载能力的评定，按《公路水泥混凝土路面设计规范》JTG D40—2011 中规定的方法进行。

路面行驶质量采用行驶质量指数 RQI 进行评定。行驶质量指数同路面平整度指数 IRI 之间的关系，应由有代表性的成员组成的评定小组通过实地评定试验建立；也可参照下列关系式确定行驶质量指数。

$$RQI = 10.5 - 0.75LRI$$

行驶质量分为五个等级，行驶质量等级评定标准见表 2-4-6。

行驶质量等级评定标准 表 2-4-6

评定等级	优	良	中	次	差
行驶质量指数 RQI	≥8.5	8.5～7.0	<7.0～4.5	<4.5～2.0	<2

路面表面抗滑能力采用侧向力系数 SFC 或抗滑值 SRV 以及构造深度两项指标评定。路面抗滑能力为五个等级，各个等级的评定标准见表 2-4-7。

路面抗滑能力等级评定标准 表 2-4-7

评定等级	优	良	中	次	差
横向力系数 SFC	≥0.55	<0.55～0.45	<0.45～0.38	<0.38～0.30	<0.30
抗滑值 SRV	≥65	<65～55	<55～45	<45～35	<35
构造深度（mm）	≥8	<8～6	<6～4	<4～2	<2

2.4.3　水泥混凝土路面的修补材料

在进行水泥混凝土路面修补时，如何选择好的修补材料，是保证水泥混凝土路面修补质量的关键之一。好的修补材料不仅可以使修补后的水泥混凝土路面很快恢复其使用性能，而且几乎看不到明显的修补痕迹。如何选择修补材料，则要根据水泥混凝土路面的破坏形式而定。

2.4.3.1　水泥混凝土路面修补材料的类型

可以用于水泥混凝土路面修补的材料很多，按其性能可分为有机类修补材料、无机类修补材料及有机材料和无机材料的复合物等三大类型，下面分别介绍其性能与特点。

（1）有机类修补材料：它是以含碳有机化合物为基体通过有机合成或聚合反应加工成的链状或网状有机材料。它们的特点：

1）在常温或高温下具有一定的塑性、弹性和机械强度，在热、光、化学添加剂等影响下能起分解、交联和老化等变化，其物理性质和机械性能随分子结构的不同而异。

2）用于水泥混凝土路面修补的有机材料大多为合成胶粘剂，如用于裂缝灌浆修补的环氧树脂类胶粘剂、酚醛树脂类胶粘剂、聚氨酯类胶粘剂、烯类高分子胶粘剂、有机硅胶粘剂、硅烷偶联剂、橡胶类胶粘剂和沥青类胶粘剂等。

（2）无机类修补材料：无机类修补材料不含有机化合物。这类修补材料主要是在物理、化学作用下，从浆体变成坚固的石状体，并胶结其他物料，产生一定的机械强度。如各种水泥，快硬早强修补剂等。

（3）有机-无机复合物：它是采用有机材料和无机材料进行复合而成。根据不同用途，这类材料有以有机材料为主、无机材料为辅的；也有以无机材料为主、有机材料为辅的。

1）前者多用于水泥混凝土路面裂缝修补和边角修补。

2）后者则多用于水泥混凝土路面整板或局部修补。

3）从实际使用中发现，采用有机-无机复合物进行水泥混凝土路面修补常能获得比单用一种无机材料或有机材料修补更好的效果。修补材料按用途可分为裂缝修补材料、板块修补材料和罩面材料。

2.4.3.2 水泥混凝土路面裂缝修补材料

1. 环氧树脂类修补材料

环氧树脂类修补材料的主要组分是环氧树脂，它是含有两个以上环氧化基团的高分子化合物，常见的环氧树脂可分为两类，一类是缩水甘油基型环氧树脂；一类是环氧化烯烃。水泥混凝土路面接头承受外应力很快会造成缺陷区扩展，裂缝蔓延，从而导致胶层开裂，使胶接接头不耐疲劳。因此，必须对环氧树脂进行改性，既要充分利用环氧树脂本身强度高、粘附力强的优点，又要通过改性，降低其脆性，提高延伸率。环氧树脂改性的方法是加一些改性剂，如低分子液体改性剂、增柔剂、增韧剂等。下面着重介绍几种适合于水泥混凝土路面裂缝修补的改性环氧树脂。

（1）聚硫改性环氧灌浆材料

1）液体聚硫橡胶是一种低分子量黏稠液体。聚硫橡胶本身硫化后，具有很好的弹性和粘附性，当和环氧树脂混合后，末端的硫醇基（—SH）可以和环氧基发生化学作用，赋予交联后的环氧树脂较好的柔韧性，表 2-4-8 列出了不同聚硫橡胶用量对环氧树脂性能的影响。其中环氧树脂 100g，聚硫橡胶 50g，DMP-30（固化剂）10g 混成的改性环氧树脂，抗拉强度高达 50.6MPa，延伸率达 5%。

聚硫改性环氧材料的性能 表 2-4-8

序号	组 分	质量（g）						
1	环氧树脂	100	100	100	100	100	100	100
2	聚硫橡胶，分子量 1000		25	33	50	75	100	200
3	DMP-30（固化剂），25℃固化 7d 后的性能	10	10	10	10	10	10	10
4	抗拉强度（MPa）	24.6	38.7	45.7	50.6	21.6	16.5	1.1
5	硬度（shore D）	80	80	80	80	76	76	15
6	延伸率（%）	0	1	2	5	7	10	300

2）采用间苯二酚双缩水甘油醚 70g，等量间苯二酚和间苯二酚甲醛树脂混合物的环氧化合物 30g，丁二烯双环氧 20g，无机填料 60g，低分子聚酰胺 80g，2，4-甲苯二胺 20.5g，液体聚硫 20.5g 混合成的改性聚硫环氧灌浆材料，在常温下凝胶时间为 1.7h，室

温抗剪强度达 20MPa。

3）用环氧树脂 6101 号 100g，聚硫橡胶（分子量 1000）30g，生石灰（过 160 目，600C 活化 4h）30g，固化剂 1 号 20g，KH-550，3g 混合成的农机 1 号胶在 25℃下，45min 可基本凝胶，3～5h 后则可达到 21.0～23.0MPa 的抗剪强度。

上述三种聚硫改性环氧灌浆材料在我国市政、交通等行业使用过，效果较好，是较理想的水泥混凝土路面裂缝灌浆材料。

（2）914 双组分快速固化裂缝修补材料

用 711 脂环族双缩水甘油酯环氧、712 环氧树脂和 703 固化剂组成的 914 双组分室温快速固化胶粘剂，在 25℃温度条件下 3h 抗剪强度最高可达到 30MPa 左右。

914 双组分快速固化胶粘剂早已在市场上公开出售，并在许多建筑工程的维修上进行过广泛的应用。对于水泥混凝土路面的裂缝修补，适用可行。

2. 聚氨酯类灌浆材料

水泥混凝土路面裂缝修补选用的是一种胶接性能很好的聚氨酯胶液。由于聚氨酯具有柔性的分子链，它的耐振动性及抗疲劳性能都很好。聚氨酯还有一个重要的特点是它的耐低温性能好，比所有其他任何有机类的胶粘材料耐寒性都优异。因此，用聚氨酯配成的裂缝灌浆材料耐气候性好，在各个季节和各个不同地区都可使用。下面介绍几种可用作水泥混凝土路面裂缝修补灌浆材料的聚氨酯胶粘剂。

（1）多异氰酸酯胶粘剂

多异氰酸酯胶粘剂是聚氨酯胶粘剂中最原始的一种，其特点是：

1）在含活泼氢的官能团中，除—OH，—COOH，—NH$_2$ 以外，还有—SH—，—NH—，—NHR，—CONH$_2$，—CONHR，—SO$_2$NH$_2$，—SO$_2$NHR，—CSNH$_2$，—SO$_2$OH 等，均能和异氰酸基反应。由此可见，此种胶粘剂的应用面较广。

2）异氰酸酯很易溶于有机溶剂中，而且由于它的分子体积较小，很易透入像水泥混凝土这种多孔被粘材料中，从而进一步提高胶结性能。

3）用异氰酸酯作为灌缝材料灌入水泥混凝土路面的裂缝中，不但胶结坚固，而且很耐疲劳。

4）异氰酸酯能与吸附在被胶结材料表面上的水分及含水氧化物等发生化学反应，或者在碱性的被粘结物表面上自行聚合，这些反应导致在界面上产生化学键，因而大大提高了胶结性能。

（2）端异氰酸酯基聚氨酯预聚体型胶粘剂

此种胶粘剂系双组分，一个组分是分子的端基为—NCO 的预聚体，另一组分是含活泼氢的固化剂，通常是含—OH 和—NH$_2$ 的化合物或预聚体。使用时两组分按一定比例进行混合。根据固化剂的种类可以室温固化，也可加热固化。在水泥混凝土路面修补时，为便于使用，一般选用室温固化的固化剂。固化时间可通过固化剂掺量变化进行调节。最快的几个小时就可达到较高的延伸率和一定的抗剪强度。

聚氨酯预聚体型胶粘剂属于结构型聚氨酯预聚体胶粘剂，特点是起始胶结强度高，弹性好，耐低温，耐疲劳性能均优于其他材料，参见表 2-4-9、表 2-4-10、表 2-4-11 所列。

聚氨酯材料的弹性模量较低，约为 5～7MPa，此种材料适用于封闭裂缝，对结构补强作用较小。

室温固化糊状胶粘剂抗剪强度（MPa）　　　　　　　表 2-4-9

序号	胶 粘 剂	测试温度（℃）					
		−253	−196	−100	室温	82	121
1	聚酰胺环氧	16.7	18.7	22.2	26.8	3.6	1.6
2	柔性环氧	17.0	19.2	20.6	16.0	4.1	3.4
3	聚氨酯	66.0	50.2	40.4	10.6	2.7	3.0

室温固化糊状胶粘剂 T-剥离强度（MPa）　　　　　　表 2-4-10

序号	胶 粘 剂	测试温度（℃）					
		−253	−196	−100	室温	82	121
1	聚酰胺环氧	0.06	0.05	0.06	0.07	0.04	0.05
2	柔性环氧	0.11	0.14	0.05	0.09	0.08	0.05
3	聚氨酯	1.45	1.13	0.58	1.43	0.60	0.30

疲劳试验（到达破坏时的震动次数）　　　　　　　　表 2-4-11

序号	胶粘剂	室温实验	−196℃实验
1	聚酰胺环氧	360 次，全部失败	6×10^5 次，失败
2	柔性环氧	280 次，全部失败	130 次，失败
3	聚氨酯	不超过 1800 次	1×10^6 次，未发现失败

注：疲劳试验条件，最大荷载 12.7MPa，频率 1000 次/min。

3. 烯类裂缝修补材料

烯类裂缝修补材料主要采用烯类聚合物配制而成，通常有两大类，一类是以烯类单体或预聚体作胶粘剂，在固化过程中发生聚合反应；另一类是以高分子聚合物本身作胶粘剂，如热溶胶、乳液胶粘剂和溶液型胶粘剂。下面介绍几种可用于水泥混凝土路面裂缝修补的烯类高分子胶粘剂。

（1）氰基丙烯酸酯胶粘剂：

1）氰基丙烯酸酯胶粘剂的主要成分是 α-氰基丙烯酸酯，它的分子式是：

$$CH_2\!=\!\overset{\displaystyle CN}{\underset{\displaystyle |}{C}}\!-\!COOR$$

由于很强的吸电子基氰基和酯基的存在，这类单体很容易在水或弱碱的催化作用下进行阴离子型聚合。

2）为了使氰基丙烯酸酯胶粘剂便于贮存和使用，必须在 α-氰基丙烯酸酯单体中加入其他的辅助成分。例如为提高单体贮存稳定性，需加入一些酸性物质作稳定剂，常用的有二氧化硫、醋酸铜、五氧化二磷、甲基苯磺酸、二氧化碳等。为防止可能发生的 α-氰基丙烯酸酯自由基型聚合反应，加入对苯二酚之类的阻聚剂。

3）氰基丙烯酸酯胶粘剂最大的优点是室外固化时间快，几分钟之内就可以粘住，具有一定的抗拉强度，24～48h 内可达到最高抗拉强度，大约为 25～35MPa。此外，它还具有黏度低，透明性好，胶结强度高，气密性好等优良性能。

（2）（甲基）丙烯酸酯树脂胶粘剂

（甲基）丙烯酸酯树脂胶粘剂的结构特征是分子末端具有丙烯酸酯或甲基丙烯酸酯基团。它的官能度高，固化产物具有三向交联结构，所以耐热性、耐水性、耐介质以及耐大气老化性能都比较好。（甲基）丙烯酸酯树胶粘剂还具有收缩率小、强度高的优点。因此，它比较适合于水泥混凝土路面的裂缝修补。由于（甲基）丙烯酸酯树脂胶粘剂的黏度较其他有机高分子材料低，所以，将其混入到水泥混凝土中进行宽裂缝修补和板面边角修补效果都较好。

（3）聚醋酸乙烯乳液胶粘剂：

1）聚醋酸乙烯乳液是借助于乳化剂的作用把单体分散在介质中进行聚合，用水溶性引发剂、乳化剂以阴离子型和非离子型表面活性剂为主。路面裂缝修补剂宜采用非离子型乳化剂，如聚氧乙烷的各种烷基醚或缩醛等。用非离子型乳化剂得到的乳液黏度大，与混凝土中的硅酸盐等接触稳定性好。

2）聚醋酸乙烯乳液胶粘剂以高分子乳液为主体，加入适量的增稠剂、增塑剂、溶剂、填料、消泡剂和防腐剂等成分。通常用聚乙烯醇作保护胶体和增稠剂，主要目的是提高乳液的湿态粘性和对水泥混凝土面的粘附能力，此外，聚乙烯醇增稠的乳液还具有很好的触变性，耐水性相当好。加增塑剂的目的在于提高胶膜的柔性和耐水性，提高乳液的湿态粘性和胶粘强度。常用的增塑剂有邻苯二甲酸二丁酯，冬期水泥混凝土裂缝修补时，最好采用耐寒性较好的长碳链酯作为增塑剂，以提高修补材料的抗冻性能。

3）聚醋酸乙烯胶粘剂特别适合于胶结像水泥混凝土类这样的多孔材料。它的固化过程大致是这样的：胶结之后由于乳液中的水渗透到多孔性的水泥混凝土材料中去并逐渐挥发使乳液的浓度不断增大，由于表面张力的作用使聚合物析出。必须在一定的环境温度下，聚醋酸乙烯乳液胶粘剂才能聚合成强度高的连续胶膜。若环境温度很低，聚合物就成为不连续的颗粒，无法获得胶结强度。因此，选用聚醋酸乙烯胶粘剂进行水泥混凝土路面裂缝修补，尤其要注意修补施工的季节。

2.4.3.3 水泥混凝土路面接缝修补材料

水泥混凝土路面的接缝包括纵向施工缝、纵向缩缝、横向施工缝、横向缩缝、横向胀缝等。接缝是水泥混凝土路面的薄弱环节，最易引起破坏，特别是胀缝，损坏率甚高。引起水泥混凝土路面接缝破坏的原因是多方面的，有选用的材料问题，也有施工问题。下面主要介绍水泥混凝土路面接缝的修补材料。水泥混凝土路面的接缝修补材料分为接缝板和填缝料两大类。填缝料又分为加热施工式填缝料和常温施工式填缝。

1. 水泥混凝土路面接缝板

用于水泥混凝土路面接缝修补的接缝板应具备如下技术性能：具有一定的压缩性及弹性，当混凝土板高温膨胀时不被挤出；当混凝土板低温收缩时，能与混凝土板缝壁连接，不被拉断，不产生缝隙。必须耐久性好，在混凝土路面施工时不变形且具有较高的耐腐蚀性。

（1）软木板：预制型软木伸缩缝填料简称软木板，其原料为栓皮（又称软木），是从栓皮树上剥下来的树皮。我国生长的栓皮树称栓皮栎，其栓皮层较发达，厚度一般在15～50mm。栓皮具有相对密度小，质地轻柔、富有弹性、传热低、进水性小、透气性低和耐磨、耐腐蚀等特性。软木板是由栓皮栎树的外皮经破碎分选后获得的纯净软木粒，用高级弹性树脂胶合制得的预制型产品，用作接缝板不需进行防腐处理。工厂产品规格（mm）

有：950×640×（3～25）、950×200×（20～25）。

（2）聚氨酯硬泡沫板：它由特制的聚醚树脂与多次甲基多苯基多异氰酸酯在催化剂、稳定剂、发泡剂等的作用下，经发泡反应而制得，具有吸水性小、耐磨、耐油耐腐蚀及耐热等优点。

工厂产品规格（mm）有：12000×1200×（20～200）、8000×12000×（20～200）、4000×1200×（20～200）。

（3）松木板：松木板是道路部门多年采用的传统接缝材料，由于木板复原率低，树节较多，易吸湿，易腐蚀，耐久性差，所以使用效果较差。

2. 水泥混凝土路面填缝料

（1）填缝料应具备的技术性能：用于水泥混凝土路面修补的填缝料应具备如下技术性能：

1）与水泥混凝土板缝壁具有较好的粘结力。当混凝土板伸缩时，填缝料能与混凝土板缝壁粘接牢固，而不致从混凝土缝壁上拉脱。

2）具有较高的拉伸率，填缝料必须能随混凝土板伸缩，而不致被拉断。

3）耐热及耐嵌入性好，在夏季高温时，填缝料不发生流淌。填缝料应耐砂石杂物嵌入，保证混凝土板伸胀不受阻。

4）具有较好的低温塑性。在冬期低温时，填缝料不发生脆裂，仍具有一定的延伸性。

5）耐久性好，在野外恶劣的气候条件下，填缝料应能在较长时间保持良好的使用性能，即耐磨、耐晒及耐水等，不过早产生老化。

（2）加热施工式填缝料：

1）聚氯乙烯胶泥：它是以煤焦油为基料，加入聚氯乙烯树脂、增塑剂、填充料和稳定剂等配制而成，其配比见表 2-4-12。

聚氯乙烯胶泥配合比

表 2-4-12

序　号	原　料　名　称	质量配合比	
		一般地区	寒冷地区
1	煤焦油	100	100
2	聚氯乙烯树脂（固化剂）	9～12	12～14
3	邻苯二甲酸二丁酯（增塑料）	20	1
4	己二酸（增塑剂）	1	25
5	二盐基亚硫酸（稳定剂）	0.5	0.5
6	滑石粉或粉煤灰（填充料）	25～35	20～35

各原料成分的作用如下：

a. 煤焦油，可与其他成分相溶，与水泥混凝土的粘结力强，是制备填缝料的良好基料；

b. 聚氯乙烯树脂，加热时塑化，冷却后使填缝料固化成型；

c. 邻苯二甲酸二丁酯及己二酸，改善填缝料的低温塑性；

d. 二盐基亚硫酸，防止填缝料加热时分解变质；

e. 滑石粉或粉煤灰，改善填缝料耐热性并降低成本。

聚氯乙烯胶泥系由工厂配制好的单组分材料，外观呈黑色固溶体状。施工时加热至灌入温度（130～140℃）。为防止焦化变质，应采用间接加热法，即预热工作应在双层锅中进行，两层锅之间用石蜡或高温机油等作传导温度介质，达到灌入温度后滤出杂物。采用填缝机进行灌缝，冷却后即可成型。

聚氯乙烯胶泥的加热施工式填缝料灌入温度、加热施工式填缝料性能参见表 2-4-13、表 2-4-14。

加热施工式填缝料灌入温度 表 2-4-13

流淌时间 \ 加热温度（℃）\ 填缝料种类	100	110	120	130	140	150	160	170	180	190	200	施工加热温度（℃）
聚氯乙烯胶泥（软）	6'29″	3'26″	2'17″	52″	19″							130～140
聚氯乙烯胶泥（硬）	21'	5'8″	4'15″	3'12″	1'26″	59″						130～140
ZJ 填缝料	13″	8″	9″	13″	19″							130～140 并保温搅拌 15min
橡胶沥青		流淌较困难										170～180
橡胶沥青 1 号					25'			7'				

加热施工式填缝料性能 表 2-4-14

性能 \ 填缝料种类	针入度（锥针法）（mm）	弹性复原率（球针法）（%）			流动度（mm）	拉伸量（mm）		
		−10℃	25℃	90℃ 168h		−20℃	−10℃	25℃
聚氯乙烯胶泥（软）	13	51	30	5	1		19.9	＞20
聚氯乙烯胶泥（硬）	8.4	53	29	23	0		15.6	＞20
ZJ 型填缝料	＞18	44	57.5	86	1	＞15	＞15	＞20
橡胶沥青	5.3	25	38	54	5	3.5	5	＞20
橡胶沥青 1 号	2		29.5		6			

2）ZJ 型填缝料：ZJ 型填缝料以煤焦油为基料，以此与橡胶组成橡胶沥青，再加入聚氯乙烯树脂、增塑剂、稳定剂、表面活性剂、沉降抑制剂、硫磺及填充料等混配而成。ZJ 型填缝料配合比列于表 2-4-15。

ZJ 型填缝料配合比 表 2-4-15

序号	原料名称	质量配合比	原料名称	质量配合比
1	橡胶沥青	50～80	表面活性剂	0.5～1.0
2	聚氯乙烯树脂	3～10	沉降抑制剂	3～10
3	二丁酯	3～10	硫磺	15～20
4	三盐基硫酸铅	0.5～1.0	填充料	8～25

ZJ 型填缝料系单组分材料，外观呈黑色糊状，相对密度 1.3～1.35，成品可储存较长时间，施工时加热至 130℃，在此温度下至少保持 15min 并不断搅拌，此时流动性较好，

借助漏斗类工具即可填料，冷却后便可成型。但加热温度不得超过160℃，否则材料呈蜂窝状（树脂碳化）而失效。

ZJ型填缝料的性能参见表2-4-13、表2-4-14。

3）橡胶沥青：道路部门多年使用的橡胶沥青填缝料系石油沥青掺加废橡胶粉等配制而成。施工前将废橡胶粉预先溶于有机溶剂中或先与少量沥青溶解，然后加入热沥青与之搅拌。配制工艺繁杂且不易搅拌溶解均匀。

胜利炼油厂研制开发了以丁苯橡胶胶乳掺配石油沥青的新工艺。丁苯橡胶具有耐磨、耐油、耐老化及弹性较好等优点，改性后沥青的7℃延度可达150cm以上。丁苯胶乳中橡胶的粒子约为0.05μm，有利于它在沥青中溶解，使改性后的沥青形成稳定的胶体状态。

丁苯橡胶沥青系由工厂采用预混式方法生产的单组分材料，外观呈黑色固体状。当加热温度偏低时，丁苯橡胶沥青黏度较大，造成施工困难；而加热温度过高，黏度虽下降，但易引起沥青老化，因此加热温度至关重要，以170～180℃为宜。

丁苯橡胶沥青的性能参见表2-4-13、表2-4-14所列。

（3）常温施工式填缝料：

1）聚氨酯焦油类：此类填缝料为双组分材料。甲组分是以多异氰酸酯和多羟基化合物反应制得的聚氨基甲酸酯。乙组分主要由煤焦油及填充料等组成。两个组分均是具有较好流动状态的黏稠液体，易于搅拌均匀混合，固化后形成橡胶状弹性体，具有耐磨、耐油、耐腐蚀及耐热等优点。现介绍几种聚氨酯焦油类填缝料。

a. M880建筑密封膏：M880建筑密封膏的甲组分由异氰酸酯与聚醚加聚反应成为预聚体，乙组分系由煤焦油、固化剂、增塑剂、助剂等组成的混合物。其大致配合比列于表2-4-16。

M880建筑密封膏配合比 表2-4-16

原料名称	甲组分（%）	乙组分（%）	原料名称	甲组分（%）	乙组分（%）
聚醚	80		甘油		3.9
异氰酸酯	20		蓖麻油		6.5
磷酸	少量		填料		26.3
煤焦油		54.9	助剂		8.4

使用M880建筑密封膏时，甲、乙组分别按一定的比例搅拌混合均匀后，即可采用挤压枪等工具填缝修补。甲、乙组分的比例可视具体情况而定，一般均以1：（1.4～2.5）。M880建筑密封膏的主要技术性能请见表2-4-17所列。

M880建筑密封膏的主要技术性能 表2-4-17

性能 种类	灌入稠度			失黏时间（h）	流动度（mm）	弹性复原率（%）			拉伸量（mm）		
	10℃	20℃	30℃			−10℃	25℃	90℃ 168h	−20℃	−10℃	25℃
M880建筑 密封膏1：1.4			10′40″	12	0	96	96	93	13	13	4.5

续表

性能 种类	灌入稠度			失黏时间 (h)	流动度 (mm)	弹性复原率（%）			拉伸量（mm）		
	10℃	20℃	30℃			−10℃	25℃	90℃ 168h	−20℃	−10℃	25℃
M880 建筑 密封膏 1：2		>30	10′25″	13	0	77	100	82	>15	>15	>20
M880 建筑 密封膏 1：2.5				14	0	66	85	78	>15	>15	>20
聚氨酯焦油	流淌较困难			9		86	92	92		7	8
聚氨酯焦油发泡 填料 1：2：0.5	流淌较困难			5		88	99	97		7	8
聚氨酯焦油发泡填料 1：1.85：0.4	流淌较困难			6		84	94	87	7	7	10.5

b. 聚氨酯焦油：分甲、乙双组分，甲、乙组分配比为 1：2。其特点是固化时间短，主要技术性能参见表 2-4-16；

c. 聚氨酯焦油发泡填料：该材料分 A、B、C 三个组分，A 组分为聚氨酯，B 组分为煤焦油，C 组分为发泡剂、填料等。其配比为：A：B：C＝1：（2～1.85）：（0.5～0.4）。施工时用挤压枪填注，填缝程度约占缝体 3/4，自行反应发泡成型，固化时间较短，主要性能指标参见表 2-4-16。

2）聚氨酯类：该类材料主要由甲组分（多异氰酸酯），乙组分（多羟基化合物）组成，不含煤焦油成分。

a. LPC-89 接缝密封胶：由甲乙两组分和软木粉搅拌均匀配制而成。软木粉非常轻柔，具有质轻、耐磨、耐腐等特征。LPC-89 接缝密胶也属发泡类填缝料，填缝程序约占缝体 2/3，自行反应发泡成型，固化时间较长；

b. 聚氨酯整皮微孔泡沫填料：半硬性富有弹性整皮冷固泡沫，配比为甲组分 40～45，乙组分 100，系发泡型填缝料。填缝程度约占缝体 2/3，自行反应发泡成型，固化时间较快；

c. 聚氨酯密封胶：甲、乙组分的配比为 1：（2.7～3.2）。施工时用漏斗类工具填注，固化时间较短。与前两种材料相比，价格较低。主要技术性能参见表 2-4-17。

2.4.3.4　水泥混凝土路面板块修补材料

1. 概述

水泥混凝土路面板块修补问题，长期以来未能得到很好解决，其根本问题之一是修补材料的性能不理想。用于水泥混凝土路面板块修补的材料必须符合下列技术要求：

（1）快硬高早强：路面修补与普通混凝土路面施工不同，需要进行修补的水泥混凝土路面都是正在使用的道路，不允许长时间封闭交通。因此，修补材料必须具有迅速硬化的性能，使修补路面短时间内达到通车的强度要求。

（2）收缩小：水泥混凝土路面修补，新老混凝土的结合部位是薄弱环节。造成新老混凝土接合不好的重要因素之一是新拌水泥混凝土的收缩。收缩产生收缩应力，使新老混凝土拉开。因此，要控制修补材料的收缩率，尽可能选用无收缩或收缩率很低的修补材料。

（3）具有一定的粘性：从提高新老混凝土结合力的愿望出发，要求修补材料本身具备一定的黏性。

（4）后期性能稳定，强度发展与老混凝土基本同步：修补材料的后期强度发展速度应与老混凝土基本一致，不允许强度减少，也不要强度发展过快，致使新老混凝土力学性能差异太大，影响路面的整体性能。

（5）耐磨性高，耐久性好：修补材料的耐磨性不应低于老混凝土的耐磨性能。新修补混凝土应具有抗冻、耐腐蚀、抗渗等耐久性能。

（6）施工和易性好：

修补混凝土的凝结时间应满足施工要求。对于需水量大、硬化过快的修补材料，应通过试验，掺入一定量的缓凝型减水剂，以保证新修补混凝土的施工和易性。

2. 水泥混凝土路面块板常规的修补材料

（1）沥青混凝土：长期以来，公路部门都习惯于采用沥青混凝土对损坏的水泥混凝土路面进行修补，尽管方法简便，但隐患较多。用沥青混凝土对水泥混凝土路面进行修补的缺点是：

1）道路强度不均匀，传荷不一致：沥青混凝土与水泥混凝土有着本质上的区别，沥青混凝土呈柔性，水泥混凝土硬化后呈刚性，二者强度差异较大，受外部荷载作用后的应力分布也不相同。如处理不当，有可能促使水泥混凝土路面更大程度的破坏。

2）使用寿命短：沥青混凝土本来的使用寿命就较水泥混凝土路面短得多，夹在水泥混凝土板面中间，更易发生破坏，有的甚至一个冬季或雨季过后，就要进行重新修理。沥青混凝土修补水泥混凝土路面只能是应急措施，解决不了根本问题，易形成坏了修补，补了再坏，坏了再补的恶性循环。

3）影响路面平整度，降低表面使用功能：由于沥青混凝土的热稳性较差，夏季在外部荷载作用下，沥青混凝土易产生变形。尤其是与水泥混凝土路面这种刚性材料一起承载时，沥青混凝土更易产生坑洼不平的现象，导致路面平整度下降，影响路面使用功能。

4）不美观：在整片灰白色的水泥混凝土路面中补上一块黑色的沥青混凝土，路面景观受到影响，行车者见了也很不舒服。

（2）普通水泥混凝土：道路上，另一种传统的修补水泥混凝土路面的方法是将破损的混凝土除掉，新铺上与原设计强度相同或高强度的普通混凝土。

采用普通水泥混凝土修补被损坏的混凝土路面，主要有如下缺点：收缩大及易导致新老混凝土拉开；水泥混凝土本身黏度低，与老混凝土结合差；新老混凝土间的界面缺陷，易使混凝土开裂；养护期长，影响交通。

传统的水泥混凝土路面修补材料，尽管成本低廉，工人对其施工工艺比较熟练，但一些难以克服的缺点，严重影响到水泥混凝土路面的修补质量，往往会出现坏了修补，补了不久又坏的情况。为了改善普通水泥混凝土的性能，在水泥混凝土中掺加一些性能优良的添加剂，如为了缩短修补路面的养护期，掺加早强剂；为了降低混凝土的水灰比，减少混凝土表面泌水，减小混凝土收缩率，掺加一些高效减水剂；为了弥补混凝土收缩大的缺陷，采用适当膨胀补偿收缩的原理，掺加一定量的膨胀剂。上述种种，都必须在使用前，进行认真的试验，摸清相关技术参数，并在施工中进行精确计量，才能保证修补效果。

3. 快硬硅酸盐水泥

(1) 化学成分及矿物组分

为了使水泥熟料能够生成较多水化速度快、早期强度高的矿物，在快硬硅酸盐水泥的生料配料中掺入了一定量的 CaF_2、$CaSO_4$、TiO_2、BaO、P_2O_5、MnO 和 Cr_2O_3。因而快硬硅酸盐水泥的化学组成和矿物组分与普通水泥有着较大差异。表 2-4-18 所列为部分快硬硅酸盐水泥的化学成分及含量。

快硬硅酸盐水泥的化学成分及含量　　　　　　　　表 2-4-18

序号	项　目	国产 37.5MPa 快硬水泥	日本-日水泥	英国	德国
1	烧失量(%)	34.94	0.6~1.4	1.5	1.6
2	SiO_2(%)	12.42	19.4~20.4	21.8	18.8
3	Al_2O_3(%)	3.09	4.3~5.2	4.9	5.2
4	Fe_2O_3(%)	2.12	2.2~2.8	1.8	2.6
5	CaO(%)	43.16	64.4~65.1	64.6	64.6
6	MgO(%)	1.25	1.2~2.0	1.2	1.6
7	SO_3(%)	0.95	3.2~3.4	2.6	3.7
8	F^-	0.35	—	—	—

(2) 快硬硅酸盐水泥主要性能

1) 物理性能：快硬硅酸盐水泥的物理性能列于表 2-4-19。

快硬硅酸盐水泥的物理性能　　　　　　　　表 2-4-19

项　目		国产 37.5MPa 快硬水泥	日本-日水泥	英国	德国
相对密度		3.10	3.13	3.11	3.05
比表面积 (cm^2/g)		3.000	5.810	7.170	5.370
凝结时间	初凝	4h 30min	1h 30min	—	2h 40min
	终凝	6h 50min	2h 25min	—	3h 25min
抗折强度 (MPa)	1d	4.3	5.0	3.2	4.9
	3d	7.6	6.0	6.0	6.2
	7d	—	7.2	6.6	6.4
	28d	9.7	8.3	7.2	7.3
抗压强度 (MPa)	1d	19.9	21.5	16.5	22.1
	3d	46.3	33.5	33.7	30.0
	7d	—	42.1	42.8	35.8
	28d	73.4	48.8	54.2	42.1

2) 用快硬水泥配制的修补混凝土性能：

a. 需水量：快硬水泥混凝土的需水量与坍落度的关系如图 2-4-49 所示。用快硬水泥配制修补混凝土时，混凝土的用水量要比普通混凝土增加 2%~5% 才能达到相同的坍落度；

b. 泌水性、凝结时间和易修整性：快硬水泥的泌水性一般要比普通水泥小 1/3 左右，其泌水结束时间也要比普通水泥快 1h 左右，参见图 2-4-50 所示。用快硬水泥配制的修补混凝土初凝时间要比普通混凝土快 30min 至 1h30min，终凝时间快 2h～3h，并且初凝到终凝的间隔时间比较短。显然，初凝之后水泥浆硬化特别快。用快硬水泥配制的修补混凝土，比普通混凝土具有更好的塑性，并且泌水少，所以它具有良好的易修整性；

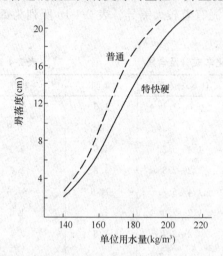

图 2-4-49　混凝土用水量与坍落度的关系　　　　图 2-4-50　混凝土的泌水率

c. 强度：快硬水泥混凝土的强度发展对环境温度较为敏感。5℃时，混凝土 14h 前基本没有强度。24h 也只有 5.8MPa 的抗压强度，抗折强度约在 1.0～1.5MPa 间，但在 20℃时，混凝土 8h 就可获得 5.4MPa 的抗压强度。24h 其抗压强度可达 20.2MPa，抗折强度达 3.5～4.0MPa。30℃时，混凝土 8h 就可获得 11.0MPa 抗压强度和 2.7MPa 的抗折强度。24h 其抗压强度可达 28.5MPa，抗折强度达 5.0MPa。采用快硬水泥进行混凝土路面修补，如以老混凝土设计强度的 80％作为修补混凝土的通车强度要求，施工环境温度在 5～20℃，约需 3d 时间，修补混凝土路面可投入使用。20～30℃时，1～2d 时间，修补混凝土路面可投入使用；

d. 干缩率：快硬水泥混凝土的早期干缩率较普通混凝土稍大一些，但后期反而变小，所以在一般情况下，可以认为快硬硅酸盐水泥混凝土的干缩率与普通水泥混凝土基本相同。考虑到混凝土的收缩大，修补时应注意及时养护；

e. 其他性能：快硬水泥混凝土的抗渗性、吸水性等各种特性均与普通硅酸盐水泥相同。它的颜色和普通水泥几乎一样，都呈灰色。它的耐久性、安定性和长期强度等性能均与普通硅酸盐水泥一样是可以信赖的。

3）注意事项：使用快硬水泥进行快速修补，要注意如下几点：

a. 快硬硅酸盐水泥因其比表面积大，可能有易于风化的趋势；

b. 与普通混凝土一样，干缩率较大，新老混凝土粘结力差；

c. 初期水化速度快。混凝土内部温度容易升高，这就存在着因温度应力而产生裂缝的危险，所以在使用它进行快速修补时，事先要考虑周密，同时，施工季节也要适宜，应尽可能避免在夏季高温期施工；

d. 混凝土配合比设计时，水灰比应控制在合适的范围内（0.45～0.55）。混凝土的含砂率不必太高，即使比普通混凝土减少 $2\%\sim4\%$，也同样能配制出和易性良好的混凝土。

4. 高铝水泥

高铝水泥是一种快硬早强型的水硬性胶凝材料。它的主要原料是矾土和石灰石，按适当比例配合后经高温烧结或熔融，粉磨而成。

（1）高铝水泥的化学成分：高铝水泥的主要化学成分为：

Al_2O_3	$33\%\sim60\%$	Fe_2O_3	$4\%\sim12\%$
CaO	$32\%\sim44\%$	MgO	$<2\%$
SiO_2	$3\%\sim11\%$	TiO_2	$1\%\sim3\%$
FeO	$0\sim11\%$	K_2O+Na_2O	$<1\%$

（2）高铝水泥的主要特点：高铝水泥的特点是硬化迅速，早期强度高，最快的 1d 抗折强度可达 $3\sim5MPa$，抗压强度达 $25\sim45MPa$，相当于高铝水泥最终强度的 80%。但由于晶型转化而引起长期强度下降。高铝水泥的相对密度为 $3.0\sim3.2$。松密度为 $1000\sim1300kg/m^3$。紧密度为 $1600\sim1800kg/m^3$。比表面积波动于 $2500\sim4000cm^2/g$，一般约 $3000cm^2/g$，我国标准规定，高铝水泥的初凝不得早于 30min，终凝不得迟于 10h。

（3）注意事项：用高铝水泥进行混凝土快速修补应注意如下几点：

1）水灰比不能过大：水灰比一般控制在 0.50 以下，大的水灰比容易使高铝水泥晶形转变对强度不利。根据国内外施工经验，高铝水泥作为混凝土快速修补材料，一般水灰比选用 $0.35\sim0.40$ 比较好。低水灰比的高铝水泥经晶形转变后，强度仍保持很高，后期强度亦无明显下降。

2）外加剂对高铝水泥的适应性：一般情况下，高铝水泥混凝土中不掺加引气剂和减水剂。当水灰比很小时，为了改善混凝土的和易性，掺入类型适宜的高效减水剂，亦能获得较好的效果。在使用高铝水泥时，切忌加入石灰、氯化钙类的外加剂。这些物质将干扰混凝土的凝结且严重影响混凝土强度。综合国内外试验研究结果，对高铝水泥混凝土起促凝作用的外加剂有氢氧化钙、氢氧化钠、碳酸钠、硫酸钠、硫酸亚铁、硫酸等。掺少量时起缓凝作用，掺多量时起促凝作用的外加剂有氯化镁、氯化钙、硝酸钡、醋酸、硫酸钙等。起缓凝作用的外加剂有氯化钠、氯化钾、氯化钡、硝酸钠、盐酸、甘油、糖蜜等。

3）与其他品种水泥的混用：高铝水泥与普通硅酸盐水泥混拌在一起，凝结时间变得非常短促，而且可能出现瞬凝现象。这是由于普通水泥中的石膏和 C_3S 所析出的 $Ca(OH)_2$ 均能加速高铝水泥的凝结。这两种水泥颗粒表面的水化产物会剧烈地相互作用，反应非常迅速。于是凝结硬化极快，水化过程都无法进行完全。因而混凝土 28d 强度比单独使用它们中间任何一种水泥都低。但是如果比例恰当，也能收到较好的效果。具体的比例只能通过试验确定，不同品种、不同厂家生产的水泥性能差异颇大。便用高铝水泥进行混凝土快速修补，施工时要特别谨慎。

4）地区因素：高铝水泥在较高温度时强度下降显著。我国南方夏天时间长、气温高，易使混凝土强度下降，甚至发生破坏，所以不宜采用这种材料进行混凝土快速修补。对于北方寒冷地区，高铝水泥混凝土在硬化过程中放出的大量水化热，甚至会对低温下的混凝土起自养护作用。

5. 聚合物水泥砂浆和混凝土

聚合物水泥砂浆和混凝土主要包括两大类，一是直接在水泥砂浆和混凝土搅拌时掺入聚合物配制成的混凝土，二是聚合物浸渍水泥砂浆和混凝土。后者需要加热处理，工艺较复杂。适用于水泥混凝土路面修补的主要是掺聚合物水泥砂浆和混凝土。另外还有环氧改性水泥砂浆。

（1）掺聚合物乳液的水泥砂浆和混凝土

1）聚合物固体用表面活性剂分散成为微细的球形颗粒（粒径为 $0.05\sim1\mu m$），悬浮于水中即得聚合物乳液。所用聚合物有天然橡胶、合成橡胶、热塑性树脂、热固性树脂、沥青与石蜡等。乳液的浓度通常按质量计为 $40\%\sim60\%$。

2）在掺聚合物乳液时，必须注意聚合物粒子的电性与浆体中的水泥粒子电性一致。通常水泥粒子是带正电的，因此要尽可能选择由正离子表面活性剂制成的聚合物乳液。

3）常用的有天然橡胶乳液（由橡胶树汁浓缩加入稳定剂、消泡剂与防老剂等制成）、合成橡胶乳液、热塑性聚合物乳液等。表 2-4-20 中列出几种聚合物乳液的主要特征。

几种聚合物乳液的主要特性　　　　　　　　表 2-4-20

序号	特　性	乳液种类			
		丁苯	氯丁	氯乙烯-偏氯乙烯共聚物	聚丙烯酸酯
1	浓度（%）	48	42	50	46
2	稳定剂	非离子	负离子	非离子	非离子
3	相对密度（25℃）	1.01	1.10	1.23	1.05
4	单位体积质量（kg/m³）	1010	1110	1230	1050
5	pH 值	10.5	9.00	2.00	9.50
6	粒径（μm）	0.20	—	0.14	—
7	表面张力（N/m）	32×10^{-3}	40×10^{-3}	33×10^{-3}	40×10^{-3}
8	贮存寿命	2 年以上	—	6 个月	长
9	冻融稳定性（−15~25℃）	5 周期		差	5 周期
10	黏度（$10^{-3}Pa\cdot s$，20℃）	24	10	15 以下	—

4）聚合物在水泥砂浆和混凝土中最佳掺量为 $10\%\sim20\%$。在此掺量范围内，水泥混凝土的抗折强度、抗拉强度、粘结性能、防水性能、抗冲击性、耐磨性等均有明显改善。

5）表 2-4-21 列出了几种掺聚合物乳液的水泥砂浆的强度。掺聚合物乳液的水泥砂浆和混凝土的主要优点可归结为如下几点：

几种掺聚合物乳液的水泥砂浆的强度　　　　　　　　表 2-4-21

序号	强　度		乳液种类				
			普通砂浆	聚醋酸乙烯酯	丁苯	聚丙烯酯	氯偏
1	抗折强度	浸水前	4.3	12.9	10.0	12.9	12.8
	（MPa）	浸水后	5.2	2.2	6.5	7.4	7.7
2	抗压强度	浸水前	16.8	26.4	34.8	40.0	59.3
	（MPa）	浸水后	31.1	9.2	28.8	38.4	50.3
3	抗拉强度	浸水前	2.1	4.9	4.2	5.9	—
	（MPa）	浸水后	2.2	0.4	2.5	3.4	—

注：水泥∶砂＝1∶3，聚合物掺量 20%；养护条件：20℃，50%相对湿度，28d；泡水时间 7d。

a. 拌和后的砂浆和混凝土流动性好，用水量较普通水泥砂浆和混凝土低；

b. 当聚合物掺量为 10%～20% 时，与普通水泥砂浆和混凝土相比，抗拉与抗折强度可提高 150%～1000%，抗压强度与延伸能力也有所提高；

c. 与老混凝土粘强力强，以掺聚醋酸乙烯酯乳液的水泥砂浆为例，它与老混凝土的粘结强度高于普通水泥砂浆和混凝土 9～10 倍；

d. 由于聚合物填塞了硬化体中的孔隙和加强了水泥石与集料的粘结，其抗渗、抗冻、耐腐蚀性能均有显著的提高；

e. 与普通水泥砂浆和混凝土相比，聚合物水泥砂浆和混凝土的抗冲击性可提高数倍至十几倍，耐磨性也可提高十几倍至几十倍；

f. 干缩率随聚合物掺量增大而减小，但因聚合物种类与养护条件而异。

（2）掺水溶性聚合物的水泥砂浆和混凝土

1）聚合物以水溶液的形式加入水泥砂浆和混凝土中。可加入水泥砂浆和混凝土中的水溶性聚合物有酚醛、脲醛、环氧、聚乙烯醇、密胺甲醛、聚乙烯基呋喃树脂等。用得较多的是水溶性环氧。

2）水溶性聚合物的常用掺量为 1%～2%（占水泥质量的百分比）。

3）掺水溶性聚合物的水泥砂浆和混凝土既可在空气中硬化，也可在潮湿条件下和水中硬化，这一特性很适合于水泥混凝土路面的修补，即采用该材料修补后无需再进行保湿养护。

4）水泥砂浆和混凝土中掺入水溶性聚合物后，抗压强度可提高 15%～30%，抗拉强度提高 1.5～2 倍。表 2-4-22 列出部分掺水溶性聚合物水泥砂浆的抗拉强度与抗变形能力。

聚合物水泥砂浆的强度及抗变形能力（龄期：7d）　　　　表 2-4-22

水溶性聚合物种类	掺量	养护条件	抗拉强度		极限延伸率	
			绝对值（MPa）	相对百分数	绝对值（%）	相对百分数
素砂浆	—	干空气	1.7	100%	0.0170	100%
89 号树脂	6%	干空气	2.7	159%	0.0314	185%
TAG-17	2%	干空气	2.3	135%	0.0178	105%
素砂浆	—	湿空气	1.5	100%	0.0143	100%
89 号树脂	6%	湿空气	3.2	213%	0.0465	325%
TAG-17	2%	湿空气	2.6	173%	0.0160	112%

5）掺水溶性树脂的水泥砂浆与素砂浆相比，徐变可减少 20%，静压弹性模量增大 10%。

6）水溶性聚合物能对水泥浆起塑化作用，当保持和易性不变时，可使砂浆的水灰比由 0.42 降至 0.29。

7）水泥砂浆和混凝土中掺入水溶性聚合物，其水泥石的孔隙率可下降 10%～20%。砂浆和混凝土的抗冻性和抗渗性明显提高，粘结性能及抗冲击、耐疲劳与耐化学腐蚀等性能均能得到明显改善。

6. 纤维增强水泥混凝土

为了克服水泥混凝土抗折强度低、抗裂性差、脆性大的缺点，在水泥混凝土中掺入一定数量的纤维，通过纤维增强，提高混凝土的抗拉、抗剪、抗折、抗冲击强度，降低脆性。纤维增强水泥混凝土也是水泥混凝土路面板块修补使用的材料之一。常用增强纤维有石棉、玻璃、纤维、钢纤维以及其他化学纤维。

1）玻璃纤维增强水泥混凝土：

a. 玻璃纤维是一种由熔融态的玻璃制成的人造纤维。普通的中碱和无碱玻璃纤维，耐碱性很差，放置于 $Ca(OH)_2$ 的饱和溶液中或硅酸盐水泥水化生成的液相中，抗拉强度会大幅度地下降，从而失去增强作用。因此用于水泥混凝土的玻璃纤维必须是抗碱玻璃纤维；

b. 水泥混凝土路面修补时，可采用混拌法将预先经切短的抗碱玻璃纤维均匀混加入水泥混凝土中，纤维的长度以 25mm 为宜，纤维体积率根据研究一般以 3%～5% 为宜；

c. 抗碱玻璃纤维对水泥混凝土的增强作用较显著。玻璃纤维水泥砂浆的抗折强度可提高到 $15～20MPa$。抗冲击强度可达 $1.5～2.5MPa$。弹性模量约为 $2×10^4MPa$。由此可见，水泥混凝土中掺入适量的抗碱玻璃纤维，其强度特性将会得到明显改善。水泥混凝土的脆性下降，抗冲击，耐疲劳性能提高。

2）钢纤维增强水泥混凝土：

a. 钢纤维混凝土是一种纤维型与颗粒型混杂的复合材料。根据钢纤维的生产工艺，可把用于水泥混凝土增强的钢纤维分为以下几种：

（a）切断钢纤维，由细钢丝冷拔，切断而成，因钢种不同，有碳钢纤维与不锈钢纤维之分。道路上常用的碳钢纤维用普通碳素钢制成，抗拉强度为 $1000～2000MPa$，截面呈圆形，常用直径为 $0.25～0.50mm$，长度为 $20～40mm$。切断钢纤维与水泥砂浆的界面粘结性较差，为充分发挥此种纤维的增强作用，可设法改变纤维的外形，制成表面有刻痕的、末端带钩的、波纹形的钢纤维，或者圆截面与扁平截面交替的呈规律变形的钢纤维；

（b）剪切钢纤维，由剪切冷轧薄板制得，厚度为 $0.2～0.5mm$，宽度为 $0.25～0.9mm$，抗拉强度 $450～800MPa$，与水泥砂浆的粘结性比切断钢纤维好；

（c）切削钢纤维，由旋转的铣刀切削软钢钢锭或厚钢板制得，此种纤维的截面呈三角形，有利于与水泥混凝土的粘结，是一种价格最低廉且适用性强的钢纤维；

（d）熔抽钢纤维，由熔融的钢水甩制而成，纤维强度因熔钢成分与热处理条件而异。熔抽钢纤维的表面也是不规则的，制造成本也较低。

后两种钢纤维，20 世纪末国内一些研究单位曾进行过大量的研究工作并在水泥混凝土路面施工中进行了尝试性地应用，取得了一些成功的经验。下面介绍钢纤维增强混凝土。

b. 钢纤维的性能：路面板块修补用钢纤维必须洁净、无锈、无油污、无毒，并不含其他杂质和碎屑；

钢纤维的长径比对修补混凝土的性能影响较大。长径比过小，混凝土混合料的施工和易性较好，但纤维的增强效应难以发挥。长径比过大，纤维易结团，且纤维相互交叉，不易均匀分散。钢纤维掺入混凝土中的主要目的是提高弯拉强度，并改善其他性能。为满足这一要求，纤维长径比要尽量大些，而混凝土施工和易性则要求长径比尽量减小。根据我国东南大学的研究结果，路面水泥混凝土用钢纤维长径比应控制在 50～80 范围内。

钢纤维的极限抗拉强度是该材料的另一重要性能，路面水泥混凝土中的钢纤维极限抗拉强度应大于 500MPa。部分国产切削钢纤维的性能列于表 2-4-23。

部分国产切削钢纤维性能   表 2-4-23

序号	产地	生产方法	纤维形状	纤维长度（mm）	当量直径（mm）	纤维长径比	密度（g/cm³）	抗拉强度（MPa）	备注
1	马鞍山	钢板切削法	方直形	25	0.429	58	7.8	550～650	强度合格
				20	0.433	46	7.8	550～650	强度合格
2	宜兴	钢板切削法	扭曲形	25	0.429	58	7.8	550～650	强度合格
				30	0.429	70	7.8	550～650	强度合格
3	常州南宅	钢板切削法	扭曲形	25	0.429	56	7.8	600～700	强度合格
				30	0.429	70	7.8	600～700	强度合格
4	东岳	钢板切销法	端钩形	25	0.429	58	7.8	700～760	强度合格

c. 钢纤维增强混凝土的配合比：用于水泥混凝土路面板块修补的切削钢纤维增强混凝土配合比设计如下：

（a）计算配制强度

$$f_{s配} = f_{s设} / (1 - Z \cdot C_V)$$

式中　$f_{s配}$——切削钢纤维混凝土配制强度；

$\quad\quad f_{s设}$——切削钢纤维混凝土设计强度；

$\quad\quad Z$——保证率系数，参见表 2-4-24；

$\quad\quad C_V$——变异系数，参见表 2-4-25。

保证率系数与保证率的关系   表 2-4-24

保证率系数（Z）	0.84	1.00	1.04	1.28	1.64	2.00	2.05	2.33
保证率（%）	80	84	85	90	95	97.7	98	99

（b）确定钢纤维体积率 V_s 及水灰比 W/C。修补混凝土的纤维体积率取值应略高于普通混凝土施工的纤维体积率，以 $V_s = 1.0\% \sim 1.5\%$ 为宜。

施工管理等级与变异系数的关系   表 2-4-25

施工管理等级	优 秀	良 好	一 般	不 良
变异系数 C_V	<0.10	0.10～0.15	0.15～0.20	>0.20

钢纤维修补混凝土的 W/C 可用下式计算。

$$C/W = \frac{f_{s配}/(kf_c) + 0.0801 - 0.08 V_s L_s / d_s}{0.0802}$$

式中　f_c——水泥强度等级；

$\quad\quad k$——水泥强度等级富余系数；

$\quad\quad L_s / d_s$——钢纤维长度与直径之比，以 60～80 为好。

（c）确定单位用水量：

$$W = 722.38/(\ln T - \ln 0.191 - 44.36 V_s)$$

式中　W——单位用水量，kg/m³；

　　　T——工作度，一般取 12s。

（d）确定单位水泥用量

$$C = C/W \times W$$

（e）确定含砂率

$$S_p = S/(S+G)$$

式中　S_p——含砂率；

　　　S——细骨料用量（kg/m³）；

　　　G——粗骨料用量（kg/m³）。

钢纤维增强混凝土的含砂率应高于普通混凝土，根据工程施工经验，砂率宜在 45%左右。

（f）用绝对体积法计算粗细集料的用量

$$C/\rho_c + S/\rho_s + G/\rho_\gamma + W + 10a = 1000$$

式中　ρ_c——水泥的密度（kg/m³）；

　　　ρ_s——细骨料的密度（kg/m³）；

　　　ρ_γ——粗骨料的密度（kg/m³）；

　　　a——含气量，不采用引气性外加剂时，$a=1$。

（g）计算钢纤维用量

$$F = V_s \rho'_s$$

式中　F——钢纤维用量（kg/m³）；

　　　ρ'_s——钢纤维比重（kg/m³）。

配合比调整方法与普通混凝土配合比调整方法相同。

2.4.3.5　JK 系列新型快速修补材料

为了提高水泥混凝土路面的修补质量，近几年来，国内某些研究单位相继开发出了性能良好的水泥混凝土快速修补剂。江苏省建筑科学研究院研制成功的 JK 系列混凝土快速修补剂，克服了传统修补材料的一系列弊端，不仅具有快硬高早强的特点，而且收缩小，与老混凝土粘结力强、耐磨、耐久，是目前国内较为理想的混凝土新型快速修补材料。JK 系列新型快速修补材料根据其强度性能分为 JK-4 型、JK-10 型和 JK-24 型。

1.JK-4 型混凝土快速修补剂

JK-4 型混凝土快速修补剂由部分氟铝酸盐、硅酸盐、硫铝酸盐和高效表面活性剂配而制成，是一种以无机材料为主的混凝土快速修补材料。

（1）JK-4 型混凝土快速修补剂的技术性能：

1）相对密度及颜色：JK-4 型混凝土快速修补剂的相对密度较普通水泥稍小，为 3.0。颜色与普通水泥接近。

2）细度：修补材料的细度对修补混凝土的强度影响较大，在一定细度范围内，细度越细，修补材料的强度发挥得越好，早期强度越高。细度对修补材料胶砂强度的影响如表 2-4-26、图 2-4-51 所示。

JK-4 型混凝土快速修补剂的细度为 4.5%～5.5%（0.08mm 筛筛余量）。

细度对修补材料胶砂强度的影响　　　　表 2-4-26

序号	项 目	试 验 结 果					
1	细 度	2%	5%	8%	10%	15%	
2	6h 抗折强度（MPa）	5.9	5.3	4.0	3.2	2.6	

注：JK-4 型修补材料的内掺量为 45%。

3）需水量：尽管 JK-4 型混凝土快速修补材料的细度较细，比表面积大，主要矿物组分氟铝酸钙、硫铝酸钙的需水量都很大，但由于有一种对于氟硫铝酸盐材料适应性很好的表面活性剂在其中发挥作用，使得材料的实际需水量降低。与普通硅酸盐水泥的需水量相比，JK-4 型混凝土快速修补剂的需水量几乎测不出明显差别。

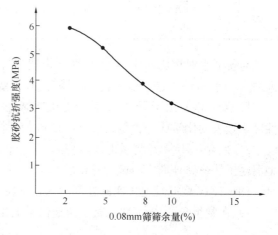

图 2-4-51　细度对强度的影响

4）泌水性：JK-4 型混凝土快速修补剂的泌水性很小，但泌水产生和消失的速度很快。

5）凝结时间：JK-4 型混凝土快速修补剂的初凝时间为 45min 左右，终凝时间为 1~1.5h，初凝与终凝时间相隔很短。可以认为，此处材料一旦初凝即很快具有强度，所以它的早期强度发展很快。

6）强度：JK-4 型混凝土快速修补剂的早期强度发展很快。掺量对修补材料的强度发展影响最大，表 2-4-27 列出 JK-4 型修补剂掺量对强度的影响。可见，随着 JK-4 型混凝土快速修补剂内掺量的增大，修补材料的强度提高，但提高幅度有所不同。无论是抗折强度还是抗压强度，内掺量由 10% 增大至 20% 时，都出现了一个很大的提高幅度。两者相比，抗折强度的提高幅度更大。当掺量增大至 40%~45% 时，修补材料 24h 的胶砂抗折强度达到最大值。继续增大掺量，尽管抗压强度仍有较大增长，但增长幅度已明显下降。此时的修补材料抗折强度已呈下降趋势。

JK-4 型修补剂掺量对强度的影响　　　　表 2-4-27

序号	掺量（%）	0	10	20	30	40	45	50
1	抗折强度（MPa）	0.77	1.02	4.20	4.77	5.55	5.58	5.40
2	抗压强度（MPa）	3.75	4.09	15.52	22.24	31.45	35.59	37.18

注：24h 龄期强度。

JK-4 型混凝土快速修补剂不仅早强度，而且后期强度也较稳定。表 2-4-28 所列为修补材料各龄期的胶砂强度发展，修补剂内掺量为 45%。

由表 2-4-28 可知，JK-4 型混凝土快速修补剂 24h 的抗折强度约为普通水泥 24h 抗折强度的 7 倍。尽管 24h 后 JK-4 型混凝土快速修补剂的抗折强度发展速度变慢，但 28d 的抗折强度仍比普通水泥高 40% 左右。

JK-4 型补修剂的强度发展　　　　　　表 2-4-28

序号	龄 期	6h		12h		24h		3d		7d		28d	
		折	压	折	压	折	压	折	压	折	压	折	压
1	JK-4 型强度（MPa）	4.4	17.4	5.37	31.0	5.28	35.6	6.5	43.0	10.1	44.5	11.5	48.8
2	普通水泥强度（MPa）	—				0.77	3.75	6.26	36.9	7.9	50.4	8.0	51.0

与普通水泥相比，JK-4 型混凝土快速修补剂的抗折强度与抗压强度之比要大得多，大约为 1/4～1/5。这一结果表明，掺有 JK-4 型混凝土快速修补剂的水泥石脆性降低。

7）安定性：由于 JK-4 型混凝土快速修补材料的 f-CaO 含量少，MgO 等对水泥安定性影响较大的化学成分含量也较低，所以，该材料具有良好的安定性。

8）贮存：JK-4 型混凝土快速修补剂的有效贮存期为半年。超过半年贮存期的 JK-4 型混凝土快速修补剂应经试验室试验后再使用。

（2）JK-4 型混凝土快速修补剂的水化反应。

1）矿物组分：JK-4 型混凝土快速修补剂化学成分列于表 2-4-29。

JK-4 型修补剂化学成分　　　　　　表 2-4-29

化学成分	SiO_2	Fe_2O_3	Al_2O_3	CaO	MgO	SO_3	CaF_2
百分率（%）	5.38	6.11	8.70	41.00	2.88	17.60	9.04

JK-4 型混凝土快速修补剂的主要矿物组分为硅酸钙、氟铝酸钙，此外还有部分单晶体。

2）JK-4 型修补材料的水化反应：JK-4 型混凝土快速修补剂与水泥混拌遇水发生的水化反应是一个较为复杂的过程。它的早期主要水化产物有：水化硅酸钙、水化硫铝酸钙。它们的摩尔以及化学式参见表 2-4-30。

部分水化产物的组成　　　　　　表 2-4-30

序号	水化产物	摩尔比	化学式
1	水化硅酸钙	$Ca1 \cdot 5Si1.0O3.5 \cdot xH2.0O1.0$	$1.5CaO \cdot SiO_2 \cdot xH_2O$
2	水化硫铝酸钙	$Ca6.0Al2.0S3.0O18.0 \cdot xH2.0O1.0$	$3CaO \cdot Al_2O_3 \cdot 3CaSO_4 \cdot xH_2O$

（3）JK-4 型修补混凝土的性能

1）修补混凝土配合比设计：

a. 原材料的选择：水泥是修补混凝土不可缺少的主要胶结料；砂用于配制 JK-4 型修补混凝土的砂应为干净、含泥量低于 2% 的中粗砂；石子符合连续级配的细碎石；水是未受污染的清洁水；

b. 混凝土的配合比：施工单位可根据具体情况，对上述配比进行适当调整。

2）修补混凝土的和易性：采用上述修补混凝土配合比，成型温度为 21.5℃，实测混凝土坍落度为 1.5cm。尽管修补混凝土的坍落度较小，但由于所用的调凝剂含有一定的引气量，水泥及修补剂颗粒的湿润度高，易振捣，密实性较相同坍落度的普通混凝土好。

JK-4 型修补混凝土的泌水速度较普通混凝土快，几乎一振动就有明显泌水，但泌水量较普通混凝土低得多，且易消失。修补混凝土成型后 30min，表面的泌水几乎全部消失。

3）干缩与湿胀：JK-4 型混凝土快速修补剂的特点之一是收缩小，用它配制成的修补混凝土的干缩与湿胀性能列于表 2-4-31。

混凝土的干缩与湿胀　　　　　　　　　表 2-4-31

序号	混　凝　土	干缩×10⁻⁴					湿胀×10⁻⁴				
		1d	3d	7d	14d	28d	1d	3d	7d	14d	28d
1	普通混凝土	−0.30	−1.00	−2.30	−2.90	−4.04	1.45	1.55	1.90	2.08	2.23
2	JK-4 型修补混凝土	−0.46	−0.51	−0.74	−1.14	−1.22	2.20	2.50	3.01	3.12	2.41
3	提高率（%）	+53	−49	−68	−61	−70	+52	+61	+58	+50	+53

4）耐磨性：混凝土的耐磨性与其抗压强度的关系十分密切。抗压强度越高，耐磨性越好。JK-4 型修补混凝土的早期抗压强度较高，耐磨性也优于普通混凝土，甚至 1d 龄期 JK-4 型修补混凝土的耐磨性就相当于 14d 龄期普通混凝土的耐磨性。28d 龄期的 JK-4 型修补混凝土的耐磨性仍高于同龄期普通混凝土 18.7%。

2. JK-10 型混凝土快速修补剂

（1）概述：由于 JK-4 型混凝土快速修补剂的初凝较快，时间短，施工时工序衔接要求较高。尤其是夏季施工时，稍不注意，就会出现修补混凝土快凝后无法振捣密实成型的现象。JK-10 型就是为了解决修补混凝土快凝问题而诞生的。

它是利用一定量的柠檬酸消耗掉部分修补材料液相中的 Ca^{++}，形成柠檬酸钙和 $Al(OH)_{3-x}\overline{F}^x$，覆盖在 $C_{11}A_7 \cdot CaF_2$ 颗粒上，使 $C_{11}A_7 \cdot CaF_2$ 的水化反应在数小时内暂时出现停止状态，使得修补材料达到较长的缓凝时间。

（2）JK-10 型混凝土快修补剂的技术性能

1）相对密度及颜色：JK-10 型混凝土快速修补剂的相对密度为 3.0，比普通水泥稍小。颜色与普通水泥相近。

2）细度：0.08mm 水泥标准筛筛余量为 3%～5%。

3）需水量：用水泥标准稠度仪测得外掺 13%～16%JK-10 型混凝土快速修补剂的水泥混合浆体标准稠度的用水量为 27.8%（占水泥质量%），与之相对应的普通水泥浆体的用水量为 27.4%，从试验结果看，两种材料的需水量基本相同。

4）泌水性：JK-10 型混凝土快速修补剂的泌水较普通混凝土快，而且泌水的消失速度也比普通水泥快得多，相同水灰比时，JK-10 型修补剂的泌水量要比普通混凝土稍显大些。

5）凝结果间：补凝为 2～3.5h。

终凝为≤6h。

6）强度：JK-10 型修补剂的掺量为外掺 13%～16%。在夏天气温高时，内掺量最低可降至 30%，表 2-4-32 所列为内掺 15%JK-10 型混凝土快速修补剂的水泥胶砂强度发展。

水泥胶砂强度发展　　　　　　　　　　　表 2-4-32

序号	龄　期	12h		24h		3d		7d		28d	
		折	压	折	压	折	压	折	压	折	压
1	JK-10 型强度（MPa）	3.60	20.10	6.49	49.53	8.28	50.16	9.64	55.48	10.20	61.20
2	普通水泥强度（MPa）	—		0.81	3.92	6.30	37.20	8.0	51.20	8.05	53.10

与普通水泥相比，修补材料的抗折强度 24h 可提高 8 倍，3d 提高 31.9%，7d 提高 24.0%，28d 提高 27.5%。

7）安定性：JK-10 型混凝土快速修补剂的安定性很好，f-CaO 极少。

8）贮存：采用双层复合袋包装，有效贮存期为 6 个月。

（3）JK-10 型修补混凝土的性能

1）修补混凝土的配合比设计：JK-10 型修补混凝土的原材料要求与 JK-4 型修补混凝土的原材料要求相同。混凝土的配合比可根据所选用的原材料进行设计和试验。混凝土的建议配合比为：

配　合　比

水泥	JK-10 型修补剂	水	砂	石子
425	55～68	136	498	1281
1	0.13～0.16	0.32	1.17	3.01

当砂子细度模数大于 2.6 时，砂率可放置 30%。

2）修补混凝土的施工和易性：JK-10 型修补混凝土的和易性较 JK-4 型修补混凝土的和易性好。这是因为 JK-10 型修补材料采用的高效调凝剂延长了混凝土的初凝和终凝时间，使得 JK-10 型修补混凝土的易操作性优于 JK-4 型修补混凝土。高效调凝剂同样也提高了混凝土中固体颗粒的湿润性，降低了水的表面张力和水与胶结料颗粒间的界面张力，使得修补混凝土一旦受到外界的震动作用力即很快成型。

3）修补混凝土强度及其力学性能：用 JK-10 型配制的修补混凝土强度发展参见表 2-4-33。

混凝土强度发展　　　　　　　　　　　表 2-4-33

强度（MPa）　　龄期 混凝土种类	12h		24h		3d		7d		28d		180d	
	折	压	折	压	折	压	折	压	折	压	折	压
JK-10 型修补混凝土	3.23	25.00	4.31	34.30	5.40	51.40	5.80	52.90	6.55	53.70	7.12	54.30
普通混凝土	—	—	0.78	6.76	2.80	18.92	4.34	34.85	5.38	48.87	6.01	54.42

与同配比的普通混凝土强度相比较，JK-10 型修补混凝土 1～3d 龄期强度发展最快，3d 后强度发展速度明显减慢，但未出现强度倒缩现象。即便到了 180d，修补混凝土强度仍有微小增长。

4）干缩与湿胀：JK-10 型修补混凝土的干缩与湿胀性能列于表 2-4-34。

混凝土的干缩与湿胀 表 2-4-34

混凝土	干缩×10^{-4}					湿胀×10^{-4}				
	1d	3d	7d	14d	28d	1d	3d	7d	14d	28d
修补混凝土	−0.38	−0.50	−0.68	−1.02	−1.23	2.41	2.33	2.98	3.11	3.35
普通混凝土	−0.30	−1.00	−2.30	−2.90	−4.04	1.45	1.55	1.90	2.08	2.23
提高率（%）	+27	−50	−70	−65	−70	+66	+50	+57	+50	+50

注：1. 普通混凝土以成型后 48h 脱模测其初长；

2. 修补混凝土以成型后 12h 脱模测其初长；

3. 试件尺寸 10cm×10cm×51.5cm。

JK-10 型修补混凝土是一种低收缩混凝土，其 28d 干缩率只有 1.23×10^{-4}，远比普通混凝土低。JK-10 型修补混凝土，只要保持 1d 的湿养护，其湿胀率就可达 2.41×10^{-4}。也就是说在修补混凝土中建立了 0.25MPa 左右的预压应力。在路面实际修补过程中，只要在修补混凝土投入使用前的 12h 保持潮湿养护，因修补混凝土的膨胀在混凝土中产生的预压应力就足以抵抗修补混凝土的低收缩应力，从而抑制修补混凝土微裂缝的出现，增强修补混凝土与老混凝土的粘结力。

3. JK-24 型混凝土快速修补剂

JK-24 型混凝土快速修补剂是由部分硫铝酸盐材料、优质含硅材料和高效表面活化剂复合而成。

（1）JK-24 型混凝土快速修补剂的技术性能

1）密度及颜色：JK-24 型混凝土快速修补剂的密度为 2.8～2.9g/cm^3，比水泥稍轻。颜色与普通水泥接近。

2）细度：JK-24 型混凝土快速修补剂的细度为 0.08mm，水泥标准筛筛余量为5%～8%。

3）需水量：

JK-24 型混凝土快速修补剂的细度与水泥相比要细得多，材料本身的比表面积大，需要包裹表面的水相对较多，但 JK-24 型中混有性能优异的表面活性剂，这种表面活性剂可使修补材料初期水化时形成的絮凝结构分散开来，并将包裹在其中的游离水释放出来，从而减小了修补材料的需水量。因此，JK-24 型混凝土快速修补剂的需水量较普通水泥小。实测 JK-24 型混凝土快速修补剂的需水量较普通水泥小 10%～15%。

4）泌水性：

JK-24 型混凝土快速修补剂的泌水性较普通水泥小，但泌水速度比普通水泥快。沁水的消失速度与普通水泥接近。

5）凝结时间：JK-24 型混凝土快速修补剂的实测初凝时间为 2h5min，终凝时间为3h41min。初凝时间较普通水泥稍长，而初凝与终凝的间隔时间则比普通水泥短。这是由于 JK-24 型混凝土修补剂具有良好的触变性所致。这一特性对修补混凝土的早期强度发展有利，它有效地解决了混凝土普遍存在的施工可操作性与早期强度发展的矛盾。

6）强度：JK-24 型混凝土快速修补剂的强度发展列于表 2-4-35。JK-24 型混凝土快速修补剂的早期强度发展虽不及 JK-4 型和 JK-10 型混凝土快速修补剂那样快，但 24h 龄期的抗折强度还是比较高的，可以满足通车要求不十分紧迫的水泥混凝土路面修补。

JK-24 型混凝土修补材料的胶砂强度发展（MPa）　　　　表 2-4-35

序号	材料种类	24h		3d		7d		28d	
		折	压	折	压	折	压	折	压
1	JK-24 型修补材料	4.80	20.20	6.53	37.00	8.80	51.30	9.95	53.20
2	普通水泥	0.77	3.75	6.26	36.90	7.90	50.40	8.0	50.0
3	提高率	523%	439%	4.3%	0.3%	11.4%	1.8%	24.3%	6.4%

注：修补材料中修补剂外掺量为 16%。

7）贮存时间：JK-24 型混凝土快速修补剂的有效贮存期较长。一年贮存时间，修补材料实测强度仅下降 3.5%；2 年贮存时间，修补材料实测强度下降 7.4%，JK-24 型混凝土快速修补剂之所以有如此长的有效贮存期，主要是材料本身的吸湿性小。

8）安定性：JK-24 型混凝土快速修补剂的安定性很好。

（2）JK-24 型修补混凝土的性能

1）混凝土配合比设计：影响修补混凝土性能的主要因素是混凝土的原材料组成，水泥是 JK-24 型修补混凝土不可缺少的主要胶凝材料。采用 52.5MPa 普硅水泥配制 JK-24 型修补混凝土，24h 龄期修补混凝土的抗折强度可比采用 42.5MPa 普硅水泥的修补混凝土抗折强度提高 15%～20%。所以，配制 JK-24 型修补混凝土应尽可能采用 52.5MPa 普通硅酸盐水泥。

JK-24 型混凝土快速修补剂的掺量对修补混凝土的性能影响很大。掺量太大，一是成本增加，二是过分加大了修补混凝土的膨胀率，反不利于混凝土的强度发展，掺量太小，达不到预期的强度和膨胀补偿收缩要求，影响修补混凝土的修补质量。JK-24 型混凝土快速修补剂的适宜掺量为 14%～18%，一般采用 16%。

采用 JK-24 型修补剂配制修补混凝土，砂石的含泥量尤其要严格控制。石子粒径可视修补需要而定，如系整板全厚度修补，石子最大粒径可放至 40mm；如系表面 10cm 内处理，石子最大粒径应降至 20～30mm。JK-24 型修补混凝土的建议配比如下：

水　泥	JK-24 型修补剂	水	砂	石子
437	70	140	524	1149
1	0.16	0.32	1.20	2.63

2）修补混凝土和易性：JK-24 型修补混凝土的施工和易性很好。相同的坍落度，JK-24 型修补混凝土要比普通混凝土更易操作，更易振动密实。JK-24 型修补混凝土之所以具备如此优异的和易性，原因在于 JK-24 型修补材料的易泌水性。用此种材料修补水泥混凝土路面，施工工人可以有很充裕的时间对修补路面进行认真仔细的处理，即便是夏天高温季节也如此。

3）修补混凝土强度发展：外掺 16%JK-24 型混凝土快速修补剂的修补混凝土强度发展如表 2-4-36 和图 2-4-52 所示。

JK-24 型修补混凝土的强度 表 2-4-36

龄 期（d）	1	2	28	90	180
抗压强度（MPa）	18.9	27.6	47.5	48.0	48.7
抗折强度（MPa）	3.1	4.0	5.49	6.21	6.28
脆度系数（压/折）	6.10	6.90	8.65	7.73	7.75

由图 2-4-52 可见，0～1d，修补混凝土的强度发展曲线最陡，斜率最大，强度发展最快，1d 后随着龄期的增长，强度发展曲线渐趋平直，斜率变小，强度发展速度减慢。28d 龄期后，修补混凝土的抗折强度仍有微小的增长。修补混凝土的这一特性有利于修补混凝土与老混凝土的强度一致性。破碎混凝土周边的坚固混凝土一般都在 3 年龄期以上，设计强度为 C30 的混凝土路面三年后的抗压强度大约在 40～50MPa，抗折强度在 6～7MPa。它们的强度基本上是稳定的，不会再有明显的强度增长。倘若修补混凝土后期强度发展过快或出现强度下降，都会增大水泥混凝土路面的强度不均匀性，给修补后的水泥混凝土路面再次发生破坏留下隐患。所以，用于水泥混凝土路面修补的混凝土 28d 龄期既不允许强度下降，也不宜强度增长过高，尤其是抗压强度的大幅度增长，会给水泥混凝土路面造成脆度增大的缺陷。

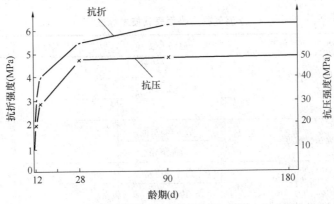

图 2-4-52 JK-24 型修补混凝土强度发展曲线

4）干缩与湿胀：影响新修补混凝土与老混凝土粘结性能的主要因素之一是修补混凝土的收缩性能。JK-24 型修补混凝土的干缩与湿胀性能列于表 2-4-36。外掺 16%JK-24 型修补剂的修补混凝土干缩率很小，28d 龄期的干缩率仅有 0.18‰，约为普通混凝土干缩率的 1/3。

在使用 JK-24 型混凝土修补剂时，如能保持 1d 的潮湿养护，修补混凝土将会产生 2.44×10^{-4} 的湿胀率，由此在混凝土中建立起约 0.2MPa 左右的预压应力，从而增强修补混凝土与老混凝土的粘结力，抑制或减少混凝土中的微裂缝产生。

5）耐磨性：JK-24 型修补混凝土的磨耗性能列于表 2-4-37，500 转时，JK-24 混凝土修补材料较普通砂浆磨耗值低 11.2%，1000 转时低 13.4%，1500 转时低 10.2%，2000 转时低 5.2%。

水泥砂浆磨耗值　　　　　　　　　表 2-4-37

编　号	面积 (cm²)	磨耗量（g）				抗压强度（MPa）	
		500 转	1000 转	1500 转	2000 转	7d	28d
JK-24 型砂浆	9.57	6.91	13.68	20.72	27.13	46.2	66.4
普通砂浆	9.57	7.68	15.52	22.82	28.53		54.8

JK-24 型修补混凝土的其他性能与普通混凝土基本相同，抗冻性、抗渗性略优于普通混凝土。

2.4.4　水泥混凝土路面的修补技术

2.4.4.1　概述

1. 水泥混凝土路面表面技术标准

水泥混凝土路面的特点是在养护良好的条件下使用年限比其他路面长。然而一旦开始破损，将会迅速发展。因此必须作好预防性、经常性养护。通过经常的观察，及早发现缺陷，弄清原因，不失时机地采取适当的措施以保持路面状况的完好。混凝土路面质量技术标准规定于表 2-4-38，这是水泥混凝土路面在使用中，通过养护、维修，保持状态完好的依据。

水泥混凝土路面表状技术标准　　　　　　表 2-4-38

序号	主 要 项 目	道路等级	单 位	容许偏差
1	相邻板高差	高等级道路	mm	2
		其他道路		3
2	宽度		mm	±20
3	路拱横坡度	高等级道路	%	±0.15
		其他道路		±0.25
4	纵断高程	高等级道路	mm	±10
		其他道路		±15
5	纵缝直顺度（20m 直线检查）	高等级道路	mm	10
		其他道路		10
6	横缝直顺度（在车行道宽度内）		mm	10

2. 水泥混凝土路面质量的评价指标

路面使用质量，用路面状况指数（PCI）、平整度（σ）、抗滑系数（F）以及路面综合评定指标（SI）来评价。评价标准分为优、良、中、差四个等级，水泥混凝土路面破损评价标准见表 2-4-39。

水泥混凝土路面破损评价标准　　　　　　表 2-4-39

序号	评价指标	优	良	中	差
1	路面状况指数（PCI）	≥85	≥70，<85	≥50，<70	<50
2	平整度（σ）	≤2.5	>2.5，≤3.5	>3.5，≤4.0	>4.5

序号	评价指标	优	良	中	差
3	抗滑系数（F）	$\geqslant 55$	$\geqslant 48$，<55	$\geqslant 38$，<48	<38
4	路面综合评定指标（SI）	$\geqslant 8.5$	$\geqslant 6.9$，<8.5	$\geqslant 4.5$，<6.9	<4.5

上述四项评价指标的计算和测试方法详见《公路养护技术规范》JTG H10—2009 的规定。

3. 水泥混凝土路面养护的措施

水泥混凝土路面的养护对策，应根据现有路面使用质量状况、道路性质、等级和交通量等因素，结合当地技术经济水平、气候条件，适时地提出改善、大、中、小修的对策和优先顺序。有条件的，宜用水泥混凝土路面管理系统进行辅助决策。养护对策应符合下列要求：

（1）路面综合评定指标（SI）为优、良，坏板率在 5％以下的路段，宜以日常养护为主，局部修补一些对行车安全有影响的板块。

（2）路面综合指标（SI）为优、良，坏板率在 5％～15％的路段，除按正常的程序进行保养维修外，宜安排大、中修进行处治；对路面综合指标（SI）为中、差，坏板率在 15％～50％的路段，必须安排大、中修进行处治。

（3）坏板率在 50％以上的路段，必须进行改善。

（4）优先顺序的主要考虑原则为：路线行政等级高的先于路线行政等级低的；交通量大的先于交通量小的；路面使用质量差的先于路面使用质量好的；在相同条件下，以坏板率大者为先。依据以上原则，经综合考虑后选定优先顺序。

2.4.4.2　水泥混凝土路面接缝的修补技术

1. 概述

接缝是水泥混凝土板块的薄弱部位，一旦填缝材料老化损坏，要立即更换填缝料。否则冬季水泥混凝土板块收缩，填缝料与板块之间被拉开，形成空隙，雨雪水渗入路基，造成板块唧泥。此外，坚硬的石子落入缝内，夏天板块受热膨胀，石子易将板边挤碎。

目前国内填缝料的种类较多，有聚氨酯类，沥青胶泥类，价格从 0.3～1 万元不等。施工单位亦可根据当地现有材料进行掺配，其配合比见表 2-4-40。

填缝料配合比（质量比）　　　　　　　　　　　表 2-4-40

编号	掺　配　沥　青		石棉屑	石粉	橡胶粉
	60 号沥青 96％＋重柴油 4％	30 号沥青 80％＋重柴油 20％或10 号沥青 85％＋重柴油 15％			
1	60～65		5～10	10～15	15～20
2		70～75	5	10	10～15
3		60	10	25	5
4		60	10	25	5

2. 填缝料的修补技术

（1）用小扁凿凿除旧填缝料，用钢丝刷清理缝壁，并用皮老虎或吸尘器吹吸干净缝内

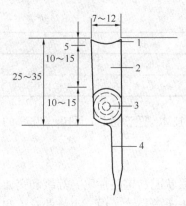

图 2-4-53 缩缝缝隙典型断面
1—膨胀空间；2—接缝材料；3—嵌条；
4—导裂缝

尘土。

（2）用稀释沥青涂刷缝壁。低温施工时，采用喷灯烘吹，使沥青涂匀。

（3）在缝的两侧路面上各撒一层石粉（或用石灰水涂刷），防止灌填接缝材料时污染路面。

（4）缝的下部可填 25～30mm 高的泡沫塑料嵌条。

（5）用配制好的接缝材料进行填缝，缝的顶部须留有 5mm 的膨胀空间（见图 2-4-53）。

（6）在已填好的缝上，用烙铁烙平，使接缝密实。

（7）图 2-4-54 所示为某水泥混凝土路面接缝处填补的沥青混合料实况。

2.4.4.3 裂缝的修补技术

水泥混凝土路面的裂缝情况比较复杂，在修补时必

图 2-4-54 接缝处填补的沥青混合料

须根据具体的实际情况，采用相应的修补措施，从目前国内外看，对水泥混凝土路面裂缝的修补，常采用压注灌浆法、扩缝灌浆法、直接灌浆法和条带罩面法等。下面简要介绍各种方法的修补技术。

（1）压注灌浆法：对宽度在 0.5mm 以下的非扩展性的表面裂缝，可采取压注灌浆法，其施工工艺如下：

1）用压缩空气清除缝隙中泥土杂物。

2）将松香和石蜡按 1：2 配制并加热熔化。

3）每隔 30cm 安置一个灌浆嘴。

4）用胶带将缝口贴牢，并在灌浆嘴及胶带上加封松香石蜡。

5）用压力灌浆器将灌浆材料溶液压入缝内。

（2）扩缝灌浆法：对水泥混凝土路面接缝的局部性裂缝且缝口较宽时，可采用扩缝灌浆法，其施工工艺如下：

1）先顺着裂缝用冲击电钻将缝口扩宽成 1.5cm 的沟槽，槽深根据裂缝深度确定，最大深度不得超过原水泥板的 2/3 的厚度。

2）用压缩空气吹除混凝土碎屑，填入粒径为 0.5cm 的清洁的小石屑（含泥量小于 1%）。

3）根据选用的裂缝修补材料使用方法，准备好灌浆材料。

4）灌入选用的裂缝修补材料。

5）用远红外灯加热增强 2～3h 即可通车。

（3）直接灌浆法：对非扩展性裂缝，可采取直接灌浆法。

1）先将缝内泥土、杂质清除干净，随后用钢丝刷将缝口刷一遍，并用吸尘器将浮土吸掉，确保缝内无水、干燥。

2）缝内及路面先铺一层聚氨酯底胶层，厚度为 0.3±0.1mm。底胶用量为 0.15kg/m²，底胶铺设采用涂刷方法。

3）准备好灌浆材料。

4）将灌浆材料灌入缝内，固化后达到通车强度，即可放行。

（4）条带罩面法：对贯穿全厚的开裂状裂缝，宜采取条带罩面法进行修补。

1）首先顺裂缝两侧各约 20cm，且平行于缩缝切 7～10cm 深两条横缝。

2）在两横缝内侧用风镐或液压镐凿除混凝土 7～10cm。

3）沿裂缝两侧 10cm，每隔 50cm 钻一对钯钉孔，钯钉孔的直径略大于钯钉的直径。

4）用 ϕ16 螺纹钢筋制作长 20cm、弯钩长 7cm 的钯钉。

5）将孔槽内填满快硬砂浆，安装钯钉。

6）人工将切割的缝内壁凿毛，以增强新老混凝土的粘结力。人工去除已破裂尚未掉下来的表面裸石。

7）在修补面上先刷一层同混凝土配比的修补砂浆，然后浇筑快硬混凝土（详见图 2-4-55）。

8）喷洒养护剂养护。为防止修补混凝土中的水分沿相邻老混凝土孔中失去，养护剂的喷洒面应延伸到相邻老混凝土内 20cm 以上。

9）用切缝机加深缩缝。

10）灌填缝料。

11）在裂缝端部路肩处修盲沟以利排水。

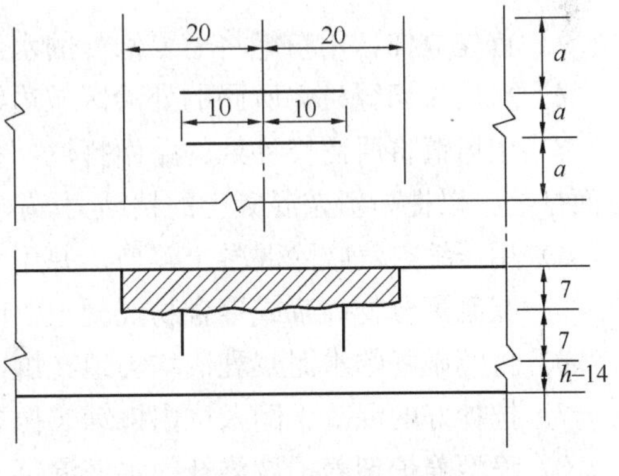

图 2-4-55 钯钉罩面示意图（单位：cm）

a—钯钉间距；h—混凝土面板厚度

（5）表面龟裂的处理：

1）对于表面裂缝较多及表面龟裂，可把裂缝划为一个施工面。

2）将其施工面中的裂缝凿成一块 3～6cm 凹槽。

3）把混凝土碎屑吹除干净。

4）配制聚合物乳液混凝土或备好其他修补材料。例如采用沥青混合料填补，见图 2-4-56所示。

5）浇筑修补混凝土。

6）喷洒养护剂养护。

7) 养护至规定通车强度时即可通车。

2.4.4.4 局部修补技术

1. 孔洞坑槽修补技术

（1）对孔洞与坑槽的修复。孔洞、坑槽的出现主要是由于混凝土材料中夹带木块、纸张和泥块等杂物所致，影响行车的舒适性。其修复的工艺过程如下：

先将孔洞凿成形状规则的直壁坑槽 ⟶ 用钢丝刷将破坏处的尘土、碎屑清除 ⟶

用压缩空气吹干净修补面 ⟶ 填上聚合物乳液混凝土 ⟶ 喷洒养生剂

然后认真养护至规定通车强度时即可通车。

（2）对连片的小坑洼和较深孔洞的修复。遇上这种水泥混凝路面时，应集中地划出一个施工作业面，四边采用标志隔离，然后按下述工艺过程施工（参见图 2-4-57 所示）。

图 2-4-56　沥青混合料填补裂缝及修补小块　　图 2-4-57　对连片小坑洼和较深孔洞的修复

1）首先放样，用粉笔将需要修补的水泥混凝土路面画出处治区域。

2）然后用切缝机将所画的处治区域边线切成 5cm 以上的深槽。

3）用风镐将所需修补处的路面打烂，将废料取出运走，并且人工将切缝机切过的光滑面打毛，以提高新老混凝土的粘结力。

4）用压缩空气吹除混凝土碎屑，并用水冲洗其修补工作面。

5）配制聚合物砂浆或聚合物混凝土。同时也配制好水泥浆乳液界面剂。

6）将配制好的水泥浆乳液均匀地在坑面涂刷一层。

7）把拌好的混凝土倒入坑内摊铺、振捣、提浆、抹平。

8）喷洒养护剂养护被修补的水泥混凝土路面。

2. 水泥混凝土路面错台

混凝土路面错台的修理，可根据板块错台的高度采取相应的修补方法。

（1）错台高度为 $0.5 < h < 1 \text{cm}$ 时，采用切削法修补。

使用带扁头的风镐，像石匠凿石头一样，均匀地将高起处凿下去并与邻板齐平。

（2）错台高度 $h \geqslant 1.0 \text{cm}$ 时，采用凿低补平罩面法修补。

将低下去的一侧水泥板凿除 1~2cm，使用 J-6 胶乳砂浆材料修补。修补长度按错台高度除以 1.0% 坡度计算，如图 2-4-58。

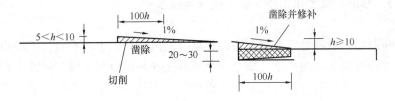

图 2-4-58　错台修补示意图

3. 水泥混凝土路面板体拱起及磨光的处理

（1）路面板体起拱的处治。当水泥混凝土路面胀缝的上部被硬物阻塞，缝两旁的板体因受热伸长而把板拱起时，应立即用大切缝机将板拱起的部分以 $\Delta L_1 + \Delta L_2$ 和 $1\sim 2\text{cm}$ 预留缝切除，使相邻板放平，并在缝隙内灌填料。见图 2-4-59 所示。

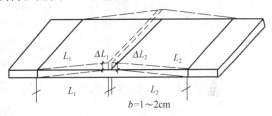

图 2-4-59　板体拱起修复示意图

（2）路面磨光的处治。为了改善水泥混凝土路面的防滑性能，可采用刻槽机对磨光的路面进行刻槽处理。江苏常州武进交通工程机械厂生产的电刻槽机装有 11 把刀片，刻出的槽宽 3mm，最大深度 10mm，间距 25mm，槽的形状和间距可通过改变刀具外形及刀片间隔尺寸进行调整，槽深可根据需要在 10mm 范围内任意调节，按直线前进，仅需一人操作。

4. 水泥混凝土路面板角修补

如图 2-4-60 所示为水泥混凝土板角修补示意图，其主要的施工工艺如下：

（1）按板角断裂破裂面的大小确定切割范围。

（2）用液压镐凿除破损部分，尽可能保留原有钢筋。

（3）对基层采用 C15 素混凝土补强。

（4）在新老混凝土之间加设传力杆。

（5）在原有路面板接缝面涂刷沥青。

（6）浇筑快硬混凝土。

（7）用养护剂养护。

（8）待混凝土达到强度后，方可开放交通。

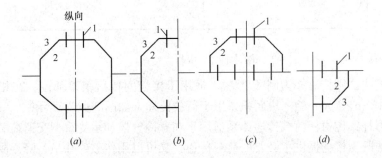

图 2-4-60　板角修补示意图

1—传力杆；2—修补混凝土；3—原混凝土板

2.4.4.5 水泥混凝土路面整块板更换修复技术

1. 概述

对于严重断裂，裂缝处有严重剥落，板被分割成 3 块以上，有错台或裂块已开始活动的断板，应采用整板更换的措施。即全深度混凝土补块可以恢复横向接缝或裂缝传递板块之间荷载的能力，并可最大限度地减少垂直变形，当板块发生大面积严重破损时，应去除并更换全板，破损面积小一些的要通过鉴定来确定需要做全深度补块的边界。

对于设接缝的混凝土路面来说，接缝处需做补块的量比板的其他部位多得多。在横向接缝或其附近处发生的下述类型的破损，可视其严重程度铺设全深度补块。

（1）胀起：因热膨胀引起的横向接缝处的板边局部上移，这种现象主要发生在设接缝的较长板块的路面上，并发生在接缝内落入且留下不可压缩的物质以后。

（2）角裂：一般始于板边并与横向接缝相交叉的全深度对角线裂缝，是由于板下缺少边部支承和承受重型交通荷载引起的。水和交通荷载的共同作用使板下的细骨料抽吸出来，加速了支承力的丧失。通常，雨后路肩的沉降或细骨料在路肩的沉积，表明发生了抽吸。

（3）耐久性裂缝：靠近并大致平行于横向和纵向裂缝的月牙形裂缝是由于某种粗骨料的冻融膨胀压力造成的。

（4）接缝荷载传递能力破坏而引起的路面恶化，与横向接缝平行或距横向接缝仅有很短距离的裂缝，这种裂缝是由于传力杆荷载传递能力的破坏而引起的。它的破坏是由于传力杆设置不当，排列有误，以致在重型交通荷载作用下传力杆的插口被侵蚀或扩大而造成的。

2. 横向接缝设计、荷载传递

与荷载传递能力有关的补块接缝设计是控制补块性能的最关键因素。横向接缝荷载传递方法有三种：①集料嵌锁；②刨挖法；③传力杆。

（1）骨料嵌锁接缝：骨料嵌锁适用于无筋混凝土路面的接触面交错的接缝，而且接缝的间隔要小于 300～450cm，详见图 2-4-61。

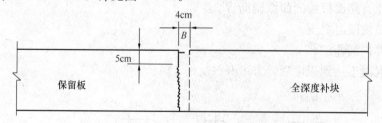

图 2-4-61　集料嵌锁连接

（2）刨挖法：刨挖法亦为倒 T 形法，适用于接缝间传荷很差部位。在相邻板横边的下方暗挖出 15cm×15cm 的一块面积，用于荷载传递（如图 2-4-62 所示）。

（3）传力杆：传力杆荷载传递体系适用于在寒冷气候和承受重型交通荷载的混凝土路面，这种方法既为接缝提供了必要的荷载传递，又可以用作破碎和吊、降混凝土板块过程中对相邻板块损坏最少的全深度锯缝（如图 2-4-63 所示）。

3. 初块尺寸确定

（1）路面基础已恶化的部分应全部清除掉。

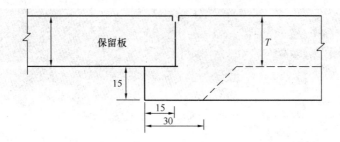

图 2-4-62　倒 T 形接缝（单位：cm）

图 2-4-63　设置传力杆的接缝（单位：cm）

（2）锯缝的位置应离破损位置至少 30cm。

（3）若边界距现有（另一条）横向裂缝不足 180cm，或距现有未设传力杆接缝不足 90cm，应考虑边界外移，把裂缝或接缝包括在补块内。建议采用一些措施来最大限度地减少板块松动、唧泥。

4. 整块修补施工工艺

（1）放样、锯切混凝土板：沿着指定的横向和纵向边界进行全深度切割，锯板工作要比混凝土去除工作提前 1d。对于以集料嵌锁传递荷载的无传力杆全深度补块来说，应在全深度补块外侧 4cm 处锯部分 5cm 深的缝。

（2）混凝土去除：在去除混凝土块过程中要特别谨慎小心，尽量不要使混凝土与其他材料混在一起，不要伤及基层、相邻路面和路肩。在锯混凝土板和吊降过程中被损坏的地方，要通过外移补块边界将其包括在补块内一并修理。

混凝土的去除面积不能超过 1d 内所能完成的全深度混凝土补块量。在工地现场应储备足够的做临时补块用的材料，其量应大致等于去除的混凝土量。在白天完不成混凝土摊铺工作的情况下，才需要做临时补块，夜间不允许任何补块位置处于空缺状态。无传力杆的补块要做接面交错的接缝，全深锯口和半深锯口之间有 4cm 宽长条混凝土时，应用凿岩锤敲掉。

图 2-4-64 所示为水泥混凝土路面整块清除的实况。

（3）垫层、地基的准备：去除混凝土以后，把所有混杂的或松散的垫层材料去掉。混凝土去除后要保护好垫层和基层。如果垫层太干，则需喷水。水量要控制在摊铺混凝土前能吸收掉。垫层地基处在饱和状态时，不适宜摊铺混凝土。对级配骨料垫层要压到最佳密实度的 95%，要一层一层地摊铺，一层一层地压实，每层厚度不大于 5cm，设置横向地基排水。

（4）补块的准备：在板厚 1/2 处钻出比传力杆直径大 6mm 的孔，孔中心距 30cm。钻具应安装在硬框架上以确保钻孔在水平方向和垂直方向上都能对齐，同时使每 30cm 传力杆的误差不超过 3mm。横向施工缝传力杆直径为 25mm，长度为 45cm，嵌入相邻保留

图 2-4-64 水泥混凝土路面整块清除的实况

板内达 22cm 深，传力杆间距为 30cm。比拉杆直径大 6mm 的拉杆孔应沿相邻板间的纵向接缝在板厚 1/2 处钻孔，中心距为 80cm。拉杆采用螺纹钢筋，长 80cm，40cm 嵌入相邻车道的板内。

为保证传力杆、拉杆牢牢地固定在规定位置，先将环氧砂浆填入孔的后部，然后插入传力杆或拉杆。摊铺混凝土前光面传力杆的伸出端要涂少许润滑油。在与沥青路肩相接时，要将路肩锯缝并挖去 15cm，放置边模。模板与现有路面至少搭接 30cm，并加以固定，以免摊铺过程中发生移动。模板拆除后，路肩用沥青混凝土回填，每层不超过 7cm，然后整平并压实，直至新补块和现有路肩齐平。

（5）混凝土配料：用水总量应控制在使混合料运到工地最佳和易性所必需的最小值，最大水灰比为 0.40，如采用 JK 系列混凝土快速修补剂，水灰比只需 0.30～0.34，其坍落度一般规定为 2cm。混凝土混合料的抗折强度在 24h 以内至少要达到 3.0MPa。

（6）混凝土摊铺：混凝土应在搅拌开始以后 30～45min 内卸到补块区内摊铺，采用有效的插入式振捣器及平板振捣器振实混凝土，确保传力杆周围和板边充分地振实。

（7）整平：面层用木制的模板刮平并用镘刀抹平。长度小于 300cm 的补块，平行于中心线移动刮平，较长的补块最好采用振动梁纵向刮平，其形状变化要与相邻路面的横断面吻合。经过整平的表面，包括接缝在内，纵向平整度允许值为 3m 直尺 3mm。补块表面纹理的类型与原路面相吻合。

（8）养护：补块表面纹理做好以后，立即用养护剂进行养护，养护剂用量为 0.28kg/m²。

（9）接缝：混凝土摊铺以后和车道开放交通以前的 12h 内，将板中间的各缩缝先锯到 1/3 板厚处，灌接缝材料。混凝土铺完以后 5d 内要完成接缝的封缝工作。

包括施工在内的所有接缝的缝要么用模板成型，要么锯成，并按设计图（详见图 2-4-8 所示）封缝。模板拆除后或锯缝以后，要用水将缝槽彻底冲洗干净并用压缩空气吹干，灌入填缝材料。

2.4.4.6　水泥混凝土路面磨损与浅层龟裂现象的罩面

对于部分板块出现较大面积磨损和浅层龟裂现象的水泥混凝土路，可采用罩面技术加以处理。

1. 沥青混凝土罩面层

（1）施工前的准备工作：在加罩面层之前应对混凝土路面的破损进行修补。对于发生错台并发展成角裂的混凝土路面，其接缝附近可能会有空隙。在横向接缝或裂缝处，荷载传递能力减弱，在罩面层之前，必须采取一些修补措施，解决空隙和荷载传递的问题。

（2）反射裂缝：对填封裂缝，扼制反射裂缝的发展均应在加罩面层以前考虑。反射裂缝是一种起源于路面的裂缝或接缝并出现在罩面层的裂缝，目前还没有防止产生反射裂缝的综合设计方法。

（3）推迟反射裂缝形成的处理方法：罩面采用橡胶沥青混凝土，在产生疲劳裂缝而不是温度裂缝的路面上做土工织物夹层，再做较厚的罩面层（即在 5～15cm 之间）：

1）橡胶沥青混凝土罩面：沥青的性能对沥青混凝土罩面层的抗反射裂缝的能力的影响比其他任何因素都大。在沥膏中掺入 2‰（干胶含量）胶乳、橡胶母体、橡胶粉，可显著提高沥青的延伸度，同时针入度降低，软化点和粘结力有所提高（详见表 2-4-41）。丁苯胶乳沥青混凝土施工工艺流程见图 2-4-65。

丁苯胶乳改性沥青技术指标　　　　　　　　　　　　　表 2-4-41

测试项目	胜利 100 号沥青	改性沥青
软化点（℃）	46	48
针入度 （1/10mm，25℃，100g）	102	85
延伸度（7℃，cm）	4	>150
粘结力（石灰石）	3 级	4 级

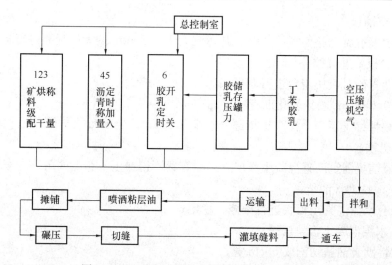

图 2-4-65　丁苯胶乳沥青混凝土施工工艺流程

橡胶沥青混凝土的施工要点为：

a. 掺入胶乳宜选择用压缩空气定压、定时、定量输送，并配备一套胶乳添加装置；当沥青输入搅拌设备时，打开胶乳添加阀，喷入一定量的胶乳，然后自动关闭输入阀，胶乳添加完毕；

b. 采用橡胶母体时，需将整块的橡胶母体切割成小块，然后按比例投入沥青中，进行加热；

c. 采用橡胶粉时，需将橡胶粉按比例投入加热的沥青中进行搅拌，直到橡胶粉均匀分布在沥青中方可使用；

d. 在采用橡胶沥青罩面时，要严格控制温度。沥青加热温度为 $140\sim160℃$；矿料加热温度为 $150\sim170℃$；混合料出厂温度为 $150\sim160℃$；混合料到达工地温度不低于 $140℃$；混合料摊铺温度控制在 $130\sim140℃$；碾压终了温度不宜低于 $90℃$；

e. 为保证沥青混凝土与水泥混凝土路面的粘结强度，要对水泥混凝土路面进行清扫，然后按 $0.6kg/m^2$ 的用量喷洒乳化沥青，这样，既可增强沥青混凝土与水泥混凝土之间的抗剪强度，又能防止泛油现象。

橡胶沥青具有良好的路用性能，工艺简便，成本较低，可减少和延缓反射裂缝的发生。

2）土工织物夹层：土工织物在沥青混凝土中起着加强的作用，使用土工织物可推迟产生反射裂缝。土工织物可以是有纺的也可以是无纺的。常用的土工织物由聚丙烯、聚酯一类材料制造。土工织物抗破强度约250N，拉伸强度280N/5cm，延伸率小于70%。

做好准备工作对于夹层的性能是十分重要的。对水泥混凝土路面不仅要填充裂缝，而且必须对面板加以稳定，使板的均匀垂直位移减至最小。土工织物夹层在气候温和地区疲劳裂缝不严重的路面上时使用效果较好。

铺设土工织物的要点如下：

a. 选择土工织物：尽可能选用 $150g/m^2$ 薄型针刺无纺土工织物、改性沥青油毡和玻璃纤维格栅；

b. 土工布铺设：

（a）测定旧混凝土路面板块弯沉，凡弯沉大于 0.10mm 的完好板要进行板下封堵；

（b）破碎板要进行挖补；

（c）用沥青砂对板块错台进行调平；

（d）按 $0.6kg/m^2$ 喷洒乳化沥青粘层油；

（e）全幅摊铺土工布，接头搭接部分不少于20cm。土工布须与原路面粘贴紧密，不得出现脱空现象；

（f）用摊铺机铺筑沥青混凝土面层，运输车辆不得在土工布上调头、刹车。

3）粘贴改性沥青油毡：

a. 对原有水泥混凝土板块进行维修、稳定；

b. 清洁水泥混凝土板块接缝；

c. 将改性沥青油毡切割成50cm宽；

d. 将油毡骑缝，缝两则各25cm，用喷灯加热烘烤粘贴、压实，不得出现脱空现象；

e. 在改性沥青油毡上洒一层沥青砂；

f. 用摊铺机铺筑沥青混凝土面层。

4）铺设玻璃纤维格栅

a. 对原有水泥混凝土路面板块进行维修稳定；

b. 按 $0.6kg/m^2$ 喷洒乳化沥青；

c. 用沥青砂对原有水泥路面进行调平；

d. 摊铺玻璃纤维格栅，格栅端部要用射钉枪加垫片固定，中间部分可用水泥钉加垫片固定。格栅接头搭接不少于 20cm，接头上下搭接位置要一致。格栅应紧贴原路面，不得有脱空现象；

e. 用摊铺机铺筑沥青混凝土，运输车辆不得在格栅上调头、刹车。

5）沥青混凝土罩面

轴载的数量和气候条件、混凝土路面破损类型以及弯沉量是确定沥青混凝土罩面厚度及减少反射裂缝程度所需要考虑的因素。交通量大小和罩面厚度有如下关系：

平均日交通量（2个方向）（辆/天）	罩面厚度（cm）
＜750	4
750～2000	5
＞2000	8

目前的技术水平尚无法从根本上解决反射裂缝的问题，现在主要考虑的是如何控制反射裂缝的程度。在铺筑于旧混凝土路面上的沥青罩面层上锯缝，并能有效地密封，既可防止水或异物进入，还可为释放罩面层内的应力提供一个平面。

罩面的施工要点：

a. 准确地标明旧接缝的位置，使罩面层上的锯缝对准旧缝。由于下幅板会发生位移，新接缝务必在产生反射裂缝前锯出。切缝宽为 5mm，缝深为沥青层厚度的 1/3；

b. 在罩面层锯缝完成后和开放交通前尽快地填入填缝料，这样可以减少出现不规则的反射裂缝和避免反射裂缝处的剥落；

c. 清理边沟，排除积水，改善排水系统，可防止水进入路面结构和土基，防止因气候原因造成的强度损失和材料退化；

d. 加铺路肩有助于保持基层和土基的干燥并提供路面边部支承。

2. 水泥混凝土罩面

（1）凿毛：以一块板为一单位工作面，用风镐将混凝土表面凿除 5～7cm。

（2）清理：首先清除路面的水泥混凝土废料，再使用压缩空气吹除混凝土碎渣。

（3）湿润：对被凿除的路面表面进行一次洒水湿润混凝土。

（4）排水：首先用竹扫把清扫混凝土表面的存水，然后用压缩空气冲除混凝土表面积水。

（5）清除构造裂缝：风镐凿毛混凝土表面时，易产生构造裂缝，若不将其清除，将影响新老混凝土的粘结。因此，必须在浇筑混凝土之前检查、排除老混凝土表面的构造裂隙。

（6）安装模板：模板宜用槽钢，安设时沿放样线放于基层上并初步固定。用水准仪观测模板顶面标高是否符合设计要求，然后用支撑架将其固定。边模用钢钎固定，中模以间隔 1m 由射钉或膨胀螺丝将模板外侧底部预先固定，中、边模顶部之间采用横跨两模的活动卡梁辅助固定。活动卡梁间距不大于 2m，并随铺筑进度相应装拆推移。浇筑混凝土前应先在模板内侧涂上脱模剂，以利拆模。

（7）水泥混凝土的拌和，其制作工艺如下：

1）砂、碎石要干净，浇筑前要测定砂石含水量，砂石要逐一过磅，水泥亦应抽检袋装质量。

2）拌和机第一次拌和料应按一盘用量多加 15％水泥及砂，以补足筒壁粘去的部分砂浆。

3）根据龄期强度指标进行配合比设计，采用强制式搅拌机或双锥反转出料搅拌机搅拌混合料。

（8）混凝土拌和物运输：因快速修补材料的凝结时间较短，须将搅拌机设在修补现场。宜采用翻斗车运输以便缩短运输时间。

（9）水泥混凝土的摊铺、振捣：

1）混合料需均匀地摊铺在路槽内，人工摊铺应翻锹扣料。

2）摊铺厚度应加 10％的松铺厚度。

3）用 1.5kW 的平板振捣器振捣，每次需重叠 1/3 或 10～20cm。

（10）振动梁振动刮平：用有足够刚度的振动梁，振动至表面泛浆整平，跟锹人员见有不平之处，应及时挖填补齐。

（11）滚杆提浆：用两端有轴承的钢制滚杠来回拉浆。

（12）机械抹面：

1）用浮动圆盘式轻型抹机面抹光一遍，然后采用泥刀抹光。

2）板块表面如有凹槽，要及时铲毛补浆。补浆须用原浆。

3）抹面时随时用 3m 直尺各方向检查其平整度，超出要求需及时重新抹压，直至平整度合格为止。

（13）水泥混凝土路面的压纹：用压纹器进行压纹，压纹深度宜控制在 3mm 左右。

（14）对修补的路进行养护：用喷雾器沿路面板横向、纵向各喷洒一遍养护剂（喷洒两遍共约 0.28kg/m²），有利于防止表面缩裂。

（15）对修补水泥混凝土路面锯缝：沿缩缝位置用切缝机进行切缝，以免出现不规则裂缝。切缝时间以混凝土抗压强度达 5～6MPa 时为宜。

（16）对水泥混凝土路面灌缝：

1）采用具有良好粘结性，温度稳定性好、耐老化的聚氯乙烯胶泥、LPC-89 接缝密封胶和橡胶沥青。

2）填缝料高度，夏天宜与板面齐平，冬天宜低于板面 2～3mm。

（17）开放交通：当混凝土经养护达到设计强度后，即可开放交通。

2.5 沥青混凝土路面的维修技术

2.5.1 沥青混凝土路面的使用现状

2.5.1.1 沥青混凝土路面的种类

到目前为止，当今世界采用的沥青混凝土路面可分为以下几种：

（1）密实式性沥青混凝土路面：

1）传统的连续级配沥青混凝土路面。

2）粗集料断级配沥青混凝土路面。如我国多碎石沥青混凝土 SAC、德国的碎石沥青胶砂混凝土 SMA、法国的薄沥青混凝土 BBM。

3）细集料断级配沥青混凝土路面。如英国的热压式沥青混凝土 HRA。

（2）多孔隙沥青混凝土（粗集料断级配）。

当前国际上的总趋向是采用粗集料断级配沥青混凝土。

2.5.1.2 高等级道路的沥青路面结构

我国高等级道路上的路面结构有三大类：半刚性基层沥青路面，国内外常简称半刚性路面，约占 75% 多；水泥混凝土路面，也常简称刚性路面，约占 23%；刚性组合式路面（在水泥混凝土或碾压混凝土板上铺一层沥青混凝土），约占 2%（上述百分率均为 1998年的统计数）。部分高等级沥青混凝土道路路面结构参见表 2-5-1 所列。

部分高等级沥青混凝土道路路面结构　　　　　　表 2-5-1

序号	名称	面屋和厚度（cm）				基层和厚度（cm）	底基层和厚度（cm）	备　注
		表	中	底	总厚			
1	深汕	3	5	6	14	25 水泥石屑	28、32、38级配碎石	
2	青黄（胶州湾）	4SAC-16		5AC-25	9	46 水泥砂砾		
						19 素混凝土	10 砂砾	用于路堑
3	太旧[①]	4AC-16 I	5AC-25 II	6AC-30 III	15	20 水泥碎石或水泥砂砾	26 石灰土或 15	
4	石太河北段	5		7	12	18 二灰碎石	20~25 石灰土	
		4	5	6	15	22~25 二灰碎石		
5	济德	4LH-20 II	5LH-25 I	6LH—35	15	26 二灰碎石加水泥	29 二灰土	

续表

序号	名称	面屋和厚度（cm）				基层和厚度（cm）	底基层和厚度（cm）	备注
		表	中	底	总厚			
6	杭甬 K7.7~K28 K28~K45	3LH-20Ⅱ	6LH-30	8LS-35，1沥青砂	18	25~34 二次/水泥碎石	20 级配碎石	
		5LH-20Ⅱ	1沥青砂	7LS-35	13	19~28 二灰/水泥碎石	20 级配碎石	其中 91.6km 为软土地基
7	沪杭余杭段	3LH-20Ⅱ	6LH-30	8LS-35，1沥青砂	18	25~3 二灰/水泥碎石	20 级配碎石	
8	沈铁	3AK-13B	4AC-16Ⅰ	7AC-30	15	32~36 水泥砂砾	30 天然砂砾	
9	沪宁常州段	4SAC-16③	6AC-25Ⅰ	6AM-25	16	25 28 30，40 二灰碎石	33 20 二灰 18 二灰土，石灰土	
	镇流段	4SAC-16③	6AC-25Ⅰ	6AM-25	16	20 二灰碎石	40 二灰土	
10	成渝				12			340km
11	东山	4SAC-16③	6AC-25Ⅰ	6AM-25		20 二灰碎石	40 二灰土	
12	西铜	4		8BM	12	21 二灰砂砾	22 二灰土	
13	西宝	4		8	12	二灰砂砾	二灰土	
14	郑新	5				22RCC 或 PCC15 水泥碎石	15 石灰土	
15	石安	4SAC-16	5AC-25	6AM-30	15	20 水泥碎石＋20 二灰碎石，20 水泥碎石	20 石灰土 或 二灰土 40 二灰土 或 二灰砂	
16	宁通扬州段	4SLH-20	6LH-30	6BM	16	20 二灰碎石	33 石灰土	
17	沈本	3AK-13B	4AC-20	5AC-25	12	20 水泥砂砾	天然砂砾	
18	广佛②	4LH-20Ⅰ	5LH-30	6LS-30	15	20 水泥碎石	25~28 水泥石屑	13.9km
		4LH-20Ⅰ		5LH-30	9	25 水泥碎石	25~28 水泥石屑	仅 1.8km
19	西临	4LH-20Ⅰ	5LH-25	6LS-30	15			17km
		SLH-20 LH-20Ⅰ			12			3km

续表

序号	名称	面屋和厚度（cm） 表	中	底	总厚	基层和厚度（cm）	底基层和厚度（cm）	备 注
20	沈大	4LH-20 5	5 5	6LS 5	15	20 水泥砂砾	砂砾或矿渣	375km
21	京石（北京段）三、四期				12	35 石灰粉煤灰砂砾		14km
		3.5LH-15	4.5LH-20	7BM	15	20 水泥砂砾 40 二灰砂砾	20 二灰砂砾 20 石灰砂砾	31km
22	京石（河北）一期 二期 三期	3LH-20		5BM	8	12 水泥石灰碎石	43 石灰土	49km
		5LH-20		5BM	10	15 二灰碎石	40 石灰土	
		5		7	12	15 二灰碎石	40 石灰土	220km
23	广花	3LH-20		4LH-20	7	18～20 水泥碎石	25～34 水泥石屑	软土地段，全长22km
24	海南东线	4	4	4BM	12	20 水泥碎石	20 水泥碎石	一期64km
25	京津塘正常地基 软土地段	5LH-20Ⅰ	6LH-30	12LS-25	23	20 水泥碎石	30 石灰土	85km
		4LH-20Ⅰ	5LH-30	11LS-35		20 水泥碎石	28 石灰土	
			6LH-30	12LS-35	18	二灰碎石		57km
			8LH-30	12LS-35	20	二灰碎石		
26	济青①	4LH-20Ⅰ	6LH-30	8LS-35	18	20 水泥碎石	20 二灰土	济南段51km
		4SLH-20① 4SLH-20	6LH-30 5LH-30	8LS-35 6LS-30	18 15	20 水泥砂砾或石灰粉煤灰碎石＋1.5%水泥	39 石灰土	面层厚18cm的116km，15cm的202km
27	广深①	4LH-20Ⅱ	8LH-30 10LH-40Ⅱ	10LS-40	32	23 水泥碎石 23 级配碎石	32 未筛分碎石	
28	郑开	5LH-20Ⅰ			5	22 碾压混凝土或素混凝土	15 水泥碎石，15 水泥石灰土	
29	郑洛	5LH-20Ⅰ	5LH-30	6LS-35	15	15 二灰碎石	40 石灰土	
30	佛开	3	7	8BM	18	25 水泥石屑	15、23、28 级配碎石	80km，部分为cc路面
31	沪嘉	AK-13A AK-13B			12、17	46 石灰粉煤灰碎石	部分路段 20 砂砾	15km，其中路基路面12km
32	莘松				12、17	45 石灰粉煤灰碎石		18.9km

① 表面层沥青中加有抗剥落剂，但济青路仅有要求，实际中所加标段不明。

② 1993 年春加铺表面层时用了 PE 改性沥青和类似 SMA 的矿料级配。

③ SLH-20 和 SAC-16 指多碎石沥青混凝土。

1. 半刚性路面结构

目前，我国高等级道路上的半刚性路面主要由半刚性材料底基层、半刚性材料基层和沥青混凝土面层组成。

（1）我国已开放交通的高等级道路半刚性路面，其沥青面层厚度多数为 15～16cm，少部分为 9～12cm。京津唐高等级道路为 18～23cm，广深高等级道路为 32cm。多数分三层铺筑，9～10cm 厚的面层分两层铺筑，12cm 厚的面层有分两层也有分三层铺筑，23cm 和 32cm 厚的面层则分四层铺筑。

（2）多数高等级道路的半刚性基层厚 20cm，采用水泥稳定碎石（或砾石）或石灰粉煤灰稳定碎石（或砾石）。半刚性底基层厚 25～40cm，采用的材料有石灰土、水泥土、二灰土、二灰砂、二灰和水泥石灰土等。半刚性材料层的总厚度通常不超过 60cm，最薄为40cm。迄今为止，仅有一条高等级道路采用天然砂砾或矿渣做底基层。

（3）近几年来，有些高等级道路采用二层半刚性基层，厚 36～40cm，用一层半刚性底基层，厚 18～20cm。除严重超载和车辆多的运煤和运砂石材料等路线外，一般没有必要采用两层半刚性基层。京津塘高等级道路是一层基层和二层底基层，已通车 8 年（北京—杨村段），至今未发生结构性破坏，路表 100kN 轴载下的代表弯沉值仍小于 0.1mm，实际有些路段仅 0.03mm 左右。

（4）半刚性路面的总厚度变化在 55～80cm（个别填土高度小和地下水位高且土质不好的路段），绝大多数在 65～75cm 之间。广深高等级道路的路面总厚度高达 110cm。

（5）就上述两类半刚性基层材料的性能而言，水泥稳定类的早期强度比二灰稳定类的早期强度高很多。由于二灰稳定类的早期强度相当低，如果二灰稳定类基层养生结束就铺筑沥青面层，并很快开放交通，而且有一定数量重型货车通行，则可能使路面结构产生程度不一的损伤。在龄期 3 个月左右，二灰稳定类的强度与水泥稳定类的强度就达到大致相同。在龄期半年以上，前者的强度还可能高于后者。

1）由于二灰稳定混合料中二灰常占 15%～20%，而水泥混合料中水泥只占 5%～6%，因此前者的抗冲刷能力不如后者强。

2）在潮湿情况下，二灰稳定类的冰冻稳定性可能不如水泥稳定类。

3）二灰稳定类的水稳定性优于水泥稳定类，特别优于水泥稳定含土的级配集料。

（6）就半刚性底基层材料而言，石灰粉煤灰土和石灰粉煤灰砂的强度和水稳定性最好，石灰土的强度和水稳定性最次。

（7）少数高等级道路半刚性底基层和半刚性基层采用同一种符合基层技术要求的半刚性材料，或称采用全厚式半刚性基层。例如，上海市的沪嘉高等级道路采用 46cm 厚的全厚式石灰粉煤灰碎石基层，另加 20cm 厚的砂砾垫层；莘松高等级道路采用 45cm 厚的全厚式石灰粉煤灰碎石基层。

2. 各结构层的作用

（1）半刚性材料层：

1）半刚性基层是路面的主要承重层，半刚性底基层是路面的辅助承重层，这两个结构层可提供半刚性路面所需的全部承载能力。在全厚式基层情况下，则半刚性路面的承载能力可完全由半刚性基层满足。

2）在我国沥青路面设计规范中路面的承载能力用轴重 100kN 下路面表面的弯沉值

表示。

3）半刚性路面的结构性破坏通常是由于整体性半刚性材料层底面拉应力超过容许值产生的。对于常用的半刚性路面结构，由结构层底面拉应力引起的疲劳破坏将首先从底基层底面开始，并逐渐向上延伸，接着半刚性基层产生疲劳破坏，最后沥青面层产生疲劳裂缝以及整个路面产生结构性破坏。一旦半刚性基层产生疲劳破坏，整个路面的结构性破坏就会很快发生。

总之，半刚性材料层的作用是满足路面要求的承载能力，同时保证路面在设计使用年限期间（以累计标准轴次表示）不产生结构性破坏。

（2）沥青混凝土面层．由于沥青面层通常有 2～3 层。沥青面层有 3 层时，从上往下常分别称作表面层、中面层和底面层。通常表面层厚 4cm，中面层厚 5～6cm，底面层厚6cm。沥青面层为 2 层时，分别称表面层和底面层。因为常采用沥青面 3 层，所以下面以3 层式沥青面层为对象，分析其各层的主要作用。

1）表面层：主要作用是提供一个抗滑、平整和噪声小的表面，使大量汽车能高速、舒适、安全地通行，同时不给沿路居民或工作人员带来大的噪声。

2）中面层：主要作用是抗永久形变或抗辙槽，同时具有优良的抗水破坏能力。对于有代表性的半刚性路面结构，在厚 15cm 沥青面层中的剪应力分布状况表明：

a. 面层内 3～8cm 范围内的剪应力最大。据河南省郑洛高等级道路半刚性路面的温度观测，夏季面层表面下 4～9cm 的温度最高，因此，中面层是最易产生剪切形变和严重辙槽的层位；

b. 随着轴载增加（车辆超载愈来愈严重），不仅是剪应力明显增大，而且较大剪应力的作用深度也增加。即前切形变更易产生并得以较快发展，而且可能会导致剪切形变的层厚增大，路表面的辙槽将更严重。

3）底面层：在柔性路面结构中，底面层的主要作用应是抵抗拉应力的破坏。但在半刚性路面结构中，底面层底面常受压应力作用，即使某些情况下有拉应力，其值也很小，因此底面层不会由于拉应力而破坏。

因此，就同一地区的沥青面层而言，表面层应该采用较稀的沥青，而中面层和底面层应该采用较稠的沥青：如表面层采用 90 号沥青，则中面层和底面层应采用 70 号沥青；如表面层采用 70 号沥青，则中面层和底面层应采用 50 号沥青。这也是一些发达国家常采用的措施。

3. 半刚性路面的沥青面层

（1）我国 1993 年以前建成的沥青面层，表面层和中面层不是采用密实沥青混凝土，即规范中所称的 I 型，如表面层用 LH-20 I 或 AC-16 I，中面层用 LH-30 I 或 AC-20 I，AC-25 I；就是采用空气率＊较大的 II 型沥青混凝土（相当于国外的密实沥青碎石），如表面层用 LH20 II 或 AC-16 II，中面层用 LH-30 III 或 AC-25 II。底面层常用空气率较大的II 型沥青混凝土或沥青碎石，如 AC-25 II、LS-30、LS-35 或 AM-30。

（2）I 型沥青混凝土的优点是空气率小、透水性小，缺点是表面粗糙度小，或表面构造深度小，车辆高速行驶时的抗滑性能差。例如，采用 LH-20 I 做表面层的一些高速公路，刚建成时的表面构造深度（TD）往往平均约 0.25mm，而规范要求为 0.55mm。锡澄高速公路试验路 AC-16 I 沥青混凝土表面层的初始表面构造深度为 0.56mm，通车 10 天

TD 就下降到 0.48mm。

(3) Ⅱ型沥青混凝土的优点是 TD 较大，即表面粗糙度较好，缺点是空气率较大、透水性较大，但内部孔隙又不构成水的通道。自由水进去较快，蒸发或渗透出来则慢。层内容易存水，容易导致面层产生水破坏。用砂补试验法测得的初期表面构造深度常有假象，因为砂不但填充表面碎石外露棱角之间的空隙（真实的表面构造深度），面且砂可能进入Ⅱ型沥青混凝土内部的孔隙，该孔隙已不属于表面构造深度，而计算时又只能将其作为表面构造深度的一部分。

(4) 因此，其量得的初始表面构造深度往往较大，而通车一段时间后 TD 又下降得较快。例如，京石高等级道路北京段四期工程表面层 LH-20Ⅱ型 1994 年的 TD 为 0.471～0.657mm，平均 0.554mm；1995 年的 TD 为 0.246～0.509mm，平均 0.336mm。又如，沪嘉高等级道路抗滑表层试验路等 4 段和第 5 段，沥青混合料马歇尔试验结果得到空气率分别为 8.3％和 9.6％，竣工时实际现场空气率约 13％～14％。

(5) 从 1993 年底开始建成的高等级道路中，其表面层出现了新的结构，有我国自己研制成功的多碎石沥青混凝土 SAC-16 和 SAC-13，有 S 型或 V 型级配沥青混凝土，也有引进国外的碎石沥青胶砂混凝土 SMA。

(6) SAC-16 实际上是对施工规范中 AC-16Ⅰ或 AC-16Ⅱ的矿料级配作适当调整，使调整后的矿料级配既具有 AC-16Ⅰ的特点（密实式透水性小），又具有 AC-16Ⅱ的特点（表面构造深度大）。特别是 1997 年调整的 SAC-16 矿料级配，用纯沥青制备的沥青混合料室内马歇尔试验结果的空气率在 3.2％～4.0％之间。它比 AC-16Ⅰ型规定空气率（3％～6％）的中值还小 0.5％，应该属于很好的Ⅰ型密实沥青混凝土。

(7) SAC-16 不但是密实式抗滑表层，而且具有良好的抗永久形变能力或高温稳定性。锡澄高等级道路试验路的室内试验结果表明，SAC-16 混凝土的动稳定度为 1817 次/mm，而 AC-16Ⅰ混凝土的动稳定度只有 1136 次/mm，前者是后者的 1.6 倍。

(8) 目前我国《公路沥青路面施工技术规范》JTGF 40—2004 中的抗滑表层 AK-13A、AK-13B 和 AK-16 实际都属于Ⅱ型。

2.5.1.3 沥青路面的表面使用功能

(1) 沥青面层的功能：高等级道路的沥青路面需要满足大量交通高速、安全、舒适地通行，因此所用的沥青路面必须具有良好的抗滑性能，具有优良的平整度。

1) 由于高等级道路上的交通量大（我国个别高等级道路上的日交通量已有超过 10 万辆的情况，国外高等级道路上的日交通量最大的超过 30 万辆），行车速度高，噪声相当严重。为减轻噪声对沿线居民的影响，国外的某些高等级道路路段还采用减噪声面层。

2) 因此，国外对高等级道路沥青面层的功能要求主要是抗滑性能好、平整度的平整度，目前还没有考虑减少路面噪声的问题。

(2) 抗滑性能：沥青面层的抗滑性能主要取决于表面层。决定抗滑性能优次的主要有两大因素：所用碎石的表面纹理深度；面层的表面构造深度，即表面碎石颗粒与碎石颗粒之间的间隙（宏观粗糙度，或宏观构造）。

1) 碎石的表面纹理深度决定面层的摩擦系数，因此，不管采用什么类型的矿料级配，只要碎石的磨光值符合要求，在低速行车时都会有较好的摩擦系数。

2) 面层表面的构造深度（TD）决定车辆高速行驶时摩擦系数的降低百分率。TD 愈大，摩擦系数的降低百分率愈小；TD愈小，摩擦系数降低的百分率愈大。

（3）平整度：路面表面平整度是路面主要使用性能指标之一，它是车辆高速行驶时是否安全和舒适的重要影响因素。平整度好坏直接影响路面养护费用的多少及车辆损耗和油耗的多少。路面的不平整度愈小（即平整度愈好），路面的养护费用愈小，车辆的损耗和油耗也愈小。因此，发达国家很重视路面的平整度。

1）路面的平整度受到很多因素的影响，首先，它直接受基层平整度的影响。基层平整度不好会使面层厚薄不匀和达不到高水平的平整度，面层厚薄不匀会使初始平整度良好的沥青面层开放交通后的不平整度较快增大；而基层的平整度又受其下底基层平整度的影响，底基层的平整度则受路基平整度的影响，因此，需要从路基开始就认真抓好各层的平整度。

2）半刚性材料底基层和基层的平整度还受所用石料的最大粒径、施工工艺和管理水平等的影响。

3）沥青面层的平整度还受更多因素的影响。这些因素包括混合料的最大粒径，混合料的拌和均匀性，粗细颗粒离析观象，混合料的温度差异，摊铺现场各个工序的管理等等。

上述这些因素中，有的直接影响面层的初始平整度（如混合料的最大粒径，摊铺现场各个工序的管理等），有的影响开放交通后面层不平整度增加的速度（如混合料的拌合均匀性，集料离析现象，混合料的温度差异等）。

2.5.1.4 粗集料断级配沥青混凝土

1. SMA的主要特点

（1）SMA的抗永久变形能力（高温稳定性）强，辙槽可减轻30％～40％，从而使纵横向平整度能保持较长的时间。

（2）表面粗糙度（即构造深度TD）好，0/14、0/16的TD可达1.5～2.0mm。因此，抗滑性能好，行车较安全；噪声较小，可减少1～3dB（A）。但由于不同国家使用的标准沥青混凝土不同，所得噪声降低程度有明显差别，见表2-5-2所列。

（3）SMA抗磨耗能力突出，对带钉的轮胎具有很高抗磨性能。

（4）SMA具有老化慢和早期裂缝较少。

（5）SMA的上述优点，其路面的使用性能、耐久性能比普通沥青混凝土延长20％～40％。

（6）SMA的不足之处是约增加20％投资、沥青和矿粉用量较多、加工和铺筑的温度较高。

（7）生产率较低，实际使用性能对结合料用量和粉料用量都较敏感，对材料质量要求高。

欧洲一些发达国家部分采用SMA，而且都认为它能成功地被用于重交通道路，有两个重要条件。一是这些国家的公路网早已完成，SMA主要用于老路面性能改善。老路面的特点是路基路面都已稳定，只是使用性能（如平整度、抗滑性能或噪声水平等），达不到要求。加铺一层SMA恢复面层的使用性能，虽然多增加投资，但无其他风险。二是欧洲的气候较温和。通常夏季不热，气温达32℃以上的高温天气极少。

SMA 与其他沥青混凝土比的噪声水平　　　　　　　　　　表 2-5-2

国　家	SMA 类型	报告的降低值，dB（A）	参与混合料
德国① $v=50km/h$	0/5，0/8	＋2.0～－2.0②	AC 0/11
意大利 $v=110km/h$	0/15	＋5.0～＋7.0	AC 0/15
荷兰 $v=60\sim100km/h$	0/6 0/8 0/11	＋1.4～＋1.6 ＋0.2～＋0.6 0～－2.0② 0.8～－0.5 1.0～－3.0②	AC 0/16
英国 $v=70\sim90km/h$	0/6 0/10 0/14	＋5.3～＋5.2 ＋3.5～＋3.2 ＋2.7	HRA

① 计算值
② 正值表示降低，负值表示增加。

2. SMA 在我国的使用概况

（1）我国第一条采用 SMA 的高等级道路可以说是长 15.7km 的广州—佛山高等级道路，但它没有使用纤维，而是采用了奥地利的改性沥青（用聚乙烯 PE）技术。该路加铺的 SMA 面层完成于 1993 年 3 月。至今路面泛油、变形、开裂、坑洞和修补等已不是个别现象，已到需要采取措施恢复面层使用性能的状况。1993 年完成的长 18km 的某机场高速公路表面层 4cm 厚，采用了加纤维且同时用 3.5％PE 和 3％SBS 改性沥青的 SMA。从此，我国就产生了改性沥青 SMA 路面。

（2）随后，在吉林、江苏、辽宁、广东、北京、山西、山东、黑龙江和湖北等省的一般道路和高等级道路上开始较大规模地铺筑了 SMA 路面试验路段或长达十多千米到数十千米的正式路面工程。这些 SMA 路面工程，有的路上交通量不大，有的虽交通量大，但除相当于解放牌汽车的公交车辆外，均是小汽车；有的沿线夏季无连续高温；有的还没有经过夏季连续高温的考验。

（3）北京东西长安街重铺 SMA10 表面层工程于 1997 年完成。SMA10 既使用了矿质纤维，又使用了 5％SBS 改性沥青。动稳定度全部大于 3000 次/mm，7 次结果的平均值为 4588 次/mm。马歇尔试验结果，稳定度 7.8～8.6kN，流值 33～38（0.1mm），空气率 3.1％～4.4％。

（4）某大桥采用了类似北京机场高等级道路的 SMA 桥面铺装，于 1997 年 5 月 1 日正式通车。1998 年 10 月全桥轮迹带上都产生了 1～1.5cm 深的辙槽，槽边外侧并有 SMA 鼓起现象。分道线已变成连续扭曲（蛇行状）。在行车道上并有多处补修块。这些损坏现象不是钢桥面引起，而是所用 SMA 的高温稳定性不足。11 月初已将全桥原 SMA 桥面铺装铣刨去 1.5cm，然后重铺 3cm 新 SMA 桥面铺装。

（5）某高等级道路上铺筑了 15kin 加木质素纤维并用 6.0％～6.5％PE 改性沥青的 SMA 路面。该路 1996 年底正式通车。到 1998 年 7 月产生轻重不一的泛油现象。严重泛油段长 2km 多，在该段上不得不临时在表面撒布碎石改善行车条件。

（6）1997 年 9 月完成的某高等级道路上 4430m 长 SMA 路面试验路共有 7 段。分别采用了 SMAl3 和 SMAl6 四种矿料级配范围，有我们自己制定的、德国的、美国的和芬兰的；四种木质素纤维，我国吉林的、德国的、芬兰的和美国的；两种碎石、玄武岩和花岗岩；同时又都加了抗剥落剂。1998 年 4 月观察时，7 段的表面状况很好，均保持原有的宏观粗糙度。过一个夏季，1998 年 8 月下旬再次观测时，表观发生了很大变化。仅有少量局部泛油发亮（基本成功）路段只占 36％（按长度计，下同）；严重泛油，甚至超车道也泛油的路段占 16％；间隔式中、重泛油路段占 48％。这些泛油处，SMA 的表面构造深度已损失 50％～100％。还有小块面积，沥青完全覆盖了碎石，沥青膜厚约 2mm，挖验发现，下面较多碎石颗粒上沥青已剥落。有一块路面约 1m² 已修补。检验修补时挖出的 SMA 块，其底面碎石上的沥青已经剥落，样块中部分较大尺寸碎石上的沥青也已剥落。

上述工程产生的问题说明：如何在我国不同地区的气候、材料、技术力量、工艺水平和熟练程度等具体条件下，铺成符合要求 SMA 和其他粗集料断级配沥青混凝土路面，都还需要进行认真研究。

2.5.2 沥青路面损坏的类型、原因、技术要求及评价

2.5.2.1 沥青混凝土路面损坏的类型

1. 按沥青路面破坏的类型可分为

（1）结构性破坏：沥青混凝土路面按其结构性破损就是由于路面各结构层的承载能力降低而引起的，其结果反映到路面上就是各种形状的裂缝，如龟裂、块裂、纵裂和横裂。这些裂缝是由于路基下沉、路面材料品质不良、施工质量不合格、渗水和交通荷载剪切作用等因素引起的。

（2）功能性破坏：沥青混凝土路面按其功能性破损就是由于路面提供给道路用户的服务能力下降引起的，反映在路面上则是平整度降低和车辙加深。常见的功能性破损有不平整性、坑洞、拥包、泛油、波浪、修补、车辙（小量）和局部裂缝等。

2. 按照现行的《公路养护技术规范》规定分类

按照现行的《公路养护技术规范》（JTG H10—2009）的规定，根据破损的外表形态，沥青路面的破损可分为裂缝类（含龟裂、不规则裂、横裂、纵裂等）、松散类（含坑槽、啃边、脱皮、麻面等）、变形类（含沉陷、车辙、波浪、拥包等）及其他类（翻浆、泛油、修补损坏等）4 大类。各种路面破损所包含的内容及状态如下：

（1）沥青混凝土路面的裂缝：

1）轻微裂缝：该裂缝多属局部裂缝，一般是在路面使用 3～5 年后发生的，其表现多是细线状裂缝。裂缝的形状有以下两种：

a. 发状或条状：不需要放大即能发现的路面条状裂缝。沥青面层较薄时将成为贯穿裂缝，面层较厚时，尚不贯通，见图 2-5-1（a）所示；

b. 发射裂缝：由于基层物理性的开裂，反映至沥青面层而呈现出的条状裂缝（又称反射裂缝），见图 2-5-1（b）所示。

2）严重裂缝：沥青混凝土路面严重裂缝主要表现在如下几点。

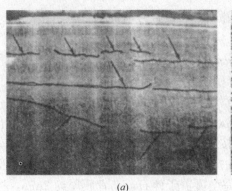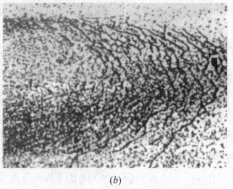

(a)　　　　　　　　　　　　(b)

图 2-5-1　沥青混凝土路面轻微裂缝
(a) 条状裂缝；(b) 滑移状裂缝

a. 龟裂（又称块状裂缝）：路面由于压实不足、路基下沉等原因产生的小网格式的、成块的、不规则破碎性的网状裂缝，由于其形状类似于乌龟背壳，故俗称为龟裂，见图 2-5-2 (a) 所示；

b. 网裂：不规则的大阿格式片网状裂缝，裂缝间距大小相近，形状和尺寸上都有别于龟裂，见图 2-5-2 (b) 所示；

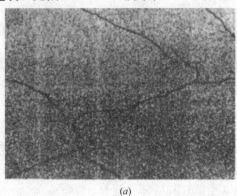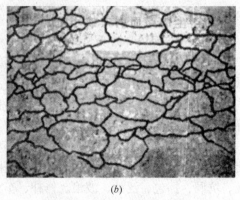

(a)　　　　　　　　　　　　(b)

图 2-5-2　沥青混凝土路面的严重裂缝（一）
(a) 典型的块状裂缝；(b) 典型的局部网裂变形

c. 纵横裂：顺路方向出现在行车道的纵向长条裂缝，或横断方向有规则的裂缝。其中横向裂缝通常在温差变化较大的地区发生。夏季完好的路面到了冬期会由于路面温度收缩，产生纵向近似等间距的横向裂缝，见图 2-5-3 (a) 所示。横向裂缝一般贯通整个路面宽度，纵向间距约为 5～30m 不等。纵向裂缝通常以单条裂缝出现，见图 2-5-3 (b) 所示。

（2）沥青混凝土路面的麻面：沥青混合料的结合料大部分磨失，成片地出现过度的粗糙段。图 2-5-4 所示为典型的沥青混凝土路面的麻面实例。

（3）沥青混凝土路面的松散：沥青路面由于结合料散失或脱落，集料间失去粘结力而出现的松散或由于混凝土离析而产生的松散，见图 2-5-5 所示。

（4）沥青混凝土路面的坑洞：

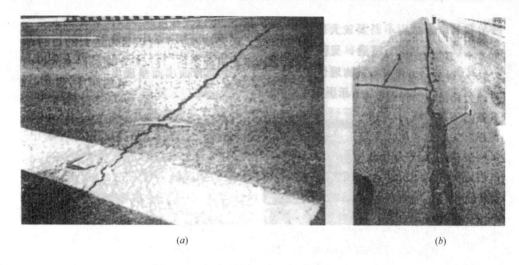

(a)   (b)

图 2-5-3　沥青混凝土路面的严重裂缝（二）
(a) 缝宽约 20mm 的横向裂缝；(b) 缝宽约 15mm 的纵向裂缝

1）轻微坑洞：沥青混凝土路面面层集料局部脱落而产生的路面洞穴或小坑洞，见图 2-5-6 (a) 所示。

2）严重坑洞：沥青瀑撮土路面坑槽连片或者由小城橱破损连成大而深的洞穴或坑洞，见图 2-5-6 (b) 所示。

（5）沥青混凝土路面的车辙：车辙是在道路横断面上由于车辆轮胎重复行驶久而久之产生的一种路面横向凹凸沉陷现象，见图 2-5-7 所示。

（6）磨光：沥青混凝土路面表面磨成光滑面，其摩擦系数已达到了最小极限值。

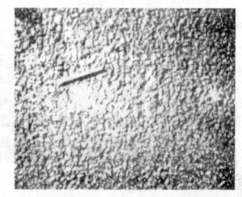

图 2-5-4　沥青混凝土路面的麻面

（7）脱皮：沥青混凝土路面上下面层脱离，大块脱落，如图 2-5-8 (a) 所示。

（8）啃边：沥青混凝土路面边缘呈不整齐的破碎损坏，见图 2-5-8 (b) 所示。

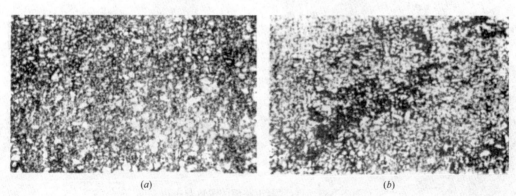

(a)   (b)

图 2-5-5　沥青混凝土路面的松散
(a) 由沥青混凝土离析产生的松散；(b) 沥青混凝土面层的松散

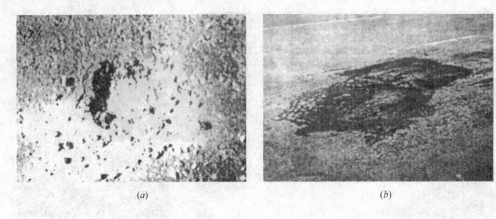

图 2-5-6 沥青混凝土路面的坑洞

（a）沥青混凝土路面的轻微坑洞；（b）沥青混凝土路面的严重坑洞

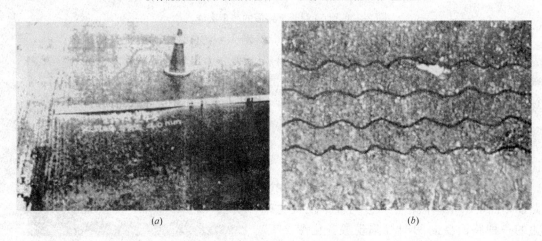

图 2-5-7 沥青混凝土路面的车辙

（a）某高等级道路沥青路面上的辙槽；（b）某城市主要交叉路口的辙槽

图 2-5-8 沥青混凝土路面的脱皮与啃边

（a）由严重剥落到坑洞；（b）沥青混凝土路面啃边

（9）搓板：沥青混凝土路面表面产生接近等距离的纵向凸凹，形似洗衣搓板状。

（10）波浪：沥青混凝土路面的波浪是沿路面纵向形成的一种波长较短、振幅较大的凸凹现象，其波峰、波谷的距离和起伏差异均大于搓板。

（11）沉陷：沥青混凝土路面的沉陷可分为局部下陷和较大面积的沉陷。其中沉陷又可分为塌陷（即路面较大面积的下陷变形）、桥头跳车（即发生在桥梁或涵洞等构造物与路面交接的部位，一般是因路面材料压实不均匀，或桥梁两端路基沉陷，路面与构造物间形成一定程度的高差而造成的行车颠跳）。

（12）泛油：沥青混凝土路面出现泛油的原因一是沥青材料质量差，软化点低；二是沥青路面用油量过多，未严格按照设计沥青用量施工，在高温季节沥青在行车作用下被挤出表面而形成油层。

（13）油包：沥青混凝土路面因局部泛油处理不当或成块的油污结成面积不大的包状物。

（14）翻浆：沥青混凝土路面表面鼓起以致破裂，从裂缝中冒出泥浆的现象。

（15）发软：沥青混凝土路面整体失去稳定，行车时出现弹簧状。

（16）修补：在沥青混凝土路面养护作业中若修补不良，也是一种破损。修补后的路面由于与原路面存在结构材料差异而衔接不良。修补不良往往还会导致路面的不平整。

在上述沥青混凝土路面各类破损现象中，坑槽、车辙、脱皮、搓板、波浪、沉陷、油包、发软等破损，都表明了沥青路面的纵向不平整性。纵向不平整性一般用平整度来描述，它被定义为在道路纵横断面方向上产生的波长较短的凸凹不平现象。不平整的道路在我国道路网中低等级的道路上到处可见，是非常普遍的一种破损现象。尽管近年来我国在道路工程中大量采用机械化施工，大大提高了路面平整度，但整个路网平整度低下的状况尚未得到根本改变。因此，这一破损类型将在相当长的一段时间内普遍存在。

2.5.2.2 沥青混凝土路面损坏的原因

造成沥青混凝土路面破损的原因很多，主要有交通条件、气象条件、排水条件、材料因素、施工水平、管理水平（养护频率、资金投入和设备条件）等。但归根结底，还是由于沥青路面的使用性能下降造成的。概括地讲，沥青路面的使用性能主要是指高温稳定性、低温抗裂性、水稳定性、抗疲劳性能、抗老化性能、表面服务功能。在以上性能中，水稳定性、耐疲劳性能、抗老化性能也统称为耐久性能。沥青路面使用性能对沥青路面破损的影响如下：

1. 沥青混凝土路面耐高温的稳定性差

高温稳定性主要是指沥青混合料在夏季高温条件下，不发生由于垂直荷载重复作用引起的车辙和由于剪切荷载引起的推移变形的能力，也就是指路面抵抗流动变形的能力。沥青路面高温稳定性不足，会直接导致路表面出现车辙、泛油、油包、发软等病害。

（1）车辙是在沥青路面行车道的轮迹带上产生的永久形变，此永久形变由两部分组成，一部分是沥青面层在行车荷载反复作用下进一步碾压密实产生的，可称其为压密形变，另一部分是因为沥青混合料在高温时的强度不足以抵抗行车荷载反复作用，车轮下的部分沥青混合料产生剪切形变，逐渐产生侧向流动，被挤压到轮迹两侧，使两侧的沥青混合料发生鼓起变形。

1）某山区高等级道路重载卡车行驶方向的行车道产生了严重辙槽，并有严重泛油，同时行车道外侧产生了臌起。将臌起部分铣刨后，测量的辙槽深度还有 40mm，见图 2-5-7（a）。照片左侧白色标线不完整部分是铣刨的结果。

2）由于高速公路行车渠化道，在行车道上经常产生两条辙槽，但常是一条较深，另一条较浅。在市区主要道路的交叉路口附近，常是一个车道有两条辙槽，有两个车道的交叉路口附近常有四条辙槽，见图 2-5-7（b）所示。

（2）高等级道路沥青路面的泛油现象与以往渣油路面的泛油现象有明显差别。高等级道路沥青路面的泛油现象主要产生在行车道上，超车道上的泛油现象很少。行车道上的泛油现象主要是间隔式和条片状，而且间隔距离往往大于泛油条片的长度。连续泛油和整个行车道全面泛油的现象不多。

图 2-5-9　6 号高等级道路面层泛油现象

（3）早期使用 LH-201 和 LH-20 Ⅱ 或 AK-13B 型沥青混凝土做表面层的高速公路都有这种泛油现象。但并未引起大家重视。1996 年 9 月，以路面质量优秀的面貌开放交通的 6 号高速道路，经过 1997 年的夏季，在 3 段和 4 段的行车道上产生了较严重的间隔式条片状泛油现象，使原先优良的表面构造深度（即宏观粗糙度）显著减小。其中极少一部分严重泛油，只能见到碎石尖端外露见图 5-2-9。由于严重泛油，表面发光和发亮，以摩擦系数和表面构造深度表征的表面抗滑性能已达不到要求。6 号高等级的道路的沥青路面泛油现象引起了大家重视。但 2 段，特别是其东段没有泛油现象，直到 1998 年夏末秋初，2 段中的部分小段路面才有轻度泛油现象。

（4）产生压密形变的主要原因，一是沥青混合料施工压实度不足，经行车碾压后产生形变；二是由于超载重车的碾压而产生形变；三是在高等级的道路行车道上，由于过往车辆始终在某一车道中央行驶，形成渠化交通，路面负荷过重而产生形变。对于剪切形变，首先取决于沥青混合料的矿料骨架，尤其是粗集料的相互嵌挤情况。在高温时，沥青的黏度较低，粘结集料抵抗变形的能力有限，沥青结合料主要是起阻碍混合料发生剪切变形的牵制作用。

（5）所以在通常情况下，沥青路面的高温稳定性主要取决于矿料级配，它的贡献率可占 60%，沥青结合料的性能则提供 40% 的抗车辙能力。具体分析沥青混合料级配对高温稳定性的影响，主要是粉胶比、空隙率。粉胶比是指沥青混合料中矿粉与沥青用量之比。矿粉在沥青混合料中的作用非常重要，沥青只有吸附在矿粉表面形成薄膜，才能对其他粗、细集料产生粘附作用，使沥青与矿料形成一个坚实的整体。

2. 沥青混凝土路面低温抗裂性差

（1）低温抗裂性主要是指沥青混合料在低温状态下，抵抗收缩裂缝的能力。沥青路面在寒冷季节产生的温缩裂缝，首先表现为混合料集料之间的沥青膜拉伸破坏，然后再导致混合料的破裂。因此，沥青混合料的低温抗裂性能主要取决于沥青结合料的低温拉伸变形性能，其贡献率达到 90%。混合料的矿料级配对抵抗收缩变形导致的开裂无能为力，其贡献率充其量只有10%。

（2）在沥青的各种性能指标中，影响最大的是温度敏感性，感温性大的沥青容易开裂。沥青的针入度、低温延度也是影响路面开裂的重要指标。由于沥青在老化过程中会出现轻质油分挥发、沥青氧化分解等，因此沥青老化越严重，裂缝出现越早。沥青中的蜡含量越大，会使混料拉伸应变减小，脆性增加，温度敏感性变大，极易发生横向裂缝。

1）早期施工的高速公路中，有用铧犁、平地机等路拌法铺筑基层。如某高等级道路虽然沥青面层厚15cm，水泥砾石基层厚20cm，但由于水泥砾石混合料的不均匀性大、厚度变化大，有些路段厚度不足15cm（拌和不到底），因此强度无保证。开放交通两年后，该高等级道路路面就开始破坏，表现为轮迹带网裂、下沉形变和雨后唧浆、产生坑洞，有的路段产生面积小于 $2m^2$ 的块状裂缝（见图 2-5-2 (a)）。

2）某高等级道路西侧，特别是第一期工程，约49km长，开放交通不久，路面就开始破坏，雨后唧浆、网裂、形变较普遍，并产生不少坑洞，不得不处理破坏面后加铺沥青面层。其中一个路段约长 2km 挖去沥青面层后，水泥碎石基层横向不是一个整体，而是形成 2～3 条纵向连续的坚硬的水泥碎石带，带间和带外侧基本上是松散的水泥碎石，最后只得将此基层挖除后，重铺基层和沥青面层。如图 2-5-10 所示。

图 2-5-10　正在人工挖除破坏的沥青面层和不完整的水泥碎石基层

（3）此外，沥青混凝土的组成对沥青路面的开裂影响也十分重要：

1）沥青用量虽然重要，但一般认为在最佳沥青用量的 $\pm0.5\%$ 范围内波动，对开裂率无明显影响。而且，沥青用量增加，使混合料在应力松弛性能提高的同时，也使收缩性能变大，二者互有抵消。

2）矿料组成级配对低温开裂有一定关系，但总的来说与路面横向开裂率的关系不甚密切。

3）较厚的沥青面层其裂缝率要小，但沥青面层厚度不如沥青结合料性能重要，采用质量好的沥青即使铺筑较薄的面层，其横向裂缝也可能少于厚度较厚但沥青质量差的路段。

（4）沥青混凝土路面基层的性能对低温抗裂性的影响也是一种常见的现象：

1）半刚性基层较之级配碎石等柔性基层热容量小，与沥青面层的附着粘结能力差，尤其是本身的收缩性很大，故用其做沥青路面的基层，横向裂缝要多些。

2）基层与面层的附着性能若差，将使面层产生一定的自由收缩变形，沥青混合料的应力松弛性能得不到充分发挥，温度应力将在面层内部积聚，无法传递到基层中，就很容易使沥青路面开裂。

所以，在基层表面洒透层油或做下封层，加强基层与面层的层间连接·对提高沥青路面的低温抗裂性能是很有好处的。

3. 沥青混凝土路面的水稳定性差

（1）概述

水稳定性主要是指沥青混合料在水的浸蚀下，抵抗沥青膜剥离、脱粒、松散及至出现坑槽等病害的能力。水是危害公路的主要自然因素，凡是沥青路面出现的各种病害，都不同程度地与地表水和地下水的浸蚀有关。沥青面层内部若含有一定的水分，水将在沥青混合料内部自由流动，加上车辆荷载的反复作用，使面层中的水产生压动力，这部分水将逐渐浸入到沥青与集料的界面上，沥青膜渐渐地从集料表面剥离，最终会导致沥青与集料之间的粘结力丧失，造成水损害破坏。特别在夏季，温水更能加剧集料上沥青膜的剥离。

（2）道路的设计与施工不良是造成沥青混凝土路面水损害破坏的主要原因之一（即混凝土空隙率过大）：

1）为了提高沥青路面的抗滑性能，保证路表面有一定的构造深度，上面层混合料的设计空隙率一般在 6% 以上，降落到路面上的水很容易进入面层混合料内部，从而带来了水损害的隐患。

2）在确定下面层混合料级配类型时，人们也往往习惯于选用 AM 类沥青碎石混合料，这些混合料的空隙率也是很大的，由于毛细管作用地下水会通过基层向上聚集，浸入到下面层内部，待到春融季节开始发作，造成水损害。所以，沥青路面的水损害有时是从下面层破坏开始的，这就和下面层混合料的级配类型选择有关。

3）降雨过程中，雨水会进入并滞留在表面层沥青混凝土的孔隙中。在大量快速行车的作用下，一次一次产生的动水压力（孔隙水压力）使沥青从碎石表面剥落下来，局部沥青混凝土变成松散，碎石被车轮甩出，路面产生坑洞，见图 2-5-6（a）。无论表面层沥青混凝土是密实式的还是半开式的，都曾产生过这类表面层水破坏——坑洞。这种破坏现象几乎每条高等级道路都有，只是坑洞的个数和面积的比例常有明显差别。但通常采用半开式（Ⅱ型）沥青混凝土表面层时，产生的水破坏较严重。

4）如水透过沥青面层（两层式或三层式）滞留在半刚性基层顶面，在大量快速行车作用下，自由水产生很大的压力并冲刷基层混合料表层的细料，形成灰白色浆。灰浆被行车压唧到路表面。在灰浆数量大的情况下，可能立即产生坑洞；在数量小的情况下，可使路面网裂或变形，见图 2-5-11 所示，图中灰白色是唧出的浆。

图 2-5-12 所示为某高等级道路通车仅一年的被水破坏严重路段的照片，照片显示，行车道外侧有很明显的水印（左下），行车道上有较多大小补块，有的甚至重叠修补，为

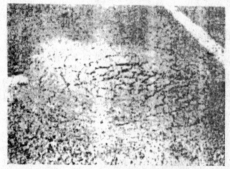

图 2-5-11　路面网裂示意图

图 2-5-12　某高等级道路通车一年后的
严重水破坏现象

便于鉴别，凡补块都用黑笔勾出。在补块前面的小白条（右侧边部）是唧出的浆，超车道上也有轻度水破坏现象。

我国高等级道路沥青面层无论是采用《公路沥青路面施工技术规范》JTG F40—2004中的Ⅰ型级配、Ⅱ型级配，还是采用实际上也是Ⅰ型的多碎石级配，都产生了不同程度的水破坏现象。因此，当某条高等级道路采用某种矿料级配产生或多或少的水破坏时，应该仔细分析导致水破坏的真实原因，并采取相应的改善措施，而不能简单地说某级配是透水的。否则，采用施工规范中的Ⅰ型发生了水破坏，可以说Ⅰ型是透水的；采用多碎石沥青混凝土发生了水破坏，就说多碎石沥青混凝土是透水的。这样就会产生误导，也不会真正解决水破坏问题。

（3）沥青混凝土路基、基层及路面的压实不足，也是导致水损害的最直接原因。按照现行的《公路沥青路面施工技术规范》的规定，沥青面层施工过程中压实度控制标准，高等级道路及一级道路为马歇尔试验密度的96%，其他等级公路为95%。根据压实度与空隙率的计算公式：

∵压实度＝实测密度/马歇尔密度

空隙率＝1−（实测密度/理论密度）

∴压实度＝（理论密度/马歇尔密度）（1−空隙率）

以某两种混合料为例，混合料A马歇尔密度为2.389，理论密度为2.503，空隙率为4.55%；混合料B马歇尔密度为2.295，理论密度为2.402，空隙率为4.45%。A、B两种混合料压实度与空隙率的关系见表2-5-3。

压实度与空隙率的关系　　　　　　　　　　表 2-5-3

压实度（%）		94	95	96	97	98	99	100
空隙率（%）	混合料 A	10.28	9.33	9.37	7.42	6.46	5.51	4.55
	混合料 B	10.18	9.23	8.27	7.32	6.36	5.41	4.45

从表2-5-3中可以看出，路面混合料压实后的空隙率若达到马歇尔试验的空隙率，压实度要达到100%。压实度低1个百分点，路面混合料的实际空隙率就近似增加1个百分点。若这两种混合料按96%控制压实度，路面混合料的实际空隙率已达到8.3%左右。根据有关资料介绍，空隙率在8%～12%之间的路面最容易发生水损害。空隙率小于8%，水不容易进入混合料；大于12%，水很容易流走，但必须要设置排水结构层。所以，沥青面层压实度控制标准应当提高，以免引发路面的水损害破坏。

（4）沥青路面排水设施不完善。从已发生水损害的路面看，多数都有内、表排水不良的原因存在，及时排除浸入面层中的水分，减少面层中积水的停留时间，对减少路面病害极为重要。图2-5-13所示因路边水沟阻塞，水从路底面渗出到坑中。所以，搞好路面的排水设计和水沟设计，对保证道路的使用性能和使用寿命具有十分重要

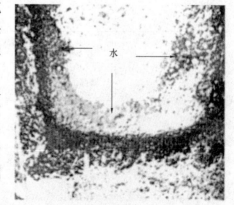

图 2-5-13　水从路底面到坑中

的作用，对防止路面水损害更有其特殊的功能。对路面水损害有直接影响的是路表面排水、中央分隔带排水、路面边缘排水。对路表面的排水，人们一般比较重视，目前重视不够的是中央分隔带的排水。实际上，中央分隔带排水是高等级道路及一级道路地表排水的重要内容，应该根据分隔带的宽度、绿化和交通安全设施的形式，分隔带表面是否封闭等因素，选择相应的排水方式，防止雨水加上绿化用水落到分隔带上，一直向下渗透到土蓁和两侧行车道基层与面层中间，危害路基的稳定性，导致沥青路面水损害破坏。

国内许多专家指出，水损害破坏是目前我国沥青路面出现坑槽、松散、脱粒、麻面等早期病害的最主要原因，对此应该引起足够重视。

沥青路面破损的表状及主要原因见表 2-5-4 所列。

沥青路面破损的表状及主要原因

表 2-5-4

序号	破损名称	表　状	主　要　原　因
1	搓板波浪	呈现洗衣搓板状 纵向产生波浪状	面层系铺设在原有波浪（槎板）的路面上的反射结果，路基与基层未曾全面压实，或压实度不够，通过行车水平力作用而变形，造成波浪，基层土层硬度不够也会造成波浪，施工时基层浮土清除不净或石灰土养生期不足即铺面层，而形成搓板。因沥青布不均匀形成油垄，沥青多处矿料厚、沥青少处矿料薄，经行车撞击造成。交叉口、停车站、陡坡路段因行车水平力较大，振动造成
2	脱皮	表层成块剥落	面层与基层之间有粘结不良；上拌、下贯两层之间或罩面与原路面之间结合不好而成层松脱。还有可能是原基层的石灰粉或矿粉过多而造成整层松脱。面层矿料质差、含土、潮湿，或施工过辗，而成层脱皮
3	弹簧翻浆	呈现弹簧状或冒水翻浆等	由于基层结构不密实，水稳性不良，含水量增大，聚水冻融而翻浆，基层强度不够，灰土拌和不匀，辗压不实，含水量大，低温施工，灰土未及成形而冻融翻浆，在中温或潮湿地带，地下水未处理好，边沟又积水滞流，或在山丘有地下潜流等而造成弹簧翻浆
4	啃边	边缘破裂破坏	由于交通量增大，路宽不适应，或因不设路牙（缘石）而未边部加固，边部因行车超压而引起啃边。路面与路肩衔接不顾，路肩横坡过大，或因路肩坑槽积水而导致啃边。路面平交道口处，未设必要的平台，边缘易受压坏
5	沉陷	均匀沉陷 不均匀沉陷 局部沉陷	冬期在低温冻土施工中未处理好压实不够的问题，从而引起基层局部强度不足或水稳性不良引起沉陷，超载重的大型车通过，而层混合料料质差，土基压实度不够或路基有隐患（坟穴、水井、树坑等）未处理好
6	泛油 油包 拥包	高温时沥青（渣油）渗出面层零散分布疙瘩状推剂、滑动成隆起形变	单位面积用油量过大或者矿料不足，或因低温施工，加大用油量而造成泛油。用油量偏高，粘滞度低，或路拱偏大，气温高，面层受行车拥挤成包，初期养护处治泛油时，用料过细而形成油包，或者成拥包，由于材料质差，油石比不当，面层高温时发软，碾成拥包。基层局部含水量大、面层与基层粘结不良，高温时推挤成拥包

序号	破损名称	表 状	主 要 原 因
7	裂缝	发裂 线状裂缝 纵向裂缝 横向裂缝 反射裂缝 龟形裂纹	施工基层辗压不实，强度不够，或新旧接缝处理不当而形成裂缝。面层以下含水率逐年积聚，在不利季节，引起路面强度降低而产生裂缝，混合料质量差，辗压温度不当，引起的辗压裂缝，混合料摊铺时间过长老化而产生裂缝。由于基层受温度、湿度的变化，结构发生胀缩而产生裂缝。结合料老化，面层性能退化，路面整体强度不足而呈现出龟形裂纹
8	松散、麻面、坑槽	表面矿料 松动、出现麻坑、表面局部不平凹陷	嵌缝料粒径不当，用料不合比例，或初期养护嵌缝未回归而散失。低温季节施工，工序未衔接，油与料结合不良，矿料飞散，轻则出现麻面，重则出现坑槽。表面用油偏少，结合料加温过度，失去粘结力而松散，形成麻面、表层坑槽，雨季施工，矿料潮湿，或用酸性矿料未作处治而散失成麻面、坑槽。由于基层压实不够，强度不匀，基层不平，面层渗水，局部先破损而成坑槽

2.5.2.3 沥青路面维修作业分类及主要内容

根据现行的《公路养护技术规范》JTG H10—2009，沥青路面养护作业工程可分为以下 4 类：

（1）小修保养工程。主要工程内容为：清除路面上的泥土、杂物，保持路面整洁；排除路面上的积水、积雪、积冰、积砂，撒防滑料、灰尘剂或压实积雪，维持交通；处理路面泛油、拥包、裂缝、松散、波浪、啃边等病害；修补坑槽、沉陷。

（2）中修工程。主要工程内容为处理路面严重病害，对路面整段进行封层或罩面。

（3）大修工程。主要工程内容为整线、整段用稳定材料改善路面基层；整段加宽、加厚原有路面；翻修或补强、重铺原有路面。

（4）改善工程。主要工程内容为分段提高公路技术等级，并铺筑新的沥青混凝土路面。

2.5.2.4 沥青路面维修保养的技术要求

1. 沥青路面小修保养工程的技术要求

小修、保养作业是保证沥青路面使用质量、延长使用寿命的重要技术措施。通常把清扫、保洁、处理拥包、裂缝、松散等病害称之为保养作业；修补坑槽、沉陷，处理车辙、波浪、啃边等病害称之为小修作业。按照作业内容分类，小修保养作业可分为：初期保养、日常保养和季节性保养修理。

（1）沥青路面初期保养技术要求

各种沥青路面竣工后的初期保养是十分重要的，它是为了使沥青路面尽快稳定成型的关键，是不容忽视的养护环节。

1）热拌沥青混合料路面的初期保养技术要求是：

a. 面层混合料必须充分压实，待混合料完全冷却，表面温度低于 50℃后方可开放交通；

b. 纵、横向的施工接缝是路面的薄弱点，尤应加强初期养护。对这些接缝处应铲高补低、烙平压实，消除接缝空隙，保持平整密实。

2）沥青贯入式路面的初期保养技术要求是：

a. 开放交通初期，应控制车速不超过 20km/h，直至路面完全成型；

b. 应设专人指挥交通或设交通路标，按照先边、后中的原则，控制车辆行驶，达到路面的全面碾压密实；

c. 应随时将行车驱散的嵌缝料回扫、布匀，然后再压实，以形成平整密实的上封层。如有泛油现象，应在泛油处补撒与最后一层石料规格相同的嵌缝料，并仔细扫匀；路表面如有过多的浮动石料，应扫出路面或回收，以免搓动已经粘附沥青的集料；

d. 撒初期养护料时，应顺行车方向少撒、勤撒、薄撒、撒匀。撒料宜在当天最高气温时进行，同时控制行车碾压。

3）沥青表面处治路面的初期保养技术要求是：

a. 层铺法施工的沥青表面处治路面的初期保养与贯入式路面的要求基本相同。由于表面处治路面较薄，更应加强初期保养；

b. 拌和法施工的沥青表面处治路面的初期保养与热拌沥青混合料路面的要求基本相同，但更应重视早期病害的及时补修；

4）对于乳化沥青贯入式路面、乳化沥青碎石混合料路面，由于其初期稳定性差，压实后的路面应做好初期保养，设专人管理，封闭交通 2～6h；在未破乳成型的路段上，严禁一切车辆、人、畜通过；开放交通初期，应控制车速不超过 20km/h，并不得在路面上制动和调头。当有局部损坏时，应及时补修。

（2）沥青混凝土路面日常保养技术要求

各种沥青混凝土路面的日常保养的技术要求是：

1）保持沥青混凝土路面平整、横坡适度、线形顺直、路容整洁、排水良好。

2）加强巡路检查，掌握路面情况，随时排除有损路面的各种因素。如发现路面初期病害，应及早补修。

3）禁止各种履带式车辆和其他刚性车轮车辆直接在沥青混凝土路面上行驶。

4）及时掌握各种养护技术资料，建立路面养护技术档案。

（3）沥青混凝土路面季节性保养修理技术要求

沥青路面对气温比较敏感，应根据各地不同季节的气候特点、水和温度的变化规律，按照"预防为主、防治结合"的原则，结合成功经验，针对季节性病害根源，因地制宜，采取有效的技术措施，做好季节性保养修理。季节性保养修理应符合以下技术要求：

1）春季：应做好沥青路面温缩裂缝和其他裂缝的灌、封修理，并及时快速修补坑槽，处理松散、翻浆等病害。

2）夏季：此时气温较高，是沥青路面养护工程的有利季节，应抓住高温期处治泛油，铲除拥包、波浪，及时修复冬期与春雨期间临时修补的破损，使路面保持良好的使用性能。

3）秋季：此时气温由高温逐步降温，沥青路面的保养修理必须密切注意天气预报，抓紧完成养护工程年度计划项目，适时做好冬季病害的预防性保养修理，如裂缝的灌、封修理，冻胀、松脆的防治，及时修补坑槽和进行乳化沥青稀浆封层等。

4）冬季：主要是做好除雪、除冰、防滑、疏阻、抢险及下年度养护材料备采等工作。

2. 沥青混凝土路面中修工程技术要求

(1) 沥青路面在长期使用过程中，会出现不同类型的破损，面层厚度因长期磨耗而减薄，或平整度、摩擦系数等指标低于规定，此时都需要进行封层与罩面，以提高路面的使用性能，延长路面的使用寿命。封层是指采用层铺法或拌和法以全面封闭路表面破损的技术措施；罩面是指在原路面上加铺一层沥青混合料面层，以延长其使用周期，恢复被磨耗的厚度，或提高路面的抗滑性能，改善平整度，但不提高承载能力。当同时要提高路面承载能力时，为补强罩面。封层与罩面都属于中修工程。

(2) 一般来说，当路面使用年限尚未达到罩面的间隔周期，或路面裂缝、松散特别严重，表面过于光滑，摩擦系数特别小时，可视路面状况铺筑封层；若原路面使用年限已久，表面老化、透水，但路拱合适，破损现象不很严重，还有一定的承载能力时，可增加一次封层，推迟罩面周期。沥青路面封层工艺一是可采用拌和法或层铺法施工的单层表面处治，其施工应按照现行的《公路沥青路面施工技术规范》JTG F40—2004 的有关规定进行；二是采用乳化沥青稀浆封层，其施工技术要求在本书的后面将要介绍（2.5.4）。

(3) 当路面经使用质量评定尚不需罩面时，则应以评定结果为准，同时注意加强原路面的维修保养，以延长罩面周期；在罩面的同时需要补强时，应按照现行的《公路沥青路面设计规范》JTG D50—2006 的规定进行。各种结构的罩面，除按照现行的《公路沥青路面施工技术规范》JTG F40—2004 的有关规定进行施工外，并应符合下列技术要求：

1) 在罩面前，必须把原路面所有破损部分（如裂缝、坑槽、松散等）处理好，必要时铺设整平层，并处理好新旧面层的结合。

2) 罩面不应铺在逐年喷油封层而加厚的软油层上。如遇有此种情况，必须将软层铲除，尔后再整平铺筑。

3) 罩面一般应采用拌和法，根据设计厚度采用一次或两次摊铺。摊铺前应彻底清扫原路面并喷洒粘层沥青，沥青用量一般为 $0.3\sim0.5kg/m^2$。对已老化的、空隙率大的沥青路面，粘层沥青用量宜为 $0.5\sim0.7kg/m^2$。

4) 采用层铺法罩面时，按照沥青路面表面处治方法施工；当使用乳化沥青时，集料撒布必须在乳液破乳前完成，破乳成型期间应封闭交通。

5) 罩面时应处理好施工接缝。除按《公路沥青路面施工技术规范》JTG F40—2004 进行外，尚应注意：

a. 在施工中所造成的路面纵、横向接缝，应与路面中心线平行或垂直，一般宜采用毛茬热接缝的方法；

b. 双层式罩面，每层各自的接缝不应处在同一个垂直面上；上下两层各自接头处，也应错开成台阶式衔接。

3. 沥青混凝土路面大修及改造工程技术要求

(1) 沥青混凝土路面如若损坏严重，经检查判断采用其他维修的方法已不能维持良好的行车状况时，就应进行路面的大修或改造。沥青路面的大修或改造工程除应严格按照现行的《公路沥青路面设计规范》JTG D50—2006 进行设计以外，还应符合下列技术要求：

1) 对原沥青路面的材料必须作挖验调查和经济比较，能够利用者应尽量采取再生利用或者重复利用旧沥青面层，并考虑旧面层挖除后剩余强度下降的因素进行路面结构设计。

2）在原路面上加厚补强时，应对原有沥青路面的病害做出详细调查，防止新的面层受原沥青路面不利因素的影响。

3）应对路面标高提高后纵坡是否顺适、与周围环境是否协调等作周密考虑。

（2）进行沥青路面大修或改善施工时，除应按照现行的《公路沥青路面施工技术规范》JTG F40—2004 组织施工外，还应符合下列技术要求：

1）铺筑补强层前，应先彻底处理好原路面的所有病害，必要时要先铺筑隔离层、整平层，然后再铺筑补强层。

2）对于新铺路面基层，应确保其与旧基层连接良好，不得形成夹层。

3）挖除基层时，应尽量使旧路面的基层材料也得到重复利用。

（3）当在沥青路面大修或改善工程中需要进行加宽、加厚作业时，其施工具体技术要求应按照现行的《公路养护技术规范》JTG H10—2009 执行，并注意以下几点：

1）要根据维修路段的交通量大小、原有路面的强度、破损程度等确定实际的加宽、加厚方案。

2）加宽、加厚的路面材料、结构宜与原有沥青路面相同，加宽部位的基层强度不应低于原有沥青路面的基层强度。

3）在边通车、边施工的交通繁忙路段上，应适当掌握施工路段的连续长度，保持通车的半幅路面有必要的宽度和平整度，认真搞好排水。同时设立施工标志，加强施工现场交通指挥和管理，保障过往车辆正常通行，施工安全顺利。

4）沥青混凝土路面加宽时必须处理好新旧路面的纵、横向衔接。

5）沥青混凝土路面单侧加宽时必须调整好路面的横坡。

2.5.2.5 沥青路面质量的评价及维护保养

1. 沥青路面破损率指标的确定

根据《公路养护技术规范》JTG H10—2009 的规定：

（1）各种破损，一律以面积计。根据路面调查检测记录中各种线（段）发生各种破损的部位、轻重程度，计算其总面积。

（2）用破损率 Y 值表示路面破损程度的综合值

$$Y = \frac{\sum F_1 K}{F_n} \times 100\%$$

式中　F_1——各种破损的实际面积；

　　　K——各种破损相应的换算系数，见表 2-5-5；

　　　F_n——调查路段的总面积。

沥青（渣油）路面破损换算系数 K 值　　　　　　　　　　表 2-5-5

序号	破损名称	程　度	所在部位	换算系数 K	备　注
1	裂缝	纵横度	面层	0.04	
		龟裂	面层	1.0	
			基层	2.4	
2	麻面		面层	0.33	
3	松散		面层	0.6	

续表

序号	破损名称	程 度	所在部位	换算系数 K	备 注
4	坑槽	视深度不同而定	面层	1.2~1.5	
			基层	3.0~4.1	
5	车辙		面层	0.3	
			基层	0.5	
6	啃边	宽度大于 10cm	面层	1.0	
			基层	2.5	
7	沉陷		基层	4.2	
			垫层	6.8	
8	泛油	轻度	面层	0.15	
		轻重	面层	0.17	
		严重	面层	0.3	
9	油包		面层	0.4	
10	拥包		面层	1.2	
			基层	3.0	
11	波浪（搓板）		面层	0.9（0.3）	
			基层	1.8（0.6）	
12	脱皮		面层	1.0	
13	弹簧、翻浆		基层	6.2	
			垫层	9.5	

注：K 值系 K_1（对行车的影响系数）和 K_2（处治工作量比重系数）的乘积，各地在使用时可以通过实际调查进行适当调整。

（3）破碎率 Y 指标评定值及对应养护措施见表 2-5-6。

Y 指标评定值及对应养护措施　　　　　　　　　　　　　表 **2-5-6**

序号	沥青混凝土沥青碎石（%）	沥青（渣油）表处、贯入式、上拌下贯（%）	养 护 对 策
1	$Y<5$	$Y<7$	保养和维修
2	$5<Y<7$	$7<Y<10$	罩面或处理严重破损路段
3	$Y>7$	$Y>10$	翻修或补强重铺

2. 沥青路面强度系数的评定

其评定按以下规定进行：

（1）路面强度系数以容许回弹弯沉值与实测弯沉值的代表值相比的比值 N 表示。

$$N = \frac{现有交通量的容许弯沉值}{实测代表弯沉值}$$

N 值大于 1 即现有路面强度较高；小于 1 即现有路面强度不足。

（2）路面强度系数 N 指标的评定值及对应养护措施，规定于表 2-5-7。

N 指标评定值及对应养护措施   表 2-5-7

序号	沥青混凝土、沥青碎石	沥青（渣油）表处、贯入式、上拌下贯	养护对象
1	$N \geqslant 1$	$N \geqslant 0.8$	保养和维修
2	$1 > N \geqslant 0.8$	$0.8 > N \geqslant 0.6$	罩面或补强罩面
3	$N < 0.8$	$N < 0.6$	补强罩面或补强重铺

（3）沥青路面养护强度系数。路面结构层的整体强度，以标准轴载作用下轮隙中心处的路表弯沉值 L_s 表示。具有足够强度的路面，其实测路表弯沉值 L_s 应小于或等于现有交通量的路面容许弯沉值 L_R，即 $L_s \leqslant L_R$。它们的比值 N 应大于或等于 1，即

$$N = \frac{L_R}{L_s} \geqslant 1$$

当 $N < 1$ 时说明在现有交通量下路面强度不足，须采用相应的补强性养护措施。

路面养强度系数 N，应作为制定公路养护投资计划的主要依据，建立公路路面养护评价系统的主要技术指标。

3. 路面表面平整度的评定

表面平整度评定值及对应养护措施见表 2-5-8。

沥青（渣油）路面平整度指标评定值及对应措施   表 2-5-8

沥青混凝土沥青碎石（均方差 mm）	沥青贯入及上拌下贯（mm）		沥青（渣油）表处		养护对策
	平整度仪（σ）	3m 直尺（h_s）	平整度仪（σ）	3m 直尺（h_s）	
$\sigma \leqslant 4.0$	$\sigma < 5.0$	< 10	$\sigma \leqslant 5.5$	< 14	保养和维修
$4.0 < \sigma \leqslant 5.5$	$5.0 \leqslant \sigma \leqslant 6.0$	$10 \sim 13$	$5.5 < \sigma \leqslant 6.5$	$13 \sim 15$	局部处理破坏或局部封面
$\sigma > 5.5$	$\sigma > 6.0$	> 13	$\sigma > 6.5$	> 15	处理破坏后封面或结合罩面进行处理

4. 路面面层摩擦系数的评定

（1）按路面调查规定的方法和适用范围所实测的系数值与规定的极限值（见表 2-5-9）比较，进而判断其抗滑能力。

（2）当摩擦系数的实测数值小于表 2-5-9 的规定值时，路面抗滑对应养护措施如表 2-5-10。

路面养护摩擦系数规定值   表 2-5-9

序号	道路等级	路面类型	一般路段（$F_{五}$）	急弯、陡坡、交叉路口、危险路段（$F_{五}$）
1	高等级道路、一、二级道路	高级路面	$0.28 \sim 0.34$	$0.35 \sim 0.40$
			$0.27 \sim 0.33$	$0.34 \sim 0.39$
		次高级路面	$0.25 \sim 0.31$	$0.32 \sim 0.37$
2	三、四级道路	其中：渣油表处	—	$0.28 \sim 0.34$

注：$F_{五}$ 是指按放牌标准车制动前车速为 40km/h 条件下，用第五轮仪测定的；用其他方法的测定计算见《公路养护技术规范》JTG H10—2009。

路面抗滑对应养护措施 表 2-5-10

道路等级		路面类别	一般路段（$F_五$）			急弯、陡坡、交叉路口、立体交叉、加减速车道、危险路段（$F_五$）		
			规定值	小于规定值	养护对策	规定值	小于规定值	养护对策
专用道路	高等级道路、一级道路	高级路面	0.28 ~ 0.34	10%以下	保养、维修	0.35 ~ 0.40	10%以下	保养、维修
				11%~19%	维修、封面		11%~19%	维修、封面
				20%以上	封面或结合罩面、翻修、补强		20%以上	封面或结合罩面、翻修、补强
一般道路	二级道路	次高级路面	0.25 ~ 0.31	10%以下	保养、维修	0.32 ~ 0.37	10%以下	保养、维修
				11%~19%	维修、封面		11%~19%	维修、封面
				20%以上	封面或结合罩面、翻修、补强		20%以上	封面或结合罩面、翻修、补强
	三、四级道路	其中：渣油表处				0.28 ~ 0.34	10%以下	保养、维修
							11%~19%	维修、封面
							20%以上	封面或结合罩面、翻修、补强

5. 沥青路面使用质量四项指标的综合评定与养护措施

沥青路面四项指标综合评定及养护对策见表 2-5-11。

沥青（渣油）路面四项指标综合评定及养护对策 表 2-5-11

	单项评定	养护对策	应同时考虑消除的缺陷
一	路面强度系数	补强	平整度、摩擦系数、路面破坏
二	路面破损	罩面、翻修、补强、重铺	平整度、摩擦系数
三	路面平整度	保养、维修	强度不足、破坏严重
四	路面摩擦系数	保养、维修	强度不足、破坏严重

6. 高等级道路路面使用的综合评定与养护措施

高等级道路的沥青路面的养护应根据道路等级、交通量及分项路况评价结果来确定养护对策。其中，分项路况评价指标包括路面强度、平整度、破损率和抗滑能力四个方面；养护对策包括大修补强、中修罩面及小修，不含日常养护。具体的评价养护质量标准如表 2-5-12～表 2-5-20 所列。

路面破损状况养护质量标准 表 2-5-12

序号	评价指数	沥青混凝土、沥青碎石路面	沥青表处、贯入式、上拌下贯入式路面
1	路面综合破损率 DR（%）	8	<14
2	路面状况指数 PCI（分）	>65	>55

路面强度养护质量标准 表 2-5-13

评价指数	高等级道路、一级道路	其他等级道路
路面强度系数 SSI	≥0.8	≥0.6

路面抗滑能力养护质量标准　　　　　　　　　　　表 2-5-14

序号	评价指数	沥青混凝土、沥青碎石路面	沥青表处、贯入式、上拌下贯式路面
1	横向力系数 SFC	＞0.4	＞0.3
2	摆式仪摆值 BPN	37	32

路面平整度养护质量标准　　　　　　　　　　　　表 2-5-15

评价指标	沥青混凝土、沥青碎石路面		贯入式、上拌下贯式路面		沥青表面处治路面	
	平整度仪 (σ)	3m 直尺 (mm)	平整度仪 (σ)	3m 直尺 (mm)	平整度仪 (σ)	3m 直尺 (mm)
路面平整度	3.5	8	4.5	10	5.5	12
行驶质量指数 RQI	＞6		＞5.5		＞5.5	

路面强度评价标准　　　　　　　　　　　　　　　表 2-5-16

评价指标	优		良		中		次		差	
公路等级	高速、一级	其他公路	高速、一级	其他公路	高速、一级	其他公路	高速、一级	其他公路	高速、一级	其他公路
路面强度系数 SSI	≥1.20	≥1.00	＜1.2；≥1.0	＜1.0；≥0.8	＜1.0；≥0.8	＜0.8；≥0.6	＜0.8；≥0.6	＜0.6；≥4	＜0.6	＜0.4

路面抗滑能力评价标准　　　　　　　　　　　　　表 2-5-17

评价指标	优	良	中	次	差
横向力系数 SFC	≥0.5	≥0.4；＜0.5	≥0.3；＜0.4	≥0.2；＜0.3	＜0.2
摆值 BPN	≥42	≥37；＜42	≥32；＜37	≥27；＜32	＜27

路面平整度评价标准　　　　　　　　　　　　　　表 2-5-18

评价指标	优	良	中	次	差
行驶质量指数 RQI	≥8.5	＜8.5；≥7.0	＜7.0；≥5.5	＜5.5；≥4.0	＜4.0

路面破损评价标准　　　　　　　　　　　　　　　表 2-5-19

评价指标	优	良	中	次	差
路面状况指数 PCI	≥85	≥70；＜85	≥55；＜70	≥40；＜55	＜40

路面综合评价标准　　　　　　　　　　　　　　　表 2-5-20

评价指标	优	良	中	次	差
路面质量指数 PQI	≥85	≥70；＜85	≥55；＜70	≥40；＜55	＜40

7. 沥青路面维修对策要点

沥青路面的维修对策应根据道路等级、交通量及分项路况评价结果确定。根据现行的《公路养护技术规范》（JTG-H10-2009）的规定，具体维修对策如下：

（1）必须随时掌握沥青路面的使用状况，加强日常小修保养，及时修补各种破损，保持路面经常处于清洁、完好状态。

（2）对于 PCI 评价为优、良、中，RQI 也评价为优、良、中的路段，以日常养护为主，并对局部路面破损进行小修；对于高等级道路和一级道路中等路况的路段，应进行中修罩面。

（3）对于 *PCI* 评价为次、差，或 *RQI* 评价为次、养，强度满足要求（高等级道路、一级道路 *SSI*≥0.8，其他道路 *SSI*≥0.6）的路段，宜安排中修罩面；如强度不满足要求时，则应进行大修补强。

（4）大、中修的结构类型和结构厚度，可根据道路等级、交通量、当地经济条件和已有经验，通过设计确定。

（5）对于高等级道路和一级道路的路面平整度、破损率和强度均满足要求，但抗滑能力不足（*SFC*＜0.4 或 *BPN*＜37）的路段，应加铺抗滑磨耗层；对于二级及二级以下道路抗滑能力不足［*SFC*＜（0.2～0.3）或 *BPN*＜（27～32）］的事故多发路段，宜进行抗滑处理。

2.5.3　沥青混凝土路面病害预防措施

2.5.3.1　沥青混凝土路面早期病害的预防措施

1. 沥青路面的合理结构设计

沥青路面的设计质量是道路工程质量的基础和前提，设计单位应从实际出发，对地形复杂路段，做好地质调查工作，精心设计。以投资控制设计、突击赶工设计、与实际脱节的设计等，将会给工程带来难以弥补的后遗症。

（1）可减薄沥青面层厚度：设计高等级道路，沥青面层厚度大都大于 15cm，只有部分高等级道路和试验路段沥青面层的厚度为 9～12cm。过去人们一直认为沥青面层的厚度越厚越好，对防止反射裂缝的产生较为有利。根据国家"七五"攻关项目的研究成果和国内最新研究成果表明：

1）半刚性基层沥青路面结构的承载能力可由半刚性材料层（基层和底基层）来完成，主要承重层为半刚性基层，无需用增厚面层来提高承载力。沥青混凝土面层在正常情况下主要起功能作用，保证行车平稳、舒适，并保护基层与延长基层的使用寿命等作用。6～15cm 不同沥青面层厚度的弯沉值没有明显差别。

2）提高沥青路面的使用质量不是用厚的沥青面层，而是使用优质的沥青。

3）沥青面层的裂缝不只是反射裂缝，在正常施工情况下主要有沥青面层本身的温缩裂缝。

4）厚沥青面层的病害中车辙是不容低估的，厚沥青面层较容易导致在设计使用期间车辙超过容许值。

综上所述，高等级道路、一级道路的沥青面层合理厚度可比《公路沥青路面设计规范》JTG D50—2004 推荐厚度再酌情减薄，如为 9～12cm。面层厚度与设计轴载大小、抗疲劳极限等有关。

（2）加强沥青路面的防水设计：为防止沥青路面因水而引发早期破坏，除要求路基、路面必须具备足够的稳定性和强度外，还要求路面必须有较好的排水性能。为此，路面排水设计应成为路面设计中的重要内容。

路面排水可分为路表排水和结构排水，路表排水是指水沿横坡和路线纵坡所合成的坡度漫流到路基边坡，然后进入路基边沟，排出路基之外，这点在一般路面排水设计中都已考虑到。而路面结构排水，在现阶段的设计中考虑的还不够充分。下面着重介绍结构排水：

1) 设置沥青面层防水层：在沥青面层结构组合设计中，应将其中一层按密级配（不透水层）要求来考虑，或专门设置一层隔水层来防水，以减少面层渗水。

2) 设置沥青下封层：为防止面层渗水滞留在基层表面，使基层表面软化，宜在干净的基层表面上设置一层沥青薄膜下封层，一方面减少基层直接受到水的冲刷，另一方面形成一个光滑的界面，以利于渗入基层的水的排除。

3) 搞好硬路肩排水设计：设置平路缘石，硬路肩横坡应较路面横坡大 0.5%～1%，以使路表横向流水排泄顺畅。在硬路肩下设置垫层或横向盲沟，将路面结构内的水通过路肩排水引出路基之外。

4) 软地基与高填土路基的横坡排水设计：由于路基沉降作用，随着时间的推移，路面也会沉陷，横坡减小，严重时会出现平坡甚至倒坡现象，因此可在设计规范的基础上增加 0.5%～1% 的预拱度，以抵消路面横向联合坡度的损失，保证路面水能够顺利地向外排泄。

5) 中央分隔带的排水设计：当有中央分隔带时，同样也应考虑沿界面水的排出，弯道处的中央分隔带应设置纵向排水沟，既排路表水，又排下渗水。

(3) 选用合理的基层和底基层结构，并保证一定厚度：实践证明，因为半刚性基层材料强度高，水稳性好，刚度大，是高等级道路和一般道路的合适基层。目前常用半刚性基层有二灰碎石、水泥稳定碎（砾）石等。底基层在山西省大都采用石灰土，依据典型路面结构调查，在潮湿地段和挖方路段，沥青路面早期破坏比较严重，这是因为：

1) 灰土必须在有空气、有一定湿度的条件下，经过一个月左右的养护时间，板体强度才能逐步形成。若在灰土铺筑后就立即在其上面铺筑其他结构层，由于隔断了空气，灰土强度很难形成。若在过湿条件下，强度就更难形成。

2) 灰土层并不隔水，且由于水的作用，易造成软化、唧浆等情况，使基层强度降低，加速沥青面层破坏。

为此，在潮湿路段，如是填方，采用砂砾垫层来隔断水，如是挖方，则要用水稳性较好的水泥石灰综合稳定土或二灰综合稳定土做垫层。从典型结构调查来看，过干或干燥地区，石灰土底基层的强度和模量高出设计值的 2～3 倍，证明在过干或干燥的地区采用石灰土做底基层是合适的。基层、底基层作为承重层必须保证达到一定厚度，并满足防冻层的要求。

2. 沥青混凝土配合比设计的优化

(1) 选择合适的沥青混凝土级配类型

沥青混合料的级配类型对沥青路面使用性能的影响极大，具体可见表 2-5-21。从表中可以看出，各种沥青混合料级配有着不同的使用性能。实际上，由于气候条件的不同、路面等级的高低、工程投资的多少、施工能力的大小，各类公路养护工程对路面使用性能的要求是不一样的，而且每一种混合料不可能所有使用性能都很好。所以在实际工作中，可根据上述因素，具体选择相应的混合料级配。当前，在沥青路面养护工程中，应当大力推广应用 SMA 混合料。SMA 是一种新型的沥青混合料，它能够平衡普通沥青混合料高温稳定性与低温抗裂性、抗疲劳性，表面服务功能和耐久性的矛盾，综合技术性能非常优良。

各种级配混合料的使用性能　　表 2-5-21

序号	特点和性能	AC-16Ⅰ	AC-16Ⅱ	AK-16A	AM-16	OGFC	SMA-16
1	结构类型	悬浮密实结构	悬浮半空隙结构	悬浮或嵌挤半空隙结构	嵌挤空隙结构	嵌挤空隙结构	嵌挤密实结构
2	空隙率（%）	3～6	4～8（10）	4～8（10）	>10	>15	3～4（4.5）
3	沥青用量	中等	较少	中等	很少	很少	较多
4	4.57mm 通过率（%）	42～63	30～50	30～50	18～42	30～50	20～30
5	0.075mm 通过率（%）	中等（4～8）	较少（2～5）	较多（4～9）	很少（0～5）	很少（2～5）	很多（8～12）
6	抗车辙变形	差	差	较好	好	很好	很好
7	疲劳耐久性	好	较好	好	很差	差	很好
8	抗裂性能	好	较好	好	很差	差	很好
9	水稳定性能	好	较差	较差	很差	很差	很好
10	渗水情况	小	较大	较大	很大	很大	小
11	抗老化性能	很好	较好	较好	很差	很差	很好
12	抗磨损	很好	较好	较好	很差	很差	很好
13	抗滑性能	差	较差	好	—	很好	好
14	路面噪声、反光、溅水、水雾	差	较差	较好	—	很好	好
15	施工难易程度	易	易	较易	简单	难	稍难
16	成本	中	较低	较高	很低	较高	高

注：OGFC 是指排水型沥青混合料。

在配合比设计中空隙率与稳定度是很重要的指标，尤其在调整矿料级配时特别重要，下面着重对它们之间的关系问题进行分析，提出处理措施。

1）空隙率低，稳定度也低：可用很多方法来增加空隙率：调整矿料的级配，在容许的范围内增加粗集料用量；减少细集料的用量；如果沥青混合料的油石比高于正常量而且超出的量不能被矿料吸收时，油石比可予以适当的降低以增加空隙。如果上述两种方法都不能满足要求时，应当考虑更换骨料。通常可以增加粗集料，减少细集料来改善沥青混合料的稳定度和空隙率。

2）空隙率低但稳定度尚能满足要求：这样可能会导致沥青路面出现壅包和泛油等病害，对此应当对矿料的级配予以适当调整，增加粗集料用量，减少细集料用量，同时应适当降低沥青混合料的油石比。

3）空隙率能满足要求但稳定度低：说明矿料的质量不好，集料的压碎值和石料的抗压强度太差和细长扁平颗粒含量过高，需更换矿料重新进行试验，直至满足规范要求为止。此外，还可以考虑采用稠度较高的沥青。

4）空隙率高但稳定度能满足要求时：因高的空隙率具有较高的渗透性，雨水和空气可以通过路表穿过路面，最终导致沥青过早老化，使沥青路面产生破坏。虽然稳定度符合要求，但仍要调整空隙率，通常以增加矿粉的用量来达到此目的。粗的矿粉更换成细的矿粉，或调整矿粉的级配同样可以达到此目的。

5）空隙率高稳定度低时，可以采用两种方法进行改善：第一，调整矿料的级配或增加沥青的用量；第二，如果前述的方法不能满足要求时，应当考虑更换矿质材料再进行配合比设计，直至满足规范要求为止。

6）在确定沥青混合料级配类型时，还要考虑集料最大公称粒径和结构层厚度的关系。目前国内沥青面层的骨料粒径与压实厚度并不匹配，不利于压实。在国外，通常认为沥青面层厚度宜为骨料最大粒径的 2.5～3 倍。而我国沥青路面上面层普遍采用骨料公称最大粒径为 16mm，面层厚度 4cm，相当于 2.5 倍，显得稍薄。如按 3 倍计算，骨料公称最大粒径为 16mm 的面层厚度最好采用 5cm。如沥青路面上面层设计厚度为 4cm，骨料公称最大粒径应该采用 13mm。按这个设计原理推算，在进行沥青路面中修罩面工程时，若采用 AC—13 型级配，厚度应不小于 4cm；如采用 AC-16 型级配，厚度应不小于 4.5cm。

（2）合理使用改性沥青及提高骨料质量

1）合理使用改性沥青：从前述可知，沥青的技术性能如何，对沥青路面的低温抗裂性起决定性作用，对高温稳定性起 40％左右作用，对抗疲劳性能起 60％左右作用。所以，从沥青改性着手，来提高沥青路面的使用性能，是广大道路科技人员多年来始终在研究的一个技术问题。实践证明，在沥青路面封层、中修罩面、大修及改善等养护工程中使用改性沥青，可大大提高养护质量，延长路面使用寿命。

2）提高骨料质量：沥青混合料是由沥青、骨料和矿粉按一定的配合比组成的，骨料质量差，沥青混合料的质量必然受到影响。必须在保证集料质量的前提下，才能考虑如何控制矿料的级配，如何提高沥青的性能等等。目前，我们对沥青的质量比较重视，但对骨料的认识远没有像对沥青那样重视。从实践上看，近年来我国从国外进口了大量施工机械，也使用了进口沥青，施工水平也有很大提高，但从总体上看，我国沥青路面建设、养护水平与先进国家还有相当的差距，至少还落后 10～20 年。这个落后主要体现在沥青路面的使用寿命上。更进一步地分析就可以发现，我们与先进国家所差的除了管理工作之外，就在于粗、细骨料的生产和使用上。

（3）沥青混凝土配合比的最终确定

在我国的现行规范中规定，确定最佳的沥青用量是找出马歇尔指标均符合要求的共同范围，尽管马歇尔试验的过程比较精密，但也不可能排除人为及其他有关的环境、操作等因素影响，因此还应参考以前的经验来确定最佳用油量。

通过理论与实践相结合，确定了配合比最佳用油量后，便可检验混合料是否具有高温稳定性及耐久性。在做动稳定度试验时，一定要控制好料温及试件成型温度，因为它直接影响着结果的真实性。试验若不满足大于 800 次/mm 的规范要求，便需重新调整配合比。如果通过调整配合比仍达不到要求，则应采取改性沥青等方法。

总之，高等级道路沥青混凝土配合比设计是一项复杂而细致的工作，必须严格控制各个环节，才能得出可靠的配合比。当然，室内配合比还不能作为最终配合比使用，必须根据拌合设备性能、施工控制精度及材料变异情况进行试拌后进一步调整直至使拌合设备生产出的混合料指标达到规范规定，方可作为生产配合比使用。

3. 精心组织施工、确保工程质量

沥青路面质量的好坏，除结构设计、材料组合外，主要取决于施工。通常说，工程质量是施工做出来的，所以施工对工程质量起保证作用。

沥青路面施工必须按全面质量管理的要求，建立健全有效的质量保证体系，实行目标管理、工序管理，明确岗位责任制，对施工的全过程、各阶段、每道工序的质量进行严格的检查、控制、评定，以保证达到规定的质量标准。要以分项工程、分部工程、单位工程逐层的质量保证来最终保证建设项目的整体质量。结合近几年的工程建设中发现的问题，认为抓好以下工作是搞好沥青路面工程质量的关键。

（1）加强对原材料的检验工作：材料的质量是沥青路面质量的保证。沥青路面早期破坏，其中材料不合格是原因之一。

1）施工开始前及施工过程中，发现材料来源、规格变化时，应对材料的质量进行全面检查。检查的主要内容有：

a. 材料的质量是否符合要求，对质量不合格的材料，绝不能使用，并不准运入工地，已运入工地的，必须限期清除出场；

b. 由于一项工程往往使用多个不同料场或分几次购入材料，故必须以"批"为单位，每批都要进行检查；

c. 施工中所需材料的数量、供应来源、储存堆放等也要进行检查。

2）检查方法：

a. 施工单位质量保证体系必须逐一地对每项施工进行自检；

b. 驻地监理工程师在企业自检的基础上，必须进行抽验；

c. 质量监督部门加大监督力度，促使整个施工中确保质量。

（2）加强沥青混合料材料配比的控制：

1）施工单位自检体系要严格控制材料规格、用量和矿料级配组成及沥青用量。

2）沥青混凝土的沥青用量应按马歇尔稳定度试验确定，并应在施工过程中经常加以校验。施工中自始至终用一次马歇尔稳定度试验来控制质量是不合理的。

3）驻地监理工程师应对马歇尔稳定度试验、材料规格、用量等进行抽检。

（3）施工前设备检查：机械设备是保证沥青路面施工质量的又一个重要因素，特别是沥青混凝土等高级路面，没有先进的配套的机械设备，是修不出符合质量标准的路面的。因此在沥青路面施工前，驻地监理工程师必须对拌合厂、摊铺、压实等施工机械设备的配套情况、性能、计量精度等进行严格检查，对不符合要求的机械设备，应责令施工单位限期更换，直至符合要求后，才可下达开工令。

（4）铺筑试验路段：铺筑试验路段的目的，在于验证施工方案的可行性，通过铺筑试验路段来修改、充实、完善施工方案和技术练兵，以利指导生产。高等级道路、一级道路一般在施工前都要铺筑试验路段，其他等级公路在缺乏施工经验或初次使用较大设备时，也应铺筑试验路段。驻地监理工程师应监督、检查试验路段的施工质量，与施工单位商定有关正式工程施工时的技术措施、工期安排和质量保证体系等。热拌热铺沥青混合料路面试验路应解决以下一些问题：

1）确定施工机械设备的型号、数量和组合方式。

2）确定拌合机上料速度、拌合数量、拌合时间、拌合温度等操作工艺。

3）确定透层油的沥青标号、用量、喷洒方式和温度。

4）确定摊铺机的摊铺温度、速度、宽度和自动找平方式等操作工艺。

5）确定压路机的型号、压实顺序、碾压温度、速度和遍数等压实工艺。

6）验证沥青混合料配合比，提出生产用的矿料配比和沥青用量，确定混合料的松铺系数、接缝方法等；

7）测定密实度的对比关系（钻孔法与核子密度仪法对比），确定压实标准密度。

8）全面检查材料及施工质量。

9）确定施工产量、作业段长度，修定施工进度计划。

10）确定施工组织、管理体系、质量自检体系、人员、通信联络、指挥方式等等。

（5）加强施工过程中的质量管理与检查：

1）施工单位的质量监督检查人员应跟班对施工质量进行自检和对各种施工材料进行抽验。对沥青混合料拌和厂的拌和温度、均匀性、出厂温度进行检查，并取样进行马歇尔稳定度试验；检测混合料的矿料级配和沥青用量，对于拌和温度过高，致使沥青老化的沥青混合料，应予废弃或另作他用。

2）铺筑现场必须检查混合料质量、施工温度（摊铺温度、压实温度）、沥青层厚度、压实度、平整度。

3）驻地监理工程师应按规定频率进行抽验或旁站检验，并及时对施工单位自检结果请验报告进行检查签认，发现异常情况，应追加试验检查或立即报告。

4）质量监督部门要随机进行中间质量检查、评定，发布质量动态。

2.5.3.2　高等级道路沥青路面病害预防措施

1. 预防路面局部网裂龟裂松散措施

高等级沥青路面龟裂是目前普遍存在的病害，也是道路维修养护中比较难以处理的病害之一。它严重地影响沥青路面质量和使用寿命，如不及时采取有效措施进行处理，必须将带来严重的后果。沥青路面产生龟裂的原因较多、较复杂、并有隐蔽性，单从表面上是难以看出。从实践中了解到，产生龟裂的原因主要有如下几点：

（1）与路面基层强度有关：无论什么路面，包括水泥混凝土路面都需要具有足够强度的基层，否则，路面将受到破坏。沥青路面对基层强度的要求比水泥混凝土路面高，因为沥青面层厚度一般较薄，且为柔性结构，具有可塑性和可延性。沥青面层本身的强度很小，不能抵抗车辆的荷载压力，主要起到耐磨作用。所以，基层必须保证足够的强度，沥青路面才不致产生变形破坏和产生龟裂。对沥青路面龟裂的处理方法有如下几种：

1）对严重龟裂，已出现松散脱落的油面层，可清除干净。如果基层没有多大变化，可适当处理基层后，重新恢复油面层。

2）对其他龟裂，如果未出现松散脱落，大面积可用洒油法，小面积可用刷油法，用油量一般为 $0.8kg/m^2$ 左右，然后再撒一层砂，防止车轮将油带走，洒油、刷油的目的是封住裂缝，防止表面水渗入基层。严重龟裂时可刷油两次，直至裂缝不渗水。

3）对个别严重破坏的，多数是由于基层破坏引起，因此需进行挖补，更换基层，但新基层一定要比旧基层增厚、增强，以保证修补质量。

4）不宜采用大面积中修罩面的方法，应加强日常养护，做到勤修勤补，见坑就补，见缝就封，见水就排，尽可能延长路面的使用寿命，以待大修时彻底解决。

(2) 与基层材料级配、结构类型有关：基层除要求强度外，还有一个稳定性问题。良好的材料级配是保证基层密实的前提，而密实度与强度成正比，密实度大强度高，密实度小则强底低。稳定性是指基层的抗水性和抗冲击性，即当受到水的浸蚀时不致产生软化而降低强度，受到车轮冲击作用时不致产生位移变化。有的基层强度虽然很高，但稳定性差，因而导致沥青面层出现龟裂。

处理方法：由于基层已无法处理，只有在沥青路面层上下功夫。对松散脱落的可消除掉，重新修补恢复。其余也可采用洒油方法，防止表面水渗入损坏油层。

(3) 与施工方法有关：目前主要有两种施工方法，即机械施工和人工拌合施工法。人工拌和法不能有效和准确地控制各种材料的配合比，特别是结合料用量；机械拌合则可以按照设计配合比进行施工，保证施工质量。

(4) 与沥青质量有关：道路沥青种类很多，其标号选用应根据当地气候条件决定，尽量选用优质交通道路的石油沥青，因为优质沥青具有较高的耐高温性，而且不易老化，这是防止沥青路面早期老化龟裂的重要条件。

2. 预防路面车辙的措施

(1) 尽管车辙容易发生，但是合理设计路基结构层次及粒料配合比，采取正确的施工方法，合理的养护，都会成为预防车辙产生的有效手段。如：在半刚性基层上的沥青路面，既有抗裂问题，又有抗车辙问题，因此进行沥青混合料配合比设计时，应兼顾这两者的矛盾，综合考虑。集料级配细对抗裂有利，但不利于抗车辙；集料级配偏粗，对抗裂不利，但对抗车辙有利。

(2) 因此，建议面层采用连续级配的中粒式或粗粒式沥青混凝土以承担疲劳、耐久、防渗任务，采用折断型配沥青混凝土作为防滑耐磨层，这样就可满足抗车辙、抗裂、防水、抗滑、耐磨等要求。

(3) 为了防止路面出现车辙，应该避免以下问题：

1) 沥青混合料级配不合理，孔隙率小，用油时过多，或所用沥青太软或软化点偏低。

2) 基层强度高而面层材料强度不足。

3) 养护时洒油不匀或洒完罩面油后一次撒砂不匀。

4) 新铺沥青混凝土尚未泛油即油养护，或连续罩面时洒底油过多，施工中路基路面压实不均，压实度不够。

5) 对于有特殊要求道路，以及交通荷载重且交通量较大的道路、机场专用公路、城市道路平面交叉处等易发生车辙的特殊路段，采用变厚度设计方法更为优越。在交通管制较容易的路段，增加行走道路宽度的方法有很大的优点。上述两种方法，初期投资较大些，但从长远看，从交通安全性和经济耐用方面来说是合理的。

3. 预防沥青路面裂缝的综合措施

解决沥青类路面的裂缝，应从改进结构组合设计、改善沥青质量与沥青混合料组成设计、提高路面施工质量、加强对路面的养护等多方面综合考虑，采取相对应的措施。

(1) 选择沥青材料应注意的问题：

1) 根据沥青面层类型，选用不同强度的沥青材料，同时还要考虑施工条件、气候环境、施工季节、矿料性质与尺寸等因素。在寒冷地区，最好选用针入度大的沥青。

2) 为了防止沥青面层低温开裂，混合料中的沥青含量宜偏多些。

3) 采用密实沥青混合料时，注意矿粉与沥青用量的比例；采取小的比例，对防止沥青面层的低温开裂有益。

4) 国产沥青路面性能较差，应对沥青改性，在沥青中掺入丁苯橡胶等高分子聚合物，以提高沥青低温时的柔性；在沥青中加入树脂，可提高沥青抗氧化（耐老化）性。

5) 为了消除和减少沥青面层的低温开裂，应尽量选用延度大、稠度较低的结合料，即低温变形能力大，不太脆硬的温度敏感性低的沥青。

（2）选择沥青混合料类型应考虑的问题：

1) 沥青混合料在低温时应具有一定的抗弯能力，因此，在选择时，一方面要根据道路等级、交通量、使用年限、修建费用等具体要求和可能的其他条件是否具备外，特别重要的是保证混合料满足力学强度的要求。对寒冷地区，还应非常注意混合料在低温下的力学特性，要求沥青混合料具有足够的低温抗弯、抗拉的能力，以保证面层减少或不出现低温裂缝。

2) 作为路面面层的沥青混合料，应具有一定的防渗水性能。在路面结构中，对上基层材料为半刚性材料，要严防路面水渗入到基层，降低路面的冻胀破坏。因此，作为面层的沥青混合料，要求其矿料级配应当细颗粒多一些，如采用细粒式沥青混凝土，并设置下封层，但要解决路面的防滑问题。

（3）提高沥青路面的施工质量：

1) 沥青面层施工应注意的问题：由于沥青面层种类的不同。施工方法也各不相同。但不管面层采用何种混合料，都必须遵守以下几点：即保证矿料的质量；混合料必须拌和均匀，摊铺厚度必须达到设计厚度；必须保证混合料的辊压温度；必须保证达到混合料的压实标准；必须认真处理摊铺混合料的接缝。

2) 基层和垫层施工应注意的问题：基层和垫层的强度与稳定性，对路面的整体强度与减轻面层的病害起着重要的作用。因此，保证基层和垫层的施工质量是一个很重要的环节。对基层和垫层施工必须注意以下几点：

a. 拌合问题：对采用无机结合料稳定的土类，必须注意施工中的拌和问题。如果拌合不均匀，基层就不能形成板体作用，因而保证不了基层的强度；

b. 压实问题：对基层和垫层的施工，压实工序是很重要的环节。如果基层和垫层得不到充分压实，就根本不能提高路面的整体强度和保证路面的使用质量。

（4）加强养护措施：当路面出现早期裂缝破坏时，应及时采取补救措施，如用沥青灌缝，避免裂缝继续蔓延，防止水分渗入路面上。对严重破坏的应及时修补，避免路面病害进一步恶化。另外，由路面流到路肩上的雨水往往不能顺利排到坡脚下，而滞留在路肩上，必须将水及时消除，防止水分渗入侵害路面。

（5）路面水的排除：在冰冻地区，必须防止路面渗水，渗入到基层中的水将降低基层的强度和稳定性。如果这部分渗入到土基中还会降低土基强度，引起路面冻胀的发生。在路面设计中，除了认真做好路面的排水设计外，还应采取以下两种措施：

1) 隔离措施：为了防止从沥青路面裂缝渗入的水浸湿基层，在基表面上如果设置不超过 1cm 有双向横坡的沥青砂作为隔水层，会起到良好的效果。如果基层有一定的透水能力而且具有较好的水稳定性，为了防止渗入水影响土基的强度，也可以将隔离层放在土基顶面。

2）采用排水砂垫层的措施：为排除从沥青路面裂缝渗入到基层中的水，也可以在基层顶面设置砂垫层，将路面体系中的水排至路基以外。对挖方路基中的水也可以采用上述方法，但必须将水沿纵向排至填挖过渡段，然后将其疏导到路基以外。

2.5.4 沥青混凝土路面坑槽的修补技术

2.5.4.1 乳化沥青技术的特点及应用

所谓乳化沥青就是将沥青加热熔化后，经过机械研磨的作用后，以细小微滴状态分散于含有乳化剂的水溶液之中，形成于水包油状的沥青乳液。根据目前国内外道路工程的实践，采用乳化沥青材料修筑路面，具有以下几点优点：

1. 节约能耗

（1）采用热拌沥青混合料修路时，首先要为沥青加热。若将 1t 沥青由 18℃升温至 180℃时，所需热能为：

$$(180-18) \times 2.094 \times 10^3 \times 1000/0.8 = 424.0MJ$$

式中　2.094×10^3——沥青的比热（J/（kg·K））；

　　　　0.8——热效率。

（2）此外，采用热沥青拌制混合料时，各种矿料需要烘干与加热，要消耗大量的热能。若矿料原有温度为 18℃，含水量为 4% 时，则：

1）烘干 1t 矿料水分所需热能为：$1000 \times 0.04 \times 2.26 \times 10^6 = 90.4MJ$

式中　2.26×10^6——1kg 水完全蒸发时所需汽化热(J)。

2）1t 矿料升温达 170℃时所需热能为：$(170-18) \times 0.837 \times 10^3 \times 1000 = 127.2MJ$

式中　0.837×10^3(J/kg·K)——矿料的比热。

3）1t 矿料烘干与加热共需热能为：$(90.4+127.2)/0.8 = 272MJ$

4）生产 1t 热拌沥青混合料所需的热能为：$(424.0 \times 0.05 + 272 \times 0.95) = 279.6MJ$

（3）而采用阳离子乳化沥青筑路时，沥青加热温度只需 120～140℃，加热 1t 沥青所需热能为：

$$(130-18) \times 2.094 \times 10^3 \times 1000/0.8 = 293.2MJ$$

（4）按沥青乳液中含 60% 纯沥青计算，1t 沥青可制成 1.7t 沥青乳液，则生产 1t 沥青乳液所需热能为：

$$293.2/1.7 = 172.5MJ$$

（5）生产沥青乳液时，在其他方面还要消耗一部分能源：

1）制备沥青乳液的乳化剂水溶液（占 40%～50%）需要加热，将 18℃ 水升温至 70℃时，需要热能（按 1t 沥青乳液使用 400kg 水计算）为：$(70-18) \times 4.187 \times 10^3 \times 400/0.8 = 108.9MJ$

2）乳化机械消耗电能：泵送、乳化 1t 沥青消耗电能按 8kW·h 计算（1kW·h 电能换算成热能为 3.6MJ），则消耗电能为：$3.6 \times 8 = 28.8MJ$

a. 1t 沥青可以制备 1.7t 乳液，1t 沥青乳液所消耗电能为：$28.8/1.7 = 16.9MJ$

b. 这样生产 1t 沥青乳液需要能量为：$172.5+108.9+16.9 = 298.3MJ$

（6）生产乳化沥青混合料时，矿料不需要加热。按 1t 乳化沥青混合料需要添加沥青乳液 12kg 计算，其所需能量为：

$$298.3 \times 0.12 = 35.8 \, \text{MJ}$$

（7）从以上分析可以看出，生产 1t 乳化沥青混合料比生产 1t 热拌沥青混合料，可节约能量：

$$279.6 - 35.8 = 243.8 \text{MJ}$$

（8）当用乳化沥青混合料铺筑 7m 宽、3m 厚的沥青路面时，1km 路约需要乳化沥青混合料 515t。和热拌沥青混合料相比，可以节省的总能量为：

$$515 \times 243.8 = 125 \, 557 \text{MJ}$$

2. 节省沥青

乳化沥青外表形态几乎和水一样，黏度非常低。使用乳化沥青筑路，可以节约很多沥青，具体沥青节约量随路面结构黏式与施工方法而异，各种路面结构节约沥青数量见表 2-5-22。

各种路面结构节约沥青数量　　　　　　　　　　　　　　表 2-5-22

路面结构	热沥青路面沥青用量		乳化沥青路面沥青用量			节约沥青量（%）
	沥青用量（kg/m²）	平均（kg/m²）	乳液用量（kg/m²）	折合沥青量（kg/m²）	平均（kg/m²）	
1cm 简易封层	1.0~1.2	1.1	1.0~1.4	0.6~0.84	0.72	35
2cm 拌合式表处	5.0~5.5	5.25	7.0~8.0	4.2~4.8	4.5	14
3cm 层铺法表处	4.0~4.6	4.3	6.2~6.4	3.72~3.84	3.78	13
4cm 贯入	4.4~5.0	4.7	6.5~7.0	3.9~4.2	4.05	14
沥青碎石	4.5~5.5	5.0	7.0~8.0	4.2~4.8	4.5	10
中粒式沥青混凝土	5.5~6.0	5.75	8.0~9.0	4.8~5.4	5.1	11
细粒式沥青混凝土	6.0~7.0	6.5	9.0~10.0	5.4~6.0	5.7	12
黏层油、透层油	0.8~1.2	1.0	0.8~1.2	0.48~0.72	0.6	40

从表 2-5-22 中可以看出，推广使用乳化沥青，一般可以节省沥青用量 10%～20%。由于乳化沥青混合料中的沥青用量适宜，从而提高了路面的高温稳定性、低温抗裂性与耐久性。观察许多乳化沥青混合料路面可见，在高温季节较少出现油包、推移、波浪，低温季节较少见到开裂。与相邻的热沥青路面相比，显示出其特有的优越性。这也是由于在筑路过程中，沥青的加热温度低，加热次数少，沥青的热老化损失小，因之增强了路面的稳定性与耐久性。

3. 延长修补坑槽的施工季节

（1）阴雨与低温季节，正是沥青路面发生病害较多的季节。我国多雨的南方与寒冷的北方，常因多雨和冰冻，造成沥青路面的路况急速下降。这时若出现病害，一般无法用热沥青混合料及时修补，在行车的不断碾压与冲击下，可使病害迅速蔓延与扩大（雨期较长的地区，待雨期过后，病害可以增大 7～8 倍），行车运输效率降低，车辆油耗与磨损增加，交通事故增多……。

（2）采用乳化沥青混合料养路，几乎可以不受阴湿或低温季节影响，发现病害可以及时修补，做到"补早、补小、补彻底"，从而能及时改善路况，提高好路率和运输效率。

（3）此外，由于乳化沥青混合料可以在雨后立即施工，不需等待矿料与路面晒干，因而可以减少雨后的停工生活费和机械的停机台班费。

（4）仅此一项，在多雨地区1年就可以节省许多费用，并且可以提前完成养路计划。关于1年中延长施工的时间，随各地区气候条件而有差异。据有关资料介绍，应用乳化沥青养路，湖南省可延长施工时间120d，河南省延长55d，辽宁省、北京市延长50d，黑龙江省延长25d。

4. 改善施工条件，减少环境污染

（1）使用热沥青混合料筑路，在沥青混合料拌和场周围方圆约500m的农作物都会受到不同程度的威胁，以至由于空气污染而使农作物减产。

（2）尤其值得重视的是热沥青施工中的安全事故，如烧伤、烫伤、火灾等事故，每个公路施工部门、每年都有不同程度地发生，造成的损失很难估算。

（3）在高温季节筑路时，施工操作条件比较差，劳动强度高，沥青散发的热气还会直接危害着人工的健康。

（4）用乳化沥青筑路，由于其可以在常温条件下使用，施工工人不受烟熏火烤，从而可以改善这些不利的施工条件，降低劳动强度，减少环境污染，因而深受筑、养路工人的欢迎。

（5）此外，由于乳化沥青的黏度低，喷洒与拌合容易，操作简便、省力、安全，一般可以提高工效30％。

通过以上情况可以说明，使用乳化沥青筑、养路，虽因增加乳化工艺与乳化剂而增加部分费用，但由于具有上述4个优点，因而总的社会效益、经济效益、环境效益优于用热沥青修筑路面。

2.5.4.2 沥青乳化剂的分类及选择

1. 沥青乳化的原理

（1）乳化沥青是由沥青与水组成的。在乳化沥青中，水是分散物质，沥青是分散相，两者只有在表面张力比较接近时，才能形成稳定的结构。

（2）实验表明，水在20℃时的表面张力为72.25×10^{-6}N/cm，80℃时为62.6×10^{-5}N/cm。而沥青是由沥青质、树脂和油质组成的胶体体系，在常温下大多是固态或半固态，熔化后，在180℃时表面张力为30×10^{-5}N/cm左右。所以，沥青与水两者间表面张力相差是比较悬殊的。

（3）假若将沥青与水一起注入一个容器内，经过搅拌和振荡，两种介质会暂时混合在一起，但很快就会分层，沥青浮在水的上面，在两者之间形成一层明显的接触面。

（4）但若在沥青与水的混合液中加入某种化学物质（表面活性剂），再对混合液进行搅拌，沥青就会变成微小的颗粒分散于水中，形成乳状液，静置很长时间也很难分层，这种现象就称之为"乳化"。

2. 沥青乳化剂的分类

沥青乳化剂的种类很多，分类方法也各不相同。最常用的是按离子类型分类。当沥青乳化剂溶解于水溶液时，凡能电离生成离子或离子胶束的叫做离子型沥青乳化剂；凡不能电离生成离子或离子胶束的叫做非离子型沥青乳化剂。

离子型沥青乳化剂按其生成的离子电荷种类，又分为阴离子型、阳离子型、两性离子型沥青乳化剂：

1）阴离子型沥青乳化剂在水中溶解时，电离成离子或离子胶束，与亲油基相连的亲水性基团带有阴电荷。

2）阳离子型沥青乳化剂就其分子结构而言，正好与阴离子沥青乳化剂相反，当其在水中溶解时，电离成离子或离子胶束，与亲油基相连的亲水性基团带有阳电荷。

3）两性离子型沥青乳化剂在水中溶解时，电离成离子或离子胶束，与亲油基相连的亲水性基团，既带有阴电荷又带有阳电荷。

用离子型沥青乳化剂制成的沥青乳液，按其与矿料接触后分解破乳恢复沥青的速度快慢，又可分为快裂型、中裂型、慢裂型三种沥青乳化剂，能够适应不同的公路施工技术要求。

3. 沥青乳化剂的选择

当前，我国生产的沥青乳化剂品种很多，在工程施工中怎样去选择好合适的沥青乳化剂，一般可根据以下几种因素来选择。

（1）根据路面的结构来选择沥青乳化剂：路面结构不同，所使用的沥青乳化剂也不一样，例如：

1）快裂型沥青乳化剂及乳液，主要用于喷洒法施工。该乳液与矿料接触后，能够很快地分解破乳，形成沥青薄膜，能防止沥青乳液及早地流淌到路面底部，充分发挥沥青的粘结作用，从而加快了路面施工进度，减少施工阻车时间，常用于透层油、粘层油及层铺法贯入式路面。

2）中裂型沥青乳化剂及乳液，主要用于拌和法生产乳化沥青混合料。该乳液与矿料拌合后能使混合料既有充分的拌合与摊铺、碾压时间，使沥青乳液均匀全面地裹覆矿料，又能使混合料碾压完后很快破乳成型，缩短施工阻车时间。

3）慢裂型沥青乳化剂及乳液，主要用于拌制稀浆封层混合料。该乳液有着较长的可拌合时间，可保证稀浆混合料在施工过程中有着良好的流动性，保证其拌合均匀，摊铺方便。

（2）根据生产成本与生产工艺来选择沥青乳化剂：不同的沥青乳化剂，其生产乳化沥青的成本和工艺是不同的。有些乳化剂需要添加稳定剂，有些则不需要添加；有些乳化剂调整 pH 值所需要的酸用量很大，有些乳化剂酸用量却很少；为生产出合格的沥青乳液，有些乳化剂用量很大，有些乳化剂的用量却很少；有些乳化剂价格虽然低廉，但活性物含量较低，有些乳化剂价格虽高但活性物含量也很高。而这些因素都直接影响着乳化沥青的生产成本和生产工艺。所以，选择沥青乳化剂时，一定要仔细分析其使用说明书，力求选择生产工艺简单、生产成本低廉的乳化剂。

（3）根据乳化剂的离子类来选择

1）阴离子型沥青浮化剂：对于阴离子型沥青乳液，其沥青微粒带有（—）电荷，湿润矿料表面也带有（—）电荷，由于同性电荷相斥的原因，两者之间在有水膜的情况下，难以互相结合，必须待乳液中的水分蒸发后，沥青微粒才能裹覆到矿料表面。所以，阴离子沥青乳液与矿料的裹覆只是靠单纯的粘附作用，乳液与矿料之间的粘结力比较低，若在施工中遇上阴湿季节，乳液中的水分蒸发缓慢，沥青裹覆矿料的时间延长，就会影响路面及早成型，延迟开放交通时间。综合各种因素，目前国内已很少使用阴离子沥青浮化剂。

2) 阳离子型沥青浮化剂：对于阳离子型沥青乳液，其沥青微粒带有（＋）电荷，湿润矿料表面带有（－）电荷，由于异性电荷相吸的原因，尽管二者之间有水膜，仍会使沥青微粒很快地吸附在矿料表面。即使在阴湿季节或低温季节（5℃以上），阳离子沥青乳液仍可照常施工。

从化学反应角度看，阳离子沥青乳液对于碱性矿料有着良好的粘附性。这是因为阳离子沥青乳液有一定的游离酸，pH 值小，游离酸与碱性骨料起作用后，生成氯化钙和带负电荷的碳酸离子，恰好它与裹在沥青周围的阳离子中和，所以沥青微粒能与矿料表面紧密相连，形成牢固的沥青膜，同时将乳液中的水分很快地分离出来，分解破乳。而对于酸性矿料，由于其表面带有（－）电荷，与阳离子沥青乳液自然就有着良好的粘附性。所以，应用阳离子沥青乳液筑路，可以增强乳液与矿料表面的粘结力，提高路面的早期强度，缩短封闭交通时间，是目前沥青乳化剂的首选品种。阳离子沥青乳液与矿料的粘附过程示意图见图 2-5-14。

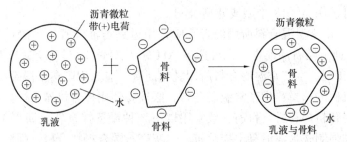

图 2-5-14　阳离子沥青乳液与矿料的粘附过程示意图

2.5.4.3　常温混合料修补路面坑槽

1. 概述

沥青路面出现坑槽是常见的病害之一，若在沥青路面施工中出现油石比偏小、水稳定性不良、空隙率过大、压实度不足、矿料含土量多、矿料潮湿、沥青老化、路面基层强度不高等现象，在路面局部就会先出现脱粒、麻面等病害，再经行驶车辆的不断振动冲击、碾压，雨水的冲洗等破坏面会逐渐加大，最终导致出现大面积的坑槽，就会直接影响行车速度和舒适性。若不及时修补，坑槽将会越来越大、越来越深，维修养护起来就会更加困难。

修补沥青路面出现的坑槽、自然就需要沥青混合料，目前生产修补坑槽用热拌沥青混合料的方法有如下几种：

（1）沥青混合料拌和场用拌合机生产出成品混合料，再运到维修现场。它能够切实保证沥青混合料的质量，但生产成本较高，且不适合远离维修作业。

（2）在维修现场用小型可移式拌合机或综合养护车生产出成品沥青混合料。这种方法比较实用，但不可能每个养护维修班都能配备一台小型移动式拌合机，并且这种机器缺少定型产品，许多是养护部门自行研制的，使用性和可靠性很差。

（3）在维修现场支锅加热拌合沥青混合料。这种方法环境污染与劳动强度大，沥青混合料的级配及油石比不易控制，影响施工质量。

（4）使用常温混合料修补路面坑槽，是国内目前比较先进的道路维修养护方法。所谓常温混合料，是相对热沥青混合料而言的。由于常温混合料可在室内气温条件下装袋或入库贮存，和热拌沥青混合料相比，具有以下 4 个优点：

1）便于贮存、便于运输、施工简便，在 5℃以上气温时均可使用，大大延长了沥青路面养护时间。

2）沥青混合料油石比可降低 0.5～1 个百分点，节省沥青 10％～15％。

3）可减少加热沥青的能源损耗，不需用养护工人在施工现场加热沥青、现场拌合沥青混合料，减轻了养护工人的劳动强度。

4）可使养护用沥青混合料的生产实现工厂化，是养护作业方式的根本改进。

2. 常温混合料的生产

(1) 常温混合料所用材料：常温混合料的组成和热拌沥青混合料一样，都是由级配矿料和结合料组成的。只不过热拌沥青混合料的结合料是热沥青，常温混合料的结合料是乳化沥青。在常温混合料生产前，首先要正确选择所用的各种材料。

1）矿料级配：拌制常温混合料，一定要严格保证矿料级配。根据实践经验，常温混合料矿料级配可选用 AC-13 Ⅰ型或Ⅱ型级配。

2）沥青：生产常温混合料所用沥青，应选用道路石油沥青。一般可选用 A-100、A-140 号中、轻交通道路石油沥青，也可选用 AH-90、AH-110 号重交通道路石油沥青。

3）沥青乳化剂：生产常温混合料所用乳化沥青，应选用阳离子慢裂型沥青乳化剂。

(2) 拌合机械的选择：生产常温混合料，必须要使用拌合机械。国内尚未生产专用的乳化沥青常温混合料拌和机，目前一般常用以下 3 种设备拌合乳化沥青常温混合料，即：单卧轴或双卧轴强制式水泥混凝土拌合机、二灰碎石混合料拌合机、强制式单立轴水泥砂浆拌合机。

(3) 包装袋的选择：为养护用乳化沥青常温混合料，一般都采用袋包装。根据实践经验，应选用双层包装袋：内包装用抗拉耐压性较好的、厚度不小于 0.15mm 的聚乙烯塑料袋，外部再套 1 层塑料编织袋，以利于搬运，并保证内包装袋不破损，利于回收再用，降低混合料生产成本。

(4) 生产工艺：常温混合料的配合比设计方法国家尚未制定，目前只能通过常规马歇尔试验及试拌、试铺的方法来确定常温混合料的生产配合比。一般生产工艺如下：

1）将额定数量、符合设计级配的矿料、矿粉投入到拌合机中，干拌 1min 左右，使各种规格的矿料与矿粉混合均匀。

2）视矿料的干湿程度，添加少量的水，将水与矿料拌匀。

3）向拌和机中添加乳化沥青，乳化沥青用量一般为 8％～12％，根据矿料级配选择具体数值。

4）将矿料与乳化沥青搅拌 2min 左右，至矿料均匀裹覆乳液，颜色一致（深褐色），没有花白料时为止。

5）将拌合好的混合料装入包装袋中，每袋装 20～25kg，用绳子先扎紧内包装袋，再扎紧外包装袋，即可运到养护现场使用。

应当指出，由于常温混合料生产设备的不同，其生产工艺也不尽一样，具体生产工艺应结合生产设备的技术性能来制定。

(5) 常温混合料的贮存：袋装乳化沥青常温混合料若密封良好，可以贮存一段时间。一般应尽量在不透光、不潮湿，且温度较低的环境下贮存。贮存时不宜堆放过高，以防挤压使混合料结块，造成破乳。根据实践经验，若达到上述要求，常温混合料可贮存 10d 左右。但最好是现拌现用，以免由于贮存不好造成混合料的浪费。在正式使用常温混合料前，应开袋检查其质量。若常温混合料的矿料由深褐色变为黑色，矿料结团，就说明乳化沥青已经破乳，这种常温混合料就该报废，不可用于施工。

3. 常温混合料修补坑槽施工工艺

用常温混合料修补沥青混凝土路面的坑槽时，其施工工艺如下：

（1）在坑槽处放样，确定作业面，用切缝机在坑槽周围切缝，刨出多余的混合料。如没有切缝机，可用人工刨出规整的作业面。作业面要与路面纵向平行，槽壁要垂直。

（2）彻底清扫沥青混凝土路面的坑槽，使槽内、槽壁无尘土、杂物。

（3）为使常温混合料与原路面结合良好，应在坑底槽壁上刷粘层油，粘层油量一般为 $0.3\sim0.5\text{kg/m}^2$ 乳液。

（4）将常温混合料在坑槽内均匀摊铺整平，松铺系数一般为 $1.1\sim1.3$。深度大于 4cm 的坑槽要分层铺筑压实。

（5）用振动夯板将混合料夯实。如没有振动夯板，可用 $6\sim8\text{t}$ 压路机压实，至乳液均匀上浮为止。

（6）碾压后为防止初期松散，及早通车，可以在作业面上洒适量矿粉或石屑，以吸收水分，加快混合料成型。

常温混合料不同于热拌沥青混合料，需待乳化沥青破乳后，方能成型。为此，要加强初期养护工作。使用常温混合料修补完坑槽后，应按热拌沥青混合料质量检验标准，对其施工质量进行严格的检验。

4. 常温混合料快速成型的技术措施

（1）使用乳化沥青常温混合料修补坑槽有一个很大的缺点，即初期强度低、成型慢，不能迅速开放交通，因而很难在高等级公路上应用。所以国内许多道路养护部门都开展了常温混合料快速成型技术措施的研究。在这方面，可用慢裂快凝型沥青乳化剂生产常温混合料用乳化沥青。所谓慢裂快凝，是指该乳化剂是慢裂型的，但破乳时间非常短，若用其拌制常温混合料，铺到路面后，$30\sim45\text{min}$ 即可通车。

（2）实践证明，用慢裂快凝型乳化沥青拌制的常温混合料，在气温 20℃时压实后，约 30min 即可破乳，所修补的坑槽完全成型，大大缩短了封闭交通的时间。所以，今后再生产常温混合料用乳化沥青时，应该用慢裂快凝型乳化剂取代目前通用的木质胺类慢裂型乳化剂。

2.5.4.4　沥青路面的低温混合料

1. 概述

（1）为解决冬期沥青路面维修养护这一难题，许多道路养护部门研制开发了低温混合料，取得良好效果。所谓低温混合料，是由沥青、级配矿料、溶剂（有时还掺加某种添加剂）按照一定的配合比拌和而成的材料。

（2）低温混合料和热拌沥青混合料相比，初期稳定度低，只有随着混合料中溶剂的逐渐挥发，稳定度才能提高。低温混合料具有贮藏性并能在低温下进行施工的原理是：在沥青中加入一定数量的溶剂后，沥青的黏度暂时降低，用其拌制的混合料短时间内不致硬化，保持着良好的施工性能，在施工后随着溶剂的挥发，混合料的强度逐渐增加。显然，生产低温混合料的技术关键是溶剂的选择。在该混合料中，对所使用的溶剂通常有下列基本要求：对石油沥青具有较大的溶解能力、具有适当的挥发性、对周围环境及人体无害、价格便宜。

（3）溶剂种类的选择及用量的决定是较为复杂的问题。溶剂用量多时沥青粘度低，能获得良好的施工性及贮藏性，但又直接影响了混合料的稳定性。反之，当溶剂用量减少时，沥青粘度增大，混合料的稳定性提高，但因快速硬化，施工性及贮藏性不好。

（4）此外，使用不同种类的溶剂，施工后挥发速度不同，因而强度增长各异。所以，选择适当的溶剂和溶剂用量对低温混合料的质量影响很大；必、须通过一系列的试验来确定。

（5）目前国内对低温混合料的各项技术指标和试验方法尚无统一规定，现根据有关试验研究资料建议采用如下指标：

1）对沥青与溶剂混合液的技术要求

a. 黏度：60℃的运动黏度为 $250 \times 10^{-6} \sim 400 \times 10^{-6} \, m^2/s$；

b. 混合温度：应控制在动力粘度为 $0.1 \sim 0.4 Pa \cdot s$ 所相应的温度范围内进行混合，混合温度一般为 $100 \sim 130℃$；

c. 闪点：为保证安全，要求沥青与溶剂混合液的闪点在 130℃ 以上；

d. 粘附性能：应对沥青与溶剂混合液和矿料的粘附性能进行检验，该混合液在矿料表面的裹覆面积应达到 90% 以上。

2）低温混合料的马歇尔试验：

a. 作业稳定度：为保证低温混合料具有良好的施工性，故提出了作业稳定度要求。在 60℃ 时制成马歇尔试件，两面各击实 1.0 次，然后冷却至 20℃ 时的马歇尔稳定度应达到 0.8kN 以上；

b. 初期稳定度：由于低温混合料的初期稳定度低，为保证其在铺设路面及修补坑槽后具有可靠的稳定性，故提出了初期稳定度的最低要求。在 60℃ 时制成马歇尔试件，两面各击实 50 次，然后冷却至 20℃ 时的马歇尔稳定度应达到 2.5kN 以上；

c. 使用稳定度：即低温混合料在使用过程中的稳定度要求。在 20℃ 时制成马歇尔试件，两面各击实 50 次，放入温度为 110℃ 的干燥容器中养生 24h，然后两面各击实 25 次，冷却至室温脱模放入 60℃ 的恒温水槽，水浸 30min，马歇尔稳定度应达到 3kN 以上，空隙率控制在 5% ~ 7%，流值控制在 10 ~ 40（0.1mm）。

（6）根据上述技术指标，在制备低温混合料时，首先应采用不同的溶剂及溶剂量制成沥青混合液，进行黏度、闪点及粘附性试验。对符合上述指标的沥青混合液，再与矿料拌合制成试件，进行马歇尔试验。最后，根据马歇尔试验结果，选择初期稳定度及使用稳定度最高且具有良好的施工性及贮藏性的沥青混合液，作为生产低温混合料的粘结材料。

低温混合料所使用的溶剂，常用的有煤油、柴油及轻油，其用量通常为 15% ~ 30%。

2. 低温混合料的组成设计和室内试验

（1）组成设计：生产低温混合料，须在沥青中掺加航空煤油和豆油。航空煤油在低温混合料中主要起稀释沥青、增大沥青低温流动性的作用；豆油在低温混合料中主要起裹覆混合料，抑制航空煤油挥发速度的作用。低温混合料组成设计以航空煤油挥发后混合料的力学强度及温度稳定性最佳为设计目标。设计中主要考虑以下几点：

1）混合料级配采用连续型级配，以增加混合料低温施工的和易性。

2）适当增大矿粉用量。掺加航空煤油和豆油后的沥青粘度比较小，在拌制混合料时会发生流淌。适当增加矿粉用量，可以提高沥青对矿料的裹覆能力。

3）适当加大混合料的空隙率。由于低温混合料的沥青用量比常规沥青混合料多，适当加大混合料的空隙率，可避免夏季路面出现泛油现象。

综合以上因素，低温混合料采用了现行《公路沥青路面设计规范》JTG D50—2006中的 AC-16 Ⅱ型级配。沥青混合液（沥青＋航空煤油＋豆油）占矿料用量的 7％（质量比），其配制比例为：沥青 71.5％，航空煤油 25％，豆油 3.5％。

（2）室内试验结果：在试验室对低温混合料－10℃时的马歇尔稳定度及流值进行了测定。

1）混合料拌合方法：将 140 号沥青加热到 120℃左右，按比例掺配航空煤油、豆油，搅拌均匀，制成沥青混合液。将掺配好并已烘干的矿料倒入拌合机内与沥青混合液拌合3min，拌匀后将混合料置于温度－10℃左右的室内养护。

2）低温马歇尔稳定度试验：将已拌制好的混合料分别在 3d、7d 制成马歇尔试件，检测－10℃条件下的马歇尔稳定度和流值。试验结果见表 2-5-23。

马歇尔试验结果 表 2-5-23

序号	指　标	试　件　编　号					
		S_{3d}			S_{7d}		
		1h	2h	3h	1h	2h	3h
1	稳定度（kN）	8.43	7.97	10.52	8.37	9.23	10.08
2	流值（0.1mm）	83	76	75	50	60	69
3	空隙率（％）	7.7			6.9		

由检测结果可知，低温混合料无论放置 3d、7d，其制成的马歇尔试件在－10℃时稳定度、流值均较高，且随着养生时间的增加，稳定度增大。这说明在低温条件下用该混合料修补的路面，其抵抗行车荷载的能力是足够的。所测得的流值也较大，说明该混合料在低温时施工和易性较好。

3. 低温混合料的生产及贮存

（1）材料的技术要求：沥青应选用 140 号道路沥青，各种集料的技术指标应符合现行《公路沥青路面施工技术规范》JTG F40—2004 的有关规定，煤油采用航空煤油，豆油采用普通食用豆油。

（2）拌合设备：采用小型、立式、强制式水泥砂浆拌合机即可生产出合格的低温混合料，其生产效率能够满足冬期养护工程的需求。强制式单立轴水泥砂浆拌合机结构见图 2-5-15 所示。

该设备结构简单，造价低廉，每筒可拌合常温混合料 200kg。缺点是不能实现自动化操作，需要预先将各种矿料、水、乳化沥青称重备好，然后再用人工依次将各种矿料及水、乳液倒入搅拌筒内，

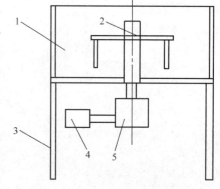

图 2-5-15 强制式单立轴
水泥砂浆拌合机结构

1—搅拌筒；2—搅拌浆；
3—支腿；4—电机；5—减速机

搅拌均匀后放出。所以，该设备适合于在各养护道班分散式、小规模生产常温混合料。

（3）低温混合料的生产工艺

1）将骨料烘干筛分后，按照 AC-16 Ⅱ型级配要求掺配好。根据拌合机的拌合能力，称取一定质量的级配矿料，倒入拌合机中。

2）将 140 号沥青加热到 120℃以上，将沥青、航空煤油、豆油按规定比例掺配，搅拌均匀，配制成沥青混合液（配制时应注意安全，远离明火）。

3）将沥青混合液按照集料总质量的 7％加入到拌合机中。

4）开动拌合机拌合 3min 即可。

（4）低温混合料的贮存：拌制好的低温混合料如不立即使用，可装入带有塑料衬层的编织袋中，放在不带取暖设备的冷仓库中贮存。贮存期不宜超过 15d。

4. 用低温混合料修补沥青路面坑槽的施工工艺

施工前应配齐常规修补坑槽所需的一些小型工具，如铁锹、铁镐、扫帚等，汽油喷灯 1～2 个。压实设备采用振动夯板、钢轮压路机、胶轮压路机均可。如无上述设备，也可引导过往车辆碾压。具体施工工艺如下：

（1）按照坑槽大小，将坑槽刨成两边平行于路中线的外接矩形坑，将坑底及侧壁清理干净（也可用切缝机先切缝，再刨出多余部分的混合料）。

（2）用汽油喷灯将沥青路面的坑底及侧壁烤干。

（3）刷粘层油。用刷子蘸热沥青将坑槽底部及侧壁均匀涂刷热沥青（如无热沥青，可将沥青块置于槽内用锤子砸碎后，用汽油喷灯烤化）。

（4）向坑槽内填入低温混合料，并用耙子整平。

（5）用压实设备将低温混合料碾压成型，然后即可开放交通。

通过室内试验及路用实践证明，在气温 -5～-30℃条件下，均可使用该低温混合料修补冬期季破损的沥青路面，且混合料拌好后在低温状态存放数天，也不影响其施工性能及强度。虽然低温混合料的成本比较高，但由于使用它能够及时修补冬季沥青路面出现的坑槽，保证行车安全和舒适，避免病害进一步扩大，因而这项技术有着很大的经济效益和社会效益。

3　桥梁维修技术

3.1 桥梁维修概论

3.1.1 桥梁维修加固的基本概念

3.1.1.1 桥梁维修加固的形式

桥梁维修加固的工作主要有日常的维护保养、局部修理、加固和改建等方面的形式。

（1）维护保养：这是一项经常性的工作，必须保持每天进行清扫工作，在清扫中所发现桥梁的小缺陷，能由养护道班工人及时处理，确保车辆在桥梁上的正常运行。

（2）桥梁局部修理：这是一项按桥梁计划预修周期图表规定进行的修理。它的目的是处理桥梁在运营过程中，由于某些部位养护不良、材料不良，材料质量欠佳、施工方法不妥等造成的局部损伤。经过边修补（更换部分老化材料、填补路面破损部位、填补裂缝等）、边缓慢通车，恢复桥梁的技术状况和通车能力，确保桥梁的正常运行。

（3）桥梁的加固：桥梁经过一定时间的运营作业后，各方面技术指标无法达到要求，有些桥梁甚至无法通车运营。通过加大（或加固）桥梁构件和对重大病害进行彻底整治来提高整座桥梁承载能力的措施。加固可以有各种不同的方式，视旧桥的使用要求及其荷能力的降低程度而定。能长期保留加大桥梁建筑物承载能力作用的加固，称为永久性的加固；

（4）为了维持桥梁临时通车而采用的临时加固，称为临时性的加固。桥梁的加固施工，是封闭性施工为（车辆绕道而行）主，也有半封闭半通车（缓慢通车）的施工。

（5）桥梁的改建：对于旧桥进行一系列的拓宽、升高桥面，改桥梁为涵洞、全部更换桥梁主要承重构件等工作，一般称为桥梁的改建。桥梁的改建施工都是进行封闭式施工，所有的车辆只能绕道而行。

3.1.1.2 桥梁维修加固的意义

1. 我国现有桥梁的状况

（1）我国的道路桥梁几乎与共和国同步的，绝大多数是新中国成立以后修建的。随着时间的推移与经济的发展，交通运输业已经是今非昔比了。由于当初的经济条件与国情有限，桥梁建设也经历了不同的发展阶段。为了满足不同时期公路运输对桥梁承载要求，我国的公路工程技术标准已经作了多次修订，设计载荷等级也不断增大，原来的桥梁设计与规范是按旧标准设计建造的。已远远不能适应当前物流运输的要求，桥梁的病害日渐突出。

（2）例如：桥头跳车、桥面破损、石拱桥拱圈破裂、桥墩裂缝等病害已成常态化，小的毛病更是数不胜数，这些病害的产生，严重地影响了桥梁的使用寿命，限制了公路运输的通行能力，同时，也给人民的生命财产带来了一定的安全隐患。

（3）根据 1982 年全国公路普查资料，我国公路现有桥梁中危桥约占 3.54%；而国道干线上的危桥约占 2.4%。在现有桥梁中，除按 1972 年交通部颁布的《公路工程技术标准（试行）》和 1982 年以来按部颁《公路工程技术标准》JTJ 1—1981 设计建造的桥梁，尚能基本满足当时的交通要求外，在此之前，特别是 20 世纪 50 年代后期及 60 年代的一些桥梁大都发生荷载吨位不足，甚至干线公路桥梁重车无法通过的情况时有发生。在 20 世纪 90 年代末期，在国道干线桥梁中，设计荷载等级在汽－10 级以下者占 5.49%。加之好些桥梁的桥龄较长，质量不高，有的桥面净宽不足；有的发生老化、破损、裂缝等情况；有的则由于其他工程施工影响而引起破坏；同时，必须清楚地看到新建的桥梁中，由于施工工艺、方法、材料等因素的影响，使新桥也很快地成为被维修的对象。例如，1999 年 3 月被全国人大代表点名批评的四条高等级道路（沈四线、柳南线、昆绿线、佛开线）称为豆腐渣工程，其中佛开线（佛山—开平）是 1996 年 12 月竣工，1998 年 9 月全路封闭维修三个月，原因是该路的所有桥面均出现大面积开裂、松散等，严重地影响车辆的运行。因此，对这些出现问题的桥梁，无疑地必须进行及时的维修加固。

2. 联合国经济合作与发展组织的要求

1981 年 4 月由联合国经济合作与发展组织（OECD）主持召开了关于"道路桥梁维修与管理"的会议，会议提出如下 6 个方面的问题要求加以研究：

（1）如何正确评价现有桥梁的实际承载能力与安全度的问题。

（2）如何及早地检查发现桥梁产生的损坏及异常现象，正确地检定结构物的损坏程度，从而采用合理的维修加固方法问题。

（3）桥梁损坏与维修加固的实际应用问题。

（4）桥梁维修加固技术，即采用维修加固新的技术与方法问题。

（5）桥梁设计与维修管理的关系，即如何把维修加固中发现的问题，放到今后桥梁设计上进行考虑的问题。

（6）桥梁维修加固的未来展望，即维修加固方法将来会怎样发展，如何提出更合理的维修管理方法与策略的问题。

由此可见，对旧桥、危桥的加固维修，以及如何提高其承载力的问题研究、试验与推广，已经引起了世界性的关注。很多资料还表明，当前有些交通发达的国家，桥梁建设重点放在旧桥加固与改造方面，而新建桥梁已降为次要地位。

3. 桥梁维修加固的意义

（1）我国道路桥梁绝大部分为新中国成立以后所建造，桥龄一般在 40～60 年以内，病害问题尚未到大量暴露之时，但值得引为注意的是目前已有不少桥梁发生老化、破损、裂缝等现象，危桥逐年增多，荷重能力明显下降。

（2）随着道路交通运输量的大力发展，汽车保有量与国民经济的同步上升，道路客货运输量不断地增长；对道路提供安全、快速、重载行驶的要求也越来越高。桥梁是确保道路畅通的咽喉，其承载能力和通行能力又是贯通全线的关键。

（3）为避免重蹈工业发达国家的覆辙，我国有计划、有步骤地加强对现有桥梁进行调查研究，区别情况，分析损坏原因，采取相应的维修加固措施，检验评定旧桥承载能力和提出提高桥梁荷载等级的有效方法。

（4）从实践中取得成效，以充分发挥经济效益和社会效益，确保道路交通正常运行，这应是我国道路建设发展中具有战略意义和深远影响的迫切任务。

3.1.2 桥梁维修加固的目的

一座桥梁建成后，为确保正常运营，必须加强经常性的检查养护与维修。随着道路交通运输事业的发展，道路交通量和大吨位车辆不断增加，因此要求通过对原有桥梁进行合理而有效地加固，来提高通过能力和荷载标准。桥梁维修与加固的目的主要是：

3.1.2.1 确保桥梁的安全、完整及适用

（1）桥梁结构物经常遭受风、雨、水流（包括洪水、冰凌）的侵袭，温度、湿度变化的影响，甚至遭到地震的破坏；遭到车辆通过时的冲击及机械轮胎的磨耗；通航河道上的桥梁，还往往受到船只的碰撞；在特定情况下，有时还会出现某些工程项目的施工，在桥梁周围频繁进行，从而危及桥梁安全。所以，桥梁在运营使用过程中，难免不发生病害或损伤。一旦发生病害或损伤，就要及时进行维修。小坏小修，随坏随修，防止病害扩大，确保构造物的安全与完整。相反，产生病害后不及时维修，由于病害的逐渐扩大，不但导致桥梁建筑物的提前破坏，甚至可能发生塌桥事故。

（2）桥梁的适用性与耐久性遭到破坏，势必影响道路运输的畅通，给国家与人民带来重大损失。例如，重庆市綦江县一座横跨綦江河、连接老县城与新开发区的彩虹大桥，1996 年 2 月投入使用，大桥全长 187m，宽 7.6m，使用将近 3 年后，于 1999 年 1 月 4 日晚 7 时，大桥突然垮塌，造成死亡 40 人、伤 14 人的惨剧。如若能经常性地检查与维修管理，则会采取措施防止垮塌事故的发生。

3.1.2.2 熟悉桥梁状况，掌握基础资料，为维修提供方便

（1）为了对桥梁进行养护维修管理，必须掌握有关桥梁设计文件、施工记录、质量检验、竣工验收以及运营状况记录、检查记录、维修加固记录等技术资料。但有的桥梁由于建造年限较长，历经各种社会变迁，或者由于其他原因，致使技术资料不全，甚至荡然无存。因此，在桥梁的维修管理过程中，必须采用各种调查和测试手段，建立和完善必要的档案资料库。

（2）资料库为桥梁运营使用及维修加固工作创造了有利条件，可为合理安排现场检查和决定加固方案提供可靠依据。对整个道路管理部门来说，桥梁技术资料也包括进行桥梁维修加固时的必要记录，特别是桥梁承载力的检定及其现状的掌握，十分重要。

3.1.2.3 提高旧桥的承载能力与通过能力

对于中小型道路桥梁，若地基可靠，墩台承载能力足够则可以在不加筑基础的情况下，对桥台、桥墩进行拓宽加固，从而增加桥面行车道的宽度，达到提高车辆通过能力的目的。对于原设计荷载等级较低，不能满足通行重车的桥梁，可根据实际情况，采用各种加固方法对旧桥加以改造。通过改造，使原有桥梁承载能力得到提高。

我国的旧桥改造工作，历来受到交通部门的重视。许多旧桥经过维修加固，提高了桥梁的承载能力和通过能力。这方面的实例很多，将给我们以有益的启示，现简要介绍以下几例：

（1）兰州黄河桥的维修加固：我国 1954 年在维持交通的情况下对兰州黄河桥进行了维修加固。兰州黄河桥，是德国洋行于 1909 年建成的，桥型是五跨 50m 钢桁架，载重

8t，仅可通过骡马大车。该桥年久失修，锈蚀严重。维修时，用预应力钢筋与混凝土围箍桥墩，在桁架上加曲上弦杆，桥面铺沥青混凝土。经过维修加固，使该桥的承载能力大大提高，至今 20t 重车通行无阻，如图 3-1-1 所示。

(a)   (b)

图 3-1-1   兰州黄河桥加固前后示意图
(a) 加固前兰州黄河桥；(b) 加固后的兰州黄河桥

（2）古代桥梁的拓宽加固：我国许多古代桥梁经拓宽桥面、加固改建后，其承载能力或通过能力得到了较大的提高。如苏州阊桥，利用老桥基础，进行拓宽加固。拓宽情况见图 3-1-2 所示，在老桥台北端各打管桩一根，南端各打管桩两根，作成排架，在其上浇筑混凝土盖梁，另预制安装双悬臂 T 形梁，南两根，北一根。

又例如成都市的十二烈士桥，是在老桥边上另建新桥加栏杆，使其与原桥组成一体，从而也使桥梁得到加宽。其加宽情况见图 3-1-3 所示。

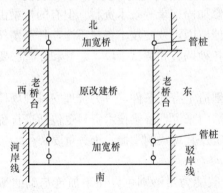

图 3-1-2   苏州阊桥拓宽加固示意图   图 3-1-3   成都十二烈士桥加宽情况示意图

（3）近几年来旧桥的加固改造：近年来，由于对旧桥改造工作的日益重视，使旧桥改造的实例增多。如广东省及云南省的几座桥梁通过在构件受拉区或薄弱部位，用环氧树脂系列胶粘剂粘贴钢板的加固措施，使钢板与结构形成一整体，从而达到代替钢筋的目的，使桥梁承载能力得到提高。

（4）到 21 世纪初，江西省采用桥面补强层加固法，加固了 3 座桥，使桥梁的承载能力从汽车－13、拖车－60 提高到汽车－20 级、挂车－－100。江苏六合县的一座桥梁，通过加设大边梁，使桥梁的承载能力提高了 44%。山东的一座桥，为满足大件运输的需要，采用在梁下设八字斜撑的加固方法，从而保证了超重车辆的通过。上海市对 T 梁桥采取了钢索或槽钢预应力体外加固法，对双曲拱桥采用钢杆拉结降低拱脚水平推力等措施，提高了承载力，确保了超重车辆的安全过桥。

3.1.3　桥梁维修加固的内容

3.1.3.1　桥梁养护维修中的常见病害

长时期以来，在道路桥梁的养护维修过程中，将遇到不少病害，其中最常见的病害可概括为以下几点。

（1）桥面不平、不洁：

1）由于缺乏经常性的维修养护，在车辆轮胎的不断作用下，许多桥梁的桥面板易产生破坏，特别对于使用数十年以上的旧桥，或用沥青材料铺装的桥面最易遭到损坏。

2）桥面不平整对行车的影响，轻则使行车有轻微颠簸，重则产生跳车，以至于不得不低速行驶。在简支梁的梁端接头处和挂梁的悬臂梁挂梁支点处的填缝材料，由于缺乏养护而产生脱落，且遭受车轮的磨耗，从而出现较大沟槽，这是引起跳车的主要原因。

3）当车辆经过跳车处时，即会引起临近梁段的严重振动，从而增加构件的疲劳。对此如不及时改善，势必将缩短桥梁的使用寿命。

4）桥面上因长期无人清扫、整理，所以桥面不清洁，泄水孔堵塞，这一问题在许多中、小型桥梁中普遍存在。

5）桥面上不清洁往往体现在护轮带下积存垃圾、泥土污物形成三角形硬块，造成泄水孔被堵塞，下雨时桥面产生积水，车辆过桥时泥浆飞溅，影响行车通过。

（2）桥面栏杆破损不完整：

1）桥面栏杆损坏后，没有及时维修恢复，在许多失养的道路线上都能看到。

2）造成桥面栏杆局部损坏的原因，绝大多数是机动车交通事故造成的；部分桥梁是载重大卡车载长大笨重（如水泥电柱等）货物在桥梁上行驶时不慎碰坏的；少数桥梁的栏杆是人为碰损或盗窃所致。

3）桥梁栏杆损坏，如不及时修整，不但影响景观，最重要的是使桥上交通缺少安全感。

（3）桥头产生跳车：

1）由于桥头引道高填土产生不均匀沉降，致使许多桥梁桥面与引道路面衔接处不够平整、顺适，从而使车辆驶过桥头时，产生轻微或严重跳车。

2）桥头跳车不但影响车速，降低行车质量，而且为司机、乘客所厌恶；长期不消灭跳车现象，也会影响桥梁使用寿命；严重的跳车甚至引起汽车弹簧钢板振断事故。

（4）桥梁构件小坏不修：

1）桥梁构件由于施工或交付使用后出现的空洞、裂缝、沉陷、变位等毛病在日常维修养护中缺乏经常检查与及时维修，致使钢筋锈蚀，小裂缝发展成大裂缝，活动支座失去活动能力，混凝土发生脱落现象等等。

2）对桥梁的下部墩台、锥坡、护岸、上部物件的背面极少巡视查看，因此，发生问题也不能及时发现，汛期抗洪能力极差，易遭水毁，所以有的桥梁"小病不治酿成大病"。

（5）桥孔通水不畅，通航净空不足：

1）不少中小桥的桥孔水流不畅，桥孔附近河床淤塞。位于城镇郊区和工厂附近的桥梁，由于排放大量生活污水和工业废水，使桥孔淤塞更为严重。

2）桥孔淤塞后，在日常维修养护工作中又没有适时地清理疏导河道；汛前也很少做这种泄洪准备工作。因此，汛期一到，桥孔泄洪能力差，不该水毁的桥梁也会被洪水冲垮。

（6）桥梁承载能力不足、危桥情况不明：

1）现有道路上的桥梁是在不同的时期按不同的技术标准修建的，因此，其承载力显然不同。特别是对于新中国成立前建造的桥梁，其标准与现有通行车辆轴重不相适应，显得过低。加上近年来，由于超重车辆越来越多，对桥梁承载能力的要求也就越来越高。桥梁承载能力不足是当前桥梁维修加固工作中的主要问题。

2）对一些确实承载能力过低，或遭受严重破坏，已不能正常发挥作用的桥梁，其承载能力受到限制，可定为"危桥"，对车辆通行加以限制。然而往往对这部分"危桥"缺乏必要的调查研究，对危桥危到什么程度，能通过多大重量的车辆不甚明确。

（7）路宽桥窄，形成"瓶颈"，影响通过能力：许多桥梁由于建造年限较长，标准较低，桥面窄小。在公路路线的维修改建中，往往路面拓宽后，而桥梁又没有相应拓宽改建，形成"瓶颈"，既影响通过能力，又增加行车的危险性。

（8）桥梁荷载标准不明，以致产生错误和混乱：桥梁两端往往必须设置荷载标志，特别是对于交通繁忙、常有大件运输的干线道路上的某些桥梁，应设置限制载重标志，以提醒过桥车辆司机注意。然而一些桥梁由于年久失修，资料丢失，或资料虽齐全，但对设立标志不重视，所以在许多桥梁中没有按规定设立荷载标志。由于桥梁建造的年代不同，其荷载标准也不同，而且桥梁的设计荷载标准变化频繁，如果对桥梁技术档案资料不重视，则往往还会出现把桥梁荷载标准搞错或设置标志不明确的问题。

3.1.3.2 桥梁维修加固的主要内容

1. 桥梁的养护维修工作

（1）桥梁构造物的小修小养，这方面的工作内容有：

1）保持构造物表面的清洁完整，防止表面的风化和及时修理风化部分。

2）能够保持排水设备的良好状态，既能除掉排水管中堵塞的泥土，又能较好地防止砌缝砂浆漏水和修理其浸蚀部分。

3）经常检查各部分有无毛病发生，当发现圬工上有裂缝、小洞、剥落、缺角、钢筋外露等局部缺陷或表面损伤时，必须及时修理。

4）保证伸缩缝装置能够自由活动，清除影响支座活动的障碍物。

5）对木桥进行防腐，对钢梁涂防锈油漆等。

（2）对桥梁结构物进行定期检查，并检定其实际安全承载能力，确定其损坏的程度：

1）当发现桥梁结构产生异常或损坏时，要分析其产生的原因，判断损坏对结构使用的影响，说明维修加固的必要性，并对修补加固方法进行比较选择。

2）发现异常时则必须及早维修，若损坏严重则必须在调查原桥的损坏程度、历史状况、现场具体条件、特点，现在及将来交通运输对桥梁宽度、设计荷载的要求，道路发展规划等等方面的资料后，对旧桥维修加固方案与部分或全部改建的方案进行经济比较，通过成本—效益分析，作出决策，选择最优方案。

（3）超重车辆或履带车不得随意经过现有桥梁，必须经过公路管理部门的许可。因此，做好超重车辆或履带车过桥的管理工作，也是桥梁养护维修的一项不可缺少的工作内容。

（4）对原有桥梁技术资料进行管理，建立和保存桥梁档案资料。技术资料的内容包括：

1）工程地质和水文勘探资料，桥梁设计图纸，设计变更通知以及其他有关设计资料。

2）桥梁施工的检查记录和隐蔽工程记录，质量事故处理记录，原材料、半成品和成品的出厂合格证和试验、化验报告，沉降观察记录、工程竣工图纸和其他有关施工文件。

3）桥梁交付使用阶段的沉降观测记录，重要的检查和检定记录，大修和加固施工图纸和施工记录等。

2. 桥梁的加固与改建工作

桥梁加固与改建工作的主要内容：对发生重大病害和不能满足运输要求的桥涵设备彻底进行整治加固、改善和更新。目的是恢复原有桥梁建筑物的整体使用效能和延长使用年限；提高原有桥梁建筑物的荷载等级和通过能力。桥梁加固与改建工作的主要内容有：

（1）对旧桥梁的上部构件进行加固保护工作，如图 3-1-1 所示是兰州黄河桥的上部在桁架上加曲上弦杆。

（2）对旧桥下部构件进行加固保护工作，如图 3-1-1 所示是兰州黄河桥的下部桥墩加钢筋混凝土围箍。

（3）拓宽桥梁的行车道或人行道，如图 3-1-2 所示的苏州闾桥的人行道加宽。

（4）升高桥梁上部构造的高度，如图 3-1-1 所示的兰州黄河桥。

（5）更换桥梁行车道路面或引桥路面的结构。

（6）部分或全部更换桥梁损坏或破旧了的结构物。

桥梁的加固与改建工作，应充分利用原有的部分，凡能加固的，则不宜改建。如能部分改建的，则不应全部改建。

3.1.3.3 桥梁维修加固的基本步骤

对旧的桥梁需要进行维修与加固时，一般可按如下的基本步骤进行：

（1）认真仔细地对桥梁的现有状况及损坏的程度情况进行检查。

（2）详细调查该桥梁历史技术资料及现有的交通状况。

（3）首先对该桥梁提出维修加固或改建的方案，并进行多方案的分析与比较，然后，择优选用其方案。

（4）一旦确定了维修加固方案就实施，即进行维修加固或改建施工的工作。

旧桥维修加固或改建的基本步骤流程图见图 3-1-4 所示。

3.1.3.4 桥梁维修加固的常用方法

各级道桥管理部门为了提高旧桥梁的承载能力和通行能力，延长其使用寿命，纷纷采用各种行之有效的方法对旧桥进行维修与加固。对旧桥维修加固的措施很多，下面简要介绍几种常用：

（1）桥梁上部结构维修加固的方法主要有：压力灌浆法、喷射砂浆法、桥面补强层加

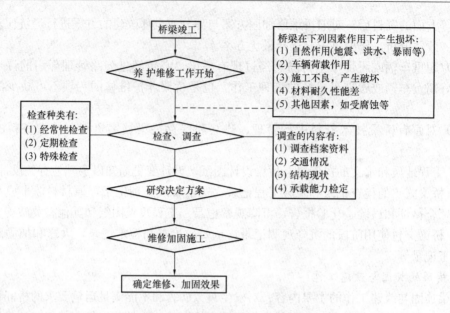

图 3-1-4   桥梁维修加固的流程框图

固法、梁下部截面增强法、填缝法、钢板粘结法、增设纵梁法、改变结构体系加固法、预应力加固法、更换部分或全部主梁法等。

压力灌浆法、喷砂浆法和填缝法一般用于混凝土或砖石圬工构件的裂缝及表面缺陷的修补，而其余加固、补强措施则用于提高现有桥梁的承载能力和通过能力。

（2）下部构造的常用维修加固方法：主要根据旧桥损坏情况及存在的问题，分别采用不同的方法，进行维修加固常用的方法有：扩大基础加固法、加桩法（打入桩或就地灌注水泥混凝土桩）、抛石法、旋喷法、砂桩法、减轻荷载法、支撑法或加宽加厚法（处理墩台变位）、用钢筋混凝土套箍（或护套）加固墩台等。

3.1.4 桥梁维修加固的特点及方法

3.1.4.1 概述

1. 维修加固的标准与设计时所采用的标准往往会有不同

由于旧有建筑物的存在，以及未来使用年限要求的不同，桥梁加固或改建的标准不可能与设计时所采用的标准完全相同。比如，旧桥的荷载等级假设是汽车-13级，而经过加固后，其荷载等级可能会提高。故应在保证行车安全的前提下，根据使用要求和耐久性要求的具体情况，正确地掌握和提出加固或改建的有关标准要求。

2. 维修加固工作的难度要比新建时大

维修加固桥梁建筑物的工作必须在不妨碍交通的条件下进行，因此，往往会增加不少困难。即使会使施工产生困难，也必须尽量照顾交通。为此，在桥梁维修加固工作中，应从设计上和施工组织上采取有效措施，尽量减少对交通的影响。维持交通或尽量减少对交通的影响，可采用如下的措施。

（1）作好维修加固作业计划：为提高施工效率，加快维修速度，应预先制订出作业计划。制定计划时，要事先做好调查研究工作，并根据过去维修加固工作的经验，充分研讨，然后按照施工力量以及工程量的大小制订出施工作业计划。

常用桥梁维修加固作业计划有日计划、月计划。日计划表格形式可参见表 3-1-1。

桥梁维修加固计划表（日计划）　　　　　　　　　　　表 3-1-1

维修加固内容	1日	2一	3二	4三	5四	6五	7六	8日	9一	10二	11三	12四	13五	14六	15日	16一	17二	18三	19四	20五	21六	22日	23一	24二	25三	26四	27五	28六	29日	30一	31二	备注

施工年月：_____

（2）采取半边施工半边维持交通，即间断通车的措施。采用此法维持交通时，施工都应尽可能安排在交通量较少（如夜间）的时候进行。图 3-1-5 所示为对旧桥桥面进行维修时，为维持交通而采取的施工措施示意图。

（3）搭设便桥维持交通。这种方式由于费工费时，并增大费用，因此只有在现场条件困难，非常必要时才采用。

（4）利用绕道通行，设立交通标志的方法维持交通。

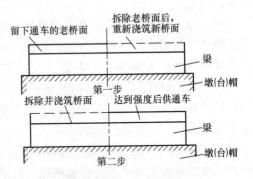

图 3-1-5　间断通车改建桥面施工示意图

（5）桥梁的维修加固工作应充分利用原有结构：桥梁的维修加固，应在对原结构作周密、细致检查评定的基础上，合理利用原有结构，能不更换原有结构的就不更换，能充分利用旧桥的，要充分利用。

（6）桥梁维修加固工作比起新建桥梁来有更好的经济效果：桥梁在营运使用过程中，或者由于某种原因而产生较大损坏，承载能力降低；或者，随着交通运输的日益繁忙，桥梁承载能力和通过能力不能满足要求。解决旧桥承载能力和通过能力不足的问题，通常有两种方案可供选择：

1）当拆除旧的桥梁后，重新建造新桥的重建法和换下全部旧桥主梁，架设荷载等级高的新梁的换梁法。

2）采用各种加固措施，或除采取加固措施外，同时对旧桥加以拓宽的加固法。前者施工费时、费力，且造价较高，后者所需费用节约很多，一般仅为建造新桥的1/10～3/10。可见，采用维修加固提高桥梁承载能力和通过能力，是提高现有桥梁经济效益，节省投资减少人力、物力的重要途径。

（7）桥梁维修加固施工更要注意安全：桥梁维修加固施工是在荷载存在情况下进行的，因此，必须保证施工每一阶段结构的安全。特别是混凝土的修理、凿毛和破坏作业拆换部分受力构件，在桥梁上施加新的施工荷载等，都使结构受力条件发生变化，均应作出分析评定。必要时，在施工中要加强观测，并采取有效的安全措施等。

（8）桥梁维修加固方法很多是新的施工工艺：由于桥梁维修加固工作是一项新近出现的技术，许多施工工艺是全新的，因此，其工艺的可靠性、可行性、合理性、耐久性等必须经过反复的科学试验和实践论证且需经受时间的考验。只有在车辆的反复作用下，才能充分验证是否获得了预期成效。通过大量实践，进一步探求其规律，为改进新工艺奠定基础。

3.1.4.2 桥梁加固设计的原则

桥梁加固设计是比新建桥梁设计更为复杂的系统工程，应充分考虑在役桥梁结构的实际情况和加固受力特点。既不能完全照抄新建桥设计规范进行桥梁加固设计；也不能机械地套用一般房屋建筑加固设计规范进行桥梁加固设计。在充分考虑桥梁加固设计特点的基础上，必须坚持如下原则：

（1）桥梁加固应做到技术先进、安全可靠、经久耐用、经济合理和有利于环保的要求。

（2）分清加固的性质，合理选择加固方法。根据旧桥梁的病害检测分析和鉴定评估结果，桥梁结构加固设计可以分为：承载力加固（强度加固）、使用功能加固（刚度加固）、耐久性加固和抗震加固4种情况。

1）承载力加固是确保结构安全工作的基础，是桥梁改造加固设计的核心内容。其内容包括正截面抗弯承载力加固和斜截面抗剪承载力加固两部分。承载力加固一般是采用增加配筋的方法，补充承载力的不足。

2）根据使用功能加固是确保桥梁正常工作的需要，主要是对活载变形或振动过大的构件，加大截面尺寸，增加截面刚度，以满足结构使用功能要求。

3）耐久性加固是指对桥梁结构损伤部位进行修复和补强，以阻止结构损伤部分的性能继续恶化，消除损伤隐患，提高结构的可靠性和结构的使用功能，延长结构使用寿命。

4）抗震加固是指对遭受地震破坏的桥梁要进行结构性修复，主要是增强结构的延性和整体的工作性能，提高旧桥梁结构的抗震能力。

但是，在实际旧桥梁加固工程中，可能会出现几种不同性质的加固兼而有之，特别是承载力加固和耐久性加固通常是同时进行的。

（3）必须注意对旧桥梁各种加固补强方法的综合应用：

1）对旧桥梁间接加固系指通过改变结构体，调整结构内力分配，减轻原梁负担，提高结构承受活载的能力，改善结构使用功能，间接达到加固补强的目的。

2）对旧桥梁直接加固系指通过加大截面尺寸和增设钢筋的方法加固薄弱构件，恢复和提高结构的承载能力，改善结构的使用功能，增强结构的耐久性。

（4）对于旧桥梁的加固设计必须根据实际条件和使用要求，选择适宜的加固方法，并应认真注意各种加固方法的综合利用，并通过调整结构内力，尽量地减轻原梁的负担，将加固补强工作量压缩到最少。

（5）桥梁加固方案的选择应充分考虑实施可行性的论证，对加固过程可能出现的危及结构安全的隐患，应提出临时性安全措施，应尽可能去减少对桥上交通运输的影响。

3.1.4.3 旧桥梁间接加固的方法

（1）对于旧的桥梁进行间接加固系指的是通过改变结构体，调整结构内力分配，减轻原梁负担，提高结构承受活载的能力，改善结构使用功能，间接达到加固补强的目的。

（2）工程上常用的间接加固方法有：加斜撑减少梁的跨度、桥下增设支架式辅助墩、变简支梁为连续梁、变梁式体系为梁拱组合体系、采用斜拉索体系加固、增设主梁数目、调换梁位，加大新建边梁截面尺寸，调整荷载横向分布系数，减轻原梁负担等。

1. 增加旧桥斜撑的加固法

该法是指在旧桥的墩台上增设斜撑，将原梁托起，构成撑架体系，新增斜撑为原桥上部结构提供了两个弹性支承，使原梁的跨径减少，结构内力降低，间接达到加固补强的目的。

例如：山东省淮河桥为 26 孔跨径为 20m 的钢筋混凝土 T 梁桥，原设计荷载为汽车－13、拖－60，为适应特重型车辆运输通行，设计部门采用增设斜撑法加固，加固后该桥的承载力明显提高，并能顺利通过了 400t 重型平板车。该桥斜撑加固法如图 3-1-6 所示。

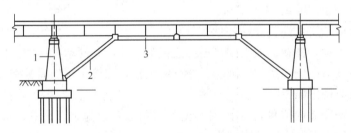

图 3-1-6　增设八字形撑加固示意图
1—原桥墩；2—钢筋混凝土斜撑；3—钢筋混凝土水平撑

对旧的桥梁增加斜撑加固法，仅适用于原梁（板）挠度过大，承载力明显不足或因通行重载车辆需要加固的桥梁。但是必须注意以下几方面：

（1）后加斜撑下端支承在墩台基础上，要求原桥墩台除了要有足够竖直承载能力外，还要有一定的抗推承载能力。对同一桥墩上的斜撑支承位置应对称布置，以抵消部分水平推力。对桥台应进行抗推验算，必要时应进行适当加固。

（2）斜撑上端支承点位置的确定，应考虑在最不利荷载组合作用下，梁的上缘不会出现拉应力。若无法避免拉应力的出现，需要对梁的上缘进行必要的加固。

（3）后增设的斜撑会影响桥下的净空，所以，对于桥下水流有较大漂浮物及流冰或者有通航要求的桥梁，一般不宜采用这种增加斜撑加固法。如果确实要采用斜撑加固法，必须充分考虑其通航能力。

2. 简支转连续加固法

（1）简支转连续加固法是将多跨简支梁（板）的各中间支点的相邻两跨的梁（板）端连为一体，将多跨简支体系改变为多跨连续体系。

（2）将多跨简支梁（板）改变为多跨连续梁（板）后，控制结构抗弯承载力的跨中截面承受活荷载的能力将提高近 1/3，间接达到加固补强的目的。

例如：辽宁省义县张家堡大凌河桥加固工程是采用简支转连续的方法进行加固。该桥原为 48 孔跨径为 22.2m 的钢筋混凝土 T 形简支梁桥，设计荷载为汽车－13。1970 年 11 月竣工通车。2002 年该路段改建为二级路，要求对桥梁的设计荷载提高为汽车－20。经多种方案对比分析，最终采用简支转连续的方法对该桥进行加固，将原桥改为 6 孔一联的连续梁，全桥共 8 联。拆除原桥面铺装混凝土和伸缩缝，清除梁端破损混凝土后，在两相邻梁端浇筑混凝土，将相邻主梁连为一体，并在顶面增设承受负弯矩的钢筋，同时对连续梁支点附近的腹板适当加宽，以满足抗剪和抗压受力要求。该桥加固效果显著，加固后的桥梁能满足汽－20 的承载要求，跨中挠度明显减少。

（3）简支转连续加固适用于公路网改造提载加固，特别是对桥梁建成时间不长，使用情况基本良好，混凝土碳化深度较浅，梁体开裂不严重，结构耐久性基本得到保证的中、小跨径的多跨简支梁（板）采用简支转连续加固可达到提高结构承载能力和改善结构使用功能的目的，加固工程费较少，在经济上也有一定的竞争力。

（4）对于旧桥原梁病害严重的提载加固的桥梁，应综合考虑其承载能力、使用功能和耐久性加固等要求。采用简支转连续加固方案时，还须对原梁进行必要的修补和维修等，以提高桥梁结构的耐久性。

3. 增设（或更换）大边梁加固法

（1）在墩台地基安全性能较好并且有承载潜力的情况下，可采用增设承载力和增加截面刚度较大的新主梁，将新、旧主梁在横向连接为一体，共同承载压力。由于新增主梁的作用，调整了荷载横向分布系数，减轻了原梁的负担，间接达到加固补强的目的。

（2）为了在原桥主梁中间增设新的纵梁，可拆除个别主梁或两相邻主梁之间的翼板，在形成的空位上安装截面刚度比原桥主梁更大的箱形梁。为了保证新、旧主梁能共同工作，应注意做好新、旧梁之间的横向连接，如图 3-1-7 所示。

（3）在公路改造设计中，很多情况下桥梁加固和加宽是同时进行的。在加宽宽度不大的情况下，尽量将加宽部分与原桥连为一体，使新、旧桥共同工作。新加宽部分采用刚度较大的边梁，调整原桥内力，减轻原梁负担，间接达到加固补强的目的。

4. 斜拉索结构加固法

（1）如果将斜拉索结构用于桥梁改造加固，结构构思又新颖，加固的效果明显。图 3-1-8 所示为采用矮塔斜拉索加固山西陵渡黄河大桥的方案示意图。

（2）该桥的主桥为跨径 87m＋7×114m＋87m，9 孔一联的预应力混凝土变截面连续箱梁桥，其主要病害是箱梁腹板出现大量的斜裂缝，箱梁下挠严重。

（3）专家分析一致认为，造成桥梁上述病害的主要原因是：连续梁的边跨比较大，使边中跨抗弯刚度比例不协调，则使桥梁的抗变形能力不足，而梁体呈现与连续梁受力模式相一致的隔孔下挠，最大达 19.5m。过大的梁体变形加大了二次力的影响，使梁体出现大量裂缝。

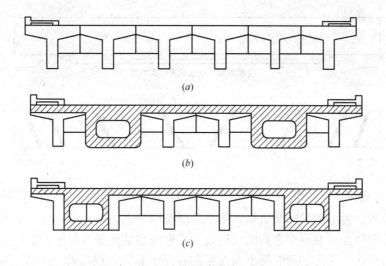

图 3-1-7　钢筋混凝土 T 梁桥增设主梁的加固形式

（a）原桥上部构造示意图；（b）拆除个别主梁安装新主梁后的构造示意图；
（c）拆除相邻主梁翼板安装新纵梁后的构造示意图

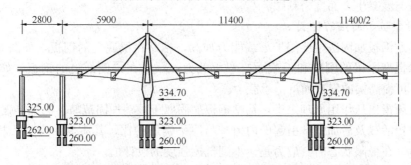

图 3-1-8　采用矮塔斜拉索加固山西陵渡黄河大桥的方案图（单位：cm）

（4）加固设计的基本思路是：调整边、中跨，改变结构体系，改善结构内力分布，调整和控制变形。加固方案的要点是：在边跨增设桥墩，以减小边跨跨度；利用原桥墩桩基的承载潜力，在原桥墩承台的两侧增设桥塔，通过桥塔对称设置两对斜拉索，斜拉索下端锚于后加横梁上。斜拉索张拉后为原梁提供了新的弹性支承点，改变了原梁的结构体系，间接提高了结构的承载能力，有效地控制了结构的变形。

3.1.4.4　粘贴钢板加固法

1. 概述

（1）粘贴钢板加固法是采用环氧树脂或建筑结构胶，将钢板直接粘贴在被加固的钢筋混凝土结构的受拉区或抗剪薄弱部位，使之与被加固结构物形成整体，共同受力，以提高结构的刚度，改善其受力状态，限制裂缝的开展，提高结构的承载力，如图 3-1-9 所示。

（2）粘贴钢板加固的构造要求，在《公路桥梁加固设计规范》JTG/T J 22—2008 中已有详细介绍，这里仅对施工方面的技术要点进行一些必要的补充，对加固效果进行简单的评述。

2. 粘贴钢板加固法施工的技术

后加钢板与被加固混凝土梁体之间的可靠粘结是两者共同工作的基础，是粘贴钢板加

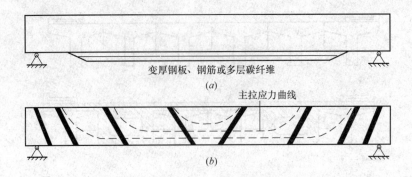

图 3-1-9　钢筋混凝土梁的粘贴加固示意图

固法的主要技术。为了确保粘结质量，施工时应特别注意以下几点：

（1）钢板和待加固混凝土表面的清洗处理是保证粘结质量的前提。工程实践表明，钢板表面存在着铁锈、油污，而混凝土表面存在着浮尘和松散层等都会严重影响粘结质量。为了确保粘结质量，必须对钢板和混凝土粘结表面进行认真地清洗处理。

（2）对粘结层加压是保证粘结质量的关键。钢板粘结到混凝土表面后，必须对钢板加压，使钢板与混凝土表面紧密粘贴。

3. 粘贴钢板加固法的优点

（1）粘贴钢板加固法主要用于承载能力加固，粘贴在梁底上的钢板，如图 3-1-9（a）所示，可以提高原梁的刚度和正截面抗弯承载力；粘贴在梁侧面上的钢板，如图 3-1-9（b）所示，可提高梁的斜截面抗剪承载力。

（2）必须指出从作用原理来讲，粘贴钢板加固属于被动加固范畴，后加补强钢板被动受力，只承担活载及后加恒载引起的内力。与原梁钢筋相比，其应变（应力）相对滞后，一般情况下，在极限状态时其应力是达不到抗拉强度的设计值。

（3）试验研究表明，在斜截面抗剪加固中后粘贴的钢板应变（应力）滞后的影响更为突出。因为在二期荷载作用下，斜截面抗剪加固区段（一般为 $L/4$ 至支点段）梁的变形相对较小，依附其上的后粘贴钢板的应变（应力）增量很小，对提高斜截面抗剪承载力作用是有限的。

（4）如果在梁底粘贴钢板则可以有效地提高结构的抗弯刚度，对以控制结构变形为主要目的的使用功能加固是有显著效果的。

（5）粘贴钢板加固对旧桥梁裂缝的进一步开展有一定的制约作用，但是，对提高结构的耐久性则贡献不大。对于原梁混凝土强度等级低、密实度差、混凝土碳化严重的情况，采用粘贴钢板加固是不适宜的。

（6）对于处于潮湿和海滨环境的旧桥梁，在一般情况下不宜采用粘贴钢板加固。对于经过充分论证后仍采用粘贴钢板加固技术时，应对钢板进行仔细的密封防腐处理。

3.1.4.5　粘贴高强纤维复合材料加固法

1. 概述

（1）粘贴高强纤维复合材料加固法是采用环氧树脂胶（或其他建筑结构胶）将高强纤维布（或板）直接粘结在被加固混凝土结构薄弱部分，与被加固结构形成整体，共同受力，以限制裂缝的发展，提高结构的承载力。

（2）采用粘贴高强纤维复合材料进行受弯构件正截面承载力和斜截面承载力加固时，

纤维布的布置方案与粘贴钢板加固法相同（图 3-1-9）。

（3）粘贴高强纤维复合材料加固的构造要求，在《公路桥梁加固设计规范》JTG/TJ 22—2008 中已有详细介绍，这里仅对加固效果进行评议。

2. 直接粘贴高强纤维复合材料加固效果

（1）采用粘贴高强纤维复合材料对钢筋混凝土受弯构件进行加固，对提高梁的抗弯和抗剪承载力的作用有限。必须指出：从作用原理上讲，直接粘贴高强纤维复合材料加固属被动加固范畴，考虑分阶段受力的影响，后加补强高强纤维复合材料的应变（应力）相对滞后，极限状态下后加补强高强纤维复合材料的应力发挥程度，取决于原梁的变形，原梁变形的发挥与原梁的配筋率有关。

（2）以目前大量采用的直接粘贴碳纤维布（强度标准值为 3350MPa，弹性模量为 2.2×105MPa）加固的钢筋混凝土 T 形梁为例：对于原梁的配筋率为 4.5％的情况，加固设计以混凝土压应变达到极限值控制，极限状态下碳纤维的应力只有 776.6MPa，此值只相当于其抗拉强度标准值的 23％。

（3）计算结果表明，采用直接粘结高强纤维复合材料的被动加固方案，由于受分阶段受力的影响，后加补强材料的高抗拉性能很难发挥作用，"大马拉小车"是一种极大的浪费。特别是在倡导建设节约型社会的环境下，这种盲目的浪费是值得我们深思的。

（4）采用粘贴高强纤维复合材料加固，对结构的刚度提高不大。因此，对于以控制旧桥梁结构变形为主的使用功能加固是不适宜的。

（5）后粘贴的高强纤维复合材料的功能是可以制约裂缝的发展，同时，也间接地提高了结构的抗裂能力。后粘贴的含有多层树脂胶和防护罩面胶的高强纤维层，可以提高混凝土的抗腐蚀和碳化能力。因此，对于以延长结构使用年限为主要目标的耐久性加固，采用粘贴高强纤维复合材料加固还是有一定效果的。

（6）应该特别指出：粘贴高强纤维复合材料可以提高结构耐久性的实质是黏结树脂胶层和防护罩面胶层自身具有一定的抗腐蚀能力，纤维层本身对提高结构耐久性的贡献是有限的，纤维层的作用是维护胶层完整性的保护层。

（7）因此，如果是单纯为了提高耐久性的目的，而有意采用价格昂贵的碳纤维作粘结胶层的保护层，是一种很不适宜的做法。

3. 缠绕粘贴高强纤维复合材料加固效果评议

（1）采用缠绕粘贴高强纤维复合材料对轴向受压构件进行加固，从工作原理上来说，它具有约束加固的特征。

（2）由于高强纤维复合材料层所起的约束作用，特别是在纵向力的作用下，混凝土处于三向受压状态，可以较大幅度地提高结构的抗压承载力，从而有效地增强结构的延性，可明显地提高结构的抗震性能。

（3）有关桥梁专家于 2005 年开展了缠绕芳纶纤维布短柱试验研究，如图 3-1-10 所示，并对遭受严重冻害的黑龙江省哈同公路蚂蚁河 1 号桥的墩柱，采用缠绕芳纶纤维布的方法进行加固补强，收到了明显的加固效果，具体情况可见图 3-1-11 所示。

综合上述分析可看出：高强纤维复合材料的出现是材料工业的一大进步，但是这高强材料在土木工程中的应用，特别是在加固工程中的合理应用还是一个值得讨论的问题。专家认为分清加固性质，明确加固目的，在弄清加固作用机理的基础上，有针对性地合理应用这种新材料，对提高我国旧桥梁加固设计的水平具有深远现实意义。

图 3-1-10　缠绕芳纶纤维布短柱试验　　　图 3-1-11　缠绕芳纶纤维布加固墩柱

3.1.4.6　加大截面加固法

1. 主要特点

（1）从作用原理上划分，加大截面、增加配筋加固构件也属于被动加固范畴，其承载力计算应考虑分阶段受力的影响。

（2）但是对压区加固的构件而言，考虑到混凝土的塑性影响，后加混凝土层的应力会逐渐加大，在极限状态下后加混凝土层的应力可达到其抗压强度设计值。这样，压区加固构件的承载力计算可忽略分阶段受力影响，按一般钢筋混凝土构件计算。

（3）对拉区加固的构件，后加焊的纵向受力钢筋的作用与粘贴钢板加固是完全相同的，后加焊的钢筋应变相对滞后，一般情况下是不能充分发挥作用的；其承载力计算应考虑分阶段受力的影响，按两阶段受力构件计算。

所以，加大截面加固法是在构件表面加大混凝土截面尺寸，增设受力钢筋，使其与原结构形成整体，共同受力，以增加结构刚度，提高结构承载能力。

2. 加大截面加固法的应用及加固效果

加大截面加固法是桥梁加固采用的最基本方法，主要用于旧桥梁墩柱及拱桥等轴向受力构件的承载力加固。采用加大截面加固法对梁、板等受弯构件的受压区进行加固，增加了梁的有效高度，亦能达到有限提高承载能力的加固目的。其方法有如下几种：

（1）轴心受压构件的加固

1）对于轴心受压构件来说，一般都是采用沿截面周边包裹混凝土的办法加固，并根据加固构件的承载力受力要求，增设纵向受力钢筋，并用封闭的箍筋将其与原结构牢固连接，然后沿截面周边浇筑混凝土。

2）如果采用沿截面周边包裹混凝土的方法，将对轴心受压的构件进行加固，其加固效果特别显著，可以较大幅度地提高抗压承载力。

3）首先必须考虑到混凝土的塑性影响，后加的混凝土和纵向受力钢筋可以充分发挥其抗压作用，这样，可以直接提高桥梁结构的抗压承载力。

4）其次，这种加固方法还具有某些约束加固的特征，特别是采用沿截面周边包裹混凝土方法对圆形截面受压构件进行加固时，约束加固特征更为明显。

5）由于配置足够数量箍筋的后加混凝土层的约束作用，在纵向力的作用下，原构件混凝土处于三向受压状态，可以间接提高结构的抗压承载力。

（2）偏心受压构件加固

1）采用加大截面、增加配筋加固法对偏心受压构件加固时，应根据原构件的破损情况和加固受力要求，选择不同的处理方法：

2）对小偏心受压构件应首先考虑单侧加固方案，即在偏心力作用方向的受压边，加大混凝土截面尺寸、增设纵向受压钢筋。若一侧加固所需混凝土截面尺寸过大，则应改为双侧加固方案，即在偏心力作用方向的两侧同时加大混凝土截面尺寸、增设纵向受压钢筋。

3）对于受拉边破损或出现宽度较大的横向弯曲裂缝的大偏心受压构件，应首先考虑在受拉边单侧加固方案，即在受拉边增设受拉钢筋（或粘贴钢板）；对于受拉边基本完好的大偏心受压构件，应首先考虑在受压边单侧加固方案，即在受压边一侧加大混凝土截面尺寸、增设纵向受压钢筋。若采用单侧加固方案加固所需混凝土截面尺寸过大或所需增设的受拉钢筋数量过多时，应改为双侧加固方案。

4）对圆形截面偏心受压构件（墩柱）一般采用沿截面周边包裹混凝土方法加固，后加钢筋可沿周边均匀布置，亦可按受力要求集中布置。

应该指出，采用加大截面加固法对偏心受压构件加固时具有多方案性。从理论上分析，单侧加固和双侧加固都能达到提高承载能力的目的。加固方案的选择还应考虑原结构的破损情况、加固施工条件、加固材料和费用等因素，通过优化对比分析确定。

（3）受弯构件的加固

1）采用加大截面、增加配筋加固法对受弯构件加固时，应根据原构件的配筋情况和加固受力要求，选择不同的处理方法。

2）对于原梁配置的纵向受拉钢筋较多，且桥面高程允许抬高的情况，应优先考虑加厚桥面增加梁高的压区加固方案。即在清除原桥面铺装后，在原桥面板顶面浇筑混凝土（浇筑厚度为 60～150mm），新浇筑的混凝土层与原结构连接为整体共同受力，加大了梁的有效高度，增强了截面的刚度，可达到提高结构抗弯承载能力和改善使用功能的双重加固目的。

3）采用加厚桥面增加梁高的压区加固方案时，为了加强后加混凝土层与原结构的粘结，原桥面板混凝土表面应凿成凹凸差不小于 6mm 的粗糙面，必要时应设置抗剪连接件；梁的有效高度增加后应注意验算满足最小配筋率的要求；新浇筑的混凝土层除了作为梁的受压区的一部分参与主梁纵向抗弯工作外，作为桥面板的组成部分，还要参与桥面的横向抗弯工作。应按局部车辆荷载作用下的受力要求，在新浇筑混凝土层中配置横向钢筋或钢筋网。

4）采用加焊纵向受拉钢筋的办法，是对受弯构件的受拉区而进行加固，其主要作用机理与粘贴钢板加固法完全相同。后加焊的钢筋只承担活载及后加恒载引起的内力，与原梁钢筋相比，其应变（应力）相对滞后，一般情况下，在极限状态时的应力达不到抗拉强度设计值，是不能充分发挥作用的。

5）加焊纵向受拉钢筋的加固受弯构件的耐久性取决于后浇筑（喷注）的混凝土保护层自身的抗裂能力，采用具有一定抗拉能力的高性能复合砂浆、环氧树脂小石子混凝土或膨胀水泥混凝土等对提高结构的耐久性是有利的。

总之，采用加大截面、增加配筋加固法对受弯构件进行加固，可以显著增加梁的抗弯刚度，对解决活载变形或振动过大问题也是有较好的。

3.1.4.7 预应力主动加固法

预应力主动加固法是指对布置在被加固构件受拉区（或抗剪薄弱区）的后加补强材料施加预应力，由于预加力的作用，改善了原梁的应力状态，提高了原梁的承载力和抗裂性能。桥梁结构预应力加固主要有：体外预应力加固、高强复合纤维预应力加固和有黏结预应力加固 3 种形式。

1. 体外预应力加固

（1）体外预应力加固是把具有防腐保护的预应力筋布置在梁体的外部（或箱内），对梁体施加预应力，以预加力产生的反弯矩抵消部分外荷载产生的内力，达到改善梁的使用功能和提高承载力的目的。

（2）体外预应力加固是当前采用较多的方法之一。特别适用于大跨径预应力混凝土连续箱梁桥和连续 T 构箱梁桥的加固，其关键技术是体外预应力筋的锚固、转向和防腐保护问题。

下面对体外预应力加固的加固效果作简要的评议。

1）理论分析和工程实践表明，采用体外预应力加固能较大幅度提高原梁正截面抗弯承载力。由于倾斜预应力筋提供的预剪力的作用，斜截面抗剪承载力也有所提高。

2）由于预加力的作用，会使桥梁的原梁往上拱，对解决原梁下挠过大、调整桥面线形、改善行车条件有一定的作用。

3）但是，体外预应力加固对提高结构刚度的作用是有限的。因此，必须对以解决活载变形或振动过大的使用功能加固（刚度加固），如果采用体外预应力加固是不适宜的。

4）由于预加力的作用会使原梁裂缝部分闭合，还会限制新的裂缝的出现和发展，对提高结构的耐久性是有利的。但是，对原梁混凝土密实性差、碳化深度大、保护层偏薄、混凝土局部破损和开裂严重的结构，采用体外预应力加固对提高结构耐久性的作用是有限的。

5）体外预应力加固可在不中断交通的条件下进行，对桥梁的运营影响小。体外预应力加固所需设备简单、施工工期短、在经济上有一定的竞争力。

2. 高强复合纤维预应力加固

（1）高强复合纤维预应力加固法则是采用锚固、粘贴在梁体外部（或箱内）的高强复合纤维布条（或板条）对梁体施加预加力。这种加固体系目前尚处于试验研究阶段，其关键技术是解决适应于桥梁加固现场施工的预应力纤维布条（或板条）的张拉、锚固和张拉后纤维布条（或板条）与被加固梁体的可靠黏结问题。

（2）国内有专家对用于碳纤维布条的楔型变波纹夹片式锚具进行试验研究，并用于预应力混凝土箱梁加固，取得了较好的加固效果。图 3-1-12 为楔型变波纹夹片式锚具实物照片图。图 3-1-13 为箱梁预应力碳纤维布折线式布置示意图。

3. 有粘结预应力加固

（1）有粘结预应力加固是采用锚固于被加固梁体上的 2～3 股钢绞线或小直径高强度粗钢筋，对梁体施加预加力，然后喷注具有较高抗拉强度的复合砂浆，将预应力筋与被加固梁体粘结为一体，构成有粘结预应力加固体系。

（2）有粘结预应力加固体系是全新的结构构思，以其预应力筋锚固简单、张拉施工方

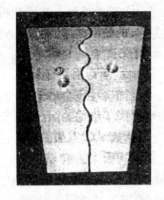

图 3-1-12　楔型变波纹夹片式锚具实物照片

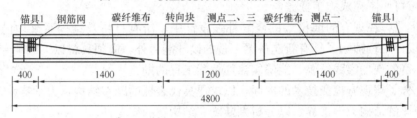

图 3-1-13　箱梁预应力碳纤维布折线式布置示意图

便和结构耐久性高的综合技术优势，受到国内外土木工程界的重视，特别适用于中、小跨径钢筋混凝土及预应力混凝土桥的加固，已在多座桥梁加固工程中应用。

（3）工程实践表明，采用有粘结预应力加固体系对 T 形梁、空心板及箱形梁桥的正截面进行加固，可以根据结构受力要求，较大幅度地提高梁的正截面抗弯承载力；在梁底喷注的复合砂浆，可以保护后加预应力筋免于锈蚀，在腹板两侧喷注的高性能抗拉复合砂浆增加了混凝土保护层的厚度，提高了原梁混凝土抗碳化和抗有害介质侵蚀能力，减缓原梁钢筋的腐蚀速度，提高了整个桥梁结构的耐久性。

（4）后喷注的高性能抗拉复合砂浆层加大了原梁的截面尺寸，提高了结构的抗弯刚度，对解决活载变形或振动过大问题也是有利的。

（5）采用有粘结预应力加固体系对斜截面进行加固，可以有效地提高加固材料利用效率，提高斜截面抗剪承载力。两侧喷注的高性能抗拉复合砂浆，加大了腹板厚度，既可减少主拉应力，又可保护钢筋免于腐蚀，提高了结构的耐久性。

总之，采用有黏结预应力加固体系，可以达到承载力加固和耐久性加固的双重目的。既能提高结构承载力，以满足提载加固的受力要求，又可全面提高原梁的耐久性，延长结构的使用年限，同时，对解决结构变形和振动问题也会有较好的作用。

3.1.5　桥梁加固与补强的实施

当旧桥梁的结构受损以后，只要受损不是十分的严重，一般情况下，采用修复及补强两种处理方式。修复旨在维持桥梁结构物的现有强度并防止继续劣化，补强与加固则是将受损的桥梁结构构件，提升至未受损前的强度或超过原有构件的原始设计强度。实际在应用上，修复旧桥梁的目的，是针对桥梁进行结构组件方面的修复，进而让桥梁整体结构也达到修复的目的；而补强则可对桥梁结构组件或总体结构系统进行补强。

3.1.5.1 RC桥梁补强的时机及方式

1. 概述

（1）RC是一种纤维复合材料，主要应用于土木工程建设中对结构零部件的加固，与传统材料相比较，由于纤维材料高强、轻质、耐腐蚀和施工方便等优点，采用纤维材料进行结构加固越来越引起人们的关注，国内外进行了大量的实验研究，并广泛地应用于旧式桥梁的维修补强中，取得了良好的效果，深受土木工程界的欢迎。

（2）在新建桥梁的设计过程中，所有要求的材料及结构系统设计，均由桥梁的设计部门设计而成，且桥梁的设计与施工部门均必须按照我国的设计标准、规范、要求执行，现场施工单位可照图完成施工任务。

（3）但是，在现有的旧桥梁的修复补强设计中，所有材料及结构系统均已存在，因此，桥梁设计工程师除了具有新建桥梁工程的设计能力外，尚须具备以下四项专业素养：

1）丰富的现场实践经验，能确实参加桥梁工程的勘查现况。

2）充分了解现有检测技术的内涵，以求得具代表性的既有结构物力学特性。

3）深厚的结构力学素养，以分析判断既有结构物的安全性。

4）详尽地了解各种补强材料与施工方案，充分地考虑工程成本与使用机能间的最佳平衡点，以设计出最佳的补强方案。

由上所述可知，旧的桥梁修复与补强的困难度远高于新建桥梁工程的设计与施工。又因各个既有对桥梁的受损现况及条件均不尽相同，因此如何利用充分的专业水平，使桥梁的修复补强工程能完善地达成安全、经济、美观及不影响使用机能的多重目的，实为负责设计维修桥梁的工程师必须具有过硬的技术水平与艺术。

2. 桥梁修复与补强的注意事项

桥梁的修复与补强作业，一般均需现场勘查、检测、结构分析评估、规划合宜补强方案及确认补强效果等步骤。而各阶段工作的应注意事项有以下数点：

（1）现况勘查：此阶段除要充分了解观察结构物的受损表征，并初步分析造成损伤的可能原因，再据以规划合宜的检测调查项目。

（2）检测：对桥梁进行检测的方法很多，一般针对钢筋混凝土构造物的检测，可大概分为混凝土强度（如钻心试体、强度冲锤等）、混凝土耐久性（如氯离子、中性化等）、钢筋耐久性（如腐蚀电位及腐蚀速率）及总体性检测（如载重试验、微振检测）等项目。由不同检测方法所得的资料代表性及其可靠度均不相同。故在规划检测项目及引用检测结果时，应特别注意不可随意根据检测就据以作出推断（如仅以反弹锤敲击求硬度来推论混凝土强度），否则可能造成严重不良后果。

（3）对旧桥梁的结构分析评估：经由检测的结果（注意引用资料的可靠度），应确实要根据可靠的结构力学理论加以分析评估，以了解现有桥梁的结构安全性，再据以拟定修复补强对策，否则可能使补强方案不具效益甚或有害。

（4）修复补强方案规划：由旧桥梁分析评估的结果，可得知面有旧桥梁的安全性，若有不足则可据以拟定修复补强对策。由于目前常见的修复与补强材料及施工方案极多，其成效各有不同。其中部分补强施工方案仍停留在仅凭直觉判断而实际上不一定有效。因此，在选用修复补强施工方案时，应尽量选用较为可靠的补强方法。

（5）确认补强效果：修复补强的材料与施工方法种类繁多，但施工完成后大部分尚无确切可靠的检验方法，可证实施工的有效性，故结构工程师在设计修复补强施工方案时，也应考虑施工过程中及施工完成后的检验工作，以确保结构补强的效果。

沿海地区现有桥梁构件的劣化、老化极其严重，因此现有桥梁构件的修补、补强有迫切需求。现将钢筋混凝土结构物需要补强的时机简述如下：

1）结构功能改变：因结构的使用需求改变，导致荷载随之而变，因此桥梁的受力超过原先设计，这些桥梁即需补强以符合使用安全及使用功能，如车辆超载严重或重车运输增加等。

2）混凝土劣化、老化：因环境因素（如酸性、碱性）、配比设计不良、浇筑施工养护不当、或时间久远而造成混凝土强度不足，此部分的构件需予修复。

3）腐蚀防护及修补：沿海地区的气候区，夏季天气炽热，冬季风势强劲，日夜温差大，湿度偏高，空气中甚至挟带盐分，很易造成严重氯化物与腐蚀侵蚀等类似"海砂屋"的症状。若缺乏定期检查及维护工作，则结构物极易产生龟裂、剥落等缺陷，严重者可能导致倾倒、崩垮危及公共安全，为保护钢筋混凝土（RC）结构物钢筋免受外界环境腐蚀，并可补足受腐蚀钢筋损失强度，增加 RC 结构物的安全性，因此需作防蚀补强。

4）RC 桥梁设计或施工不当：在桥梁设计时，因力学分析失当或构件断面或配筋设计错误，或施工时未依施工说明书及设计图施工，导致完工后桥梁无法发挥预期功能；或是混凝土浇筑后随即发生地震，造成握裹力不足、构件劲度减少等。

5）配合规范修正：由于对地震的更加了解，例如台湾地区的地震与日本大地震后的教训，耐震设计的规范重新修正，使得旧规范是不符合新的安全标准，因此需要补强。

3. 钢筋混凝土桥梁常见的补强方式

钢筋混凝土桥梁常见的补强方式大致可分以下 3 大类：

（1）劣化补强：钢筋混凝土桥梁因为受到环境与气候等因素的作用，而造成钢筋或混凝土表面的腐蚀、剥离，在初期并未使桥梁的强度减弱，只需做表面处理、保护的工作：如钢筋混凝土的阴极防蚀法、增加保护层厚度与用水泥及环氧树脂修复等施工方案，其主要的目的在于阻止桥梁的继续劣化。

（2）耐震补强：桥梁本身虽未有任何损伤，但因时空的变迁、规范的更新，而使得该桥梁未能符合最新耐震规范的要求，此时可增设隔、减震组件、或改变结构系统增加韧性的耐震补强方式，如钢板、扩大钢筋混凝土构件断面或复合材料包覆补强桥柱等，使桥梁达到最新耐震规范的安全标准。

（3）强度补强：当桥梁因某些原因而使得本身强度减弱时，此时的补强作业刻不容缓，利用钢板、预应力杆件或者复合材料来进行补强，以提高桥梁的强度。强度补强的方式一般可分为改变结构系统及增加结构构件的受力强度或韧性两种方式。

（4）在改变整个结构系统组件的受力分配方面，以增设支承墙、剪力墙或斜撑方式来分担原构件力量，甚至利用加柱等方式，使力量传递系统作一总体性的改变，以达到分担原结构杆件力量的目的，进而增加原总体结构强度。在增加结构组件的构件强度或韧性方面则较为单纯，尤其以钢板及复合材料补强，最被业界及学术界所接受。

3.1.5.2　补强施工方案及优缺点

有鉴于桥梁所采用的补强方式相当多，为能有一清楚通盘的了解，故将现行常见的桥梁补强施工方案的优缺点整理如下：

1. 改变结构系统施工方案：

（1）此施工方案以增加或改变梁柱等结构构件的数目、位置，为工程界所采用的方法；

（2）该施工方案的主要优点为应力会重新分配，达到个别构件的受力在其安全范围之内，最具总体补强效益；

（3）此一施工方案的缺点是需重新作应力分析，避免如梁的正弯矩区变成负弯矩区的行为，且原结构系统的使用机能可能受到影响。

2. 钢板补强施工方案（钢夹克包覆法）：

（1）该施工方案常应用于桥柱及结构物柱的补强施工，流程如下：

1）依桥柱外形，制造成形薄钢板夹克（两个半圆或半椭圆外形）。

2）将两片薄钢板以螺栓方式接合于桥柱外围，再以焊接方式将其固定。

3）以水泥浆灌入钢夹克与桥柱的间隙中。

4）水泥浆固化后再对钢夹克外表涂漆以防腐蚀。

（2）该施工方案也可应用于梁的补强施工，流程如下。

1）安装依梁的外形制造成型的薄钢板夹克。

2）将结构物的裂缝用树脂类的材质填充。

3）将薄钢板夹克以树脂贴附于待修补的结构物上。

4）为加强与待补强结构的粘着强度，以打钉锁螺栓加固。

5）以水泥浆或树脂类的材质灌入钢夹克与待补强结构物的间隙中。

6）水泥浆或树脂类材质固化后再对钢夹克外表涂漆以防腐蚀。

（3）优点：钢材便宜，施工技术为传统技术，业界易于接受。

（4）缺点：

1）钢夹克于钢厂施工成形，再以大型拖吊车拖吊至施工现场，搬运作业复杂，且施工时也需大型吊车辅助，易阻碍交通，施工费用及交通维持等社会成本高。

2）钢板自重大，因此在桥梁补强时，每块钢板的最大长度通常为6～8m，若补强的长度超过此限度，即需予以焊接，但焊接技术好的技术工人，而人的工成本较高，而且焊接因温度高，容易破坏树脂类的胶结。

3）如若钢夹与待修补结构物的界面间隙较大时，需要再灌水泥浆，当增加人工成本及工时，施工的质量不易掌握计算。

4）打钉锁螺栓易造成结构体破坏。

5）钢板增加被修补结构的自重，且修补的品质不易检测；

6）由于钢板易锈蚀，需定期油漆维护。

7）补强钢板若承受压应力，则易因钢板的挫屈行为，而致掉落。

3. 纤维强化高分子复合材料补强施工方案

（1）纤维强化高分子复合材料贴片（FRP）补强施工方案。

1）采用此修补方法为欧美广泛使用，其修补桥梁、建筑物的例子众多，其施工主要内容如详见图 3-1-14 所示：

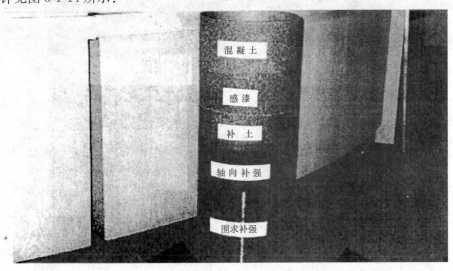

图 3-1-14　FRP 补强施工流程示意图

a. 当使用碳纤维（详见图 3-1-15）或玻璃纤维（详见图 3-1-16）及树脂为贴片材料时，纤维必须是单向或交织而成；

b. 在修补前，必须首先将桥梁上的梁柱表面清干净，并必须将梁柱涂上一层底漆，作为混凝土与 FRP 间的胶粘剂；

c. 将含浸树脂的 FRP 贴片以人工包覆在欲修补梁或柱表面，再一层一层地贴上（详见图 3-1-17），其厚度及纤维角度依补强需求而设计；

d. 使用碳纤维（详见图 3-1-15）或玻璃纤维（详见图 3-1-16）及树脂为贴片材料，纤维是单向或交织而成；

图 3-1-15　碳纤维贴片示意图

e. 修补前首必须先将梁柱表面清洗干净，并将梁柱的表面涂上一层底漆，主要是作为混凝土与 FRP 间的胶粘剂；

f. 将含浸树脂的 FRP 贴片以人工包覆在欲修补梁或柱表面，再一层一层地贴上（详

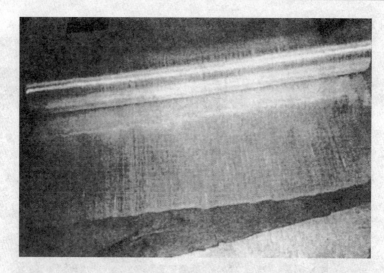

图 3-1-16 玻璃纤维布（贴片）示意图

见图 3-1-17），其厚度及纤维角度依补强需求而设计；

图 3-1-17 FRP 贴附施工示意图

g. 复合材料硬化后，再加一层抗紫外线的涂料。

2）优点：

a. 该复合材料不会腐蚀，对人体也不会产生有害；

b. 人工操作容易，而且不占施工空间，即便是狭小空间施工也没有困难；

c. 纤维是连续的，并可以用剪刀裁剪，因此不需接头；

d. 贴片柔软且容易弯曲，可修补桥梁上的任何形状的梁柱；

e. 即使构件是承受压应力，也不会剥落；

f. 碳纤维贴片有极佳的耐疲劳能力；

g. 纤维搭接 100mm 以上，即可视为连续。

3）缺点：现场施工品质受环境影响，需要受过特殊训练的工人来施工。

（2）复合材料缠绕施工方案

1）主要用在桥柱或烟囱补强上，施工流程如下：

a. 将缠绕成型机架（详见图 3-1-18）设于桥柱或烟囱周围，再将含浸树脂的纤维（详见图 3-1-19）缠绕于待修补的桥柱上；

b. 依设计需求厚度来回缠绕桥柱；

c. 复合材料硬化完成后，在其表面涂一层抗紫外线的涂料。

图 3-1-18　缠绕补强法示意图

2）优点：

a. 工期短：较传统钢夹克施工方案快 5～10 倍；若以同一组人员来进行补强，缠绕施工方案每天可完成 2～3 根柱，钢夹克包覆法则 3～4 天才能完成一根柱；

b. 成本低：省人工及工时，外围机器搬运容易；

c. 耐腐蚀：复合材料具有耐腐蚀的功能；

d. 缠绕作业时，纤维可施加预应力，围束效果更佳；

e. 经由测试，补强效果较钢夹克包覆法更佳。

3）缺点：工地施工环境会影响工程质量，缠绕设备比较昂贵，成本较高。

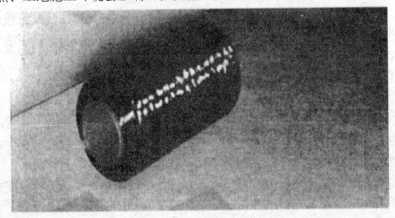

图 3-1-19　缠绕用碳纤维示意图

（3）预成型管状玻纤薄壳修补法（详见图 3-1-20）

1）主要使用于柱或烟囱的补强，施工流程如下：

图 3-1-20 预成型管状玻璃纤维

a. 预先在厂内成型玻璃纤维管状有缝薄壳约 100mm 厚；

b. 将预成型管状薄壳逐层贴附于待补强的桥柱或烟囱上；

c. 依需补强程度，决定预成型管状壳的贴补层数，相连的薄壳缝隙尽量避开；

d. 预成型管状薄壳与 RC 桥柱及预成型薄

壳间以胶粘剂胶合，胶粘剂可随施工环境需求而制造；

e. 最外层施工后以强力束带束紧整体结构，至胶合剂固。

2）优点：

a. 在工厂内制造时，其尺寸容易得到控制，纤维含量高，厚度均匀，品质稳定；

b. 现场施工容易，而且操作不占空间，更不需要封闭道路阻碍交通；

c. 该项材料最大的特点，就是能够在低温环境或水中可以施工；

d. 能耐腐蚀、性能优于传统钢夹克补强法；

3）缺点：

a. 在施工中，搭接的方式间隙过大，大大降低预成型薄壳补片使用效果（浪费材料）；

b. 对于复杂形状的桥柱，不容易进行预型铸造；

c. 纤维不连续、无预应力、补强效果较缠绕修补法差。

虽然应用于现行混凝土桥柱的补强方法相当多，但以钢板补强法及纤维强化高分子复合材料补强法应用最为普遍，故在下面将进行加重点介绍。而复合材料补强法为当今补强领域中的新趋势，在可见的未来中其发展空间相当大。

3.1.5.3 钢板补强施工方案

1. 概述

（1）以树脂粘结钢板与混凝土的结构补强方法，很早就已经被发展出来。自那时开始，此利方法已渐渐的使用在建筑物、工厂、桥梁和其他的土木工程上，直到现在，世界上已有超过数十个国家使用这种施工方案，同时其受欢迎的程度更与日俱增。

（2）然而，此种方法在目前依然是属于高科技，所以无论在设计、材料配方与材料的生产试验和储存等每个细节都应该谨慎地处理。

（3）适量硬化型环氧树脂类胶粘剂，已广为许多国家研究作为此种补强施工方案的胶粘剂，假若使用的方法正确，这类材料将可安全地使用至少 25 年甚至可达 50 年之久，图 3-1-21 与图 3-1-22 为台湾南投县 921 地震后高速公路中沙大桥采用钢板补强的施工实际状况。

图 3-1-21　采用钢板补强施工情形之一

图 3-1-22　采用钢板补强施工情形之二

（4）在使用钢板补强方式补强桥梁结构物时，必须对所使用的粘结材料在静荷载及活荷载作用下的变化和疲劳的特性有清楚的认识。作为交通运输功能的桥梁承受暂时性活荷载，这类荷叶载可能导致疲劳破坏。

（5）桥梁承受本身的自重和桥上设备等的长期性的荷载，这荷载可能导致材料徐变甚至于造成破坏。虽然对这两种荷载行为的维修补强方式并非全然不同，但所探讨的部分仅将针对承受暂时陛荷载（交通荷载）的桥梁以钢板补强方法作探讨。这种钢板粘着于构件外部的补强的方法应防止太阳直射所产生的热及紫外线，而影响到粘接材料的弹性或徐变的性质。

2. 环氧树脂胶粘剂

将介绍不同黏滞性和适温范围的环氧树脂胶粘剂，环氧类树脂的组成中挥发性物质不宜超过总重量的 3%，以下根据材料的黏滞性及适温范围进行分类：

（1）依黏滞性分类：

将材料按黏滞性的不同分成 3 类，如表 3-1-2 所列，环氧树脂胶粘剂材料的物理和化学性能列于表 3-1-3 所列，环氧树脂胶粘剂的力学性能列于表 3-1-4 所列。

环氧树脂胶粘剂可广泛地和许多种类的材料相结合，例如木材、金属、圬工和大多数的塑料材料。然而，对于聚乙烯、四氟乙烯及其碳氟化物，硬固的环氧类树脂以及油蜡的表面等，环氧类树脂无法粘着。

材料按黏滞性分类 表 3-1-2

类别	材料粘滞性	简　要　说　明
第一类	低黏滞性材料	种类似蜂蜜的混合材料，使用在钢材和既有混凝土间的灌注结合
第二类	中黏滞性材料	是一种膏状的混合材料，主要使用在如下两方面： （1）钢材和既有混凝土的压力结合； （2）钢材和新拌混凝土的结合
第三类	高黏滞性材料	使用在钢板和既有混凝土垂直面间的压力结合

环氧树脂胶粘剂的物理及化学性能 表 3-1-3

序号	技术性能	单位	第一类	第二类	第三类
1	涂布厚度 2mm（最薄） 6mm（最厚）	mm mm	— —	— —	0 2
2	黏滞度	Pa·s	<6	2～10	
3	胶凝时间（最少） 固结时间（最少）	min min	10① 20①	 20	
4	接触空气时间	min	—	60	
5	24h 内吸水（最大）	总重量的百分比	2	2	
6	干缩（最大）	—	0.005	0.005	0.005
7	填充剂（最多）	总重量的百分比	50	50	50
8	粒径大小： 通过 100μm 湿筛（最少） 通过 300μm 湿筛（最少）	填充剂总重量的百分比 	— 92.5 —	— — 92.5	— — 92.5

① 与混合设备的型式有关。

（2）根据温度分类

根据材料的适温范围将材料分成三个等级，而分级的方法是在一定的固结时间下材料所需要的温度。一般可分为如下三种：

1）A 级　这种材料适用温度范围在 10～20℃。

2）B 级　这种材料适用温度范围在 20～30℃。

3）C 级　这种材料适用温度范围在 30～40℃。

环氧类胶粘剂的力学性能要求 表 3-1-4

序号	技术性能	单 位	第一类 低黏滞性	第一类 中黏滞性	第一类 高黏滞性
1	3d 倾斜剪力强度 （最小）	MPa	5	5	5
2	7d 倾斜剪力强度 （最小）	MPa	10	10	10
3	挠曲正割模数 （最小）	GPa	2	2	2
4	挠曲正割模数 （最大）	GPa	10	10	10
5	热挠曲温度 （最小）	℃	50	50	50
6	剪力强度 （最小）	MPa	12	12	12
7	抗拉强度	MPa	12	12	12
8	接缝破裂韧度	—	0.5	0.5	0.5
9	搭接剪力强度 （s/s）： 密集粘结 （最小） 双重搭接 （最小）	MPa MPa	18 8	18 8	18 8
10	疲劳 （s/s），应力范围 密度粘结 1.0～10.0MPa 双重搭接 0.4～4.0MPa	Cycle Cycle	10^6 10^6	10^6 10^6	10^6 10^6

注：s/s＝钢材对钢材。

在此所提及的温度是指钢板和混凝土之间的表面温度，通常这和大气中温度并不相同，设计施工时必须考虑。当实际施工需要缩短粘结材料的固结时间时可考虑采用不同级的材料。举例来说，A 级粘结材料在气温高时会有很短的固结时间。

3. 钢板材料

（1）除非在图纸说明中有特殊规定，施工时钢材的性能必须满足国家有关钢板规定的现行规范和要求。

（2）假若设计的板厚并无这类的尺寸，为了安全起见可应选取尺寸与其最相近而较厚的钢材。同时钢板的宽度不可裁截，若欲使用较厚的钢板时则必须有工程师的许可。而所使用钢板应该平直光滑且一体成形，角隅处应呈圆弧，至少有 2mm 的圆弧半径。

（3）钢板的制作和防蚀处理都应按图施工。假若钢板的最小半径 2mm 的表面需要处理，应按照指示施工以提供钢板和混凝土间良好的接合。

（4）在施工时也应注意，不可使钢板在组装及运送过程中产生永久性的变形。任何产生弯曲扭曲或皱折等变形的钢板都应舍弃不用。

4. 树脂粘结剂

（1）施工时必须确实依照图纸说明规定的品名及等级施工，各级树脂胶粘剂具备的物理性能、化学性能及力学性能等都应如表 3-1-3 及表 3-1-4 中所列。

（2）包装胶粘剂中的两种成分必须分开包装，且必须确定不会与包装容器产生化学反应。包装时必须将两种成分依据建议的比例分开包装，以便拌合时使用。

（3）胶粘剂的容量不宜超过 5L，而同一批送至工地的原料不宜超过 200L。包装上应清楚注明"环氧树脂（A 种成分）"和"养护剂（B 种成分）"，同时注明其等级、颜色。

（4）每个包装上应清楚地标示：

1）制造商的名称及住址。

2）批号及制造日期。

3）包装日期，有效期限。

4）储存时应注意的事项。

5）建议的混合比例，分别以体积及质量表示。

6）混合的步骤。

7）安全警示与使用不当对安全的危害。使用说明应详述使用时的压力、温度、相对湿度与开启后保存时间。

5. 表面结合的准备

（1）准备的概述：表面清洁及处理对于结合接头非常重要，所有结合的混凝土及钢板表面的清洁工作，都必须在使用环氧树脂粘结前完成。为了结构的完整性，任何存在混凝土中的开裂、剥落和不坚固的材质均需要处理，并且避免在结合面上的渗漏和水汽。另外保持结构物的完整性亦为一重要的课题，因为环氧树脂粘着力会因水气的渗透而导致局部结合力的丧失，因此清除劣化的混凝土至干净且坚固的表面是极为重要的。

（2）相对平整、坚固的表面：混凝土与钢板接合的表面必须除去油污、浮浆、化学药剂及旧有的修补材料以免妨碍结合。另外水泥表层必须剔除至露出尚未损害的粗骨材为止。合适的清洁方式包括有：火焰清理、钝状冲击锤、针枪设备、高压水柱喷射。

（3）非均匀不规则的表面：表面不规则主要来自于劣等的模板及不良的工作品质，而且包含了较小的表面蜂窝，在高处的污染须使用上述的方法先行去除。具有额外填充材料的压力粘结系统，一般运用在这些平面。在某些状况，可使用喷射粘结系统。

（4）遭化学作用劣化的表面：混凝土可以使用水刀及钻石砂轮片来清除表面，施工时必须确定支撑系统安全而坚固地保持直线，直到工作完成为止。混凝土表面的灰尘、油污和其他的垃圾都必须加以清理，合适的清理方法包括：使用高压水柱、使用油污的清洁剂。

混凝土表面的清洁程度可使用黑色的绒布来擦拭，绒布颜色在擦拭后与未经使用的绒布颜色应该相同。混凝土表面须尽快加以干燥，最好表面的含水量小于 4%。混凝土表面水气的含量可使用 $0.25m^2$ 的聚乙烯薄膜来量测，经过 3 天（72h）后，假设在这个薄膜有水气凝结就必须进一步地加以干燥。

6. 钢构表面

（1）在干净钢构表面氧化及细微的锈蚀会很快速地发生，降低环氧树脂的结合力，因此所有的清洁工作必须在涂上主要的保护漆或环氧树脂前 6h 以内完成。在湿度高的天气或空气相对湿度超过制造要求规范的情况下，清洁工作是不可进行的。

（2）钢构接触面须使用均匀，一般温度的粗砂喷射，加以粗糙化以增加结合力，磨耗须持续进行，直到表面的粗糙度符合规范，钢构表面处理由工作人员戴清洁的手套加以处理。

（3）由于喷砂的缘故，可能会使钢材产生扭曲，因此，在喷砂完成后要检查钢构的表面。如果需要时，可在钢材反面同样用喷砂处理，使得表面回复平直。

7. 环氧树脂粘结剂的混合

根据施工的要求，环氧树脂胶粘剂的合成必须遵循下列方式进行施工。

(1) 位置：混合过程必须在一个温度较低的地方，以免固化速度加速，该地方尽可能靠近施工结合的地点，以避免在运输的过程中浪费时间。

(2) 时间：混合必须在完全准备好，确定要使用之后才可以进行。

(3) 设备：对于所有的混合设备、容器及运送的工具，包含注射枪，必须确保在干净的状态下，高分子容器是较佳的选择。

(4) 以手工操作混合：当宽度 50mm，且方正的面积时，适合采用手工及小量的拌合，一个平板形式的刀子与泥水匠所使用的抹刀，可以使得容器表面与底部的液体充分拌合，但是木棒及铁棒最好不要在这里使用。

(5) 机器混合：机器混合需要使用足够功率的机械及正确比例的材料，机械的速度最好不要超过 400 转/min，避免气泡及热能的产生而造成环氧树脂提早凝固。为确定充分的混合，拌合机内的叶片与壁侧及底部都必须清洗干净。

(6) 压力结合：

1) 粘性涂装：

a. 除非在特殊状况下，粘层的平均厚度为 3mm，最小厚度为 1mm，最大厚度不超过 5mm，但在某些低陷的地方厚度可达 10mm。除了提供结合的目的外，环氧树脂还可以提供垫层补平混凝土基底材质的不平整而且保护钢筋不受水气的侵蚀，假设粘层太薄（例如小于 1mm），则会导致结合失败或局部没有结合；

b. 对钢板与钢板间的结合，粘层最小厚度、平均厚度及最大厚度分别为 1mm、2mm 及 3mm。除非在特别情况下，一般环氧树脂都涂在钢板表面。而徒手的工具应该将环氧树脂均匀地涂抹在钢板的表面，树脂的厚度，应确定安全涵盖钢板与混凝土层的接触面。然而，涂层的厚度须允许温度的效应，并且确定最后接合处的最小厚度符合上面所述要求；

c. 当接合处完全封闭时，接合处树脂内的空气要完全的排除，换言之，树脂的表面应该是凸型的，额外的树脂将用来覆盖在混凝土层不平整及有凹陷的部位。

2) 接缝封口：

a. 接缝封口必须要在结合已经完成时立刻进行，并借安装的设备将均匀的压力加在胶粘剂上面，挤压之后流出的物质要快速从水泥或干净的表面刮除掉。在理想的状况下，例如预应力混凝土的结构物，临时的应力可使结合的平均压强达到 0.25MPa，且局部最小压强不小于 0.15MPa；

b. 若要将钢板贴在混凝土构件的边缘或梁底，施工较为困难，此时可使用硬木板或固定螺柱来加压在粘层上，虽然施加压力足够充分使粘结剂分散到平板的边缘，但也不可过度加压，否则可能造成无法预测的平板扭曲现象；

3) 封口完成：树脂打开后，在可操作的 80％ 以内完成，假设封口未能在这段时间内完成，则所有的步骤都要终止。所有底漆及胶粘剂随后都要移去重新加以清理。

4) 注射结合：

a. 任何钢铁加强板及临时伸展支撑梁，应该最先固定在混凝土层的基底上。每一个固定与锚锭螺栓上应设一个 5mm 厚的隔板片。接下来使用环氧类油灰迅速将边缘封位，而这种油灰在注射结合开始之前就应该硬化；

b. 在钢板侧的注入口间距应小于 300mm，在封闭边缘应预留排气孔，当注入完成后，检查所有注入口及排气孔，以确定这些孔洞都没有垃圾阻塞及每个孔洞功能都是正常的。在正式装置开始之前，所有使用技术都须先在其他平板先行试验；

5）树脂及设备：以下 3 种设备是用来调整比例，混合及注射环氧树脂的设备。

a. 润滑喷枪：在现场的施工过程中，胶粘剂需要分批进行混合，新混合完成的胶粘剂应该使用具有气压计的标准高压混合枪来注射；

b. 自动混合喷枪：由分离的管线分别输送两剂环氧树脂的成分到自动混合的喷枪中。这种具有压力计的喷枪应该可以在混合及注射时正确地混合这两种物质；

c. 可抛式设备：在使用可抛式设备前需由工程人员核准后方可使用。环氧树脂应该以循环的方式注入，当每一循环的注入压强达到 0.35MPa（最大 0.5MPa）就要暂时停止，在胶粘剂分散后压强会慢慢降低，当压强回复到 0.25MPa 时，下一循环的注入应该立刻开始。

为了防止平板的劣化，边缘封口的破裂或弄断固定的螺栓，在任何情况下最大的注入压强都不应超过 0.5MPa。

6）工作时间：每一批使用润滑枪注入的环氧树脂，当树脂开封后达到硬化时间的 80％时，注入就要终止，如果在两批环氧树脂之间的提供过程有延迟时，则润滑枪须加以清理干净。

7）完成：

a. 在环氧树脂养护完成之后，所有注入孔及排气孔应该要移去并使用环氧类油灰修饰表面到与钢板的边缘同高；

b. 暂时性的涂抹工具应该移去并且锁上固定螺栓，锚锭螺栓重新设置并压紧，螺栓凸出的尾端要加以切除并磨平。

8. 施工注意事项与安全预防设施

采用钢板补强混凝土桥柱时，在现场施工时必须注意如下事项：

（1）气泡的检查：

1）在环氧树脂养护之后，钢板所有露出的表面应该使用铁锤轻轻敲击来检测孔洞，这些气泡应该是随着环氧树脂的注入而产生的。

2）如果气孔过量，则工作的品质就必须评估。钢板与混凝土表面的结合，若少于 90％应该要完全的换掉。

（2）正确的工作温度

1）环氧树脂在施工过程中，受温度的影响很大，当温度太冷会增加不必要的养护时间，当温度太热则会影响材料的性质。

2）如果在工作区域内每天的温度超越了所使用材料限制的最高温度，则不得施工。若在低温的天气，工作区域需围绕并用人工方法加热到四周的温度达到 15℃。须具有备份的加热与通风设备，以备在设备故障时可以派上用场。

3）必要时，可以使用加热器或紫外线加热来加速养护。但无论如何，钢板表面的温度不应超过所使用该级环氧树脂的最大容许温度。

（3）安全设备：虽然环氧树脂在一般情况下使用是相当安全的，但仍然可能因错误使用，粗心或经验不足而发生下列的危险：

1）由于皮肤或眼睛遭受环氧树脂成分的污染而产生刺激性。

2）吸入在使用或养护过程中产生的蒸汽而产生危险或刺激性。

3）从口摄取或皮肤吸收导致有毒的反应。

4）不适当的储存或使用含有易燃溶剂的成分，造成失火或爆炸的危险，因此，须特别重视以下要求：

a. 依据厂商的规范使用；

b. 良好的通风设备；

c. 干净的环境；

d. 确实使用保护安全的衣物及材料；

e. 在使用环氧树脂时需有经验的工程师在旁监督。

另外，工作场所必须具有良好的通风设备，在某些限制的场合必要时，应使用机械的通风设备。如果限于工作环境，譬如在一个储存槽小房间内，操作人员必须具备氧气面罩及足够的安全索，这些安全索必须由位于非密闭空间的安全管理人员所控制。

3.1.5.4　纤维强化高分子复合材料（FRP）补强

1. 概述

（1）桥梁建成投入使用一段时间之后，可能因设计不当、材料的老化、超载或自然灾害等因素致桥梁结构承载能力不足，而影响结构及交通安全，甚至国家整体经济的发展。

（2）从交通整体经济方面的考虑，对于某些主线高速公路上桥梁或服务年龄还很短的桥梁，必须给予补强以延长其使用服务年限。

（3）在我国采用 FRP 材料加固土木工程已经有十多年的历史了，现在，越来越多的工程技术人员认识到 FRP 应用在桥梁维修上的显著效果。

2. 材料的特点

碳纤维贴布补强化的材料广泛地应用于桥梁的维修技术上，是因为它具有如下特点：

（1）高强度：碳纤维贴布补强材料的强度普遍较钢材为高，一些特制碳纤维贴布材料张力强度甚至可达到钢材的 10 倍以上。

（2）可增加断面韧性：碳纤维贴布材料为一种高强度材料，应用在桥梁下部结构补强时，因其材料所具的高围束力，使整体结构的韧性增加，而符合现行规范的要求。

（3）重量轻：其密度比铝还要小，在同样体积的材料下，碳纤维贴布不但具有高强度、韧性，同时因其质量轻，故其所引致的地震力相对就小，是相当优良的补强材料。

3. FRP 施工注意事项

（1）温度：在低温状况下，底漆及环氧树脂黏度会增加，硬化反应较迟缓，引起硬化反应不良的状况。冬期或寒冷地带，施工条件要慎重对待，气温在 5℃ 以下不可施工。

（2）湿气：水分的存在会阻碍底漆及环氧树脂的粘结。有漏水情况时，应先做防水止水工作、以及导水处理，如果在施工中碰上有可能结露的时候，应停止施工。

（3）表面不平：在桥梁结构表面凹凸或角落的部位，粘贴强化纤维时容易浮起。高差应修正在 1mm 以内，凸角取 $R=20mm$ 以上，凹角用树脂砂浆填补使其平滑。

（4）底漆及环氧树脂的处理：黏度以加温来调整，不可以有机溶剂等来稀释。主剂与硬化剂混合后，应严守有效使用时间，超过使用时间的东西不可使用。

（5）强化纤维的处理：强化纤维不可随意折叠。剪裁后，$R=300mm$ 以上要卷起或堆栈起来保管。粘贴时，纤维方向（长向），预留 100mm 的搭接长度，短向则不用。

（6）施工计划：要考虑对于既有建筑物的施工，因现场周边的环境因素，材料、工具的搬运，工作架的确保等，必须接受管理。又因振动或其他因素，施工会受到影响，事先要充分调查后，再做施工计划。

4. 安全管理

（1）确认材料、工具的使用方法及保管方法。

（2）安排整备好施工脚手架，确保安全施工环境。作业上所需用的口罩、护目镜、橡皮手套、安全带等必须严格要求穿戴。

（3）使用有机溶剂时，要注意中毒的事故发生。尤其在密闭空间工作时，要以送风机、风管等强制换气。工作脚手架、养护用塑料布会造成意想不到的封闭空间。

（4）底漆、环氧树脂、涂料等不小心沾到皮肤，应用肥皂水洗净。如碰到眼睛时，立即以大量清水冲洗，再去看医生。

（5）准备好紧急联络体制，记于施工计划上，并让施工人员彻底遵守。当事故发生时，可立即处置，确保安全第一。

3.2 桥梁结构表层的维修技术

3.2.1 水泥混凝土桥梁结构的缺陷

3.2.1.1 水泥混凝土桥梁结构缺陷的类型

（1）混凝土桥梁结构，往往由于设计考虑不周、施工不当、养护管理不善以及混凝土本身老化等方面的因素，致使结构引起不同程度的缺陷。

（2）在混凝土桥梁结构所发生的各种缺陷中，根据其结构类型、构造形式、使用条件、缺陷发生部位和形式的不同，一般可分为表层缺陷和内部缺陷两类：

1）表层缺陷主要有：蜂窝，麻面、露筋、孔洞、层隙、磨损、表面腐蚀、老化、剥落、表面裂缝、掉角、模板走样、接缝不平、构件变形等。

2）内部隐蔽缺陷主要有：混凝土的强度等级、抗渗等级、抗冻等级不足，内部空洞和蜂窝，钢筋的型号、数量、位置不对，焊接质量不良，混凝土保护层不足，钢筋的锈蚀等。

（3）在旧的混凝土桥梁表层或内部存在的蜂窝、孔洞和层隙等缺陷往往是由于施工不当所造成。主要表现：

1）蜂窝是指混凝土构件中，粗骨料颗粒之间砂浆没有填满而存有的空隙。

2）孔洞或空洞是指表层或内部混凝土中，由于混合料浇筑过程中缺乏振捣或模板严重漏浆而导致骨料和砂浆未能充填所形成的洞穴。

3）层隙则是指混凝土中处理不当的施工缝、温度缝和收缩缝以及混凝土内因外来杂物而造成的偶然性夹层。

（4）混凝土桥梁的表层出现各种磨损、腐蚀、老化、剥落等现象，则是构件在使用中所出现的缺陷。主要表现：

1）表层磨损是指构件在外界作用下骨料和砂浆的磨损脱落现象。

2）腐蚀老化是指混凝土表面或整体上出现的因物理、化学性质变化而形成的损坏现象。

3）剥落则是指混凝土表面的砂浆脱落、粗骨料外露的现象，如果严重时则形成骨料及包着骨料的砂浆脱落。

3.2.1.2 水泥混凝土桥梁结构缺陷产生的原因

（1）水泥混凝土桥梁表层缺陷产生的原因。引起水泥混凝土桥梁结构表层缺陷的原因是多方面的，除了设计、施工（包括水泥混凝土混合料的配比、操作等）可能产生的缺陷外，还有使用不当以及养护维修不善等所形成的缺陷。对于水泥混凝土桥梁表层的裂缝及维修方法将在本手册的［3.3.1］中介绍。现将常见的水泥混凝土桥梁结构的各种表层缺陷的产生及原因列于表 3-2-1 中。

水泥混凝土桥梁结构表层缺陷的产生原因　　　　　　表 3-2-1

序号	缺陷名称	常见发生部位	产　生　原　因
1	蜂窝	结构各部位均可发生	(1) 施工不当所致，混凝土浇筑中缺乏应有的捣固；分层浇筑时违反操作规程，运输时混凝土产生离析；模板缝隙不严，水泥浆流失等； (2) 结构不合理，如配筋太密，且施工时采用混凝土粗骨料粒径太大，坍落度过小等
2	露筋	结构各部位均可发生	(1) 施工质量不好，例如浇筑时对钢筋的保护层垫块移位，钢筋紧贴模板； (2) 保护层处混凝土漏振或者振捣不实
3	麻面	结构各部位均可发生	施工时采用模板表面不光滑，模板的湿润程度又没有达到，致使构件表面混凝土内的水分被吸收
4	空洞	结构各部位均可发生	结构上的钢筋布置过密，施工时混凝土被卡住，又没有进行充分振捣就继续浇筑上层的混凝土，此外，严重漏浆也能产生空洞的原因之一
5	磨损	桥面及受到水流冲刷的墩桩	(1) 混凝土强度不足，表层细骨料太多； (2) 车轮严重磨耗； (3) 高速水流冲刷，水流中又挟有大量砂石等推移质或冰凌等票浮物
6	锈蚀、老化、剥落	结构各部位均可发生	(1) 保护层太薄； (2) 结构出现裂缝，雨水浸入； (3) 钢筋锈蚀膨胀引起剥落； (4) 严寒地区冰冻及干湿交替循环作用； (5) 有侵蚀性水的化学侵蚀作用
7	表层成块脱落	桥面、栏杆、墩桩主梁面	外界的作用，例如被车辆撞击，或者被船舶及其他坚硬物体的撞击
8	构件变形、接缝不平	主梁及墩台等部位	(1) 施工不善而造成（施工偏差）； (2) 荷载作用下形成的变形

　　（2）内部缺陷产生的原因：混凝土桥梁结构内部出现缺陷多数是由于设计、施工不当（钢筋过密、骨料过粗、振捣不实等）或营运使用中各种外部因素所造成的：

　　1）设计不当还包括结构不合理、计算上出现差错以及图纸不完善等几个方面，由此而造成结构强度不足，稳定性不好，刚度不足。

　　2）施工不当则主要是指施工的质量不好，其原因是施工中所使用材料的规格与性能不符合要求，或者操作中又违反规程等。

3）营运使用中的外部因素主要是指交通流量的增加，运载重量的增大，地震、洪水、泥石流等自然灾害的影响，以及海水、污水的侵蚀作用。

3.2.1.3　水泥混凝土桥梁结构产生缺陷的危害

（1）水泥混凝土桥梁结构的表层缺陷虽不会引起塌桥等重大事故，但这并不意味着表层缺陷没有任何危害。对于混凝土结构，由于缺陷受外界各种因素的影响，加上长年累月地发生变化，往往会有扩大的危险性。例如，由于表层损坏，会使保护层减薄或钢筋外露，导致钢筋锈蚀，严重时就会削弱结构的强度和刚度，使建筑物遭到破坏。有些表层损坏还会向构件内部发展，造成混凝土强度降低，危及结构的安全使用，从而缩短桥梁结构的使用寿命。

（2）对于桥梁结构的表层缺陷应及时维修，以防其桥梁表层损坏的进一步扩大，避免桥梁发生更严重的破坏。以及危害到车辆的正常通行。

（3）结构内部缺陷的危害性更大，如混凝土强度不足，钢筋配置不符合设计要求，内部产生空洞等，都会直接危及结构的安全使用，严重的会造成结构的直接破坏。因此，对于这类缺陷，查清后就必须及时加以处理，或者进行修补加固，或者报废重新浇筑。

3.2.2　水泥混凝土桥梁结构表层缺陷的检查与修补材料

3.2.2.1　水泥混凝土桥梁表层缺陷的检查及分析

（1）表层缺陷的检查：当发现混凝土桥梁结构表层产生缺陷时，应对缺陷进行仔细的调查研究，进一步检查、观测其发展变化，以便区别情况，采取相应的处理措施。

1）实施修补前，应对要进行修补的结构物缺陷作实地踏勘，内容包括构造物的材料采样或原始资料的收集。同时，还要对缺陷形成的原因、现状、发展趋势等进行周密的调查研究，以确定缺陷的程度和性质。

2）了解量测构件的形状、施工截面、周围环境、影响因素及其特殊要求等，做好施工前的资料汇集、整理工作。

（2）表层缺陷的分析：

1）分析缺陷应收集下列资料：

a. 缺陷部位、位置、形式、走向、深度、宽度（或面积）及产生时间；

b. 构件施工日期，施工记录，原材料组成、物理力学性能等；

c. 使用情况，包括交通流量，养护措施、维修方法等；

d. 在特殊情况下，要弄清楚附近厂矿单位的工业废水与废气对环境的污染情况。

2）根据结构受力状况、缺陷产生原因与发展趋势来分析缺陷对结构影响的严重程度。缺陷的存在可能使结构功能受到一定程度的损失和削弱，且在继续发展；或者对结构功能暂时无多大影响、但影响外观；或介于上述两者之间。属于哪种情况必须经过分析确定。

3）修补方案的确定，应在分析比较的基础上，慎重选择。方案一经确定，应认真做好各项有关的准备工作，并做好修补施工计划。

3.2.2.2 水泥混凝土桥梁表层损坏废料的清除

（1）不管采用何种材料、何种方法对缺陷进行修补，都必须尽可能地把已损坏的混凝土除掉，直到露出完好的混凝土，并扩展到为除去钢筋上的铁锈所需要的范围。清除损坏混凝土的方法有如下几种类型：

1）人工凿除法：对于桥梁浅层或面积较小的损坏，一般可采用手工工具（如尖嘴铁榔头或平口扁铁榔头或凿子加榔头等）凿除的方法。

2）气动工具凿除法：对于损坏面积较大桥梁且有一定深度的缺陷（如内部蜂窝、空洞缺陷），一般可采用气动工具（如风镐等）凿除。气动工具凿除后，对个别部位尚不能满足要求的，再用手工工具补凿，直到满足要求为止。

3）高速射水清除法：对于浅层的桥面，并且其面积较大的缺陷，可以使用高速水流冲射法除去混凝土损坏部分。

（2）在维修旧桥梁过程中，高速射水是使用高压泵冲水来清除混凝土破损处和钢筋上的铁锈。在经过清除的钢筋上很快会形成一层极薄的氧化铁薄膜，经验表明，这层薄膜不仅不会造成伤害，而且有助于保护钢筋。

（3）高速喷射水流可以全部或几乎全部地冲去有缺陷的混凝土、钢筋上的锈蚀以及表面上微量的侵蚀性化学物。与上述两种方法相比较，射水法没有振动、噪声和灰尘。同时，清除工作完成后，混凝土表面干净湿润，这是接着做混凝土或砂浆修补层时获得良好粘结效果的最有利条件。

3.2.2.3 水泥混凝土桥梁表层缺陷修补常用的材料

为使混凝土桥梁结构在修补后能够坚固耐久，用于修补的材料范围是很有限的。应用最多的材料是与原结构相同的水泥混凝土和水泥砂浆，其水泥和骨料的品种则应力求与原来混凝土的材料品种相同。

（1）混凝土材料可采用与原来级配相同的混凝土，也可采用比原混凝土强度等级高一级的细石混凝土。一般说来，修补用的混凝土的技术指标不得低于原混凝土，所用水泥不得低于原混凝土的水泥强度等级，一般采用强度等级 32.5 级以上的普通硅酸盐水泥为宜，水灰比应尽量选用较小值，并通过试验确定。为了提高修补混凝土的和易性，亦可加入适量的减水剂。

（2）水泥砂浆材料最好采用与原混凝土同品种的新鲜水泥拌制的水泥砂浆。砂浆的配合比一般要通过试验求得。水泥砂浆的修补，可以采用人工涂沫填压的方法，也可以采用喷浆修补的方法。

（3）混凝土胶粘剂，这是一种近年来研究成功的混凝土胶结材料。该材料可根据不同要求拌制成净浆、砂浆及混凝土几种形式，并分别采用表面封涂、灌浆、粘结、浇筑等方法对缺陷进行修补。表 3-2-2 是上海市市政工程研究所和上海市公路管理处桥梁预制厂共同研制的 SC-Ⅰ型混凝土胶粘剂的常用配合比，实践表明，用于桥梁结构等的修补，效果显著。

（4）环氧树脂类有机粘结材料环氧树脂类材料用于混凝土结构表层缺陷修补的有环氧胶液、环氧砂浆、环氧混凝土等。由于环氧材料的价格比其他材料昂贵，施工工艺较为复杂，因此，只有在修补质量要求较高的部位，或当其他材料无法满足要求时，才考虑使用。

SC-Ⅰ型混凝土胶粘剂常用配合比　　　　　　　　　　表 3-2-2

序号	型式	矿粉	胶液	黄砂	碎石	固化剂	膨胀剂
1	净浆	1	0.5～0.6	—	—	0.1	0.01
2	砂浆	1	0.8～1.0	2	—	0.1	0.01
3	混凝土	1	0.9～1.1	1	1.3～2	0.1	0.01

注：1. 胶液可用硅酸钠（波美度 51°～49°）（俗称水玻璃或称泡花碱）。

　　2. 固化剂可用氟硅酸钠（工业纯或化学纯）。

1）环氧类材料的主剂是环氧树脂。环氧树脂是一种线型高分子化合物，是大多数塑料的基本成分，通常是呈黄色至青铜色的黏液体或固体。常用的环氧树脂牌号及主要性能见表 3-2-3 所列。

2）环氧树脂必须加入硬化剂，经室温放置或加热处理后才能成为不溶的固体。常用的硬化剂如表 3-2-4 所示。

3）环氧树脂如仅加入硬化剂，硬化后脆性较大，因此要加入增塑剂以提高韧性和抗冲击强度。常用的增塑剂如表 3-2-5 所示。

几种国产常用的环氧树脂　　　　　　　　　　表 3-2-3

序号	产品牌号	化工部统一型号命名	软化点（℃）	环氧值（当量/100g）	主　要　用　途
1	618	E-51	液态	0.48～0.54	粘合、浇注、层压、密封
2	6101	E-44	12～20	0.41～0.47	粘合、浇注、层压、密封
3	634	E-42	21～27	0.38～0.45	粘合、浇注、层压、密封
4	637	E-33	20～35	0.28～0.38	粘合、浇注、层压、密封
5	638	E-28	40～55	0.23～0.33	主要用于浇柱
6	601	E-20	64～75	0.18～0.22	固体、软化点高，用胺类硬化剂、供制涂料

常 用 的 硬 化 剂　　　　　　　　　　表 3-2-4

序号	类别	产品名称	用量（%）（以环氧树脂量为100）	硬　化　条　件
1	胺类	乙二胺（EDA）（95%纯度）	6～8	室温下，24h
2	酸酐类	间苯二胺（MPDA）	14～15	加热至150℃，保温2h
		邻苯二甲酸酐（PA）	35～40	加热至150℃，保温4h
		顺丁烯二酸酐（MA）	30～40	加热至150℃，保温4h
3	高分子类	聚酰胺树脂	100	室温下2～3天或加热至150℃，保温2h
		酚醛树脂	30～40	加热至150℃，保温4h

常用的增塑剂   表 3-2-5

序号	产品名称	分子量	材料性状	用量（%）（以环氧树脂重为 100）
1	邻苯二甲酸二丁酯	272	无色油状液态	15～20
2	邻苯二甲酸二辛酯	390	无色油液态	15～20
3	磷酸三苯酯	323	液体、耐寒性较差	15～20
4	聚酰胺树脂	600～1000	黄色至褐色高黏度液体	60～300

4）用环氧树脂配制胶粘剂，为了降低树脂的黏度，提高树脂的渗透力并延长使用时间，还须加入稀释剂。最常用的稀释剂有 690 号活性溶剂（环氧丙烷苯基醚）、甲苯、丙酮和无水乙醇。

为降低环氧树脂粘结材料的膨胀系数、收缩率和放热温度，增大其导热率，提高其粘结力、硬度和冲击性等，在粘结料中还须加入填充料。常用的填充料有石英粉、水泥、石棉纤维等。此外，根据需要还可掺入洁净、干燥的砂和石子。

采用乙二胺及间苯二胺作为硬化剂配制环氧砂浆的配料程序分别参见图 3-2-1 和图 3-2-2所示。

常用的各种环氧树脂高分子粘结材料的配方及适用范围列于表 3-2-6 中。

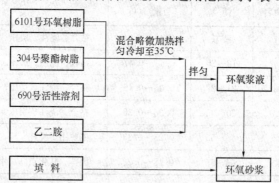

图 3-2-1   加入乙二胺硬化剂配制环氧砂浆的配料程序

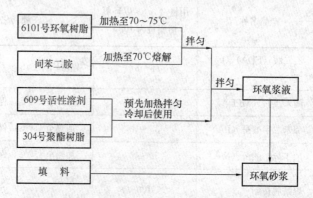

图 3-2-2   加入间苯二胺硬化剂配制环氧砂浆的配料程序

几种用于混凝土缺陷的环氧材料配比

表 3-2-6

剂称	材料名称	环氧胶液		环氧胶泥		环氧砂浆			环氧沥青砂浆			环氧混凝土		水下环氧砂浆		
序号		配合比（按重量百分比计算）														
		1	2	3	4	5	6	7	8	9	10	11	12	13	14	15
主剂	环氧树脂 E-44（610*）	100	100	100	100	100	100	100	100	100	100	100	100	100	100	100
硬化剂	乙二胺（EDA）	16	6~8											3	3	
	间苯二胺（NPDA）			15	10	15~17	10	12	10~12	12	12	15~17	8~10	30	30	20
	酮亚胺水													20	15	5
增塑剂	邻苯二甲酸二丁酯	20~30	10~20	30	20~25	20~30	10~15		10	10	10	30	20	5	—	—
	304 号聚醋酸树脂															
稀释剂	690 号活性溶剂															
	甲苯	15~20		15~20			15~20	10~15	20	—	10	15~20	20			
	丙酮	0~5		0~5												
填充料	石英粉			70	400	100~200	450	150				100~150	375	300	300	300
	细砂					400~600	150	550	450	200	450	300~400	125			
	水泥								150	100	150			200	200	200
	煤沥青								20	20	50					
	石棉纤维									10	15					
	石子											500~700	适量			

注：1. 表中第 1、2 两种配比的环氧基液，适于一般做新老混凝土的结合剂。
　2. 第 3、4、5、6、7 五种配比适用于一般混凝土表层缺陷及裂缝的修补工程。
　3. 第 6、8、9、10 四种配比适用于干潮湿环境内的混凝土缺陷的修补工程。
　4. 第 11、12 两种配比适用于一般混凝土表层缺陷的修补工程。
　5. 第 13、14、15 三种配比适宜用于混凝土表层缺陷及裂缝的水下修补工程。

3.2.3　水泥混凝土桥梁结构表层维修的方法

3.2.3.1　水泥混凝土的修补法

对于混凝土桥梁结构中出现的蜂窝、空洞以及较大范围的破损等缺陷，一般可采用新鲜混凝土进行修补。用于修补的混凝土，要级配良好，并须特别注意保证具有良好的和易性，以减少捣实工作的困难。

（1）为了浇筑工作的顺利进行，应把构件中的蜂窝或空洞缺陷部分尽可能凿除。同时，还要对混凝土修补部位进行凿毛处理，并使老混凝土表面保持湿润、清洁、不沾尘土。为了保证新老混凝土之间能良好的粘结，最好的办法是，在完成上面工作后，马上在钢筋和其周围的混凝土上涂抹一层水泥浆液或其他胶粘剂，如 1∶0.4 的铝粉水泥浆液、1∶1 的铝粉砂浆、环氧胶液等。浆液应仔细地刷进混凝土内并均匀地刷到钢筋上。刷浆的目的是在钢筋周围造成一种强碱性环境，以增强老混凝土与新混凝土之间的粘结。同时在这些浆液涂抹后尚未凝固时，即可立即浇筑上新的混凝土。

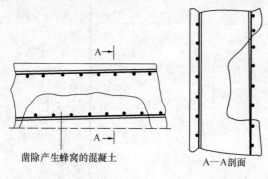

凿除产生蜂窝的混凝土

A—A剖面

图 3-2-3　混凝土构件中产生蜂窝的修补

（2）混凝土的修补法一般有直接浇筑、喷射及压浆（预填粗骨料，然后灌入水泥砂浆）等几种方法。面积较大的修补工作，混凝土浇筑前还应立上模板，以保证修补的外观质量。同时，在混凝土浇筑以后应注意尽可能地捣实。图 3-2-3 为混凝土构件中产生蜂窝的修补示意。

（3）当混凝土修补完成后，对新老工程之间周边的接缝，应在尽可能晚的时候加以封闭。在新老混凝土接缝表面各 15cm 宽的范围内必须用钢丝刷将所有软弱的浮浆除去，而后再刷净尘土，涂抹两层封闭浆液。浆液可以是环氧树脂浆液，也可以是前面所讲的铝粉水泥浆液。涂抹时，涂第二层的方向应与第一层相垂直。

（4）当修补工作全部结束后，对修补部分还要加强养护，养护的方法与通常的水泥混凝土的养护方法相同。

3.2.3.2　水泥砂浆的修补法

1. 水泥砂浆人工涂抹法

对于桥面小面积的缺陷，特别是当被损坏的深度不大时，采用水泥砂浆涂抹修补常常能获得满意的效果。

（1）该法的修补工艺也较简单，先做好准备工作，准备工作的内容如前节所述。准备工作做好后，即可将拌合好的砂浆用铁抹抹到修补部位，反复压光后，按普通混凝土要求进行养护。当修补部位深度较大时，可在水泥砂浆中掺入适量的砾料，以增强砂浆强度和减少砂浆干缩。

（2）用砂浆修补时必须特别注意加强压实这道工序。因为只有用抹子施加较大的压力，才能使砂浆经过养护硬化和干燥后不致出现凹陷。在这类修补工作中是不允许有凹陷发生的。

（3）一般情况下，在修补工作完成后一个月左右，常会发现在新补上的砂浆四周产生细发丝裂缝。这是一些收缩裂缝，如不采取措施加以封闭，水分和空气又会侵入到构件内部去，经过一段时间，也许几年以后，这些裂缝将渐趋加宽，水分就会进一步获得通至钢筋的途径，锈蚀和散裂必将重新发生。为此，谨慎的做法是在新补上的区域周围再涂上两层如前所述的环氧树脂胶液或铝粉水泥浆液、或其他胶粘剂。

2. 水泥混凝土的喷浆修补法

喷浆修补法是指将水泥、砂和水的混合料，经高压通过喷嘴喷射到修补部位的一种修补方法。此法主要适用于重要混凝土结构物或大面积的混凝土表面缺陷和破损的修补。

（1）喷浆法的特点：喷浆用于混凝土修补工程具有下列特点：

1）可以采用较小的水灰比，较多的水泥，从而获得较高的强度和密实度。

2）喷射的砂浆层与受喷面之间，具有较高的粘结强度，耐久性较好。

3）工艺简单，工效较高。

4）材料消耗较多，当喷浆层较薄或不均匀时，干缩率大，容易发生裂缝。

（2）喷浆准备：为了保证喷浆层能与受喷面的老混凝土面粘结牢固，达到预期的修补效果，喷浆前应做好以下准备工作：

1）对老混凝土进行凿毛处理，并将表面清理干净。同时，凿毛面应有一定的深度，但凹凸过大时，则使表面各处在喷浆时所经受的压力不均匀，会影响其与老混凝土的粘结。

2）当修补要求挂网时，在施工前应进行钢筋网的制作和安装并将其位置固定。

3）在喷浆前一小时，应对受喷面进行洒水处理，使之保持湿润状态、但又无水珠存在，以保证喷浆与原混凝土的良好结合。

4）当被喷面有渗水时，应先行处理使之阴干，以保证粘结良好。

（3）喷浆作业：喷浆作业的主要工作程序如下：

1）喷料供应要求：喷浆前应准备充足的砂子和水泥。浆砂子和水泥均匀拌合后，保存在不受风吹日晒之处，并及时使用，以免砂中的水分和水泥起水化作用而结成硬块。

2）输料软管设置：软管长度一般可连接成 $25\sim70$m。最大升高不宜超过 10m。为了出料均匀和操作安全，不宜采用短于 15m 的软管。

3）气压和水压的选择：喷浆工作压力应控制在 $0.25\sim0.40$MPa 的范围内，一般可根据输料软管的长度和上升高度而调整。

4）喷头操作：喷枪头与受喷面之间应保持适当的距离，距离过大或过小都会增加回弹量。距离的大小可视压力而定，一般要求为 $80\sim120$cm。喷头对受喷面的方向，一般也应垂直，以使喷射物集中，减少回弹物，增强粘结力。

5）喷层厚度控制：为避免砂浆流淌或因自重而坠落等现象发生，当喷射层要求较厚时，一般须分层喷射。

a. 为确保每个喷射层之间的粘结，在第一层没有完全凝固时即可开始第二层的喷射；

b. 同时，在各层喷射前，最好将前一层洒水润湿。当气温在 5℃ 以上时，每层间歇时间以 $2\sim3$h 为好；

c. 当前一层已凝固时，则应在保证砂浆表面不被振动和沾污的情况下，用钢丝刷或竹刷轻轻将层间松砂刷除，以使层间结合良好。

d. 喷射时对喷射层表面加以自然整平，有利于美观，受力和耐久。然而进一步追加整平对喷射层的结构是有害的。对喷射层表面有较高的美观要求时，追加的整平工作可在初凝之前使用靠尺、铁皮或抹子刮平，然后再采取人工抹灰或再另外喷一层5～7mm厚的装饰层。

6) 喷射层的养护，对于厚度很薄的干硬性砂浆喷射层，使其处于通风干燥条件下是十分重要的。否则易于产生收缩裂缝，影响修补质量。在夏日阳光直射之处，应采取遮阳措施或加强洒水养护。第一次洒水养护，一般应在喷射后1～2h后进行，以后洒水养护，应以保持表面湿润为度，养护期为1～2周。

由于喷射层通常很薄，因而在养护期内不能遭受雨打、波浪冲击、强烈振动以及重物撞击等，以免造成损坏。

3.2.3.3 混凝土胶粘剂的修补法

1. 表面封涂修补法

对水泥混凝土桥梁结构表面的风化、剥落、露筋及小面积的破损，一般可采用混凝土胶粘剂表面封涂的方法进行修补，其效果比较理想。

(1) 人工表面封涂施工工艺 人工表面封涂修补的施工工艺，如图3-2-4所示。

(2) 人工封涂注意事项 人工封涂法修补时，应由低向高，由内向外填抹，并保证在封涂缺陷的周围有2cm粘附面，封涂层的厚度一般不小于2.5cm为宜。

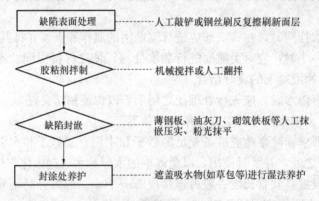

图 3-2-4 混凝土胶粘剂表面封涂修补工艺流程框图

2. 浇筑涂层修补法

当水泥混凝土桥面的结构物破坏较大且深入构造内一定深度时，可采用混凝土胶粘剂浇筑层的方法加以修补。

(1) 浇筑操作步骤 混凝土胶粘剂浇筑修补的操作步骤参见框图3-2-5所示。

(2) 操作注意事项：

1) 施工操作时，应避免荷载或重力振动等干扰，当实施有困难时，应尽量减少影响，如半开放交通等。主梁及其他重要部位的修补，须使修补部位强度达到原结构强度的100%时，方可承受荷载、振动等。有支模的，其拆模时间亦应满足本条强度要求。

2) 修补混凝土路面结构部位，无论是早期、中期都应避免高温（＞60℃）影响，更不能与火接近。

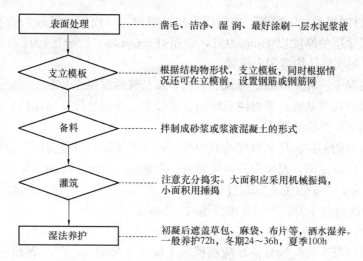

图 3-2-5　混凝土胶粘剂浇筑涂层修补的流程框图

3）如若在雨期施工应采取遮盖措施，避免表面起砂，影响修补质量。

4）除上述要求外，要注意所采用的混凝土胶粘剂的种类及其固有特性与使用要求，以确保操作质量。

3.2.3.4　环氧树脂的修补法

1. 修补表面处理的一般技术要求

（1）混凝土表面要求做到无水湿、无油渍、无灰尘及其他污物，无软弱带。对混凝土面加以凿毛，保持平整、干燥、坚固、密实。

（2）混凝土表面处理可用人工凿毛，然后用高压水或压缩空气吹净，或采用风砂枪喷砂除净的方法，保证被修补的部位无松散颗粒砂子。

2. 修补施工工艺要求

（1）涂抹环氧树脂基液：

1）为使老混凝土表面能充分被环氧树脂浆液所湿润，保持良好的粘结力，在涂抹环氧砂浆或浇灌环氧混凝土时，应先在表面涂一层环氧基液。

2）涂刷时，应力求薄而均匀，钢筋和凹凸不平等难于涂刷的部位，须特别注意，反复多刷几次。涂刷基液厚度，应不超过 1mm。

3）涂刷方式，可用毛刷人工涂布，也可用喷枪喷射。为便于涂匀，还可在基液中加入少量丙酮（3%～5%）。

4）已涂刷基液的表面，应注意保护，严防杂物、灰尘落入其上。

5）涂刷基液后，须间隔一定时间，使基液中的气泡清除后，再涂抹环氧砂浆或浇筑环氧混凝土。时间间隔一般为 30～60min。

（2）涂抹环氧砂浆：

1）平面涂抹时应摊铺均匀，每层厚度不宜超过 10～15mm，底层厚度应在 5～10mm，并用铁抹子反复压抹，使表面翻出浆液，如有气泡必须刺破压紧。

2）斜、立面涂抹时，由于砂浆流淌，应用铁抹子不断的压抹，并适当增加砂浆内的填料，使环氧砂浆稠度增大。厚度以 5～10mm 为宜，如过厚应分层涂抹，超过 40mm 时最好立模浇筑。

3）顶面涂抹时极易往下脱落，在涂刷底层基液时，可使用黏度较大的基液，并力求均匀。环氧砂浆涂层的厚度以 5mm 为宜，如超过 5mm 时，应分层涂抹，每层厚度可控制在 3～5mm，每次涂抹均需用力压紧。

（3）浇筑混凝土：环氧混凝土浇筑的工艺要求与普通混凝土基本相同，铺筑时应注意防止扰动已涂刷的环氧基液。平面浇筑时须充分插捣，再用铁抹反复压抹；侧面及顶面浇筑时均须架立模板，并插捣密实。

（4）环氧材料的养护：环氧砂浆的养护与水泥砂浆不同，最重要的是控制温度，夏季工作面向阳的，应设凉棚，避免阳光直接照射。冬期温度太低，应加温保暖。一般养护温度以 20±5℃ 为宜，养护温差不宜超过 5℃。养护时间，在夏季一般 2 天即可，冬季则须 7 天以上。养护期的前 3 天，不应有水浸泡或其他冲击。

3. 修补施工注意事项

（1）环氧材料每次的配制数量，应根据施工能力来确定，一般不宜超过 1～2kg，并要求尽可能做到随用随配。因环氧树脂自加入固化剂后，即开始化学反应，故配制好的环氧材料的使用时间有一定限制，一般在室温条件下，保存适当的环氧材料，可以使用 2h 左右。

（2）已拌制好的环氧材料，必须分散堆放。切勿成桶或堆置，以免提前固化。配料时所用的器皿宜广口浅底，易于散热，并不断搅拌。

（3）冬、夏季节，日温变化较大，涂抹、浇筑和养护环氧材料时，必须进行严格的温度控制，以防止温度变化时对环氧材料的施工质量产生不良影响。

（4）环氧材料各组合成分，大都易于挥发，因此施工现场必须通风，避免有害气体对人体的不良影响。同时要严格注意防火和劳动保护，操作人员须戴口罩和橡皮手套。人体与环氧材料接触后，可用工业酒精、肥皂水与清水多次清洗，严禁用有机溶剂清洗，以免有机溶剂将环氧材料稀释，更易于渗入皮肤。

（5）施工用具用后可用丙酮、甲苯、二甲苯等溶剂清洗。若环氧材料已结硬在工具上，可加热刮掉，但不能燃烧，以防产生有毒烟气，危害人体健康。

（6）在施工过程中，不允许将用过的器具以及残液等随便抛弃或投入河中，以防水质污染和发生中毒事故。

3.2.4 砖石桥梁结构的表层损坏及维修

3.2.4.1 砖石桥梁结构的表层损坏原因

（1）砖石桥梁结构是一种耐久性的结构物，但在不利的工作条件下，材料也会以不同的速度破坏，如砖石砌体经常处于潮湿状态，并遭受多次冻融后，其破坏一般由表面开始，表现在抹灰层、砌缝脱落，砌体表面麻面、起皮、起鼓、粉化、剥落等。

（2）材料损坏逐渐向内发展，粉化和剥落的深度不断增加，亦可造成内部材料的变质、酥化，使强度降低。

（3）砖石桥梁砌体由于构件受力不均，如基础的不均匀沉降，受热的不均匀等方面的影响，还会产生各种程度的裂缝。

（4）除耐久性遭到破坏、产生裂缝外，由于砌体砌筑质量不佳或外界因素（如下雨下雪，河流高速水流冲刷等）影响，砌缝也会脱落，砌体局部会损坏。同时，在自然界各种破坏因素的长年综合作用下，砖石砌体还会产生风化损坏。

（5）砖石砌体遭到各种情况的损坏后，对于保证桥梁结构的安全和使用寿命，将会产生大小不同的影响。为此，必须采取多种维护修理措施对其加以维修。

3.2.4.2 砖石桥梁结构表层损坏的维修方法

砖石桥梁结构表层损坏的维修，一般是指在桥梁结构强度和稳定性尚能满足安全要求的情况下，根据使用要求、美观要求和耐久性要求而进行的修理工作。常用的维修方法有勾缝、抹浆、喷浆、局部修补等。除裂缝的修补在本手册［3.3.1］中叙述外，其余分述如下。

（1）勾缝修补：砖石砌体由于气候的影响、雨水的侵蚀以及砌缝材料质量欠佳或施工不良，最易造成砌缝砂浆的松散、脱落，这就需要重新进行勾缝修补。勾缝时，可用手凿或风动凿子凿去已破损的灰缝，深 30～50mm，用压力水彻底冲洗干净，然后用 M10 水泥砂浆重新勾缝。勾缝前用抹子把砂浆填入缝内，然后再用勾缝器压紧，切去飞边使其密实。勾缝最好做成凹形缝，因为凹形缝耐久性好，不易风化。片石砌筑物则可用平缝。常用勾（嵌）缝形式如图 3-2-6 所示。

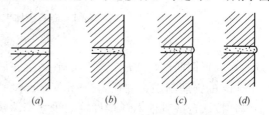

图 3-2-6　砖石砌体常用勾缝形式
(*a*) 平缝；(*b*) 凹形缝；(*c*) 半圆形凸缝；(*d*) 带形凸缝

桥台和护坡接触处一般常会出现离缝。如用砂浆勾缝不久又会裂开，故可用浸过沥青的麻筋填嵌，以防止雨水浸入。

（2）抹浆或喷浆整治砖石表面风化，砖石砌体表面风化、剥落、蜂窝、麻面可抹喷一层 M10 砂浆防护。

1）抹喷的方法与前述混凝土表层损坏修补时一样，有手工抹浆和压力喷浆两种方法。

2）手工抹浆前，应将风化、剥落的表层彻底凿除，将露出的完好表面凿毛，用水冲洗干净并保持湿润，然后分层抹浆。每层厚度为 10～15mm，总厚度一般为 20～30mm。下层砂浆应为毛面，使其与次面连接紧密。

3）砖墩因最易风化，特别是在我国南方气候潮湿地区，抹面不能耐久，故应视情况逐步进行改造。

压力喷浆适用于面积较大的抹面工程，做法与前述混凝土结构表层损坏的喷浆修补法相同。

（3）表面局部修补：当砌石砌体表面局部损伤，脱落不太严重时，可以将破损部分清除，凿毛洗净，然后用 M10 水泥砂浆分层填补至需要厚度，并将表面抹平。

当损坏深度和范围较大时，可在新旧结构结合处设置牵钉，必要时挂钢筋网，立好模板浇筑混凝土，其做法是：

1）清除已破损部分，并洗净灰尘。边缘也应修凿整齐，凿深不少于 30～50mm。

2）埋设牵钉，其直径为 16～25mm，随破损深度而选用。埋置要求见图 3-2-7 所示。牵钉间距在纵横方向均不得大于 50cm，埋设方法为打眼，冲洗孔眼，孔内灌注满水泥砂浆，插入牵钉。

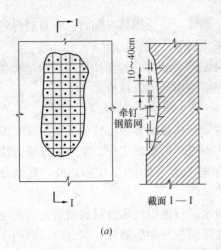
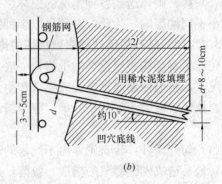

图 3-2-7　砖石砌体表面局部修补示意图
(a) 修补方法；(b) 牵钉的设置

3）放置钢筋网，在固定牵钉的砂浆凝固后进行钢筋网内牵钉锚定。钢筋网一般用直径 12mm 的钢筋制成，网孔为 20cm×20cm。

4）按墩台或其他损坏构件轮廓线立模，并进行支撑；

5）浇灌混凝土。如有喷射混凝土设备时，也可采用喷射混凝土的方法进行修补。

（4）镶面石的修理：镶面石破损时可以个别更换或采用预制混凝土块代替。如镶面石仅松动而没有破碎，可先将其周围的灰缝凿去，然后取下镶面石，将内部失效灰浆全部铲除，用水冲洗干净，再用 M10 砂浆填实，安上镶面石，并在其周围捣垫半干硬性砂浆。如镶面石更换的面积很大，为了使它能更好地和原有砌体结合，可在原砌体上安装带倒刺的套扣，用锚钉或爪钉与套扣相连来承托新的镶面石。

3.3 桥梁结构裂缝的修补技术

3.3.1 桥梁裂缝的产生及分类

3.3.1.1 概述

（1）桥梁结构在施工和营运使用过程中，常常会出现各种不同形式的裂缝。由砖、石、混凝土构筑而成的桥梁结构物，由于砖石砌体及混凝土材料的抗拉能力弱，稍微受拉就有可能产生裂缝。因此，对于砖、石、混凝土结构物来说，产生裂缝几乎是不可避免的。

（2）一般情况下，对于混凝土构件，根据不同的环境条件，其细裂缝可限制在 0.2～0.3mm 以内，这对结构物的正常使用、耐久性以及安全性一般无任何妨碍。实践证明，当混凝土裂缝宽度小于 0.3mm 时，构件内钢筋不致因混凝土开裂而锈蚀（在正常使用条件下）。

（3）为了保证必要的抗裂安全度，容许的裂缝还要小一些。《公路钢筋混凝土及预应力混凝土桥涵设计规范》JTG D62—2012 规定，钢筋混凝土受弯构件在荷载组合 Ⅰ 作用下，裂缝的最大宽度不应超过 0.2mm；在荷载组合 Ⅱ 或组合 Ⅲ 作用下，不应超过 0.25mm。但预应力钢筋混凝土构件的情况与普通钢筋混凝土构件完全不同，由于混凝土在承受荷载之前已预加应力，因此，理论上除网状裂缝以外，其他裂缝是不容许产生的。

（4）所以《公路桥涵施工技术规范》JTG/T F50—2011 规定，对预应力构件中的表面裂缝，对非预应力部分（如隔板、堵头等）容许有 0.2mm 以下的收缩裂缝，其余部分不应出现裂缝。

（5）砖石砌体不同于钢筋混凝土的一个特点是，抗拉强度小，结构脆性较大，裂缝荷载比较接近或几乎等于破坏荷载。因此，当砖石砌体出现由于荷载引起的裂缝时，往往是砌体破坏的特征或前兆，应作及时分析和处理。

3.3.1.2 砖石砌体的裂缝

砖石砌体产生裂缝是常见的一种缺陷。裂缝的产生将对结构的耐久性、美观、强度和刚度等方面产生不同程度的影响。砖石砌体裂缝根据其产生的原因，主要可分为如下几种。

（1）沉降裂缝：沉降裂缝是砌体最常见的一种裂缝，沉降裂缝一般是由地基础沉降和砌体灰缝沉降引起的。基础沉降产生的砌体裂缝有斜面裂缝、垂直裂缝和水平裂缝3 种。

（2）温度裂缝：砖石砌体不均匀受热，温差较大时亦易引起裂缝。结构在温度变化时伸长或缩短的变形值（ΔL）与长度、温差和材料种类有关，可表示为：

$$\Delta L = L\,(t_2 - t_1)\cdot\alpha$$

式中　　L——砌体长度；

　　　$t_2 - t_1$——温度差；

　　　　　α——砌体材料的膨胀系数。对于砖取 $\alpha = 0.5\times10^{-5}$；对于混凝土取 $\alpha = 1.0\times10^{-5}$。

（3）砌体的强度不足及荷载引起的裂缝　由于砌体强度不足及荷载引起的裂缝形式有水平裂缝、竖直裂缝及斜向裂缝几种，砖石砌体由荷载引起的裂缝形式见表 3-3-1 所列。

砖石砌体由荷载引起的裂缝形式　　　　　　　　表 3-3-1

序号	裂缝受力及形式	简图	序号	裂缝受力及形式	简图
1	受竖向荷载而产生的竖向裂缝		4	竖向受剪时产生的竖向错开裂缝	
2	受水平拉力而产生的裂缝		5	受偏心压力时产生的裂缝	
3	受弯时产生的裂缝		6	水平受剪时产生的水平裂缝	

3.3.1.3　水泥混凝土构件的裂缝

1. 混凝土自身应力形成的裂缝

（1）收缩裂缝：混凝土凝固时，一些水分与水泥颗粒结合，使体积减小，称为凝缩；另一些水分蒸发，使体积减小，称为干缩，凝缩与干缩合称为收缩。混凝土的干燥过程是由表面逐步扩展到内部的，在混凝土内呈现含水梯度。因此产生表面收缩大，内部收缩小的不均匀收缩，致使表面混凝土承受拉力，内部混凝土承受压力。当表面混凝土所受的拉力超过其抗拉强度时，便产生收缩裂缝。

（2）温度裂缝：混凝土受水泥水化放热、阳光照射、大气及周围温度、电弧焊接等因素影响而出现冷热变化时，将发生收缩和膨胀，产生温度应力，温度应力超过混凝土强度时，即产生裂缝，称为温度裂缝。

1）大体积混凝土（厚度超过 2m 者），灌注之后由于水化放热，内部温度很高，如无妥善散热措施，由于内外温差太大，很易形成温度裂缝。

2）蒸汽养护及冬期施工时如措施不当，混凝土骤冷骤热，内外温度不均，也易发生温度裂缝，所以要特别注意。

3）当构件较长且两端固定时，由于周围温度变化将产生附加的温度应力，该附加应力和原有内力的合力超过混凝土强度时就会产生破坏裂缝。

4）在新旧混凝土接头处、沿接缝面的垂直方向也易产生裂缝，这也是由于水泥水化热引起的温度裂缝。

5）对预制构件安装时，预埋铁件焊接措施不当，使铁件附近混凝土产生的裂缝也是一种温度裂缝。

2. 荷载作用下产生的裂缝

（1）弯曲裂缝：在混凝土梁上施加弯矩时，将产生弯曲裂缝。弯曲裂缝也称垂直裂缝。对受弯构件和压弯构件来说，弯曲裂缝首先出现在弯矩最大的截面的混凝土受拉区。梁板结构的正弯矩裂缝一般位于跨中，从底边开始向上发展，负弯矩裂缝位于连续或悬臂梁板的支座附近，自上向下发展。随着荷载的增大，裂缝宽度增大，长度延伸，缝数增多，裂缝区域逐渐向两侧发展。

（2）剪切裂缝：剪切裂缝有时也称斜裂缝。首先发生在剪应力最大的部位。对受弯构件和压弯构件，往往发生在支座附近，由下部开始，沿着与轴线成 $25°\sim50°$ 左右的角度裂开。随着荷载的增大，裂缝长度将不断增长并向受压区发展，裂缝缝数不断增多并分岔，裂缝区也逐渐向跨中方向扩大。

剪切裂缝一旦出现，就应加强观察。如裂缝发展缓慢并限制在受拉区，还是允许的，但如裂缝不断发展或者裂缝已接近受压区，则不论其宽度和挠度如何都应及时给予必要的加固处理。

（3）断开裂缝：钢筋混凝土构件受拉时，进入整个截面的裂缝称为断开裂缝。受拉构件在荷载作用下产生的裂缝均沿正截面开展，裂缝间距有一定规律性。受拉构件在内力较小时，混凝土和钢筋均匀承受拉力，拉应力值较小不超过混凝土抗拉极限，这是未出现裂缝的构件的工作状态。随着内力增大，混凝土内拉应力达到其受拉极限，产生裂缝并退出工作，全部拉力由钢筋承担，这是允许出现裂缝的构件的工作状态。荷载继续增大，钢筋应力达到流动极限，钢筋伸长率较大，裂缝很宽超过设计规范允许宽度的许多倍，这时多为使用所不允许的或构件将接近破坏的状态。

（4）扭曲裂缝：混凝土构件受扭转与弯曲同时作用而产生的裂缝称为扭曲裂缝。该裂缝一般呈 $45°$ 倾斜方向。钢筋混凝土构件在扭曲作用下，产生的裂缝一般有许多条，裂缝出现后混凝土保护层剥落，扭曲产生的扭矩改由钢筋承担，直至钢筋滑动时构件完全破坏。

（5）局部应力引起的裂缝：局部应力引起的裂缝，主要表现在：墩台支座处受到较大局部压力；构件突然受到冲击荷载；构件角隅处；预应力梁端锚固端受到较大局部应力而引起裂缝。

3.3.2 桥梁孔结构的常见裂缝

3.3.2.1 钢筋混凝土简支梁的常见裂缝

钢筋混凝土梁在施工及营运使用过程中，经常会出现各种裂缝。普通钢筋混凝土简支梁的常见裂缝如表 3-3-2 所列。

普通钢筋混凝土简支梁的常见裂缝

表 3-3-2

序号	裂缝种类及发生部位	主要特征	原因分析	简　图
1	网状裂缝	（1）发生在各种跨度的梁上； （2）裂缝细小，宽度约为 0.30~0.05mm，用手触及有凸起感觉； （3）无固定规律	多为混凝土收缩所引起的表面龟裂	
2	下缘受拉区的裂缝	（1）多发生于梁跨中部，梁跨度越大，裂缝越多； （2）自下翼缘向上发展，至翼缘与梁肋相接处停止； （3）裂缝间距约 0.1~0.2m，宽度约为 0.03~0.1mm； （4）对跨度＜10m 的梁，其裂缝少而细小（宽度 0.03 以下）	混凝土收缩和梁受挠曲所产生的裂缝	
3	腹板上的竖向裂缝	（1）裂缝多处于薄腹部分，在梁的半高线附近裂缝宽度较大，一般在 0.15~0.3mm 左右； （2）跨度越大，裂缝越宽越长； （3）经荷载作用后，向上下两端延伸，一般向上至腹下翼缘梁肋处； （4）裂缝一般在跨中地段宽度大，两侧逐渐变窄； （5）裂缝部位及走向在一片梁的内外侧有的大致吻合，形成对裂	（1）设计上存在缺陷，如梁跨度较大、梁身较高、梁肋较薄且分布钢筋较稀； （2）施工质量影响、养护不及时； （3）温度及周围环境条件的影响	
4	腹板上的斜裂缝	（1）裂缝多在跨中两侧，离跨中越远倾斜角度大，离跨中越近倾斜角较小，倾角约在 15°~45°之间（跨度在 10m 以下的梁为 10°~30°左右、第一道裂缝多出现在距支座 0.5~1.0m 处）； （2）腹板变更截面者，裂缝由梁的半高处向上、下端斜伸。不变更截面者多由下翼缘向上斜伸； （3）裂缝宽度一般在 0.3mm 以下	（1）设计上的缺陷，因混凝土收缩预先使梁产生微观裂缝或存在一定的初拉应力，同时腹板受拉区实际上参加了工作，中和轴就要比计算低些，因而增加了剪应力，致使主拉应力较计算为大，混凝土不能负担时，就会产生裂缝； （2）施工质量不良，会加速裂缝的产生和发展	

序号	裂缝种类及发生部位	主要特征	原因分析	简 图
5	运梁不当引起的上部裂缝施工	(1) 根据支承点的不同，裂缝的位置不同，程度不同； (2) 严重时要及时维修	运梁时支承点没有放在梁的两端吊点处上，而是偏向跨中，使支承点处上部出现负弯矩，引起开裂	
6	梁顶端裂缝	(1) 个别情况； (2) 裂缝由下往上开裂，严重者宽度可达 0.3mm 以上	由于墩台下沉，而形成梁端部局部支承压力增大，产生局部应力所致	
7	梁水平裂缝	为近似水平方向的层裂缝	施工不当引起，分层浇筑，间隔时间太长	
8	梁与梁间横隔板上的裂缝	裂缝由下向上，不规则	(1) 支座设置时与桥轴垂直向有偏斜； (2) 通行重型车辆时梁受力不均所致	

3.3.2.2 预应力钢筋混凝土梁的常见裂缝

预应力钢筋混凝土梁的常见裂缝见表 3-3-3 所列。

预应力钢筋混凝土梁的常见裂缝 表 3-3-3

序号	裂缝种类及发生部位	主要特征	原因分析	简 图
1	梁端沿钢丝束的裂缝（后张法梁）	(1) 梁缝基本上与钢丝束方向一致； (2) 通常发生在端部扩大部分； (3) 裂缝比较细小，有的仅几厘米长，最长在 2m 左右，宽度小于 0.1mm，个别在 0.2mm 左右； (4) 在运营初期有所发展，但不严重，以后趋于稳定	(1) 主要由于端部集中应力所致，加上运营过程中受各种综合作用显露出来； (2) 端部混凝土质量不良（后灌注砂浆较多）	端部水平裂缝

序号	裂缝种类及发生部位	主 要 特 征	原 因 分 析	简 图
2	梁端沿钢丝束的裂缝（先张法直线配筋梁）	（1）裂缝均起始于张拉端面，近水平状向跨中方向延伸，通常自梁底 50～130cm 高度范围内有 1～5 条； （2）宽度 0.1mm 左右，长度一般只延伸至扩大部分的变截面处	（1）由于无弯起钢丝束，全部钢丝束均集中在下缘，上缘仅 1～2 根，因上下两组钢丝束相距很远，而预应力在梁端传递有一定范围，由于局部应力，在两组钢丝束的中间部分的梁端混凝土处于受拉区，使梁端发生水平裂缝； （2）因锚头处应力集中和锚头产生的楔形作用会使锚头附近产生细小的水平裂缝	
3	下翼缘的纵向裂缝	（1）多发生在梁端第一、二节间的下翼缘侧面及梁底，或腹板与下翼缘交界处，也有少数发生在腹板上； （2）裂缝一般处于最外的一排钢丝束部位； （3）宽度一般为 0.05～0.1mm，个别达 0.5mm，长度在 0.5～4.0m 之间	（1）由于下翼缘受到过高的纵向压力导致梁体产生过大的横向位移； （2）管道保护层太薄，压浆时又受到数公斤压力的作用； （3）寒冷地区压浆中多系水分受冻膨胀引起； （4）混凝土质量不良的影响	
4	腹板垂直裂缝	（1）大多在脱模后 2～3 天内发生，裂缝通常从上梁肋至下梁肋，整个腹板裂通； （2）宽度 0.2～0.4mm，个别严重的甚至桥面及梁底部被裂断； （3）施加预应力后，裂缝大都闭合，但在孔道压浆时还会从裂缝中挤出浆来	主要是混凝土收缩和温差所致	
5	桥面及下翼缘斜面上的龟裂	（1）方向无一定规律； （2）长度不大，但裂缝有的很宽，达 1～2mm	主要原因是干缩，即施工质量不良，裂缝处混凝土水泥浆较多，混凝土坍落度大，水和水泥用量较多，捣固不良，不注意收浆，浮浆层厚，养护不良等	

3.3.2.3　连续梁、刚架桥及拱桥的常见裂缝

（1）连续梁的常见裂缝：除了出现与上述简支梁所产生的某些裂缝外，当墩台沉陷不均匀时（因实际受力情况和设计不符），梁将发生不同的裂缝。如两端桥台下沉较大，则中间墩上梁身所受负弯矩增大，顶部会发生自上而下的裂缝，见图 3-3-1。

（2）刚架桥的常见裂缝　如图 3-3-2 所示刚架桥，其两个立柱各支承于不同的地层，且下部没有联结，当右端支柱支点基础下沉（向外侧斜向下沉），而低于左侧支柱支点后，刚架各点就相应产生了附加弯矩。横梁左节点处为负弯矩，梁顶为受拉区；右节点处为正弯矩，梁底为受拉区。因此，横梁左端的裂缝从上向下开展，右端从下向上开展，左侧支柱上的水平裂缝则从外向内开展。

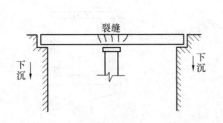

图 3-3-1　连续梁两桥台沉陷引起
在中间墩上梁身的裂缝

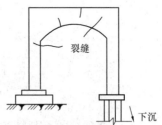

图 3-3-2　刚架右侧支柱下沉
引起各部裂缝

（3）拱桥的常见裂缝：

1）石砌拱：石砌拱桥中最容易出现裂缝的地方是拱顶附近的下部（如图 3-3-3）和拱趾附近的上部。其裂缝有时可一直延伸到拱上结构（边墙）。另外，在拱圈表面有时还会产生和拱圈平行的裂缝。如拱圈和边墙用不同材料砌筑，在接缘处也会发生裂缝。裂缝最初出现的时候也许很小，但以后在外界因素的作用下，会逐渐扩大。

2）空腹式钢筋混凝土拱：空腹式钢筋混凝土拱在拱脚、立柱、立柱与拱圈相接的地方可能会出现裂缝，如图 3-3-4 所示。

3）钢筋混凝土双曲拱：钢筋混凝土双曲拱除会产生上述某些裂缝外，还因其结构上的原因而在拱肋与拱波结合处产生裂缝。

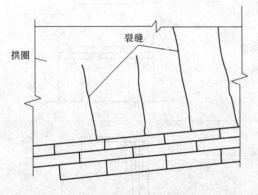

图 3-3-3　石拱桥拱圈中的裂缝（局部）

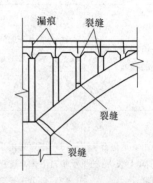

图 3-3-4　空腹式钢筋混凝土拱的裂缝

3.3.3 桥梁墩台的常见裂缝

桥梁墩台在施工及运营使用过程中，也会出现各种不同的裂缝，各种常见裂缝的特征及其发生的原因，详见表 3-3-4 所列。

桥梁墩台的常见裂缝　　　　　　　　　　　　　　　　表 3-3-4

序号	裂缝名称及发生部位	主要特征及原因分析	简　图
1	墩（台）网状裂缝	（1）此种裂缝多发生在常水位以上墩身的向阳部分，裂缝宽 0.1～1mm，深 1～1.5cm，长度不等； （2）主要原因是由于混凝土内部水化热和外部气温的温差，或日气温变化影响和日照影响而产生的温度拉应力； （3）由于混凝土干燥收缩而引起	
2	从基础向上发展至墩（台）上部的裂缝	（1）裂缝下宽上窄； （2）原因是基础松软或沉陷不均匀	
3	墩（台）身的水平裂缝	（1）呈水平层状； （2）多为混凝土浇筑接缝不良所引起	
4	翼墙和前墙断裂的裂缝	往往是由于墙间填土不良、冻胀或基底承载力不足，引起下沉或外倾而开裂	
5	由支承垫石从下向上发展的裂缝	（1）主要是由于墩（台）帽在支承垫石下未布置钢筋所致； （2）也由于受到过大的冲击力	

序号	裂缝名称及发生部位	主要特征及原因分析	简 图
6	桥墩墩帽顺桥轴线横贯墩帽的水平裂缝	(1) 不论空心墩或实心墩均有发生； (2) 主要由于局部应力所致。因梁和活载的作用力集中地通过支座（或立柱）传至桥墩，使其周围墩顶其他部位产生拉应力	墩帽放射形裂缝
7	双柱式桥墩下承台的竖向裂缝	由于桩基下沉不均或局部应力所致	裂缝
8	支承相邻不等高的墩盖梁，雉墙上的垂直裂缝	(1) 裂缝多位于矮墙棱角部分及中线附近； (2) 严重时部分混凝土剥落露筋； (3) 由于局部应力所致	裂缝
9	墩（台）盖梁上自上至下的垂直裂缝	桩基下沉不均而引起盖梁上的不均匀受力	裂缝 下沉
10	镶面石突出的裂缝	(1) 多为不规则的裂缝； (2) 由于镶面石与墩台连接不良	
11	悬臂桥墩角隅处的裂缝	由于局部应力引起悬臂桥墩角隅处有裂缝	

3.3.4 桥梁结构裂缝的修补方法

3.3.4.1 桥梁结构裂缝的检测

桥梁结构出现裂缝之后，应加强检查与观测。根据裂缝的特征，结合设计、施工资料进行分析，查明裂缝性质、原因及其危害程度，确定是否需要修补并为修补方案的制订提供可靠的依据。

（1）桥梁结构裂缝的检查：其主要内容包括：

1）检查桥梁结构裂缝发生的部位、走向、宽度、分布状况以及大小和长度等。

2）检查桥梁结构裂缝的变化发展情况，如有异常则必须采取有效措施处理。

观测裂缝的仪器一般有塞尺、手持式读数显微镜（如 DM 型），也可用长标距裂缝应变片、千分表引伸仪等办法来测量裂缝。

（2）桥梁结构裂缝的观测：观测裂缝的变化发展情况，也可用下面的简便方法进行：

1）在裂缝两边设置小标杆，两杆间的距离用卡尺测量（见图 3-3-5），或者用读数放大镜直接测量裂缝的宽度。

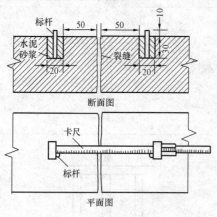

图 3-3-5 设标杆观测裂缝

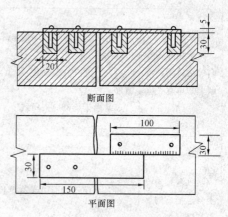

图 3-3-6 设金属板观测裂缝

2）设置两块金属板来量记，一块金属板盖过裂缝并与另一块刻有尺寸的金属板相接触（见图 3-3-6），量测并记下裂缝变化的尺寸。

（3）利用水泥浆或石膏做成薄片状的标记贴在裂缝处，或用玻璃片、较牢固的纸糊在裂缝上，观察其是否继续开裂。具体做法是：

1）在裂缝的起点和终点划上与裂缝走向垂直的红油漆线记号，并把裂缝登记编号。观测并记下裂缝的部位、走向、宽度、分布状况和长度等。如有必要知道裂缝深度时，可用注射器在裂缝中注入有色溶液，然后开凿至显色为止，其开凿深度即为裂缝的深度。

2）观测裂缝的变化情况，除长度可观察裂缝两端是否超出前一次油漆划线外，对裂缝是否沿宽度方向继续扩展，可做灰块或玻璃测标（见图 3-3-7）进行观测。其方法是先将安设测标部位的结构表面凿毛，然后用 1：2 水泥砂浆或石膏在裂缝上抹成厚 10～15mm 的方形或圆形灰块。

3）也可用石膏将细条状玻璃固定在裂缝两侧结构表面上，在裂缝处玻璃截面特小，对测标编号并注明安设日期，当裂缝继续扩展时，测标就会断裂，一般裂缝宽度都较小，应尽可能采用带刻度的放大镜测量。

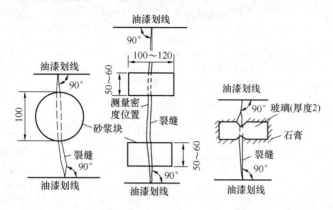

图 3-3-7　划油漆、设砂浆块、石膏块、玻璃片观测裂缝

4）在观测裂缝时，要记录气温的情况，因为气温降低时，结构的外层比内层冷却的快些，因而表面收缩较快，这时裂缝呈现的较大，当气温增高时则情况相反。

3.3.4.2　桥梁裂缝修补必要性的判定与选择

1. 裂缝修补的必要性

（1）如前所述，钢筋混凝土结构中，受拉钢筋的应变总是大大超过混凝土的极限拉伸应变，所以裂缝的发生也是不可避免的。

（2）在初拉应力和弯曲应力作用下，混凝土的裂缝一般是较细较短的，这样的裂缝对梁的强度影响不大。按耐久性要求，因裂缝细小（<0.2mm），梁暴露在大气中，钢筋也不致锈蚀，即使裂缝达到或略超过容许值（0.2mm），只要已趋稳定，不继续发展，对梁的强度也不会有明显的影响，对行车也不必采取特殊的限制。

（3）当裂缝较多且宽度较大时，梁的刚度要相应降低，同时钢筋受有害介质的侵蚀，结构物的寿命也要缩短。

根据《公路养护技术规范》JTG H10—2009，裂缝限值表见表 3-3-5 所列。

铁路部门在《铁路桥梁检定规范》中规定了砌体梁拱墩台恒载裂缝宽度限值，如表 3-3-6 所列，可供参考。裂缝超过表列数值时应进行修补以保证结构的耐久性。

道路桥梁钢筋混凝土构件裂缝限值表　　　　　　　表 3-3-5

序号	结构类别	裂缝的主要部位		最大裂缝宽度限值（mm）
1	普通钢筋混凝土梁	主筋附近竖向裂缝		≤0.25
		腹板竖向裂缝		≤0.30
2	预应力混凝土梁	梁体	竖向裂缝	不允许
			纵向裂缝	≤0.20
		横隔板		≤0.30

续表

序号	结构类别	裂缝的主要部位		最大裂缝宽度限值（mm）
3	砖、石、混凝土拱	拱圈横向		≤0.30
		拱圈纵向		≤0.50
		拱波与拱肋结合处		≤0.2
4	墩台	墩台帽		≤0.30
		墩台身	经常受浸蚀性环境水影响	有筋 0.20 无筋 0.30
			常年有水，但无浸蚀性影响	有筋 0.25 无筋 0.35
			干沟或季节性有水河流	≤0.40
		有冻结作用部分		≤0.20

铁路桥梁砌体梁拱墩台恒载裂缝宽度限值　　　　　表 3-3-6

序号	桥梁类别	裂缝的主要部位		最大裂缝限值（mm）
1	普通钢筋混凝土梁	主筋附近竖向裂缝		≤0.25
		腹板竖向裂缝		≤0.3
2	预应力钢筋混凝土梁	梁体	竖向裂缝	不允许
			纵向裂缝	≤0.2
		横隔板		≤0.3
3	石、混凝土拱	拱圈横向		≤0.3
		拱圈纵向		≤0.5
4	墩台	顶、帽		≤0.3
		墩身	经常受侵蚀性环境水影响	有筋 0.2，无筋 0.30
			常年有水，但无侵蚀性	有筋 0.25，无筋 0.35
			干沟或季度性有水河流	≤0.40
		有冻结作用部分		≤0.2

2. 裂缝修补的常用方法

对于砖石砌体、混凝土及钢筋混凝土结构物裂缝等的修理，主要的目的是恢复桥梁结构的整体性、保持结构的强度、刚度、耐久性、抗渗性及外形的美观。目前常用的修补方法有如下几种：

（1）表面封闭修补法：即采用抹浆、凿槽嵌补、喷浆、填缝的方法使表面裂缝封闭。

（2）压力灌浆修补法：即采用水泥灌浆或化学材料灌浆的方法，将浆液灌满结构内部裂缝。用浆液将裂纹充实补满，并使其结构更加牢固。

（3）表面粘贴玻璃布或钢板等材料的方法，既可达到封闭裂缝的目的，又能提高结构的强度和刚度。

3. 裂缝修补的施工程序

桥梁上的裂缝从被发现到确定是否要进行修补，直至最后实施修补工程，其施工程序见图 3-3-8 所列。

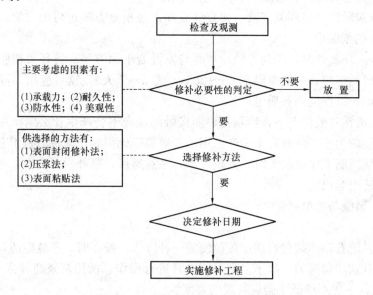

图 3-3-8　裂缝修补的施工程序框图

3.3.5　桥梁结构裂缝的表面封闭修补法

3.3.5.1　表面抹灰修补法

1. 水泥砂浆涂抹

（1）对于混凝土结构，可先将裂缝附近的混凝土表面凿毛，并尽可能使糙面平整，经洗刷干净后，洒水使之保持湿润（不留水珠），然后用 1∶1～1∶2 的水泥砂浆涂抹其上。

（2）涂抹时混凝土表面不能有流水，最好先用纯水泥浆涂刷一层底浆（厚度约 0.5～1.0mm），再将水泥砂浆一次或分几次抹完（应视总厚度而定），一次过厚容易在侧面和顶部引起流淌或因自重下坠脱壳；太薄则容易在收缩时引起开裂。

（3）涂抹的总厚度一般为 10～20mm，待收水后，最后用铁抹压实、抹光。

（4）砂浆配制时所用砂子不宜太粗，一般为中细砂；水泥可用普通水泥，其强度等级不低于 32.5 级。

（5）温度高时，涂抹 3～4h 后即需洒水养护，并防止阳光直射；冬季应注意保温，切不可受冻，否则所抹的水泥砂浆受冻后，轻则强度降低，重则报废。

2. 环氧砂浆涂抹

(1) 配方环氧砂浆的配方可参照本手册［3.2.2.3］中的有关内容。

(2) 涂抹工艺及注意事项:

1) 先在裂缝上口凿一 V 形槽,宽约 10～20mm,深约 5mm,槽面应尽量平整。

2) 用钢丝刷或竹刷刷清缝口,并凿去浮渣。用手持式皮风箱（皮老虎）吹清缝内灰砂,用红外线灯烘干混凝土表面。裂缝外宜用蘸有丙酮或二甲苯的回丝（纱头）洗擦一遍（不宜用水清洗）,保持槽内混凝土面无灰尘、油污等。

3) 在裂缝四周涂一层环氧浆液,如裂缝较深,在垂直方向也可静力灌注,环氧浆液可灌入 0.5mm 的细缝中。

4) 最后嵌入环氧砂浆,用刮刀使其平面与原混凝土面齐平。待环氧树脂硬化后（温度越高,硬化时间越短,一般常温下 20～25℃,需 5～7 天）,就可应用。养护期间结构不宜受振、受潮,以保证修补质量。

5) 操作人员在一般情况下,特别是短期接触的场合不会产生什么副作用。但在具体做法上,应以预防为主,注意安全生产。用乙二胺等固化剂时,须戴塑料手套,防止皮肤灼伤,拌制环氧树脂工作量较大时,要戴口罩,注意通风,修补后须洗手,一般溶剂处不宜有明火,以防引起火灾。

3.3.5.2　填缝与凿槽嵌补

1. 填缝

(1) 填缝是砖石砌体裂缝修理中最简便的一种方法。操作时,将缝隙清理干净,根据裂缝宽度不同分别用勾缝刀、抹子、刮刀等工具进行操作,所用灰浆通常采用 1:2.5 或 1:3 水泥砂浆,一般不得低于砌筑灰浆的强度。

(2) 填缝处理后可在美观、耐久性等方面起到一定作用,而对砌体的整体性、强度等方面所起的作用甚微,

2. 凿槽嵌补

(1) 凿槽嵌补是沿混凝土裂缝凿一条深槽,然后在槽内嵌补各种粘结材料,如环氧砂浆、沥青、甲基丙烯酸酯类化学补强剂（甲凝）等的一种修补方法。

(2) 修补时先沿裂缝凿槽,槽形根据裂缝位置和填补材料而定,缝槽形状见图 3-3-9 所示。通常多采用 V 形槽。

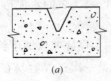 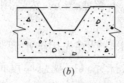 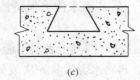

(a)　　　　　　　　　(b)　　　　　　　　　(c)

图 3-3-9　缝槽形状

(3) 槽的两边混凝土面必须修理平整,槽内要清洗干净,必要时可在填料前用丙酮擦一遍。

(4) 如槽口外需要抹水泥砂浆或喷涂砂浆时,在凿槽时须一并将槽口外的混凝土表面凿毛,同时清理干净。

(5) 用水泥砂浆填补,事先要保持槽内湿润（不应有积水）;用沥青或环氧材料填补

时，要保持槽内干燥，否则应先采取其他措施，使槽内干燥后再进行填补。

3.3.5.3　表面粘贴修补法

1. 玻璃布粘贴法

（1）玻璃布一般采用无碱玻璃纤维织成，它比有碱玻璃纤维的耐水性好，强度高。玻璃布产品有无捻粗纱布、平纹布、斜纹布、缎纹布及单向布等多种。常用的为无捻粗纱方格布，其特点是强度高，气泡易排除，施工方便。

（2）玻璃布粘贴的胶粘剂多为环氧基液。由于玻璃布在制作过程中加入了浸润剂，含有油脂和蜡，影响环氧基液与玻璃布的结合，因此，必须对玻璃布进行除油蜡的处理，使环氧基液能浸入玻璃纤维内，提高粘贴效果。

（3）玻璃布除油蜡的方法有两种：一种是将玻璃布放置在碱水中煮沸 30min 至 1h，然后用清水漂净。另一种是热处理，将玻璃布放在烘烤炉上加温到 190～250℃。实践证明，采用后者除油蜡效果较好。但是玻璃布在烘烤时，由于油蜡燃烧，玻璃布上会有很多灰尘，因而必须在烘烤后将玻璃布放在浓度为 2％～3％ 的碱水中煮沸约 30min，然后取出用清水洗净，放在烘箱内烘干或晾干。

（4）玻璃布粘贴前要将混凝土面凿毛，并冲洗干净，使表面无油污灰尘，若表面不平整，可先用环氧砂浆抹平。粘贴时，先在粘贴面上均匀刷一层环氧基液，然后展开、拉直玻璃布，放置并抹平使之紧贴在混凝土面上，再用刷子或其他工具在玻璃布面上刷一遍，使环氧基液浸透玻璃布并溢出，接着又在玻璃布上刷环氧基液。按同样方法粘贴第二层玻璃布，但上层玻璃布应比下层玻璃布稍宽 1～2cm，以便压边。

2. 钢板粘贴法

此法是用环氧基液胶粘剂涂敷在整个钢板上，然后将其压贴于待修补的裂缝位置上的方法。钢板粘贴的施工顺序如下：

（1）对钢板进行表面处理，即按所需要的尺寸切断好钢板，用打磨机研磨，使钢板表面露出钢的肌体；对混凝土表面进行修凿，使其平整。

（2）用丙酮或二甲苯擦洗修补部位的混凝土表面及钢板面，以便去除粘结面的油脂和灰尘。

（3）在钢板和混凝土粘贴面上均匀地涂刷环氧基液胶粘剂。

（4）压贴钢板。用方木、角钢和固定螺栓等均匀地加上压力进行压贴。

（5）养护到所要求的时间，拆除压贴用的方木、角钢等支架材料。

（6）在钢板表面上再涂刷养护涂料，如铅丹或其他防锈油漆等。

3.3.5.4　打箍加固封闭法

当钢筋混凝土梁件产生主应力裂缝时，可采用在裂缝处加箍使裂缝封闭的方法。箍可用扁钢焊成或圆钢制成，可以直箍也可以斜箍，其方向应和裂缝方向垂直。箍与梁的上下面接触处可垫以角钢或钢板，见图 3-3-10 所示。角钢或钢板面积及箍的横截面积，按修补加固部位主应力的大小、箍的安全应力及混凝土的抗压强

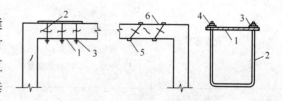

图 3-3-10　打箍加固封闭裂缝示意
1—钢垫板；2—两端带螺纹的 U 形钢箍；3—垫片；
4—螺母；5—角钢；6—长方形钢箍，弯倒后与
角钢焊接并加块楔紧

度通过计算而定。

3.3.5.5　表面喷浆法

（1）喷浆修补是在经凿毛处理的裂缝表面，喷射一层密实而且强度高的水泥砂浆保护层来封闭裂缝的一种修补方法。根据裂缝的部位、性质和修理要求与条件，可分别采用无筋素喷浆、挂网喷浆，或挂网喷浆结合凿槽嵌补等修补方法。

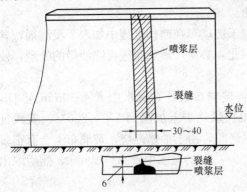

图 3-3-11　用喷浆法修补桥梁墩台裂缝

（2）进行喷浆以前，必须完成各项准备工作。需要喷浆的结构表层应仔细敲击。在敲击中发现剥离的部分应当敲碎并除去。有缺的地方应填塞起来。如系钢筋混凝土，尚需清除露筋部分钢筋上的铁锈。为使喷涂层粘结牢固，最好把裂缝凿成如前述的 V 形槽（图 3-3-9（a））。

（3）喷浆以前先用水冲洗结构物表面，并在开始喷浆之前先把基层湿润一下，然后再开始喷浆。图 3-3-11 为用喷浆法修补桥梁墩台裂缝。

3.3.6　裂缝的压力灌浆修补法

3.3.6.1　概述

压力灌浆系指施加一定的压力，将某种浆液灌入结构物内部裂缝中去，以达到封闭裂缝，恢复并提高结构强度、耐久性和抗渗性能的一种修补方法。此法一般用于裂缝多且深入结构内部或结构有空隙的修补场合。压力灌浆按灌浆材料的分类，可分为三类，如表 3-3-7 所示。

按灌浆材料的分类表　　　　　　　　　　　　　　　　　表 3-3-7

序号	分　类	灌　浆　材　料	
1	水泥、石灰、黏土灌浆	1）纯水泥灌浆； 3）水泥黏土灌浆； 5）石灰黏土灌浆	2）水泥砂浆灌浆； 4）石灰灌浆； 6）石灰水泥灌浆
2	化学灌浆	1）水玻璃类灌浆； 3）丙烯酰胺类灌浆； 5）聚氨酯类灌浆； 7）甲基丙烯酸酯类灌浆	2）木质素类灌浆； 4）丙烯酸盐类灌浆； 6）环氧树脂灌浆； 8）其他化学灌浆
3	沥青灌浆		

由于压灌浆液的种类很多，用途也有所不同，因此仅就修补桥梁结构裂缝中应用较多的水泥灌浆和化学灌浆作重点叙述。化学灌浆中采用环氧树脂灌浆材料及甲基丙烯酸酯类材料进行修补的结构物裂缝效果最佳，应用也较广泛。

3.3.6.2 水泥灌浆修补法

1. 水泥灌浆法的修补工艺流程

用水泥灌浆法修补结构裂缝一般可按如下的工艺流程进行：

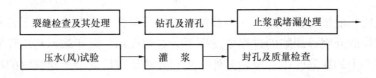

2. 水泥灌浆法的施工措施

(1) 裂缝检查及处理：实施灌浆前应对修补部位裂缝再仔细检查一遍，以便确定修补数量、范围、钻孔孔眼位置及浆液数量。

(2) 钻孔及清孔：水泥浆液是通过砌体或混凝土中用各种不同的方法钻成的孔眼灌入的。钻孔时，除骑缝浅孔外，不得顺裂缝钻孔，钻孔轴线与裂缝面的交角应大于 $30°$，孔深应穿过裂缝面 0.5m 以上（指墩台部分）。钻孔平面及立面布置见图 3-3-12 所示。

孔眼开好后，须进行清孔，即用水由上向下冲洗各孔。孔眼冲洗干净之后，使用压缩空气吹干。孔眼的冲洗和吹风是由上向下一横排一横排地进行的。

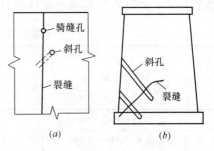

图 3-3-12 钻孔平面及立面布置
(*a*) 平面布置；(*b*) 立面布置

(3) 止浆或堵漏处理：浆液灌入砌体或混凝土中时，可能通过大的裂缝和孔隙流到表面上来，因此，灌浆前应把这些裂缝和孔隙堵塞起来，进行止浆或堵漏处理。止浆或堵漏可用水泥砂浆或环氧砂浆涂抹，也可用棉絮或麻布条嵌塞，或用环氧胶泥粘贴。

(4) 压水或压风（气）试验：通过压水或压风试验，主要是检查孔眼畅通情况及止浆效果。

(5) 灌浆：

1) 材料：灌浆所用水泥对混凝土、钢筋混凝土一般采用的普通水泥强度不低于 42.5 级，对砖石砌体一般采用的普通水泥强度不低于 32.5 级。

2) 灌浆压力和浆体稠度：钢筋混凝土结构的水泥灌浆压力一般为 $4.0 \times 10^5 \sim 6.08 \times 10^5$ Pa。砖石砌体的水泥灌浆，一般使用的压力为 $1.0 \times 10^5 \sim 3.04 \times 10^5$ Pa。灌浆施工中灌浆压力和浆体稠度的调整，一般有两种做法。

a. 一种做法是灌浆自始至终使用同一个压力和同一个稠度的浆体，这种灌浆一次成活，施工方便，适用于可灌性能良好并且灌浆量不大的情况；

b. 另一种做法所采用的压力和浆液稠度有所变化，先用低压、后用高压，先用稀浆、后用稠浆，以适应裂缝粗细不均、灌浆体渗漏较大的情况。

3) 灌浆加压设备：在工程量较大时，宜采用灌浆机、灌（压）浆泵，也可用风泵加压。目前使用的多为活塞推送式压灌灰浆泵，并有直接作用式、片状隔膜式、圆柱形隔膜式三种类型。

3.3.6.3 化学材料灌浆修补法

采用化学材料灌浆，修补桥梁结构裂缝，可以大大改善灌浆材料的可灌性能，可灌入 0.3mm 或更细小些的裂缝，施工机械简单，操作容易，其应用也越来越广泛。

1. 灌浆材料

（1）环氧树脂灌浆材料：这是一种补强、固结灌浆材料，在处理由于各种原因所造成的混凝土建筑物的开裂等缺陷的过程中发挥了较好的作用。近年来，利用环氧树脂灌浆材料处理桥梁结构上的缺陷已很普遍，另外，用它处理地震后混凝土建筑物的缺陷，也收到了良好的效果。环氧树脂灌浆材料如按稀释剂的种类来分类，可归纳为三类。

1）非活性稀释剂体系的环氧树脂灌浆材料：这是由丙酮、二甲苯等非活性稀释剂和环氧树脂混合组成。此类浆液配制简单，黏度较低，使用方便，建筑工程方面采用较多，也曾用来处理地震后混凝土梁柱的裂缝。非活性稀释剂环氧树脂浆液配比参见表 3-3-8。

非活性稀释剂环氧树脂浆液配方比   表 3-3-8

序号	材 料 名 称	浆 液 组 成			
		用于一般情况（重量比）			用于潮湿情况
		1	2	3	
1	E-44 环氧树脂（6101）	100	100	100	100g
2	邻苯二甲酸二丁酯	10	10	10	10mL
3	二甲苯	40	60	60	40mL
4	环氧氯丙烷	2	20	—	20mL
5	乙二胺	15	—	10	10mL
6	间苯二胺	—	17	—	—
7	煤焦油	—	—	—	25g
8	DMP-30	—	—	—	5mL

2）活性稀释剂体系的环氧树脂灌浆材料：这是用活性稀释剂代替非活性稀释剂配制而成的环氧树脂浆液。由于现有的活性稀释剂本身的黏度一般都比非活生稀释剂大，稀释效果不太理想，故浆液的可灌性受到一定限制。

3）糠醛-丙酮稀释剂体系的环氧树脂灌浆材料：用糠醛-丙酮作为混合稀释剂的环氧树脂浆液，在我国采用较广。目前常用的又有糠醛-丙酮、半醛亚胺和糠叉丙酮三种形式的稀释剂，而其中尤为糠醛-丙酮稀释剂应用最广，其配比参见表 3-3-9。

糠醛-丙酮稀释剂体系环氧树脂浆液配比   表 3-3-9

序号	材 料 名 称	浆 液 组 成（重量比）				
		用于一般情况	用于低温情况			
			1	2	3	4
1	E-44 环氧树脂	100	100	100	100	—
2	糠醛	30~50	50	50	50	50
3	丙酮	30~50	80	80	80	80
4	二乙撑三胺	16~20	—	—	—	—

续表

序号	材料名称	浆 液 组 成（重量比）				
		用于一般情况	用于低温情况			
			1	2	3	4
5	乙二胺	—	15	15	15	15
6	703号	—	20	20	30	—
7	KH550	—	6	6	6	6
8	DMP-30	—	3	10	3	10

注：低温为 $-7 \sim -11℃$ 的冷库养护。

（2）甲基丙烯酸酯类灌浆材料：甲基丙烯酸酯类灌浆材料亦称甲凝，是一种固结性能良好的高分子化学灌浆材料。材料的抗压、抗拉强度较高，黏度小，可灌入 0.3mm 及更细小的裂缝中，并与混凝土有较好的粘结能力，收缩性、吸水性均小，而耐化学性好，聚合凝固时间可控制在几分钟至几小时。甲基丙烯酸酯类浆液的组成见表 3-3-10。

甲基丙烯酸酯类浆液的组成　　　　　　　　　　　　表 3-3-10

序号	主要作用	材料名称	性能状态	用 量
1	主剂	甲基丙烯酸甲酯	无色液体	100
2	引发剂	过氧化苯甲酰	白色固体	1～1.5
3	促进剂	二甲基苯胺	淡黄色液体	0.5～1.5
4	除氧剂	对甲苯亚磺酸	白色固体	0.5～1.0
5	阻聚剂	焦性没食子酸	白色固体	0～0.1

2. 灌浆施工工艺

（1）化学材料灌浆的施工工艺流程：

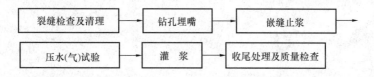

（2）化学材料灌浆修补法的施工措施：

1）裂缝的检查及清理：修补前同样要对修补部位的裂缝情况进行详细的检查、记录。以便对结构受损部位的所有裂缝都要做好定量和定性的分析。据此进行有关化学灌浆材料配量、埋嘴、灌浆注射等方面的具体计算和安排。

裂缝清理工作是指：在裂缝两侧画线之内，用小锤、手铲、钢丝刷把构件表面整平，凿除突出部分，然后用丙酮擦洗，清除裂缝周围的油污。清洗时应注意不要将裂缝堵塞。

2）钻眼埋嘴：嘴子是化学灌浆材料的喷入口，也是裂缝的排气口。嘴子大小要适当，自重要尽可能地轻，以防因不易贴牢而坠落。嘴子布置的原则是：宽缝稀，窄缝密。断缝交错处单独设嘴。贯通缝的嘴子宜在构件的两面交错处布置。埋贴前，先把嘴子底盘用丙酮擦洗干净，然后用灰刀将环氧胶泥抹在底盘周围，骑缝埋贴到构件裂缝处。操作中，切勿堵死嘴子和裂缝灌浆的通道。

3）嵌缝止浆：嵌缝止浆的目的是防止浆液流失、确保浆液在灌浆压力下将裂缝填充密实。如嵌缝质量不好，则灌浆压力不能升高，即使是低压，浆液也会大量外漏，以致缝内不能得到有效的灌注，影响灌浆质量。因此，当嘴子埋贴后，必须把其余裂缝全部封闭，进行嵌缝或堵漏处理。封闭严实程度是压浆补强成败的关键，必须认真对待。其封闭的办法是：

a. 对于裂缝较大的混凝土构件，可沿缝用人工或风镐凿成"V"形槽，宽度约 5～10cm，深 3～5cm，并清除槽内松动的混凝土碎屑及粉尘，然后向槽内嵌塞水泥砂浆；

b. 对于裂缝较小的混凝土构件，可沿裂缝走向均匀刷上一层环氧浆液，宽约 7～8cm，然后在上面分段紧密贴上一层玻璃丝布，宽约 5～7cm；

c. 各个嘴子底盘周围 5～10mm 范围内不贴玻璃丝布，而用灰刀沿嘴子周围抹上环氧胶泥，先抹成鱼脊形状，再刷上一层环氧浆液。

4）压水或压气试验：上述封闭工作完成后相隔一天，即可进行压水或压气试验，以便检查裂缝的封闭及嘴子的通畅情况。

5）灌浆：经压水（气）试验检查，认为嵌缝质量良好，无渗漏现象后，即可配制浆液、准备灌浆。

往裂缝里灌注化学浆液，根据裂缝病态状况及施工条件的不同，分别可采用手压泵灌注或灌浆注射器灌注两种方法。当裂缝较大时可用手压泵，当裂缝细微，灌浆量不大时，多采用灌浆注射器的方法。

3.4 梁式桥上部结构的维修加固技术

3.4.1 梁式桥上部结构常见缺陷及其原因

3.4.1.1 梁式桥上部结构常见的主要缺陷

1. 混凝土梁式桥上部结构的缺陷

(1) 在混凝土梁式桥上部结构中产生的主要缺陷，根据其结构类型、构造形式、使用构件、建桥处地理气候条件以及使用情况等的不同，其产生的部位、种类和程度也不同。

(2) 混凝土梁式桥中的主要缺陷往往从其表层发生的各种异常现象中反映出来，如前所述的表面裂缝、磨损、剥落、掉角、露筋、锈蚀、蜂窝麻面等。

(3) 混凝土桥与其他建筑物一样，由于是暴露在自然界当中，所以，缺陷长年累月地受到自然界的各种因素的影响，势必会扩大、加深、发展。例如，即使一般认为对结构受力没有什么影响的细小裂缝，也会由于雨水慢慢地渗入，空气中二氧化碳或其他气体的作用，使钢筋产生锈蚀膨胀，裂缝增大，混凝土材料性质不断变坏。

(4) 另外，在混凝土桥梁中，许多缺陷和原因又不是一一对应的，不少情况是由一个因素引起，而其他因素则多为促进缺陷发展的原因。

因此，发现混凝土桥出现缺陷后，必须及时对缺陷进行调查研究，分析缺陷的产生原因、现状、发展趋势，以及桥梁遭受破坏的程度，对使用的影响等，及时采取措施进行维修加固。

2. 桥梁车辆荷载设计标准偏低，承载能力不足

(1) 正常使用桥梁的承载能力是由其设计荷载标准所确定的。但随着时间的推移、历史的发展，道路运输对桥梁载重的要求也在发展，所以为适应这个要求，道路桥梁的设计规范在不断地进行修订。随着规范的修订，设计用的汽车荷载也在不断增大。

(2) 根据"旧规范"设计的许多桥梁却仍在营运使用，而这些用"旧规范"设计的桥梁，其上部结构，如桥面铺装和桥面系构件（如主梁、横梁等）的承载能力，要比现行规范所要求的荷载设计标准为小。这样，在现仍使用的桥梁中，就出现了各种承载能力的桥梁并存的情况。

(3) 从现实的交通情况来看，实际行驶的车辆，其载重往往超过桥梁的承载能力。因此，许多旧桥，也可能包括部分近期新建的桥梁，由于荷载等级偏低，承载能力不足，而使桥梁结构受到损坏，乃至危及桥梁的使用性能。

3. 桥面净宽偏小，影响桥梁的通过能力

由于道路交通的不断发展，显得许多旧桥的修建标准偏低，桥面窄小，致使车辆不能

顺利流畅通过。在此情况下，往往必须采取拓宽加固的措施，从而达到增加桥面净宽，提高桥面车辆通过能力的目的。

3.4.1.2 梁式桥主要缺陷的种类及原因分析

1. 梁式桥主要缺陷的种类

混凝土梁式桥主要缺陷中，除设计荷载偏小，承载能力和通过能力不足是由于人为与客观的原因造成的外，其他主要是由于设计、施工和外界因素等原因造成的，具体分类如图 3-4-1 所示。

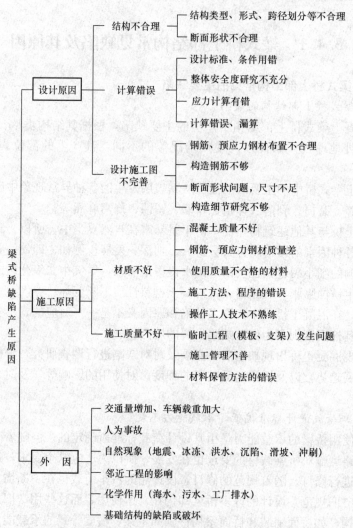

图 3-4-1　混凝土梁式桥上部结构缺陷成因的分类

2. 梁式桥上部结构主要缺陷的原因分析

（1）设计方面的原因：设计上引起缺陷主要有结构不合理、计算上的错误以及设计施工图不完善等三方面。

1）结构不合理：在桥梁设计方案的选择过程中，一般由桥梁地质条件、施工方法、经济指标、使用要求等多方面的因素来决定所选用桥梁的结构形式。其中包括是采用钢筋混凝土结构，还是采用预应力混凝土结构；是采用简支梁桥，还是采用连续梁或悬臂结构；是采用板梁、还是 T 形梁、或箱形梁、工字梁等断面形式；最后是跨径的划分和梁高等问题的确定。如果结构选择确定不合理，将会使桥梁建成后有可能发生缺陷。

2）设计计算方面的错误：在桥梁设计计算过程中，由于计算错误和取值差错等原因可能使桥梁建成后就出现问题。同时，在预应力混凝土构件设计中没有很好地考虑二次应力、干燥收缩、徐变影响的情况也是经常有的。很多问题的出现是由于一些设计人员技术水平不高，经验不足，在设计时用错标准，不恰当地确定设计条件和容许应力所造成的。

3）在构件的一些特殊部位的设计错误：如构件的角隅处、预应力钢筋的锚固处，这些部位往往由于局部应力的影响，会出现异常，但对这些部位的设计经常是仅靠一些经验数据，而忽视了计算。

4）设计施工图纸不完善：在设计图纸中，钢筋和预应力钢筋的布置往往是存在一定问题的。如钢筋接头部位、锚固处和一些构造钢筋的布置等构造细节，在施工图纸上有时没有标明，因此，在施工中常常会出现不正确的做法。如将长 20m 以上的钢筋作为一根示于图中，在施工现场，当然不能用那么长的钢筋作备料。施工时，如若把钢筋接头设置在弯矩最大处，便容易出现隐患。

（2）施工方面的原因：

1）材料性质不好：施工中所采用的混凝土、钢筋、预应力钢材等材料，如质量不好，不符合规范的要求，则常常是导致桥梁结构产生各种缺陷的内在因素。

2）施工质量不好：在混凝土结构物产生破坏的原因中，最多的是由于施工质量不好引起的。特别是修建混凝土道路桥时，工程种类多，其大部分是现场施工，每个现场施工操作工人往往要负担多方面的工作，如钢筋工、起重工、混凝土工等。而且桥梁工程的工序较多，如果不注意或搞错，就有可能使结构出现缺陷并最后暴露出来。

3）此外，施工操作人员的技术熟练程度与素质，也对施工质量起着重要作用。

4）现就容易产生缺陷的主要工种，作一概略说明：

a. 钢筋安装：钢筋网或钢筋骨架在安装中最容易出现的是安装后钢筋混凝土的保护层太厚或太薄的问题。保护层太薄或太厚都有可能使结构局部强度不足，在外力作用下而产生破坏；

b. 混凝土的浇筑和养护：混凝土浇筑不慎会导致结构出现空洞、蜂窝麻面等缺陷；养护不足又会使结构出现裂缝；

c. 预制构件的安装：预制构件安装不好，如尺寸出现偏差，断面尺寸有可能不足，从而使结构强度存在问题；

d. 模板等临时工程的设置：模板设立不好，或拆除过早，也都是导致结构产生缺陷的原因。

（3）外界因素：外界因素是指行驶于桥梁上的车辆流量的不断增加，车辆载重的加大；发生突然事故，如受机械撞击的影响；受到自然界特大灾害，如地震、洪水等的破坏；周围恶劣环境，如海水、污水等化学作用；以及桥梁基础产生破坏，出现不均匀沉陷等因素。这些因素也都是导致桥梁结构产生缺陷的重要原因。

3.4.2 桥梁维修加固的主要方法

3.4.2.1 桥梁维修加固的一般原则

1. 桥梁需要加固的现状

（1）桥梁承载能力不足，按照现行需要通行的车辆进行验算不能满足强度要求。由于重型车辆的增加，原有桥梁承载能力不够而发生损坏现象，或者为使整条路线上或一个路段内桥梁承载能力保持一致，对个别载重能力较低的桥梁，应按目前载重要求，对旧桥进行加固。

评定旧桥承载力可采用理论分析计算或实际荷载试验的方法。采用理论分析计算法评定校核旧桥承载力，并确定其是否需要加固时，又可采用两种做法：

1）采用实际计算应力与容许应力进行大小比较的分析法。即若实际荷载作用下构件所产生的计算应力大于材料实测容许应力时，则需加固；反之，则仅采用维修养护措施即可。

2）采用实际计算内力（主要是弯矩）与构件容许内力的比较分析法。即若实际荷载作用下，构件必须承受的最大内力大于构件可能承受的内力时，则需加固；反之，则不必加固。

（2）桥梁局部产生破损，如裂缝、剥落等，若破损严重，已不能满足强度要求时，应尽快对个别受损构件进行加固，若破损不严重，对强度要求没有影响时，则可以不必加固。

（3）桥面宽度不足，影响车辆通过能力时，应进行拓宽加固。

（4）桥梁局部或整体刚度不足，已影响正常使用时，为提高其刚度，需进行加固。

（5）因战争或遭受特大自然灾害，桥梁受损需要进行抢修工作，以及为保证重车临时通过桥梁时的安全，需对桥梁进行临时加固。

2. 桥梁加固方法的选用原则

（1）桥梁加固是一种借加大或修复桥梁构件来提高局部或整座桥梁承载能力或通过能力的措施。因此，桥梁加固工作一般以不更改原建筑形式为原则，只有在复杂的情况下，才更改其结构。

如仅加固仍不足以适应交通运输的需要，必须进行重建桥梁的一部或全部时，则重建桥梁需考虑到将来的发展，并按现行桥梁设计及施工规范进行设计与施工。

（2）桥梁加固可以有各种不同的方式，视旧桥的情况、承载能力的减弱程度以及今后的任务而变。桥梁的加固一般有如下几种：

1）扩大或增加原结构构件截面，以提高原结构的强度和刚度。

2）以新的结构代替旧的应力不够的结构。

3）改变原结构的受力体系，使原结构减少受力。

4）对原结构施加外应力（如预应力），以改变原结构的受力图形，达到提高桥梁刚度和强度的目的。

（3）采用扩大或增加桥梁构件截面的方法进行加固时，应特别注意新加部分与原有部分的结合，使其成为一个整体起到加固作用。

（4）不管采用何种加固方案，都应考虑投资少、工效快、不中断交通、技术上可行、有较好的耐久性等方面的要求。

3.4.2.2 桥梁维修加固的主要方法

（1）扩大或增加构件截面法：此法包括下列几种形式：

1）桥面补强层加固法。

2）增加梁截面和配筋加固法。

3）钢板粘贴或增设其他钢梁，以作成组合梁的加固法。

（2）改变结构体系法：

1）增设纵梁法。

2）增设立柱或桥墩，使简支变连续，或改桥为涵的改变结构体系法。

（3）对结构施加预应力的预应力法。

（4）更换部分或全部主梁的换梁法。

桥梁维修和加固的主要方法于表 3-4-1。

桥梁维修加固的主要方法 　　　　　　　　　　　　　　表 3-4-1

序号	维修加固方法	特点与施工说明	简单示意图
1	增设纵梁法	在墩台地基安全性能好、并有足够承载能力的情况下，可增设承载力高和刚度大的新纵梁。当基础承载力不足时，必须同时对基础采取加固措施。新增主梁与旧梁连接，共同受力，从而达到提高桥梁承载力的目的，当新增主梁位于两侧时，则兼有加宽的作用	新增主梁 新增主梁
2	桥面补强层加固法	通过一定的工艺和结构措施，在梁顶面（桥面）上加铺一层钢筋混凝土面层，使其与原有主梁形成整体，达到加厚主梁高度和增大梁的抗压截面的目的，以提高桥梁的承载能力。其特点是： （1）施工简便，亦较经济。但加铺梁面层后，静载增加，承载力提高不显著； （2）施工时需凿除原有桥面铺装，同时考虑到新旧混凝土相结合，新浇混凝土的干燥收缩影响等，尚需设置连续钢筋和钢筋网； （3）此法利于在抗压截面较小的场合使用； （4）浇筑后混凝土须经养护，故必须对交通加以限制	新加部分 新加部分
3	增大梁截面和配筋加固法	在梁底面或侧面，加大钢筋混凝土截面（增配主筋），使梁抗弯截面加大，提高梁的承载能力，其特点是： （1）为加强新旧混凝土的结合，需对旧梁面进行凿毛工作，操作麻烦、凿除工作量大，常需在桥下搭设脚手架； （2）对 T 形梁有采用底面及侧面同时加大，以及底部马蹄形加大两种加固形式； （3）加固效果显著，适用于梁桥及拱桥对拱圈的加固	侧面与底面加强 马蹄形加强

序号	维修加固方法	特点与施工说明	简单示意图
4	型钢粘贴锚固法	用环氧树脂类粘结剂，将钢板（或槽钢）粘贴锚固在混凝土结构的受拉缘或薄弱部位，使其与结构形成整体，以钢板代替钢筋作用，提高梁的承载能力。 关键是钢板与原混凝土结构的粘结是否牢固，能否耐久，这是有待研究的问题	粘贴钢板
5	改变结构体系加固法	通过改变桥梁结构体系，如在简支梁下增设支点（墩台），缩短桥跨，或把相邻两跨简支梁加以连接，从而使简支梁变成连续梁。对于小桥，还可采用改桥为涵的形式，来提高桥梁的承载能力，前者一般为临时通过重车的应急措施，后者则必须视通航及排洪灌溉要求而定	新增钢筋 新增墩台 改桥为涵
6	预应力加固法	应用预应力原理，以梁身为锚固体，通过张拉，对梁的受拉区施加压力，以抵消部分自重应力，减少在活载作用下的应力增量（对梁起卸载作用），从而减少和避免梁上出现裂缝，提高梁的耐久性，可作为重车通行的临时加固手段，也可作为永久性提高桥梁荷载等级的措施	预应力钢丝索或钢拉杆

3.4.3 桥面铺装层的维修与加固

3.4.3.1 概述

（1）桥面板的作用：

1）道路桥梁桥面行车道板，起着直接承受作用于桥面铺装上的荷载，并传递分配荷载的作用。

2）桥面板与铺装层、伸缩缝一起，都直接承受汽车车轮荷载的作用，应力集中显著。加上行车道板计算跨径较小，故其所受应力变化与冲击影响也较大。因此，可以说桥面板是道路桥的主要构件中承受荷载和应力最大的构件之一。

3）近年来，随着过桥车辆的日趋大型化、重型化以及交通量的迅速增长，车辆对桥梁构件的冲击力增加，应力超过的频率、疲劳的影响都越来越大。这样，就使得桥面板处于极其严酷的使用状态，因此，钢筋混凝土桥面板破坏的情况时有发生。

（2）桥面板产生破坏的影响：

1）钢筋混凝土桥面板出现破坏的形式，一般和其他混凝土构件相同，有裂缝、磨耗、剥离、露筋、锈蚀，严重的还会出现碎裂、脱落、洞穴等。

2）桥面板出现破坏的原因是多方面的，主要还是设计不当，施工质量不良以及使用中遭到外界荷载的影响等。

3）桥面板出现碎裂、脱落等破坏现象后，将直接影响车辆的过桥通行，危及交通安全。因此，必须采取各种维修和加固措施，对其进行维修与加固。

3.4.3.2 桥面板的修补措施

（1）桥面板出现表面碎裂、脱落或洞穴现象后，必须采取局部修复的方法进行维修。修复时，将破损部分全部凿除如图 3-4-2 所示，再浇筑新鲜混凝土，并注意加强养护。

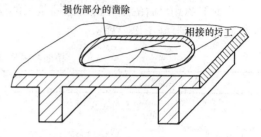

图 3-4-2　钢筋混凝土桥面板的局部修复

（2）在上述情况下，如桥梁负荷能力允许的情况下，也可采用加铺一层 2～3cm 厚的沥青混凝土的方法进行修补。

（3）桥面板的碎裂和其他损坏特别显著、混凝土质量或施工状况特别不良，且无适用的修补方法或无法期待修补效果时，就必须采取重新浇筑亲的混凝土桥面板等措施。

（4）根据其桥面损坏产生原因的不同，桥面板损坏的修补措施如表 3-4-2 所列。

桥面板损坏的修补措施　　　　　　　　　　　　　　表 3-4-2

序号	损　坏　原　因	修　补　措　施
1	过大的轮重作用	加固桥面板，限制车辆载重
2	过大的冲击作用	桥面铺装、伸缩缝装置的养护维修
3	设计承载能力不足	加固桥面板、重新浇筑混凝土或更换桥面板
4	混凝土质量与施工不良	重新浇筑桥面板或更换桥面板
5	分布钢筋数量不足	加固桥面板
6	由于主梁作用产生负弯矩或拉应力作用	加固桥面板
7	桥面板的刚度不够	加固桥面板（增大桥面板刚度或缩短跨径）
8	桥面板自由边的过大弯矩的作用	设置横梁、加固桥面板或重新浇筑部分混凝土
9	由于支承梁的不均匀下沉而产生的附加弯矩作用	设置横梁分担主梁的荷载及加固桥面板

3.4.3.3　桥面补强层加固法

（1）桥面补强层加固的常用方法：

1）在旧有混凝土或钢筋混凝土桥面板上，重新加铺一层混凝土或钢筋混凝土补强层，这种方法称为桥面板补强层加固法。此法既能修补已出现裂缝、剥离等损坏的桥面板，又能加高原有梁板的有效高度，增加梁板的抗弯能力，改善铰接梁板的荷载横向分布，从而提高桥梁的荷载能力。

2）采用桥面补强层加固施工比较方便，可与一般修筑桥面混凝土铺装层一样进行。这种加固法对双车道或桥面拓宽的梁板桥，可以两边分开先后施工，对交通影响不大。同时，还可结合道路路面维修养护工作一起进行，有利因素较多。

3）桥面补强层加固的常用方法有：采用钢筋网与混凝土、钢筋钢与膨胀混凝土、钢纤维混凝土等，桥面补强层加固方法种类如表 3-4-3 所示。国内采用最多的是钢筋混凝土补强层加固。

（2）桥面补强层加固法的设计计算：桥面补强层加固设计计算的前提是，补强层能与旧桥面（梁面）结合良好，能成为一个牢固的整体。《公路桥涵施工技术规范》JTG/T F50—2011 规定：当水泥混凝土铺装层与板能共同受力时，板的计算厚度可计入扣除磨耗层（不少于 2cm）后的水泥混凝土铺装层的厚度。可见，计入补强层厚度后的构件强度计算与通常钢筋混凝土梁一样。

桥面补强层加固方法种类 表 3-4-3

补强层加固方法	构 造 简 图
钢　筋 ＋ 普通混凝土 （或干硬性混凝土）	7.3cm — 钢筋、普通混凝土补强层；原有桥面、接合面凿成齿形缝
钢　筋 ＋ 膨胀混凝土 或干硬性混凝土	7.3cm — 钢筋、膨胀混凝土补强层；齿形缝、原桥面
钢纤维混凝土	8cm — 钢纤维混凝土补强层；原桥面

3.4.3.4 桥面补强层加固法的施工

（1）桥面补强层加固法的施工工艺流程：

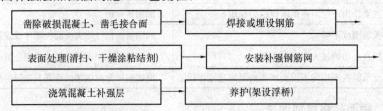

凿除破损混凝土、凿毛接合面 → 焊接或埋设钢筋 →
表面处理(清扫、干燥涂粘结剂) → 安装补强钢筋网 →
浇筑混凝土补强层 → 养护(架设浮桥)

（2）桥面补强层加固法的施工措施

桥面补强层加固法能否达到预期效果，关键取决于新旧混凝土能否牢固地形成一个整体。因此，为确保新旧结构共同受力的可靠性和耐久性，需要从施工工艺上采取适当措施，以提高新旧混凝土的粘结程度。一般可采用的措施有：

1）对旧桥面进行凿毛处理：先凿去桥面铺装（若为沥青混凝土铺装层，则务必全部凿除），然后再凿去部分梁顶面混凝土，约 2cm 左右，并使表面粗糙，成齿状形，箍筋外露。

2）对结合面进行适当处理：如采取清扫、干燥等措施。

3）为使新旧混凝土有更好的粘结性，在凿毛后的混凝土面上可涂抹一层胶结剂，例如 1：0.4 铝粉水泥浆、1：1 铝粉水泥砂浆、环氧胶液等。

4）加设新旧混凝土之间的联系钢筋：可在旧混凝土层上设置钢筋锚，加设钢筋锚示意如图 3-4-3 所示，也可把补强层钢筋网与底层钢筋焊接。

5）采用干硬性混凝土或钢纤维混凝土浇筑补强层，以减少新浇混凝土的收缩，从而减少新旧混凝土之间产生的差动收缩力，提高补强效果。

6）补强层混凝土浇筑后，应加强养护，避免使补强层过早受力，故可采取在桥面上架设临时浮桥的方法，如图 3-4-4 所示。

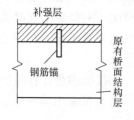

图 3-4-3　加设钢筋锚示意

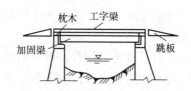

图 3-4-4　为避免补强层过早受力而设置浮桥的示意图

3.4.4　增大梁截面和配筋加固法

3.4.4.1　概述

（1）当梁的强度、刚度、稳定性和抗裂性能不足时，通常可采用增大构件截面和增加配筋的加固方法。

（2）对抗拉强度不足的简支梁桥进行补强施工时，可在梁底部或侧面增配补强主筋，或在腹板上增设补强箍筋，然后喷涂或浇筑混凝土，从而使梁的抗弯截面增大，以提高梁的承载能力。

（3）增大梁截面和配筋加固法的优点是，能在桥下施工，不影响交通，加固工作量不大，而且加固的效果也较为显著。因此，在桥梁结构补强加固中，是一种应用较多的方法。

（4）增大构件截面和配筋来提高主梁承载能力的加固法，一般多用于梁板桥的加固。对于板梁桥，主要是考虑增设板梁底面的加强主筋和截面；对于 T 形梁桥除考虑增设梁底主筋和截面外，还须考虑设置套箍。两者施工上有一定区别，故分述如下。

3.4.4.2　板梁桥增大截面和配筋加固法

1．施工程序

桥梁桥主要是考虑梁的抗弯截面强度不足，而需要在受拉区增设补强主筋，并使其与原主筋能够连接牢固，共同发挥作用。因此，加固施工时要按下述程序进行。

（1）凿槽、配设补强钢筋。首先沿着原构件底部主筋部位下面凿槽。槽不宜过宽过深，以不影响补强钢筋的放置及焊接为度，并尽量减少原主筋周围混凝土的握裹力损失。槽凿好后，接着剪断原有钢筋，放入补强钢筋。

（2）将补强钢筋与原主筋焊接。焊接时一般可采用焊一段空一段的间断焊接方式（焊缝长约 6~8cm），以免温度过高影响混凝土质量。剪断的钢箍可焊在补强钢筋上，使其形成较为牢固的钢筋骨架。

（3）将板梁底部的混凝土表面凿毛、清洗干净。

（4）喷涂或浇筑砂浆或混凝土覆盖，以形成新旧钢筋混凝土结合良好的断面。混凝土或砂浆覆盖层不宜太薄，其厚度应符合钢筋混凝土截面保护层的要求。

2. 施工措施和要求

为确保桥梁的加固工作获得预期要求，施工中特别要注意采取各种有效措施，使工程质量得到保证。

（1）为避免在焊接钢筋时，因温度过高而烧坏混凝土，影响混凝土与钢筋之间的握裹力，焊接钢筋时可用湿布裹住焊接附近的钢筋，使之降温。对烧坏的混凝土要尽量凿除干净。另外，由于钢筋受热而伸长以及自重的影响，钢筋有下垂现象，对下垂钢筋要用木棍顶住，再焊接箍筋。

（2）为保证新旧混凝土的接合，减少因变形而产生的接合裂缝，在喷涂砂浆或浇筑混凝土前，应用压力水冲除接合部位的余灰，使其湿润。通常可采用早强砂浆、早强混凝土或膨胀混凝土喷涂或浇筑。

（3）加强新浇水泥砂浆层或混凝土层的养护工作。同时，为避免因过早行车而影响工程质量，也可采用架设浮桥的方法。

（4）为便于混凝土的浇筑，可采用在桥孔下设置轻便托模的方法。托模的作法是：模板用 8 号铅丝吊在桥底，用木撑撑住模板，再用钢丝绳将长木方吊在人行道立柱根部，以保证模板稳定，使振捣时不易变形。

（5）当为避免影响桥下通航时，还可采用悬挂式脚手架的形式进行施工。施工时，在桥的两侧钢筋混凝土栏杆上系绕直径为 20mm 左右的钢丝绳，并穿过泄水孔兜住桥面，桥下一头钢丝绳捆扎圆木，上面加方木再满铺 5cm 木板作为施工作业之用，脚手顶面距梁底 2m 左右以便施工操作。

3.4.4.3 T 形梁增大截面和配筋加固法

T 形梁底及腹板采用加置钢筋，然后喷涂或浇筑一层砂浆或混凝土以增大梁截面的加固法，如图 3-4-5 所示，将提高弯曲应力的钢筋放在梁下面的水平面上，并将加强剪应力

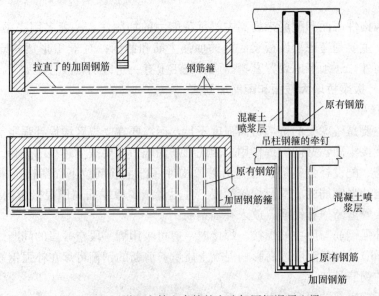

图 3-4-5 用增配主筋和套箍的方法加固钢混凝土梁

的钢筋箍放在梁的竖向上，以达到加固补强的目的。其施工程序如下：

（1）把梁底面的混凝土保护层凿去，如需作套箍，两侧腹板表面也需凿毛。要求将表面砂浆凿出粗纹，露出石子颗粒。凿毛后即进行下面焊接钢筋及浇筑混凝土的工作，以免凿毛部分污染，影响新旧混凝土的结合。

（2）在暴露的原有主钢筋上焊上需要的补强钢筋。补强钢筋的尺寸和数量，应按强度计算确定。

（3）在侧面腹板上加上需要补强的钢筋箍，钢筋箍的距离应按计算确定。用埋入梁中的销钉把钢筋箍固定，并用铁丝与纵向加固钢筋扎结起来（或用焊接）。钢筋箍的上端应埋入桥板中去。

（4）立模浇筑混凝土，并恢复保护层。一般用小石子混凝土浇筑。

（5）认真养护。

3.4.5　预应力混凝土桥梁加固法

3.4.5.1　概述

对于钢筋混凝土或预应力混凝土梁板，采用对受拉区施以预加压力的加固，可以抵消部分自重应力，起到卸载作用，从而能较大幅度地提高梁的承载能力。用预应力方法加固桥梁结构时，应考虑的主要问题有：施加预应力的方式方法；预应力损失的估计和减少预应力损失的措施；以及预应力加固的计算等。

（1）施加预应力的常用方法：用预应力法加固钢筋混凝土或预应力混凝土梁板，其加固件一般采用钢杆、粗钢筋或钢丝索等钢材。施加预应力的方法有纵向张拉法、横向张拉法和绞紧钢丝束等。纵向张拉法在施加的预应力数值较小时可采用螺栓、丝杆、花篮螺丝等简易拉紧器进行张拉。在施加的预应力较大时，可采用手拉葫芦、千斤顶张拉或电热法张拉。横向张拉法基本原理是在钢拉杆中部施加较小的横向外力，从而可在钢拉杆内获得较大的纵向内力。由于横向张拉外力一般并不很大，采用螺栓、丝杠、花篮螺丝等简易工具即可。采用撬棍等工具绞紧钢丝绳束亦可产生预拉应力。

（2）预应力损失的估计和减少预应力损失的措施：预应力损失是影响到预应力加固的适用范围和加固后工作状态的重要问题。预应力损失可由加固件本身和承受加固件作用的结构两方面的变形而产生，主要的具体因素有：

1）基础的徐变和地基沉降，被加固构件的收缩和其他变形。

2）加固件本身的徐变；加固件节点和传力构造的变形；温度应变。

预应力加固件在使用过程中，由于基础沉降、温度应变、新浇混凝土徐变等具体原因将产生较大预应力损失，这时，为减少预应力损失以保证加固效果，必须在加固过程中，预留构造措施，以便在使用过程中及时调整加固件的工作应力数值。

（3）预应力加固设计计算及其优点

1）预应力加固的设计计算应首先绘制加固前后结构受力图形，分析内力的变化。加固件中工作应力数值应满足原有结构加固的需要。加固件中施加的预应力数值应为工作应力和预应力损失数值之和。预应力损失值在具备一定经验和资料时可由计算确定，在经验和资料尚不充分时宜在加固前用试验测定。

2）预应力加固法具有许多优点，如加固效果好工作可靠，可以减少或限制结构的裂缝和其他变形；对桥梁营运使用的影响较小，可在不限制通行的条件下完成加固施工；在人力、物力和资金消耗方面也具有明显的经济合理性。因此，预应力加固法既可作为桥梁通过重车的临时加固手段，又可作为永久性提高桥梁荷载等级的措施。

3.4.5.2 预应力拉杆加固钢筋混凝土梁板

钢筋混凝土梁板是受弯或以受弯为主的横向受力构件。其预应力补强加固一般采用预应力拉杆，常用的拉杆体系有三种：水平的预应力补强拉杆、下撑式预应力补强拉杆以及组合式预应力补强拉杆。各种拉杆体系的结构和加固原理分述如下：

1. 水平的预应力补强拉杆加固法

（1）对于钢筋混凝土或预应力混凝土的 T 形梁或工字梁桥，可采用在梁断面的受拉侧，即在梁底下加设预应力水平拉杆的简易补强方法进行加固。加固结构如图 3-4-6 所示。

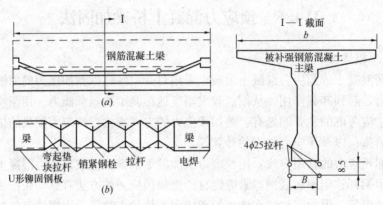

图 3-4-6　水平的预应力补强拉杆加固法（单位：cm）

（a）梁底拉杆侧面示意图；（b）梁底拉杆仰视示意图

（2）从图 3-4-6 中可以看到，当拉杆安装并通过紧销钢栓实施横向拉力后，钢拉杆内将产生较大纵向拉力，于是，梁受拉区就受到拉杆顶压应力的作用，梁中受拉应力也就相应减少。

（3）从加固的原理上看，这种补强加固法可提高梁构件正截面抗弯承载力，但不能提高支座附近斜截面拉剪承载能力。

2. 下撑式预应力补强拉杆加固法

（1）将水平的补强拉杆在接近支座处向上弯起，锚固于梁板支座的上部，弯起点处增设传力构造，再施加预拉应力。这种加固装置即为下撑式预应力补强拉杆的加固方法。

（2）在桥下净空许可的条件下，可采用如图 3-4-7 所示的下撑式补强拉杆加固梁式钢筋混凝土梁的方法。

（3）这种加固法的预应力补强拉杆用钢材做成，拉杆弯起点设立柱，立柱用钢筋混凝土或混凝土做成。立柱一般设在 1/4 跨径的地方，以使预应力加固件的斜拉杆与水平线的角度为 $30°\sim45°$。

（4）预应力加固件的斜拉杆，装在被加固的梁的两端。在钢筋混凝土梁上凿开一个安放垫座的位置，割去一部分梁的钢筋箍和竖钢箍，将用角钢或槽钢做成的支承垫座安放在

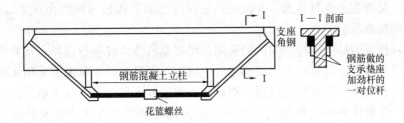

图 3-4-7　下撑式加劲拉杆加固钢筋混凝土梁

凿好的洞内，并与斜拉杆成垂直角。斜拉杆的一端插入支承垫座内用螺帽扣紧，另一端在立柱下面用一对节点钣和水平拉杆结合。装好之后，用花篮螺丝把加劲的水平拉杆拧紧。为减少对桥下净空的影响，预应力补强拉杆也可布置在主梁腹部的两侧（中和轴以下）。图 3-4-8 (a) 和 (b) 为两种不同的布置形式。

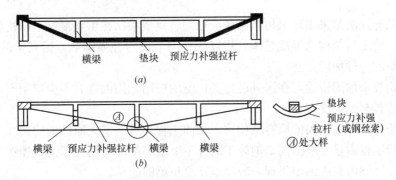

图 3-4-8　下撑式补强拉杆的布置形式

（5）为使补强拉杆锚固于梁腹板，形成整体，锚固的方法有多种。图 3-4-9 (a) 为用夹具锚固的情况；图 3-4-9 (b) 为用钢板套箍锚固的情况。

由于下撑式预应力补强拉杆布置较为合理，拉杆中施加预应力后，通过拉杆弯起点的支托构件传力，于梁结构产生作用力，起到卸载的作用。这种加固方法的优点是可对受弯构件垂直截面上的抗弯强度和斜截面上的抗剪强度同时起到补强作用。此法加固效果显著，构造妥善时可将原结构的承载能力增大一倍。

3. 组合式预应力补强拉杆加固法

组合式预应力补强拉杆加强法是既布置有水平补强拉杆，又布置有下撑式补强拉杆的组合式预应力加固方法，见图 3-4-10 所示。

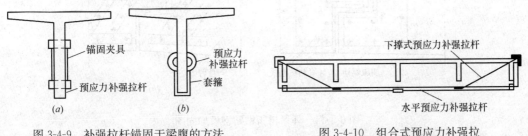

图 3-4-9　补强拉杆锚固于梁腹的方法

（a）用夹具锚固；（b）用套箍锚固

图 3-4-10　组合式预应力补强拉杆加固钢筋混凝土梁

组合式预应力补强拉杆的加固法既具有下撑式预应力补强拉杆可同时提高抗弯、抗剪强度的优点，又可在必要时将通常安设的两根拉杆增加到四根（两根为水平拉杆），从而可更大幅度地提高承载能力。

上述三种预应力补强拉杆加固法的采用，可根据具体情况进行选择。从补强的内力种类来看，当梁板跨中受弯强度不足而斜截面上抗剪强度足够时，可考虑采用水平的预应力拉杆及其他两种拉杆。当梁板支座附近斜截面抗剪强度不足时，则应采用下撑式和组合式预应力拉杆。从要求补强的数量大小来看，承载力增加较小时可采用水平的或下撑式拉杆，要求补强加固后承载力能提高较大时，宜采用组合式补强拉杆。

3.4.6   钢板粘贴补强和改变结构体系加固法

3.4.6.1   钢板粘贴补强法

1. 概述

钢板粘贴补强法是采用环氧树脂系列胶粘剂将钢板粘贴在钢筋混凝土结构物的受拉缘或薄弱部位，使之与结构物形成整体，用以代替需增设的补强钢筋，提高梁的承载能力，达到补强效果的一种加固方法。

用粘贴钢板来加固桥梁，在国外已得到广泛的应用，国内也有不少应用实例，这是因为这种加固法具有如下优点：

（1）不需要破坏被加固的原有结构物，加固工程几乎不增大原结构的尺寸。

（2）尽管工程质量要求很高，但施工时并不要求高级的专门技术人员操作。

（3）能在短期内完成加固工程，较快地恢复桥梁的通车。

（4）几乎可以不改变具有历史价值建筑物的原有艺术特点。

2. 钢板粘贴补强法的设计

许多试验结果表明，粘贴后钢板与原有结构能够共同作用。因此，补强设计时，钢板可作为钢筋的断面来考虑，将钢板换算成钢筋，原有构件承受恒载与活载，增加的钢板承受原有构件承受不了的那部分活载。另外，采用的钢板厚度必须比计算出的厚度大些，根据施工要求，大多使用 4.5～6mm 厚的钢板。

有关钢板加固的形式可按实际需要，采取不同方式。图 3-4-11 为环氧树脂粘贴钢板加固。

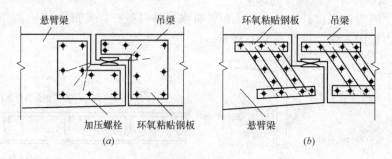

图 3-4-11   环氧树脂粘贴钢板加固图

3. 钢板粘贴补强法的施工工艺

（1）钢板粘贴依据采用粘结剂的不同，其施工工艺也有所不同。若胶粘剂为液状时，用注入施工法；若胶粘剂为胶状时，用压贴施工法。钢板粘贴补强的不同施工法可参见图 3-4-12 所示。

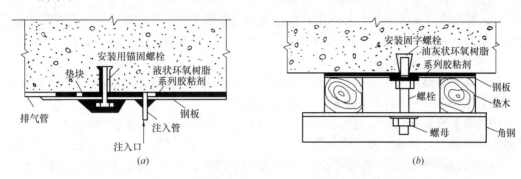

图 3-4-12 钢板粘贴补强的不同施工法

(a) 注入施工法，(b) 压贴施工法

（2）上述两种施工工艺仅是在胶粘剂的使用方法上有所不同。前者在钢板安装后用注入法加入；后者是在钢板粘贴前用涂刷法事先涂好；而其他施工工艺过程没有什么区别。现把压贴施工法的施工过程叙述如下：

1）对被粘贴钢筋混凝土梁或板进行表面处理。将梁底粘贴部位混凝土表面用砂轮磨平，并基本达到能见到混凝土粗骨料的程度。

2）制作用于粘贴加固的钢板，并对其表面进行处理，钢板按所需尺寸切割而成。钢板表面在粘贴面可采用刨床加工成菱形，格状刻痕，以增加粘结性能。钢板除锈采用手工操作钢丝刷除锈，有条件时采用喷砂除锈。

3）用冲击电钻在钢板与混凝土底面上钻孔，钢板钻孔可采用梅花形布置。钻孔后，在混凝土底面上安装好胀锚螺栓。胀锚螺栓可采用 M8×90 定型产品。

4）用丙酮清除钢板表面油脂，用刷子清除混凝土表面灰尘。

5）配制环氧树脂胶粘剂。环氧树脂胶粘剂的配制和使用可参见本手册 [3.3.6.3] 中的有关内容。

6）在钢板和混凝土粘结面上用刮刀均匀涂刷配制好的环氧树脂打底层。

7）在钢板及混凝土粘结面已打好底层后，再用刮刀在钢板上均匀涂刷配好的环氧树脂粘结剂。

8）压贴钢板，并迅速拧紧胀锚螺栓，试验时还用千斤顶顶紧。

9）环氧树脂养护，一般要求不少于 3 天。随着气温增高，养护时间可适当减少。

10）钢板与混凝土表面之间缝隙用稠度较高的环氧树脂水泥砂浆来填塞、勾缝，胀锚螺栓帽用环氧树脂水泥砂浆封住。

11）钢板表面用钢丝刷除锈，涂红丹两道、灰漆一道作钢板防锈层。

3.4.6.2 改变结构体系加固法

1. 概述

（1）改变结构体系法是通过改变桥梁结构体系（如在简支梁下增设支架或桥墩；或把简支梁与简支梁加以连接，从而由简支变为连续；或者在梁下增设如钢桁架等的加劲梁或叠合梁；或者改小桥为涵洞等）以减少梁内应力、提高承载能力的一种加固方法。

（2）改变结构体系的方法很多，然往往皆要在桥下操作，或设置永久设施，因而影响桥下净空。因此，要在不影响通航及桥梁排洪能力的情况下使用。

（3）该法由于加固效果较好，因此是目前国内外用来解决临时通行超重车辆常见的一种加固措施。重车通过后，临时支墩可以随着拆除，故对通航、排洪影响不大。

2. 简支变连续梁加固法

（1）如上所述，采用在简支梁下增设临时支墩或把相邻的简支梁加以连接的方法，可改变原有结构物的受力体系，由简支梁变为连续梁。

（2）将多跨简支梁的梁端连接起来，变为多跨连续梁，以改善结构的受力状况，提高桥梁的承载能力，其基本做法如下：

1）掀开桥面铺装层，将梁顶保护层凿除，使主筋外露，并将箍筋切断拉直。然后，沿梁顶增设纵向受力主筋，钢筋直径和根数依梁端连接处所受负弯矩大小配置。

2）浇注梁顶加高混凝土和梁端接头混凝土。

3）拆除原有支座，用一组带有加劲垫板的新支座代替原有的两个支座。

4）重新做好桥面铺装，恢复通车运行。

3. 加劲梁或叠合梁加固法

采用加劲梁或叠合梁以增强主梁的承载能力，也是常用的改变桥梁结构体系的一种加固法。加劲梁或叠合梁的形式有多种，见图 3-4-13 所示。

采用加劲梁或叠合梁加固时，应根据加固时结构体系转换的实际受力状态，分清主次，进行合理的抽象和简化，得出计算图式，进行补强计算。因实际结构比较复杂，各种结构部分之间存在着多种多样的联系，而决定联系性质的主要因素是结构各部分的刚度比值。故新旧结构体系可依据相对刚度大小分解为基本部分和附属部分，以分开计算其内力，如分成主梁与次梁、主跨与附跨，并注意略去结构的次要变形，从而获得较简明的力学图式。

4. 改桥为涵加固法

对于跨径较小的桥梁，在不影响通航和排洪能力的情况下，可采用改桥为涵的方法进行加固，如图 3-4-14 所示。

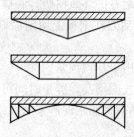

图 3-4-13　加劲梁或叠合梁加固法

图 3-4-14　改桥为涵的构造示意

3.5 桥梁下部结构的维修与加固技术

3.5.1 桥梁墩台基础的缺陷

3.5.1.1 概述

墩台和基础是桥梁的重要组成部分，是直接承受桥梁上部结构的荷载，同时将荷载传递给地基的受力结构。桥台使桥梁与路堤相连接，因此，它除了承受上部构造的荷载外，还要承受来自台后路堤填土的土压力。而桥墩所受的外力则比桥台要大一些，除了承受上部构造荷载外，还要承受风力、流水压力、冰压力、浮力以及在特殊情况下可能发生的船只或漂流物的撞击力等的作用。

桥梁墩台基础在长年使用过程中，还将受到自然界各种因素的影响作用，如大气、雨水的侵袭，洪水的冲刷。在地震区，还不可避免地受到地震力的作用。此外，由于过桥车辆的日益重型化，实际上大部分荷载强度已超过设计规范规定的负荷要求，墩台的负荷强度在不断地增加，经常受到过重活荷载的作用。这样，桥梁墩台基础在建造过程中或建造后经多年使用后，将会出现不同程度的损坏，产生各种缺陷。

3.5.1.2 桥梁基础的缺陷

桥梁基础大致可分为天然地基上的浅基础（明挖基础）和桩基础、沉井基础以及混合基础等深基础。由于每类基础所处的条件不尽相同，因此，根据基础结构形式及修筑基础地形的差异，所产生的缺陷也不完全相同。但从总的方面来说，有它一定的规律性。桥梁基础结构一般容易发生的主要缺陷有：

1. 基础的沉降和不均匀沉降

由于地基的压密下沉而引起基础沉降，这对于任何一座桥梁都将是难以避免的，在一定范围内这是正常现象，而超出一定的范围则将对桥梁产生有害的影响。在软土地基上修建的桥梁基础，由于经常受到土基压实下沉和地下水位升降等的影响，往往还会产生不均匀的沉降。

为此，在桥梁施工过程中或通车后相当长的一段时间内，应定期和及时地做好基础沉降变位的观测分析工作，以便了解基础的沉降情况及发展趋势，分析沉降和不均匀沉降对桥梁结构的影响，并对有害的基础沉降采取有效的防治措施。

2. 基础的滑移和倾斜

（1）基础由于经常受到洪水的冲刷而发生滑移。冲刷深度由河流的河床纵坡与河床堆积物成分等因素所决定。一般很难预先估计冲刷有多深，事先必须经过充分的调查，以探求其冲刷深度。

（2）由于河床浚挖，减少了桥台台前临河面地基土层的侧向压力，从而使基础产生侧向滑移。

（3）桥台基础建造于软土地基，当台背填土超过一定高度且基础构造处理不当时，作用于台背的水平力增大，将导致地基失稳，产生塑性流动，使桥台产生前移。当基础上下受力不均时，台身也随之产生不均匀的滑移，导致基础出现倾斜，如图 3-5-1 所示。

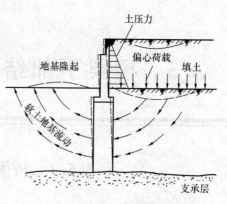

图 3-5-1 桥台基础的前移

产生滑移或倾斜的桥台基础，多为建造在软土地基上的重力式桥台、倒 T 形桥台。沉井基础也有产生前移的，这是由于沉井基础施工时扰动了地基且承受台背土压力的宽度大，可又不能像桩基础那样，有使流动土压力从桩间挤过去的效果，所以作用于沉井基础的流动压力比桩基础的大。

（4）基础产生的滑移或倾斜，在严重时会导致桥梁结构的破坏，其破坏形式有：

1）桥梁的支座和墩台支承面破坏以及梁从支承面上滑落下来。

2）桥梁的伸缩缝装置被破坏或使接缝宽度减小、伸缩机能受损。

3）当滑移量过大时，梁端与胸墙紧贴，严重时导致胸墙破坏或梁局部压屈。

3. 桥梁基础的类型与常见缺陷

由于桥梁基础受力不均，往往会产生局部异常应力，并导致横向或竖向裂缝。在特殊外荷载的作用下，还会使基础结构物因出现异常应力而产生局部损坏。桥梁基础的类型与常见缺陷见表 3-5-1 中。

桥梁基础的类型与常见缺陷　　　　　　　　　　　表 3-5-1

序号	基础类型		常 见 的 缺 陷
1	浅基础	天然地基上的浅基础	（1）埋置深度浅、易受冲刷而淘空； （2）埋置深度不足，受冻害影响； （3）地基不稳定，易产生滑移或倾斜
		岩石基础	（1）基础置于风化石层上，风化部分未处理好，经水流冲刷而淘空或悬空； （2）受地震时的剪切作用，易产生裂缝
		人工地基基础	因处于软弱地基上，在竖向荷载作用下压实沉陷，使基础下沉
2	桩基础	打入桩　木桩	地下水位下降时，桩身常腐蚀
		打入桩　钢筋混凝土预制桩	（1）打桩时，桩身受损坏； （2）受水冲刷、浸蚀，产生空洞、剥落等； （3）受船只或其他漂浮物的撞击而损坏
		钻（挖）孔桩	（1）施工时淤泥未完全清除，即灌注混凝土，因而使形成后的桩基产生下沉； （2）施工不当，或受水冲刷，浸蚀而产生空洞、剥落、钢筋外露等； （3）灌注混凝土过程中发生塌孔而未做处理，桩身部分脱空； （4）受外力冲击而产生损坏
		管桩基础	承载力不足而使基础产生下沉

续表

序号	基 础 类 型	常 见 的 缺 陷
3	沉井基础	（1）地基下沉时，基础也常发生一些下沉； （2）地基下沉不均匀，或桥台台背高填土受地基侧向流动的影响时，基础产生滑移、倾斜

3.5.1.3　桥梁墩（台）身的缺陷

（1）桥墩（台）身位于桥梁上部构造和基础之间，是桥梁下部结构的主体，并且多数的墩台是由砖石砌体或钢筋混凝土构件构成的。墩台结构由于具有将上部结构的荷载传递给基础的功能，因此，墩台容易受到上部结构荷载增加和基础出现缺陷的直接影响。尤其是，当基础产生不均匀沉降、滑移、倾斜等现象时，将会使墩台受到影响而产生很大的损坏。

（2）墩台损坏的主要形式是出现裂缝。常见的裂缝有水平裂缝、竖向裂缝及网状裂缝等。墩台裂缝的形式及产生原因在本手册的［3.3.3］中已有叙述。

（3）在突然外载，如船只及漂浮物的撞击等外力作用下，墩台会产生局部破坏，混凝土墩台会产生脱落与剥离。

（4）砖石砌体或钢筋混凝土墩台除常年受干燥、潮湿、寒暑、冻结冰融等气候条件的影响外，还受到水、海水、工业废水、废气、酸、碱、火热等作用，从而产生裂缝、剥落、锈蚀等病害。此外，材料随使用时间的增长还会老化。

总而言之，桥梁墩（台）身的缺陷主要有：裂缝、剥落、空洞、钢筋外露、锈蚀、老化、结构的变形移位等。

3.5.2　桥梁墩台基础的维修与加固

3.5.2.1　桥台基础的维修

对砖石和钢筋混凝土墩台表层出现的缺陷以及钢筋混凝土桩和排架所出现的混凝土剥落、露筋和裂缝等病害，均应进行维修。并应根据缺陷的严重程度及工地条件的不同采用不同的方法进行修理。具体方法已在本手册的［3.3.3］中已作了具体叙述；这里不再重复，现将其他方面所产生的缺陷的修理方法叙述如下。

（1）基础局部冲空或损坏，要分别情况及时进行修补：

1）水深在3m以下时，可筑草袋围堰或板桩围堰，然后把水抽干。当水难以抽干时，则可浇水下混凝土封底后再抽，抽水后以砌石或混凝土填补冲空部分，如图3-5-2所示。对于水下部分基础的修补，亦有不抽水而把钢筋混凝土薄壁套箱围堰下沉到损坏处附近河底，在套箱与桥墩间浇筑水下混凝土以包裹损坏或冲空处，如图3-5-3所示。

2）水深在3m以上时，以麻袋盛装干硬性混凝土，每袋装置量为麻袋容积的2/3，通过潜水作业将袋装混凝土分层填塞冲空部分，并注意比基础宽0.2～0.4m。

（2）当基础置于风化岩石上，基底外缘已被冲空时，应及时清除表面严重风化部分。

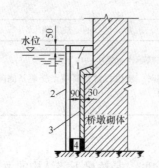 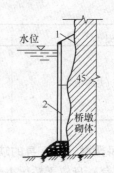

图 3-5-2　抽水后修理桥墩　　　　　图 3-5-3　不抽水修理桥墩水下部分
1—支撑；2—板桩围堰；3—钢筋混凝土护套；　　　　1—用水下混凝土填充；2—钢筋
4—水下混凝土封底　　　　　　　　混凝土灌护套

在浅水时，填以混凝土，并将周围风化地基用水泥砂浆封闭。在深水时，要采取潜水作业，并铺以袋装干硬性混凝土。

（3）钢筋混凝土灌注桩和打桩基础受水冲刷、侵蚀时，应采用如下方法进行修理：

1）检查损伤程度，用水泥砂浆修补到原来状态。

2）如桩身有空洞，可灌注水泥混凝土进行修复。

3）抛填大块石、石笼护底或钢筋混凝土砌块防护，以免继续冲刷。

（4）当河床受到水流冲刷而危及桥梁墩台基础时，必须采取防护措施。根据河床地质情况及冲刷范围的不同，所采取的防护措施也不尽相同。

3.5.2.2　扩大墩台基础加固法

桥梁基础扩大底面积的加固，称为扩大基础加固法。此法适用于基础承载力不足、或埋置太浅，而墩台又是砖石或混凝土刚性实体式基础时的情况。扩大基础底面积应由地基强度验算确定。当地基强度满足要求而缺陷仅仅表现为不均匀沉降变形过大时，采用扩大基础底面积的加固，主要由地基变形计算来加以选定。

在刚性实体式基础周围加石砌体或混凝土，以扩大基础的承载面积，如图 3-5-4 所示。

扩大基础加固法可按下列顺序进行施工：

（1）通常在必须加宽的范围内先打板桩围堰，如桥梁墩台基底土壤不好时，应作必要的加固处理。

（2）挖去堰内土壤，直挖至必要的深度（注意墩台的安全）。

（3）在堰内把水抽干后，铺砌石块（浆砌），或作混凝土基础。

（4）新旧基础要注意牢固结合，施工时，可加设联系（锚固）钢筋或插以钢销，以使加固扩大基础和旧基础牢固地结合成一整体。

3.5.2.3　增补桩基加固法

在桩式基础的周围补加钻孔桩或打入钢筋混凝土预制桩并扩大原承台，以此提高基础承载力、增加基础稳定性。这种加固法称为增补桩基加固法，如图 3-5-5 所示。

（1）增补桩基法加固墩台基础的优点是不需要抽水筑坝等水下施工作业，且加固效果

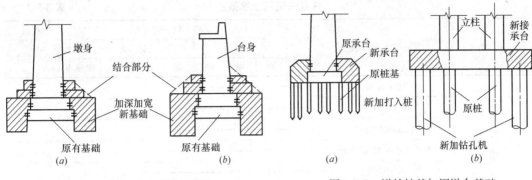

图 3-5-4　墩台扩大基础加固法　　　　图 3-5-5　增补桩基加固墩台基础
（a）桥墩基础；（b）桥台基础　　　　（a）增补加入桩；（b）增钻灌注桩

显著。其缺点是需搭设打桩架和开凿桥面，对桥头原有架空线路及陆上、水上交通均有一定影响。

（2）对单排架桩式桥墩采用打桩（或钻孔灌注桩）加固时，如原有桩距较大（在 4～5 倍桩径时），可在桩间插桩。如原有桩距较小且通航净跨允许缩小时，可在原排架两侧增加桩数，成为三排式的墩桩。

（3）如在桩间加桩，可凿除原有盖梁并浇筑新盖梁，将新旧桩顶连结起来。但此时必须检查原有盖梁在加桩顶部能否承受与原来方向相反的弯矩，如不能承受则必须加固原有盖梁或重新浇筑盖梁。加固原有盖梁时，可在盖梁顶部增设钢筋。

（4）当桥台垂直承载力不足时，一般可在台前增加一排桩并浇筑盖梁，以分担上部结构传来的压力。打桩时可利用原有桥面作脚手架，在桥面上开洞插桩。增浇的盖梁可单独受力，也可联结在一起，使旧盖梁、旧桩及新桩一起受力。

3.5.2.4　人工地基加固法

当基础下面的天然土基松软，不能承受很大荷载，或上层土壤虽好，但深层土质不良引起基础沉陷时，可采用人工地基加固方法，以改善提高基础的承载能力。人工地基加固方法很多，一般常用的有砂桩法和注浆法等。

（1）砂桩法：当软弱地基层较厚时，可用砂桩法改善地基的承载能力。加固施工时，将钢管或木桩打入基础周围的软弱土层中，然后将桩拔出，灌入经过干燥的粗砂，进行捣实，作成砂桩，达到提高土的密实度的目的。在含水饱和的砂土或黏砂土中，由于容易坍孔，灌砂困难，亦可采用砂袋套管法与振冲法加固地基。

（2）注浆法：注浆法是在墩台基础之下，在墩台中心直向或斜向钻孔或打入管桩，通过孔眼及管孔，用一定压力把各种浆液注入土层中，通过浆液凝固，把原来松散的土固结为有一定强度和防渗性能的整体、或把岩石裂缝堵塞起来，从而加固地基、提高地基承载力的一种加固法。

注浆法根据注浆压力的不同，又可分为静压注浆（填充注浆、裂缝注浆、渗透注浆、挤压注浆）和高压喷射注浆（旋转喷射注浆、定向喷射注浆）两大类。注浆法加固桥梁墩台基础，所采用的方法和注浆材料一般都因地质情况的不同而异。静力注浆和高压喷射注浆所适用的地质情况及所采用的注浆材料见注浆适用土质范围表 3-5-2。

注浆法适用土质范围　　　　　　　　　　　　表 3-5-2

分　类	浆 材 名 称	卵石碎石	粗 粒 组							细 粒 组	
			砾			砂 粒				粉粒	黏粒
			粗	中	细	粗	中	细	级细		
静压注浆	纯水泥浆										
	黏土水泥浆										
	水玻璃水泥浆										
	水玻璃水泥浆-氯化钙										
	水玻璃类										
静压注浆	铬木素类										
	丙烯酰胺类										
	脲醛树脂类										
	聚氨酯类										
高压喷射	旋喷　纯水泥浆										
	定喷　纯水泥浆										
粒　径（mm）		300　100　60　20　10　5.0　2.0　0.5　0.25　0.1　0.05　0.005　0.001									

3.5.2.5　钢筋混凝土套箍或护套加固法

当桥梁墩台出现贯通裂缝时，为防止裂缝的继续发展，使之能正常使用，可用钢筋混凝土围带或钢箍进行加固，如图 3-5-6。加固时，一般在墩身上、中、下分设三道围带；其间距应大致相当于桥墩侧面的宽度。每个围带的宽度，则根据裂缝情况和大小而定，一般为墩台高度的 1/10 左右，厚度采用 10～20cm。为加强围带与墩台的连接，应在墩身内埋置直径 10～25mm 的钢销，埋入深度为钢销直径的 20 倍左右，把围带的钢筋网扣在钢销上，埋钢销的孔眼要比销径大出 15～20mm，先填满销孔再浇筑混凝土，同时填塞裂缝。

当墩台损坏严重，如有严重裂缝及大面积表面破损、风化和剥落时，则可采用围绕整个墩台设置钢筋混凝土护套的方法进行加固，如图 3-5-7 所示。

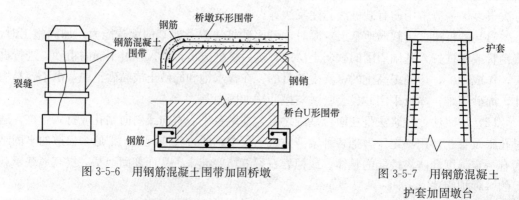

图 3-5-6　用钢筋混凝土围带加固桥墩　　　　　图 3-5-7　用钢筋混凝土护套加固墩台

3.5.2.6　桥台滑移倾斜的处理

（1）支撑法加固处理：

1）对因桥梁墩台的尺寸不足，难以承受台背土压力而往桥孔方向产生倾斜或滑移的埋置式桥台，可采取修筑撑壁法进行加固处理，如图 3-5-8 所示。

2）对于单孔小跨径的桥台，为防止桥台滑移，可在两台之间加建水平支撑，如整跨浆砌片石撑板，或用钢筋混凝土支撑梁进行加固处理，如图 3-5-9 所示。

（2）增建辅助挡土墙加固处理：对于因桥台台背水平土压力太大而引起的桥台倾斜，应设法减少桥台后壁的土壤压力，可在台背加建一挡土墙，以增强挡土能力，如图 3-5-10 所示。

图 3-5-8 撑壁法加固埋置式桥台

图 3-5-9 撑板法加固小跨径桥台

（3）减轻荷载法处理：筑于软土地基上的桥台，常由于填土较高，而受到较大侧向土压力作用，从而使桥台产生前移，以致发生倾斜。此时，一般可更换台背填土，减小土压力，即采用减轻桥台基础所受荷载的方法进行加固，如图 3-5-11 所示。

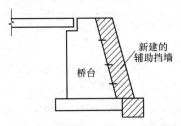

图 3-5-10 增建辅助挡墙加固法

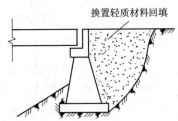

图 3-5-11 减轻荷载加固桥台

3.5.3 桥梁墩台基础的旋喷注浆加固

3.5.3.1 旋喷法的特征与工艺类型

1. 概述

旋喷注浆法是一项正在发展中的地基加固技术，其应用的时间并不长，但由于用途广泛，加固地基的质量可靠而且效果好，故目前已逐渐成为我国常用的地基处理方法之一。该法除了在铁路、矿山、水电、市政工程、工业与民用建筑和国防等部门的地基加固工程中发挥了卓有成效的作用外，近年来，在道路工程，特别是旧桥基础加固工程中，也得到了一定的实践应用，并获得了显著的经济技术效果。

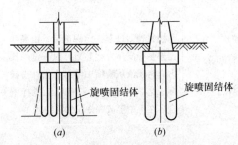

图 3-5-12 旋喷注浆法加固墩台基础

（a）群桩基础；（b）承台基础

旋喷注浆法是利用工业钻机将旋喷注浆管置于预计的地基加固深度，借助注浆管的旋转和提升运动，用一定的压力从喷嘴中喷射液流，冲击土体，把土和浆液搅拌成混合体，随着凝聚固结，形成一种新的有一定强度的人工地基。旋喷注浆法加固墩台基础的情况如图 3-5-12 所示。

2. 旋喷注浆法的主要特征

旋喷注浆法的主要特征旋喷注浆法与静压注浆有所不同，而且与其他地基处理方法相比，更有独到之处。旋喷注浆法的主要特征简列于表 3-5-3。

旋喷注浆法的主要特征   表 3-5-3

序号	主要特征	简　要　说　明
1	适用范围较广	能以高压喷射流直接破坏并加固土体，固结体的质量提高，适用范围较大；既可用于工程新建之前，又可用于工程修建之中，特别是用于工程落成之后
2	确保固结体强度	根据采用不同的浆液种类和配方，即可获得所需的固结体强度
3	有较好的耐久性	在一般的软弱地基中加固，和其他工艺相比，因其加固结构和适用范围不同，加固效果虽不能一概而论，但从使用的浆液性质来看，能预期得到稳定的加固效果并有较好的耐久性能
4	使用材料来源广，价格低廉	喷射的浆液以水泥为主，化学材料为辅。除在要求速凝超早强时使用化学材料以外，一般的地基工程中均使用料源较广、价格低廉的强度为 32.5 级或 42.5 级普通硅酸盐水泥。此外，还可在水泥中加入一定数量的粉煤灰，既利用了废料，又降低了注浆材料的成本
5	施工简便	旋喷施工时，只需在土层中钻一个孔径为 50mm 或 108mm 的小孔，便可在土中喷射成直径为 0.4～2.0m 的固结体
6	固结体形状可控制	为满足工程需要，在旋喷过程中，可调整旋转速度和提升速度，增减喷射压力或更换喷嘴孔径改变流量，使固结体成为设计所需要的形状
7	设备简单、管理方便	旋喷的全套设备均为我国定型产品或专门设计制造的。结构紧凑、体积小、机动性强，占地少，能在狭窄和低矮的现场施工。施工管理简便，在旋喷过程中，通过对喷射的压力、吸浆量和冒浆情况的量测，即可简捷地了解旋喷的效果和存在的问题，以便及时调整旋喷参数或改变工艺，保证固结质量

3. 旋喷注浆法的工艺类型

旋喷注浆法的基本工艺有三种类型，即单管旋喷注浆法、二重管旋喷注浆法、三重管旋喷注浆法。各种类型旋喷法的工艺类型如表 3-5-4 所列。

旋喷注浆法的工艺类型   表 3-5-4

序号	工艺类型	示　意　简　图	简　要　说　明
1	单管旋喷注浆法		注浆管钻进至一定深度后，由高压泥浆泵等高压发生装置，以一定的压力，将浆液从喷嘴中喷射出去冲击破坏土体，同时，使浆液与土搅拌混合，在土中形成圆柱状的固结体

续表

序号	工艺类型	示　意　简　图	简　要　说　明
2	二重管旋喷注浆法		使用双通道的二重注浆管，当注浆管钻进至预定深度后，通过双重喷嘴，同时喷射出高压浆液和空气两种介质的喷射流冲击破坏土体。 　　在高压浆液流和它外围环绕空气的共同作用下，破坏土体的能量增大，最后形成固结体的直径也明显增加
3	三重管旋喷注浆法		分别使用输送水、气、浆三种介质的三重注浆管。由此可在土中凝固为直径较大的圆柱状固结体

3.5.3.2　旋喷法加固墩台基础的施工

（1）旋喷法加固墩台的施工程序（如图 3-5-13 所示）：

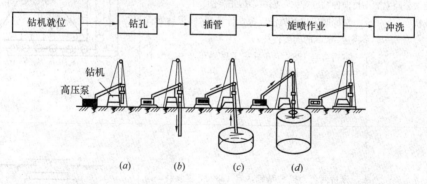

图 3-5-13　旋喷法加固墩台

（2）旋喷法加固墩台的操作要点：

1）旋喷前要检查高压设备和管路系统，其压力和流量必须满足设计要求。注浆管及喷嘴内不得有任何杂物。注浆管接头的密封圈必须良好。

2）垂直施工时，钻孔的倾斜度一般不得大于 1.5%。

3）在插管和旋喷过程中，要注意防止喷嘴被堵，在拆卸或安装注浆管时动作要快。

水、气、浆的压力和流量必须符合设计值，否则要拔管清洗再重新进行插管和旋喷。使用双喷嘴时，若一个喷嘴被堵，则可采取复喷方法继续施工。

4）旋喷时，要做好压力、流量和喷浆量的量测工作，并按要求逐项记录。钻杆的旋转和提升必须连续不中断。拆卸钻杆继续旋喷时，要注意保持钻杆有 0.1m 的搭接长度，不得使旋喷固结体脱节。

5）深层旋喷时，应先喷浆后旋转和提升，以防注浆管扭断。

6）搅拌水泥时的水灰比要按设计规定，不得随意更改，在旋喷过程中应防止因水泥浆沉淀而使浓度降低。禁止使用受潮或过期的水泥。

7）施工完毕，应立即拔出注浆管，彻底清洗注浆管和注浆泵，管内不得有残存任何水泥浆。

3.5.3.3 旋喷法加固墩台基础的应用实例

旋喷注浆加固桥梁墩台基础，近年来已得到一定的实践应用，如湖南怀化机车走行线的公路立交跨线桥、四川大渡河公路桥、阜淮线戴家湖铁路桥、日本名古屋神崎川桥等工程，均取得了良好的加固效果。旋喷法加固桥梁墩台基础的应用实例如表 3-5-5 所示。

旋喷法加固桥梁墩台基础的应用实例   表 3-5-5

序号	工程名称	说　　明	加　固　简　图
1	怀化铁路机车行走线公路立交跨线桥	该桥为 U 形桥台，台高 9.8m，1978 年底建成井架设主梁铺设桥面。1979 年 3 月进行台背填土。当填土达 3m 时，发现北台严重下沉，台后左角下沉 112mm，右角下沉 106mm，桥台后倾，桥面伸缩缝增大，影响结构正常使用； 加固时采用旋喷法，根据计算用 20 根旋喷直径达 46cm 的旋喷桩柱。 本桥台自 1981 年 6 月完工后通车，一直未有下沉现象，使用正常	
2	阜淮线戴家湖铁路桥	该桥两台为扩大基础，自 1980 年建成后，尚未架梁即发生较大下沉和位移； 加固时南北两台分别采用 40 和 38 根旋喷桩，长为 8.3m 和 7.5m，设计直径为 50cm； 加固后仅 10 天便进行架梁，投入使用后均未见有下沉现象，加固效果良好	

续表

序号	工程名称	说　明	加　固　简　图
3	日本名古屋神崎川桥桥墩下沉处理	该桥由于桥址受纸厂废液冲刷，基础摩擦力减少，使桥墩发生不均匀下沉。 加固方案：在桥墩周围作旋喷，由于桥址离海口较近，河道流速小，采用单排旋喷固结体帷幕，在帷幕内，采用化学灌浆达到了增加地基强度的目的	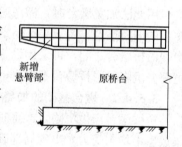

3.5.4　桥梁墩台基础的改建

3.5.4.1　墩台基础的加宽

1. 接长盖梁法

（1）利用旧桥的基础，靠墩台盖梁挑出悬臂加宽部分，以便安装加宽的上部桥跨，如图 3-5-14 所示。仅加宽桥墩和桥台的上部，基础和墩台体则不必予以加固。

（2）利用此法加宽墩台时，旧桥墩台基础必须完好、稳定，且需经过承载力验算后才能采用。墩台基底应力验算时，常因修建年代较久，地质资料缺乏或散失而造成困难。此时宜通过荷载试验或触探试验等办法实测确定。如无条件实测时，则考虑原桥修建时的荷载标准以及旧桥墩台已经实践检验，使用多年，地基承载力有一定的提高。为此，可对比改建后与改建前的计算结果，按改建后基底应力超出的百分数是否符合容许范围，亦即按《公路桥涵施工技术规范》JTG/T F50—2011 规定的经多年压实、未受破坏的旧桥基的地基土容许承载力提高系数而确定。

图 3-5-14　利用挑出悬臂盖梁加宽墩台

（3）墩台盖梁采用悬臂式加宽施工时应注意如下几个问题：

1）应先凿除旧盖梁连接部的混凝土保护层，使钢筋露出，并在原主筋上焊接新主筋。采用搭接焊形式而用两条焊缝时，其焊缝长度应不小于 $5d$；用一条焊缝时，其焊缝长度应不小于 $10d$。接长部分的钢筋需经计算确定，并注意剪力钢筋的布置。

2）新旧混凝土连接表面应粗糙，做成阶梯及凹槽等。新旧混凝土面一般不采用沿斜面连接，否则，将使新旧连接部有可能沿斜面滑动。

3）施工时，应清除连接部混凝土的灰尘。新梁浇筑后应加以妥善湿法保养并不使其受外力震动。

2. 旧墩台附近设置新墩台法

直接靠近原有墩台或稍稍离开一些，在其上、下游添造一个新的墩台。在此情况下，必须巩固与围护原有桥台基础周围的土基，并设法防止原有墩台基础的变形。通常有两种做法：

(1) 采用离开旧墩台新置新结构物的做法，如图 3-5-15 所示。

(2) 靠近旧墩台构筑新墩台的做法，如图 3-5-16 所示。

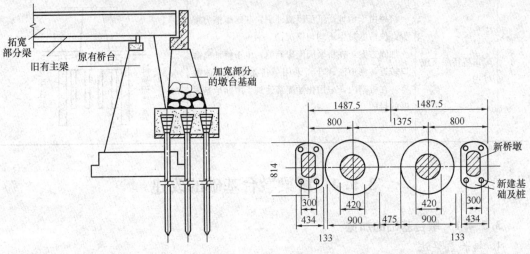

图 3-5-15 旧墩台附近设置新加宽墩台

图 3-5-16 新旧桥墩靠近的
平面布置（单位：cm）

用此法加宽墩台时，需考虑到新加宽部分墩台的沉降量和旧墩台不一致的情况。使用多年的旧桥墩台，一般趋于稳定，即使继续沉降也是极为微小的。因此，新加宽的部分墩台和旧桥墩台之间，可采用设置沉降缝的办法而避免相互牵制。沉降缝的设置要求使新拓宽部分沉降对旧桥墩台不发生重大影响。为此，设计施工中必须加以注意。

3.5.4.2 墩台基础的加高

桥梁墩台产生沉陷，严重时影响桥下净空，甚至会阻碍通航，由于墩台的沉降，使桥梁产生不均匀受力，出现局部破坏，恶化了上部结构的受力状态，影响桥梁的正常使用。为此必须及时进行改建加高。通过顶升桥梁上部结构来加高墩台基础的方法则是修复桥梁基础沉陷的一种既经济而又简便易行的施工方法。

1. 墩台基础加高的施工顺序

(1) 施工前的准备工作：

1) 进行详细的调查研究，测定沉降量，了解旧桥墩台的下沉情况，从而确定施工方案。

2) 根据确定的施工方案，做好施工场地及施工机具的准备工作。

3) 浇筑预制钢筋混凝土垫块。垫块的高度应根据墩台所需加高的高度而定，混凝土应采用 C30 以上强度等级。

4) 桥上如有公用事业单位的各种管线，如过桥电缆、煤气管和自来水管等，必须事先与其所属单位取得联系，采取相应的配合措施。

5) 把边孔桥面两端，桥台与桥墩两处的伸缩缝处凿开，并清扫干净。

6) 搭设井架，安放油泵。井架的搭设如图 3-5-17 所示。

(2) 顶升桥梁，加高墩台：在以上各种准备工作就绪并试顶后，即可进行桥梁的全面顶升。

1）顶升时由一人指挥，各只千斤顶同时进行，并使各处顶升高度尽量保持一致。当指挥人员指挥大家一起进行顶升时，开始时桥梁并未顶起，而是井架首先下沉，当整个井架全部沉足后，才能将桥梁上部顶起。

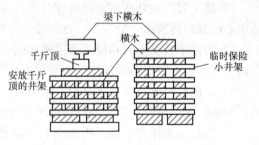

图 3-5-17　顶升井架搭设示意图

2）当桥梁升离墩台 3cm 左右，即可暂停。这时，指挥者必须各处再行仔细检查一遍，观察井架是否稳妥，千斤顶的位置是否竖直，确定无问题后，方可进行全面的顶升。

3）当千斤顶的活塞容许行程顶足后，如需继续把桥梁顶高，则可在井架的横木上再搭设保险小井架，小井架要搭设至梁底下的横木为止。小井架一般在每只千斤顶的左侧设置一只，同时再在最右边千斤顶外（右侧）加设一只。

4）小井架一定要搭设牢固，木料整齐坚固。随后松掉千斤顶阀门，放下桥梁，垫高千斤顶，再进行顶升。如此反复进行，一直至所需要的高度为止。

5）顶升至预先要求的高度后，就可在盖梁上安放好预制的钢筋混凝土垫块，使墩台加高，然后放下主梁，拆除木井架，完成墩台加高改建工作。

2．墩台基础加高的施工方法及其注意事项

顶桥施工中，应区别不同的情况采用不同的方法，同时应注意的事项很多。归纳起来，有如下 4 个方面：

（1）对不同形式的桥梁所采用的顶升方法不同：对于由 T 形梁或工字形梁组成的简支梁桥的顶升，一般可用上述方法进行。但顶升槽形梁时，则必须注意到顶升用的上部横向托梁不能直接与大梁紧贴在一起，因槽形梁底部较薄，易损坏，因此，要在梁下两边肋下放上两块 50mm 厚的木垫板，如图 3-5-18 所示。

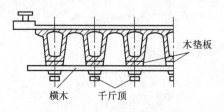

图 3-5-18　槽形梁顶升时安放垫板的情况

（2）千斤顶的安置一定要竖直，不能倾斜：同时在千斤顶的上下两面一定要用油毛毡或用其他硬的纸块垫好。在油毛毡或硬纸块上下再安放厚钢板。因为，千斤顶如直接与木井架或木横梁接触，由于顶升时顶力很大，就容易使千斤顶陷入木质中去，使顶升工作不易进行。油毛毡或硬纸安放在钢板与千斤顶之间，主要起防滑作用。

（3）因桥台沉降引起的梁的纵向位移，如须进行矫正时，一般可采用桥下顶升矫正法、扒杆起吊矫正法或桥上顶升矫正法。

桥下顶升矫正法是在不沉降的一端搭设木井架，安放千斤顶，并在沉降的一端挖开桥面伸缩缝，用硬木楔打入梁端与胸墙（靠背）之间，然后顶升千斤顶。因另一端有硬木楔顶住，故大梁就向这一端稍微移动。放下千斤顶时，另一端间隙增大，再打进木楔，反复数次，直至大梁纵向位置被纠正到正确位置。最后，再根据上述方法对墩台基础进行加高改建。

（4）桥梁的横向移位及顶升法：在墩台加高改建施工中，有时还可把旧桥顶升并进行横向移位。为了充分利用旧桥，并保证施工时不间断交通，必须按以下程序施工：

1) 施工时先做好两边道路接坡及墩台基础拓宽工作，然后，凿开两端伸缩缝，并沿桥中心线纵向将桥面一分为二。这时使一半桥面维持交通，一半进行顶升并横向移位。

2) 为便于桥梁横向移位，当梁两端同时顶起后，可分别在梁两端台盖梁上安放钢轨，钢轨上横向放上数根钢管滚筒，然后放上托板，再把大梁放到托板上。

3) 横向移位时可用绞车牵引，牵引时，注意托板下钢管滚筒的位置要与钢轨保持垂直，并随时调换钢管，两端同时缓慢平移至所需位置。

4) 然后，再顶升大梁，拆去钢轨及其他杂物，安放加高用的垫块，最后放下桥梁。用同样的方法可进行另半边的施工。主梁分别左右横移后，空出中间位置即可安装新的主梁。从而完成既拓宽又加高的施工过程。

3.6　拱桥的维修与加固技术

3.6.1　砖、石拱桥维修加固法

3.6.1.1　砖、石拱桥的维修

1. 砖、石拱桥的病害形式与修理方法

砖、石拱桥的维修工作主要是修理拱圈和拱上结构砌体的个别损伤部分，如裂缝、局部变形等，以恢复损伤结构的整体作用。

修理砖、石拱桥个别损伤常用的方法有：压浆法修补裂缝、保护面层不受风化、局部或全部改建、修理防水层等。

2. 维修砖、石拱桥的施工措施

（1）修理防水层

为防止渗漏，砖、石拱桥均应做防水层。如发现没有防水层或防水层损坏失效时，应挖开拱上填料重做或在桥面上加铺黑色路面，防止桥面水渗漏。

（2）保护面层不使风化

砖、石拱桥要注意灰缝的保养，如有脱落应及时修补，如砖、石有风化剥落，可喷刷一层 1～3cm 的 M10 以上的水泥砂浆，喷浆应分 2～3 层喷注，每隔一至二日喷一层。必要时，可加布一层钢丝网，以增加喷涂层的强度。

（3）压浆法修补砖石拱桥：砖、石拱桥由于下述原因，容易产生较深裂缝：

1）由于拱圈变形而产生的拱上构造的外加应力，可能使空腹式小拱发生裂缝。

2）由于墩台移动、拱圈受力不对称或基础沉陷的影响，在拱顶下部或拱脚上部可能发生裂缝，有时裂缝会通裂至拱壁。

3）如拱桥由多层平行拱圈石砌成，在施工中圈与圈又未注意交错搭接，则会在拱圈下部腹石上发生纵向裂缝。

砖、石拱桥一经开裂，往往容易发展，危及桥梁的使用与安全，这时可用压注水泥砂浆或其他化学浆液的方法进行修补。压力灌浆的方法在前面本手册［3.2.3］中已有叙述。

3.6.1.2　砖、石拱桥的加固

1. 原拱上增设钢筋混凝土拱圈加固法

从拱圈上面加一层新拱圈，即挖开原拱顶填土层直到拱背，洗净修补好，凿毛，加筑新拱圈，如图 3-6-1 所示。

此法是拱桥中较常采用的加固方法，它不仅加固了拱圈，而且将原有开裂的拱连在一起，也利于桥梁排水。加固时，加筑部分新拱圈厚度可采用上面所述方法拟定。原拱圈如

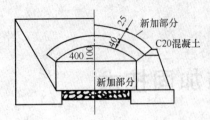

图 3-6-1　在拱上新加一层钢筋
混凝土拱圈加固法（单位：cm）

有损坏，应先用喷注高强度水泥砂浆等方法修理后再砌新拱圈。在考虑加厚拱圈时，应同时考虑墩台受力是否安全可靠等因素。当多孔石拱桥需全部加新拱圈时，拆除拱上填料时，须特别注意保持两边对称、同时进行，以确保连拱作用的均匀受力。

例如某桥为 3 孔片石拱桥，因洪水冲空侧边孔桥墩基础，而使墩台下沉引起拱圈的严重开裂，最大缝宽达 2～3cm，同时，由此引起其他两孔的损坏。由于该桥在近期不可能投资改建，故需采取加固措施维持通车。加固步骤及方法是：

（1）先加固被冲空的墩桩基础。用墩内加桩或墩外加桩的办法，加固基础。

（2）在损坏严重的边孔处挖去填料减载，并沿车道中线挖去一道宽 3m 的槽，暴露出拱圈，浇筑一道宽 2.5m，厚 30cm 的钢筋混凝土拱板，以作临时加固。其作用是先箍住已开裂较严重的拱圈，使之不致在加固过程中产生破坏。

（3）对称开挖拱上填料，并对全桥产生裂缝部位进行压浆处理，以修补裂缝。

（4）在全桥范围内浇筑一层新的钢筋混凝土拱圈，完成拱上建筑的加固工作。

2. 原拱圈下增设拱圈加固法

（1）概述。在桥下净空容许、或根据水文资料，桥下泄水面积容许缩小时，可在原有拱圈下部增设拱圈，即紧贴原拱圈下面，喷射钢丝网水泥拱圈或浇筑钢筋混凝土新拱圈。

（2）拱圈加固厚度的拟定：加筑新拱圈以前，要对需要新加拱圈厚度进行估算拟定。其厚度一般根据原有拱圈的厚度及使用情况，加上桥梁荷载等级所需厚度进行综合考虑后决定。即把所需厚度减去原拱圈厚度，再加上安全厚度，最后就可得出新加拱圈的厚度。

（3）钢丝网水泥拱圈内壁喷固法：当砖、石拱桥的拱圈内壁出现表层剥落、松散、老化等情况且不适应目前交通要求时，可采用钢丝网水泥拱圈内壁喷射加固的方法进行维修加固。

进行维修加固时，可先去除剥落、松散的表层，并用水冲净，当其处于潮湿状态且无水珠时，在拱内圈设置钢丝网格（距老混凝土凿去表层约 1.5～2.5cm），利用水泥喷枪喷射高强水泥砂浆，厚约 4～5cm，如需加厚可至 6cm，但必须分双层先后喷浆，以形成加厚的拱内壁和提高负荷能力。

本法也可用于修补表面裂缝，方法是先凿毛缝隙，刷净，然后喷浆，当裂缝多而浅时，可在作好上述准备工作后一次喷补，需要时亦可加设钢丝网格。

（4）钢筋混凝土拱圈内壁浇筑法：具体做法与上述喷固法相似，在采用如上清理和维修处理措施后，再在原拱圈下绑扎钢筋网，并在正确位置上固定后，用泵送混凝土浇筑一层钢筋混凝土新拱圈，如图 3-6-2 所示。应特别注意新旧拱圈的密切结合，加强湿治养护，冬季并应做好防冻保温工作。

3. 降低拱脚水平推力，采取钢杆件拉结法

为防止拱脚位移，提高拱的承载能力，也可在拱圈跟部凿开混凝土，外露钢筋后焊接

钢拉杆铆座，装置拉杆螺栓铆固拱脚，如图 3-6-3 所示。采用钢拉杆的加固措施，使桥下净空大幅度降低，将会影响通航，故仅用于一般不通航河道上的桥梁。

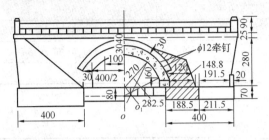

图 3-6-2　在原拱圈下浇筑一层新的
补强钢筋混凝土拱圈（单位；cm）

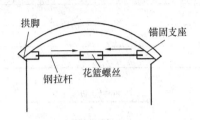

图 3-6-3　钢拉杆加固拱桥

4. 用双银锭腰铁钳入、卡牢相邻拱石的加强拉结法

对石砌拱桥采用锁牢整体拱圈的办法，可使相邻拱石得到加强，该法在我国古代桥梁建造中最早使用，始于隋代建造的河北赵州桥。双银锭腰铁加固拱石联结如图 3-6-4 所示。

5. 石拱桥拱圈加固的钢板箍（或钢拉杆）与螺栓锚固法

石拱桥亦可在拱圈的跨中和 1/4 处加设三道（或多道，视具体情况而定）钢板箍（钢板厚可用 6～8mm）或钢拉杆，用螺栓在拱底及拱侧钻孔锚固，并注意将锚固点设在拱圈厚度的 1/3 处，拱桥钢板箍与螺栓锚固法如图 3-6-5 所示。其锚固孔用膨胀水泥砂浆填塞牢靠。

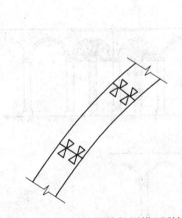

图 3-6-4　双银锭腰铁加固拱石联结

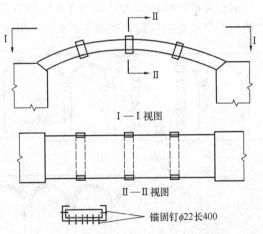

图 3-6-5　拱桥钢板箍与螺栓锚固法

3.6.1.3　砖、石拱桥的抢修和临时加固

（1）拱圈坍陷、交通受阻时的抢修：在紧急情况下，可设置钢（或木梁）桁梁并加铺桥面板。倘坍陷长度在 8m 以上时，须在河中支人字架，以提高其承载能力，如图 3-6-6 所示。如用木梁，抢修拱桥用木梁所需截面可如表 3-6-1 所列，梁中至中的间隔一般为 0.5～0.6m，通常每车道用 5～6 根（跨径 3～8m），当跨径在 9～10m 时，应增至 6～7 根。重要桥梁可通过验算决定。

抢修拱桥用木梁所需截面

表 3-6-1

跨径（m）	木梁断面尺寸（cm）	每车道宽用木梁根数
3～4	15×30	5～6
5～6	18×35	5～6
7～8	20×40	5～6
9～10	20×40	6～7

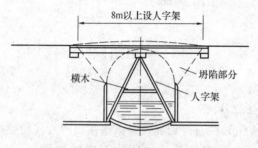

图 3-6-6 拱圈坍陷的临时抢修加固

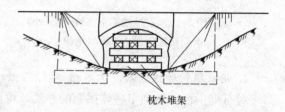

图 3-6-7 拱下临时加固措施

（2）砖石拱圈严重裂缝时的临时加固：为防止桥孔坍陷或为适应重车过桥需要，可采用架设枕木垛的方法进行临时性加固，如图 3-6-7 所示。

（3）石拱桥不中断交通时的临时修复：在某些场合，必须在不中断交通的情况下进行石拱桥的临时修复。桥梁的临时修复是在桥孔破坏部分内设置木墩台，在这些墩台和原桥的残留部分上架设临时钢板梁如图 3-6-8（a）；然后修复桥墩，在桥墩修筑至拱脚高度后，就把临时钢板梁移搁到这墩上，如图 3-6-8（b）；临时支墩被利用来支承拱架结构，在这个拱架结构上砌筑新的拱圈，如图 3-6-8（c）所示。

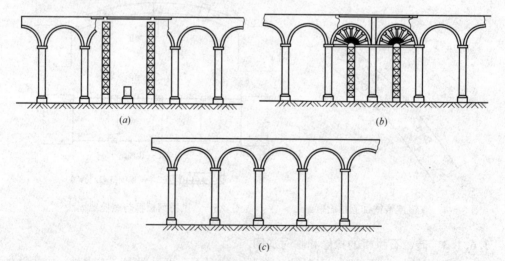

图 3-6-8 在不中断交通的情况下拱桥的基本修复

如拱形较平坦，修复时为了减小单边推力的作用，临时钢板梁不仅可以安在破坏的桥孔结构上，而且应安放在相邻的桥孔上，如图 3-6-9。这样，当活载处在相邻的桥孔上时，作用在贴近破坏的桥孔结构的墩台上的不平衡推力数值就可大大减低。

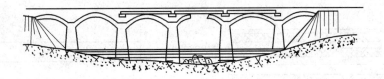

图 3-6-9 架设临时钢板梁的修复

3.6.2 双曲拱桥的维修加固法

3.6.2.1 双曲拱桥的常见病害

双曲拱桥发生较为严重的病害大致有如下几种：

（1）墩台位移而引起破坏：双曲拱桥由于自重较大，其相应的水平推力也较大，当设计、施工不当时，往往容易引起墩台的较大位移和沉降。由于位移和沉降较大，必将出现拱圈下沉、开裂，拱肋与拱波分离，侧墙与拱肋分离，空腹小拱开裂或立柱严重裂缝等损坏现象。

（2）拱肋强度不足而引起承载能力的降低：拱肋是拱桥主拱圈的重要组成部分，它与拱圈共同承受全部恒载和活载，是主要受力构件。因此，当其抗弯强度和刚度不足时，往往使承载能力降低，同时也会引起其他构件的损坏。

（3）横向联系不足而引起失稳：双曲拱桥拱肋中设置横向联系梁是很重要的。当拱肋间无横向联系时，在集中荷载（车辆荷载）作用下，各片拱肋的变形在横桥方向是很不均匀的。有横向联系的拱圈，各肋间的变形就比较均匀。而且，随着横向联系的加强，各肋间的变形就更趋一致。由于横向联系的设立，使单片的拱肋在横向联成整体，形成一个拱形框架，从而大大加强了拱肋的横向刚度，保证了拱肋的横向稳定性。当横向联系布置不够或强度不足而产生损坏时，将会使拱桥横向稳定性减低，拱波顶出现纵向裂缝。

（4）拱上填料排水不畅等原因引起的侧墙鼓肚破坏：双曲拱桥侧墙发生鼓肚，一般是由于排水不良，填土内聚积大量水分而造成膨胀，也可能是砌筑质量不佳引起的。

3.6.2.2 双曲拱桥的维修加固

（1）粘结钢板加固拱肋法：为加固双曲拱桥拱肋强度，可以在拱肋表面清理整洁后，用环氧类砂浆粘结钢板的方法来提高其承载能力。在拱圈产生裂缝或承载能力不足时，采用该法加固效果明显。粘结钢板的位置主要置于拱肋截面下，可用成条整板（或分块焊接）在拱圈弧形范围内间隔粘结。一般可视具体情况选定尺寸，通常可参照图 3-6-10 进行，钢板厚度宜用 4～10mm，过厚时施工比较困难。为使钢板加固能够粘结牢靠，可分块粘结接头后再焊接。这种加固法已在不少拱桥加固工作中得到应用，并取得了较好效果。

（2）螺栓钢板结合加固拱肋法：此法与前述利用钢板加固拱肋的基本目的相同，但不是单纯依靠粘结，而是除了利用胶粘剂之外，再按一定间距凿孔并埋入螺栓，然后就钢板预钻孔对准预埋件位置穿入并以螺帽紧固。这种做法拱肋凿孔比较费劲，埋设位置不易准确，因此，钢板钻孔要留有余裕，如采用椭圆形孔或扩大孔径，方可减少对位时的麻烦。如下图 3-6-11 所示。

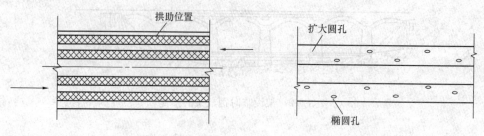

图 3-6-10　粘结构钢板平面示意图

图 3-6-11　钢板钻孔螺栓锚固

（3）粘贴钢筋加固肋拱法：鉴于粘贴钢板加固法存在加工、成型比较困难，有时粘附不够完善等问题，根据实际加固工作的需要，还可采用粘贴钢筋的加固方法。此法施工与前述基本相同，但所采用的是钢筋加固件。从实际情况看，此法与钢板粘贴法相比，具有与结构物粘附性能好，加固成型容易，补强效果更为显著的特点。

（4）拱肋截面扩大加固法：此法是通过采用钢筋和混凝土外包加大原拱肋，从而达到扩大拱肋的截面尺寸，增加拱肋断面的含筋率或变无筋拱肋为有筋拱肋，提高拱肋的抗弯刚度的一种加固方法。其作用明确，效果显著，应用也较广。

如某双曲拱桥，经多年营运使用后，腹拱和腹拱座均出现开裂损坏，基础有变形，主拱圈拱脚部位有局部损坏。后除对下部基础进行加固外，对拱肋采用扩大截面加固法进行加固，加固截面如图 3-6-12 所示。加固后经多年使用，证明效果很好。

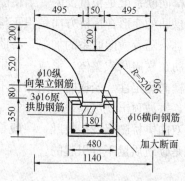

图 3-6-12　拱肋截面扩大加固情况

（5）增设肋拱加固法：在较大跨径的拱桥下新建一座跨径较小，矢度较大的肋拱，使肋拱的上弦与老拱桥连接在一起，新桥台与老桥台连接在一起，如图 3-6-13 所示。此法可用于大跨径、桥台水平位移大的有肋或无肋双曲拱桥的加固，但要求主拱圈基本完好。

采用这种增设肋拱加固法施工时，要求肋拱上弦钢筋和原拱肋或无肋拱波（凿除混凝土保护层露出钢筋）用箍筛联在一起，现场浇筑混凝土。新加肋拱与老拱形成整体后，可共同承受恒载和活载，从而提高了原桥的承载能力。

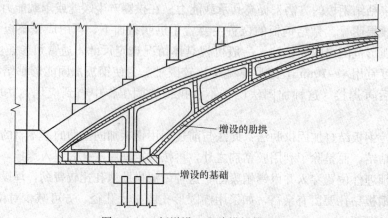

图 3-6-13　新增设一座肋拱桥加固法

（6）拱肋间横系梁加强法：当横向联系较弱时，可采用加大原拱肋间横系梁截面，或在原横系梁边上另加一根横系梁，以加强拱肋抗扭刚度和横向整体性的方法进行加固。此法一般可与前述拱肋截面扩大法一起考虑，同时进行，能取得较好的加固效果。

如某双曲拱桥加固时，采用了如图 3-6-14 所示的加固方案，效果亦很好。

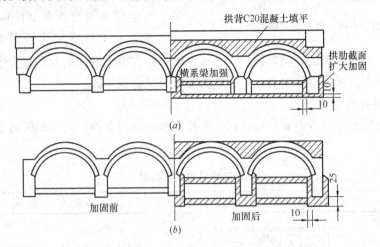

图 3-6-14 拱肋间横系梁加强加固法
(*a*) 拱顶加固断面；(*b*) 1/4 跨加固断面

（7）调整拱上自重、改变结构体系加固法：当双曲拱桥由于自重或地基承载力不足，致使拱脚发生水平位移或转动，拱轴线发生变形时，在条件许可的情况下，可采取调整拱上自重的布置，改变双曲拱桥结构体系的方法，来改善拱圈受力状况，以达到加固的目的。

3.6.3 桁架拱桥的维修加固

3.6.3.1 桁架拱桥的构造特点及类型

1. 桁架拱桥的特点

桁架拱桥与其他圬工拱桥相比具有如下的特点：

（1）受力合理，能充分发挥材料作用，用料经济。

（2）可充分利用一般施工单位的现有设备，装配化程度高，施工工序少，可达到缩短工期，节省人工的目的。

（3）自重较轻，适于在软土地基上修建。

（4）结构整体性能好，上部结构重量轻，抗震性能较好。

2. 桁架拱桥的上部结构构造

与其他桥梁一样，桁架拱桥结构有上部结构和下部结构。桁架拱桥上部结构由桁架拱片、横向联结系和桥面三部分组成。

（1）桁架拱片是桁架拱桥的主要承载构件，它由上、下弦杆、腹杆和实腹段组成，如图 3-6-15 所示。

（2）横向联结系是联结拱片和桥面系，保持拱桥横向稳定并起分布荷载作用的主要结

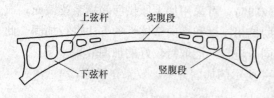

图 3-6-15　桁架拱片构造

构，它包括：下弦结点横隔梁、上弦结点横拉杆、实腹段横隔板和剪刀撑。

（3）桥面是直接承受桥梁使用荷载并将其传递给桁架拱片的构件，同时本身又部分或全部地参与所在部位构件的共同作用，成为上弦杆或实腹段截面的一部分。

桁架拱桥的桥面板常用的有微弯板和空心板。微弯板有纵向和横向两种布置形式。较大跨径的桁架拱桥面多采用钢筋混凝土或预应力混凝土空心板形式。

3. 桁架拱桥的类型

目前建造的桁架拱桥主要有斜杆式、竖杆式和肋拱式 3 种。桁架拱桥的主要类型如表 3-6-2 所示。

桁架拱桥的主要类型　　　　　　　　　表 3-6-2

序号	类型	简图	简要说明
1	斜杆式		桁架拱片具有斜腹杆，承载能力较大，是较为广泛采用的桁架拱形式
2	竖杆式		又称空腹桁架拱，拱片的腹杆只有竖杆，没有斜杆；竖杆与上、下弦杆组成四边形框架。该型式腹杆少，自重轻，钢筋布置简便，但因杆件以受弯为主，故配筋较多
3	肋拱式		采用拱肋作为桁架拱片，桁架高度小，吊装方便，适宜于无支架施工和较大跨径上使用

3.6.3.2　桁架拱桥的常见缺陷

（1）因桥台位移而使拱桥上弦杆悬空：由于拱桥修建时考虑不周，跨径太小，桥梁建成后不能满足水流断面的需要，在长期水力冲刷作用下，使桥台基础外露掏空，大雨季节，严重的台后被冲垮，被迫中断交通；轻的使桥台产生沉降外移，拱桥上弦杆就处于悬空或接近悬空的状态，如图 3-6-16 所示。

（2）施工缝处出现较大裂缝、拱片连接处混凝土断裂或钢板接头脱开：因桁架拱片一般不是一次成型的，在浇筑混凝土过程中要分次进行。即先浇下弦杆，包括相应的横系梁；再浇竖杆和斜杆包括剪刀撑；最后再浇上弦杆及其横系梁，因此就存在了施工缝。施工缝处往往是强度较弱的部位，在外荷载作用下，容易产生裂缝，甚至碎裂。

此外，当跨径较大，桁架拱片要分段预制时，就必须设接头。拱片接头一般有现浇混凝土接头和钢板接头两种，桁架拱片的接头如图 3-6-17 所示。这些接头由于施工质量欠佳，加上荷载的反复作用，容易损坏甚至脱开。

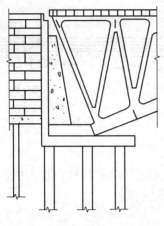

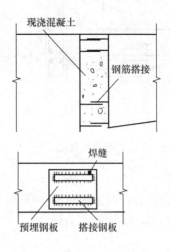

图 3-6-16 桁架拱桥上弦杆悬空
情况示意形式

图 3-6-17 桁架拱片的接头

（3）构件裂缝：桁架拱桥由于是钢筋混凝土结构，因此，当构件受拉时会出现裂缝，裂缝在容许宽度范围内时并不影响拱桥的使用，但当桥梁所承受的荷载大大超过其原设计荷载等级时，构件会受到过大拉力的作用而不可避免地会产生较大裂缝。较大裂缝的产生，势必影响拱梁的使用。

（4）拱上建筑如桥面系出现破坏：桁架拱桥桥面的微弯板或空心板脱空、断裂，甚至出现空洞，如图 3-6-18 所示。此类病害产生的原因往往是施工不当，微弯板或空心板架设时没有采用座浆法安砌；或者由于板太短，与主拱片连接不好以及板本身强度不足等。

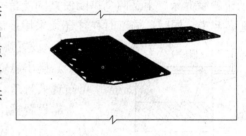

图 3-6-18 桁架拱桥由于拱板
断裂出现空洞的情况

3.6.3.3 桁架拱桥的维修加固

桁架拱桥同样属于拱桥之类，其常用的维修加固法与前述的基本相同。常用的方法有：

（1）杆件截面增强法：当需提高拱桥的主要受力部位如下弦杆、实腹杆等的承载能力时，可采用增强这些构件截面的方法进行加固。构件截面增强法的方式有多种，如：

1）凿除原杆件钢筋混凝土保护层，加筑钢筋混凝土补强断面，新旧断面依靠钢筋和混凝土紧密连接。

2）粘贴钢板或钢筋进行补强。

3）预制好补强杆件，再用电焊焊接钢板方式与原杆件相连，形成一个整体而共同受力，如图 3-6-19 即为预制构件与原构件用钢板连接的下弦杆截面增强法一侧。

（2）桥面维修加固：当桥面由于板块断裂而出现空洞时。可采用重新安装新板或用悬吊式模板（图 3-6-20）进行局部修补的方法进行处理。当需加固桥面且基础承载力许可时，亦可采取增铺桥面补强层的方法进行加固。

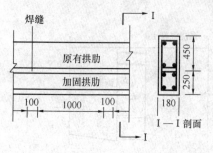

图 3-6-19　下弦杆截面增强法一侧

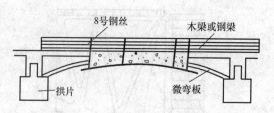

图 3-6-20　修复桥面空洞的悬吊式模板

（3）加强桥台，或采用顶推法调整拱桥水平位移：桁架拱桥桥台加固甲及顶推法调整水平位移的施工，可详见本手册［3.6.4］中的有关内容。

3.6.4　拱桥的改建与墩台基础加固法

3.6.4.1　拱桥的拓宽改建

（1）石拱桥的加宽：可以利用下列两种方法来加宽石拱桥：

1）直接靠着原有拱圈建造一个新的拱圈，以加宽桥梁的行车道。加宽部与老拱圈之间可留出一条 3～4cm 的空隙，以防新老拱圈变形沉降不一而引起拉裂。加宽时，还须将老桥侧墙拆除，于是两个拱圈便共同支持一个拱上结构。两个拱圈缝隙处要用软的防水层遮盖起来。同时，施工时往往还须采用前面所述的加固法加固旧拱圈。

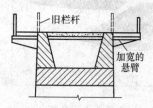

图 3-6-21　石拱桥加宽情况

2）设置挑出悬臂盖梁的方法加宽旧石拱桥。如图 3-6-21 所示，挑出悬臂要进行设计验算并设置钢筋。悬臂上一般不仅可布置人行道，而且也可安放部分车行道。

靠设置挑出悬臂来加宽桥梁时，必须验算原有桥台的承载力，必要时，还须同时加固旧墩台。

3）在拱上铺设有足够宽度的钢筋混凝土板进行加宽，这种方法适用于跨径较小的拱桥；或者基础和下部结构都很坚固。但拱圈不能承受由于加宽而产生的额外荷载的桥梁。当基础承载能力不足时，可通过加固措施来满足，如图 3-6-22。

（2）双曲拱桥和桁架拱桥的加宽：双曲拱桥和桁架拱桥的加宽，一般可采用在加宽墩

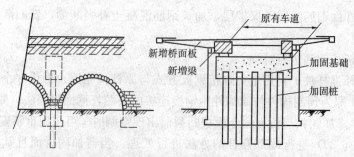

图 3-6-22　用设置钢筋混凝土梁和加固桩的方法拓宽旧拱桥

台基础的前提下，另增设承载力高的新梁的办法。对于新老主梁间接缝的问题，同样可采取设置较小的缝隙并用覆盖防水层的方法处理。此外，还可采用如前所述的挑出悬臂加宽桥面的办法。图 3-6-23 为某桁架拱桥加宽时挑出悬臂盖梁的细部构造。

（3）砖石拱桥局部或全部改建：

砖、石拱桥只有在不得已的情况下，才采用改建的方法进行维修。改建的情况有两种：

1）局部拆砌，纠正变形部位。

2）墩台完好，但从提高荷载等级的需要出发；或者由于损伤严重、施工时砌筑粗糙，石料质量差，旧拱圈的利用价值不大等原因，可采取全部拆除，重新按新标准砌筑拱圈的方法进行加固。在拆除时应注意安全，并对称地拆除，以防受力不均而产生坍桥事故。

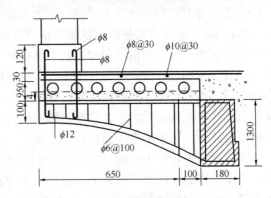

图 3-6-23　桁架拱桥加宽悬臂构造

3.6.4.2　拱桥墩台基础加固法

（1）桥台增大基础加固法：在桥台两侧加设钢筋混凝土实体耳墙，并将耳墙与原桥台用钢销联接起来，从而达到增大桥台基础面积，提高桥台承载力的目的。如图 3-6-24 所示，加固后耳墙与原桥台联接在一起，因此，既增加了竖向承压面积，又由于耳墙的自重而增加了抗水平推力的摩阻力。

（2）桥台前加建新的扩大基础加固法：当拱脚台前有一定的填土时，可在台前加建新的扩大基础，并将改建为变截面的拱肋支承到新基础上。新老基础之间用钢销进行联接，有条件时在台前新基础下设法增加几根短桩，以提高承载力，如图 3-6-25 所示、此法的原理是加建的新基础既能增加竖向承载能力和水平方向承载能力，又加强了拱肋断面使之成为变截面拱肋，如前所述，还可相应地缩短了跨径。其优点是不需中断交通，可带采的较大的社会效益。

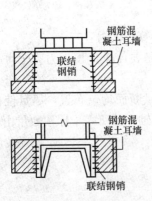

图 3-6-24　拱桥桥台两侧设置耳墙
扩大基础的加固法

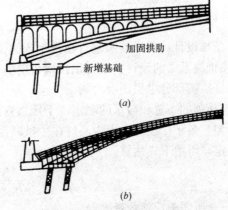

图 3-6-25　台前加建新基础加固拱桥
（a）立面；（b）钢筋布置

（3）桥墩设置临时斜向支撑或加大面积加固法：对于多跨拱桥，为预防因其中某一跨遭到破坏使整体失去平衡而引起其他拱跨的连锁破坏，可根据具体情况，对每隔若干拱跨中的一个支墩采取加固措施。其方法是在支墩两侧加斜向支撑；或加大该墩断面。使得在一跨遭受破坏时，只影响若干拱跨而不致全部毁坏，如图 3-6-26 所示。

3.6.4.3　顶推法调整拱桥拱脚的水平位移

（1）顶推工艺：所谓"顶推工艺"就是将拱桥的一端作为顶推端，设立顶推横梁，横梁与拱肋紧紧相连，凿除拱脚与支座的联结，使支座自由，然后，安放千斤顶，利用千斤顶的推力沿拱轴向上、向跨中方向顶推横梁，从而使整个拱轴移动。当顶推位移值相当于原桥已产生的位移值时，停止顶推。然后拱脚离开拱座的空隙上浇灌高强快硬水泥砂浆，待砂浆硬化后，再放松千斤顶，顶推完成。

顶推过程中，由于千斤顶的合力中心在主拱轴线上，顶推端的拱脚将始终不存在弯矩，且主拱圈的结构图式将从无铰拱转变为单铰拱，如图 3-6-27 所示，图中 M_A、M_1 分别为顶推前恒载偏离弯矩和位移 Δ（包括恒载弹性压缩）所产生的弯矩；M_b、M_2 为顶推后在非顶推端产生的前述两种弯矩。

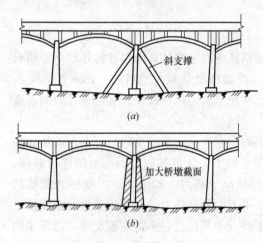

图 3-6-26　拱跨桥墩预防破坏
加固措施示意图
(a) 加斜支撑；(b) 加大桥墩截面

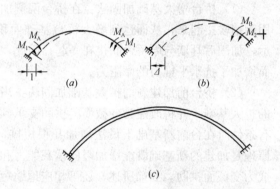

图 3-6-27　拱桥顶推时结构图式的变化
(a) 顶推前；(b) 顶推过程中；
(c) 顶推后转为单铰拱

（2）顶推设计：顶推前需进行顶推工艺的设计计算，其内容有：

1）顶推横系梁的设计。设计顶推横系梁的目的是要使千斤顶推力完全可靠地传给主拱圈，保证拱脚部分主拱圈受力均匀。

2）千斤顶的布置和数量的确定。千斤顶宜沿主拱断面均匀布置，尽量使横系梁或主拱受力均匀，各千斤顶的合力中心应在主拱断面重心轴上。所需千斤顶数量由恒载轴面力的大小确定，可由下式估算：

$$h \geqslant \frac{N}{K \cdot P}$$

式中　h——所需千斤顶数量（台）；

N——上部结构在拱脚产生的恒载内力（$N = H \cdot \cos\varphi_0 + r \cdot \sin\varphi_0$）；

P——一台千斤顶的最大负荷；

K——千斤顶的机械效率，取 $K=0.8$。

3）顶推量的确定：千斤顶的顶推量由下列原则决定：

a. 根据实测位移量；

b. 根据拱顶实测下沉值和拱顶推力影响线推算；

c. 顶推直至桥沿或缘石出现负弯矩裂缝为止。

（3）顶推施工：在顶推法消除拱桥水平位移的工艺过程中，所需设备材料数量以及人员组织、安全措施等叙述如下。

1）顶推前的准备工作：

a. 机具仪表设备的准备。顶推前要做好机具设备的准备工作，顶推工艺所需机械设备如表 3-6-3 所列；

顶推工艺所需机具设备　　　　　　　　　　　　　　　　表 3-6-3

序号	设备名称	规　格	单　位	数　量	备　注
1	电动油泵	LYB610 型	台	1	
2	分油器	$h=570$	台	1	
3	高压油管	钢或胶皮 $\phi 8$	m	48	
4	油压表		个	2	
5	扳　手	24″	只	1	
6	扳　手	14″	只	2	
7	扳　手	8″	只	1	
8	管子扳手		只	2	
9	台虎钳		台	1	
10	油压千斤顶	100t	只	21	视实际情况计算而定
11	经纬仪		台	1	
12	水准仪		台	1	
13	电阻应变仪		台	3	
14	电测位移计		只	4	
15	百分表	行程 1cm	个	2	
16	电钻（钻混凝土孔用）	钻孔直径 $\phi 28$	台	1	

b. 人员组织配备：顶推前应做好工作人员的具体组织安排工作；

c. 对全桥进行全面检测，进行资料准备。检测内容有：对拱轴线、桥面、桥台各控制点作水准测量；丈量跨径和矢高；记录裂缝位置和宽度等；

d. 做好顶推过程中需要观测的测点准备，事先确定并安置好测量仪器；

e. 凿开支座与拱脚接合部，以使拱脚与拱座分开并能自由移动。支座与拱脚凿除部位如图 3-6-28 所示；

f. 设置横梁，安置千斤顶。用于传递顶推力的横系梁一般可用钢筋混凝土梁，也可用钢梁（工字钢或槽型钢）。用高强螺丝将横梁沿横桥方向紧固在主拱圈上，以传递顶推力。顶推时横梁及千斤顶安放位置如图 3-6-29 所示。

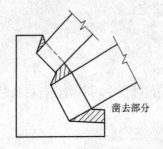

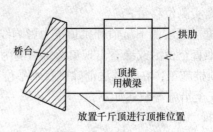

图 3-6-28　支座与拱脚凿除部位　　　图 3-6-29　顶推时横梁及千斤顶安放位置

2）试顶工作。在上述准备工作就绪后，即可开始试顶。通过试顶可熟悉操作过程并检查千斤顶、油路管道、仪表等是否正常，否则必须进行调整。

3）顶推施工。正式顶推时须封锁桥上交通以确保安全。非顶推端拱脚上部的桥面伸缩缝必须清除。根据预顶时的主拱应变增大速度，按预估的顶推量实行分级顶推。每顶一级检查一次，内容是千斤顶行程是否同步或漏油，同一断面上的上下游应变是否相等，桥上是否有新的裂缝出现等，发现有意外情况就应停止顶推，待分析原因后再确定是否继续顶推。当顶推到预定顶推值时，更应注意对各部位进行检查。

4）浇灌快硬水泥砂浆。顶推到预定顶推量或发生异常需停止顶推工作时，在顶出的空隙内应立即填灌快硬水泥砂浆，并做好砂浆试块。灌浆结束后要有专人昼夜值班维护油泵压力。但要注意控制表值，一般维持表压在 49.035Pa 左右，不宜过大，以免损伤砂浆强度。在昼夜平均温度为 25℃时，经 6～7d 的养护即可卸除油泵压力。

5）顶推结束。在上述工作全部完成后，顶推工作即告结束，此时卸除设备、拆下支架，顶推工作完成。

（4）圆弧拱圈各部尺寸的检测：为正确掌握圆弧拱圈各部尺寸，在推顶工作完成后便于检测其是否符合正常拱度；在拱桥的拓宽改建中为方便圆弧拱测量放线时进行查对参考，特附常用资料并简述如下：

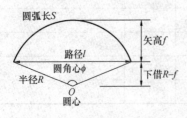

图 3-6-30　圆弧拱各部名称

1）圆弧拱的要素及其表示方法。圆弧拱各部名称如图 3-6-30 所示。表示拱度的大小有两种方法：即用圆心角的大小来表示，用矢（高）f 与跨（度）l 之比的大小来表示。

按圆心角表示，常用的有 180°拱（即半圆拱）、120°拱和 90°拱；按矢跨比（即 f/l）表示，常用的有 1/2 拱（即半圆拱）1/3 拱和 1/4 拱。无论采用何种表示方法，在计算圆弧拱的各部尺寸时，均以跨径 l 为基础。

2）圆弧拱各部尺寸的检测或放线用表。表 3-6-4 内列有五种常用矢跨比圆弧拱各部尺寸，可供查用。

由于石拱桥的砌筑必须考虑到拱模架（拱胎）在承重后有所下沉。因此拱中央部分要有一定的"起拱"余裕（或称预留拱度），一般 10m 跨径的中间（拱顶部分）应起拱 3～4cm，拱胎起拱后，曲线应保持圆顺，不得出现折线。因此，从表 3-6-4 所查得的数据在具体应用时还应考虑起拱余裕所给予的拱矢高度，从而满足设计要求。

常用矢跨比（6～20m）圆弧拱各部尺寸表　　表 3-6-4

圆心角 ϕ	矢跨比 f/l	项　目	跨　度　l（m）											
			6	7	8	9	10	11	12	13	14	15	18	20
180°00′	1/2	半径 R	3.00	3.50	4.00	4.50	5.00	5.50	6.00	6.50	7.00	7.50	9.00	10.00
		弧长 S	9.42	11.00	12.57	14.14	15.71	17.28	18.85	20.42	21.99	23.56	28.28	31.42
		矢高 f	3.00	3.50	4.00	4.50	5.00	5.50	6.00	6.50	7.00	7.50	9.00	10.00
		下借 R-f	0.00	0.00	0.00	0.00	0.00	0.00	0.00	0.00	0.00	0.00	0.00	0.00
134°46′	1/3	半径 R	3.25	3.79	4.33	4.88	5.42	5.96	6.50	7.04	7.58	8.13	9.76	10.83
		弧长 S	7.64	8.92	10.19	11.47	12.74	14.01	15.29	16.56	17.84	19.11	22.94	25.48
		矢高 f	2.00	2.33	2.67	3.00	3.33	3.67	4.00	4.33	4.67	5.00	6.00	6.66
		下借 R-f	1.25	1.46	1.66	1.88	2.09	2.29	2.50	2.71	2.92	3.13	3.75	4.17
120°00′	1/3.46	半径 R	3.46	4.04	4.62	5.20	5.77	6.35	6.931	7.51	8.08	8.66	10.40	11.55
		弧长 S	7.26	8.46	9.67	10.88	12.09	13.30	14.51	15.72	16.83	18.14	21.76	24.18
		矢高 f	1.73	2.02	2.31	2.60	2.89	3.18	3.47	3.76	4.04	4.33	5.20	5.78
		下借 R-f	1.73	2.02	2.31	2.60	2.88	3.17	3.46	3.76	4.04	4.33	5.20	5.77
106°16′	1/24	半径 R	3.75	4.38	5.00	5.63	6.25	6.88	7.50	8.13	8.75	9.38	11.26	12.50
		弧长 S	6.95	8.11	9.27	10.43	11.59	12.75	13.91	15.07	16.23	17.39	20.86	13.18
		矢高 f	1.50	1.75	2.00	2.25	2.50	2.75	3.00	3.25	3.50	3.75	4.50	5.00
		下借 R-f	2.25	2.63	3.00	3.38	3.75	4.13	4.50	4.88	5.25	5.63	6.76	7.50
90°00′	1/4.83	半径 R	4.24	4.95	5.66	6.36	7.07	7.78	8.49	9.19	9.90	10.61	12.72	14.14
		弧长 S	6.66	7.78	8.89	10.00	11.11	12.22	13.33	14.44	15.55	16.66	20.00	22.22
		矢高 f	1.24	1.45	1.66	1.86	2.07	2.28	2.49	2.69	2.90	3.11	3.72	4.14
		下借 R-f	3.00	3.50	4.00	4.50	5.00	5.50	6.00	6.50	7.00	7.50	9.00	10.00

3.7 桥梁附属构筑物的维修技术

3.7.1 桥梁支座的维修加固

3.7.1.1 桥梁支座的作用与形式

（1）桥梁支座的作用：支座是桥梁上、下部结构的连接点。其作用是将上部结构的荷载顺适、安全地传递到桥梁墩台上去，同时要保证上部结构在支座处能自由变形，以便使结构的实际受力情况与计算简图相符合。因此，对桥梁支座要正确设置，并经常注意保养维修，对其损坏部分要进行修补加固。

（2）支座的形式：桥梁支座按其作用分固定支座和活动支座两种。固定支座用来固定桥梁结构在墩台上的位置，它只能转动而不能移动。活动支座则可保证在温度变化，混凝土收缩和竖向荷载作用下结构能自由转动和自由移动。简支梁桥每一跨是由一个固定支座和一个活动支座组成；连续梁桥则多由一个固定支座和若干个活动支座所组成。

根据桥跨结构的大小，当前我国在钢筋混凝土梁式桥中所采用的支座形式有垫层支座、切线式支座、摆柱式支座、橡胶支座和滑动钢盆橡胶支座等。桥梁支座形式及适用情况如表 3-7-1。

桥梁支座形式及适用情况 表 3-7-1

序号	名称	适用情况	构造简图
1	滑动钢盆支座	这是一种新型支座，是 20 世纪 90 年代发展起来的。它一般是由一块圆形的，截面较薄的非加劲橡胶板组成，橡胶板封闭在钢盆内，靠钢盆限制橡胶的侧向变形，提高支座承载能力； 该支座可承受 100t 以上的支座反力，适用于大中桥梁，及连续梁桥的活动支座	
2	垫层支座	标准跨径 10m 以内的简支板桥和简支梁桥，一般不设专门的支座，而仅设油毛毡或石棉垫层，或水泥砂浆垫层。这种支座形成的自由伸缩性能不佳，易引起上部结构端部和墩、台帽混凝土的劈裂现象	

续表

序号	名称	适 用 情 况	构 造 简 图
3	切成式支座	由两块厚约 40～50mm 的铸钢垫板制成，上面一块是平的钢垫板，下面一块是顶面切削成圆弧形的钢垫板，这样能保证支座可自由转动。切成式支座一般适用于跨径 13～20m 的 T 形梁桥	
4	摆柱式支座	由两块平面钢板和一个摆柱所组成。摆柱是一个上下镶有弧形钢板的钢筋混凝土短柱，所用混凝土强度为 C32～C42。摆柱的侧面设有齿板，两块平面钢板的相应位置设有齿槽，安装时，应使齿板与齿槽相吻合 　　该支座一般适用于 20m 及 20m 以上的钢筋混凝土梁式桥	
5	橡胶支座	由几层薄橡胶片与刚性加劲物粘合而成，一般在每层厚 5mm 的橡胶片与橡胶片之间，嵌入一层厚 1～2mm 的薄钢板或密格钢筋网，由于金属加劲物能阻止橡胶片的侧向膨胀，从而提高了橡胶的抗压强度，利用橡胶的压缩变形和剪切变形，保证了上部结构的自由转动和水平移动 　　该支座适用范围较广，可适用于宽桥、曲线桥、斜交桥等	

3.7.1.2　桥梁支座的损坏及产生原因

（1）桥梁支座本身的损坏：各种形式的支座，其本身情况不同损坏也不同，分别有：

1）油毛毡支座已损坏（如破裂、掉落、酥烂等），从而失去作用。

2）切线弧形支座滑动面、滚动面生锈，从而不能自由转动。

3）摆柱式支座的混凝土摆柱脱披露筋或出现其他异常现象。

4）支座的滑动面不平整、轴承有裂纹、切口，滚轴有偏移和下降。

5）支座螺母松动或螺栓脱落。

6）钢辊轴式支座辊轴（或摇轴）的实际纵向位移偏大或发生横向位移。

7）橡胶支座出现橡胶老化、变质现象，梁丧失自由伸缩能力。

（2）桥梁支座板的损坏：桥梁支座板的损坏形式主要有如下几种：

1）桥梁支座板的座板翘起、扭曲或者断裂。

2）桥梁支座板的座板贴角焊缝开裂，见图 3-7-1 所示。

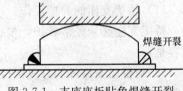

图 3-7-1　支座座板贴角焊缝开裂

3）填充砂浆裂缝。

4）桥梁支座座板混凝土已压坏、剥离、掉角等。

（3）桥梁支座损坏的原因：桥梁支座损坏原因是多方面的，具体请见表 3-7-2 所列。

梁桥支座损坏原因一览表　　　　　　　　　　表 3-7-2

序号	支座损坏的原因	其 体 内 容
1	设计时缺乏足够的考虑	（1）形式的选定与布置错误； （2）材料选定错误，或者施工没有按要求执行； （3）支座边缘距离不够； （4）支座支承垫石补强钢筋不足； （5）对螺栓、螺母等的脱落研究不够
2	施工制作时不完备	（1）铸件等材料质量管理不够，质量较差； （2）金属支座的油漆、防腐防锈处理不可靠； （3）砂浆填充不可靠，或者水泥砂浆强度不足
3	维修、养护、管理不善	（1）滑动面、滚动面夹杂尘埃、异物； （2）因防水、排水装置的缺陷，向支座漏、溢水，使支座锈蚀； （3）螺母、螺栓松动、脱落，又没有及时修理
4	其他因素	桥台、桥墩产生的不均匀沉陷、倾斜与水平变位以及上部结构位移，影响支座的正常使用

3.7.1.3　桥梁支座的检查内容

桥梁支座在维修加固前必须进行检查，其检查的主要内容有：

（1）垫层支座的油毡是否老化破裂。

（2）钢板滑动支座和弧形支座是否干涩、锈蚀。

（3）摆柱支座各部件相对位置是否正确，受力是否均匀，钢筋混凝土立柱是否损坏。

（4）橡胶支座是否老化、变形，位置是否正确。

（5）滑动钢盆橡胶支座的固定螺栓有无剪断损坏，螺母有无松动。

（6）活动支座是否灵活，实际位移是否正确。

此外，由于支座的变形或其他因素的影响，支座处上、下部结构也会发生异常，应尽可能同时进行检查。对于滑动面、滚动面夹杂尘埃和异物以及由于防水装置和排水装置等的缺陷而产生的漏水、溢水，因此在检查过程中同时加以清扫、处理。

3.7.1.4　桥梁支座的维修与加固

（1）桥梁支座的养护工作：

桥梁支座必须经常养护，根据《公路养护技术规范》JTG H10—2009 规定，其主要内容是：

1）对桥梁支座各部分应保持完整、清洁、要扫除垃圾，冬期清除积雪和冰块，保证梁跨自由伸缩。

2）在滚动支座滚动面上要定期涂一薄层润滑油，在涂油以前，必须先用钢丝刷或揩布把滚动面揩擦干净。

3）为了防锈，支座各部分除钢辊和滚动面外，其余都要涂刷油漆保护。

4）对固定支座应检查锚栓坚固程度，支承垫板要平整紧密，及时拧紧接合螺栓。

（2）桥梁支座的维修加固：

1）桥梁支座有缺陷或发生故障时的维修和更换。

a. 滚动面不平整，轴承有裂纹、切口以及个别辊轴大小不合适时，必须予以更换；

b. 梁支点承压不均匀时，应进行调整。调整时可采用千斤顶把梁上部顶起，然后移动调整支座的位置。在矫正支座位置以后，降落上部构造时，为避免桥孔结构倾斜，应徐徐下落，并注意千斤顶的工作状态是否均衡，同时调整顶升用木框架的楔子，以保证上部结构能恢复原位；

c. 桥梁支座座板翘起，扭曲、断裂时应予更换或补充，焊缝形裂应予维修加固。支座更换时也同时可采用前述顶升法施工；

d. 如要抬高支座时可采用捣筑砂浆垫层、加入钢板垫层或预制钢筋混凝土块的办法。

2）油毡支座因损坏、掉落而不能发挥作用时；摆柱式支座工作性能不正常，有脱皮、露筋或其他异常情况发生时，橡胶支座已老化、变质而失效时，都须进行调整，加以维修加固。

3）钢辊轴式支座辊轴（或摇轴）的实际纵向位移应与计算的正常位移相符，如实际纵向位移大于容许偏差或有横向位移时应加以矫正。

3.7.2 桥梁伸缩缝的维修

3.7.2.1 桥梁伸缩缝的构造

（1）伸缩缝的设置及要求：

1）伸缩缝的设置：道路桥梁中，桥梁在温度变化、混凝土的徐变和干燥收缩、荷载的作用等因素的影响下，将引起梁端变形。为了满足这种变形的要求，通常在两梁端之间、梁端与桥台之间设置伸缩缝构造。

2）伸缩缝的构造要求。为了保证伸缩缝作用的正常发挥，伸缩缝结构应满足下列要求：

a. 在平行、垂直于桥梁轴线的两个方向均能自由伸缩；

b. 牢固可靠；

c. 车辆驶过时应平顺、无突跳与噪声；

d. 要防止雨水和垃圾、泥土渗入；

e. 安装、检查、养护、清除污物等工作都要简易方便。

（2）各种形式伸缩缝的构造：伸缩缝的构造形式，主要按跨缝材料不同来分，目前常用的有锌铁皮伸缩缝、钢板伸缩缝和橡胶伸缩缝3种。各种形式伸缩缝的构造及适用情况如表3-7-3所列。

桥梁伸缩缝形式及其构造

表 3-7-3

序号	伸缩缝形式	构造说明和运用情况	构 造 简 图
1	钢板伸缩缝	（1）是用一块厚度约为 10mm 的钢板覆盖在断缝上，钢板的一边焊在锚固于桥面的角钢 1 上，另一边可沿着对面的角钢 2 自由滑动。在角钢 2 的边缘上还焊上一条窄钢板，以抵住桥面的沥青砂面层； （2）该伸缩缝适用于梁变形量在 4～6cm 之间的桥梁，常用于温差较大的大跨径桥梁； （3）当变形量、交通量更大时，可采用梳形钢板伸缩缝构造	 （a）钢板伸缩缝 （b）梳形钢板伸缩缝
2	镀锌薄钢板伸缩	（1）是以镀锌薄钢板为跨缝材料的伸缩缝。施工时，镀锌薄钢板弯制成断面呈 U 形的长条，沿桥的横向嵌设于缝内，其两边与两侧混凝土梁或梁与桥台矮墙顶面固定在一起。U 形槽内用软性防水材料，如沥青砂等填塞； （2）该伸缩缝构造简单，梁变形量在 2～4cm 之间时非常适用，常用于中小跨径的装配式钢筋混凝土梁肋桥	 （a）适用于水泥混凝土路面伸缩缝 （b）适用于沥青混凝土路面伸缩缝
3	橡胶伸缩缝	（1）以橡胶带作为跨缝材料。当梁架好后，在梁的端面埋件上焊上角钢，涂上胶后，将橡胶带嵌入即可。橡胶带富有弹性，又易于胶粘，故能满足变形与防水的要求； （2）该伸缩缝使用较方便，但价格较高。在有条件时可尽量考虑采用	

3.7.2.2 桥梁伸缩缝的常见缺陷及原因分析

1. 伸缩缝的常见缺陷

桥面伸缩缝由于设置在梁端构造薄弱部位，直接承受车辆反复荷载的作用，又多暴露于大自然中，受到各种自然因素的影响，因此，可以说伸缩缝是易损坏、难修补的部位，经常发生各种不同程度的缺陷。伸缩缝的常见缺陷根据采用形式的不同而有所区别，现分述如下：

（1）镀锌薄钢板伸缩缝使用多年后均有损坏现象，其形式有：

1）软性防水材料如沥青砂或聚氯乙烯胶泥等老化、脱落。

2）伸缩缝凹槽填入其他硬物，不能自由变形。

3）镀锌薄钢板上压填的铺装层如水泥混凝土或沥青混凝土等断裂、剥离。

4）伸缩缝上后铺压填部分发生沉陷，高低不平。

5）由于墩台下沉，出现异常的伸缩，车辆行驶时出现冲击及噪声。

（2）钢板伸缩缝（包括梳形钢板伸缩缝）的常见缺陷有：

1）角钢与钢筋混凝土梁锚固不牢，使钢板松动，在车辆行驶时受到冲击振动，更加速它的破损。

2）缝内塞进石块或铁夹物，使伸缩缝接头活动异常，不能自由变形。

3）排水管发生破坏损伤或被土砂堵塞。

4）表面钢板焊接部位破坏损伤。

5）梳形钢板伸缩缝在梳齿与承托板的焊接处出现裂缝，更严重者出现剪断现象。

（3）橡胶伸缩缝是近年来在国外广泛采用的构造。国内采用的橡胶伸缩缝构造虽不复杂，但还不适应较大变形量的要求，目前正在试用。根据国外的资料，这种伸缩缝的常见缺陷有：橡胶条破坏损伤、橡胶条剥离、在橡胶嵌条连接部位漏水、锚固构件破损、锚固螺栓松脱、伸缩缝构造部位下陷或凸出、车辆行驶时不适，发生噪声。

2. 桥梁伸缩缝缺陷产生的原因分析

桥梁伸缩缝产生破损的原因是多方面的，其中大多数是由于设计考虑不周、材质不良、营运条件恶劣、施工工艺不妥、养护管理不善等因素造成的，具体原因分析见表3-7-4所列。

桥梁伸缩缝缺陷产生的原因分析

表 3-7-4

序号	产生原因	原 因 分 析
1	设计方面的原因	（1）桥面板端部刚度不足； （2）伸缩缝构造本身刚度不足； （3）伸缩缝构造锚固的构件强度不足； （4）过大的伸缩间距； （5）后浇压填材料选择不当； （6）变形量计算不正确
2	施工方面的原因	（1）桥面板间伸缩缝间距施工有误； （2）后浇压填材料养护管理不善； （3）伸缩缝装置安装得不好； （4）桥面铺装层浇筑得不好； （5）墩台施工不好

序号	产 生 原 因	原 因 分 析
3	养护不周及其他外界因素的影响	(1) 车辆荷载增大，交通量增加； (2) 桥面铺装层老化； (3) 接缝处桥面凸凹不平； (4) 桥面没有经常进行清扫； (5) 地震等其他恶劣气候条件的影响

3.7.2.3 桥梁伸缩缝的养护维修

1. 桥面伸缩缝的养护

桥面伸缩缝要经常注意养护，使其发挥正常作用。对于锌铁皮 U 形槽伸缩缝要防止杂物嵌入；梳形钢板伸缩缝当其梳齿缝内塞进杂物时要及时清除；钢板伸缩缝缝板在震断时要及时修复；橡胶支座破坏或老化时要注意修理更换。

2. 伸缩缝缺陷的维修

（1）伸缩缝缺陷的影响：桥面伸缩缝为桥梁构造的一部分，其完好程度将直接影响桥梁结构的服务质量。伸缩缝出现缺陷后大致会出现如下几种恶果，即：使司机的心里不快、引起交通事故，驾驶事故、缺陷向结构主体进一步发展、因噪声等而对周围环境产生不良的影响。

因此，对桥面伸缩缝要经常注意养护，经常检查，出现破坏后，即要进行必要的修补或者更换。

（2）伸缩缝缺陷的修补与更换：

1）修补前应查明原因，采用行之有效的、与之相适应的修补方法。修补工作要依据缺陷的程度，或部分修补，或部分以至全部更换；

2）对于镀锌薄钢板伸缩缝，当其软性填料老化脱落时，在充分扫清原缝隙泥土后，重新注入新的填缝料。当铺装层破坏时，要凿除重新铺筑。凿除破损部位要划线切割（或竖凿），如图 3-7-2 所示。清扫旧料后再铺筑新面层，当采用水泥混凝土浇筑时，要采用快硬水泥并注意新旧接缝要保持平整，对铺筑部分要加以初期养护的质量。

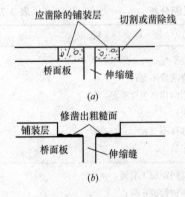
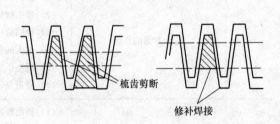

图 3-7-2　伸缩缝两侧面层损坏时的修补的情况
　　（a）对损坏部分划线切割或凿除；
　　（b）对桥面板底部凿出粗糙面

图 3-7-3　梳形钢板伸缩缝当梳齿断裂时的修补

3）对于钢板伸缩缝，当钢板与角钢焊接破裂时，应清除垢秽后重新焊牢；当梳齿断裂或出现裂缝后，也要采取焊接方法进行修补焊牢，如图 3-7-3 所示。排水沟被堵塞后应及时予以清除干净，确保水沟畅通。

4）桥面伸缩缝的修补或更换工作大都不断绝交通。因此，通常可考虑采用限制车辆通行，半边施工，半边通行车辆；或白天使用盖板，夜间施工时禁止通行；或白天使用盖板，夜间限制车辆通行，半边施工，半边开放交通等方法。总之，均要注意抓紧时间、尽量缩短施工工期，保证修补质量。

3.7.3 桥面及桥头引道的养护维修

3.7.3.1 桥面铺装层的养护维修

1. 桥面铺装层的设置

为了保证车辆安全、舒适地通过桥面，需要在桥面上铺筑桥面铺装层，它可使属于主梁整体部分的钢筋混凝土桥面板不遭受车轮的直接磨耗和剪切作用以及雨水的侵蚀影响，并对车辆轮重的集中荷载起分布作用。桥面铺装层要求具有一定的强度，以防止开裂，并应有一定的耐磨与抗滑性能。目前常用钢筋混凝土梁式桥的桥面铺装，一般有水泥混凝土类和沥青类两种，其结构形式有：

（1）普通水泥混凝土或沥青混凝土铺装层：此种铺装层用于没有抗冻要求，不必考虑设置防水层的小跨径桥梁。修筑的直接在桥面板上铺筑 5～8cm 的普通水泥混凝土或沥青混凝土铺装层。铺装层的混凝土标号要与桥面板混凝土标号相同或提高一级，铺筑时要注意密实、充分振捣，表面应保持一定的粗糙度。沥青混凝土铺装可采用单层式即一次铺装（厚 5～8cm），或双层式即两次铺装（底层 4～5cm，面层 3～4cm）。

（2）防水混凝土铺装层：此种铺装用于需要防水的桥梁上，修筑时在桥面板上铺筑 8～10cm 的防水混凝土作为铺装层，其强度应不低于桥面板混凝土强度。同时，为提高桥面的耐久性，可在其上再铺筑 2cm 厚的沥青表面处治层作为磨耗层。

（3）具有防水层的水泥混凝土或沥青混凝土铺装层：此种铺装适用于防水程度要求高，或在桥面板位于结构受拉区而可能出现裂缝的桥梁。施工时，先在桥面板上铺筑"三油二毡"的防水层，然后再在防水层上铺筑厚 4cm、强度不低于 M20 的细骨料混凝土保护层，最后再在其上修筑沥青混凝土或水泥混凝土路面铺装层。

2. 桥面铺装的常见缺陷

桥面铺装材料主要有水泥混凝土和沥青类材料两种，由于使用材料的不同，缺陷的形式也不一样。两种材料铺装层所产生的缺陷分述如下。

（1）沥青类铺装层的缺陷：沥青类铺装层所产生的缺陷与通常路面相比，因其不受路基、基层影响，故产生缺陷的形式要比路面为少，主要有：

1）泛油。这是由于沥青用量过多，骨料级配不良，以及沥青材料软化点太低所致。桥面出现泛油后，车辆过桥时粘轮，下雨时易于打滑，使行驶安全度降低。

2）松散、露骨。由于行驶车辆的作用，铺装层表面的细骨料慢慢松散、脱离，表面出现锯齿状的粗糙状态。原因是沥青混合料压实不足或用油量太少所致。

3）裂缝。由于沥青材料性能不良，沥青老化或桥面板本身出现损坏破裂而引起。裂缝形式有纵裂、横裂或网裂。

4）高低不平，产生"跳车"。主要是在桥跨结构物的连接部位，由于结构物与填土部位之间的不均匀沉陷或结构物接头不平，使过桥车辆产生"跳车"，降低行车的舒适性。严重的跳车，甚至导致汽车弹簧钢板的断裂。

（2）普通水泥混凝土铺装层的缺陷：

1）磨光。铺装层被行驶的车轮所磨耗，形成平滑的状态。产生原因是铺装层骨料抗磨性能差或交通量过大。

2）裂缝。因施工不良、温度变化以及桥面板或梁结构产生过大挠曲应力所致。裂缝形式有网裂、纵横裂缝等。

3）脱皮、露骨。由于施工时没有一次成型，或者由于产生裂缝后在车辆冲击力的作用下，表层产生脱皮或局部破损露骨。

4）高低不平。此项与前述沥青类铺装层相同，构件接头处由于不均匀沉陷而引起。

3. 桥面铺装层的维修养护

（1）桥面铺装的养护工作：应经常清扫桥面，保持桥面清洁完整和有一定的路拱。桥面在雨后应随时将积水扫向泄水管口排除，不要积存。冬天结冰或在下雪后，应及时清除桥面上的冻块或积雪。严禁在桥面上堆置杂物或占为晒场等，以保证车辆过桥时行驶的安全。此外，桥面防水层如有损坏也要及时进行修理。

（2）水泥混凝土铺装层如有磨光、脱皮、露骨或破裂等缺陷时，通常可用如下方法进行维修：

1）原结构凿补。将原水泥混凝土铺装层的表面凿毛，并尽可能深一些，使骨料露出，用清水冲洗干净并充分润湿，再涂刷上同标号的水泥砂浆，最后铺筑一层 4～5cm 厚的水泥混凝土铺装层。

2）采用黑色路面改建桥面。采用黑色路面即沥青类材料修补桥面铺装，一般较水泥混凝土铺装容易，且上下结合也比较牢靠，施工期间对交通影响也较小。但路面改变了原有结构且必须全桥加铺，否则影响美观。

3）全部凿除，重筑铺装层。桥面铺装层如已损坏严重，可采用全部凿除，重筑铺装层的方法修补。新铺的面层可采用普通水泥混凝土，也可采用钢纤维混凝土等其他材料。

（3）沥青类桥面铺装层出现缺陷后，应及时处理，经常保持桥面完好平整。

（4）桥面凸凹不平，如因构件连接处沉陷不均引起时，可采用在桥下以液压千斤顶顶升，调整构件连接处标高，使其顶面具有相同高度的方法进行维修。

3.7.3.2 桥头引道的养护维修

（1）桥头引道的常见缺陷

1）桥面与引道路面衔接处，路面沉陷，交接段引道纵坡与桥面纵坡不一，衔接不顺适，致使桥头产生"跳车"。

2）引道路面损坏，产生积水、渗水，出现坑塘，高低不平。

3）引道两边的挡土墙、护栏等产生严重变形、破坏、或缺损。

4）护坡、锥形溜坡因受洪水冲刷而发生冲空、坍塌或产生缺口。

5）引道上如设有涵管或水渠时，其顶部受损，路面遭受破坏、并有渗水现象等。

（2）桥头引道的养护维修：

1）桥头引道的养护检查。在桥头引道的养护工作中，须着重检查：

a. 有无渗水、沉陷、冲刷等；

b. 纵横断面是否合乎规定；

c. 引道与桥头衔接是否平顺，有无跳车现象；

d. 挡土墙、护坡、护栏、锥形溜坡与其他有关设施是否正常；

e. 引道上如设有油管或跨路渠道等，其孔径或闸门和其他各部位是否正常。

2）桥头引道的维修措施。根据上述检查的情况，应采取相应的养护维修措施：

a. 采取修整措施，保证引道平整和正常排水；

b. 对桥头衔接处下沉的路面填补修理，使之连接平顺，不致产生跳车；

c. 挡墙、护栏等结构物产生损坏时，应及时按原结构进行修补或更换；

d. 护坡或溜坡受洪水冲空或其他破坏时应采取措施修补，同时采取相应的维护措施；

e. 引道上的涵管或水渠等应按涵洞的要求进行养护，顶部出现损坏时应采取与路面损坏相同的方法进行维修。

3.7.4　道路桥头及桥梁伸缩缝处跳车的防治措施

3.7.4.1　道路桥头及桥梁伸缩缝处跳车的现状

道路桥头及桥梁伸缩缝处跳车问题是目前国内公路较常见的道路病害，而且随着我国道路的发展，这个问题越来越突出。桥头及桥梁伸缩缝处出现破坏，接缝处下沉，路面损坏，出现了不同高低的错台，通称为台阶。这些台阶，轻的使车辆通过时产生跳动和冲击，从而对桥梁和路面造成附加的冲击荷载，并使司乘人员感到颠簸不适；严重的则使通过的车辆大幅度减速，有的甚至造成行车事故，从而影响了道路的正常营运，受到道路界的广泛关注。例如：

（1）山西省大运道路曲沃县滏河桥因桥头跳车严重，曾多次造成翻车事故，桥两侧栏杆经常被撞毁。

（2）板式橡胶缝是使用最多、最广泛的伸缩缝，但损坏也比较严重，有些桥梁通车一年就发现损坏现象。长沙湘江北大桥引桥采用板式橡胶缝，1991 年竣工通车，到目前大部分也已损坏更换。

（3）广州—深圳—珠海高速公路使用板式橡胶缝，通车不到一年，破坏率的达 80%，补强后效果仍很差，需要全部更换。

（4）山西省大运道路（大同—太原—运城）全长 737km，1990 年竣工通车，全线大中桥梁大部分采用板式橡胶缝，到目前大部分已损坏更换，这种损坏直接影响道路的使用。

道路桥头、桥梁伸缩缝处跳车不但在我国的道路上存在，而且在国外也是尚未解决的问题。为了消除台阶，防止和解决跳车，保持良好的路况，设计部门和施工单位采用了许多行之有效的措施和方法，有关院校和科研单位也立题从不同角度对跳车进行研究。道路养护部门每年都要花费相当数量的资金进行维修和养护。因此对桥头及桥梁伸缩缝跳车产生的原因加以分析，进而提出防治措施和维修原则就显得很有必要。

3.7.4.2　道路桥头及桥梁伸缩缝处跳车的危害

所谓道路桥头、桥梁伸缩缝跳车是指道路桥头及桥梁伸缩缝处出现了不同高低的台阶。一般来说，台阶是指桥（涵）台和路堤连接处沉降高差或桥梁伸缩缝处损坏桥面高差达到了 1cm 以上，已经使行车产生了明显的颠簸不适。由于车辆荷载的作用，一般的台阶呈现中间低两边略高的形态。

（1）跳车对车速的影响：桥头及桥梁伸缩缝处形成的台阶，使车辆的行驶速度受到不同程度的影响。车速的降低幅度视桥面类型、台阶高度、车辆类型和行驶速度而异。根据调查，台阶对车速的影响一般呈如下规律：

1）很小的台阶对车辆行驶影响不大，只是当台阶达到一定高度时，对车速才有显著的影响。台阶越高，特别是达到 4cm 以上时，对车速影响很大。

2）车速的损失与车辆的行驶速度有关。比较小的车速（＜60km/h）行驶时，一般减速幅度亦小；中速（60～80km/h）行驶时减速幅度较大；而当以较高的速度（＞80km/h）行驶时减速幅度则相对不大，这与司机行驶看到台阶和作出反应有关。

3）台阶对不同类型车辆行驶的影响也是不同的，如较高台阶对小汽车行驶的影响就较大，而载重货车对台阶不如空车敏感。其次司机的心理状态、对道路的熟悉程度等都对通过台阶时的速度降低有不同程度的影响。

（2）加大养护费用、降低道路使用质量：当前，我国高等级道路的修建每公里造价在几百万元至几千万元以上，建成以后为了维持良好的使用状态，对桥涵两端的台阶和桥梁伸缩缝均要进行及时的维修和养护。

1）不断的对道路进行维修养护不仅花费了大量的人力、物力和财力，而且也产生了不良的社会影响。

2）道路等级越高，所设置的结构物也越多，因此形成许多高低不一的桥头台阶。

3）桥梁伸缩缝的损坏导致桥面形成数个高低不一的台阶。

4）因为有台阶就导致汽车减速行驶，使得车辆不可能在道路全线（或某一区段）以正常速度行驶。

据观测和测试，汽车遇到台阶，一般要提前减速，驶过台阶以后还需要大约相同的距离加速以恢复正常行驶速度。这样，既增加车辆的行驶时间，加大了油耗，同时对车辆本身及路面和桥涵结构均会产生较大冲击及破坏。

3.7.4.3　道路桥头及桥梁伸缩缝处跳车台阶产生的原因

1. 道路桥头跳车

桥头跳车台阶的产生和形成是多方面的，包括地基地面条件、填料、施工材料以及设计、施工工艺方面的诸多原因。

（1）桥台及台后填方地基的受力与沉降变形分析：我国地域辽阔，作为桥台及台后填方地基的地层岩性状况也千差万别，如基岩（岩浆岩、沉积岩、变质岩）地基、黄土地基、软土地基、冻土地基、盐渍土地基、膨胀土地基等等，除基岩地基外，其他类型的地基一般情况在桥台及台后填方的作用下，均要发生不同程度的沉降或竖向固结变形，所以对地基必须进行加固处理设计，如采用扩大基础或桩基础等，以保证地基的稳定性。

（2）台后填料受渗水侵蚀及变形分析：桥台一般由浆砌片石和钢筋混凝土砌筑，在桥台和台后填方之间或者锥坡部位，大气降水易沿路面或锥坡体（锥坡体的压实度较难达到要求）下渗，下渗水对桥台一般不产生破坏作用，但是：

1）土类填料，易产生侵蚀和软化，特别对于填方体压实度不够，更易产生侵蚀和软化，降低强度，从而导致填方体变形。

2）对砂砾石类填料，从填方横断面看一般填方体中部为砂砾石，两侧为土类，这种结构只利水的下渗，而不利水的横向排泄。

3）对不加固的地基来讲，填方体中部压力大，向两侧边坡压力逐渐减小，从而使地基产生凹形沉降变形，当水沿砂砾石下渗到地基后，下渗水不易快速排泄，从而软化地基，并加速地基的变形。

（3）台后填料压实分析：靠近桥台处填方体的压实度很难达到设计规范要求，这也是一直困扰设计和施工的难点。目前在设计上和施工中主要采用强夯、人工夯实、填筑砂料等方法和措施。对于轻型桥台，重型压路机靠近桥台进行压实，特别是振动压路机可能破坏桥台的结构；而对于"U"形桥台，重型压路机难以靠近，从而使靠近桥台部位的填方土体不易达到设计和压实度要求，造成桥台与台后填方差异沉降变形。

（4）桥头跳车台阶产生的主要原因：通过以上分析，可得出产生桥头跳车台阶的主要原因有：

1）地基强度不同：桥涵、通道与路基大都是同年平行进行施工的，桥涵是刚性体，其地基强度一般都有较高的要求，并进行加固处理，沉降较小或不沉降（岩石地基）。而台后填方段地基未进行加固处理，从而使桥台和台后填方产生差异沉降变形，以致形成台阶。

2）设计不周：设计人员有时对施工过程如何便于碾压考虑不周，对于填料的要求不严格，台背排水考虑欠佳。桥涵结构物两端的路堤，由于过水、跨线或通道的要求，一般填土都较高，低的 3m 左右，高的可达 10m 或更高，除了过水的桥涵两侧路堤往往受水浸淹，地基条件也较差，设计上对路基断面结构和边坡防护上有所考虑外，其他多数情况对高路堤设计上并无特别的要求，如压实度等指标均与一般路堤无异。但由于路堤较高，在填筑以后受到自重和行车荷载的作用，路堤填土必然要产生竖向变形值。

3）台后填料不当：施工时对桥台台后的回填土未能慎重考虑，施工人员用料不当、控制不严，未能达到设计要求。但需特别指出，施工不良比材料不良更易造成构造物台后填料的下沉。

4）台后压实不足：施工时工期工序安排不当，以致桥头填土处于工期末期，被迫赶工，不能很好地控制台背填土的压实度，致使填料压实度不满足设计和规范要求，使填方体产生竖向固结变形，形成较大的工后沉降，在台背与路基连接部造成沉陷形成台阶。

5）地基浸水软化：软土地基、湿陷性黄土地基浸水等造成路基沉降。

6）桥台伸缩缝的破损：据上分析，形成桥头台阶的原因是多方面的，结构的差异、设计的不周和施工控制的不严、综合因素的作用导致了差异沉降的发生和发展。

2. 桥梁伸缩缝处跳车

桥梁伸缩缝处跳车台阶产生的主要原因是桥梁伸缩缝发生病害或损坏引起的。

（1）桥梁伸缩缝的作用：众所周知，在气温变化的影响下，桥梁梁体长度会发生变化，从而使梁端发生位移，为适应这种位移并保持行业平顺，就必须设置桥梁伸缩装置。由此可见，桥梁伸缩缝的作用，在于调节由车辆荷载环境特征和桥梁建筑材料的物理性能所引起的上部结构之间的位移和上部结构之间的联结。桥梁伸缩缝装置是桥梁构造的一部分，如果设计不当、安装质量低劣、缺乏科学的和及时的养护，大部分桥梁会在桥梁伸缩缝处形成台阶，直接影响到桥梁的服务质量。

（2）桥梁伸缩缝的使用与发展：在橡胶伸缩缝出现以前，小位移桥梁一般采用锌铁皮伸缩缝，这种结构的装置在伸缩过程中会形成沟槽，使桥面失去平整，使用寿命缩短。大中位移的桥梁一般采用齿口钢板伸缩缝，车辆通过时受冲击振动大，缝体容易损坏，且不能防水，效果差。

1）20 世纪 60 年代末期我国开始研制和试用橡胶伸缩缝产品，产品有空心板型和 W型，这种伸缩缝只能适应梁端位移量为 20～60mm 的中小跨径桥梁，且容易发生胶条弹出现象而导致损坏。

2）20 世纪 80 年代中末期我国开始生产使用板式橡胶伸缩装置，这种装置由氯丁橡胶和加劲钢板组合而成，是一种刚柔相结合的装置。其接缝平整，吸振性好，适应面加大，基本上能满足中小跨径桥梁的需要。

3）20 世纪 90 年代，在板式橡胶伸缩装置的基础上生产了 BF 伸缩装置，其实质是橡胶板和钢梳齿组合成的伸缩装置，与板式橡胶缝装置相比合理性有所提高。

4）20 世纪 90 年代中期，我国开始引进毛勒型钢伸缩缝装置，并进一步加以开发研究。到 90 年代末期，开始大量生产和使用，此装置适用于所有大中桥梁的伸缩缝。毛勒型钢伸缩缝装置近几年来得到大范围推广使用，由于其结构形式和锚固形式大大改进，其合理性大大增强，普遍反映比其他类型装置先进、可靠。但发生病害损坏的现象却也不少。针对位移量小的中小跨径桥梁，近几年又引进了 TST 弹性体与碎石填充型伸缩装置，虽大量推广，但仍存在一些问题。

（3）桥梁伸缩装置损坏原因分析：目前，工程上常常采用的伸缩装置有板式橡胶缝、BF 缝、毛勒型钢缝以及 TST 弹性体伸缩装置。

1）板式橡胶伸缩装置及 BF 缝装置是使用最多、最广泛的伸缩装置，但损坏也比较严重，这种损坏首先表现在过渡段的混凝土破坏，继而锚固系统破坏，最后整个伸缩装置破坏而无法使用。

2）对目前常用桥梁结构而言，伸缩装置的锚固系统很难准确地预埋在梁中，甚至不能预埋，大部分锚固在铺装层混凝土中。一般的桥梁铺装厚度为 8～12cm，最厚也不超过15cm。板式橡胶伸缩装置和 BF 缝装置锚固系统由于缝本身厚度的影响，锚固深度一般只有 5～7cm，最多不过 10cm。伸缩装置一般设计要求过渡段混凝土采用 C28、C38 甚至更高的高标号混凝土，由于混凝土厚度太薄、体积太小，还加上预埋件的位置干扰，施工难度大，过渡段混凝土的锚固作用实际上大打折扣，预埋件的锚固质量也大受影响。

3）桥面通常采用沥青混凝土料铺装，往往伸缩装置安装在先，桥面铺装在后，沥青面层和过渡段混凝土之间很难铺平，加上刚柔相接，容易产生台阶。

4）车辆通行振动产生冲击使伸缩装置锚固系统和过渡段混凝土受力瞬时加大，而由此产生的振动又是高频振动，在反复的车辆瞬时荷载作用下，伸缩装置锚固混凝土不能保持弹性而破坏，锚固装置在反复动载震动下产生变形并与混凝土剥离，最终全部破坏。

5）桥梁的设计施工质量也是影响伸缩装置的使用寿命的一个主要原因：

a. 从设计上看，设计工程师在伸缩缝设计过程中只注重计算桥梁的伸缩量，并以此进行选型，而往往对伸缩装置的性能了解不全面，忽视了产品的相应技术要求；

b. 从施工上看，伸缩装置安装是桥梁施工的最后几道工序之一，为了赶竣工通车，施工人员对这道细活难活易疏忽大意，施工马虎，不按安装程序及有关操作要求施工；

c. 另外，伸缩装置安装后混凝土没有达到强度就提前开放交通，致使过渡段的锚固混凝土产生早期损伤，从而导致伸缩缝营运环境下降。另外，伸缩装置的受力复杂，而与之密切相关起决定作用的锚固系统却不尽合理，锚固混凝土太薄，强度很难达到设计要求，极容易损坏。

（4）桥梁伸缩装置破坏的原因：桥梁伸缩装置由于设置在梁端构造薄弱的部位，直接承受车辆荷载的反复作用，又多暴露于大自然中，受到各种自然因素的影响，因此，伸缩装置是易损坏、难修补的部位。伸缩装置产生破损的原因是多方面的，主要有：

1）设计不周：设计时梁端部未能慎重考虑，在反复荷载作用下，梁端破损引起伸缩装置失灵。另外，有时变形量计算不恰当，采用了过大的伸缩间距，导致伸缩装置破损。

2）伸缩装置自身问题：伸缩装置本身构造刚度不足，锚固的构件强度不足，在营运过程中产生不同程度的破坏。

3）伸缩装置的后浇压填材料选择不当：对伸缩装置的后浇压填材料没有认真对待、精心选择，致使伸缩装置营运质量下降，产生不同程度的病害。

4）施工不当：施工过程中，梁端伸缩缝间距没有按设计要求完成，人为地放大和缩小，定位角钢位置不正确，致使伸缩装置不能正常工作。这样会出现下列情况：

a. 由于缝距太小，橡胶伸缩缝因超限挤压凸起而产生跳车；

b. 由于缝距过大，荷载作用下的剪切力以及车辆行驶的惯性，会将松动的伸缩缝橡胶带出定位角钢，产生了另一类型的跳车；

c. 施工时伸缩装置的锚固钢筋焊接的不够牢固，或产生遗漏预埋锚固钢筋的现象，给伸缩缝本身造成隐患；

d. 施工时伸缩装置安装的不好，桥面铺装后伸缩缝浇筑的不好，使用过程中，在反复荷载作用下致使伸缩缝损坏。

5）连续缝设置不够完善：为了减少伸缩缝，现在大量采用连续梁或连续桥面。桥面连续就需设置连续缝，目前连续缝的设置不够完善，致使连续缝破损，而产生桥面跳车。桥面连续缝处，变形假缝的宽度和深度设置得不够规范，不够统一，这也不同程度地影响着连续缝的正常工作。

6）养护不当：桥梁在营运过程中，后浇压填材料养护管理不善，桥面没有经常进行清扫，导致伸缩装置逐渐破损。

7）桥面铺装的影响：接缝处桥面凹凸不平，桥面铺装层老化等均可引起伸缩装置破损。

8）交通流量影响：桥梁在营运过程中，车流量大、车速快、载重车辆多，巨大的车轮冲击力造成板式伸缩缝、橡胶伸缩缝的某些伸缩装置的部件破损、脱落、松动，有的甚至引起桥面破坏，严重影响行车安全。

总之，形成桥梁伸缩缝处跳车的原因是多方面的，设计考虑不周、材料不良、营运条件恶劣、施工管理不善和养护不当等诸多原因都可导致桥梁伸缩装置不同程度的损坏。

3.7.4.4 防止跳车的基本措施

1. 桥头跳车防治措施

（1）地基加固处理：为消除桥台和台后填方段的差异沉降变形，需对地基进行加固，尤其是特殊地基，如软土地基、湿陷性黄土地基、河流相冲击洪积物地基等更需进行特殊处理。

台后填方段的地基压力，一般小于桥台的压力，其次台后填方的高度一般情况下沿纵向（远离桥台）不断降低，即压力不断减小，所以在进行地基加固处理时，首先应了解地基的地层岩性情况，并取样做土的含水量、密度和剪切试验，对特殊地层如黄土和膨胀土还需做湿陷性等试验，从而确定地基沉降变形特性，其次分段计算填方自重压力，根据具体的地层情况设计地基加固方案，使台后填方路段的地基沉降变形与桥台地基沉降变形保持一致，对不同的地层采用不同方法和措施。

1）软土地基：软土属高压缩、大变形地基，对该地基首先应采用插塑料板、袋装砂井等超载预压等方法进行排水固结，其次根据填方路堤的压力计算，采用喷粉桩、挤密桩等进行加固处理。

2）河流相冲洪积物地基：该地层分布广、类型多、相变较大，地貌一般为河漫滩，或一、二级阶地，该地基无论地层岩性条件，还是固结变形情况都优于软土地基，但由于该地基岩性和固结情况变化较大，在地基加固设计前，应做地质勘察和土工实验，计算固结沉降量和填方压力，在此基础上进行地基渐变加固处理。

3）黄土地基：黄土地基主要特点是具有湿陷性。设计前应做地基土的湿陷性指标和压缩试验，在计算台后填方土体压力的基础上，采用同上的地基加固处理设计，但需注意防排水设计，防止地基产生湿陷。

（2）桥头设置过渡段：在路堤和桥涵结构物的连接段上，考虑结构的差异，设置一定长度的过渡段。根据具体情况和所采用的措施，过渡段可以分为两种：

1）路面类型过渡：桥涵两端路堤的施工，在一定长度范围（该长度可以考虑与路堤高度成比例）内铺设过渡性路面，待路堤沉降基本完成以后改铺原设计的路面，这种措施对水泥混凝土路面比较适合。

2）搭板过渡：设置搭板可以使在柔性结构路段产生的较大沉降通过搭板逐渐过渡至桥涵结构物上，车辆行驶就不至于产生跳跃。目前设计的搭板，长度从 3m 至 8m 不等。搭板的使用，在一段时间内效果尚好，但是在路堤一侧搭板搁置在路面基层上或特制的枕梁上，基层或枕梁的沉陷可能在该处形成凹陷，还有导致搭板滑落的。鉴于此，施工时还需进行特别加固，在搭板的端部设置宽 0.4m、深达 1m 的水泥稳定砂砾大枕梁，这样使用效果很好。

（3）台背填料的选择：设计及施工中，台背填料应在现场择优选用。采用粗颗粒材料填筑桥涵两端路堤，或者设置一定厚度的稳定土结构层：

1）用粗颗粒材料作为路基的填料不仅改善了压实性能，使其易达到要求的密实度，而且对北方地区特别有利于减缓冻融的危害。设置稳定土的改善层能够使路基、路面的整体刚度有所提高，从而减少沉陷。国外台后填方采用轻质填料，其目的也是减小填方容重，减轻填方土体对地基的压力，提高地基的承载力和抗变形的能力。

2）在挖方地段的台背回填部位，因场地特别窄小，应选用当地的石渣、砂砾等优质填料（在湿陷性黄土地区宜用水泥、白灰稳定土），填料的施工层厚度，以压实后小于 20cm 为宜。无论填方或挖方地段的台背填料，最好不要采用容易产生崩解的风化岩的碎屑，以免因填料风化崩解而产生下陷，这一点在土方调配时应予以重视。

3）在高填方的拱涵及涵洞与侧墙的相接部位，应尽量使用内摩擦角大的填料进行填筑，而且施工时应注意填料土压的平衡，不得发生偏压，以免造成工程事故。

（4）台背填方碾压方法：

1）施工过程中尽可能扩大施工场地，以便充分发挥一般大型填方压实机械的使用，认真施工，给以充分压实。为了便利大型压实机械的使用，当受场地限制时，可采用横向碾压法，以能使压路机尽量靠近台背进行碾压。对于压路机不能靠近台背时，采用小型压路机配合人工夯实、碾压，最终压实度满足设计要求。

2）在涵洞的翼墙周围特别容易产生因压实不足而引起的沉陷，给养护工作带来麻烦，应注意压实。

3）扶壁式桥台在施工时很可能使用大型压实机械，这种情况下应与小型振动压路机配套使用，给以充分压实。

（5）设置完善排水设施：填方的排水措施对填方的稳定极为重要，特别是靠近构造物背后的填料，在施工中及施工后易积水下陷，因此，设计及施工时，应保证施工中的排水坡度，设置必要的地下排水设施。另外也可以在桥台与填方段结合处及过渡段的路面下设置垫层，防止路面下渗水进入填方体。对中间为砂砾石填料、两侧为土类填料的填方体与加固地基的连接处做 30～50m 纵向集水管和每 5～1.0m 的横向排水管，以排泄填方体与加固地基之间的下渗水。

（6）强化施工质量管理，提高桥涵两端路堤的施工质量：由于桥涵两端路堤所处的位置和特定条件使其有别于一般地段的路基质量要求，应采用相应的方法达到较高的质量。

1）桥涵端部路堤与桥涵是两种不同性质的结构物，都有各自的设计施工要求，为了使沉降差尽量小一些，应该将该处路堤的压实要求在现有基础上有所提高。除了路基顶部土层可提高至 98％或更高外，整个路堤的压实度都应提高。

2）为了使桥台填方达到要求的密实度，必须完善施工工艺、方法和强化施工质量管理，比如压实土层厚可以适当减薄以及增加压实遍数。为适应桥涵端部路堤施工场地窄小，压实区域形状不规则而工期又紧迫的特点，应使用专用的小型压实机械。

（7）加强工程监理工作：监理应对台背填土施工的填料选择、压路机具的选择、填土厚度进行检查，分层验收，对排水情况应予以检查，严格执行工序验收制度。为了防止形成桥涵端部路堤的沉降台阶，防止桥头跳车，除了对路堤的设计、施工予以改善以外，还要加强管理，提高路基碾压质量。

2. 桥梁伸缩缝处跳车防治措施

（1）梁端特殊设计：梁端部要具有足够的刚度，以满足营运过程中反复荷载的作用。设计过程中要采用恰当的伸缩间距，以保证伸缩装置的正常营运使用。

（2）合理选用伸缩缝装置：选用伸缩缝装置最主要的是伸缩装置缝本身的刚度和质量。我们所理想的伸缩缝装置必须满足下列要求，即：

满足上部结构梁与梁之间和梁与台之间的位移；伸缩装置的锚固是牢固可靠、经久耐用的，能够抵抗机械磨损、碰撞；车辆行驶平稳、舒适；能防止雨水和垃圾渗入；安装方便、简单，易检查且便于养路工操作。

目前我国道路建设中采用的伸缩装置类型较多，常见的有板式橡胶缝、齿口钢板伸缩缝、西安 SDⅡ-80 型伸缩缝、衡水 XF-80 仿毛勒伸缩缝、美国万宝伸缩缝、德国毛勒伸缩缝以及 TST 弹塑体与碎石填充型伸缩装置等。根据各种伸缩装置的使用状况及适应范围进行分析对比，选择采用最经济最合理的伸缩装置。

（3）伸缩装置的安装：

1）伸缩装置的锚固宽度：需要规范伸缩缝预埋钢筋在梁（板）端部和桥台的锚固宽度。考虑到施工工艺的协调，伸缩装置的锚固宽度按 50cm 进行设置为适宜，桥台上宜采用背墙的宽度进行设置，这既方便了桥面板、现浇混凝土铺装层的施工，也使伸缩装置的稳定性得到了保障。

2）伸缩装置的锚固钢筋：在预制梁（板）的端部和背墙内预埋伸缩装置锚固钢筋是在两种不同情况下进行的。一般设计给定的都是对称于桥宽中心、在梁（板）端部设置预埋钢筋，则钢筋在每片梁（板）内的预理位置都会不一样，给施工增加了难度，因此锚固钢筋应以对称于每片梁（板）的中心进行设置，这点在设计中要充分考虑。施工中要保证锚固钢筋的作用。仅在浇筑 8～10cm 厚的桥面板混凝土时进行设置是不可取的，这实际上没有让伸缩装置的定位角钢牢固地与梁（板）和背墙混凝土联结成整体，形成不稳定隐患，需要施工中认真对待。

3）伸缩装置的定位角钢：伸缩装置的定位角钢一定要依据安装时测定出的气温、计算伸缩缝的伸缩量来调整两块定位角钢之间的距离，并按桥面高度将定位角钢焊接到预埋钢筋上，这样严格控制了缝距。对于伸缩缝的间距，多持有宁小勿大的倾向，是万万要不得的。定位角钢附近的混凝土，在施工中振捣比较困难，死角和钢筋密集的部位，应加强人工插捣。

（4）连续缝的设置：连续缝的宽度按桥的设计跨径和梁（板）的设计长度之差值进行设置，30m 组合 T 形梁连续缝宽 6cm；各种板桥连续缝宽 4cm；弯道上的桥在盖梁上设置楔形块调整桥面曲线，楔形块部位的连续缝按两条缝进行设置，每条缝宽不宜小于 4cm，通常设计缝宽 2cm 偏小。桥面连续缝处，变形假缝的宽度和深度必须规范、统一，缝的宽度和深度宜按 0.5cm×2.5cm 的锯缝进行设置，这样方便施工。

（5）锚固区混凝土的浇筑：桥面行车道混凝土铺装应该同伸缩装置锚固区的混凝土同时进行浇筑，不允许在该部位及整个桥面上留有施工缝。

（6）加强伸缩缝的养护：伸缩装置在营运过程中必须加强养护，为伸缩装置创造良好的工作环境，使其正常工作。

（7）完善连续缝的设置：目前连续缝的设置不够完善，需从设计上进行改进：

1）增设镀锌薄钢板：连续缝处通常采用涂两层沥青，于中间铺设一层油毛毡（简称二油一毡）或涂两层乳化沥青，于中间铺设一层土工布（简称二油一布）。这样施工中就存在一些需要解决的问题，即：

在铺设桥面混凝土时，缝顶部位上的油毛毡、土工布容易下挠，甚至胀裂；混凝土在插捣中，油毡容易被戳破；混凝土会存在振捣不密实的问题。

为解决上述问题，需在二油一毡或二油一布底部增加设置一块宽度为 50cm 的镀锌薄钢板。

2）调整上部结构部分钢筋的设置：对预应力 T 形梁封锚顶面部分钢筋需要适当调整，以不伸出顶面为原则。否则，伸露出的钢筋会妨碍连续缝上二油一毡或二油一布和镀锌薄钢板的设置。

3）二油一毡、二油一布的设置宽度：二油一毡、二油一布的设置宽度在设计中需用文字说明交代清楚，宽度宜控制在 50cm 左右。

4）轻质包装材料不宜使用：连续缝内填塞轻质包装材料，主要是为了衬托油毛毡或土工布不下挠和不被胀裂（实际上难以达到预期的效果）。该材料种类繁多，且无桥梁专用的产品，施工中使用的很混乱，掩盖了梁（板）缝内的杂物，甚至是坚硬块件。由于接缝中增设了镀锌薄钢板，优化了二油一毡或二油一布的使用效果，轻质包装材料可以不用。

3.7.4.5 产生跳车台阶的维修

1. 桥头跳车台阶的修复

当路面铺装以后产生沉降时，在桥涵构造物两端形成台阶，据调查所形成的台阶高度一般小于 20mm 时，对车速的影响不太严重，可以不予修复。当台阶高度逐渐增大时对跳车的影响将大为加剧，应予修补。

（1）更换填料：个别桥台背部因场地狭小、赶工填筑，填料压实度不足，需对桥涵两端 10m 范围内的台背填料进行换填处理。采用抗水侵蚀性好的填料，如半刚性填料，砂石填料等，以改善填料的水稳性。

（2）采用半刚性基层：路基上部 0.5～0.8m 厚的路基土应用水泥或石灰稳定处理，也可采用二灰稳定碎石进行填筑，以期提高整体强度。

（3）加铺沥青混凝土：为使沉降后的路面与缓和段端部衔接顺适，应对端部开挖处理，一般下挖 15～20mm 为宜。错位沉降的修补可用热拌沥青混凝土加铺，以求增大与原路面的粘结能力，加铺层的强度也比较稳定。

（4）水泥混凝土加短麻绳：为了防止桥头过快产生沉降，有些路桥施工企业采用水泥混凝土中添加短麻绳或特制的塑料短绳。即在搅拌水泥、沙子、碎石、水时，有意添加一些约 150mm 长的麻绳或塑料绳，目的是提高水泥混凝土的抗剪切能力，也大大提高了桥头的强度，该种方法取得了显著的效果。

无论采用何种措施，修补长度应视台阶高度、形状而异，一般为 10～15m 为宜，缓和段的坡度控制在 0.5％以内。

2. 桥梁伸缩缝的修复

桥梁在营运过程中，由于伸缩缝装置损坏至一定程度即会引起桥面跳车，因此对于损坏的伸缩缝装置应及时进行修复、更换，以免造成更大的损失。

（1）伸缩缝构件局部维修、更换：伸缩缝装置在损坏初期只是局部构件不能正常工作，虽对行车影响不大，但也应及时维修，更换个别已损坏的部件，以满足伸缩缝装置正常工作的要求。

（2）伸缩缝装置修复更换：伸缩缝装置破损已引起桥面跳车，局部维修更换个别部件已不可能时，即应更换伸缩缝装置。

1）根据我们对伸缩缝的要求，从当前可供使用的伸缩缝装置中科学地比较、选型，同时结合旧桥更换的特点，旧桥伸缩缝装置的类型、伸缩装置适用范围、以往的经验、使用的情况、伸缩缝装置损坏的程度以及施工条件能否阻车等多方面因素综合考虑，选出适合修复更换的伸缩缝装置进行修复更换。

2）对伸缩量小于 50mm 的大、中桥推荐使用 TST 弹塑体与碎石填充型伸缩装置或西安 SDⅡ-80 型伸缩装置，对特大桥推荐使用德国毛勒缝装置（在能阻车的前提下）。

（3）修复更换伸缩缝装置的原则：修得更换伸缩缝装置应以经济合理为原则，即能利用的尽量利用，完全不能利用的彻底更换，以此达到我们修复更换的目的。

无论是桥头还是桥梁伸缩缝处跳车现象出现后都应及时采取补救措施，进行修复。保证道路畅通是我们的最终目的。

参 考 文 献

1. 杨修志编著. 桥梁养护技术应用与实践. 北京：人民交通出版社，2013
2. 李有丰、林安彦编著. 桥梁检测评估与补强. 北京：机械工业出版社，2003
3. 刘松玉主编. 公路地基处理. 南京：东南大学出版社，2006
4. 李世华主编. 建筑（市政）施工机械. 北京：中国建筑工业出版社，2008
5. 张树仁编著. 桥梁病害诊断与加固设计. 北京：人民交通出版社，2013
6. 曹明澜、秦小刚等著. 桥梁维修多目标优化. 北京：中国建筑工业出版社，2012
7. 徐培华、陈忠达主编. 城市高架桥施工手册. 北京：中国建筑工业出版社，2006
8. 李世华主编. 公路与桥梁工程病害防治及检测修复实用技术大全（上、中、下三册）长春：长春出版社，1999
9. 梁新政、丁武洋主编. 路基路面试验检测技术手册. 北京：人民交通出版社，2009
10. 胡大琳主编. 桥涵工程试验检测技术. 北京：人民交通出版社，2001
11. 凌天清主编. 道路工程试验检测技术. 北京：人民交通出版社，2011
12. 《地基处理手册》（第三版）编写委员会编. 地基处理手册. 北京：中国建筑工业出版社，2008
13. 张忠雄等编著. 一流式革新道路铺修技术. 上海：上海科学技术文献出版社，1999
14. 徐培华编著. 高等级公路路基路面养护技术. 北京：人民交通出版社，2003
15. 赵明华编著. 桥梁桩基与检测. 北京：人民交通出版社，2000
16. 孟建党等编著. 高速公路市场化养护管理. 北京：中国建筑工业出版社，2013
17. 刘玉民、陈惟珍、杨修志主编. 桥梁养护技术与管理. 北京：人民交通出版社，2013
18. 李华、缪昌文等编著. 水泥混凝土路面修补技术. 北京：人民交通出版社，1999
19. 宋金华主编. 高等级道路施工技术与管理. 北京：中国建材工业出版社，2005
20. 沙庆林编著. 公路压实与压实校准. 北京：人民交通出版社，2000
21. 郭智多主编. 桥梁工程施工便携手册. 北京：中国电力出版社，2006
22. 王明怀编著. 高等级公路施工技术与管理. 北京：人民交通出版社，2001
23. 李世华主编. 道路工程施工技术交底手册. 北京：中国建筑工业出版社，2009
24. 《高速公路养护管理》编委会. 高速公路养护管理. 北京：人民交通出版社，2001
25. 李世华等主编. 桥梁工程施工技术交底手册. 北京：中国建筑工业出版社，2010
26. 郝培文编著. 沥青路面施工与维修技术. 北京：人民交通出版社，2001
27. 徐培华、陈忠达主编. 路基路面检测技术. 北京：人民交通出版社，2005
28. 沙庆林著. 高速公路沥青路面早期破坏现象及预防. 北京：人民交通出版社，2008
29. 张荣滚主编. 公路养护机械. 北京：人民交通出版社，2007
30. 吕康成主编. 隧道工程试验检测技术. 北京：人民交通出版社，2001
31. 李世华主编. 施工机械使用手册. 北京：中国建筑工业出版社，2014
32. 张宏超著. 路面分析与结构设计. 上海：同济大学出版社，2013
33. 王海良、董鹏主编. 桥梁工程施工技术. 北京：人民交通出版社，2013
34. 王松根、宋修广著. 公路路基维修与加固. 北京：人民交通出版社，2010